위방가

법의 분석

제2권

제9장 ~ 제18장

위방가

Vibhaṅga

법의 분석

제2권

제9장 ~ 제18장

초기불전연구원

그분
부처님
공양 올려 마땅한 분
바르게 깨달으신 분께 귀의합니다.

Namo tassa Bhagavato Arahato Sammāsambuddhassa

제2권 목차

제9장 성취수단[如意足] 위방가(§§431~465) 25
(성취수단에 대한 분석)

I. 경에 따른 분석 방법(§431) 25
(1) 열의를 [주로 한] 성취수단(§432) 26
(2) 정진을 [주로 한] 성취수단(§435) 27
(3) 마음을 [주로 한] 성취수단(§438) 29
(4) 검증을 [주로 한] 성취수단(§441) 30
II. 아비담마에 따른 분석 방법(§444) 31
(A) 기본 분석 방법(§444) 31
(1) 열의를 [주로 한] 성취수단(§445) 32
(2) 정진을 [주로 한] 성취수단(§448) 33
(3) 마음을 [주로 한] 성취수단(§451) 34
(4) 검증을 [주로 한] 성취수단(§454) 35
(B) 작은 분석 방법 (§457) 36
III. [아비담마 마띠까를 통한] 질문의 제기(§462) 38
(1) 세 개 조(§464) 39
(2) 두 개 조(§465) 40

제10장 깨달음의 구성요소[覺支] 위방가(§§466~485) 45
(깨달음의 구성요소에 대한 분석)

I. 경에 따른 분석 방법(§466) 45
(1) 첫 번째 방법(§466) 45
(2) 두 번째 방법(§468) 47
(3) 세 번째 방법(§470) 50
II. 아비담마에 따른 분석 방법(§472) 53
(1) 첫 번째 방법(§472) 53
(2) 두 번째 방법(§475) 54
(3) 세 번째 방법(§477) 56
(4) 네 번째 방법(§480) 57
III. [아비담마 마띠까를 통한] 질문의 제기(§482) 59
(1) 세 개 조(§484) 59
(2) 두 개 조(§485) 61

제11장 도의 구성요소[道支] 위방가(§§486~507) 67
(도의 구성요소에 대한 분석)

I. 경에 따른 분석 방법(§486) 67
(1) 첫 번째 방법(§486) 67

(2) 두 번째 방법(§488) 70
II. 아비담마에 따른 분석 방법(§490) 70
(1) 첫 번째 방법 – 여덟 가지 구성요소를 가진 도(§490) 70
(2) 두 번째 방법 – 다섯 가지 구성요소를 가진 도(§493) 72
(3) 세 번째 방법 – 다섯 가지 구성요소를 가진 도 (§496) 74
(4) 네 번째 방법 – 여덟 가지 구성요소를 가진 도(§498) 75
(5) 다섯 번째 방법 – 다섯 가지 구성요소를 가진 도(§500) 76
(6) 여섯 번째 방법 – 다섯 가지 구성요소를 가진 도(§502) 76
III. [아비담마 마띠까를 통한] 질문의 제기(§504) 78
(1) 세 개 조(§506) 78
(2) 두 개 조(§507) 80

제12장 禪 위방가(§§508~641) 85
(禪에 대한 분석)

I. 경에 따른 분석 방법(§508) 85
(1) 마띠까(§508) 85
(2) 해설에 관한 부문(§509) 87
II. 아비담마에 따른 분석 방법(§623) 120
(1) 색계의 유익함(§623) 120

(2) 무색계의 유익함(§626) 122
(3) 출세간의 유익함(§627) 123
(4) 색계의 과보로 나타난 것(§630) 125
(5) 무색계의 과보로 나타난 것(§632) 126
(6) 출세간의 과보로 나타난 것(§633) 127
(7) 색계와 무색계의 작용만 하는 것(§635) 128
III. [아비담마 마띠까를 통한] 질문의 제기(§638) 129
(1) 세 개 조(§640) 131
(2) 두 개 조(§641) 133

제13장 무량함[無量] 위방가(§§642~702) 139
(무량함에 대한 분석)

I. 경에 따른 분석 방법(§642) 139
(1) 자애[慈](§643) 140
(2) 연민[悲](§653) 142
(3) 함께 기뻐함[喜](§663) 144
(4) 평온[捨](§673) 146
II. 아비담마에 따른 분석 방법(§683) 148
(1) 유익한 네 가지 무량함(§683) 148
(2) 과보로 나타난 네 가지 무량함(§691) 153

(3) 작용만 하는 네 가지 무량함(§696) 156
III. [아비담마 마띠까를 통한] 질문의 제기(§699) 157
(1) 세 개 조(§701) 159
(2) 두 개 조(§702) 160

제14장 학습계목 위방가(§§703~717) 165
(학습계목에 대한 분석)
I. 아비담마에 따른 분석 방법(§703) 165
(1) 다섯 가지 학습계목의 정의(§703) 165
(2) 네 가지 지배와 학습계목(§708) 173
(3) 학습(공부지음) (§712) 177
II. [아비담마 마띠까를 통한] 질문의 제기(§714) 179
(1) 세 개 조(§716) 179
(2) 두 개 조(§717) 180

제15장 무애해체지(無碍解體智) 위방가(§§718~750)................. 185
(걸림 없는 해체의 지혜에 대한 분석)

I. 경에 따른 분석 방법(§718) 187
(1) 길라잡이에 관한 부문(§718) 187
(2) 진리에 관한 부문(§719).. 189

(3) 원인에 관한 부문(§720) 190
(4) 법에 관한 부문(§721) 190
(5) 연기에 관한 부문(§722) 191
(6) 교학에 관한 부문(§724) 192
II. 아비담마에 따른 분석 방법(§725) 193
(1) 유익함에 관한 부문(§725) 193
(2) 해로움에 관한 부문(§730) 196
(3) 과보로 나타난 것에 관한 부문(§732) 198
(4) 작용만 하는 것에 관한 부문(§743) 208
(5) 무애해체가 일어나는 곳(§746) 211
III. [아비담마 마띠까를 통한] 질문의 제기(§747) 213
(1) 세 개 조(§749) 213
(2) 두 개 조(§750) 216

제16장 지혜 위방가(§§751~831) 221
(지혜에 대한 분석)

I. 마띠까[論母](§751) 221
(1) 한 개 조 마띠까(§751) 221
(2) 두 개 조 마띠까(§752) 226
(3) 세 개 조 마띠까(§753) 228

(4) 네 개 조 마띠까(§754) 235
(5) 다섯 개 조 마띠까(§755) 237
(6) 여섯 개 조 마띠까(§756) 237
(7) 일곱 개 조 마띠까(§757) 237
(8) 여덟 개 조 마띠까(§758) 238
(9) 아홉 개 조 마띠까(§759) 238
(10) 열 개 조 마띠까(§760).. 238
II. 해설(§761) 242
(1) 한 개 조에 대한 해설(§761) 242
(2) 두 개 조에 대한 해설(§767) 249
(3) 세 개 조에 대한 해설(§768) 254
(4) 네 개 조에 대한 해설(§793) 263
(5) 다섯 개 조에 대한 해설(§804) 274
(6) 여섯 개 조에 대한 해설(§805) 276
(7) 일곱 개 조에 대한 해설(§806) 276
(8) 여덟 개 조에 대한 해설(§807) 278
(9) 아홉 개 조에 대한 해설(§808) 278
(10) 열 개 조에 대한 해설(§809) 279

제17장 작은 항목 위방가(§§832~977) 299
(소소한 항목에 대한 분석)

I. 마띠까[論母](§832) 299
(1) 한 개 조 마띠까(§832) 299
(2) 두 개 조 마띠까(§833) 301
(3) 세 개 조 마띠까(§834) 301
(4) 네 개 조 마띠까(§835) 302
(5) 다섯 개 조 마띠까(§836) 302
(6) 여섯 개 조 마띠까(§837) 303
(7) 일곱 개 조 마띠까(§838) 303
(8) 여덟 개 조 마띠까(§839) 304
(9) 아홉 개 조 마띠까(§840) 304
(10) 열 개 조 마띠까(§841) 304
(11) 갈애의 발생에 대한 마띠까(§842) 305
II. 해설(§843) 306
(1) 한 개 조에 대한 해설(§843) 306
(2) 두 개 조에 대한 해설(§891) 323
(3) 세 개 조에 대한 해설(§909) 331
(4) 네 개 조에 대한 해설(§937) 355
(5) 다섯 개 조에 대한 해설(§940) 363

(6) 여섯 개 조에 대한 해설(§944) 369
(7) 일곱 개 조에 대한 해설(§949) 375
(8) 여덟 개 조에 대한 해설(§952) 380
(9) 아홉 개 조에 대한 해설(§960) 388
(10) 열 개 조에 대한 해설(§966) 392
(11) 갈애의 발생에 대한 해설(§973) 394
① 18가지 안의 [오온]을 취착하여 [일어나는] 갈애의 발생 (§973) 394
② 18가지 밖의 [오온]을 취착하여 [일어나는] 갈애의 발생 (§975) 403
③ 세존께서 「범망경」(D1)에서 말씀하신 62가지 사견에 빠짐 (§977) 411

제18장 법의 심장 위방가(§§978~1044) 413
(법의 핵심에 대한 분석)

(1) 일체의 길라잡이에 관한 부문 (§978) 413
(2) 일어남과 일어나지 않음에 관한 부문(§991) 417
① 욕계의 요소(§991) 417
② 색계의 요소(§993) 421
③ 무색계의 요소(§995) 424

④ [세간에] 포함되지 않는 것[出世間](§997) 425
(3) 포함된 것과 포함되지 않는 것에 관한 부문(§999) 427
① 욕계의 요소(§999) 427
② 색계의 요소(§1001) 429
③ 무색계의 요소(§1003) 430
④ [세간에] 포함된 것과 [세간에] 포함되지 않는 것[出世間](§1005) .432
(4) 법들을 보여줌에 관한 부문 (§1007) 433
① 욕계의 요소(§1007) 433
② 색계의 요소(§1015) 445
③ 무상유정(§1017) 446
④ 무색계의 요소(§1018) 447
(5) 경지의 특별함을 보여줌에 관한 부문(§1020) 449
(6) 태어나게 하는 업과 수명의 한계에 관한 부문(§1021)........... 450
① 태어나게 하는 업(§1021) 450
② 수명의 한계(§1022) 451
(7) 최상의 지혜로 알아져야 하는 것 등에 관한 부문(§1030) 456
(8) 대상을 가진 것과 대상을 가지지 않은 것에 관한 부문(§1032) .. 460
(9) 보이는 것과 들리는 것 등의 이해에 관한 부문 (§1036) 463
(10) 세 개 조 등의 이해에 관한 부문(§1038) 464
Ⓐ 세 개 조(§1038) 464
① 유익함의 세 개 조(cf. ma3-1)(§1038) 464

② 느낌의 세 개 조(cf. ma3-2)(§1039) 466
③ 과보로 나타난 것의 세 개 조(cf. ma3-3)(§1040) 468
④ 취착된 것의 세 개 조(cf. ma3-4)(§1041) 470
⑤ 일으킨 생각의 세 개 조(cf. ma3-6)(§1042) 473
Ⓑ 두 개 조(§1043) 476
① 물질의 두 개 조(§1043) 476
② 세간적인 것의 두 개 조(cf. ma2-12)(§1044) 476

부록 – 아비담마 마띠까 479
I. 세 개 조 마띠까 479
II. 두 개 조 마띠까 484

역자 후기 501
참고문헌 507
빠알리-한글 색인 522
찾아보기 540

약어

A.	Aṅguttara Nikāya(앙굿따라 니까야, 증지부)
AA.	Aṅguttara Nikāya Aṭṭhakathā = Manorathapūraṇī(증지부 주석서)
AAṬ.	Aṅguttara Nikāya Aṭṭhakathā Ṭīkā(증지부 복주서)
Abhi-av.	Abhidhammāvatāra(아비담마아와따라, 아비담마 입문)
Abhi-av-nṭ.	Abhidhammāvatāra-abhinavaṭīkā(아비담마아와따라 아비나와띠까)
Abhi-av-pṭ.	Abhidhammāvatāra-purāṇaṭīkā(아비담마아와따라 뿌라나띠까)
Abhi-Sgh.	Abhidhammatthasaṅgaha(아비담맛타상가하 = 아비담마 길라잡이)
ApA.	Apadāna Aṭṭhakathā(아빠다나(譬喩經) 주석서)
As.	Aṭṭhasālinī(앗타살리니 = 담마상가니 주석서)
Be	Burmese-script edition(VRI 간행 미얀마 육차결집본)
BG.	Bhagavadgīta(바가왓 기따)
BHD	Buddhist Hybrid Sanskrit Dictionary
BHS	Buddhist Hybrid Sanskrit
BL	Buddhist Legends(Burlingame)
BPS	Buddhist Publication Society
Bv.	Buddhavaṁsa(佛種姓)
BvA.	Buddhavaṁsa Aṭṭhakathā

CBETA	CBETA Chinese Electronic Tripitaka Collection: CD-ROM
cf.	*confer* (=*compare*, 비교, 참조)
CMA	A Comprehensive Manual of Abhidhamma(아비담맛타 상가하 영역)
CPD	Critical Pāli Dictionary
C.Rh.D	C.A.F. Rhys Davids
D.	Dīgha Nikāya(디가 니까야, 長部)
DA.	Dīgha Nikāya Aṭṭhakathā = Sumaṅgalavilāsinī(디가 니까야 주석서)
DAṬ.	Dīgha Nikāya Aṭṭhakathā Ṭīkā(디가 니까야 복주서)
DhkAAnuṬ	Dhātukathā-anuṭīkā(다뚜까타 아누띠까)
Dhp.	Dhammapada(담마빠다, 법구경)
DhpA.	Dhammapada Aṭṭhakathā(담마빠다 주석서)
Dhs.	Dhammasaṅgaṇi(담마상가니, 法集論)
DhsA.	Dhammasaṅgaṇi Aṭṭhakathā = Aṭṭhasālinī(담마상가니 주석서)
DhsAAnuṬ	Dhammasaṅgaṇī-anuṭīkā(담마상가니 아누띠까)
DhsAMṬ	Dhammasaṅgaṇī-mūlaṭīkā(담마상가니 물라띠까)
DPL	A Dictionary of the Pali Language(Childers)
DPPN.	G. P. Malalasekera's *Dictionary of Pali Proper Names*
Dv.	Dīpavaṁsa(島史), ed.ited by Oldenberg
DVR	A Dictionary of the Vedic Rituals, Sen, C. Delhi, 1978.
Ee	Roman-script edition(PTS본)

EV1	Elders′ Verses I(테라가타 영역, Norman)
EV2	Elders′ Verses II(테리가타 영역, Norman)
GD	Group of Discourse(숫따니빠따 영역, Norman)
Ibid.	*Ibidem*(전게서, 前揭書, 같은 책)
It.	Itivuttaka(如是語)
ItA.	Itivuttaka Aṭṭhakathā(여시어 경 주석서)
Jā.	Jātaka(자따까, 本生譚)
JāA.	Jātaka Aṭṭhakathā(자따까 주석서)
KhpA.	Khuddakapātha Aṭṭhakathā(쿳다까빠타 주석서)
KS	Kindred Sayings(상윳따 니까야 영역, Rhys Davids, Woodward)
Kv.	Kathāvatthu(까타왓투, 論事)
KvA.	Kathāvatthu Aṭṭhakathā(까타왓투 주석서)
LBD	Long Discourse of the Buddha(디가 니까야 영역, Walshe)

M.	Majjhima Nikāya(맛지마 니까야, 中部)
MA.	Majjhima Nikāya Aṭṭhakathā = Papañcasūdanī(맛지마 니까야 주석서)
MAṬ.	Majjhima Nikāya Aṭṭhakathā Ṭīkā(맛지마 니까야 복주서)
Mhv.	Mahāvaṁsa(마하왐사, 大史), edited by Geiger
Mil.	Milindapañha(밀린다빤하, 밀린다왕문경)
MLBD	Middle Length Discourse of the Buddha(맛지마 니까야 영역, Ñāṇamoli)
Moh.	Mohavicchedanī(모하윗체다니)
Mtk	Mātikā(마띠까)
Mvu.	Mahāvastu(북전 大事, Edited by Senart)
MW	Monier-Williams' Sanskrit-English Dictionary

Nāmar-p.	Nāmarūpapariccheda(나마루빠빠릿체다)
Nd1.	Mahā Niddesa(마하닛데사, 大義釋)
Nd1A.	Mahā Niddesa Aṭṭhakathā(마하닛데사 주석서)
Nd2.	Cūla Niddesa(쭐라닛데사, 小義釋)
Netti.	Nettippakaraṇa(넷띠빠까라나, 指道論)
NetA	Nettippakaraṇa Aṭṭhakathā(넷띠빠까라나 주석서)
NetAṬ	Nettippakaraṇa-ṭīkā(넷띠빠까라나 복주서)
NMD	Ven. Ñāṇamoli's Pali-English Glossary of Buddhist Terms
Pvch	Paramattha-vinicchaya(빠라맛타위닛차야)

PdṬ.	Paramatthadīpani-ṭīkā(빠라맛타디빠니 띠까)
Pe.	Peṭakopadesa(뻬따꼬바데사, 藏釋論)
PED	*Pāli-English Dictionary* (PTS)
Pm.	Paramatthamañjūsā = Visuddhimagga Mahāṭīkā(청정도론 복주서)
Ps.	Paṭisambhidāmagga(빠띠삼비다막가, 무애해도)
Ptn..	Paṭṭhāna(빳타나, 發趣論)
PTS	Pāli Text Society
Pug.	Puggalapaññatti(뿍갈라빤띠, 人施設論)
PugA.	Puggalapaññatti Aṭṭhakathā(뿍갈라빤띠 주석서)
Pv.	Petavatthu(뻬따왓투, 餓鬼事)
Pvch.	Paramatthavinicchaya(빠라맛타 위닛차야)
Rv.	Ṛgveda(리그베다)

S.	Saṁyutta Nikāya(상윳따 니까야, 相應部)
SA.	Saṁyutta Nikāya Aṭṭhakathā = Sāratthappakāsinī(상윳따니까야 주석서)
SAṬ.	Saṁyutta Nikāya Aṭṭhakathā Ṭīkā(상윳따 니까야 복주서)
Sadd.	Saddanīti(삿다니띠)
Se	Sinhala-script edition(스리랑카본)
Sk.	Sanskrit
Sn.	Suttanipāta(숫따니빠따, 經集)

SnA.	Suttanipāta Aṭṭhakathā(숫따니빠따 주석서)
SS	Ee에 언급된 S.의 싱할리어 필사본
Sv	Sāsanavaṁsa(사사나왐사, 교단의 역사)
s.v.	*sub verbō*(*under the word*, 표제어)
Te	Thai-script edition(태국본)
Thag.	Theragāthā(테라가타, 장로게)
ThagA.	Theragāthā Aṭṭhakathā(테라가타 주석서)
Thig.	Therīgāthā(테리가타, 장로니게)
ThigA.	Therīgāthā Aṭṭhakathā(테리가타 주석서)
Ud.	Udāna(우다나, 감흥어)
UdA.	Udāna Aṭṭhakathā(우다나 주석서)
Uv	Udānavarga(북전 출요경, 出曜經)
VĀT	Vanarata, Ānanda Thera
Vbh.	Vibhaṅga(위방가, 分別論)
VbhA.	Vibhaṅga Aṭṭhakathā = Sammohavinodanī(위방가 주석서)

VbhAAnuṬ	Vibhaṅga-anuṭīkā(위방가 아누띠까)
VbhAMṬ	Vibhaṅga-mūlaṭīkā(위방가 물라띠까)
Vin.	Vinaya Piṭaka(율장)
VinA.	Vinaya Piṭaka Aṭṭhakathā = Samantapāsādikā(율장 주석서)
VinAṬ	Vinaya Piṭaka Aṭṭhakathā Ṭīkā = Sāratthadīpanī-ṭīkā(율장 복주서)
Vin-Kaṅ-nṭ.	Kaṅkhāvitaraṇī-abhinavaṭīkā(깡카위따라니 아비나와띠까)
Vis.	Visuddhimagga(청정도론)
v.l.	*varia lectio*, variant reading(이문, 異文)
VRI	Vipassanā Research Institute(인도)
VṬ	Abhidhammaṭṭha Vibhavinī Ṭīkā(위바위니 띠까)
Vv.	Vimānavatthu(위마나왓투, 천궁사)
VvA.	Vimānavatthu Aṭṭhakathā(위마나왓투 주석서)

Yam.	Yamaka(야마까, 雙論)
YamA.	Yamaka Aṭṭhakathā = Pañcappakaraṇa(야마까 주석서)

디가 니까야	각묵 스님 옮김, 초기불전연구원, 2006, 3쇄 2010
맛지마 니까야	대림 스님 옮김, 초기불전연구원, 2012, 2쇄 2015
상윳따 니까야	각묵 스님 옮김, 초기불전연구원, 2009, 3쇄 2016
앙굿따라 니까야	대림 스님 옮김, 초기불전연구원, 2006~2007, 3쇄 2016
육차결집본	Vipassana Research Institute(인도) 간행 육차결집 본
아비담마 길라잡이	대림 스님/각묵 스님 옮김, 초기불전연구원, 2002, 12쇄 2016
청정도론	대림 스님 옮김, 초기불전연구원, 2004, 6쇄 2016
초기불교 이해	각묵 스님 지음, 초기불전연구원, 2010, 5쇄 2015
초기불교 입문	각묵 스님 지음, 이솔, 2014

냐나몰리 스님	The Dispeller of Delusion(1/II)(위방가 주석서 영역본)
리스 데이비즈	A Buddhist Manual of Psychological Ethics(담마상가니 영역본)
보디 스님	The Connected Discourses of the Buddha(상윳따 니까야 영역본)
뻬 마웅 띤	The Expositor(담마상가니 주석서 영역본)
월슈	Long Discourse of the Buddha(디가 니까야 영역본)
띳띨라 스님	The Book of Analysis(위방가 영역본)

일러두기

(1) 『위방가』(Vbh.)는 미얀마 육차결집본(VRI본, 인도 Vipassana Research Institute 간행, Be)을 저본으로 하였음.
(2) 본서에서 인용하는 문단 번호는 모두 VRI본(Be)을 따랐고 본문의 [ ] 안에 PTS본(Ee)의 쪽 번호를 넣었음. 『위방가』 PTS본(Ee)에는 문단 번호가 매겨져 있지 않음.
(3) Vbh.123은 VRI(Be)본 123쪽이고, Vbh. §123은 VRI본(Be) 123번 문단임.
(4) '(ma2-80-a)' 등은 『담마상가니』 마띠까의 번호이고, '(Rma-2-80)' 등은 『담마상가니』 물질의 마띠까 번호임. '(ma2-80-a)'는 두 개 조 80번째 마띠까의 첫 번째 논의의 주제를, '(Rma-2-80)'은 두 개 조 물질의 마띠까의 80번째 논의의 주제를 나타냄.
(5) 『담마상가니』(Dhs.)는 VRI본(Be)이고 그 외 삼장(Tipitaka)과 주석서(Aṭṭhakathā)들은 별다른 언급이 없는 한 모두 PTS본(Ee)임. 『디가 니까야 복주서』(DAṬ)를 제외한 모든 복주서(Ṭīkā)들은 VRI본(Be)이고, 『디가 니까야 복주서』(DAṬ)는 PTS본(Ee)이며, 『청정도론』은 HOS본임.
(6) M.ii.123은 PTS본(Ee) 『맛지마 니까야』 제2권 123쪽을 뜻함.
(7) [ ] 안의 숫자는 PTS본(Ee)의 쪽 번호임.
(8) { } 안의 숫자는 PTS본(Ee)의 게송 번호임.
(9) § 뒤의 숫자는 문단 번호임.
(10) 빠알리어와 산스끄리뜨어는 정체로, 영어는 이탤릭체로 표기함을 원칙으로 하였음.

제9장

성취수단[如意足] 위방가

성취수단에 대한 분석

Iddhipāda-vibhaṅga

I. 경에 따른 분석 방법

Suttanta-bhājanīya

431. 네 가지 성취수단[四如意足]은 [216] [다음과 같다.]

여기 비구는 열의를 [주로 한] 삼매[1]와 노력의 [업]형성[行]을 갖춘 성취수단을 닦는다. 정진을 [주로 한] 삼매와 노력의 [업]형성을 갖춘 성취수단을 닦는다. 마음을 [주로 한] 삼매와 노력의 [업]형성을 갖춘 성취수단을 닦는다. 검증을 [주로 한] 삼매와 노력의 [업]형성을 갖춘 성취수단을 닦는다.

---

1) 여기서 '열의를 [주로 한] 삼매'는 chanda-samādhi를 옮긴 것이다. chanda-samādhi를 '열의의 삼매'로 옮기지 않고 이렇게 '열의를 [주로 한] 삼매'로 풀어서 옮긴 것은 아래 §432 등에서 '열의를 지배의 [요소]로 삼아 삼매를 얻고(chandaṁ adhipatiṁ karitvā labhati samādhiṁ)'로 풀이하고 있기 때문이다.
그리고 주석서들에서도 "여기서 열의가 그 원인인(chandahetuka), 혹은 열의가 우선인(chandādhika) 삼매가 열의를 [주로 한] 삼매(chanda-samādhi)이다. 이것은 하고 싶어 하는 열의(kattukamyatā-chanda)를 지배의 [요소]로 삼아(adhipatiṁ karitvā) 얻은 삼매의 동의어이다."(Vis.XII.51; DA.ii.641; VbhA.303)라고 밝히고 있다.

(1) 열의를 [주로 한] 성취수단(chandiddhipāda)

432. 그러면 어떻게 비구는 열의를 [주로 한] 삼매와 노력의 [업]형성[行]을 갖춘 성취수단을 닦는가? 만약 비구가 열의를 지배의 [요소]로 삼아[2)] 삼매를 얻고 마음이 하나됨을 얻으면 이를 일러 열의를 [주로 한] 삼매라 한다. 그는 아직 일어나지 않은 악하고 해로운 법들[不善法]을 일어나지 못하게 하기 위해서 열의를 일으키고 애를 쓰고 정진을 하고 마음을 다잡고 노력한다. 이미 일어난 악하고 해로운 법들을 제거하기 위해서 열의를 일으키고 애를 쓰고 정진을 하고 마음을 다잡고 노력한다. 아직 일어나지 않은 유익한 법들[善法]을 일어나게 하기 위해서 열의를 일으키고 애를 쓰고 정진을 하고 마음을 다잡고 노력한다. 이미 일어난 유익한 법들을 지속시키고 사라지지 않게 하고 증장시키고 충만하게 하고 닦아서 성취하기 위해서 열의를 일으키고 애를 쓰고 정진을 하고 마음을 다잡고 노력한다. — 이를 일러 '노력의 [업]형성(padhāna-saṅkhārā)'이라 한다.

이처럼 이것이 열의를 [주로 한] 삼매이고 이것이 노력의 [업]형성이다. 이 [둘을] 한데 모으고 간략히 해서 이를 일러 열의를 [주로 한] 삼매와 노력의 [업]형성[行]이라는 명칭을 가지게 된다.

433. 여기서 무엇이 '열의'인가? 열의, 열의를 가짐, 하고자 함, 유익하고 법다운 열의 — 이를 일러 열의라 한다.

---

2) "'만약 비구가 열의를 지배의 [요소]로 삼아(chandaṁce bhikkhu adhipatiṁ karitvā)'라고 하셨다. 여기서 만일 비구가 열의를 지배의 [요소]로 삼고 열의를 으뜸가는 것(jeṭṭhaka)으로 삼고 열의를 앞에서 인도하는 것[先導, dhura]으로 삼고 열의를 앞서는 것[先行, pubbaṅgama]으로 삼아서 삼매를 얻고 생기게 하면 이와 같이 하여 생긴 이 삼매가 '열의를 [주로 한] 삼매'라 불린다는 뜻이다. 정진을 [주로 한] 삼매 등에도 이 방법은 적용된다."(VbhA.304)

여기서 [217] 무엇이 '삼매'인가? 마음의 머묾, 잘 머묾, 확고함, 산만하지 않음, 산란하지 않음, 산만하지 않은 마음 상태, 사마타, 삼매의 기능, 삼매의 힘, 바른 삼매 — 이를 일러 삼매라 한다.

여기서 무엇이 '노력의 [업]형성'인가? 정신적인 정진을 시작함, 부지런함, 노력, 애씀, 힘씀, 전력을 다함, 분발, 강인함, 강건함, 해이하지 않고 노력함, 열의를 내려놓지 않음, 의무를 내려놓지 않음, 의무를 움켜쥠, 정진, 정진의 기능, 정진의 힘 — 이를 일러 노력의 [업]형성이라 한다.

이러한 열의와 이러한 삼매와 이러한 노력의 [업]형성으로 얻었다, 잘 얻었다, 증득했다, 잘 증득했다, 갖추었다, 잘 갖추었다, 구족했다. 그래서 말하기를 열의를 [주로 한] 삼매와 노력의 [업]형성[行]이라고 하였다.

434. '성취(iddhi)'라는 것은 그러한 법들의 성취, 원만한 성취, 성취함, 원만히 성취함, 얻음, 획득, 달성, 성취, 닿음, 실현, 구족함이다.

'성취수단(iddhipāda)'이라는 것은 그렇게 된 자의 느낌의 무더기, 인식의 무더기, 심리현상들의 무더기, 알음알이의 무더기이다.

'성취수단을 닦는다(iddhipādaṁ bhāveti).'라는 것은 이러한 법들을 반복하고 닦고 많이 [공부]짓는 것이다. 그래서 말하기를 성취수단을 닦는다고 하였다.

(2) 정진을 [주로 한] 성취수단(vīriyiddhipāda)

435. 그러면 어떻게 비구는 정진을 [주로 한] 삼매와 노력의 [업]형성을 갖춘 성취수단을 닦는가? 만약 비구가 정진을 지배의 [요소]로 삼아 삼매를 얻고 마음이 하나됨을 얻으면 이를 일러 '정진을 [주로 한] 삼매(vīriyasamādhi)'라 한다. 그는 아직 일어나지 않은 악하고 해로운 법들[不善法]을 일어나지 못하게 하기 위해서 열의를 일으키고 애를 쓰고

정진을 하고 마음을 다잡고 노력한다. 이미 일어난 악하고 해로운 법들을 제거하기 위해서 … 아직 일어나지 않은 유익한 법들[善法]을 일어나게 하기 위해서 … 이미 일어난 유익한 법들을 지속시키고 사라지지 않게 하고 증장시키고 충만하게 하고 닦아서 성취하기 위해서 열의를 일으키고 애를 쓰고 정진을 하고 마음을 다잡고 노력한다. — 이를 일러 '노력의 [업]형성'이라 한다.

이처럼 이것이 정진을 [주로 한] 삼매이고 이것이 노력의 [업]형성이다. 이 [둘을] 한데 모으고 간략히 해서 '정진을 [주로 한] 삼매와 노력의 [업]형성'이라는 명칭을 가지게 된다.

436. 여기서 무엇이 '정진'인가? 정신적인 정진을 시작함 … (§220) … 바른 정진 — 이를 일러 정진이라 한다.

여기서 [218] 무엇이 '삼매'인가? 마음의 머묾, 잘 머묾, 확고함, 산만하지 않음, 산란하지 않음, 산만하지 않은 마음 상태, 사마타, 삼매의 기능, 삼매의 힘, 바른 삼매 — 이를 일러 삼매라 한다.

여기서 무엇이 '노력의 [업]형성'인가? 정신적인 정진을 시작함 … (§220) … 바른 정진 — 이를 일러 노력의 [업]형성이라 한다.

이러한 정진과 이러한 삼매와 이러한 노력의 [업]형성으로 얻었다 … (§357) … 구족했다. 그래서 말하기를 정진을 [주로 한] 삼매와 노력의 [업]형성이라고 하였다.

437. '성취'라는 것은 그러한 법들의 성취, 원만한 성취, 성취함, 원만히 성취함, 얻음, 획득, 달성, 성취, 닿음, 실현, 구족함이다.

'성취수단'이라는 것은 그렇게 된 자의 느낌의 무더기 … 알음알이의 무더기이다.

'성취수단을 닦는다.'라는 것은 이러한 법들을 반복하고 닦고 많이 [공부]짓는 것이다. 그래서 말하기를 성취수단을 닦는다고 하였다.

(3) 마음을 [주로 한] 성취수단(cittiddhipāda)

438. 그러면 어떻게 비구는 마음을 [주로 한] 삼매와 노력의 [업]형성[行]을 갖춘 성취수단을 닦는가? 만약 비구가 마음을 지배의 [요소]로 삼아 삼매를 얻고 마음이 하나됨을 얻으면 이를 일러 '마음을 [주로 한] 삼매'라 한다. 그는 아직 일어나지 않은 악하고 해로운 법들[不善法]을 일어나지 못하게 하기 위해서 열의를 일으키고 애를 쓰고 정진을 하고 마음을 다잡고 노력한다. 이미 일어난 악하고 해로운 법들을 제거하기 위해서 … 아직 일어나지 않은 유익한 법들[善法]을 일어나게 하기 위해서 … 이미 일어난 유익한 법들을 지속시키고 사라지지 않게 하고 증장시키고 충만하게 하고 닦아서 성취하기 위해서 열의를 일으키고 애를 쓰고 정진을 하고 마음을 다잡고 노력한다. — 이를 일러 '노력의 [업]형성'이라 한다.

이처럼 이것이 마음을 [주로 한]삼매이고 이것이 노력의 [업]형성이다. 이 [둘을] 한데 모으고 간략히 해서 '마음을 [주로 한] 삼매와 노력의 [업]형성'이라는 명칭을 가지게 된다.

439. 여기서 무엇이 '마음'인가? 마음, 마노[意], 정신작용 … (§184) … 그것에 적합한 마노의 알음알이의 요소 — 이를 일러 마음이라 한다.

여기서 무엇이 '삼매'인가? 마음의 머묾, 잘 머묾 … (§220) … 바른 삼매 — 이를 일러 삼매라 한다.

여기서 무엇이 '노력의 [업]형성'인가? 정신적인 정진을 시작함 … (§220) … 바른 정진 — 이를 일러 노력의 [업]형성이라 한다.

이러한 마음과 이러한 삼매와 이러한 노력의 [업]형성으로 [219] 얻었다 … (§357) … 구족했다. 그래서 말하기를 마음을 [주로 한] 삼매와 노력의 [업]형성이라고 하였다.

440. ‘성취’라는 것은 그러한 법들의 성취, 원만한 성취, 성취함, 원만히 성취함, 얻음, 획득, 달성, 성취, 닿음, 실현, 구족함이다.

‘성취수단’이라는 것은 그렇게 된 자의 느낌의 무더기 … 알음알이의 무더기이다.

‘성취수단을 닦는다.’라는 것은 이러한 법들을 반복하고 닦고 많이 [공부]짓는 것이다. 그래서 말하기를 성취수단을 닦는다고 하였다.

(4) 검증을 [주로 한] 성취수단(vīmaṁsiddhipāda)

441. 그러면 어떻게 비구는 검증을 [주로 한] 삼매와 노력의 [업]형성[行]을 갖춘 성취수단을 닦는가? 만약 비구가 검증을 지배의 [요소]로 삼아 삼매를 얻고 마음이 하나됨을 얻으면 이를 일러 ‘검증을 [주로 한] 삼매(vīmaṁsāsamādhi)’라 한다. 그는 아직 일어나지 않은 악하고 해로운 법들[不善法]을 일어나지 못하게 하기 위해서 열의를 일으키고 애를 쓰고 정진을 하고 마음을 다잡고 노력한다. 이미 일어난 악하고 해로운 법들을 제거하기 위해서 … 아직 일어나지 않은 유익한 법들[善法]을 일어나게 하기 위해서 … 이미 일어난 유익한 법들을 지속시키고 사라지지 않게 하고 증장시키고 충만하게 하고 닦아서 성취하기 위해서 열의를 일으키고 애를 쓰고 정진을 하고 마음을 다잡고 노력한다. — 이를 일러 ‘노력의 [업]형성’이라 한다.

이처럼 이것이 검증을 [주로 한] 삼매이고 이것이 노력의 [업]형성이다. 이 [둘을] 한데 모으고 간략히 해서 ‘검증을 [주로 한] 삼매와 노력의 [업]형성’이라는 명칭을 가지게 된다.

442. 여기서 무엇이 ‘검증(vīmaṁsā)’인가? 통찰지, 통찰함 … (§525) … 어리석음 없음, 법의 간택, 바른 견해 — 이를 일러 검증이라 한다.

여기서 무엇이 '삼매'인가? 마음의 머묾, 잘 머묾 … (§220) … 바른 삼매 — 이를 일러 삼매라 한다.

여기서 무엇이 '노력의 [업]형성'인가? 정신적인 정진을 시작함 … (§220) … 바른 정진 — 이를 일러 노력의 [업]형성이라 한다.

이러한 검증과 이러한 삼매와 이러한 노력의 [업]형성으로 얻었다 … (§357) … 구족했다. 그래서 말하기를 '검증을 [주로 한] 삼매와 노력의 [업]형성'이라고 하였다.

443. '성취'라는 것은 그러한 법들의 성취, 원만한 성취, 성취함, 원만히 성취함, 얻음, 획득, 달성, 성취, 닿음, 실현, 구족함이다.

'성취수단'이라는 것은 [220] 그렇게 된 자의 느낌의 무더기, 인식의 무더기, 심리현상들의 무더기, 알음알이의 무더기이다.

'성취수단을 닦는다.'라는 것은 이러한 법들을 반복하고 닦고 많이 [공부]짓는 것이다. 그래서 말하기를 성취수단을 닦는다고 하였다.

경에 따른 분석 방법이 [끝났다.]

II. 아비담마에 따른 분석 방법

Abhidhamma-bhājanīya

(A) 기본 분석 방법

444. 네 가지 성취수단[四如意足]은 [다음과 같다.]

여기 비구는 열의를 [주로 한] 삼매와 노력의 [업]형성[行]을 갖춘 성취수단을 닦는다. 정진을 [주로 한] 삼매와 노력의 [업]형성을 갖춘 성취수단을 닦는다. 마음을 [주로 한] 삼매와 노력의 [업]형성을 갖춘 성취수단을 닦는다. 검증을 [주로 한] 삼매와 노력의 [업]형성을 갖춘 성취수단을 닦는다.

(1) 열의를 [주로 한] 성취수단(chandiddhipāda)

445. 그러면 어떻게 비구는 열의를 [주로 한] 삼매와 노력의 [업]형성[行]을 갖춘 성취수단을 닦는가? 여기 비구는 사견에 빠짐을 버리고 첫 번째 경지[初地, 예류과]를 얻기 위하여, 출리로 인도하고 [윤회를] 감소시키는 출세간禪을 닦아서, 감각적 쾌락들을 완전히 떨쳐버리고 … (§205) … ① 도닦음도 어렵고 초월지도 느린 초선(初禪)을 구족하여 머물 때,(§304 등) 그때에 열의를 [주로 한] 삼매와 노력의 [업]형성을 갖춘 성취수단을 닦는다.[3]

446. 여기서 무엇이 '열의'인가? 열의, 열의를 가짐, 하고자 함, 유익하고 법다운 열의 — 이를 일러 열의라 한다.

여기서 무엇이 '삼매'인가? 마음의 머묾, 잘 머묾 … (§220) … 바른 삼매, 삼매의 깨달음의 구성요소, 도의 구성요소, 도에 포함됨 — 이를 일러 삼매라 한다.

여기서 무엇이 '노력의 [업]형성'인가? 정신적인 정진을 시작함 … (§220) … 바른 정진, 정진의 깨달음의 구성요소, 도의 구성요소, 도에 포함됨 — 이를 일러 노력의 [업]형성이라 한다.

이러한 열의와 이러한 삼매와 이러한 노력의 [업]형성으로 얻었다 …

---

3) 4념처와 4정근에서처럼 4여의족의 경우도 아비담마에 따른 분석 방법은 전적으로 출세간적인 것(nibbattita-lokuttara)으로 설해졌다고 주석서는 설명하고 있다.(VbhA.308)
『위방가 주석서』는 이 네 가지 성취수단[四如意足]의 아비담마에 따른 분석 방법은 처음의 4여의족(§§444~456)과 뒤의 작은 분류 방법(uttara-cūḷabhājanīya, §§457~461)의 4여의족을 더하여 가능한 모든 경우의 수를 다 합하면 모두 (4,000×8=) 32,000 가지가 된다고 설명하고 있다.(*Ibid.*)

(§357) … 구족했다. 그래서 말하기를 열의를 [주로 한] 삼매와 노력의 [업]형성이라고 하였다.

447. '성취'라는 것은 그러한 법들의 성취, 원만한 성취, 성취함, 원만히 성취함, 얻음, 획득, 달성, 성취, 닿음, 실현, 구족함이다.

'성취수단'이라는 것은 [221] 그렇게 된 자의 감각접촉 … (Dhs §277) … 분발, 산란하지 않음이다.

'성취수단을 닦는다.'라는 것은 이러한 법들을 반복하고 닦고 많이 [공부]짓는 것이다. 그래서 말하기를 성취수단을 닦는다고 하였다.

(2) 정진을 [주로 한] 성취수단(vīriyiddhipāda)

448. 그러면 어떻게 비구는 정진을 [주로 한] 삼매와 노력의 [업]형성[行]을 갖춘 성취수단을 닦는가? 여기 비구는 사견에 빠짐을 버리고 첫 번째 경지[初地, 예류과]를 얻기 위하여, 출리로 인도하고 [윤회를] 감소시키는 출세간禪을 닦아서, 감각적 쾌락들을 완전히 떨쳐버리고 … (§205) … ① 도닦음도 어렵고 초월지도 느린 초선을 구족하여 머물 때,(§304 등) 그때에 정진을 [주로 한] 삼매와 노력의 [업]형성을 갖춘 성취수단을 닦는다.

449. 여기서 무엇이 '정진'인가? 정신적인 정진을 시작함 … (§220) … 바른 정진, 정진의 깨달음의 구성요소, 도의 구성요소, 도에 포함됨 — 이를 일러 정진이라 한다.

여기서 무엇이 '삼매'인가? 마음의 머묾, 잘 머묾 … (§220) … 바른 삼매, 삼매의 깨달음의 구성요소, 도의 구성요소, 도에 포함됨 — 이를 일러 삼매라 한다.

여기서 무엇이 '노력의 [업]형성'인가? 정신적인 정진을 시작함 …

(§220) … 바른 정진, 정진의 깨달음의 구성요소, 도의 구성요소, 도에 포함됨 — 이를 일러 노력의 [업]형성이라 한다.

이러한 정진과 이러한 삼매와 이러한 노력의 [업]형성으로 얻었다 … (§357) … 구족했다. 그래서 말하기를 정진을 [주로 한] 삼매와 노력의 [업]형성이라고 하였다.

450. '성취'라는 것은 그러한 법들의 성취, 원만한 성취, 성취함, 원만히 성취함, 얻음, 획득, 달성, 성취, 닿음, 실현, 구족함이다.

'성취수단'이라는 것은 그렇게 된 자의 감각접촉 … (Dhs §277) … 분발, 산란하지 않음이다.

'성취수단을 닦는다.'라는 것은 이러한 법들을 반복하고 닦고 많이 [공부]짓는 것이다. 그래서 말하기를 성취수단을 닦는다고 하였다.

(3) 마음을 [주로 한] 성취수단(cittiddhipāda)

451. 그러면 어떻게 비구는 마음을 [주로 한] 삼매와 노력의 [업]형성[行]을 갖춘 성취수단을 닦는가? 여기 비구는 사견에 빠짐을 버리고 첫 번째 경지[初地, 예류과]를 얻기 위하여, 출리로 인도하고 [222] [윤회를] 감소시키는 출세간禪을 닦아서, 감각적 쾌락들을 완전히 떨쳐버리고 … (§205) … ① 도닦음도 어렵고 초월지도 느린 초선을 구족하여 머물 때,(§304 등) 그때에 마음을 [주로 한] 삼매와 노력의 [업]형성을 갖춘 성취수단을 닦는다.

452. 여기서 무엇이 '마음'인가? 마음, 마노[意], 정신작용 … (§184) … 그것에 적합한 마노의 알음알이의 요소 — 이를 일러 마음이라 한다.

여기서 무엇이 '삼매'인가? 마음의 머묾, 잘 머묾 … (§220) … 바른 삼매, 삼매의 깨달음의 구성요소, 도의 구성요소, 도에 포함됨 — 이를 일러 삼매라 한다.

여기서 무엇이 '노력의 [업]형성'인가? 정신적인 정진을 시작함 … (§220) … 바른 정진, 정진의 깨달음의 구성요소, 도의 구성요소, 도에 포함됨 — 이를 일러 노력의 [업]형성이라 한다.

이러한 마음과 이러한 삼매와 이러한 노력의 [업]형성으로 얻었다 … (§357) … 구족했다. 그래서 말하기를 마음을 [주로 한] 삼매와 노력의 [업]형성이라고 하였다.

453. '성취'라는 것은 그러한 법들의 성취, 원만한 성취, 성취함, 원만히 성취함, 얻음, 획득, 달성, 성취, 닿음, 실현, 구족함이다.

'성취수단'이라는 것은 그렇게 된 자의 감각접촉 … (Dhs §277) … 분발, 산란하지 않음이다.

'성취수단을 닦는다.'라는 것은 이러한 법들을 반복하고 닦고 많이 [공부]짓는 것이다. 그래서 말하기를 성취수단을 닦는다고 하였다.

(4) 검증을 [주로 한] 성취수단(vīmaṁsiddhipāda)

454. 그러면 어떻게 비구는 검증을 [주로 한] 삼매와 노력의 [업]형성[行]을 갖춘 성취수단을 닦는가? 여기 비구는 사견에 빠짐을 버리고 첫 번째 경지[初地, 예류과]를 얻기 위하여, 출리로 인도하고 [윤회를] 감소시키는 출세간禪을 닦아서, 감각적 쾌락들을 완전히 떨쳐버리고 … (§205) … ① 도닦음도 어렵고 초월지도 느린 초선을 구족하여 머물 때,(§304 등) 그때에 검증을 [주로 한] 삼매와 노력의 [업]형성을 갖춘 성취수단을 닦는다.

455. 여기서 무엇이 '검증'인가? 통찰지, 통찰함 … (§525) … 어리석음 없음, 법의 간택, 바른 견해, 법을 간택하는 깨달음의 구성요소, 도

의 구성요소, 도에 포함됨 — 이를 일러 검증이라 한다.

여기서 무엇이 '삼매'인가? 마음의 머묾, 잘 머묾 … (§220) … 바른 삼매, 삼매의 깨달음의 구성요소, [223] 도의 구성요소, 도에 포함됨 — 이를 일러 삼매라 한다.

여기서 무엇이 '노력의 [업]형성'인가? 정신적인 정진을 시작함 … (§220) … 바른 정진, 정진의 깨달음의 구성요소, 도의 구성요소, 도에 포함됨 — 이를 일러 노력의 [업]형성이라 한다.

이러한 검증과 이러한 삼매와 이러한 노력의 [업]형성으로 얻었다, 잘 얻었다, 증득했다, 잘 증득했다, 갖추었다, 잘 갖추었다, 구족했다. 그래서 말하기를 검증을 [주로 한] 삼매와 노력의 [업]형성이라고 하였다.

456. '성취'라는 것은 그러한 법들의 성취, 원만한 성취, 성취함, 원만히 성취함, 얻음, 획득, 달성, 성취, 닿음, 실현, 구족함이다.

'성취수단'이라는 것은 그렇게 된 자의 감각접촉 … (Dhs §277) … 분발, 산란하지 않음이다.

'성취수단을 닦는다.'라는 것은 이러한 법들을 반복하고 닦고 많이 [공부]짓는 것이다. 그래서 말하기를 성취수단을 닦는다고 하였다.

(B) 작은 분석 방법(uttaracūḷabhājanīya)

457. 네 가지 성취수단은 열의를 [주로 한] 성취수단, 정진을 [주로 한] 성취수단, 마음을 [주로 한] 성취수단, 검증을 [주로 한] 성취수단이다.

458. 여기서 무엇이 '열의를 [주로 한] 성취수단(chandiddhipāda)'인가? 여기 비구가 사견에 빠짐을 버리고 첫 번째 경지[初地, 예류과]를 얻기 위하여, 출리로 인도하고 [윤회를] 감소시키는 출세간禪을 닦아서, 감각적 쾌락들을 완전히 떨쳐버리고 … (§205) … ① 도닦음도 어렵고

초월지도 느린 초선을 구족하여 머물 때, 그때에 [있는] 열의, 열의를 가짐, 하고자 함, 유익하고 법다운 열의 — 이를 일러 열의를 [주로 한] 성취수단이라 한다. 열의를 [주로 한] 성취수단과 결합된 나머지 법들도 있다.

459. 여기서 무엇이 '정진을 [주로 한] 성취수단(vīriyiddhipāda)'인가? 여기 비구가 사견에 빠짐을 버리고 첫 번째 경지[初地, 예류과]를 얻기 위하여, 출리로 인도하고 [윤회를] 감소시키는 출세간禪을 닦아서, 감각적 쾌락들을 완전히 떨쳐버리고 … (§205) … ① 도닦음도 어렵고 초월지도 느린 초선을 구족하여 머물 때, 그때에 [있는] 정신적인 정진을 시작함 … (§220) … 바른 정진, 정진의 깨달음의 구성요소, 도의 구성요소, 도에 포함됨 — 이를 일러 정진을 [주로 한] 성취수단이라 한다. 정진을 [주로 한] 성취수단과 결합된 나머지 법들도 있다.

460. 여기서 무엇이 '마음을 [주로 한] 성취수단(cittiddhipāda)'인가? 여기 비구가 사견에 빠짐을 버리고 첫 번째 경지[初地, 예류과]를 얻기 위하여, 출리로 인도하고 [224] [윤회를] 감소시키는 출세간禪을 닦아서, 감각적 쾌락들을 완전히 떨쳐버리고 … (§205) … ① 도닦음도 어렵고 초월지도 느린 초선을 구족하여 머물 때, 그때에 [있는] 마음, 마노[意], 정신작용 … (§184) … 그것에 적합한 마노의 알음알이의 요소 — 이를 일러 마음을 [주로 한] 성취수단이라 한다. 마음을 [주로 한] 성취수단과 결합된 나머지 법들도 있다.

461. 여기서 무엇이 '검증을 [주로 한] 성취수단(vīmaṁsiddhipāda)'인가? 여기 비구가 사견에 빠짐을 버리고 첫 번째 경지[初地, 예류과]를 얻기 위하여, 출리로 인도하고 [윤회를] 감소시키는 출세간禪을 닦아서, 감각적 쾌락들을 완전히 떨쳐버리고 … (§205) … ① 도닦음도 어렵고

초월지도 느린 초선을 구족하여 머물 때, 그때에 [있는] 통찰지, 통찰함 … (§525) … 어리석음 없음, 법의 간택, 바른 견해, 법을 간택하는 깨달음의 구성요소, 도의 구성요소, 도에 포함됨 — 이를 일러 검증을 [주로 한] 성취수단이라 한다. 검증을 [주로 한] 성취수단과 결합된 나머지 법들도 있다.

아비담마에 따른 분석 방법이 [끝났다.][4)]

III. [아비담마 마띠까를 통한] 질문의 제기

Pañhāpucchaka

462. 네 가지 성취수단[四如意足]은 [다음과 같다.]

여기 비구는 열의를 [주로 한] 삼매와 노력의 [업]형성을 갖춘 성취수단을 닦는다. 정진을 [주로 한] 삼매와 … 마음을 [주로 한] 삼매와 … 검증을 [주로 한] 삼매와 노력의 [업]형성을 갖춘 성취수단을 닦는다.

---

4) "아비담마에 따른 분석 방법은 [그 의미가] 분명하다. 여기서는 방법(naya)을 계산해보아야 한다. "열의를 [주로 한] 삼매와 노력의 [업]형성[行]을 갖춘 성취수단을 닦는다."라고 말씀하신 곳에서는 출세간(lokuttarāni)의 4,000가지 방법을 분석하셨다.
여기서 뒤의 작은 분류 방법(uttaracūḷabhājanīya, §§457~461)에 있는 열의를 [주로 한] 성취수단에서 4,000가지 방법이 분석되었고 정진·마음·검증을 [주로 한]의 성취수단에서도 각각 4,000가지씩이 있어서 [처음의 4 여의족(§§444~456)을 더하면] 모두 8가지 네 개 조가 되어 모두 32,000가지 방법이 분석되었다. 이와 같이 이 전적으로 출세간적인(nibbattita-lokuttara) 바른 노력들을 통해서 32,000가지 방법으로 장엄된 아비담마에 따른 분석 방법이 설해졌다고 알아야 한다."(VbhA.308)

이러한 계산 방법에 대해서는 본서 제4장 진리 위방가 §214의 해당 주해와 제7장 마음챙김의 확립 위방가 §385의 해당 주해 등을 참조할 것.

463. 네 가지 성취수단 가운데 몇 가지가 유익한 [법]이고, 몇 가지가 해로운 [법]이고, 몇 가지가 결정할 수 없는[無記] [법]인가? … pe(Dhs Mtk) … 몇 가지가 다툼을 가진 [법]이고, 몇 가지가 다툼이 없는 [법]인가?

(1) 세 개 조

464. [네 가지 성취수단은] 유익한 [법]이다.(*cf.* ma3-1)

즐거운 느낌과 결합된 [법]일 수 있고, 괴롭지도 즐겁지도 않은 느낌과 결합된 [법]일 수 있다.(*cf.* ma3-2)

과보를 생기게 하는 [법]이다.(*cf.* ma3-3)

취착되지 않았고 취착의 대상도 아닌 [법]이다.(*cf.* ma3-4)

오염되지 않았고 오염의 대상도 아닌 [법]이다.(*cf.* ma3-5)

일으킨 생각이 있고 지속적 고찰이 있는 [법]일 수 있고, 일으킨 생각은 없고 지속적 고찰만 있는 [법]일 수 있고, 일으킨 생각도 없고 지속적 고찰도 없는 [법]일 수 있다.(*cf.* ma3-6)

희열이 함께하는 [법]일 수 있고, 행복이 함께하는 [법]일 수 있고, 평온이 함께하는 [법]일 수 있다.(*cf.* ma3-7)

봄이나 닦음으로 버려야 하지 않는 [법]이다.(*cf.* ma3-8)

봄이나 닦음으로 버려야 하는 원인을 가지지 않은 [법]이다.(*cf.* ma3-9)

[윤회를] 감소시키는 [법]이다.(*cf.* ma3-10)

유학에 속하는 [법]이다.(*cf.* ma3-11)

무량한 [법]이다.(*cf.* ma3-12)

무량한 대상을 가진 [법]이다.(*cf.* ma3-13)

수승한 [법]이다.(*cf.* ma3-14)

바른 것으로 확정된 [법]이다.(*cf.* ma3-15)

도를 대상으로 가진 [법]이 아니고, 도를 원인으로 가진 것이고, 도를 지배의 [요소]로 가진 [법]이 아니다.(*cf.* ma3-16)

일어난 [법]일 수 있고, 일어나지 않은 [법]일 수 있다. [그러나] 일어나게 될 [법]이라고 말해서는 안 된다.(*cf.* ma3-17)

과거의 [법]일 수 있고, 미래의 [법]일 수 있고, 현재의 [법]일 수 있다.(*cf.* ma3-18)

과거의 대상을 가진 [법]이라고도 미래의 대상을 가진 [법]이라고도 현재의 대상을 가진 [법]이라고도 말해서는 안 된다.(*cf.* ma3-19)

안의 [법]일 수 있고, 밖의 [법]일 수 있고, 안과 밖의 [법]일 수 있다.(*cf.* ma3-20)

밖의 대상을 가진 [법]이다.(*cf.* ma3-21)

볼 수도 없고 부딪힘도 없는 [법]이다.(*cf.* ma3-22)

(2) 두 개 조

① 원인의 모둠

465. 검증의 성취수단은 [225] 원인인 [법]이다. 세 가지 성취수단은 원인이 아닌 [법]이다.(*cf.* ma2-1)

[네 가지 성취수단은] 원인을 가진 [법]이다.(*cf.* ma2-2)

원인과 결합된 [법]이다.(*cf.* ma2-3)

검증의 성취수단은 원인이면서 원인을 가진 [법]이다. 세 가지 성취수단은 원인이면서 원인을 가진 [법]이라고 말해서는 안 된다. [이들은] 원인을 가졌지만 원인이 아닌 [법]이다.(*cf.* ma2-4)

검증의 성취수단은 원인이면서 원인과 결합된 [법]이다. 세 가지 성취수단은 원인이면서 원인과 결합된 [법]이라고 말해서는 안 된다. [이들은] 원인과 결합되었지만 원인이 아닌 [법]이다.(*cf.* ma2-5)

세 가지 성취수단은 원인이 아니지만 원인을 가진 [법]이다. 검증의 성취수단은 원인이 아니지만 원인을 가진 [법]이라고도 원인이 아니면서 원인을 가지지 않은 [법]이라고도 말해서는 안 된다.(*cf.* ma2-6)

② 틈새에 있는 짧은 두 개 조

[네 가지 성취수단은] 조건을 가진 [법]이다.(*cf.* ma2-7)

형성된 [법]이다.(*cf.* ma2-8)

볼 수 없는 [법]이다.(*cf.* ma2-9)

부딪힘이 없는 [법]이다.(*cf.* ma2-10)

비물질인 [법]이다.(*cf.* ma2-11)

출세간인 [법]이다.(*cf.* ma2-12)

어떤 것으로는 식별되는 [법]이고, 어떤 것으로는 식별되지 않는 [법]이다.(*cf.* ma2-13)

③ 번뇌의 모둠

번뇌가 아닌 [법]이다.(*cf.* ma2-14)

번뇌의 대상이 아닌 [법]이다.(*cf.* ma2-15)

번뇌와 결합되지 않은 [법]이다.(*cf.* ma2-16)

번뇌이면서 번뇌의 대상인 [법]이라고도 번뇌의 대상이지만 번뇌가 아닌 [법]이라고도 말해서는 안 된다.(*cf.* ma2-17)

번뇌이면서 번뇌와 결합된 [법]이라고도 번뇌와 결합되었지만 번뇌가 아닌 [법]이라고도 말해서는 안 된다.(*cf.* ma2-18)

번뇌와 결합되지 않았으면서 번뇌의 대상이 아닌 [법]이다.(*cf.* ma2-19)

④ 족쇄의 모둠

족쇄가 아닌 [법]이다. … (*cf.* ma2-20~25)

⑤ 매듭의 모둠

매듭이 아닌 [법]이다. … (*cf.* ma2-26~31)

⑥ 폭류의 모둠

폭류가 아닌 [법]이다. … (*cf.* ma2-32~37)

⑦ 속박의 모둠

속박이 아닌 [법]이다. … (*cf.* ma2-38~43)

⑧ 장애의 모둠

장애가 아닌 [법]이다. … (*cf.* ma2-44~49)

⑨ 집착[固守]의 모둠

집착[固守]이 아닌 [법]이다. … (*cf.* ma2-50~54)

⑩ 틈새에 있는 긴 두 개 조

[네 가지 성취수단은] 대상을 가진 [법]이다.(*cf.* ma2-55)

세 가지 성취수단은 마음이 아니고, 마음의 성취수단은 마음인 [법]이다.(*cf.* ma2-56)

세 가지 성취수단은 마음부수이고 마음의 성취수단은 마음부수가 아닌 [법]이다.(*cf.* ma2-57)

세 가지 성취수단은 마음과 결합된 [법]이다. 마음의 성취수단은 마음과 결합된 [법]이라고도 마음과 결합되지 않은 [법]이라고도 말해서는 안 된다.(*cf.* ma2-58)

세 가지 성취수단은 마음과 결속된 [법]이다. 마음의 성취수단은 마음과 결속된 [법]이라고도 마음과 결속되지 않은 [법]이라고도 말해서는 안 된다.(*cf.* ma2-59)

세 가지 성취수단은 마음에서 생긴 [법]이다. 마음의 성취수단은 마음에서 생기지 않은 [법]이다.(*cf.* ma2-60)

세 가지 성취수단은 마음과 함께 존재하는 [법]이다. 마음의 성취수단은 마음과 함께 존재하지 않는 [법]이다.(*cf.* ma2-61)

세 가지 성취수단은 마음을 따르는 [법]이다. 마음의 성취수단은 마음을 따르지 않는 [법]이다.(*cf.* ma2-62)

세 가지 성취수단은 마음과 결속되어 있고 마음에서 생긴 [법]이다. 마음의 성취수단은 마음과 결속된 것도 마음에서 생긴 것도 아닌 [법]이다.(*cf.* ma2-63)

세 가지 성취수단은 마음과 결속되어 있고 마음에서 생겼고 마음과 함께 존재하는 [법]이다. 마음의 성취수단은 마음과 결속된 것도 마음에서 생긴 것도 마음과 함께 존재하는 것도 아닌 [법]이다.(*cf.* ma2-64)

세 가지 성취수단은 마음과 결속되어 있고 마음에서 생겼고 마음을 따르는 [법]이다. 마음의 성취수단은 마음과 결속된 것도 마음에서 생긴 것도 마음을 따르는 것도 아닌 [법]이다.(*cf.* ma2-65)

세 가지 성취수단은 밖에 있는 것이고 마음의 성취수단은 안에 있는 [법]이다.(*cf.* ma2-66)

[네 가지 성취수단은] 파생되지 않은 [법]이다.(*cf.* ma2-67)

취착되지 않은 [법]이다.(*cf.* ma2-68)

⑪ 취착의 모둠

취착이 아닌 [법]이다. … (*cf.* ma2-69~74)

⑫ 오염원의 모둠

오염원이 아닌 [법]이다. … (*cf.* ma2-75~82)

⑬ 마지막 두 개 조

봄으로써 버려야 하는 것이 아닌 [법]이다.(*cf.* ma2-83)

닦음으로써 버려야 하는 것이 아닌 [법]이다.(*cf.* ma2-84)

봄으로써 버려야 하는 원인을 가지지 않은 [법]이다.(*cf.* ma2-85)

닦음으로써 버려야 하는 원인을 가지지 않은 [법]이다.(*cf.* ma2-86)

일으킨 생각이 있는 [법]일 수 있고, 일으킨 생각이 없는 [법]일 수 있다.(*cf.* ma2-87)

지속적 고찰이 있는 [법]일 수 있고, 지속적 고찰이 없는 [법]일 수 있다.(*cf.* ma2-88)

희열이 있는 [법]일 수 있고, 희열이 없는 [법]일 수 있다.(*cf.* ma2-89)

희열이 함께하는 [법]일 수 있고, 희열이 함께하지 않는 [법]일 수 있다.(*cf.* ma2-90)

행복이 함께하는 [법]일 수 있고, 행복이 함께하지 않는 [법]일 수 있다.(*cf.* ma2-91)

평온이 함께하는 [법]일 수 있고, 평온이 함께하지 않는 [법]일 수 있다.(*cf.* ma2-92)

욕계에 속하지 않는 [법]이다.(*cf.* ma2-93)

색계에 속하지 않는 [법]이다.(*cf.* ma2-94)

무색계에 속하지 않는 [법]이다.(*cf.* ma2-95)

[세간에] 포함되지 않는 [법]이다.(*cf.* ma2-96)

출리로 인도하는 [법]이다.(*cf.* ma2-97)

확정된 [법]이다.(*cf.* ma2-98)

위가 없는 [법]이다.(*cf.* ma2-99)

다툼이 없는 [법]이다.(*cf.* ma2-100)

[아비담마 마띠까를 통한] 질문의 제기가 [끝났다.]

성취수단에 대한 분석이 [끝났다.]

제10장

깨달음의 구성요소[覺支] 위방가

깨달음의 구성요소에 대한 분석

Bojjhaṅga-vibhaṅga

I. 경에 따른 분석 방법

Suttanta-bhājanīya

(1) 첫 번째 방법5)

466. (1) 일곱 가지 깨달음의 구성요소[七覺支]가 있으니, [227] 마음챙김의 깨달음의 구성요소[念覺支], 법을 간택하는 깨달음의 구성요소[擇法覺支], 정진의 깨달음의 구성요소[精進覺支], 희열의 깨달음의 구성요소[喜覺支], 편안함의 깨달음의 구성요소[輕安覺支], 삼매의 깨달음의 구성요소[定覺支], 평온의 깨달음의 구성요소[捨覺支]이다.

467. 여기서 무엇이 '마음챙김의 깨달음의 구성요소(sati-sambojjhaṅga)'인가? 여기 비구는 마음챙기는 자이다. 그는 최상의 마음챙김과 슬기로움을 구족하여 오래전에 행하고 오래전에 말한 것일지라도 마음챙기고 계속해서 마음챙긴다.6) — 이를 일러 마음챙김의 깨달음의

---

5) "이제 오직 하나의 대상에 대해(ekasmiṁyevārammaṇe) 각각 자신의 역할(kicca)을 통해서 이들의 차이점(다양함, nānākaraṇa)을 보여주시기 위해서 '여기서 무엇이 '마음챙김의 깨달음의 구성요소(satisambojjhaṅga)'인가?'라는 등의 [첫 번째 방법]을 시작하셨다."(VbhA.311)

구성요소라 한다.

그는 이처럼 마음챙겨 머물면서 법을 통찰지로 조사하고[7] 고찰하고 철저하게 검증한다. — 이를 일러 '법을 간택하는 깨달음의 구성요소(dhammavicayasambojjhaṅga)'라 한다.

그가 이처럼 법을 통찰지로 조사하고 고찰하고 철저하게 검증할 때 불굴의 정진이 일어난다. — 이를 일러 '정진의 깨달음의 구성요소(vīriyasambojjhaṅga)'라 한다.

정진을 시작한 자에게는 세속적이지 않은 희열이 일어난다. — 이를 일러 '희열의 깨달음의 구성요소(pītisambojjhaṅga)'라 한다.

마음이 희열로 가득한 자는 몸도 고요하고 마음도 고요하다. — 이를 일러 '편안함의 깨달음의 구성요소(passaddhisambojjhaṅga)'라 한다.

몸이 고요하고 행복한 자의 마음은 삼매에 든다. — 이를 일러 '삼매의 깨달음의 구성요소(samādhisambojjhaṅga)'라 한다.

이처럼 마음이 삼매에 들면 그는 안으로 아주 평온하게 된다.[8] — 이

---

6) 여기서 '오래전에 행하고 오래전에 말한 것일지라도 마음챙기고 계속해서 마음챙긴다.'는 cirakatampi cirabhāsitampi saritā hoti anussaritā를 옮긴 것이다. 그동안 초기불전연구원에서는 이 구문을 '오래전에 행하고 오래전에 말한 것일지라도 모두 기억하고 생각해낸다.'(S48:9 §6 등)로 옮겼는데 saritā와 anussaritā를 기억과 생각으로 이해한 것이다.

그러나 sati와 같은 어근인 √smṛ(*to remember*)에서 파생된 명사인 sari-tar와 anussaritar를 이 정형구의 문맥에서 단순한 기억함이나 생각함으로 이해하기보다는 주석서(VbhA.313)의 설명처럼 자신이나 남의(attano vā parassa vā) 의무(소임, vatta)나 까시나의 원반(kasiṇa-maṇḍala)과 까시나의 준비단계의 수행(kasiṇa-parikamma)과 같은 명상주제의 판별(kammaṭṭhāna-vinicchaya)이나 설법(dhammakathā) 등과 관련된 강하고 지속적이며 위빳사나와 결합된 마음챙김(vipassanāsampayuttā sati, *Ibid.*)을 뜻하는 것으로 보는 것이 타당하다. 그래서 이 둘을 각각 '마음챙기는'과 '계속해서 마음챙기는(anussaritāti punappunaṁ saritā, *Ibid.*)'으로 옮겼음을 밝힌다.

7) "'조사한다(pavicinati)'는 것은 무상 등(aniccādi)으로 조사하는 것이고, 나머지 두 단어도 이와 같은 뜻이다."(MA.iv.142)

를 일러 '평온의 깨달음의 구성요소(upekkhāsambojjhaṅga)'라 한다.[9] [10]

(2) 두 번째 방법[11]

---

8) '이처럼 마음이 삼매에 들면 그는 안으로 아주 평온하게 된다.'는 'so tathā samāhitaṁ cittaṁ sādhukaṁ ajjhupekkhitā hoti.'를 옮긴 것이다.

"'안으로 평온하게 된다(ajjhupekkhitā hoti).'란 ① 사마타에 든 자가 평온하게 되는 것과 ② 하나로 확립된 자가 평온하게 되는 것으로 두 종류의 평온함이 있다. 함께 생긴(sahajāta) 법들에 대해서도 평온함이 있고 대상(ārammaṇa)에 대해서도 평온함이 있는데 여기서는 대상에 대한 평온함을 뜻한다."(MA.iv.142)

한편 『맛지마 니까야』 제4권 「들숨날숨에 대한 마음챙김 경」(M118) §27 등에는 '그는 욕심과 싫어하는 마음을 버린 것을 통찰지로써 보고 안으로 마음이 평온하게 된다(so yaṁ taṁ abhijjhādomanassānaṁ pahānaṁ, taṁ paññāya disvā sādhukaṁ ajjhupekkhitā hoti).'로 나타난다. 여기에 대한 주석서의 설명은 M118 §27의 해당 주해를 참조하기 바란다.

9) "'이를 일러 '평온의 깨달음의 구성요소(upekkhāsambojjhaṅga)'라 한다.' 라고 하였다. 이것은 [앞의] 여섯 가지 깨달음의 구성요소가 침체하지 않고(anosakkana) 치달리지 않는(anativattana) 상태가 되도록 [분발과 절제로써] 잘 성취하는(anosakkana-anativattana-bhāva-sādhaka) 중간의 상태가 되도록 하는(majjhattākāra) 평온의 깨달음의 구성요소라 한다는 뜻이다."(VbhA.314)

이상 본서 §467은 『상윳따 니까야』 제5권 「계(戒) 경」(S46:3) §§6~12와 제6권 「아난다 경」 1(S54:13) §§12~18과 『맛지마 니까야』 제4권 「들숨날숨에 대한 마음챙김 경」(M118) §§30~36에 나타나는 주요 내용과 같다.

10) "이렇게 하여 무엇이 설해졌는가? 전도 아니고 후도 아닌(apubbaṁ acarimaṁ) 바로 하나의 마음 순간에(ekacittakkhaṇe) 다양한 역할과 특징을 가진(nānārasalakkhaṇā) 위빳사나의 예비단계인(pubbabhāga-vipassanā) 깨달음의 구성요소들이 설해졌다."(VbhA.314)

11) "이제 방편(방법, pariyāya)에 의해서 일곱 가지 깨달음의 구성요소는 14가지가 된다. 그것을 분명하게 하기 위해서 두 번째 방법을 보여주신다."(VbhA.314)

칠각지를 이처럼 두 갈래로 나누는 것은 빠알리 삼장 전체에서 『상윳따 니까야』 제5권 「방법 경」(Pariyāya-sutta, S46:52) §8과 본서의 여기에만 나타나는 것으로 조사된다.

468. (2) 일곱 가지 깨달음의 구성요소[七覺支]가 있으니, 마음챙김의 깨달음의 구성요소[念覺支], 법을 간택하는 깨달음의 구성요소[擇法覺支], 정진의 깨달음의 구성요소[精進覺支], 희열의 깨달음의 구성요소[喜覺支], 편안함의 깨달음의 구성요소[輕安覺支], 삼매의 깨달음의 구성요소[定覺支], 평온의 깨달음의 구성요소[捨覺支]이다.

469. 여기서 [228] 무엇이 '마음챙김의 깨달음의 구성요소[念覺支]'인가? 내적인 법들에 대한 마음챙김이 있고 외적인 법들에 대한 마음챙김이 있다.[12] 내적인 법들에 대한 마음챙김은 무엇이든지 마음챙김의 깨달음의 구성요소이고 최상의 지혜로 인도하고, 바른 깨달음으로 인도하고, 열반으로 인도한다. 외적인 법들에 대한 마음챙김은 무엇이든지 마음챙김의 깨달음의 구성요소이고 최상의 지혜로 인도하고, 바른 깨달음으로 인도하고, 열반으로 인도한다.

여기서 무엇이 '법을 간택하는 깨달음의 구성요소[擇法覺支]'인가? 내적인 법들에 대한 간택이 있고 외적인 법들에 대한 간택이 있다. 내적인 법들에 대한 간택은 무엇이든지 법을 간택하는 깨달음의 구성요소이고 최상의 지혜로 인도하고, 바른 깨달음으로 인도하고, 열반으로 인도한다. 외적인 법들에 대한 간택은 무엇이든지 법을 간택하는 깨달음의 구성요소이고 최상의 지혜로 인도하고, 바른 깨달음으로 인도하고, 열반으로 인도한다.

여기서 무엇이 '정진의 깨달음의 구성요소[精進覺支]'인가? 육체적인 정진이 있고 정신적인 정진이 있다. 육체적인 정진은 무엇이든지 정진

---

12) "'내적인 법들에 대한 마음챙김(ajjhattaṁ dhammesu sati)'이란 내적인 형성된 것들(ajjhattika-saṅkhārā)을 파악하는 자(pariggaṇhanta)에게 일어난 마음챙김이고 '외적인 법들에 대한 마음챙김(bahiddhā dhammesu sati)'이란 외적인 형성된 것들(bahiddhā-saṅkhārā)을 파악하는 자에게 일어난 마음챙김이다."(VbhA.314)

의 깨달음의 구성요소이고 최상의 지혜로 인도하고, 바른 깨달음으로 인도하고, 열반으로 인도한다. 정신적인 정진은 무엇이든지 정진의 깨달음의 구성요소이고 최상의 지혜로 인도하고, 바른 깨달음으로 인도하고, 열반으로 인도한다.13)

여기서 무엇이 '희열의 깨달음의 구성요소[喜覺支]'인가? 일으킨 생각과 지속적 고찰이 있는 희열이 있고 일으킨 생각이 없고 지속적 고찰이 없는 희열이 있다.14) 일으킨 생각과 지속적 고찰이 있는 희열은 무엇이든지 희열의 깨달음의 구성요소이고 최상의 지혜로 인도하고, 바른 깨달음으로 인도하고, 열반으로 인도한다. 일으킨 생각과 지속적 고찰이 없는 희열은 무엇이든지 희열의 깨달음의 구성요소이고 최상의 지혜로 인도하고, 바른 깨달음으로 인도하고, 열반으로 인도한다.

여기서 무엇이 '편안함의 깨달음의 구성요소[輕安覺支]'인가? 몸의 편안함이 있고 마음의 편안함이 있다.15)

몸의 편안함은 무엇이든지 편안함의 깨달음의 구성요소이고 최상의 지혜로 인도하고, 바른 깨달음으로 인도하고, 열반으로 인도한다. 마음의 편안함은 무엇이든지 편안함의 깨달음의 구성요소이고 최상의 지혜로 인도하고, 바른 깨달음으로 인도하고, 열반으로 인도한다.

여기서 무엇이 '삼매의 깨달음의 구성요소[定覺支]'인가? 일으킨 생각과 지속적 고찰이 있는 삼매도 있고 일으킨 생각이 없고 지속적 고찰이

---

13) "'육체적인 정진(kāyika vīriya)'은 경행을 결심한 자에게 일어난 정진이다. '정신적인 정진(cetasika vīriya)'이란 '취착이 없어져서 마음이 번뇌들로부터 해탈하지 못하면 나는 이 가부좌(pallaṅka)를 풀지 않으리라.'라고 하면서 육체적인 노력 없이(kāyapayogaṁ vinā) 일어난 정진이다."(VbhA.314)

14) 전자는 초선에 있는 희열(pīti)이고 후자는 제2선에 있는 희열이다.

15) "'몸의 편안함(kāya-ppassaddhi)'이란 [느낌·인식·심리현상들의] 세 가지 무더기의 불편함을 가라앉힘(daratha-paṭippassaddhi)을 말하고, '마음의 편안함(citta-ppassaddhi)'이란 알음알이의 무더기(식온)의 불편함을 가라앉힘을 말한다."(SA.iii.170; VbhA.314)
『상윳따 니까야』 제5권 「몸 경」(S46:2) §15의 주해도 참조할 것.

없는 삼매도 있다.16) 일으킨 생각과 지속적 고찰이 있는 삼매는 무엇이든지 삼매의 깨달음의 구성요소이고 최상의 지혜로 인도하고, 바른 깨달음으로 인도하고, 열반으로 인도한다. 일으킨 생각이 없고 지속적 고찰이 없는 삼매는 무엇이든지 삼매의 깨달음의 구성요소이고 최상의 지혜로 인도하고, 바른 깨달음으로 인도하고, 열반으로 인도한다.

여기서 무엇이 '평온의 깨달음의 구성요소[捨覺支]'인가? 내적인 법들에 대한 평온이 있고 외적인 법들에 대한 평온이 있다. 내적인 법들에 대한 평온은 무엇이든지 평온의 깨달음의 구성요소이고 최상의 지혜로 인도하고, 바른 깨달음으로 인도하고, 열반으로 인도한다. 외적인 법들에 대한 평온은 무엇이든지 평온의 깨달음의 구성요소이고 최상의 지혜로 인도하고, 바른 깨달음으로 인도하고, 열반으로 인도한다.17)

(3) 세 번째 방법18)

470. (3) 일곱 가지 [229] 깨달음의 구성요소[七覺支]가 있으니, 마음챙김의 깨달음의 구성요소[念覺支], 법을 간택하는 깨달음의 구성요소[擇法覺支], 정진의 깨달음의 구성요소[精進覺支], 희열의 깨달음의 구성요소[喜覺支], 편안함의 깨달음의 구성요소[輕安覺支], 삼매의 깨달음의 구성요소[定覺支], 평온의 깨달음의 구성요소[捨覺支]이다.

471. 여기서 무엇이 '마음챙김의 깨달음의 구성요소'인가? 여기 비구는 떨쳐버림을 의지하고 탐욕의 빛바램을 의지하고 소멸을 의지하고

---

16) 전자는 초선에 있는 삼매(samādhi)이고 후자는 제2선과 그보다 더 높은 단계의 禪에 있는 삼매이다.

17) "이 방법에서 일곱 가지 깨달음의 구성요소는 세간적인 것과 출세간적인 것이 혼합된 것(lokiyalokuttaramissakā)이다."(출처 밝힐 것??)

18) "세 번째 방법은 깨달음의 구성요소들을 수행하는 것(bhāvanā)을 통해서 보여주시는 것이다."(VbhA.316)

철저한 버림으로 기우는 마음챙김의 깨달음의 구성요소를 닦는다.[19] … 법을 간택하는 깨달음의 구성요소를 닦는다. … 정진의 깨달음의 구성요소를 닦는다. … 희열의 깨달음의 구성요소를 닦는다. … 편안함의 깨달음의 구성요소를 닦는다. … 삼매의 깨달음의 구성요소를 닦는다. … 떨쳐버림을 의지하고 탐욕의 빛바램을 의지하고 소멸을 의지하고 철저한 버림으로 기우는 평온의 깨달음의 구성요소를 닦는다.

경에 따른 분석 방법이 [끝났다.][20]

---

19) §471은 D33 §1.11; M2 §21: M77 §20; S46:5; A4:14 등, 특히 『상윳따 니까야』 제5권 「깨달음의 구성요소 상윳따」(S46)의 여러 경들에 나타나고 있다. 여기에 나타나는 용어들에 대한 설명은 『맛지마 니까야』 제1권 「모든 번뇌 경」(M2) §2의 주해들을 참조할 것.

20) "이 방법에서도 일곱 가지 깨달음의 구성요소는 세간적인 것과 출세간적인 것이 혼합된 것(lokiyalokuttaramissakā)이다.
그러나 옛적의 장로들(porāṇakattherā)은 '이 정도로는 분명하지 않다.'라고 하면서 [다음과 같이] 분석한 뒤에 드러내셨다. 내적인 법들에 대한 마음챙김과 간택과 평온(ajjhattadhammesu sati pavicayo upekkhā)이라는 이 셋은 자신의 무더기를 대상으로 하기 때문에(attano khandhārammaṇa-ttā) 단지 세간적인 것(lokiyāva)이고 도를 얻지 못한(maggaṁ appatta) 육체적인 정진(kāyikavīriya)도 그러하다. 일으킨 생각이 없고 지속적 고찰이 없는 희열과 삼매는 출세간적인 것(lokuttarā)이고 나머지는 세간적인 것과 출세간적인 것이 혼합된 것(lokiyalokuttaramissakā)이다.

여기서 내적인 법들에 대한 마음챙김과 간택과 평온은 안의 대상을 가진 것(ajjhattārammaṇā)이지만 출세간적인 [깨달음의 구성요소들은] 밖의 대상을 가진 것(bahiddhārammaṇā)이기 때문에 이들의 출세간적인 상태(lokuttarabhāva)는 적용시키면 안 된다(mā yujjittha). 경행하는 노력(caṅkamappayoga)을 수반하는 정진도 세간적인 것이라고 주장하는 자는 질책받지 않는다(na kilamati — acodanīyoti attho(VbhAMṬ.172)).

그러면 일으킨 생각이 없고 지속적 고찰이 없는 희열과 삼매는 언제 출세간적인 것이 되는가? 욕계에서는 희열의 깨달음의 구성요소(pītisambojjh-aṅga)는 얻어지지만 일으킨 생각이 없고 지속적 고찰이 없는 희열(avitakkāvicārā pīti)은 얻어지지 않는다. 색계에서는 일으킨 생각이 없고 지속적 고찰이 없는 희열은 얻어지지만 희열의 깨달음의 구성요소는 얻어지지 않는다. 무색계에서는 어떤 것도 얻어지지 않는다. 그러나 여기서 얻어지지 않는 것(alabbhamānaka)을 취하여 얻어지는 것들(labbhamānakā)도 배제되었다(paṭikkhittā). 이와 같이 이 일으킨 생각이 없고 지속적 고찰이 없는 희열의 깨달음의 구성요소는 욕계로부터도 제외되고(nikkhanta) 색계로부터도 무색계로부터도 [제외되어서] 전적으로 출세간적인 것(nibbattita-lokuttara)만 설해졌다.

이와 같이 욕계에서는 삼매의 깨달음의 구성요소(samādhisambojjhaṅga)가 얻어지지만 일으킨 생각이 없고 지속적 고찰이 없는 삼매(avitakka-avicāra samādhi)는 얻어지지 않는다. 색계와 무색계에서는 일으킨 생각이 없고 지속적 고찰이 없는 삼매가 얻어지지만 삼매의 깨달음의 구성요소는 얻어지지 않는다. 여기서도 얻어지지 않는 것을 취하여 얻어지는 것이 배제되었다. 이와 같이 이 일으킨 생각이 없고 지속적 고찰이 없는 삼매는 욕계로부터도 제외되고 색계로부터도 무색계로부터도 [제외되어서] 전적으로 출세간적인 것(nibbattita-lokuttara)만 설해졌다.

나아가서 세간적인 것을 취한 뒤에 출세간적인 것이 만들어져야 하고 출세간적인 것을 취한 뒤에 세간적인 것이 만들어져야 한다. 내적인 법들에 대한 마음챙김과 간택과 평온이 출세간적인 것을 개발하는 때가 있기 때문이다. 여기에 대해서는 다음의 경을 [보기로 들 수] 있다. — "도반이여, 나는 안으로 해탈을 하였고(ajjhattavimokkhaṁ) 모든 취착이 멸진하였다고 말합니다. 이와 같이 이 번뇌들이 더 이상 흐르지 않습니다."(「깔라라 경」(S12:32) §12와 비슷함) 이 경에 의하면 이들은 출세간적인 것이다. 그러나 경행하는 노력을 수반하는 육체적인 정진이 가라앉지 않았을 때(anupasante-yeva) 위빳사나가 도와 합쳐지면(maggena ghaṭīyati) 그때 그것은 출세간적인 것이다.

한편 장로들은 '까시나를 통한 禪과 들숨날숨을 통한 禪과 거룩한 머묾을 통한 삼매에서 당연하게 드러나는 깨달음의 구성요소는 배제되어서는 안 된다.'라고 말한다. 그들의 주장(vāda)에서 일으킨 생각이 없고 지속적 고찰이 없는 희열과 삼매의 깨달음의 구성요소는 세간적인 것이다."(VbhA.314 ~315)

II. 아비담마에 따른 분석 방법

Abhidhamma-bhājanīya

(1) 첫 번째 방법

472. (1) 일곱 가지 깨달음의 구성요소[七覺支]가 있으니, 마음챙김의 깨달음의 구성요소[念覺支], 법을 간택하는 깨달음의 구성요소[擇法覺支], 정진의 깨달음의 구성요소[精進覺支], 희열의 깨달음의 구성요소[喜覺支], 편안함의 깨달음의 구성요소[輕安覺支], 삼매의 깨달음의 구성요소[定覺支], 평온의 깨달음의 구성요소[捨覺支]이다.

473. 여기서 무엇이 '일곱 가지 깨달음의 구성요소'인가? 여기 비구는 사견에 빠짐을 버리고 첫 번째 경지[初地, 예류과]를 얻기 위하여, 출리로 인도하고 [윤회를] 감소시키는 출세간禪을 닦아서, 감각적 쾌락들을 완전히 떨쳐버리고 … (§205) … ① 도닦음도 어렵고 초월지도 느린 초선을 구족하여 머물 때,(§304 등) 그때에 일곱 가지 깨달음의 구성요소가 있으니 마음챙김의 깨달음의 구성요소 … 평온의 깨달음의 구성요소이다.

474. 여기서 무엇이 '마음챙김의 깨달음의 구성요소'인가? 마음챙김, 계속해서 마음챙김[隨念], … (§220) … 바른 마음챙김[正念], 마음챙김의 깨달음의 구성요소, 도의 구성요소, 도에 포함됨 — 이를 일러 마음챙김의 깨달음의 구성요소라 한다.

여기서 무엇이 '법을 간택하는 깨달음의 구성요소'인가? 통찰지, 통찰함 … (§525) … 어리석음 없음, 법의 간택, 바른 견해, 법을 간택하는 깨달음의 구성요소, 도의 구성요소, 도에 포함됨 — 이를 일러 법을 간택하는 깨달음의 구성요소라 한다.

여기서 무엇이 '정진의 깨달음의 구성요소'인가? 정신적인 정진을 시작함 … (§220) … 바른 정진, 정진의 깨달음의 구성요소, 도의 구성요소, 도에 포함됨 — 이를 일러 정진의 깨달음의 구성요소라 한다.

여기서 무엇이 '희열의 깨달음의 구성요소'인가? 희열, 환희, 기뻐함, 기꺼워함, 미소, 함박웃음, 경사로움, 의기양양함, 마음이 흡족함, 희열의 깨달음의 구성요소 — 이를 일러 희열의 깨달음의 구성요소라 한다.(*cf.* Dhs §9)

여기서 [230] 무엇이 '편안함의 깨달음의 구성요소'인가? 느낌의 무더기와 인식의 무더기와 심리현상들의 무더기의 편안함, 아주 편안함, 안정됨, 아주 안정됨, 아주 안정된 상태, 편안함의 깨달음의 구성요소 — 이를 일러 편안함의 깨달음의 구성요소라 한다.

여기서 무엇이 '삼매의 깨달음의 구성요소'인가? 마음의 머묾, 잘 머묾 … (§220) … 바른 삼매, 삼매의 깨달음의 구성요소, 도의 구성요소, 도에 포함됨 — 이를 일러 삼매의 깨달음의 구성요소라 한다.

여기서 무엇이 '평온의 깨달음의 구성요소'인가? 평온, 평온함, 공평함, 마음의 중립적인 상태, 평온의 깨달음의 구성요소 — 이를 일러 평온의 깨달음의 구성요소라 한다.

— 이를 일러 일곱 가지 깨달음의 구성요소라 한다. 일곱 가지 깨달음의 구성요소와 결합된 나머지 법들도 있다.

(2) 두 번째 방법

475. (2) 일곱 가지 깨달음의 구성요소가 있으니, 마음챙김의 깨달음의 구성요소 … 평온의 깨달음의 구성요소이다.

476. 여기서 무엇이 '마음챙김의 깨달음의 구성요소'인가? 여기 비구는 사견에 빠짐을 버리고 첫 번째 경지[初地, 예류과]를 얻기 위하여, 출

리로 인도하고 [윤회를] 감소시키는 출세간禪을 닦아서, 감각적 쾌락들을 완전히 떨쳐버리고 … (§205) … ① 도닦음도 어렵고 초월지도 느린 초선을 구족하여 머물 때,(§304 등) 그때에 마음챙김, 계속해서 마음챙김[隨念] … (§220) …[21] 바른 마음챙김[正念], 마음챙김의 깨달음의 구성요소, 도의 구성요소, 도에 포함됨이 있다. ― 이를 일러 마음챙김의 깨달음의 구성요소라 한다. 마음챙김의 깨달음의 구성요소와 결합된 나머지 법들도 있다.

… 법을 간택하는 깨달음의 구성요소와 결합된 나머지 법들도 있다.

… 정진의 깨달음의 구성요소와 결합된 나머지 법들도 있다.

… 희열의 깨달음의 구성요소와 결합된 나머지 법들도 있다.

… 편안함의 깨달음의 구성요소와 결합된 나머지 법들도 있다.

… 삼매의 깨달음의 구성요소와 결합된 나머지 법들도 있다.

여기서 무엇이 '평온의 깨달음의 구성요소'인가? 여기 비구는 사견에 빠짐을 버리고 첫 번째 경지[初地, 예류과]를 얻기 위하여, 출리로 인도하고 [윤회를] 감소시키는 출세간禪을 닦아서, 감각적 쾌락들을 완전히 떨쳐버리고 … (§205) … ① 도닦음도 어렵고 초월지도 느린 초선을 구족하여 머물 때,(§304 등) 그때에 평온, 평온함, 공평함, 마음의 중립적인 상태, 평온의 깨달음의 구성요소가 있다. ― 이를 일러 평온의 깨달음의 구성요소라 한다. 평온의 깨달음의 구성요소와 결합된 나머지 법들도 있다.

(3) 세 번째 방법

477. (3) 일곱 가지 [231] 깨달음의 구성요소가 있으니, 마음챙김의

---

21) VRI본에는 여기에 반복되는 부분(뻬얄라, peyyala)의 생략 표시가 나타나지 않지만 PTS본에는 나타난다. 이 생략 표시는 있어야 한다. 텃띨라 스님의 영역본에도 나타난다.(텃띨라 스님, 302쪽)

깨달음의 구성요소 … 평온의 깨달음의 구성요소이다.

478. 여기서 무엇이 '일곱 가지 깨달음의 구성요소'인가? 여기 비구가 사견에 빠짐을 버리고 첫 번째 경지[初地, 예류과]를 얻기 위하여, 출리로 인도하고 [윤회를] 감소시키는 출세간禪을 닦아서, 감각적 쾌락들을 완전히 떨쳐버리고 … (§205) … ① 도닦음도 어렵고 초월지도 느린 초선을 구족하여 머물 때, 그때에 감각접촉이 있고 … (Dhs §277) … 산란하지 않음이 있다. 이것이 유익한 법들이다.

이러한 출세간의 유익한 禪을 지었고 수행하였기 때문에, 감각적 쾌락들을 완전히 떨쳐버리고 … 도닦음도 어렵고 초월지도 느리며 ㉠ 공하고[空性] 과보로 나타난 초선을 구족하여 머물 때, 그때에 일곱 가지 깨달음의 구성요소가 있다. 즉 마음챙김의 깨달음의 구성요소 … 평온의 깨달음의 구성요소이다.

479. 여기서 무엇이 '마음챙김의 깨달음의 구성요소'인가? 마음챙김, 계속해서 마음챙김[隨念] … (§220) … 바른 마음챙김[正念], 마음챙김의 깨달음의 구성요소, 도의 구성요소, 도에 포함됨 — 이를 일러 마음챙김의 깨달음의 구성요소라 한다. …

여기서 무엇이 '평온의 깨달음의 구성요소'인가? 평온, 평온함, 공평함, 마음의 중립적인 상태, 평온의 깨달음의 구성요소 — 이를 일러 평온의 깨달음의 구성요소라 한다.

— 이를 일러 일곱 가지 깨달음의 구성요소라 한다. 일곱 가지 깨달음의 구성요소와 결합된 나머지 법들도 있다.(§474)

(4) 네 번째 방법

480. (4) 일곱 가지 깨달음의 구성요소가 있으니, 마음챙김의 깨달

음의 구성요소 … 평온의 깨달음의 구성요소이다.

481. 여기서 무엇이 '마음챙김의 깨달음의 구성요소'인가? 여기 비구가 사견에 빠짐을 버리고 첫 번째 경지[初地, 예류과]를 얻기 위하여, 출리로 인도하고 [윤회를] 감소시키는 출세간禪을 닦아서, 감각적 쾌락들을 완전히 떨쳐버리고 … (§205) … ① 도닦음도 어렵고 초월지도 느린 초선을 구족하여 머물 때, 그때에 감각접촉이 있고 … (Dhs §277) … 산란하지 않음이 있다. 이것이 유익한 법들이다.

이러한 출세간의 유익한 禪을 지었고 수행하였기 때문에, 감각적 쾌락들을 완전히 떨쳐버리고 … 도닦음도 어렵고 초월지도 느리고 과보로 나타난 초선을 구족하여 머물 때,(§478) 그때에 마음챙김, 계속해서 마음챙김[隨念] … (§220) … 바른 마음챙김[正念], 마음챙김의 깨달음의 구성요소, 도의 구성요소, 도에 포함됨이 있다. — 이를 일러 마음챙김의 깨달음의 구성요소라 한다. 마음챙김의 깨달음의 구성요소와 결합된 나머지 법들도 있다.

… 법을 간택하는 깨달음의 구성요소와 결합된 [232] 나머지 법들도 있다.

… 정진의 깨달음의 구성요소와 결합된 나머지 법들도 있다.

… 희열의 깨달음의 구성요소와 결합된 나머지 법들도 있다.

… 편안함의 깨달음의 구성요소와 결합된 나머지 법들도 있다.

… 삼매의 깨달음의 구성요소와 결합된 나머지 법들도 있다.

여기서 무엇이 '평온의 깨달음의 구성요소'인가? 여기 비구가 사견에 빠짐을 버리고 첫 번째 경지[初地, 예류과]를 얻기 위하여, 출리로 인도하고 [윤회를] 감소시키는 출세간禪을 닦아서, 감각적 쾌락들을 완전히 떨쳐버리고 … (§205) … ① 도닦음도 어렵고 초월지도 느린 초선을 구족하여 머물 때, 그때에 감각접촉이 있고 … (Dhs §277) … 산란하지 않음이 있다. 이것이 유익한 법들이다.

이러한 출세간의 유익한 禪을 지었고 수행하였기 때문에, 감각적 쾌락들을 완전히 떨쳐버리고 … 도닦음도 어렵고 초월지도 느리고 과보로 나타난 초선을 구족하여 머물 때, 그때에 평온, 평온함, 공평함, 마음의 중립적인 상태, 평온의 깨달음의 구성요소가 있다. — 이를 일러 평온의 깨달음의 구성요소라 한다. 평온의 깨달음의 구성요소와 결합된 나머지 법들도 있다.

아비담마에 따른 분석 방법이 [끝났다.][22)]

---

22) "아비담마에 따른 분석 방법에서 일곱 가지 깨달음의 구성요소는 하나로(ekato) [묶어서] 질문을 한 뒤에 답을 내는 것(vissajjana, 예를 들면 §473과 §478)과 각각에 대해서(pāṭiyekkaṁ) 질문을 한 뒤에 답을 내는 것(예를 들면 §476과 §481)을 통해서 두 가지 방법이 있다. 이들의 의미에 대한 해석은 앞에서 설명한 방법대로 알아야 한다.
이제 여기서 방법을 계산해보아야 한다(gaṇetabbā). 일곱 가지 깨달음의 구성요소는 하나로(ekato) [묶어서] 질문을 한 뒤에 답을 하는 것(vissajjana)에서는 [예류도 등] 각각의 도(ekekamagga)에 1,000가지 방법씩이 있어서 4,000가지 방법이 분석된다. 각각에 대해서(pāṭiyekkaṁ) 질문을 한 뒤에 답을 내는 것에서는 각각의 깨달음의 구성요소를 통해서 네 가지씩 일곱 가지 네 개 조가 있어서 28가지이다. 이들은 앞의 4가지와 더불어 32가지가 되어서 아비담마에 따른 분석 방법에서는 모두 32,000가지 유익한 것들이 분석된다(vibhattāni).

그런데 과의 순간에도(phalakkhaṇepi) 깨달음의 구성요소들(bojjhaṅgā)은 얻어지고 유익한 원인들(kusalahetukāni)과 사문의 결실들(sāmaññaphalāni)도 그러하다. 그러므로 이들에게 있는 깨달음의 구성요소들을 보여주시기 위해서(bojjhaṅgadassanatthaṁ) 유익함의 해설을 앞선 것으로 하는(kusalaniddesa-pubbaṅgama) 순서(tanti)에 의해서 과보로 나타난 것의 방법(vipākanaya)을 시작하셨다. 이것도 하나로 [묶어서] 질문을 한 뒤에 답을 내는 것과 각각에 대해서 질문을 한 뒤에 답을 내는 것을 통해서 두 가지 방법이 있다. 여기서 나머지는 앞에서 설한 방법대로 알아야 한다. 그러나 과보로 나타난 것(vipāka)에서는 유익함에서보다 [공함과 원함 없음과 표상 없음을 통해서] 세 배의 방법(tiguṇā nayā)이 되었다."(VbhA.317~318)

III. [아비담마 마띠까를 통한] 질문의 제기

Pañhāpucchaka

482. 일곱 가지 깨달음의 구성요소[七覺支]가 있으니, 마음챙김의 깨달음의 구성요소[念覺支], 법을 간택하는 깨달음의 구성요소[擇法覺支], 정진의 깨달음의 구성요소[精進覺支], 희열의 깨달음의 구성요소[喜覺支], 편안함의 깨달음의 구성요소[輕安覺支], 삼매의 깨달음의 구성요소[定覺支], 평온의 깨달음의 구성요소[捨覺支]이다.

483. 일곱 가지 깨달음의 구성요소 가운데 몇 가지가 유익한 [법]이고, 몇 가지가 해로운 [법]이고, 몇 가지가 결정할 수 없는[無記] [법]인가? … pe(Dhs Mtk) … 몇 가지가 다툼을 가진 [법]이고, 몇 가지가 다툼이 없는 [법]인가?

(1) 세 개 조

484. [일곱 가지 깨달음의 구성요소는] 유익한 [법]일 수 있고, 결정할 수 없는[無記] [법]일 수 있다.(*cf.* ma3-1)

희열의 깨달음의 구성요소는 즐거운 느낌과 결합된다. 여섯 가지 깨달음의 구성요소는 즐거운 느낌과 결합된 [법]일 수 있고, 괴롭지도 즐겁지도 않은 느낌과 결합된 [법]일 수 있다.(*cf.* ma3-2)

과보로 나타난 [법]일 수 있고, 과보를 생기게 하는 [법]일 수 있다.(*cf.* ma3-3)

취착되지 않았고 취착의 대상도 아닌 [법]이다.(*cf.* ma3-4)

오염되지 않았고 오염의 대상도 아닌 [법]이다.(*cf.* ma3-5)

일으킨 생각이 있고 지속적 고찰이 있는 [법]일 수 있고, 일으킨 생각은 없고 지속적 고찰만 있는 [법]일 수 있고, 일으킨 생각도 없고 지속적 고찰도 없는 [법]일 수 있다.(*cf.* ma3-6)

희열의 깨달음의 구성요소는 희열이 함께하는 [법]이 아니고 행복이 함께하는 [법]이다. 평온이 함께하는 [법]이 아니다. 여섯 가지 깨달음의 구성요소는 희열이 함께하는 [법]일 수 있고, 행복이 함께하는 [법]일 수 있고, 평온이 함께하는 [법]일 수 있다.(*cf.* ma3-7)

[일곱 가지 깨달음의 구성요소는] 봄이나 닦음으로 버려야 하지 않는 [법]이다.(*cf.* ma3-8)

봄이나 닦음으로 버려야 하는 원인을 가지지 않은 [법]이다.(*cf.* ma3-9)

[윤회를] 감소시키는 [법]일 수 있고, [윤회를] 축적하게 하는 것도 [윤회를] 감소시키는 것도 아닌 [법]일 수 있다.(*cf.* ma3-10)

유학에 속하는 [법]일 수 있고, 무학에 속하는 [법]일 수 있다.(*cf.* ma3-11)

무량한 [법]이다.(*cf.* ma3-12)

무량한 대상을 가진 [법]이다.(*cf.* ma3-13)

수승한 [법]이다.(*cf.* ma3-14)

바른 것으로 확정된 [법]일 수 있고, [233] 확정되지 않은 [법]일 수 있다.(*cf.* ma3-15)

도를 대상으로 가진 [법]이 아니다. 도를 원인으로 가진 [법]일 수 있고, 도를 지배의 [요소]로 가진 [법]일 수 있다. [그러나] 도를 원인으로 가진 [법]이라고도 도를 지배의 [요소]로 가진 [법]이라고도 말해서는 안 되는 경우가 있다.(*cf.* ma3-16)

일어난 [법]일 수 있고, 일어나지 않은 [법]일 수 있고, 일어나게 될 [법]일 수 있다.(*cf.* ma3-17)

과거의 [법]일 수 있고, 미래의 [법]일 수 있고, 현재의 [법]일 수 있다.(*cf.* ma3-18)

과거의 대상을 가진 [법]이라고도 미래의 대상을 가진 [법]이라고도

현재의 대상을 가진 [법]이라고도 말해서는 안 된다.(*cf* ma3-19)

안의 [법]일 수 있고, 밖의 [법]일 수 있고, 안과 밖의 [법]일 수 있다.(*cf* ma3-20)

밖의 대상을 가진 [법]이다.(*cf* ma3-21)

볼 수도 없고 부딪힘도 없는 [법]이다.(*cf* ma3-22)

(2) 두 개 조

① 원인의 모둠

485. 법을 간택하는 깨달음의 구성요소는 원인인 [법]이다.(*cf* ma2-1)

여섯 가지 깨달음의 구성요소는 원인과 결합된 [법]이다.(*cf* ma2-2)[23]

법을 간택하는 깨달음의 구성요소는 원인이면서 원인을 가진 [법]이다. 여섯 가지 깨달음의 구성요소는 원인이면서 원인을 가진 [법]이라고 말해서는 안 된다. [이들은] 원인을 가졌지만 원인이 아닌 [법]이다.(*cf* ma2-4)

법을 간택하는 깨달음의 구성요소는 원인이면서 원인과 결합된 [법]이다. 여섯 가지 깨달음의 구성요소는 원인이면서 원인과 결합된 [법]이라고 말해서는 안 된다. [이들은] 원인과 결합되었지만 원인이 아닌 [법]이다.(*cf* ma2-5)

여섯 가지 깨달음의 구성요소는 원인이 아니지만 원인을 가진 [법]이다. 법을 간택하는 깨달음의 구성요소는 원인이 아니지만 원인을 가진 [법]이라고도 원인이 아니면서 원인을 가지지 않은 [법]이라고도 말해서는 안 된다.(*cf* ma2-6)

---

23) 일곱 가지 깨달음의 구성요소[七覺支]의 III. [아비담마 마띠까를 통한] 질문의 제기에는 두 개 조 마띠까의 두 번째인 '원인을 가진 법들(sahetukā dhammā, ma2-2-a)'과 '원인을 가지지 않은 법들(ahetukā dhammā, ma2-2-b)'에 해당하는 구절은 나타나지 않는다.

② 틈새에 있는 짧은 두 개 조

[일곱 가지 깨달음의 구성요소는] 조건을 가진 [법]이다.(*cf.* ma2-7)

형성된 [법]이다.(*cf.* ma2-8)

볼 수 없는 [법]이다.(*cf.* ma2-9)

부딪힘이 없는 [법]이다.(*cf.* ma2-10)

비물질인 [법]이다.(*cf.* ma2-11)

출세간인 [법]이다.(*cf.* ma2-12)

어떤 것으로는 식별되는 [법]이고, 어떤 것으로는 식별되지 않는 [법]이다.(*cf.* ma2-13)

③ 번뇌의 모둠

번뇌가 아닌 [법]이다.(*cf.* ma2-14)

번뇌의 대상이 아닌 [법]이다.(*cf.* ma2-15)

번뇌와 결합되지 않은 [법]이다.(*cf.* ma2-16)

번뇌이면서 번뇌의 대상인 [법]이라고도 번뇌의 대상이지만 번뇌가 아닌 [법]이라고도 말해서는 안 된다.(*cf.* ma2-17)

번뇌이면서 번뇌와 결합된 [법]이라고도 번뇌와 결합되었지만 번뇌가 아닌 [법]이라고도 말해서는 안 된다.(*cf.* ma2-18)

번뇌와 결합되지 않았으면서 번뇌의 대상이 아닌 [법]이다.(*cf.* ma2-19)

④ 족쇄의 모둠

족쇄가 아닌 [법]이다. … (*cf.* ma2-20~25)

⑤ 매듭의 모둠

매듭이 아닌 [법]이다. … (*cf.* ma2-26~31)

⑥ 폭류의 모둠

폭류가 아닌 [법]이다. … (*cf.* ma2-32~37)

⑦ 속박의 모둠

속박이 아닌 [법]이다. … (*cf.* ma2-38~43)

⑧ 장애의 모둠

장애가 아닌 [법]이다. … (*cf.* ma2-44~49)

⑨ 집착[固守]의 모둠

집착[固守]이 아닌 [법]이다. … (*cf.* ma2-50~54)

⑩ 틈새에 있는 긴 두 개 조

대상을 가진 [법]이다.(*cf.* ma2-55)

마음이 아닌 [법]이다.(*cf.* ma2-56)

마음부수인 [법]이다.(*cf.* ma2-57)

마음과 결합된 [법]이다.(*cf.* ma2-58)

마음과 결속된 [법]이다.(*cf.* ma2-59)

마음에서 생긴 [법]이다.(*cf.* ma2-60)

마음과 함께 존재하는 [법]이다.(*cf.* ma2-61)

마음을 따르는 [법]이다.(*cf.* ma2-62)

마음과 결속되어 있고 마음에서 생긴 [법]이다.(*cf.* ma2-63)

마음과 결속되어 있고 마음에서 생겼고 마음과 함께 존재하는 [법]이다.(*cf.* ma2-64)

마음과 결속되어 있고 마음에서 생겼고 마음을 따르는 [법]이다.(*cf.* ma2-65)

밖에 있는 [법]이다.(*cf.* ma2-66)

파생되지 않은 [법]이다.(*cf.* ma2-67)

취착되지 않은 [법]이다.(*cf.* ma2-68)

⑪ 취착의 모둠

취착이 아닌 [법]이다. … (*cf.* ma2-69~74)

⑫ 오염원의 모둠

오염원이 아닌 [법]이다. … (*cf.* ma2-75~82)

⑬ 마지막 두 개 조

봄으로써 버려야 하는 것이 아닌 [법]이다.(*cf.* ma2-83)

닦음으로써 버려야 하는 것이 아닌 [법]이다.(*cf.* ma2-84)

봄으로써 버려야 하는 원인을 가지지 않은 [법]이다.(*cf.* ma2-85)

닦음으로써 버려야 하는 원인을 가지지 않은 [법]이다.(*cf.* ma2-86)

일으킨 생각이 있는 [법]일 수 있고, 일으킨 생각이 없는 [법]일 수 있다. (*cf.* ma2-87)

지속적 고찰이 있는 [법]일 수 있고, 지속적 고찰이 없는 [법]일 수 있다.(*cf.* ma2-88)

희열의 깨달음의 구성요소는 희열이 없는 [법]이다. 여섯 가지 깨달음의 구성요소는 희열이 있는 [법]일 수 있고, 희열이 없는 [법]일 수 있다.(*cf.* ma2-89)

희열의 깨달음의 구성요소는 희열이 함께하지 않는 [법]이다. 여섯 가지 깨달음의 구성요소는 희열이 함께하는 [법]일 수 있고, 희열이 함께하지 않는 [법]일 수 있다.(*cf.* ma2-90)

희열의 깨달음의 구성요소는 행복이 함께하는 [법]이다. 여섯 가지 깨달음의 구성요소는 [234] 행복이 함께하는 [법]일 수 있고, 행복이 함께하지 않는 [법]일 수 있다.(*cf.* ma2-91)

희열의 깨달음의 구성요소는 평온이 함께하지 않는 [법]이다. 여섯 가지 깨달음의 구성요소는 평온이 함께하는 [법]일 수 있고, 평온이 함께하지 않는 [법]일 수 있다.(*cf.* ma2-92)

[일곱 가지 깨달음의 구성요소는] 욕계에 속하지 않는 [법]이다.(*cf.* ma2-93)

색계에 속하지 않는 [법]이다.(*cf.* ma2-94)

무색계에 속하지 않는 [법]이다.(*cf.* ma2-95)

[세간에] 포함되지 않는 [법]이다.(*cf.* ma2-96)

출리로 인도하는 [법]일 수 있고, 출리로 인도하지 못하는 [법]일 수 있다.(*cf.* ma2-97)

확정된 [법]일 수 있고, 확정되지 않은 [법]일 수 있다.(*cf.* ma2-98)

위가 없는 [법]이다.(*cf.* ma2-99)

다툼이 없는 [법]이다.(*cf.* ma2-100)

[아비담마 마띠까를 통한] 질문의 제기가 [끝났다.]

깨달음의 구성요소의 분석이 [끝났다.]

제11장

도의 구성요소[道支] 위방가

도의 구성요소에 대한 분석

Maggaṅga-vibhaṅga

I. 경에 따른 분석 방법

Suttanta-bhājanīya

(1) 첫 번째 방법[24)]

486. (1) 여덟 가지 [235]구성요소를 가진 성스러운 도[八支聖道]가 있으니, 그것은 바로 바른 견해[正見], 바른 사유[正思惟], 바른 말[正語], 바른 행위[正業], 바른 생계[正命], 바른 정진[正精進], 바른 마음챙김[正念], 바른 삼매[正定]이다.

487. 여기서 무엇이 '바른 견해[正見, sammādiṭṭhi]'인가? 괴로움에 대한 지혜, 괴로움의 일어남에 대한 지혜, 괴로움의 소멸에 대한 지혜, 괴로움의 소멸로 인도하는 도닦음에 대한 지혜 — 이를 일러 바른 견해라 한다.

여기서 무엇이 '바른 사유[正思惟, sammāsaṅkappa]'인가? 출리에 대한

---

24) 이 첫 번째 방법은 본서 제4장 진리[諦] 위방가 §205와 똑같으며 이 정형구는 『디가 니까야』 제2권 「대념처경」(D22/ii.311~313) §21과 『맛지마 니까야』 제4권 「진리의 분석 경」(M141) §§23~31과 『상윳따 니까야』 제5권 「분석 경」(S45:8)에도 나타나고 있다.

사유, 악의 없음에 대한 사유, 해코지 않음[不害]에 대한 사유 — 이를 일러 바른 사유라 한다.

여기서 무엇이 '바른 말[正語, sammāvācā]'인가? 거짓말을 금하고, 중상모략을 금하고, 욕설을 금하고, 잡담을 금하는 것 — 이를 일러 바른 말이라 한다.

여기서 무엇이 '바른 행위[正業, sammākammanta]'인가? 살생을 금하고, 주지 않은 것을 가지는 것을 금하고, 그릇된 음행을 금하는 것 — 이를 일러 바른 행위라 한다.

여기서 무엇이 '바른 생계[正命, sammā-ājīva]'인가? 성스러운 제자는 그릇된 생계를 버리고 바른 생계로 생계를 유지한다. 이를 일러 바른 생계라 한다.

여기서 무엇이 '바른 정진[正精進, sammāvāyāma]'인가? 여기 비구는 아직 일어나지 않은 악하고 해로운 법들[不善法]은 일어나지 못하게 하기 위해서 열의를 일으키고 애를 쓰고 정진을 하고 마음을 다잡고 노력한다. 이미 일어난 악하고 해로운 법들은 제거하기 위해 열의를 일으키고 애를 쓰고 정진을 하고 마음을 다잡고 노력한다. 아직 일어나지 않은 유익한 법들은 일어나도록 하기 위해 열의를 일으키고 애를 쓰고 정진을 하고 마음을 다잡고 노력한다. 이미 일어난 유익한 법들은 지속하게 하고 사라지지 않게 하고 증장하게 하고 충만하게 하고 닦기 위해 열의를 일으키고 애를 쓰고 정진을 하고 마음을 다잡고 노력한다. — 이를 일러 바른 정진이라 한다.

여기서 [236] 무엇이 '바른 마음챙김[正念, sammāsati]'인가? 여기 비구는 몸에서 몸을 관찰하며[身隨觀] 머문다. 세상에 대한 욕심과 싫어하는 마음을 버리고 근면하고 분명하게 알아차리고 마음챙기면서 머문다. 느낌들에서 느낌을 관찰하며[受隨觀] 머문다. 세상에 대한 욕심과 싫어하는 마음을 버리고 근면하고 분명하게 알아차리고 마음챙기면서 머문다.

마음에서 마음을 관찰하며[心隨觀] 머문다. 세상에 대한 욕심과 싫어하는 마음을 버리고 근면하고 분명하게 알아차리고 마음챙기면서 머문다. 법들에서 법을 관찰하며[法隨觀] 머문다. 세상에 대한 욕심과 싫어하는 마음을 버리고 근면하고 분명하게 알아차리고 마음챙기면서 머문다. — 이를 일러 바른 마음챙김이라 한다.

여기서 무엇이 '바른 삼매[正定, sammāsamādhi]'인가?

여기 비구는 감각적 쾌락들을 완전히 떨쳐버리고 해로운 법들[不善法]을 떨쳐버린 뒤, 일으킨 생각[尋]과 지속적 고찰[伺]이 있고, 떨쳐버렸음에서 생긴 희열[喜]과 행복[樂]이 있는 초선을 구족하여 머문다.

일으킨 생각과 지속적 고찰을 가라앉혔기 때문에 [더 이상 존재하지 않으며], 자기 내면의 것이고, 확신이 있으며, 마음의 단일한 상태이고, 일으킨 생각과 지속적 고찰은 없고, 삼매에서 생긴 희열과 행복이 있는 제2선을 구족하여 머문다.

희열이 빛바랬기 때문에 평온하게 머물고, 마음챙기고 알아차리며[正念·正知] 몸으로 행복을 경험한다. [이 禪 때문에] 성자들이 그를 두고 '평온하고 마음챙기며 행복하게 머문다.'고 묘사하는 제3선을 구족하여 머문다.

행복도 버리고 괴로움도 버리고, 아울러 그 이전에 이미 기쁨과 불만족을 소멸하였으므로 괴롭지도 즐겁지도 않으며, 평온으로 인해 마음챙김이 청정한[捨念淸淨] 제4선을 구족하여 머문다.

— 이를 일러 바른 삼매라 한다.[25]

---

25) 경에 따른 분석 방법 가운데 이 첫 번째 정형구는 D22; M141 등에 나타나고 있다.

(2) 두 번째 방법

488. (2) 여덟 가지 구성요소를 가진 성스러운 도[八支聖道]가 있으니, 그것은 바로 바른 견해[正見], 바른 사유[正思惟], 바른 말[正語], 바른 행위[正業], 바른 생계[正命], 바른 정진[正精進], 바른 마음챙김[正念], 바른 삼매[正定]이다.

489. 여기서 무엇이 '바른 견해'인가? 여기 비구는 떨쳐버림을 의지하고 탐욕의 빛바램을 의지하고 소멸을 의지하고 철저한 버림으로 기우는 바른 견해를 닦는다. … 바른 사유를 닦는다. … 바른 말을 닦는다. … 바른 행위를 닦는다. … 바른 생계를 닦는다. … 바른 정진을 닦는다. … 바른 마음챙김을 닦는다. … 떨쳐버림을 의지하고 탐욕의 빛바램을 의지하고 소멸을 의지하고 철저한 버림으로 기우는 바른 삼매를 닦는다.[26]

경에 따른 분석 방법이 [끝났다.]

II. 아비담마에 따른 분석 방법

Abhidhamma-bhājanīya

(1) 첫 번째 방법 — 여덟 가지 구성요소를 가진 도

490. (1) 여덟 가지 구성요소를 가진 도[八支道][27]가 있으니, 바른

---

26) 경에 따른 분석 방법 가운데 이 두 번째 정형구는 「절반 경」(S45:2) 등의 『상윳따 니까야』 제5권 「도 상윳따」(S45)의 여러 경들에 나타나고 있다.

27) "아비담마에 따른 분석 방법에서 '성스러운(ariya)'이라고 설하지 않고 '여덟 가지 구성요소를 가진 도(aṭṭhaṅgika magga)'라고 말씀하셨다. 이와 같

견해[正見], 바른 사유[正思惟], 바른 말[正語], 바른 행위[正業], 바른 생계[正命], 바른 정진[正精進], 바른 마음챙김[正念], 바른 삼매[正定]이다.

491. 여기서 무엇이 '여덟 가지 구성요소를 가진 도'인가? 여기 비구는 사견에 빠짐을 버리고 첫 번째 경지[初地, 예류과]를 얻기 위하여, 출리로 인도하고 [윤회를] 감소시키는 출세간禪을 닦아서, 감각적 쾌락들을 완전히 떨쳐버리고 … (§205) … ① 도닦음도 어렵고 초월지도 느린 초선을 [237] 구족하여 머물 때,(§304 등) 그때에 여덟 가지 구성요소를 가진 도가 있으니 바른 견해 … 바른 삼매이다.

492. 여기서 무엇이 '바른 견해'인가? 통찰지, 통찰함 … (§525) … 어리석음 없음, 법의 간택, 바른 견해, 법을 간택하는 깨달음의 구성요소, 도의 구성요소, 도에 포함됨 — 이를 일러 바른 견해라 한다.

여기서 무엇이 '바른 사유'인가? 그때에 있는 생각, 일으킨 생각, 사유, 전념, 몰입, 마음을 [대상에] 겨냥하게 함, 바른 사유, 도의 구성요소, 도에 포함됨 — 이를 일러 바른 사유라 한다.

여기서 무엇이 '바른 말'인가? 네 가지 말로 짓는 나쁜 행위를 억제함, 절제함, 제어함, 금함, 행하지 않음, 짓지 않음, 넘지 않음, 한계를 넘지 않음, 다리를 없앰, 바른 말, 도의 구성요소, 도에 포함됨 — 이를 일러 바른 말이라 한다.

여기서 무엇이 '바른 행위'인가? 세 가지 몸으로 짓는 나쁜 행위를 억제함, 절제함, 제어함, 금함, 행하지 않음, 짓지 않음, 넘지 않음, 한계를

이 [성스럽다고] 설하지는 않으셨지만 이것은 오직 성스러운 것(ariyo eva)이다. 마치 관정을 한(muddhābhisitta) 왕의 관정을 한 왕비의(muddhābhisittāya deviyā) 뱃속에 생겨난 아들은 왕자라고 불리지 않지만 왕자인 것과 같이 이것도 '성스러운'이라고 설하지 않으셨지만 오직 성스러운 것이라고 알아야 한다. 나머지는 진리의 분석에서 설명한 방법대로 알아야 한다."(VbhA.319)

넘지 않음, 다리를 없앰, 바른 행위, 도의 구성요소, 도에 포함됨 — 이를 일러 바른 행위라 한다.

여기서 무엇이 '바른 생계'인가? 그릇된 생계를 억제함, 절제함, 제어함, 금함, 행하지 않음, 짓지 않음, 넘지 않음, 한계를 넘지 않음, 다리를 없앰, 바른 생계, 도의 구성요소, 도에 포함됨 — 이를 일러 바른 생계라 한다.

여기서 무엇이 '바른 정진'인가? 정신적인 정진을 시작함 … (§220) … 바른 정진, 정진의 깨달음의 구성요소, 도의 구성요소, 도에 포함됨 — 이를 일러 바른 정진이라 한다.

여기서 무엇이 '바른 마음챙김'인가? 마음챙김, 계속해서 마음챙김[隨念] … (§220) … 바른 마음챙김[正念], 마음챙김의 깨달음의 구성요소, 도의 구성요소, 도에 포함됨 — 이를 일러 바른 마음챙김이라 한다.

여기서 무엇이 '바른 삼매'인가? 마음의 머묾, 잘 머묾 … (§220) … 바른 삼매, 삼매의 깨달음의 구성요소, 도의 구성요소, 도에 포함됨 — 이를 일러 바른 삼매라 한다.

— 이를 일러 여덟 가지 구성요소를 가진 도라 한다. 여덟 가지 구성요소를 가진 도와 결합된 나머지 법들도 있다.

(2) 두 번째 방법 — 다섯 가지 구성요소를 가진 도

493. (2) 다섯 가지 구성요소를 가진 도가 있으니, 바른 견해, 바른 사유, 바른 정진, 바른 마음챙김, 바른 삼매이다.

494. 여기서 [238] 무엇이 '다섯 가지 구성요소를 가진 도'인가? 여기 비구는 사견에 빠짐을 버리고 첫 번째 경지[初地, 예류과]를 얻기 위하여, 출리로 인도하고 [윤회를] 감소시키는 출세간禪을 닦아서, 감각적 쾌락들을 완전히 떨쳐버리고 … (§205) … ① 도닦음도 어렵고 초월지

도 느린 초선을 구족하여 머물 때,(§304 등) 그때에 다섯 가지 구성요소를 가진 도가 있으니 바른 견해, 바른 사유, 바른 정진, 바른 마음챙김, 바른 삼매이다.[28)]

495. 여기서 무엇이 '바른 견해'인가? 통찰지, 통찰함 … (§525) … 어리석음 없음, 법의 간택, 바른 견해, 법을 간택하는 깨달음의 구성요소, 도의 구성요소, 도에 포함됨 — 이를 일러 바른 견해라 한다.

---

28) "다섯 가지 구성요소를 가진 부문(pañcaṅgika-vāra)에 대해서도 여덟 가지 구성요소를 가진 것이라고 설하지는 않으셨지만 이것도 여덟 가지 구성요소를 가진 것이라고 알아야 한다. 출세간도(lokuttaramagga)가 다섯 가지 구성요소를 가진 것이란 있지 않기 때문이다. 이것이 여기서 스승들(ācariyā)의 공통되는 주석(samānatthakathā)이다."(VbhA.319)

이렇게 강조한 뒤에 주석서는 반대론자(vitaṇḍavādī)가 "그와 같은 사람의 견해가 바른 견해이다. 그와 같은 사람의 사유가 바른 사유이다. 그와 같은 사람의 정진이 바른 정진이다. 그와 같은 사람의 마음챙김이 바른 마음챙김이다. 그와 같은 사람의 삼매가 바른 삼매이다. 그전에 이미 그의 몸의 업과 말의 업과 생계는 아주 청정해졌다."(M149 §25)라는 경을 인용하여 다섯 가지 구성요소를 가진 도를 주장할 것이라고 적고 있다. 그런 뒤 그 경의 바로 다음 부분에 나타나는 "이와 같이 그에게 여덟 가지 구성요소를 가진 성스러운 도[八支聖道]는 수행을 통해 완성된다."(*Ibid.*)라는 결론을 인용하여 세존께서는 다섯 가지 구성요소를 가진 도를 두고 바로 여덟 가지 구성요소를 가진 도라고 말씀하셨다고 강조한다.

그리고 다시 「위대한 마흔 가지 경」(M117) §18부터 §32까지를 길게 인용하고 다시 "수밧다여, 어떤 법과 율에서든 여덟 가지 성스러운 도[八支聖道]가 없으면 거기에는 사문도 없다. … 수밧다여, 이 법과 율에는 여덟 가지 성스러운 도가 있다. 수밧다여, 그러므로 오직 여기에만 사문이 있다. … 다른 교설들에는 사문들이 텅 비어 있다."(D16 5.27.)라는 「대반열반경」(D16)의 구절 등을 인용하고 다시,

> "도들 가운데 여덟 가지 구성요소를 가진 것이 최고로 수승하고
> 진리들 가운데는 네 가지 구절이 그러하다.
> 법들 가운데서는 탐욕을 여읨이 최고로 수승하고
> 인간들 중에는 눈 있는 분이 그러하다."(Dhp.77)

라는 게송을 인용하여 '출세간도가 다섯 가지 구성요소를 가진 것이란 있지 않다.'라고 결론짓는다.(VbhA.319~322)

여기서 무엇이 '바른 사유'인가? 그때에 있는 생각, 일으킨 생각 … (§182) … 바른 사유, 도의 구성요소, 도에 포함됨 — 이를 일러 바른 사유라 한다.

여기서 무엇이 '바른 정진'인가? 정신적인 정진을 시작함 … (§220) … 바른 정진, 정진의 깨달음의 구성요소, 도의 구성요소, 도에 포함됨 — 이를 일러 바른 정진이라 한다.

여기서 무엇이 '바른 마음챙김'인가? 마음챙김, 계속해서 마음챙김[隨念] … (§220) … 바른 마음챙김[正念], 마음챙김의 깨달음의 구성요소, 도의 구성요소, 도에 포함됨 — 이를 일러 바른 마음챙김이라 한다.

여기서 무엇이 '바른 삼매'인가? 마음의 머묾, 잘 머묾 … (§220) … 바른 삼매, 삼매의 깨달음의 구성요소, 도의 구성요소, 도에 포함됨 — 이를 일러 바른 삼매라 한다.

— 이를 일러 다섯 가지 구성요소를 가진 도라 한다. 다섯 가지 구성요소를 가진 도와 결합된 나머지 법들도 있다.

(3) 세 번째 방법 — 다섯 가지 구성요소를 가진 도

496. (3) 다섯 가지 구성요소를 가진 도가 있으니, 바른 견해, 바른 사유, 바른 정진, 바른 마음챙김, 바른 삼매이다.

497. 여기서 무엇이 '바른 견해'인가? 여기 비구는 사견에 빠짐을 버리고 첫 번째 경지[初地, 예류과]를 얻기 위하여, 출리로 인도하고 [윤회를] 감소시키는 출세간禪을 닦아서, 감각적 쾌락들을 완전히 떨쳐버리고 … (§205) … ① 도닦음도 어렵고 초월지도 느린 초선을 구족하여 머물 때, 그때에 [있는] 통찰지, 통찰함 … (§525) … 어리석음 없음, 법의 간택, 바른 견해, 법을 간택하는 깨달음의 구성요소, 도의 구성요소, 도에 포함됨 — 이를 일러 바른 견해라 한다. 바른 견해와 결합된 나머

지 법들도 있다. … 바른 사유와 결합된 나머지 법들도 있다. … 바른 정진과 결합된 나머지 법들도 있다. … 바른 마음챙김과 결합된 나머지 법들도 있다.(§495)

여기서 [239] 무엇이 '바른 삼매'인가? 여기 비구는 사견에 빠짐을 버리고 첫 번째 경지[初地, 예류과]를 얻기 위하여, 출리로 인도하고 [윤회를] 감소시키는 출세간禪을 닦아서, 감각적 쾌락들을 완전히 떨쳐버리고 … (§205) … ① 도닦음도 어렵고 초월지도 느린 초선을 구족하여 머물 때, 그때에 [있는] 마음의 머묾, 잘 머묾 … (§220) … 바른 삼매, 삼매의 깨달음의 구성요소, 도의 구성요소, 도에 포함됨 — 이를 일러 바른 삼매라 한다. 바른 삼매와 결합된 나머지 법들도 있다.

(4) 네 번째 방법 — 여덟 가지 구성요소를 가진 도

498. (4) 여덟 가지 구성요소를 가진 도가 있으니, 바른 견해 … 바른 삼매이다.

499. 여기서 무엇이 '여덟 가지 구성요소를 가진 도'인가? 여기 비구가 사견에 빠짐을 버리고 첫 번째 경지[初地, 예류과]를 얻기 위하여, 출리로 인도하고 [윤회를] 감소시키는 출세간禪을 닦아서, 감각적 쾌락들을 완전히 떨쳐버리고 … (§205) … ① 도닦음도 어렵고 초월지도 느린 초선을 구족하여 머물 때, 그때에 감각접촉이 있고 … (Dhs §277) … 산란하지 않음이 있다. 이것이 유익한 법들이다.

이러한 출세간의 유익한 禪을 지었고 수행하였기 때문에, 감각적 쾌락들을 완전히 떨쳐버리고 … 도닦음도 어렵고 초월지도 느리며 ㉠ 공하고[空性] 과보로 나타난 초선을 구족하여 머물 때, 그때에 여덟 가지 구성요소를 가진 도가 있으니 바른 견해 … 바른 삼매이다. — 이를 일러 여덟 가지 구성요소를 가진 도라 한다. 여덟 가지 구성요소를 가진

도와 결합된 나머지 법들도 있다.

(5) 다섯 번째 방법 — 다섯 가지 구성요소를 가진 도

500. (5) 다섯 가지 구성요소를 가진 도가 있으니, 바른 견해, 바른 사유, 바른 정진, 바른 마음챙김, 바른 삼매이다.

501. 여기서 무엇이 '다섯 가지 구성요소를 가진 도'인가? 여기 [240] 비구가 사견에 빠짐을 버리고 첫 번째 경지[初地, 예류과]를 얻기 위하여, 출리로 인도하고 [윤회를] 감소시키는 출세간禪을 닦아서, 감각적 쾌락들을 완전히 떨쳐버리고 … (§205) … ① 도닦음도 어렵고 초월지도 느린 초선을 구족하여 머물 때, 그때에 감각접촉이 있고 … (Dhs §277) … 산란하지 않음이 있다. 이것이 유익한 법들이다.

이러한 출세간의 유익한 禪을 지었고 수행하였기 때문에, 감각적 쾌락들을 완전히 떨쳐버리고 … 도닦음도 어렵고 초월지도 느리며 ㉠ 공하고[空性] 과보로 나타난 초선을 구족하여 머물 때, 그때에 다섯 가지 구성요소를 가진 도가 있으니 바른 견해, 바른 사유, 바른 정진, 바른 마음챙김, 바른 삼매이다. — 이를 일러 다섯 가지 구성요소를 가진 도라 한다. 다섯 가지 구성요소를 가진 도와 결합된 나머지 법들도 있다.

(6) 여섯 번째 방법 — 다섯 가지 구성요소를 가진 도

502. (6) 다섯 가지 구성요소를 가진 도가 있으니, 바른 견해, 바른 사유, 바른 정진, 바른 마음챙김, 바른 삼매이다.

503. 여기서 무엇이 '바른 견해'인가? 여기 비구가 사견에 빠짐을 버리고 첫 번째 경지[初地, 예류과]를 얻기 위하여, 출리로 인도하고 [윤회를] 감소시키는 출세간禪을 닦아서, 감각적 쾌락들을 완전히 떨쳐버

리고 … (§205) … ① 도닦음도 어렵고 초월지도 느린 초선을 구족하여 머물 때, 그때에 감각접촉이 있고 … (Dhs §277) … 산란하지 않음이 있다. 이것이 유익한 법들이다.

이러한 출세간의 유익한 禪을 지었고 수행하였기 때문에, 감각적 쾌락들을 완전히 떨쳐버리고 … 도닦음도 어렵고 초월지도 느리며 ㉠ 공하고[空性] 과보로 나타난 초선을 구족하여 머물 때, 그때에 [있는] 통찰지, 통찰함 … (§525) … 어리석음 없음, 법의 간택, 바른 견해, 법을 간택하는 깨달음의 구성요소, 도의 구성요소, 도에 포함됨 — 이를 일러 바른 견해라 한다. 바른 견해와 결합된 나머지 법들도 있다.

… 바른 사유와 결합된 나머지 법들도 있다.

… 바른 정진과 결합된 나머지 법들도 있다.

… 바른 마음챙김과 결합된 나머지 법들도 있다.(§495)

여기서 무엇이 '바른 삼매'인가? 여기 비구가 사견에 빠짐을 버리고 첫 번째 경지[初地, 예류과]를 얻기 위하여, 출리로 인도하고 [윤회를] 감소시키는 출세간禪을 닦아서, 감각적 쾌락들을 완전히 떨쳐버리고 … (§205) … ① 도닦음도 어렵고 초월지도 느린 초선을 구족하여 머물 때, 그때에 감각접촉이 있고 … (Dhs §277) … 산란하지 않음이 [241] 있다. 이것이 유익한 법들이다.

이러한 출세간의 유익한 禪을 지었고 수행하였기 때문에, 감각적 쾌락들을 완전히 떨쳐버리고 … 도닦음도 어렵고 초월지도 느리며 ㉠ 공하고[空性] 과보로 나타난 초선을 구족하여 머물 때, 그때에 [있는] 마음의 머묾, 잘 머묾, 확고함, 산만하지 않음, 산란하지 않음, 산만하지 않은 마음 상태, 사마타, 삼매의 기능, 삼매의 힘, 바른 삼매, 삼매의 깨달음의 구성요소, 도의 구성요소, 도에 포함됨 — 이를 일러 바른 삼매라 한다. 바른 삼매와 결합된 나머지 법들도 있다.

아비담마에 따른 분석 방법이 [끝났다.][29]

III. [아비담마 마띠까를 통한] 질문의 제기

Pañhāpucchaka

504. 여덟 가지 구성요소를 가진 성스러운 도[八支聖道]가 있으니, 그것은 바로 바른 견해[正見], 바른 사유[正思惟], 바른 말[正語], 바른 행위[正業], 바른 생계[正命], 바른 정진[正精進], 바른 마음챙김[正念], 바른 삼매[正定]이다.

505. 여덟 가지 도의 구성요소 가운데 몇 가지가 유익한 [법]이고, 몇 가지가 해로운 [법]이고, 몇 가지가 결정할 수 없는[無記] [법]인가? … pe(Dhs Mtk) … 몇 가지가 다툼을 가진 [법]이고, 몇 가지가 다툼이 없는 [법]인가?

(1) 세 개 조

506. [여덟 가지 도의 구성요소는] 유익한 [법]일 수 있고, 결정할

---

29) "그런데 여기서 방법을 계산해보아야 한다. 여덟 가지 구성요소를 가진 도(aṭṭhaṅgikamagga)에서는 하나로(ekato) [묶어서] 질문을 한 뒤에 답을 하는 것에서(§491 등) [예류도 등의] 네 가지 도에 4,000가지 방법이 분석된다. 다섯 가지 구성요소를 가진 도(pañcaṅgikamagga)에서는 하나로 [묶어서] 질문을 한 뒤에 답을 하는 것에서 네 가지가 된다. 각각에 대해서(pāṭiyekkaṁ) 질문을 한 뒤에 답을 내는 것에서는(§497 등) 각각의 구성요소를 통해서 네 가지씩 다섯 가지 구성요소가 되어 20가지이다. 이들은 앞의 8가지와 이 20가지를 [합하여] 모든 도의 분석에서 28,000가지 방법으로 분석이 된다.

그리고 이들은 전적으로 출세간적인(nibbattita-lokuttara) 유익함(kusalā-ni)이다. 그러나 과보로 나타난 것(vipāka)에서는 유익함에서보다 [공함과 원함 없음과 표상 없음을 통해서] 세 배(tiguṇā)의 방법이 되었다." (VbhA.322)

여기에 대해서는 제4장 진리 위방가 §214의 마지막 주해도 참조할 것.

수 없는[無記] [법]일 수 있다.(*cf.* ma3-1)

바른 사유는 즐거운 느낌과 결합된 [법]이다. 일곱 가지 도의 구성요소는 즐거운 느낌과 결합된 [법]일 수 있고, 괴롭지도 즐겁지도 않은 느낌과 결합된 [법]일 수 있다.(*cf.* ma3-2)

[여덟 가지 도의 구성요소는] 과보로 나타난 [법]일 수 있고, 과보를 생기게 하는 [법]일 수 있다.(*cf.* ma3-3)

취착되지 않았고 취착의 대상도 아닌 [법]이다.(*cf.* ma3-4)

오염되지 않았고 오염의 대상도 아닌 [법]이다.(*cf.* ma3-5)

바른 사유는 일으킨 생각은 없고 지속적 고찰만 있는 [법]이다. 일곱 가지 도의 구성요소는 일으킨 생각이 있고 지속적 고찰이 있는 [법]일 수 있고, 일으킨 생각은 없고 지속적 고찰만 있는 [법]일 수 있고, 일으킨 생각도 없고 지속적 고찰도 없는 [법]일 수 있다.(*cf.* ma3-6)

바른 사유는 희열이 함께하는 것이고 행복이 함께하는 것이지만 평온이 함께하는 [법]이 아니다. 일곱 가지 도의 구성요소는 희열이 함께하는 [법]일 수 있고, 행복이 함께하는 [법]일 수 있고, 평온이 함께하는 [법]일 수 있다.(*cf.* ma3-7)

[여덟 가지 도의 구성요소는] 봄이나 닦음으로 버려야 하지 않는 [법]이다.(*cf.* ma3-8)

봄이나 닦음으로 버려야 하는 원인을 가지지 않은 [법]이다.(*cf.* ma3-9)

[윤회를] 감소시키는 [법]일 수 있고, [윤회를] 축적하게 하는 것도 [윤회를] 감소시키는 것도 아닌 [법]일 수 있다.(*cf.* ma3-10)

유학에 속하는 [법]일 수 있고, 무학에 속하는 [법]일 수 있다.(*cf.* ma3-11)

무량한 [법]이다.(*cf.* ma3-12)

무량한 대상을 가진 [법]이다.(*cf.* ma3-13)

수승한 [법]이다.(*cf.* ma3-14)

바른 것으로 확정된 [법]일 수 있고, 확정되지 않은 [법]일 수 있다.(*cf.*

ma3-15)

도를 대상으로 가진 [법]이 아니다. 도를 원인으로 가진 [법]일 수 있고, 도를 지배의 [요소]로 가진 [법]일 수 있다. [그러나] 도를 원인으로 가진 [법]이라고도 도를 지배의 [요소]로 가진 [법]이라고도 말해서는 안 되는 경우가 있다.(*cf* ma3-16)

일어난 [법]일 수 있고, 일어나지 않은 [법]일 수 있고, 일어나게 될 [법]일 수 있다.(*cf* ma3-17)

과거의 [법]일 수 있고, 미래의 [법]일 수 있고, 현재의 [법]일 수 있다.(*cf* ma3-18)

과거의 대상을 가진 [법]이라고도 미래의 대상을 가진 [법]이라고도 현재의 대상을 가진 [법]이라고도 말해서는 안 된다.(*cf* ma3-19)

안의 [법]일 수 있고, 밖의 [법]일 수 있고, 안과 밖의 [법]일 수 있다.(*cf* ma3-20)

밖의 대상을 가진 [법]이다.(*cf* ma3-21)

볼 수도 없고 부딪힘도 없는 [법]이다.(*cf* ma3-22)

(2) 두 개 조

① 원인의 모둠

507. 바른 견해는 [242] 원인인 [법]이다. 일곱 가지 도의 구성요소는 원인이 아닌 [법]이다.(*cf* ma2-1)

[여덟 가지 도의 구성요소는] 원인을 가진 [법]이다.(*cf* ma2-2)

원인과 결합된 [법]이다.(*cf* ma2-3)

바른 견해는 원인이면서 원인을 가진 [법]이다. 일곱 가지 도의 구성요소는 원인이면서 원인을 가진 [법]이라고 말해서는 안 된다. [이들은] 원인을 가졌지만 원인이 아닌 [법]이다.(*cf* ma2-4)

바른 견해는 원인이면서 원인과 결합된 [법]이다. 일곱 가지 도의 구성요소는 원인이면서 원인과 결합된 [법]이라고 말해서는 안 된다. [이들은] 원인과 결합되었지만 원인이 아닌 [법]이다.(*cf.* ma2-5)

일곱 가지 도의 구성요소는 원인이 아니지만 원인을 가진 [법]이다. 바른 견해는 원인이 아니지만 원인을 가진 [법]이라고도 원인이 아니면서 원인을 가지지 않은 [법]이라고도 말해서는 안 된다.(*cf.* ma2-6)

② 틈새에 있는 짧은 두 개 조

[여덟 가지 도의 구성요소는] 조건을 가진 [법]이다.(*cf.* ma2-7)

형성된 [법]이다.(*cf.* ma2-8)

볼 수 없는 [법]이다.(*cf.* ma2-9)

부딪힘이 없는 [법]이다.(*cf.* ma2-10)

비물질인 [법]이다.(*cf.* ma2-11)

출세간인 [법]이다.(*cf.* ma2-12)

어떤 것으로는 식별되는 [법]이고, 어떤 것으로는 식별되지 않는 [법]이다.(*cf.* ma2-13)

③ 번뇌의 모둠

번뇌가 아닌 [법]이다.(*cf.* ma2-14)

번뇌의 대상이 아닌 [법]이다.(*cf.* ma2-15)

번뇌와 결합되지 않은 [법]이다.(*cf.* ma2-16)

번뇌이면서 번뇌의 대상인 [법]이라고도 번뇌의 대상이지만 번뇌가 아닌 [법]이라고도 말해서는 안 된다.(*cf.* ma2-17)

번뇌이면서 번뇌와 결합된 [법]이라고도 번뇌와 결합되었지만 번뇌가 아닌 [법]이라고도 말해서는 안 된다.(*cf.* ma2-18)

번뇌와 결합되지 않았으면서 번뇌의 대상이 아닌 [법]이다.(*cf.* ma2-19)

④ 족쇄의 모둠

족쇄가 아닌 [법]이다. … (*cf.* ma2-20~25)

⑤ 매듭의 모둠

매듭이 아닌 [법]이다. … (*cf.* ma2-26~31)

⑥ 폭류의 모둠

폭류가 아닌 [법]이다. … (*cf.* ma2-32~37)

⑦ 속박의 모둠

속박이 아닌 [법]이다. … (*cf.* ma2-38~43)

⑧ 장애의 모둠

장애가 아닌 [법]이다. … (*cf.* ma2-44~49)

⑨ 집착[固守]의 모둠

집착[固守]이 아닌 [법]이다. … (*cf.* ma2-50~54)

⑩ 틈새에 있는 긴 두 개 조

대상을 가진 [법]이다.(*cf.* ma2-55)

마음이 아닌 [법]이다.(*cf.* ma2-56)

마음부수인 [법]이다.(*cf.* ma2-57)

마음과 결합된 [법]이다.(*cf.* ma2-58)

마음과 결속된 [법]이다.(*cf.* ma2-59)

마음에서 생긴 [법]이다.(*cf.* ma2-60)

마음과 함께 존재하는 [법]이다.(*cf.* ma2-61)

마음을 따르는 [법]이다.(*cf.* ma2-62)

마음과 결속되어 있고 마음에서 생긴 [법]이다.(*cf.* ma2-63)

마음과 결속되어 있고 마음에서 생겼고 마음과 함께 존재하는 [법]이다.(*cf.* ma2-64)

마음과 결속되어 있고 마음에서 생겼고 마음을 따르는 [법]이다.(*cf* ma2-65)

밖에 있는 [법]이다.(*cf* ma2-66)

파생되지 않은 [법]이다.(*cf* ma2-67)

취착되지 않은 [법]이다.(*cf* ma2-68)

⑪ 취착의 모둠

취착이 아닌 [법]이다. … (*cf* ma2-69~74)

⑫ 오염원의 모둠

오염원이 아닌 [법]이다. … (*cf* ma2-75~82)

⑬ 마지막 두 개 조

봄으로써 버려야 하는 것이 아닌 [법]이다.(*cf* ma2-83)

닦음으로써 버려야 하는 것이 아닌 [법]이다.(*cf* ma2-84)

봄으로써 버려야 하는 원인을 가지지 않은 [법]이다.(*cf* ma2-85)

닦음으로써 버려야 하는 원인을 가지지 않은 [법]이다.(*cf* ma2-86)

바른 사유는 일으킨 생각이 없는 [법이]다. 일곱 가지 도의 구성요소는 일으킨 생각이 있는 [법]일 수 있고, 일으킨 생각이 없는 [법]일 수 있다.(*cf* ma2-87)

바른 사유는 지속적 고찰이 있는 [법]이다. 일곱 가지 도의 구성요소는 지속적 고찰이 있는 [법]일 수 있고, 지속적 고찰이 없는 [법]일 수 있다.(*cf* ma2-88)

바른 사유는 희열이 있는 [법]이다. 일곱 가지 도의 구성요소는 희열이 있는 [법]일 수 있고, 희열이 없는 [법]일 수 있다.(*cf* ma2-89)

바른 사유는 희열이 함께하는 [법]이다. 일곱 가지 도의 구성요소는 희열이 함께하는 [법]일 수 있고, 희열이 함께하지 않는 [법]일 수 있다.

(*cf.* ma2-90)

바른 사유는 행복이 함께하는 [법]이다. 일곱 가지 도의 구성요소는 행복이 함께하는 [법]일 수 있고, 행복과 함께하지 않은 [법]일 수 있다. (*cf.* ma2-91)

바른 사유는 평온이 함께하지 않는 [법]이다. 일곱 가지 도의 구성요소는 평온이 함께하는 [법]일 수 있고, 평온이 함께하지 않는 [법]일 수 있다.(*cf.* ma2-92)

[여덟 가지 도의 구성요소는] 욕계에 속하지 않는 [법]이다.(*cf.* ma2-93)

색계에 속하지 않는 [법]이다.(*cf.* ma2-94) [243]

무색계에 속하지 않는 [법]이다.(*cf.* ma2-95)

[세간에] 포함되지 않는 [법]이다.(*cf.* ma2-96)

출리로 인도하는 [법]일 수 있고, 출리로 인도하지 못하는 [법]일 수 있다.(*cf.* ma2-97)

확정된 [법]일 수 있고, 확정되지 않은 [법]일 수 있다.(*cf.* ma2-98)

위가 없는 [법]이다.(*cf.* ma2-99)

다툼이 없는 [법]이다.(*cf.* ma2-100)

[아비담마 마띠까를 통한] 질문의 제기가 [끝났다.]

도의 구성요소의 분석이 [끝났다.]

제12장

禪 위방가

禪에 대한 분석

Jhāna-vibhaṅga

I. 경에 따른 분석 방법

Suttanta-bhājanīya

(1) 마띠까(mātikā)[30]

508. 여기 [244] 비구는 ① 계목의 단속으로 단속하면서 머문다. 바른 행실과 행동의 영역을 갖추고, 작은 허물에 대해서도 두려움을 보며, 학습계목들을 받아지녀 공부짓는다. ② 감각기능들의 문을 잘 보호하고, ③ 음식에서 적당함을 알고, ④ 초저녁부터 늦은 밤까지[31] 깨어있음에 몰두한다. ⑤ 끈기 있고 슬기롭게 깨달음의 편에 있는 법들[菩提分法]을 수행하는 데 몰두한다.

⑥ 그는 나아갈 때도 물러날 때도 분명히 알면서[正知] 행한다. 앞을 볼 때도 돌아볼 때도 분명히 알면서 행한다. 구부릴 때도 펼 때도 분명

---

30) 니까야에 나타나는 禪수행에 관계된 정형구들을 본서에서는 마띠까라는 이름으로 정리하고 있다. 역자는 이것을 16단계로 이해하여 번호를 매겼다.

31) '초저녁부터 늦은 밤까지'는 pubbaratta-apararattaṁ을 옮긴 것이다. 아래 §519에서는 이것을 '초야(初夜, purima-yāma)', '중야(中夜, majjhima-yāma)', '후야(後夜, pacchima-yāma)'로 설명하고 있는데 이들은 요즘 시간으로는 각각 초저녁과 한밤중과 이른 새벽에 해당된다 할 수 있다. 아래 §519의 설명을 참조할 것.

히 알면서 행한다. 가사·발우·의복을 지닐 때도 분명히 알면서 행한다. 먹을 때도 마실 때도 씹을 때도 맛볼 때도 분명히 알면서 행한다. 대소변을 볼 때도 분명히 알면서 행한다. 걸으면서 서면서 앉으면서 잠들면서 잠을 깨면서 말하면서 침묵하면서도 분명히 알면서 행한다.

⑦ 그는 숲속이나 나무 아래나 산이나 골짜기나 동굴이나 묘지나 밀림이나 노지나 짚더미와 같은 조용하고 소리가 적고 한적하고 사람들로부터 멀고 한거하기에 좋은 곳 외딴 처소를 의지한다. 그는 숲속에 가거나 나무 아래에 가거나 빈집에 가거나 하여 가부좌를 틀고 상체를 곧추 세우고 전면에 마음챙김을 확립하여 앉는다.

⑧ 그는 세상에 대한 욕심을 제거하여 욕심이 없는 마음으로 머문다. 욕심으로부터 마음을 청정하게 한다. 악의와 성냄을 제거하여 악의가 없는 마음으로 머문다. 모든 생명의 이익을 위하여 연민하여 악의와 성냄으로부터 마음을 청정하게 한다.

해태와 혼침을 제거하여 해태와 혼침이 없이 머문다. 광명상(光明想)을 가지고서 마음챙기고 알아차리며 [245] 해태와 혼침으로부터 마음을 청정하게 한다. 들뜸과 후회를 제거하여 들뜨지 않고 머문다. 안으로 마음이 고요하여 들뜸과 후회로부터 마음을 청정하게 한다. 의심을 제거하여 의심을 건너서 머문다. 유익한 법들에 의혹이 없어져서 의심으로부터 마음을 청정하게 한다.

⑨ 그는 마음의 오염원이고 통찰지를 무력하게 만드는 이들 다섯 가지 장애를 제거하여 감각적 쾌락들을 완전히 떨쳐버리고 해로운 법들[不善法]을 떨쳐버린 뒤, 일으킨 생각[尋]과 지속적 고찰[伺]이 있고, 떨쳐버렸음에서 생긴 희열[喜]과 행복[樂]이 있는 초선을 구족하여 머문다.

⑩ 일으킨 생각과 지속적 고찰을 가라앉혔기 때문에 [더 이상 존재하지 않으며], 자기 내면의 것이고, 확신이 있으며, 마음의 단일한 상태이고, 일으킨 생각과 지속적 고찰은 없고, 삼매에서 생긴 희열과 행복이

있는 제2선을 구족하여 머문다.

⑪ 희열이 빛바랬기 때문에 평온하게 머물고, 마음챙기고 알아차리며[正念·正知] 몸으로 행복을 경험한다. [이 禪 때문에] 성자들이 그를 두고 '평온하고 마음챙기며 행복하게 머문다.'고 묘사하는 제3선을 구족하여 머문다.

⑫ 행복도 버리고 괴로움도 버리고, 아울러 그 이전에 이미 기쁨과 불만족을 소멸하였으므로 괴롭지도 즐겁지도 않으며, 평온으로 인해 마음챙김이 청정한[捨念清淨] 제4선을 구족하여 머문다.

⑬ 물질[色]에 대한 인식을 완전히 초월하고 부딪힘의 인식을 소멸하고 갖가지 인식을 마음에 잡도리하지 않기 때문에 '무한한 허공'이라고 하면서 공무변처를 구족하여 머문다.

⑭ 공무변처를 완전히 초월하여 '무한한 알음알이'라고 하면서 식무변처를 구족하여 머문다.

⑮ 식무변처를 완전히 초월하여 '아무것도 없다.'라고 하면서 무소유처를 구족하여 머문다.

⑯ 무소유처를 완전히 초월하여 비상비비상처를 구족하여 머문다.

마띠까가 [끝났다.]

(2) 해설에 관한 부문(niddesa-vāra)

509. ① '여기(idha)'라는 것은 이러한 [부처님의] 견해에서,[32] 이러한 인욕에서, 이러한 선호함에서, 이러한 관점에서, 이러한 법에서, 이러한 율에서, 이러한 법과 율에서, 이러한 말씀에서, 이러한 청정범행

32) "'이러한 견해에서(imissā diṭṭhiyā)'라는 등의 이들 열 가지 용어에 의해서 삼학(三學, sikkhattaya-saṅkhāta)이라 불리는 일체지를 갖추신 부처님 교법(sabbaññu-buddhasāsana)이 언급되고 있다. 이것은 세존이신 부처님에 의해서 보아진 것이기 때문에 '견해(diṭṭhi)'라고 설해졌다. 그분이 감내한 것(khamana)이기 때문에 '인욕(khanti)'이다. …"(VbhA.325)

에서, 이러한 스승의 교법에서이다. 그래서 말하기를 여기라고 하였다.

510. '비구(bhikkhu)'란 일반적인 명칭에 의한 비구, 스스로 [비구라] 칭하는 비구, 걸식한다는 [뜻의] 비구, 걸식하는 자라는 [뜻의] 비구, 걸식하는 상태로 떨어진 자라는 [뜻의] 비구, 해진 옷을 입는다는 [뜻의] 비구, 악하고 해로운 법들을 자른다는 [뜻의] 비구, 악하고 해로운 법들을 잘랐음을 [뜻하는] 비구, 제한적으로 [246] 오염원들을 제거한 비구, 제한 없이 오염원들을 제거한 비구, 유학인 비구, 무학인 비구, 유학도 무학도 아닌 비구, 으뜸인 비구, 상서로운 비구, 탁월한 비구, 본질을 가진 비구, 화합하는 승가에 의해서 흠이 없고 경우에 맞는 결정을 네 번째로 하는 갈마[白四羯磨][33]로 구족계를 받은 비구이다.[34]

---

33) '결정을 네 번째로 하는 갈마[白四羯磨]'는 ñatticatuttha kamma를 옮긴 것으로 안건을 상정하여 먼저 세 번을 물어본 뒤 네 번째에 결정하는 승가의 결정 방식을 말한다. 중국에서는 白四羯磨(백사갈마)로 직역하였다. 그리고 이보다 덜 중요한 사안을 결정하는 방식에는 '결정을 두 번째로 하는 갈마(ñattidutiya kamma)'가 있으며 중국에서는 白二羯磨(백이갈마)로 직역하였다.(KankhvitrA.255~56 참조)

34) 18가지로 '비구(bhikkhu)'를 설명하고 있는 본 문단에 대한 빠알리 원문은 다음과 같다.
"bhikkhūti samaññāya bhikkhu, paṭiññāya bhikkhu, bhikkhatīti bhikkhu, bhikkhakoti bhikkhu, bhikkhācariyaṁ ajjhupagatoti bhikkhu, bhinnapaṭadharoti bhikkhu, bhindati pāpake akusale dhammeti bhikkhu, bhinnattā pāpakānaṁ akusalānaṁ dhammānaṁ bhikkhu, odhiso kilesānaṁ pahānā bhikkhu, anodhiso kilesānaṁ pahānā bhikkhu, sekkho bhikkhu, asekkho bhikkhu, nevasekkha-nāsekkho bhikkhu, aggo bhikkhu, bhadro bhikkhu, maṇḍo bhikkhu, sāro bhikkhu, samaggena saṅghena ñatticatutthena kammena akuppena ṭhānārahena upasampanno bhikkhu."

율장에서는 다음과 같이 12가지로 비구를 설명하고 있다.
"bhikkhūti bhikkhakoti bhikkhu, bhikkhācariyaṁ ajjhupagatoti bhikkhu, bhinnapaṭadharoti bhikkhu, samaññāya bhikkhu, paṭiññāya bhikkhu, ehi bhikkhūti bhikkhu, tīhi saraṇagamanehi upasampannoti bhikkhu, bhadro bhikkhu, sāro bhikkhu, sekho

511. '계목(pātimokkha)'이라는 것은 계, 토대, 처음, 실천, 제어, 단속, 으뜸, 유익한 법들을 증득하는 선도자이다. '단속(saṁvara)'이란 몸으로 범하지 않음, 말로 범하지 않음, 몸과 말로 범하지 않음이다. '단속하면서(saṁvuta)'란 이러한 계목의 단속으로 얻었다, 잘 얻었다, 증득했다, 잘 증득했다, 갖추었다, 잘 갖추었다, 구족했다는 것이다. 그래서 말하기를 '계목의 단속으로 단속하면서(pātimokkha-saṁvarasaṁvuta)'라고 하였다.

512. '머문다(viharati)'라고 하였다. 처한다, 되어간다, 지속한다, 영위한다, 살아간다, 움직인다, 머문다이다. 그래서 말하기를 머문다고 하였다.

513. '바른 행실과 행동의 영역을 갖추고(ācāragocarasampanna)'라고 하였다. 바른 행실이 있고, 바르지 못한 행실이 있다.

여기서 무엇이 '바르지 못한 행실'인가? 몸으로 범하고, 말로 범하고, 몸과 말 [둘 다로] 범하는 것이 바르지 못한 행실이다. 나쁜 계행도 모두 바르지 못한 행실이다.(Dhs §1368) 여기 어떤 자는 대나무를 주거나, 향기로운 잎을 주거나, 꽃과 과일과 목욕 때 바르는 가루와 치목을 주거나,

---

bhikkhu, asekho bhikkhu, samaggena saṅghena ñatticatutthena kammena akuppena ṭhānārahena upasampannoti bhikkhu. tatra yvāyaṁ bhikkhu samaggena saṅghena ñatticatutthena kammena akuppena ṭhānārahena upasampanno, ayaṁ imasmiṁ atthe adhippeto bhikkhūti."(Vin.iii.24)

한편 북방의 사분율에는 다음과 같이 8가지로 나타나고 있다.
"名字比丘。相似比丘。自稱比丘。善來比丘。乞求比丘。著割截衣比丘。破結使比丘。受大戒白四羯磨如法成就得處所比丘。是中比丘。若受大戒白四羯磨如法成就得處所。住比丘法中。是謂比丘義。是中共比丘者。餘比丘受大戒白四羯磨如法成就得處所住比丘法中。是共比丘義."(四分律)

아첨하거나, 반쯤만 사실인 얘기를 하거나, 다른 이의 아이를 귀여워하거나, 심부름을 가거나, 부처님께서 나무라신 이런저런 그릇된 생계로 생계를 유지한다.(Vis.I.44) — 이를 일러 바르지 못한 행실이라 한다.

여기서 무엇이 '바른 행실'인가? 몸으로 범하지 않고, 입으로 범하지 않고, 몸과 입으로 범하지 않는 것 — 이것이 바른 행실이다. 계를 통한 단속도 모두 바른 행실이다.(*cf* Dhs §1370) 여기 어떤 자는 대나무를 주지 않고, 향기로운 잎을 주지 않고, 꽃과 과일과 목욕 때 바르는 분가루와 치목을 주지 않고, 아첨하지 않고, 다른 이의 아이를 귀여워하지 않고, 심부름을 가지 않고, 부처님께서 나무라신 이런저런 그릇된 생계로 생계를 유지하지 않는다. — 이를 일러 바른 행실이라 한다.(Vis.I.44)

514. [탁발 등을 위한] '행동의 영역'이라고 하였다. 행동의 영역이 있고, 행동의 영역이 아닌 것이 있다.

여기서 무엇이 '행동의 영역이 아닌 것'인가? 여기 [247] 어떤 자가 기생집을 행동의 영역으로 삼거나, 과부, 노처녀, 중성, 비구니, 술집을 행동의 영역으로 삼거나, 왕들, 대신들, 외도들, 외도들의 제자들과 섞여 마을 사람들과 부적절한 교제를 하면서 머물거나, 비구들과 비구니들과 청신사들과 청신녀들에 대해 신뢰가 없고 청정한 믿음이 없고 우물과 같은 역할을 하지 않고 욕설을 하고 비방하고 손해를 바라고 해로움을 바라고 재앙을 바라고 유가안은(瑜伽安穩)35)을 바라지 않는 그런 가문을 의지해 살고, 섬기고, 자주 왕래한다. — 이를 일러 행동의 영역이 아닌 것이라 한다.

여기서 무엇이 '행동의 영역'인가? 여기 어떤 자가 기생집을 행동의

---

35) '유가안은(瑜伽安隱)'은 yogakkhema(요가케마)의 한역이다. 여기서 유가(瑜伽)는 yoga의 음역이고 안은(安隱)은 khema의 의역이다. 이것은 아라한과를 뜻한다.(MA.i.41) 여기에 대해서는 『맛지마 니까야』 제1권 「뿌리에 대한 법문 경」(M1) §27의 주해와 『상윳따 니까야』 제4권 「유가안은을 설하는 자 경」(S35:104) §2의 주해를 참조할 것.

영역으로 삼지 않고, 과부, 노처녀, 중성, 비구니, 술집을 행동의 영역으로 삼지 않으며, 왕들, 대신들, 외도들, 외도들의 제자들과 섞여 마을 사람들과 부적절한 교제를 하면서 머물지 않고, 비구들과 비구니들과 청신사들과 청신녀들에 대해 신뢰가 있고 청정한 믿음이 있고 우물과 같은 역할을 하고 가사를 수한 자들로 빛이 나며 성인들이 출입하기에 편안하고 이익을 바라고 이로움을 바라고 편안함을 바라고 유가안은을 바라는 그런 가문을 의지해 살고, 섬기고, 자주 왕래한다. — 이를 일러 행동의 영역이라 한다.(Vis.I.45)

이러한 바른 행실과 행동의 영역을 얻었다 … (§357) … 구족했다. 그래서 말하기를 바른 행실과 행동의 영역을 갖추고라고 하였다.[36]

515. '작은 허물에 대해서도 두려움을 보며(aṇumattesu vajjesu bhayadassāvi)'라고 하였다.

여기서 무엇이 '작은 허물'인가? 이런저런 양이 적고 하찮고 가볍고 가벼워 보이지만 제어해야 하고 단속해야 하고 마음을 일으켜야 하고 주의를 기울여야 하는 허물들 — 이를 일러 작은 허물이라 한다.

이러한 작은 허물에 대해서도 허물을 보고 두려움을 보고 위험함을 보고 벗어남을 보는 것이다. 그래서 말하기를 작은 허물에 대해서도 두려움을 보고라고 하였다.

516. '학습계목들을 받아지녀 [248] 공부짓는다(samādāya sikkhati sikkhāpadesu).'라고 하였다.

여기서 무엇이 '학습[계목]'인가? 네 가지 학습[계목]이 있다. 비구들에게는 비구의 학습계목이, 비구니들에게는 비구니의 학습계목이, 청신사들에게는 청신사의 학습계목이, 청신녀들에게는 청신녀의 학습계목

---

36) 이상 §513은 『청정도론』 I.44와 같은 내용을 담고 있고 §514는 Vis.I.45와 같은 내용을 담고 있다.

이 있다. — 이를 일러 학습[계목]이라 한다.

이러한 학습[계목]들에 대해서 모든 방면에서 완전하게[37] 남김 없고 빠짐없이 수지한다. 그래서 말하기를 학습계목들을 받아지녀 공부짓는다고 하였다.

517. ② '감각기능들의 문을 잘 보호하고(indriyesu guttadvāra)'라고 하였다. 감각기능들의 문을 잘 보호함이 있고, 문을 잘 보호하지 못함이 있다.

여기서 무엇이 '감각기능들의 문을 잘 보호하지 못함'인가? 여기 어떤 사람은 눈으로 형색을 봄에 그 표상[全體相]을 취하고, 또 그 세세한 부분상[細相]을 취한다. 만약 그가 눈의 감각기능이 제어되지 않은 채 머무르면, 욕심과 싫어하는 마음이라는 악하고 해로운 법들[不善法]이 그를 침입해올 것이다. 그는 눈의 감각기능을 잘 단속하기 위해 수행하지 않으며, 눈의 감각기능을 잘 방호하지 못하고, 눈의 감각기능을 잘 단속하지 못한다.

귀로 소리를 들음에 … 코로 냄새를 맡음에 … 혀로 맛을 봄에 … 몸으로 감촉과 맞닿음에[38] … 마노로 법을 지각함에 그 표상을 취하고, 또 그 세세한 부분상을 취한다. 만약 그가 마노의 감각기능이 제어되지 않은 채 머무르면, 욕심과 싫어하는 마음이라는 악하고 해로운 법들[不善法]이 그를 침입해올 것이다. 그는 마노의 감각기능을 잘 단속하기 위

37) '모든 방면에서 완전하게'는 sabbena sabbaṁ sabbathā sabbaṁ를 의역한 것이다. 복주서는 다음과 같이 설명하고 있다.
"여기서 '모든 방면에서 완전하게(sabbena sabbaṁ sabbathā sabbaṁ)'는 '학습계목을 모두 다 받아지님에 의해서 모든 학습계목을, 공부지어야 하는 모든 형태에 의해서 모든 학습계목을(sabbena sikkhāsamādānena sabbaṁ sikkhaṁ, sabbena sikkhitabbākārena sabbaṁ sikkhaṁ)'이라는 뜻으로 말씀하신 것이다."(VbhAMṬ.187)

38) '몸으로 감촉과 맞닿음에'는 kāyena phoṭṭhabbaṁ phusitvā를 옮긴 것이다.

해 수행하지 않으며, 마노의 감각기능을 잘 방호하지 못하고, 마노의 감각기능을 잘 단속하지 못한다.

이러한 여섯 가지 감각기능을 보호하지 않고 돌보지 않고 방호하지 않고 단속하지 않는 것 — 이를 일러 감각기능들의 문을 잘 보호하지 못함이라 한다.

여기서 무엇이 '감각기능들의 문을 잘 보호함'인가? 여기 어떤 사람은 눈으로 형색을 봄에 그 표상[全體相]을 취하지 않으며, 또 그 세세한 부분상[細相]을 취하지도 않는다. 만약 그가 눈의 감각기능이 제어되지 않은 채 머무르면, 욕심과 싫어하는 마음이라는 악하고 해로운 법들[不善法]이 그를 침입해올 것이다. 그는 눈의 감각기능을 잘 단속하기 위해 수행하며, 눈의 감각기능을 잘 방호하고, 눈의 감각기능을 잘 단속한다.

귀로 소리를 들음에 … 코로 냄새를 맡음에 … 혀로 맛을 봄에 … 몸으로 감촉과 맞닿음에 … 마노로 법을 지각함에 그 표상을 취하지 않으며, 또 그 세세한 부분상을 취하지도 않는다. 만약 그가 마노의 감각기능이 제어되지 않은 채 머무르면, 욕심과 싫어하는 마음이라는 악하고 해로운 법들[不善法]이 그를 침입해올 것이다. 그는 마노의 감각기능을 잘 단속하기 위해 수행하며, 마노의 감각기능을 잘 방호하고, 마노의 감각기능을 잘 단속한다.

이러한 여섯 가지 감각기능을 보호하고 돌보고 방호하고 단속하는 것 — 이를 일러 [249] 감각기능들의 문을 잘 보호함이라 한다.

이러한 감각기능의 단속을 얻었다 … (§357) … 구족했다. 그래서 말하기를 감각기능들의 문을 잘 보호하고라고 하였다.

518. ③ '음식에서 적당함을 알고(bhojane mattaññu)'라고 하였다. 음식에서 적당함을 앎이 있고, 음식에서 적당함을 알지 못함이 있다.

여기서 무엇이 '음식에서 적당함을 알지 못함'인가? 여기 어떤 사람은 숙고하지도 못하고 지혜롭지도 못하여 단지 즐기기 위해서 취하기 위해서 겉치레를 위해서 외양을 위해서 음식을 수용한다. 여기서 음식에서 만족하지 못하고 적당함을 알지 못하고 숙고하지 못하는 것 — 이를 일러 음식에서 적당함을 알지 못함이라 한다.

여기서 무엇이 '음식에서 적당함을 앎'(ma2-128-b)인가? 여기 어떤 사람은 지혜롭게 숙고하면서 음식을 수용한다. 그것은 즐기기 위해서도 아니며 취하기 위해서도 아니며 겉치레를 위해서도 아니며 외양을 위해서도 아니며 단지 이 몸을 지탱하고 유지하고 해악을 쉬고[39] 청정범행을 잘 지키기 위해서이다. '그래서 나는 이전의 느낌을 물리치고 새로운 느낌을 일어나게 하지 않을 것이다. 나는 잘 유지될 것이고 비난받을 일 없이 편안하게 머물 것이다.'라고 [지혜롭게 숙고하면서 음식을 수용한다.] 여기서 음식에서 만족하고 적당함을 알고 숙고하는 것 — 이를 일러 음식에서 적당함을 앎이라 한다.(Dhs §1355)

이러한 음식에서 적당함을 앎을 얻었다 … (§357) … 구족했다. 그래서 말하기를 음식에서 적당함을 알고라고 하였다.

519. ④ 어떻게 비구는 '초저녁부터 늦은 밤까지 깨어있음에 몰두(pubbarattāpararattaṁ jāgariyānuyogamanuyutto)'하는가? 여기 비구는 낮 동안에는 경행하거나 앉아서 장애가 되는 법들로부터 마음을 청정하게 한다. 밤의 초저녁[初夜]에는 경행하거나 앉아서 장애가 되는 법들로부터 마음을 청정하게 한다. 한밤중[中夜]에는 발에다 발을 포개어 오른쪽 옆구리로 사자처럼 누워서 마음챙기고 알아차리면서[正念·正知] 일어날 시간을 인식하여 마음에 잡도리한다. 이른 새벽[後夜]에는 일어나

---

39) "'해악을 쉬고(vihiṁsūparati)': 괴롭힌다는 뜻에서 배고픔이 해악이다. 그것을 제거하기 위해 탁발음식을 수용한다. 이는 마치 상처에 연고를 바르는 것과 같고, 추위와 더위 등을 중화시키는 것과 같다."(Vis.I.92. *cf.* DhsA.404)

서 경행하거나 앉아서 장애가 되는 법들로부터 마음을 청정하게 한다. 이와 같이 비구는 초저녁부터 늦은 밤까지 깨어있음에 몰두한다.

520. ⑤ '끈기 있음(sātacca)'이란 정신적인 정진을 시작함 … (§220) … 바른 정진이다.

521. '슬기로움(nepakka)'이란 통찰지, 통찰함 … (§525) … 어리석음 없음, 법의 간택, 바른 견해이다.

522. '깨달음의 편에 있는 법들을 수행하는 데 몰두한다(bodhi-pakkhikānaṁ dhammānaṁ bhāvanānuyogamanuyutto).'라고 하였다.

여기서 무엇이 '깨달음의 편에 있는 법들[菩提分法]'인가? 일곱 가지 깨달음의 구성요소[七覺支]이니 마음챙김의 깨달음의 구성요소[念覺支], 법을 간택하는 깨달음의 구성요소[擇法覺支], 정진의 깨달음의 구성요소[精進覺支], 희열의 깨달음의 구성요소[喜覺支], 편안함의 깨달음의 구성요소[輕安覺支], 삼매의 깨달음의 구성요소[定覺支], 평온의 깨달음의 구성요소[捨覺支]이다. [250] — 이를 일러 깨달음의 편에 있는 법들이라 한다.

이처럼 이러한 깨달음의 편에 있는 법들을 반복하고, 닦고, 많이 [공부]짓는다. 그래서 말하기를 깨달음의 편에 있는 법들을 수행하는 데 몰두한다고 하였다.

523. ⑥ '그는 나아갈 때도 물러날 때도 분명히 알면서[正知] 행한다. 앞을 볼 때도 돌아볼 때도 분명히 알면서 행한다. 구부릴 때도 펼 때도 분명히 알면서 행한다. 가사 · 발우 · 의복을 지닐 때도 분명히 알면서 행한다. 먹을 때도 마실 때도 씹을 때도 맛볼 때도 분명히 알면서 행한다. 대소변을 볼 때도 분명히 알면서 행한다. 걸으면서 서면서 앉으면서 잠들면서 잠을 깨면서 말하면서 침묵하면서도 분명히 알면서 행한

다.'라고 하였다. 그러면 어떻게 비구가 [이를 닦는가?]

여기 비구는 마음챙기고 알아차리면서 나아가고 마음챙기고 알아차리면서 물러난다. 마음챙기고 알아차리면서 앞을 보고 마음챙기고 알아차리면서 돌아본다. 마음챙기고 알아차리면서 구부리고 마음챙기고 알아차리면서 편다. 마음챙기고 분명히 알면서 행한다. 가사·발우·의복을 지닐 때도 마음챙기고 분명히 알면서 행한다. 먹을 때도 마실 때도 씹을 때도 맛볼 때도 마음챙기고 분명히 알면서 행한다. 대소변을 볼 때도 마음챙기고 분명히 알면서 행한다. 걸으면서 서면서 앉으면서 잠들면서 잠을 깨면서 말하면서 침묵하면서도 마음챙기고 분명히 알면서 행한다.

524. 여기서 무엇이 '마음챙김'인가? 마음챙김, 계속해서 마음챙김[隨念], 거듭해서 마음챙김, 마음챙김, 챙겨있음, 간직함, 떠다니지 않음, 잊어버리지 않음, 마음챙김, 마음챙김의 기능, 마음챙김의 힘, 바른 마음챙김[正念] — 이를 일러 마음챙김이라 한다.(§220)

525. '알아차리면서'라고 하였다. 여기서 무엇이 '알아차림'인가? 통찰지, 통찰함, 간택, 꿰뚫어 간택함, 법의 간택[擇法], 주시함, 응시함, 차별화함, 영민함, 능숙함, 숙달됨, 분석함, 사색, 자세히 관찰함, 광대함, 현명함, 주도면밀함, 위빳사나, 알아차림, 몰이 막대, 통찰지, 통찰지의 기능, 통찰지의 힘, 통찰지의 칼, 통찰지의 궁전, 통찰지의 광명, 통찰지의 빛, 통찰지의 광휘로움, 통찰지의 보배, 어리석음 없음, 법의 간택, 바른 견해 — 이를 일러 알아차림이라 한다.

이처럼 이러한 마음챙김과 이러한 알아차림을 통해서 얻었다 …(§357) … 구족했다. 이와 같이 비구는 마음챙기고 알아차리면서 나아가고 마음챙기고 알아차리면서 물러난다. 마음챙기고 알아차리면서 앞을 보고 마음챙기고 알아차리면서 돌아본다. 마음챙기고 알아차리면서 구부리고 마음챙기고 알아차리면서 편다. 마음챙기고 분명히 알면서 행한다. 가사・발우・의복을 지닐 때도 마음챙기고 분명히 알면서 행한다. [251] 먹을 때도 마실 때도 씹을 때도 맛볼 때도 마음챙기고 분명히 알면서 행한다. 대소변을 볼 때도 마음챙기고 분명히 알면서 행한다. 걸으면서 서면서 앉으면서 잠들면서 잠을 깨면서 말하면서 침묵하면서도 마음챙기고 분명히 알면서 행한다.

526. ⑦ '외딴 곳(vivitta)'이라고 하였다. 처소가 가까이 있더라도 재가자나 출가자들로 붐비지 않으면 그것은 외딴 곳이다. 처소가 멀리 있더라도 재가자나 출가자들로 붐비지 않으면 그것이 외딴 곳이다.

527. '처소(senāsana)'라고 하였다. 침상도 처소이고 의자도 처소이고 깔개도 처소이고 베개도 처소이고 승원도 처소이고 긴 저택[40]도 처소이고 저택도 처소이고 망루도 처소이고 천막도 처소이고 바위굴도 처소이고 동굴도 처소이고 나무아래도 처소이고 대나무 숲도 처소이고 비구가 은둔하는 곳은 어디든 모두 처소이다.

528. '외딴 처소를 의지한다(vivittaṁ senāsanaṁ bhajati).'라고 하였다. 이러한 외딴 처소를 의지하고 가까이하고 사용하고 수용하고 잘 사용한다. 그래서 말하기를 외딴 처소를 의지한다고 하였다.

529. '숲속(arañña)'이란 석주[41]의 밖으로 넘어가면 그것은 모두 숲속이다.

---

40) '긴 저택'은 aḍḍhayoga를 옮긴 것인데 주석서에서 dīgha-pāsāda 즉 긴 저택으로 설명하고 있어서(Pm.i.53) 이렇게 옮겼다.

41) '석주(石柱, inda-khīla)'는 마을이나 집 앞에 세워둔 돌기둥이나 철로 만든 기둥을 뜻하는데 율장 등에 의하면 마을이나 집의 경계를 표시하는 기준이 되는 것이다.(Vin.iii.46, Vbh.251, PED 참조)

530. '나무 아래(rukkhamūla)'라고 하였다. 나무의 밑이 나무 아래다. 산이 산이고 골짜기가 골짜기이며 동굴이 동굴이고 묘지가 묘지고 노지가 노지이며 짚더미가 짚더미이다.

531. '밀림(vanapattha)'은 먼 곳에 있는 처소를 두고 한 말이다. 밀림은 정글에 있는 처소를 두고 한 말이다. 밀림은 무서운 곳에 있는 처소를 두고 한 말이다. 밀림은 공포를 주는 곳에 있는 처소를 두고 한 말이다. 밀림은 동떨어진 곳에 있는 처소를 두고 한 말이다. 밀림이란 사람들이 접근하지 않는 처소를 두고 한 말이다. 밀림이란 견디기 힘든 처소를 두고 한 말이다.

532. '조용하고(appasadda)'라고 하였다. 처소가 가까이 있더라도 재가자나 출가자들로 붐비지 않으면 그것은 조용한 곳이다. 처소가 멀리 있더라도 재가자나 출가자들로 붐비지 않으면 그것이 조용한 곳이다.

533. '소리가 적고(appanigghosa)'라고 하였다. 조용한 곳이 소리가 적은 곳이다. 소리가 적은 곳이 [252] '한적한 곳(vijanavāta)'이다. 한적한 곳이 '사람들로부터 먼 곳(manussarāhasseyyaka)'이다. 사람들로부터 먼 곳이 '한거하기에 좋은 곳(paṭisallānasāruppa)'이다.

534. '숲속에 가거나 나무 아래에 가거나 빈집에 가거나 하여(araññagato vā rukkhamūlagato vā suññāgāragato vā)'라는 것은 숲속에 가거나 나무 아래에 가거나 빈집에 가거나 하는 것이다.

535. '가부좌를 틀고 앉는다(nisīdati pallaṅkaṁ ābhujitvā).'라는 것은 가부좌를 하고 앉는 것이다.

536. '상체를 곧추 세우고(ujuṁ kāyaṁ paṇidhāya)'라는 것은 몸을

곧게 세우고 앉는 것이다.

537. '전면에 마음챙김을 확립하여(parimukhaṁ satiṁ upaṭṭhapetvā)'라고 하였다.

여기서 무엇이 '마음챙김'인가? 마음챙김, 계속해서 마음챙김[隨念] … (§220) … 바른 마음챙김[正念] — 이를 일러 마음챙김이라 한다.

이러한 마음챙김이 코끝[42]이나 입의 표상[43]에 확립되고 잘 확립되는 것이다. 그래서 말하기를 전면에 마음챙김을 확립하여라고 하였다.

538. ⑧ '세상에 대한 욕심을 제거하여(abhijjhaṁ loke pahāya)'라고 하였다.

여기서 무엇이 '욕심'인가? 갈망, 탐닉 … (§249) … 마음의 탐닉 — 이를 일러 욕심이라 한다.

여기서 무엇이 '세상'인가? 취착의 [대상인] 다섯 가지 무더기[五取蘊]가 세상이다. — 이를 일러 세상이라 한다.

이러한 욕심은 이러한 세상에서 고요해지고, 가라앉고, 사라지고, 철저히 사라지고, 없어지고, 철저히 없어지고, 마르고, 깡마르고, 끝이 난다.(*cf* §362) 그래서 말하기를 세상에 대한 욕심을 제거하여라고 하였다.

---

42) "코가 긴(dīghanāsika) 경우에는 '코끝에(nāsikagge)', 코가 짧은(rassanāsika) 경우에는 '입의 표상에(mukhanimitte)' 즉 윗입술(uttaroṭṭha)에 [확립된다.]"(PsA.ii.479)
"코가 긴 경우는 코끝에, 그 외에는 이것을 통해서 입(mukha), 즉 이빨(dasana)을 가린다(nimīyati), 덮는다(chādīyati)고 해서 입의 표상이라는 이름을 얻은 윗입술에 [확립된다.]"(Pm.i.332)

43) "입의 표상(mukha-nimitta)이란 윗입술의 가운데 부분(uttar-oṭṭhassa vemajjha-ppadeso)이라고 봐야 하나니, 즉 코의 바람(nāsika-vāta)이 닿는(paṭihaññati) 곳을 말한다."(VbhA.368)
그러므로 여기서 '전면(全面 혹은 前面)에(parimukhaṁ)'는 구체적으로 코끝에나, 숨이 닿는 윗입술의 중간 부분에 혹은 인중(人中) 즉 코의 밑과 윗입술 사이에 오목하게 골이 진 곳에라는 뜻이다.

539. '욕심이 없는 마음으로(vigatābhijjhena cetasā)'라고 하였다.

여기서 무엇이 '마음'인가? 마음, 마노[意], 정신작용 … (§184) … 그것에 적합한 마노의 알음알이의 요소 — 이를 일러 마음이라 한다.

이러한 마음은 욕심을 버리게 된다. 그래서 말하기를 욕심이 없는 마음으로라고 하였다.

540. '머문다(viharati)'라고 하였다. 처한다, 되어간다, 지속한다, 영위한다, 살아간다, 움직인다, 머문다이다. 그래서 말하기를 머문다고 하였다.

541. '욕심으로부터 마음을 청정하게 한다(abhijjhāya cittaṁ parisodheti).'라고 하였다.

여기서 무엇이 '욕심'인가? 갈망, 탐닉 … (§249) … 마음의 탐닉 — 이를 일러 욕심이라 한다.

여기서 무엇이 '마음'인가? 마음, 마노[意], 정신작용 … (§184) … 그것에 적합한 마노의 알음알이의 요소 — 이를 일러 마음이라 한다.

이러한 마음을 이러한 욕심으로부터 청정하게 한다, 아주 청정하게 한다, 두루 청정하게 한다, 벗어나게 한다, 멀리 벗어나게 한다, 완전히 벗어나게 한다. 그래서 말하기를 욕심으로부터 마음을 청정하게 한다고 하였다.

542. '악의와 성냄을 제거하여(byāpādapadosaṁ pahāya)'라고 [253] 하였다. 악의가 있고 성냄이 있다.

여기서 무엇이 '악의'인가? 마음[心]의 원한, 적대감, 적의, 반목, 화, 노여움, 격노함, 성냄, 아주 성냄, 격하게 성냄, 마음[意]의 악의, 마음[意]이 노함, 분노, 분노함, 분노한 상태, 성냄, 성마름, 성난 상태, 악의에 참, 악의를 가짐, 불화, 반목, 잔혹함, 잘 제어되지 못함, 마음의 언짢음(Dhs

§1066 등) — 이를 일러 악의라 한다.

여기서 무엇이 '성냄'인가? 악의가 성냄이고 성냄이 악의이다.

이처럼 이러한 악의와 이러한 성냄이 고요해지고 차분해지고 가라앉고 소멸되고 철저하게 소멸되고 없어지고 시들고 마르고 깡마르고 끝이 났다. 그래서 말하기를 악의와 성냄을 제거하여라고 하였다.

543. '악의가 없는 마음으로(abyāpannacitto)'라고 하였다.

여기서 무엇이 '마음'인가? 마음, 마노[意], 정신작용 … (§184) … 그것에 적합한 마노의 알음알이의 요소 — 이를 일러 마음이라 한다.

이런 마음이 악의가 없게 된다. 그래서 악의가 없는 마음으로라고 하였다.

544. '머문다'라고 하였다. … (§540) … 그래서 말하기를 머문다고 하였다.

545. '악의와 성냄으로부터 마음을 청정하게 한다(byāpādapadosā cittaṁ parisodheti).'라고 하였다. 악의가 있고 성냄이 있다.

여기서 무엇이 '악의'인가? 마음[心]의 원한 … (§542) … 잔혹함, 잘 제어되지 못함, 마음의 언짢음 — 이를 일러 악의라 한다.

여기서 무엇이 '성냄'인가? 악의가 성냄이고 성냄이 악의이다.

여기서 무엇이 '마음'인가? 마음, 마노[意], 정신작용 … (§184) … 그것에 적합한 마노의 알음알이의 요소 — 이를 일러 마음이라 한다.

이러한 마음을 이러한 악의와 성냄으로부터 청정하게 한다, 아주 청정하게 한다, 두루 청정하게 한다, 벗어나게 한다, 멀리 벗어나게 한다, 완전히 벗어나게 한다. 그래서 말하기를 악의와 성냄으로부터 마음을 청정하게 한다고 하였다.

546. '해태와 혼침을 제거하여(thīnamiddhaṁ pahāya)'라고 하였다. 해태가 있고 혼침이 있다.

여기서 무엇이 '해태'인가? 마음의 내키지 않음, 일에 적합하지 않음, 굼뜸, 축 처짐, 태만, 태만함, 태만한 상태, 해태, 나태함, 마음의 나태한 상태(Dhs §1162) — 이를 일러 해태라 한다.

여기서 무엇이 '혼침'인가? [254] 몸의 지둔함, 일에 적합하지 않음, 덮임, 완전히 덮임, 안이 가로막힘, 혼침, 잠, 졸음, 잠, 잠듦, 잠든 상태(Dhs §1163) — 이를 일러 혼침이라 한다.

이처럼 이러한 해태와 이러한 혼침이 고요해지고 차분해지고 가라앉고 소멸되고 철저하게 소멸되고 없어지고 시들고 마르고 깡마르고 끝이 났다. 그래서 말하기를 해태와 혼침을 제거하여라고 하였다.

547. '해태와 혼침이 없이(vigatathīnamiddho)'라는 것은 이러한 해태와 혼침을 놓아버리고, 토하고, 풀어내고, 버리고, 포기하고, 버려지고, 포기된 상태이다. 그래서 말하기를 해태와 혼침이 없이라고 하였다.

548. '머문다'라고 하였다. … (§540) … 그래서 말하기를 머문다고 하였다.

549. '광명상을 가지고서(ālokasaññī)'라고 하였다. 여기서 무엇이 '인식'인가? 인식, 인식함, 인식된 상태(Dhs §4) — 이를 일러 인식이라 한다.

이러한 인식이 광명을 가지고, 드러남, 청정함, 깨끗함을 가진다. 그래서 말하기를 광명상을 가지고서라고 하였다.

550. '마음챙기고 알아차리며(sato sampajāno)'라고 하였다.

여기서 무엇이 '마음챙김'인가? 마음챙김, 계속해서 마음챙김[隨念]

… (§220) … 바른 마음챙김[正念] — 이를 일러 마음챙김이라 한다.

여기서 무엇이 '알아차림'인가? 통찰지, 통찰함 … (§525) … 어리석음 없음, 법의 간택, 바른 견해 — 이를 일러 알아차림이라 한다.

이처럼 이러한 마음챙김과 이러한 알아차림을 얻었다 … (§357) … 구족했다. 그래서 말하기를 마음챙기고 알아차리며라고 하였다.

551. '해태와 혼침으로부터 마음을 청정하게 한다(thinamiddhā cittaṁ parisodheti).'라고 하였다. 해태가 있고 혼침이 있다.

여기서 무엇이 '해태'인가? … (§546) … — 이를 일러 해태라 한다.

여기서 무엇이 '혼침'인가? … (§546) … — 이를 일러 혼침이라 한다.

여기서 무엇이 '마음'인가? … (§184) … — 이를 일러 마음이라 한다.

이러한 마음을 이러한 해태와 혼침으로부터 청정하게 한다, 아주 청정하게 한다, 두루 청정하게 한다, 벗어나게 한다, 멀리 벗어나게 한다, 완전히 벗어나게 한다. 그래서 말하기를 해태와 혼침으로부터 마음을 청정하게 한다고 하였다.

552. '들뜸과 후회를 제거하여(uddhaccakukkuccaṁ pahāya)'라고 하였다. 들뜸이 있고 후회가 있다.

여기서 [255] 무엇이 '들뜸'인가? 마음의 들뜸, 가라앉지 못함, 마음이 산란함, 마음의 동요(Dhs §1165) — 이를 일러 들뜸이라 한다.(§291)

여기서 무엇이 '후회'인가? 적당하지 않은 것을 적당하다고 생각하고 적당한 것을 적당하지 않다고 생각하며, 비난받지 않아야 하는 것을 비난받는 것으로 생각하고 비난받아야 하는 것을 비난받지 않는 것으로 생각한다. 이런 형태의 [생각에 대한] 후회, 후회함, 후회하는 상태, 정신적인 가책, 마음의 상처(Dhs §1166) — 이를 일러 후회라 한다.

이처럼 이러한 들뜸과 이러한 후회가 고요해지고 차분해지고 가라앉고 소멸되고 철저하게 소멸되고 없어지고 시들고 마르고 깡마르고 끝이 났다. 그래서 말하기를 들뜸과 후회를 제거하여라고 하였다.

553. '들뜨지 않고(anuddhato)'란 들뜸과 후회를 놓아버리고, 토하고, 풀어내고, 버리고, 포기하고, 버려지고, 포기된 상태이다. 그래서 말하기를 들뜨지 않고라고 하였다.

554. '머문다'라고 하였다. … (§540) … 그래서 말하기를 머문다고 하였다.

555. '안으로(ajjhattaṁ)'란 안으로, 각자에게이다.44)

'마음이 고요하여(vūpasantacitto)'라고 하였다.

여기서 무엇이 '마음'인가? 마음, 마노[意], 정신작용 … (§184) … 그것에 적합한 마노의 알음알이의 요소 — 이를 일러 마음이라 한다.

이러한 마음은 안으로 고요해지고 차분해지고 가라앉는다. 그래서 말하기를 안으로 마음이 고요하여라고 하였다.

556. '들뜸과 후회로부터 마음을 청정하게 한다(uddhaccakukkuccā cittaṁ parisodheti).'라고 하였다. 들뜸이 있고 후회가 있다.

여기서 무엇이 '들뜸'인가? 마음의 들뜸, 가라앉지 못함, 마음이 산란함, 마음의 동요 — 이를 일러 들뜸이라 한다.

여기서 무엇이 '후회'인가? … (§552) … — 이를 일러 후회라 한다.

여기서 무엇이 '마음'인가? … (§184) … — 이를 일러 마음이라 한다.

이러한 마음을 이러한 들뜸과 후회로부터 청정하게 한다, 아주 청정

---

44) 이 문장은 PTS본의 ajjhatan ti: yaṁ ajjhataṁ paccattaṁ를 옮긴 것인데 VRI본에는 나타나지 않지만 PTS본에는 나타나고 있고 §508의 마띠까에도 나타나고 있다. 팃띨라 스님도 영어로 옮기고 있다. 팃띨라 스님은 §554 아래에 넣어서 옮겼지만 문맥상 이것은 '안으로 마음이 고요하여(ajjhattaṁ vūpasantacitto)'에 걸리기 때문에 역자는 여기 §555의 처음에 넣었다.

하게 한다, 두루 청정하게 한다, 벗어나게 한다, 멀리 벗어나게 한다, 완전히 벗어나게 한다. 그래서 말하기를 들뜸과 후회로부터 마음을 청정하게 한다고 하였다.

557. '의심을 제거하여(vicikiccharh pahāya)'라고 하였다. 여기서 무엇이 '의심'인가? 회의, 회의를 품음, 회의를 품은 상태, 혼란, 의심, 갈피를 잡지 못함, 두 갈래 길, 의문, 불확실한 선택, 회피, 망설임, 몰입하지 못함, 마음의 당황스러움, 마음의 상처 — 이를 일러 의심이라 한다.

이러한 의심이 [256] 고요해지고 차분해지고 가라앉고 소멸되고 철저하게 소멸되고 없어지고 시들고 마르고 깡마르고 끝이 났다. 그래서 말하기를 의심을 제거하여라고 하였다.

558. '의심을 건너서(tiṇṇavicikiccho)'라는 것은 이러한 의심을 건넘, 위로 건넘, 뛰어넘음, 저 언덕으로 감, 저 언덕에 도달함이다. 그래서 말하기를 의심을 건너서라고 하였다.

559. '유익한 법들에 의혹이 없어져서(akathaṁkathī kusalesu dhammesu)'란 이런 의심으로 유익한 법들에 대해서 회의를 품지 않고 의심하지 않고 의혹을 가지지 않고 의혹에서 벗어나고 의혹에서 멀어진 것이다. 그래서 말하기를 유익한 법들에 의혹이 없어져서라고 하였다.

560. '의심으로부터 마음을 청정하게 한다(vicikicchāya cittaṁ parisodheti).'라고 하였다.

여기서 무엇이 '의심'인가? 회의, 회의를 품음, 회의를 품은 상태 …(§289) …45) 마음의 당황스러움, 마음의 상처(Dhs §425) — 이를 일러 의심이라 한다.

---

45) 이 반복되는 부분(뻬얄라, peyyala)의 생략 표시는 VRI본에는 나타나지 않지만 PTS본에는 나타나고 있다.

여기서 무엇이 '마음'인가? 마음, 마노[意], 정신작용 … (§184) … 그것에 적합한 마노의 알음알이의 요소 — 이를 일러 마음이라 한다.

이러한 마음을 이러한 의심으로부터 청정하게 한다, 아주 청정하게 한다, 두루 청정하게 한다, 벗어나게 한다, 멀리 벗어나게 한다, 완전히 벗어나게 한다. 그래서 말하기를 의심으로부터 마음을 청정하게 한다고 하였다.

561. ⑨ '이들 다섯 가지 장애를 제거하여(ime pañca nīvaraṇe pahāya)'란 이들 다섯 가지 장애가 고요해지고 차분해지고 가라앉고 소멸되고 철저하게 소멸되고 없어지고 시들고 마르고 깡마르고 끝이 났다. 그래서 말하기를 이들 다섯 가지 장애를 제거하여라고 하였다.

562. '마음의 오염원(cetaso upakkilesa)'이란 이들 다섯 가지 장애가 마음의 오염원이다.

563. '통찰지를 무력하게 만드는(paññāya dubbalīkaraṇa)'이라고 하였다. 이들 다섯 가지 장애 때문에 일어나지 않은 통찰지는 일어나지 않고 일어난 통찰지는 소멸한다. 그래서 말하기를 통찰지를 무력하게 만드는이라고 하였다.

564. '감각적 쾌락들을 완전히 떨쳐버리고 해로운 법들[不善法]을 떨쳐버린 뒤(vivicceva kāmehi vivicca akusalehi dhammehi)'라고 하였다.

여기서 무엇이 '감각적 쾌락'인가? 열의인 감각적 쾌락, 탐욕인 감각적 쾌락, 욕탐인 감각적 쾌락, 사유인 감각적 쾌락, 탐욕인 감각적 쾌락, 사유와 탐욕인 감각적 쾌락 — 이들을 일러 감각적 쾌락이라 한다.(Nd1.2; Vis.IV.83)

여기서 무엇이 '해로운 법들'인가? 감각적 쾌락에 대한 욕구, 악의, 해태, 혼침, 들뜸, 후회, 의심 — 이들을 일러 해로운 법들이라 한다.

이처럼 [257] 이러한 감각적 쾌락들과 해로운 법들을 완전히 떨쳐버린다. 그래서 말하기를 감각적 쾌락들을 완전히 떨쳐버리고 해로운 법들[不善法]을 떨쳐버린 뒤라고 하였다.

565. '일으킨 생각[尋]과 지속적 고찰[伺]이 있고(savitakkaṁ savicāraṁ)'라고 하였다. 일으킨 생각이 있고 지속적 고찰이 있다.

여기서 무엇이 '일으킨 생각'인가? 생각, 일으킨 생각, 사유, 전념, 몰입, 마음을 [대상에] 겨냥하게 함, 바른 사유 — 이를 일러 일으킨 생각이라 한다.

여기서 무엇이 '지속적 고찰'인가? 고찰, 지속적 고찰, 탐구, 마음을 매어둠, 숙고함 — 이를 일러 지속적 고찰이라 한다.

이처럼 이러한 일으킨 생각과 이러한 지속적 고찰을 얻었다 … (§357) … 구족했다. 그래서 말하기를 일으킨 생각과 지속적 고찰이 있고라고 하였다.

566. '떨쳐버렸음에서 생긴(vivekajaṁ)'이라고 하였다. 일으킨 생각, 지속적 고찰, 희열, 행복, 마음이 한끝으로 [집중]됨 — 이들은 이 떨쳐버렸음에서 태어나고, 출생하고, 생기고, 탄생하고, 나타난 것이다. 그래서 말하기를 떨쳐버렸음에서 생긴이라고 하였다.

567. '희열과 행복이 있는(pītisukhaṁ)'이라고 하였다. 희열이 있고 행복이 있다.

여기서 무엇이 '희열'인가? 희열, 환희, 기뻐함, 기꺼워함, 미소, 함박웃음, 경사로움, 의기양양함, 마음이 흡족함(Dhs §86 등) — 이를 일러 희열이라 한다.

여기서 무엇이 '행복'인가? 정신적인 만족감, 정신적인 즐거움, 정신의 감각접촉에서 생긴 만족하고 즐겁게 느껴지는 것, 정신의 감각접촉에서 생긴 만족하고 즐거운 느낌 — 이를 일러 행복이라 한다.

이러한 행복은 이러한 희열이 함께하고 함께 생기고 결속되고 결합된다. 그래서 말하기를 희열과 행복이 있는이라고 하였다.

568. '첫 번째[初]'란 헤아림의 순서상 첫 번째이다. 이것을 첫 번째로 증득한다고 해서 첫 번째이다.

569. '선(禪)'이란 일으킨 생각, 지속적 고찰, 희열, 행복, 마음이 한끝으로 [집중]됨이다.

570. '구족하여(upasampajja)'라는 것은 이 첫 번째 선[初禪]을 얻음, 획득, 달성, 성취, 닿음, 실현, 구족함이다.

571. '머문다'라고 하였다. … (§540) … 그래서 말하기를 머문다고 하였다.

572. ⑩ '일으킨 생각과 지속적 고찰을 가라앉혔기 때문에 [더 이상 존재하지 않으며](vitakkavicārānaṁ vūpasamā)'라고 하였다. 일으킨 생각이 있고 지속적 고찰이 있다.

여기서 무엇이 '일으킨 생각'인가? 생각, 일으킨 생각 … (§565) … 바른 사유 — 이를 일러 일으킨 생각이라 한다.

여기서 무엇이 '지속적 고찰'인가? [258] 고찰, 지속적 고찰, 탐구, 마음을 매어둠, 숙고함 — 이를 일러 지속적 고찰이라 한다.

이처럼 이러한 일으킨 생각과 이러한 지속적 고찰이 고요해지고 차분해지고 가라앉고 소멸되고 철저하게 소멸되고 없어지고 시들고 마르고 깡마르고 끝이 났다. 그래서 말하기를 일으킨 생각과 지속적 고찰을 가라앉혔기 때문에 [더 이상 존재하지 않으며]라고 하였다.

573. '자기 내면의 것이고(ajjhattaṁ)'란 안에 있고 개개인에 속하는 것이다.

574. '확신이 있으며(sampasādanaṁ)'란 믿음, 믿는 것, 신뢰, 깨끗한 믿음이다.

575. '마음의 단일한 상태이고(cetaso ekodibhāvaṁ)'라는 것은 마음의 머묾, 잘 머묾 … (§220) … 바른 삼매이다.

576. '일으킨 생각과 지속적 고찰은 없고(avitakkaṁ avicāraṁ)'라고 하였다. 일으킨 생각이 있고 지속적 고찰이 있다.

여기서 무엇이 '일으킨 생각'인가? 생각, 일으킨 생각 … (§565) … 바른 사유 — 이를 일러 일으킨 생각이라 한다.

여기서 무엇이 '지속적 고찰'인가? 고찰, 연이은 고찰,[46] 지속적 고찰, 탐구, 추구, 마음을 매어둠, 숙고함 — 이를 일러 지속적 고찰이라 한다.

이처럼 이러한 일으킨 생각과 이러한 지속적 고찰이 고요해지고 차분해지고 가라앉고 소멸되고 철저하게 소멸되고 없어지고 시들고 마르고 깡마르고 끝이 났다. 그래서 말하기를 일으킨 생각과 지속적 고찰은 없고라고 하였다.

577. '삼매에서 생긴(samādhijaṁ)'이라고 하였다. 확신(sampasāda)과 희열과 행복(pītisukha) — 이들은 이 삼매에서 태어나고, 출생하고, 생기고, 탄생하고, 나타난 것이다. 그래서 말하기를 삼매에서 생긴이라고 하였다.

---

46) '연이은 고찰'로 옮긴 anucāro는 여기 VRI본 §576에만 들어있다. PTS본에도 나타나지 않고 『담마상가니』에도 나타나지 않으며(Dhs §85 등 참조) 본서의 앞 §565. §572 등에도 없다. 텃띨라 스님도 이를 지적하고 있다. (텃띨라 스님, 337쪽)

578. '희열과 행복이 있는(pītisukhaṁ)'이라고 하였다. 희열이 있고 행복이 있다.

여기서 무엇이 '희열'인가? … (§567) … — 이를 일러 희열이라 한다.

여기서 무엇이 '행복'인가? … (§567) … — 이를 일러 행복이라 한다.

이러한 행복은 이러한 희열이 함께하고 함께 생기고 결속되고 결합된다. 그래서 말하기를 희열과 행복이 있는이라고 하였다.

579. '두 번째'란 헤아림의 순서상 두 번째이다. 이것을 두 번째로 증득한다고 해서 두 번째이다.

580. '禪'이란 확신, 희열과 행복, 마음이 한끝으로 [집중]됨[心一境性]이다.

581. '구족하여(upasampajja)'라는 것은 이 두 번째 禪(제2선)을 얻음, 획득, 달성, 성취, 닿음, 실현, 구족함이다.

582. '머문다'라고 하였다. [259] … (§540) … 그래서 말하기를 머문다고 하였다.

583. ⑪ '희열이 빛바랬기 때문에(pītiyā ca virāgā)'라고 하였다.

여기서 무엇이 '희열'인가? 희열, 환희, 기뻐함, 기꺼워함, 미소, 함박웃음, 경사로움, 의기양양함, 마음이 흡족함 — 이를 일러 희열이라 한다.

이러한 희열은 고요해지고 차분해지고 가라앉고 소멸되고 철저하게 소멸되고 없어지고 시들고 마르고 깡마르고 끝이 났다. 그래서 말하기를 희열이 빛바랬기 때문에라고 하였다.

584. '평온하게(upekkhako)'라고 하였다.

여기서 무엇이 '평온'인가? 평온, 평온함, 공평함, 마음의 중립적인 상태 — 이를 일러 평온이라 한다.

이러한 평온을 얻었다 … (§357) … 구족했다. 그래서 말하기를 평온하게라고 하였다.

585. '머문다'라고 하였다. … (§540) … 그래서 말하기를 머문다고 하였다.

586. '마음챙기고 알아차리며[正念 · 正知, sato ca sampajāno]'라고 하였다.

여기서 무엇이 '마음챙김'인가? 마음챙김, 계속해서 마음챙김[隨念] … (§220) … 바른 마음챙김 — 이를 일러 마음챙김이라 한다.

여기서 무엇이 '알아차림'인가? 통찰지, 통찰함 … (§525) … 어리석음 없음, 법의 간택, 바른 견해 — 이를 일러 알아차림이라 한다.

이처럼 이러한 마음챙김과 이러한 알아차림을 얻었다 … (§357) … 구족했다. 그래서 말하기를 마음챙기고 알아차리며라고 하였다.

587. '몸으로 행복을 경험한다(sukhañca kāyena paṭisaṁvedeti).'라고 하였다.

여기서 무엇이 '행복'인가? 정신적인 만족감, 정신적인 즐거움, 정신의 감각접촉에서 생긴 만족하고 즐겁게 느껴지는 것, 정신의 감각접촉에서 생긴 만족하고 즐거운 느낌 — 이를 일러 행복이라 한다.

여기서 무엇이 '몸(kāya)'인가? 인식의 무더기, 심리현상들의 무더기, 알음알이의 무더기 — 이를 일러 몸이라 한다.

이러한 행복을 이러한 몸으로 경험한다. 그래서 말하기를 몸으로 행복을 경험한다고 하였다.[47]

---

47) "여기서 '몸으로 행복을 경험한다(sukhañca kāyena paṭisaṁvedeti).'고 하셨다. ① 제3선에 든 자는 행복을 경험하는 것에 마음을 두지 않는다. 그

588. '성자들이 묘사하는(yaṁ taṁ ariyā ācikkhanti)'이라고 하였다.

여기서 누가 '성자'인가? 성자는 부처님들과 부처님의 제자들을 말한다.

그들은 이것을 묘사하고 가르치고 알게 하고 확립하고 드러내고 분석하고 명료하게 하고 설명한다. 그래서 말하기를 성자들이 묘사하는이라고 하였다.

589. '평온하고 마음챙기며 행복하게 머문다(upekkhako satimā sukhavihārī).'라고 하였다.

여기서 무엇이 '평온'인가? 평온, 평온함, 공평함, 마음의 중립적인 상태 — 이를 일러 평온이라 한다.

여기서 [260] 무엇이 '마음챙김'인가? 마음챙김, 계속해서 마음챙김[隨念] … (§220) … 바른 마음챙김[正念] — 이를 일러 마음챙김이라 한다.

여기서 무엇이 '행복'인가? 정신적인 만족감, 정신적인 즐거움, 정신의 감각접촉에서 생긴 만족하고 즐겁게 느껴지는 것, 정신의 감각접촉에서 생긴 만족하고 즐거운 느낌 — 이를 일러 행복이라 한다.

이처럼 이러한 평온과 이러한 마음챙김과 이러한 행복을 구족하여 처한다, 되어간다, 지속한다, 영위한다, 살아간다, 움직인다, 머문다. 그래서 말하기를 평온하고 마음챙기며 행복하게 머문다고 하였다.

렇지만 정신적인 몸과 연결된 행복(nāmakāyasampayutta sukha)을 느낀다. ② 혹은 정신적인 몸과 연결된 행복에서 최상의 물질(atipaṇīta rūpa)이 생긴다. 그것에 의해 그의 육체적인 몸(rūpakāya)이 영향을 받기 때문에 禪에서 출정했을 때에도(jhānā vuṭṭhitopi) 행복을 느낀다. 그러므로 이 뜻을 보이면서 '몸으로 행복을 경험한다.'라고 말씀하셨다."(DhsA.174~175; Vis.IV.175.)

이처럼 주석서 문헌은 첫 번째 설명에서는 몸을 정신적인 몸(nāma-kāya)으로, 두 번째 설명에서는 육체적인 몸(rūpa-kāya)으로 해석하고 있다.

590. '세 번째'란 헤아림의 순서상 세 번째이다. 이것을 세 번째로 증득한다고 해서 세 번째이다.

591. '禪'이란 평온, 마음챙김, 알아차림, 행복, 마음이 한끝으로 [집중]됨이다.

592. '구족하여'라는 것은 이 세 번째 禪(제3선)을 얻음, 획득, 달성, 성취, 닿음, 실현, 구족함이다.

593. '머문다'라고 하였다. … (§540) … 그래서 말하기를 머문다고 하였다.

594. ⑫ '행복도 버리고 괴로움도 버리고(sukhassa ca pahānā dukkhassa ca pahānā)'라고 하였다. 행복이 있고 괴로움이 있다.

여기서 무엇이 '행복'인가? 육체적인 만족감, 육체적인 즐거움, 몸의 감각접촉에서 생긴 만족하고 즐겁게 느껴지는 것, 몸의 감각접촉에서 생긴 만족하고 즐거운 느낌 — 이를 일러 행복이라 한다.

여기서 무엇이 '괴로움'인가? 육체적인 불만족감, 육체적인 괴로움, 몸의 감각접촉에서 생긴 만족하지 못하고 괴롭게 느껴지는 것, 몸의 감각접촉에서 생긴 만족하지 못하고 괴로운 느낌(Dhs §559 등) — 이를 일러 괴로움이라 한다.

이처럼 이러한 행복과 이러한 괴로움이 고요해지고 차분해지고 가라앉고 소멸되고 철저하게 소멸되고 없어지고 시들고 마르고 깡마르고 끝이 났다. 그래서 말하기를 행복도 버리고 괴로움도 버리고라고 하였다.

595. '아울러 그 이전에 이미 기쁨과 불만족을 소멸하였으므로(pubbeva somanassadomanassānaṁ atthaṅgamā)'라고 하였다. 기쁨이 있

고 불만족이 있다.

여기서 무엇이 '기쁨'인가? 정신적인 만족감, 정신적인 즐거움, 정신의 감각접촉에서 생긴 만족하고 즐겁게 느껴지는 것, 정신의 감각접촉에서 생긴 만족하고 즐거운 느낌 — 이를 일러 기쁨이라 한다.

여기서 무엇이 '불만족'인가? 정신적인 불만족감, 정신적인 괴로움, 정신의 감각접촉에서 생긴 만족하지 못하고 괴롭게 느껴지는 것, 정신의 감각접촉에서 생긴 만족하지 못하고 괴로운 느낌 — 이를 일러 불만족이라 한다.

이러한 기쁨과 이러한 불만족이 그 이전에 고요해지고 [261] 차분해지고 가라앉고 소멸되고 철저하게 소멸되고 없어지고 시들고 마르고 깡마르고 끝이 났다. 그래서 말하기를 아울러 그 이전에 이미 기쁨과 불만족을 소멸하였으므로라고 하였다.

596. '괴롭지도 즐겁지도 않으며(adukkhamasukhaṁ)'라는 것은 정신적인 만족감도 아니고 불만족감도 아닌 정신적인 감각접촉에서 생긴 괴롭지도 즐겁지도 않게 느껴진 것이고 정신적인 감각접촉에서 생긴 괴롭지도 즐겁지도 않은 느낌이다. 그래서 말하기를 '괴롭지도 즐겁지도 않으며'라고 하였다.

597. '평온으로 인해 마음챙김이 청정한[捨念淸淨, upekkhāsati-pāri-suddhi]'이라고 하였다.

여기서 무엇이 '평온'인가? 평온, 평온함, 공평함, 마음의 중립적인 상태 — 이를 일러 평온이라 한다.

여기서 무엇이 '마음챙김'인가? 마음챙김, 계속해서 마음챙김[隨念] … (§220) … 바른 마음챙김[正念] — 이를 일러 마음챙김이라 한다.

이러한 마음챙김이 이러한 평온에 의해서 드러나고 청정해지고 깨끗해진다.[48] 그래서 말하기를 평온으로 인해 마음챙김이 청정한[捨念淸

淨]이라고 하였다.

598. '네 번째'란 헤아림의 순서상 네 번째이다. 이것을 네 번째로 증득한다고 해서 네 번째이다.

599. '禪'이란 평온, 마음챙김, 마음이 한끝으로 [집중]됨이다.

600. '구족하여'라는 것은 이 네 번째 禪(제4선)을 얻음, 획득, 달성, 성취, 닿음, 실현, 구족함이다.

601. '머문다'라고 하였다. … (§540) … 그래서 말하기를 머문다고 하였다.

602. ⑬ '물질[色]에 대한 인식을 완전히 초월하고(sabbaso rūpa-saññānaṁ samatikkamā)'라고 하였다.

여기서 무엇이 '물질에 대한 인식'인가? 색계선의 증득을 얻었거나 획득하였거나 [색계선의 증득에] 지금·여기에서 행복하게 머무는 자의 인식, 인식함, 인식된 상태 — 이를 일러 물질에 대한 인식이라 한다.

이러한 물질에 대한 인식을 초월하고 넘어서고 완전히 초월한다. 그래서 말하기를 물질[色]에 대한 인식을 완전히 초월하고라고 하였다.

603. '부딪힘의 인식을 소멸하고(paṭighasaññānaṁ atthaṅgamā)'라고 하였다.

여기서 무엇이 '부딪힘의 인식'인가? 형색에 대한 인식 … 감촉에 대한 인식 — 이를 일러 부딪힘의 인식이라 한다.

이러한 부딪힘의 인식이 고요해지고 차분해지고 가라앉고 소멸되고

48) "이러한 마음챙김이 이러한 평온에 의해서 드러나고 청정해지고 깨끗해진다."는 ayaṁ sati imāya upekkhāya vivaṭā hoti parisuddhā pariyodātā를 옮긴 것이다.

철저하게 소멸되고 없어지고 시들고 마르고 깡마르고 끝이 났다. 그래서 말하기를 부딪힘의 인식을 소멸하고라고 하였다.

604. '갖가지 인식을 마음에 잡도리하지 않기 때문에(nānattasaññā-naṁ amanasikārā)'라고 하였다.

여기서 무엇이 '갖가지 인식'인가? 증득을 얻지 못한 자의 마노의 요소와 함께하거나 마노의 알음알이의 요소와 [262] 함께한 인식, 인식함, 인식된 상태 — 이를 일러 갖가지 인식이라 한다.

이러한 갖가지 인식을 마음에 잡도리하지 않는다. 그래서 말하기를 갖가지 인식을 마음에 잡도리하지 않기 때문에라고 하였다.

605. '무한한 허공(ananto ākāso)'이라고 하였다.

여기서 무엇이 '허공'인가? 허공과 허공으로 된 것과 빈 것과 빈 것으로 된 것과 열린 것과 열린 것으로 된 것과 네 가지 근본물질에 의해서 닿지 않은 것(Dhs §637) — 이를 일러 허공이라 한다.

이러한 허공에 마음을 놓고 확립하고 무한하게 확장한다. 그래서 말하기를 무한한 허공이라고 하였다.

606. '공무변처(ākāsānañcāyatana)'라는 것은 공무변처를 얻었거나 획득하였거나 [공무변처에] 지금 · 여기에서 행복하게 머무는 자의 마음과 마음부수의 법들이다.

607. '구족하여'라는 것은 공무변처를 얻음, 획득, 달성, 성취, 닿음, 실현, 구족함이다.

608. '머문다'라고 하였다. … (§540) … 그래서 말하기를 머문다고 하였다.

609. ⑭ '공무변처를 완전히 초월하여(sabbaso ākāsānañcāyatanaṁ samatikkammā)'라는 것은 이러한 공무변처를 넘어서고 건너가고 초월하는 것이다. 그래서 말하기를 공무변처를 완전히[49] 초월하여라고 하였다.

610. '무한한 알음알이(anantaṁ viññāṇaṁ)'라는 것은 알음알이에 의해 닿은 바로 그 허공을 마음에 잡도리하고 무한하게 가득 채우는 것이다.[50] 그래서 말하기를 무한한 알음알이라고 하였다.

611. '식무변처(viññāṇañcāyatana)'라는 것은 식무변처를 얻었거나 획득하였거나 [식무변처에] 지금 · 여기에서 행복하게 머무는 자의 마음과 마음부수의 법들이다.

612. '구족하여'라는 것은 식무변처를 얻음, 획득, 달성, 성취, 닿음, 실현, 구족함이다.

613. '머문다'라고 하였다. … (§540) … 그래서 말하기를 머문다고 하였다.

---

49) "여기서 '완전히(sabbaso)'라는 것은 모든 측면에서 혹은 [인식들을] 전부, 남김없이라는 뜻이다(tattha sabbaso ti sabbākārena, sabbāsaṁ vā; anavasesānan ti attho)."(Vis.X.13)

50) '알음알이에 의해 닿은 바로 그 허공을 마음에 잡도리하고 무한하게 가득 채운다.'는 taṁyeva ākāsaṁ viññāṇena phuṭṭhaṁ manasi karoti anantaṁ pharati.를 옮긴 것이다. 『청정도론』 X.30은 이 문장을 다음과 같이 설명한다.

"거기서 알음알이에 의해(viññāṇena)라는 것은 목적격의 뜻으로 사용된 도구격이라고 알아야 한다. 왜냐하면 주석서를 [지은] 스승(Aṭṭhakathā-ācariya)들이 '그는 끝없이 가득 채우고, 그 허공에 닿은 바로 그 알음알이를 마음에 잡도리한다.'라고 그 뜻을 설명하셨기 때문이다."(Vis.X.30)

614. ⑮ '식무변처를 완전히 초월하여(sabbaso viññāṇañcāyatanaṁ samatikkammā)'라는 것은 이러한 식무변처를 넘어서고 건너가고 초월하는 것이다. 그래서 말하기를 식무변처를 완전히 초월하여라고 하였다.

615. '아무것도 없다(natthi kiñci).'라는 것은 바로 그 알음알이를 수행하고 그치게 하고 사라지게 하고 아무것도 없다고 보는 것이다. 그래서 말하기를 아무것도 없다고 하였다.

616. '무소유처(ākiñcaññāyatana)'라는 것은 무소유처를 얻었거나 획득하였거나 [무소유처에] 지금·여기에서 행복하게 머무는 자의 마음과 마음부수의 법들이다.

617. '구족하여'라는 [263] 것은 무소유처를 얻음, 획득, 달성, 성취, 닿음, 실현, 구족함이다.

618. '머문다'라고 하였다. … (§540) … 그래서 말하기를 머문다고 하였다.

619. ⑯ '무소유처를 완전히 초월하여(sabbaso ākiñcaññāyatanaṁ samatikkammā)'라는 것은 이러한 무소유처를 넘어서고 건너가고 초월하는 것이다. 그래서 말하기를 무소유처를 완전히 초월하여라고 하였다.

'인식을 가진 것도 아니고 인식을 가지지 않은 것도 아닌 자(nevasaññī-nāsaññī)'[51]라고 하였다. 그 무소유처를 고요하다고 마음에 잡도리하고, [미세한] 심리현상들이 남아있는 증득[52]을 닦는다. 그래서 말하기를 인식을 가진 것도 아니고 인식을 가지지 않은 것도 아닌 자라고

---

51) 이 용어는 위 §508의 마띠까에는 나타나지 않는다.

52) "'심리현상들이 남아있는 증득(saṅkhāra-avasesa-samāpatti)'이란 미세한 심리현상들(sukhuma-saṅkhāra)이 남아있는 것을 말한다."(SA.ii.135)

하였다.[53)]

620. '비상비비상처(nevasaññānāsaññāyatana)'라는 것은 비상비비상처를 얻었거나 획득하였거나 [비상비비상처에] 지금 · 여기에서 행복하게 머무는 자의 마음과 마음부수의 법들이다.

621. '구족하여'라는 것은 비상비비상처를 얻음, 획득, 달성, 성취, 닿음, 실현, 구족함이다.

622. '머문다'라고 하였다. 처한다, 되어간다, 지속한다, 영위한다, 살아간다, 움직인다, 머문다이다. 그래서 말하기를 머문다고 하였다.

경에 따른 분석 방법이 [끝났다.]

---

53) "'인식이 존재하기 때문에(saññāya bhāvato)' 이 [禪]을 비상비비상처(非想非非想處)라 부른다. 이처럼 닦은 자에게 인식이 남아있다. 그것을 보여주기 위해 『위방가』에서는 "인식을 가진 것도 아니고 인식을 가지지 않은 것도 아닌 자(nevasaññīnāsaññī)"(Vbh §619)라고 설하셨다."(DhsA.206~207, Vis.X.44도 참조할 것.)
비상비비상처를 이렇게 부르는 이유는 『청정도론』 X.47~54에 잘 설명되어 있으니 참조할 것. 『청정도론』에 의하면 이 경우의 인식은 분명하게 인식의 역할을 할 능력이 없기 때문에 인식도 아니고, 남은 심리현상들[行]의 미세한 상태가 존재하기 때문에 인식이 아닌 것도 아니다.(『청정도론』 X.50)

II. 아비담마에 따른 분석 방법[54)]

Abhidhamma-bhājanīya

(1) 색계의 유익함(rūpāvacarakusala)

623. 네 가지 禪이 있으니, 초선, 제2선, 제3선, 제4선이다.

624. 여기서 무엇이 '초선'인가? 여기 비구가 색계에 태어나는 도를 닦아서, 감각적 쾌락들을 완전히 떨쳐버리고 … (§205) … 땅의 까시나를 가진 초선을 구족하여 머물 때, 그때에 일으킨 생각, 지속적 고찰, 희열, 행복, 마음이 한끝으로 [집중]됨[心一境性]이라는 다섯 가지 구성요소를 가진 禪이 있다. — 이를 일러 초선이라 한다. 禪과 결합된 나머지 법들도 있다.

여기서 무엇이 '제2선'인가? 여기 비구가 색계에 태어나는 도를 닦아서 일으킨 생각과 지속적 고찰을 가라앉혔기 때문에 [더 이상 존재하지 않으며] … (§205) … 땅의 까시나를 가진 제2선을 구족하여 머물 때, 그때에 희열, 행복, 마음이 한끝으로 [집중]됨[心一境性]이라는 세 가지 구성요소를 가진 禪이 있다. — 이를 일러 제2선이라 한다. 禪과 결합된 나머지 법들도 있다.

여기서 [264] 무엇이 '제3선'인가? 여기 비구가 색계에 태어나는 도를

---

54) "여기 아비담마에 따른 분석 방법에서는 [『담마상가니』 제1편] 마음의 일어남 편에서 전승되어온 방법에 의해서 순서(tanti)가 정해졌다. 그러므로 거기서 모든 것은 유익한 것과 과보로 나타난 것과 작용만 하는 것(kusala-vipāka-kiriya)을 통해서 해설되었는데 [여기] 禪들에 관한 것도 거기서 설해진 방법대로 그 뜻을 알아야 한다. [4종[禪]과 5종[禪]이라는 두 가지 구분인] 순수한 아홉 개 조(suddhika-navaka)의 구분 등도 모두 거기서 설명한 것과 같다."(VbhA.372)

닦아서 희열이 빛바랬기 때문에 … (§205) … 땅의 까시나를 가진 제3선을 구족하여 머물 때, 그때에 행복, 마음이 한끝으로 [집중]됨이라는 두 가지 구성요소를 가진 禪이 있다. — 이를 일러 제3선이라 한다. 禪과 결합된 나머지 법들도 있다.

여기서 무엇이 '제4선'인가? 여기 비구가 색계에 태어나는 도를 닦아서 행복도 버리고 … (§205) … 땅의 까시나를 가진 제4선을 구족하여 머물 때, 그때에 평온, 마음이 한끝으로 [집중]됨이라는 두 가지 구성요소를 가진 禪이 있다. — 이를 일러 제4선이라 한다. 禪과 결합된 나머지 법들도 있다.

사종선(四種禪)이 [끝났다.]

625. 여기 비구가 색계에 태어나는 도를 닦아서, 감각적 쾌락들을 완전히 떨쳐버리고 … (§205) … 땅의 까시나를 가진 초선을 구족하여 머물 때, 그때에 일으킨 생각, 지속적 고찰, 희열, 행복, 마음이 한끝으로 [집중]됨이라는 다섯 가지 구성요소를 가진 禪이 있다. — 이를 일러 초선이라 한다. 禪과 결합된 나머지 법들도 있다.

여기 비구가 색계에 태어나는 도를 닦아서 감각적 쾌락들을 완전히 떨쳐버리고 해로운 법들[不善法]을 떨쳐버린 뒤, 일으킨 생각은 없고 지속적 고찰만 있으며 떨쳐버렸음에서 생긴 희열[喜]과 행복[樂]이 있는 땅의 까시나를 가진 제2선을 구족하여 머물 때, 그때에 지속적 고찰, 희열, 행복, 마음이 한끝으로 [집중]됨이라는 네 가지 구성요소를 가진 禪이 있다. — 이를 일러 제2선이라 한다. 禪과 결합된 나머지 법들도 있다.

여기 비구가 색계에 태어나는 도를 닦아서 일으킨 생각과 지속적 고찰을 가라앉혔기 때문에 [더 이상 존재하지 않으며] … (§205) … 땅의 까시나를 가진 제3선을 구족하여 머물 때, 그때에 희열, 행복, 마음이 한끝으로 [집중]됨[心一境性]이라는 세 가지 구성요소를 가진 禪이 있다. — 이를 일러 제3선이라 한다. 禪과 결합된 나머지 법들도 있다.

여기 비구가 색계에 태어나는 도를 닦아서 희열이 빛바랬기 때문에 … (§205) … 땅의 까시나를 가진 제4선을 구족하여 머물 때, 그때에 행복, 마음이 한끝으로 [집중]됨이라는 두 가지 구성요소를 가진 禪이 있다. — 이를 일러 제4선이라 한다. 禪과 결합된 나머지 법들도 있다.

여기 비구가 색계에 태어나는 도를 닦아서 행복도 버리고 … (§205) … 땅의 까시나를 가진 제5선을 구족하여 머물 때, 그때에 평온, 마음이 한끝으로 [집중]됨이라는 두 가지 구성요소를 가진 禪이 있다. — 이를 일러 제5선이라 한다. 禪과 결합된 나머지 법들도 있다.

오종선(五種禪)이 [끝났다.]

(2) 무색계의 유익함(arūpāvacarakusala)

626. 여기 비구가 무색계에 태어나는 도를 닦아서 [265] 무소유처를 완전히 초월하여 비상비비상처의 인식이 함께하였으며, 행복도 버리고 … (§205) … 제4선을 구족하여 머물 때,(*cf.* Dhs §268) 그때에 평온, 마음이 한끝으로 [집중]됨이라는 두 가지 구성요소를 가진 禪이 있다. — 이를 일러 제4선이라 한다. 禪과 결합된 나머지 법들도 있다.55)

---

55) 여기서 보듯이 무색계의 유익함으로는 비상비비상처만이 언급되고 있다. 주석서는 그 이유를 설명하지 않는다. 그런데 PTS본은 §625의 끝에 '… pe …'를 넣어서 편집을 하였는데(PTS본 264쪽 아래서 두 번째 줄 참조) 이것으로 무색계禪 가운데 공무변처와 식무변처와 무소유처를 언급한 것이 아닌가 여겨진다. 역자는 저본인 VRI본을 따랐고 뒷띨라 스님도 VRI에 의거해서 이렇게 옮기고 있다.(뒷띨라 스님, 346쪽)

(3) 출세간의 유익함(lokuttarakusala)

627. 네 가지 禪이 있으니, 초선, 제2선, 제3선, 제4선이다.

628. 여기서 무엇이 '초선'인가? 여기 비구가 사견에 빠짐을 버리고 첫 번째 경지[初地, 예류과]를 얻기 위하여, 출리로 인도하고 [윤회를] 감소시키는 출세간禪을 닦아서, 감각적 쾌락들을 완전히 떨쳐버리고 … (§205) … ① 도닦음도 어렵고 초월지도 느린 초선을 구족하여 머물 때, 그때에 일으킨 생각, 지속적 고찰, 희열, 행복, 마음이 한끝으로 [집중]됨이라는 다섯 가지 구성요소를 가진 禪이 있다. — 이를 일러 초선이라 한다. 禪과 결합된 나머지 법들도 있다.

여기서 무엇이 '제2선'인가? 여기 비구가 사견에 빠짐을 버리고 첫 번째 경지[初地, 예류과]를 얻기 위하여, 출리로 인도하고 [윤회를] 감소시키는 출세간禪을 닦아서, 일으킨 생각과 지속적 고찰을 가라앉혔기 때문에 [더 이상 존재하지 않으며] … (§205) … ① 도닦음도 어렵고 초월지도 느린 제2선을 구족하여 머물 때, 그때에 희열, 행복, 마음이 한끝으로 [집중]됨이라는 세 가지 구성요소를 가진 禪이 있다. — 이를 일러 제2선이라 한다. 禪과 결합된 나머지 법들도 있다.

여기서 무엇이 '제3선'인가? 여기 비구가 사견에 빠짐을 버리고 첫 번째 경지[初地, 예류과]를 얻기 위하여, 출리로 인도하고 [윤회를] 감소시키는 출세간禪을 닦아서, 희열이 빛바랬기 때문에 … (§205) … ① 도닦음도 어렵고 초월지도 느린 제3선을 구족하여 머물 때, 그때에 행복, 마음이 한끝으로 [집중]됨이라는 두 가지 구성요소를 가진 禪이 있다. — 이를 일러 제3선이라 한다. 禪과 결합된 나머지 법들도 있다.

여기서 무엇이 '제4선'인가? 여기 비구가 사견에 빠짐을 버리고 첫 번째 경지[初地, 예류과]를 얻기 위하여, 출리로 인도하고 [윤회를] 감소시키는 출세간禪을 닦아서, 행복도 버리고 … (§205) … ① 도닦음도 어렵고 초월지도 느린 제4선을 구족하여 머물 때, 그때에 평온, 마음이 한끝으로 [집중]됨이라는 두 가지 구성요소를 가진 禪이 있다. — 이를 일러 제4선이라 한다. 禪과 결합된 나머지 법들도 있다.

사종선(四種禪)이 [끝났다.]

629. 여기 비구가 사견에 빠짐을 버리고 첫 번째 경지[初地, 예류과]를 [266] 얻기 위하여, 출리로 인도하고 [윤회를] 감소시키는 출세간禪을 닦아서 감각적 쾌락들을 완전히 떨쳐버리고 … (§205) … ① 도닦음도 어렵고 초월지도 느린 초선을 구족하여 머물 때, 그때에 일으킨 생각, 지속적 고찰, 희열, 행복, 마음이 한끝으로 [집중]됨[心一境性]이라는 다섯 가지 구성요소를 가진 禪이 있다. — 이를 일러 초선이라 한다. 禪과 결합된 나머지 법들도 있다.

여기 비구가 사견에 빠짐을 버리고 첫 번째 경지[初地, 예류과]를 얻기 위하여, 출리로 인도하고 [윤회를] 감소시키는 출세간禪을 닦아서 감각적 쾌락들을 완전히 떨쳐버리고 해로운 법들[不善法]을 떨쳐버린 뒤, 일으킨 생각은 없고 지속적 고찰만 있으며 떨쳐버렸음에서 생긴 희열[喜]과 행복[樂]이 있는 ① 도닦음도 어렵고 초월지도 느린 제2선을 구족하여 머물 때, 그때에 지속적 고찰, 희열, 행복, 마음이 한끝으로 [집중]됨이라는 네 가지 구성요소를 가진 禪이 있다. — 이를 일러 제2선이라 한다. 禪과 결합된 나머지 법들도 있다.

여기 비구가 사견에 빠짐을 버리고 첫 번째 경지[初地, 예류과]를 얻기 위하여, 출리로 인도하고 [윤회를] 감소시키는 출세간禪을 닦아서 일으킨 생각과 지속적 고찰을 가라앉혔기 때문에 [더 이상 존재하지 않으며] … (§205) … ① 도닦음도 어렵고 초월지도 느린 제3선을 구족하여 머물 때, 그때에 희열, 행복, 마음이 한끝으로 [집중]됨이라는 세 가지 구성요소를 가진 禪이 있다. — 이를 일러 제3선이라 한다. 禪과 결합된 나머지 법들도 있다.

여기 비구가 사견에 빠짐을 버리고 첫 번째 경지[初地, 예류과]를 얻기 위하여, 출리로 인도하고 [윤회를] 감소시키는 출세간禪을 닦아서 희열이 빛바랬기 때문에 … (§205) … ① 도닦음도 어렵고 초월지도 느린 제4선을 구족하여 머물 때, 그때에 행복, 마음이 한끝으로 [집중]됨이라는 두 가지 구성요소를 가진 禪이 있다. — 이를 일러 제4선이라 한다. 禪과 결합된 나머지 법들도 있다.

여기 비구가 사견에 빠짐을 버리고 첫 번째 경지[初地, 예류과]를 얻기 위하여, 출리로 인도하고 [윤회를] 감소시키는 출세간禪을 닦아서 행복도 버리고 … (§205) … ① 도닦음도 어렵고 초월지도 느린 제5선을 구족하여 머물 때, 그때에 평온, 마음이 한끝으로 [집중]됨이라는 두 가지 구성요소를 가진 禪이 있다. — 이를 일러 제5선이라 한다. 禪과 결합된 나머지 법들도 있다.

오종선(五種禪)이 [끝났다.]

(4) 색계의 과보로 나타난 것(rūpāvacaravipākā)

630. 네 가지 禪이 있으니, 초선, 제2선, 제3선, 제4선이다.

631. 여기서 무엇이 '초선'인가? 여기 비구가 색계에 태어나는 도를 닦아서 감각적 쾌락들을 완전히 떨쳐버리고 … (§205) … 땅의 까시나를 가진 초선을 구족하여 머물 때, 그때에 감각접촉이 있고 … (Dhs §1) … 산란하지 않음이 있다. 이것이 유익한 법들이다.

이러한 색계의 유익한 업을 지었고 쌓았기 때문에, 감각적 쾌락들을 완전히 떨쳐버리고 … 땅의 까시나를 가진, 과보로 나타난 초선을 구족하여 머물 때, 그때에 [267] 일으킨 생각, 지속적 고찰, 희열, 행복, 마음이 한끝으로 [집중]됨이라는 다섯 가지 구성요소를 가진 禪이 있다. — 이를 일러 초선이라 한다. 禪과 결합된 나머지 법들도 있다.

여기서 무엇이 '제2선'인가? 여기 비구가 색계에 태어나는 도를 닦아서 일으킨 생각과 지속적 고찰을 가라앉혔기 때문에 [더 이상 존재하지 않으며] … (§205) … 땅의 까시나를 가진 제2선을 구족하여 머물 때, 그때에 감각접촉이 있고 … (Dhs §1) … 산란하지 않음이 있다. 이것이 유익한 법들이다.

이러한 색계의 유익한 업을 지었고 쌓았기 때문에, 일으킨 생각과 지속적 고찰을 가라앉혔기 때문에 [더 이상 존재하지 않으며] … (§205) … 땅의 까시나를 가진 과보로 나타난 제2선을 … 제3선을 … 제4선을 … 초선을 … 제5선을 구족하여 머물 때, 그때에 평온, 마음이 한끝으로 [집중]됨이라는 두 가지 구성요소를 가진 禪이 있다. — 이를 일러 제5선이라 한다. 禪과 결합된 나머지 법들도 있다. …

(5) 무색계의 과보로 나타난 것(arūpāvacaravipākā)

632. 여기 비구가 무색계에 태어나는 도를 닦아서 무소유처를 완전히 초월하여 비상비비상처의 인식이 함께하였으며, 행복도 버리고 … (§205) … 제4선을 구족하여 머물 때, 그때에 감각접촉이 있고 … (Dhs §1) … 산란하지 않음이 있다. 이것이 유익한 법들이다.

이러한 무색계의 유익한 업을 지었고 쌓았기 때문에, 무소유처를 완전히 초월하여 비상비비상처의 인식이 함께하였으며, 행복도 버리고 … (§205) … 제4선을 구족하여 머물 때, 그때에 평온, 마음이 한끝으로 [집중]됨이라는 두 가지 구성요소를 가진 禪이 있다. — 이를 일러 제4선이라 한다. 禪과 결합된 나머지 법들도 있다.

(6) 출세간의 과보로 나타난 것(lokuttaravipākā)

633. 네 가지 禪이 있으니, 초선, 제2선, 제3선, 제4선이다.

634. 여기서 무엇이 '초선'인가? 여기 비구가 사견에 빠짐을 버리고 첫 번째 경지[初地, 예류과]를 얻기 위하여, 출리로 인도하고 [윤회를] 감소시키는 출세간禪을 닦아서, 감각적 쾌락들을 완전히 떨쳐버리고 … (§205) … ① 도닦음도 어렵고 초월지도 느린 초선을 구족하여 머물 때, 그때에 감각접촉이 있고 … (Dhs §277) … 산란하지 않음이 [268] 있다. 이것이 유익한 법들이다.

이러한 색계의 유익한 업을 지었고 쌓았기 때문에, 감각적 쾌락들을 완전히 떨쳐버리고 … (§205) … 땅의 까시나를 가지고 공한 과보로 나타난 초선을 구족하여 머물 때, 그때에 일으킨 생각, 지속적 고찰, 희열, 행복, 마음이 한끝으로 [집중]됨이라는 다섯 가지 구성요소를 가진 禪이 있다. — 이를 일러 초선이라 한다. 禪과 결합된 나머지 법들도 있다.

여기서 무엇이 '제2선'인가? 여기 비구가 사견에 빠짐을 버리고 첫 번째 경지[初地, 예류과]를 얻기 위하여, 출리로 인도하고 [윤회를] 감소시키는 출세간禪을 닦아서, 일으킨 생각과 지속적 고찰을 가라앉혔기 때문에 [더 이상 존재하지 않으며] … (§205) … ① 도닦음도 어렵고 초월지도 느린 제2선을 구족하여 머물 때, 그때에 감각접촉이 있고 … (Dhs §277) … 산란하지 않음이 있다. 이것이 유익한 법들이다.

이러한 색계의 유익한 업을 지었고 쌓았기 때문에, 일으킨 생각과 지속적 고찰을 가라앉혔기 때문에 … (§205) … 땅의 까시나를 가진 공한 과보로 나타난 제2선을 … 제3선을 … 제4선을 … 초선을 … 제5선을 구족하여 머물 때, 그때에 평온, 마음이 한끝으로 [집중]됨이라는 두 가지 구성요소를 가진 禪이 있다. — 이를 일러 제5선이라 한다. 禪과 결합된 나머지 법들도 있다.

(7) 색계와 무색계의 작용만 하는 것(rūpārūpāvacarakiriyā)

635. 네 가지 禪이 있으니, 초선, 제2선, 제3선, 제4선이다.

636. 여기서 무엇이 '초선'인가? 여기 비구가 유익한 것도 아니고 해로운 것도 아니고 업의 과보로 나타난 것도 아닌 작용만 하는 것으로 지금 · 여기에서 행복하게 머묾인 색계의 禪을 닦아서, 감각적 쾌락들을 완전히 떨쳐버리고 … (§205) … 땅의 까시나를 가진 초선을 구족하여 머물 때, 그때에 일으킨 생각, 지속적 고찰, 희열, 행복, 마음이 한끝으로 [집중]됨이라는 다섯 가지 구성요소를 가진 禪이 있다. — 이를 일러 초선이라 한다. 禪과 결합된 나머지 법들도 있다.

여기서 무엇이 '제2선'인가? 여기 비구가 유익한 것도 아니고 해로운 것도 아니고 업의 과보로 나타난 것도 아닌 작용만 하는 것으로 지금 · 여기에서 행복하게 머묾인 색계의 禪을 닦아서, 일으킨 생각과 지속적 고찰을 가라앉혔기 때문에 [더 이상 존재하지 않으며] … (§205) … 땅의 까시나를 가진 제2선을 … 제3선을 … 제4선을 … 초선을 … 제5선을 구족하여 머물 때, 그때에 평온, 마음이 한끝으로 [집중]됨이라는 두 가지 구성요소를 가진 禪이 있다. — 이를 일러 제5선이라 한다. [269] 禪과 결합된 나머지 법들도 있다.

637. 여기 비구가 유익한 것도 아니고 해로운 것도 아니고 업의 과보로 나타난 것도 아닌 작용만 하는 것으로 지금 · 여기에서 행복하게 머묾인 무색계의 禪을 닦아서, 무소유처를 완전히 초월하여 비상비비상처의 인식이 함께하였으며, 행복도 버리고 … (§205) … 제4선을 구족하여 머물 때, 그때에 평온, 마음이 한끝으로 [집중]됨이라는 두 가지 구

성요소를 가진 禪이 있다. — 이를 일러 제4선이라 한다. 禪과 결합된 나머지 법들도 있다.

아비담마에 따른 분석 방법이 [끝났다.]

III. [아비담마 마띠까를 통한] 질문의 제기

Pañhāpucchaka

638. 네 가지 禪은 [다음과 같다.]

여기 비구는 감각적 쾌락들을 완전히 떨쳐버리고 해로운 법들[不善法]을 떨쳐버린 뒤, 일으킨 생각[尋]과 지속적 고찰[伺]이 있고, 떨쳐버렸음에서 생긴 희열[喜]과 행복[樂]이 있는 초선을 구족하여 머문다. …56)

---

56) 본 문단에서 각 禪의 정형구 뒤에 표기하고 있는 반복되는 부분(뻬얄라, peyyala)의 생략 표시(…)들은 미얀마본에는 나타나지만 PTS본에는 나타나지 않는다. 뻬얄라 표시가 있으면 §624에 나타나는 아비담마에 따른 분석 방법에 의한 네 가지 禪에 대한 정형구가 되고 뻬얄라 표시가 없으면 §508에 나타나는 경에 따른 분석 방법에 의한 네 가지 禪의 정형구가 된다. 역자는 저본으로 삼고 있는 미얀마 육차결집본인 VRI을 따라서 뻬얄라의 생략 표시(…)가 있는 것으로 표기하였고 띳띨라 스님(띳띨라 스님, 352쪽)도 이렇게 옮겼다.

그러나 PTS본처럼 이 생략 표시(…)가 없는 것이 더 타당하다고 해야 한다. 왜나하면 본서 각 장의 '[아비담마 마띠까를 통한] 질문의 제기(Pañhā-pucchaka)'는 본서 제6장, 제16장, 제17장, 제18장을 제외한 나머지 14개 장에 공통적으로 적용되고 있는 분석 방법으로, 각 장에서 '경에 따른 분석 방법'이 있는 경우에는 이 경에 따른 분석 방법에 실려 있는 개요를 가져와서 제시한 뒤 이것을 『담마상가니』 제1권의 첫머리에 싣고 있는 세 개 조 마띠까 22개와 두 개 조 아비담마 마띠까 100개를 통해서 세밀하게 분석해서 살펴보는 곳이기 때문이다. 여기에 대해서는 본서 제1권 해제 §5-(5)의 일으킨 생각과 지속적 고찰을 가라앉혔기 때문에 [더 이상 존재하지 않으며], 자기 내면의 것이고, 확신이 있으며, 마음의 단일한 상태이고, 일으킨 생각과 지속적 고찰은 없고, 삼매에서 생긴 희열과 행복이 있는 제2선을 구족하여 머문다. …

희열이 빛바랬기 때문에 평온하게 머물고, 마음챙기고 알아차리며[正念·正知] 몸으로 행복을 경험한다. [이 禪 때문에] 성자들이 그를 두고 '평온하고 마음챙기며 행복하게 머문다.'고 묘사하는 제3선을 구족하여 머문다. …

행복도 버리고 괴로움도 버리고, 아울러 그 이전에 이미 기쁨과 불만족을 소멸하였으므로 괴롭지도 즐겁지도 않으며, 평온으로 인해 마음챙김이 청정한[捨念淸淨] 제4선을 구족하여 머문다.

639. 네 가지 禪 가운데 몇 가지가 유익한 [법]이고, 몇 가지가 해로운 [법]이고, 몇 가지가 결정할 수 없는[無記] [법]인가? … pe(Dhs Mtk) … 몇 가지가 다툼을 가진 [법]이고, 몇 가지가 다툼이 없는 [법]인가?

(1) 세 개 조

640. [네 가지 禪은] 유익한 [법]일 수 있고, 결정할 수 없는[無記] [법]일 수 있다.(*cf.* ma3-1)

세 가지 禪은 이 안에서 일어난 즐거운 느낌은 제외하고 즐거운 느낌과 결합된다. 제4선은 이 안에서 일어난 괴롭지도 즐겁지도 않은 느낌은 제외하고 괴롭지도 즐겁지도 않은 느낌과 결합된다.(*cf.* ma3-2)

과보로 나타난 [법]일 수 있고, 과보를 생기게 하는 [법]일 수 있고, 과보로 나타난 것도 아니고 과보를 생기게 하는 것도 아닌 [법]일 수 있

해당 부분(64쪽)을 참조하기 바란다.

다.(*cf.* ma3-3)

취착되었고 취착의 대상인 [법]일 수 있고, 취착되지 않았지만 취착의 대상인 [법]일 수 있고 취착되지 않았고 취착의 대상도 아닌 [법]일 수 있다.(*cf.* ma3-4)

오염되지 않았지만 오염의 대상인 [법]일 수 있고, 오염되지 않았고 오염의 대상도 아닌 [법]일 수 있다.(*cf.* ma3-5)

초선은 [270] 이 안에서 일어난 일으킨 생각과 지속적 고찰은 제외하고 일으킨 생각이 있고 지속적 고찰이 있는 [법]이다. 세 가지 禪은 일으킨 생각도 없고 지속적 고찰도 없는 [법]이다.(*cf.* ma3-6)

두 가지 禪은 이 안에서 일어난 희열은 제외하고 희열이 함께하는 [법]이다. 세 가지 禪은 이 안에서 일어난 행복은 제외하고 행복이 함께하는 [법]이다. 제4선은 이 안에서 일어난 평온은 제외하고 평온이 함께하는 [법]이다.(*cf.* ma3-7)

[네 가지 禪은] 봄이나 닦음으로 버려야 하지 않는 [법]이다.(*cf.* ma3-8)

봄이나 닦음으로 버려야 하는 원인을 가지지 않은 [법]이다.(*cf.* ma3-9)

[윤회를] 감소시키는 [법]일 수 있고, [윤회를] 축적하게 하는 것도 [윤회를] 감소시키는 것도 아닌 [법]일 수 있다.(*cf.* ma3-10)

유학에 속하는 [법]일 수 있고, 무학에 속하는 [법]일 수 있고, 유학에도 무학에도 속하지 않는 [법]일 수 있다.(*cf.* ma3-11)

고귀한 [법]일 수 있고, 무량한 [법]일 수 있다.(*cf.* ma3-12)

세 가지 禪은 제한된 대상을 가진 [법]이라고도 고귀한 대상을 가진 [법]이라고도 무량한 대상을 가진 [법]이라고도 말해서는 안 된다. 무량한 대상을 가진 [법]일 수 있다. [그러나] 무량한 대상을 가진 [법]이라고 말해서는 안 되는 경우가 있다. 제4선은 제한된 대상을 가진 [법]일 수 있고, 고귀한 대상을 가진 [법]일 수 있고, 무량한 대상을 가진 [법]일 수 있다. [그러나] 제한된 대상을 가진 [법]이라고도 고귀한 대상을 가진 [법]이라고도 무량한 대상을 가진 [법]이라고도 말해서는 안 되는 경우가 있다.(*cf.* ma3-13)

[네 가지 禪은] 중간인 [법]일 수 있고, 수승한 [법]일 수 있다.(*cf.* ma3-14)

바른 것으로 확정된 [법]일 수 있고, 확정되지 않은 [법]일 수 있다.(*cf.* ma3-15)

세 가지 禪은 도를 대상으로 가진 [법]이 아니다. 도를 원인으로 가진 [법]일 수 있고, 도를 지배의 [요소]로 가진 [법]일 수 있다. [그러나] 도를 원인으로 가진 [법]이라고도 도를 지배의 [요소]로 가진 [법]이라고도 말해서는 안 되는 경우가 있다. 제4선은 도를 대상으로 가진 [법]일 수 있고, 도를 원인으로 가진 [법]일 수 있고, 도를 지배의 [요소]로 가진 [법]일 수 있다. [그러나] 도를 대상으로 가진 [법]이라고도 도를 원인으로 가진 [법]이라고도 도를 지배의 [요소]로 가진 [법]이라고도 말해서는 안 되는 경우가 있다.(*cf.* ma3-16)

[네 가지 禪은] 일어난 [법]일 수 있고, 일어나지 않은 [법]일 수 있고, 일어나게 될 [법]일 수 있다.(*cf.* ma3-17)

과거의 [법]일 수 있고, 미래의 [법]일 수 있고, 현재의 [법]일 수 있다.(*cf.* ma3-18)

세 가지 禪은 과거의 대상을 가진 [법]이라고도 미래의 대상을 가진 [법]이라고도 현재의 대상을 가진 [법]이라고도 말해서는 안 된다. 제4선은 과거의 대상을 가진 [법]일 수 있고, 미래의 대상을 가진 [법]일 수 있고, 현재의 대상을 가진 [법]일 수 있다. [그러나] 과거의 대상을 가진 [법]이라고도 미래의 대상을 가진 [법]이라고도 현재의 대상을 가진 [법]이라고도 말해서는 안 되는 경우가 있다.(*cf.* ma3-19)

[네 가지 禪은] 안의 [법]일 수 있고, 밖의 [법]일 수 있고, 안과 밖의 [법]일 수 있다.(*cf.* ma3-20)

세 가지 禪은 밖의 대상을 가진 [법]이다. 제4선은 안의 대상을 가진

[법]일 수 있고, 밖의 대상을 가진 [법]일 수 있고, 안과 밖의 대상을 가진 [법]일 수 있다. [그러나] 안의 대상을 가진 [법]이라고도 밖의 대상을 가진 [법]이라고도 안과 밖의 대상을 가진 [법]이라고도 말해서는 안 되는 경우가 있다.(*cf.* ma3-21)

[네 가지 禪은] 볼 수도 없고 부딪힘도 없는 [법]이다.(*cf.* ma3-22)

(2) 두 개 조

① 원인의 모둠

641. [네 가지 禪은] 원인이 아닌 [법]이다.(*cf.* ma2-1)

원인을 가진 [법]이다.(*cf.* ma2-2)

원인과 결합된 [법]이다.(*cf.* ma2-3)

원인이면서 원인을 가진 [법]이라고 말해서는 안 된다. [이들은] 원인을 가졌지만 원인이 아닌 [법]이다.(*cf.* ma2-4)

원인이면서 원인과 결합된 [법]이라고 말해서는 안 된다. [이들은] 원인과 결합되었지만 원인이 아닌 [법]이다.(*cf.* ma2-5)

원인이 아니지만 원인을 가진 [법]이다.(*cf.* ma2-6)

② 틈새에 있는 짧은 두 개 조

[네 가지 禪은] 조건을 가진 [법]이다.(*cf.* ma2-7)

형성된 [법]이다.(*cf.* ma2-8)

볼 수 없는 [법]이다.(*cf.* ma2-9)

부딪힘이 없는 [법]이다.(*cf.* ma2-10)

비물질인 [법]이다.(*cf.* ma2-11)

세간적인 [법]일 수 있고, [271] 출세간의 [법]일 수 있다.(*cf.* ma2-12)

어떤 것으로는 식별되는 [법]이고, 어떤 것으로는 식별되지 않는 [법]

이다.(*cf.* ma2-13)

③ 번뇌의 모둠

[네 가지 禪은] 번뇌가 아닌 [법]이다.(*cf.* ma2-14)

번뇌의 대상인 [법]일 수 있고, 번뇌의 대상이 아닌 [법]일 수 있다.(*cf.* ma2-15)

번뇌와 결합되지 않은 [법]이다.(*cf.* ma2-16)

번뇌이면서 번뇌의 대상인 [법]이라고 말해서는 안 된다. 번뇌의 대상이지만 번뇌가 아닌 [법]일 수 있다. [그러나] 번뇌의 대상이지만 번뇌가 아닌 [법]이라고 말해서는 안 되는 경우가 있다.(*cf.* ma2-17)

번뇌이면서 번뇌와 결합된 [법]이라고도 번뇌와 결합되었지만 번뇌가 아닌 [법]이라고도 말해서는 안 된다.(*cf.* ma2-18)

번뇌와 결합되지 않았지만 번뇌의 대상인 [법]일 수 있고, 번뇌와 결합되지 않았으면서 번뇌의 대상이 아닌 [법]일 수 있다.(*cf.* ma2-19)

④ 족쇄의 모둠

[네 가지 禪은] 족쇄가 아닌 [법]이다. … (*cf.* ma2-20~25)

⑤ 매듭의 모둠

매듭이 아닌 [법]이다. … (*cf.* ma2-26~31)

⑥ 폭류의 모둠

폭류가 아닌 [법]이다. … (*cf.* ma2-32~37)

⑦ 속박의 모둠

속박이 아닌 [법]이다. … (*cf.* ma2-38~43)

⑧ 장애의 모둠

장애가 아닌 [법]이다. … (*cf.* ma2-44~49)

⑨ 집착[固守]의 모둠

집착[固守]이 아닌 [법]이다. … (*cf.* ma2-50~54)

⑩ 틈새에 있는 긴 두 개 조

대상을 가진 [법]이다.(*cf.* ma2-55)

마음이 아닌 [법]이다.(*cf.* ma2-56)

마음부수인 [법]이다.(*cf.* ma2-57)

마음과 결합된 [법]이다.(*cf.* ma2-58)

마음과 결속된 [법]이다.(*cf.* ma2-59)

마음에서 생긴 [법]이다.(*cf.* ma2-60)

마음과 함께 존재하는 [법]이다.(*cf.* ma2-61)

마음을 따르는 [법]이다.(*cf.* ma2-62)

마음과 결속되어 있고 마음에서 생긴 [법]이다.(*cf.* ma2-63)

마음과 결속되어 있고 마음에서 생겼고 마음과 함께 존재하는 [법]이다.(*cf.* ma2-64)

마음과 결속되어 있고 마음에서 생겼고 마음을 따르는 [법]이다.(*cf.* ma2-65)

밖에 있는 [법]이다.(*cf.* ma2-66)

파생되지 않은 [법]이다.(*cf.* ma2-67)

취착된 [법]일 수 있고, 취착되지 않은 [법]일 수 있다.(*cf.* ma2-68)

⑪ 취착의 모둠

취착이 아닌 [법]이다. … (*cf.* ma2-69~74)

⑫ 오염원의 모둠

오염원이 아닌 [법]이다. … (*cf.* ma2-75~82)

⑬ 마지막 두 개 조

봄으로써 버려야 하는 것이 아닌 [법]이다.(*cf* ma2-83)

닦음으로써 버려야 하는 것이 아닌 [법]이다.(*cf* ma2-84)

봄으로써 버려야 하는 원인을 가지지 않은 [법]이다.(*cf* ma2-85)

닦음으로써 버려야 하는 원인을 가지지 않은 [법]이다.(*cf* ma2-86)

초선은 이 안에서 일어난 일으킨 생각은 제외하고 일으킨 생각이 있는 [법]이다. 세 가지 禪은 일으킨 생각이 없는 [법]이다.(*cf* ma2-87)

초선은 이 안에서 일어난 지속적 고찰은 제외하고 지속적 고찰이 있는 [법]이다. 세 가지 禪은 지속적 고찰이 없는 [법]이다.(*cf* ma2-88)

두 가지 禪은 이 안에서 일어난 희열은 제외하고 희열이 있는 [법]이다. 두 가지 禪은 희열이 없는 [법]이다.(*cf* ma2-89)

두 가지 禪은 이 안에서 일어난 희열은 제외하고 희열이 함께하는 [법]이다. 두 가지 禪은 희열이 함께하지 않는 [법]이다.(*cf* ma2-90)

세 가지 禪은 이 안에서 일어난 행복은 제외하고 행복이 함께하는 [법]이다. 제4선은 행복이 함께하지 않는 [법]이다.(*cf* ma2-91)

제4선은 이 안에서 일어난 평온은 제외하고 평온이 함께하는 [법]이다. 세 가지 禪은 평온이 함께하는 [법]이다.(*cf* ma2-92)

[네 가지 禪은] 욕계에 속하지 않는 [법]이다.(*cf* ma2-93)

색계에 속하는 [법]일 수 있고, 색계에 속하지 않는 [법]일 수 있다.(*cf* ma2-94)

세 가지 禪은 무색계에 속하지 않는 [법]이다. 제4선은 무색계에 속하는 [법]일 수 있고, 무색계에 속하지 않는 [법]일 수 있다.(*cf* ma2-95)

[네 가지 禪은] [세간에] 포함된 [법]일 수 있고, [세간에] 포함되지 않는 [법]일 수 있다.(*cf* ma2-96)

출리로 인도하는 [법]일 수 있고, 출리로 인도하지 못하는 [법]일 수 있다.(*cf* ma2-97)

확정된 [법]일 수 있고, 확정되지 않은 [법]일 수 있다.(*cf.* ma2-98)
위가 있는 [법]일 수 있고, 위가 없는 [법]일 수 있다.(*cf.* ma2-99)
다툼이 없는 [법]이다.(*cf.* ma2-100)

[아비담마 마띠까를 통한] 질문의 제기가 [끝났다.]

禪에 대한 분석이 [끝났다.]

제13장

무량함[無量] 위방가

무량함에 대한 분석

Appamaññā-vibhaṅga

I. 경에 따른 분석 방법

Suttanta-bhājanīya

642. 네 가지 무량함[四無量]은 [272] [다음과 같다.]

여기 비구는 자애[慈]가 함께한 마음으로 한 방향을 가득 채우고 머문다. 그처럼 두 번째 방향을, 그처럼 세 번째 방향을, 그처럼 네 번째 방향을 가득 채우고 머문다. 이와 같이 위로, 아래로, 옆으로, 모든 곳에서 모두를 자신처럼 여기고, 모든 세상을 풍만하고, 광대하고, 무량하고, 원한 없고, 악의 없는, 자애가 함께한 마음으로 가득 채우고 머문다.

연민[悲]이 함께한 마음으로 한 방향을 가득 채우고 머문다. 그처럼 두 번째 방향을, 그처럼 세 번째 방향을, 그처럼 네 번째 방향을 가득 채우고 머문다. 이와 같이 위로, 아래로, 옆으로, 모든 곳에서 모두를 자신처럼 여기고, 모든 세상을 풍만하고, 광대하고, 무량하고, 원한 없고, 악의 없는, 연민이 함께한 마음으로 가득 채우고 머문다.

함께 기뻐함[喜]이 함께한 마음으로 한 방향을 가득 채우고 머문다. 그처럼 두 번째 방향을, 그처럼 세 번째 방향을, 그처럼 네 번째 방향을 가득 채우고 머문다. 이와 같이 위로, 아래로, 옆으로, 모든 곳에서 모두를 자신처럼 여기고, 모든 세상을 풍만하고, 광대하고, 무량하고, 원한 없고, 악의 없는, 함께 기뻐함이 함께한 마음으로 가득 채우고 머문다.

평온[捨]이 함께한 마음으로 한 방향을 가득 채우고 머문다. 그처럼 두 번째 방향을, 그처럼 세 번째 방향을, 그처럼 네 번째 방향을 가득 채우고 머문다. 이와 같이 위로, 아래로, 옆으로, 모든 곳에서 모두를 자신처럼 여기고, 모든 세상을 풍만하고, 광대하고, 무량하고, 원한 없고, 악의 없는, 평온이 함께한 마음으로 가득 채우고 머문다.

(1) 자애[慈, mettā]

643. 그러면 비구는 어떻게 자애가 함께한 마음으로 한 방향을 가득 채우고 머무는가? 마치 사랑스럽고 마음에 드는 어떤 사람을 보고 자애를 갖는 것처럼 그는 모든 중생들에 대해 자애로 가득 채운다.

여기서 무엇이 '자애(mettā)'인가? 중생들에 대한 자애로움, 자애를 가짐, 자애로운 상태, 자애를 통한 마음의 해탈[慈心解脫] — 이를 일러 자애라 한다.

여기서 무엇이 '마음(citta)'인가? 마음, 마노[意], 정신작용, 심장, 깨끗한 것, 마노, 마노의 감각장소, 마노의 기능, 알음알이, 알음알이의 무더기, 그것에 적합한 마노의 알음알이의 요소 [273] — 이를 일러 마음이라 한다.

이러한 마음이 이러한 자애와 함께하고 함께 생기고 결속되고 결합된다. 그래서 말하기를 자애가 함께한 마음이라고 하였다.

644. '한 방향(ekaṁ disaṁ)'이란 동쪽이나 서쪽이나 북쪽이나 남쪽이나 위나 아래나 옆으로나 간방향[艮方]이다.

645. '가득 채우고(pharitvā)'란 충만하게 하고 잘 펼쳐서[57]이다.

646. '머문다(viharati)'라고 하였다. 처한다, 되어간다, 지속한다, 영위한다, 살아간다, 움직인다, 머문다이다. 그래서 말하기를 머문다고 하였다.

647. '그처럼 두 번째 방향을(tathā dutiyaṁ)'이란 첫 번째 방향에처럼 두 번째 방향에도 그와 같고 세 번째 방향에도 그와 같고 네 번째 방향에도 그와 같고 위로도 그와 같고 아래로도 그와 같고 옆으로도 그와 같고 간방향[艮方]으로도 그와 같은 것이다.

648. '모든 곳에서 모두를 자신처럼 여기고, 모든 세상을(sabbadhi sabbattatāya sabbāvantaṁ lokaṁ)'이란 모든 방면에서 완전하게 남김 없고 빠짐없이이다. '모든 곳에서 모두를 자신처럼 여기고, 모든 세상을'이란 것은 모든 것을 다 포함시키는 표현이다.

---

57) '충만하게 하고 잘 펼쳐서'는 pharitvā adhimuccitvā를 옮긴 것이다. 『위방가 주석서』는 이것을 잘 펼침(yathā muttaṁ sumuttaṁ hoti suppasāritaṁ suvitthataṁ tathā muñcitvāti attho — VbhA.379)으로 설명하고 있고 『위방가 물라띠까』도 잘 펼치는 것(suṭṭhu pasāretvāti attho — VbhAMT.187)으로 설명하고 있고 아누띠까도 그러하다.(VbhAAnuT.188) 이를 존중하여 이렇게 옮겼다. 한편 『맛지마 니까야 주석서』는 adhi-muccitvā를 pharitvā와 같은 뜻이기도 하고 안다(jānāti)는 뜻이기도 하다고 설명한다.(MA.iv.149)
한편 『맛지마 니까야 주석서』는 아래와 같이 다섯 가지 충만함을 들고 있다.

"충만함(pharaṇa)에는 다섯 종류가 있다. ① 마음의 충만함(ceto-pharaṇa) ② 까시나의 충만함(kasiṇa-pharaṇa) ③ 천안(天眼)의 충만함(dibba-cakkhu-pharaṇa) ④ 빛의 충만함(āloka-pharaṇ) ⑤ 몸의 충만함(sarīra-pharaṇa)이다. 이 중에서 마음의 충만함이란 천의 세계(loka-dhātu-sahassa)에 있는 중생들의 마음을 아는 것(citta-jānana)이고, 까시나의 충만함이란 천의 세계에 까시나가 충만한 것이고, 천안의 충만함이란 빛(āloka)을 증장시켜 천안으로 천의 세계를 보는 것이고, 빛의 충만함도 그와 같고, 몸의 충만함이란 천의 세계를 몸의 빛(sarīra-pabhā)으로 가득 채우는 것이다."(MA.iv.148～149)

649. '자애가 함께한 마음으로(mettāsahagatena cetasā)'라고 하였다.

여기서 무엇이 '자애'인가? 중생들에 대한 자애로움, 자애를 가짐, 자애로운 상태, 자애를 통한 마음의 해탈[慈心解脫] — 이를 일러 자애라 한다.

여기서 무엇이 '마음'인가? 마음, 마노[意], 정신작용 … (§184) … 그것에 적합한 마노의 알음알이의 요소 — 이를 일러 마음이라 한다.

이러한 마음이 이러한 자애와 함께하고 함께 생기고 결속되고 결합된다. 그래서 말하기를 자애가 함께한 마음으로라고 하였다.

650. '풍만하고(vipulena)'라고 하였다. 풍만한 것은 광대한 것이고 광대한 것은 무량한 것이고 무량한 것은 원한 없는 것이고 원한 없는 것은 악의 없는 것이다.

651. '가득 채우고(pharitvā)'란 충만하게 하고 잘 펼쳐서이다.

652. '머문다'라고 하였다. … (§646) … 그래서 말하기를 머문다고 하였다.

(2) 연민[悲, karuṇā]

653. 그러면 비구는 어떻게 연민이 함께한 마음으로 한 방향을 가득 채우고 머무는가? 마치 고통에 빠져있고 불운이 닥친 어떤 사람을 보고 연민을 갖는 것처럼 이와 같이 모든 중생들에 대해 연민으로 가득 채운다.(Vis.IX.78)

여기서 무엇이 '연민(karuṇā)'인가? 중생들에 대한 연민, 연민을 가짐, 연민하는 상태, 연민을 통한 마음의 해탈[悲心解脫] — 이를 일러 연민이라 한다.

여기서 무엇이 '마음'인가? [274] 마음, 마노[意], 정신작용 … (§184) … 그것에 적합한 마노의 알음알이의 요소 — 이를 일러 마음이라 한다.

이러한 마음이 이러한 연민과 함께하고 함께 생기고 결속되고 결합된다. 그래서 말하기를 '연민이 함께한 마음으로(karuṇāsahagatena cetasā)'라고 하였다.

654. '한 방향'이란 동쪽이나 서쪽이나 북쪽이나 남쪽이나 위나 아래나 옆으로나 간방향[艮方]이다.

655. '가득 채우고'란 충만하게 하고 잘 펼쳐서이다.

656. '머문다'라고 하였다. 처한다, 되어간다, 지속한다, 영위한다, 살아간다, 움직인다, 머문다이다. 그래서 말하기를 머문다고 하였다.

657. '그처럼 두 번째 방향을'이란 첫 번째 방향에처럼 두 번째 방향에도 그와 같고 세 번째 방향에도 그와 같고 네 번째 방향에도 그와 같고 위로도 그와 같고 아래로도 그와 같고 옆으로도 그와 같고 간방향[艮方]으로도 그와 같은 것이다.

658. '모든 곳에서 모두를 자신처럼 여기고, 모든 세상을'이란 모든 방면에서 완전하게 남김 없고 빠짐없이이다. '모든 곳에서 모두를 자신처럼 여기고, 모든 세상을'이란 것은 모든 것을 다 포함시키는 표현이다.

659. '연민이 함께한 마음으로(karuṇāsahagatena cetasā)'라고 하였다.

여기서 무엇이 '연민'인가? 중생들에 대한 연민, 연민을 가짐, 연민하는 상태, 연민을 통한 마음의 해탈[悲心解脫] — 이를 일러 연민이라 한다.

여기서 무엇이 '마음'인가? 마음, 마노[意], 정신작용 … (§184) … 그것에 적합한 마노의 알음알이의 요소 — 이를 일러 마음이라 한다.

이러한 마음이 이러한 함께하고 함께 생기고 결속되고 결합된다. 그래서 말하기를 연민이 함께한 마음으로라고 하였다.

660. '풍만하고'라고 하였다. 풍만한 것은 광대한 것이고 광대한 것은 무량한 것이고 무량한 것은 원한 없는 것이고 원한 없는 것은 악의 없는 것이다.

661. '가득 채우고'란 충만하게 하고 잘 펼쳐서이다.

662. '머문다'라고 하였다. … (§656) … 그래서 말하기를 머문다고 하였다.

(3) 함께 기뻐함[喜, muditā]

663. 그러면 비구는 어떻게 함께 기뻐하는 마음으로 한 방향을 가득 채우고 머무는가? 마치 좋아하고 마음에 드는 사람을 보면 함께 기뻐하는 것처럼 모든 중생에 대해 함께 기뻐함으로 가득 채운다.(Vis.IX.86)

여기서 무엇이 '함께 기뻐함(muditā)'인가? 중생들에 대해서 함께 기뻐함, 함께 기뻐함을 가짐, 함께 기뻐하는 상태, 함께 기뻐함을 통한 마음의 해탈[喜心解脫] — 이를 일러 함께 기뻐함이라 한다.

여기서 [275] 무엇이 '마음'인가? 마음, 마노[意], 정신작용 … (§184) … 그것에 적합한 마노의 알음알이의 요소 — 이를 일러 마음이라 한다.

이러한 마음이 이러한 함께 기뻐함과 함께하고 함께 생기고 결속되고 결합된다. 그래서 말하기를 '함께 기뻐함이 함께한 마음으로(muditā-sahagatena cetasā)'라고 하였다.

664. '한 방향'이란 동쪽이나 서쪽이나 북쪽이나 남쪽이나 위나 아

래나 옆으로나 간방향[艮方]이다.

665. '가득 채우고'란 충만하게 하고 잘 펼쳐서이다.

666. '머문다'라고 하였다. … (§656) … 그래서 말하기를 머문다고 하였다.

667. '그처럼 두 번째 방향을'이란 첫 번째 방향에처럼 두 번째 방향에도 그와 같고 세 번째 방향에도 그와 같고 네 번째 방향에도 그와 같고 위로도 그와 같고 아래로도 그와 같고 옆으로도 그와 같고 간방향[艮方]으로도 그와 같은 것이다.

668. '모든 곳에서 모두를 자신처럼 여기고, 모든 세상을'이란 모든 방면에서 완전하게 남김 없고 빠짐없이이다. '모든 곳에서 모두를 자신처럼 여기고, 모든 세상을'이란 것은 모든 것을 다 포함시키는 표현이다.

669. '함께 기뻐함이 함께한 마음으로(muditāsahagatena cetasā)'라고 하였다.

여기서 무엇이 '함께 기뻐함'인가? 중생들에 대해서 함께 기뻐함, 함께 기뻐함을 가짐, 함께 기뻐하는 상태, 함께 기뻐함을 통한 마음의 해탈[喜心解脫] — 이를 일러 함께 기뻐함이라 한다.

여기서 무엇이 '마음'인가? 마음, 마노[意], 정신작용 … (§184) … 그것에 적합한 마노의 알음알이의 요소 — 이를 일러 마음이라 한다.

이러한 마음이 이러한 함께 기뻐함과 함께하고 함께 생기고 결속되고 결합된다. 그래서 말하기를 함께 기뻐함이 함께한 마음으로라고 하였다.

670. '풍만하고'라고 하였다. 풍만한 것은 광대한 것이고 광대한 것

은 무량한 것이고 무량한 것은 원한 없는 것이고 원한 없는 것은 악의 없는 것이다.

671. '가득 채우고'란 충만하게 하고 잘 펼쳐서이다.

672. '머문다'라고 하였다. … (§656) … 그래서 말하기를 머문다고 하였다.

(4) 평온[捨, upekkhā]

673. 그러면 비구는 어떻게 평온이 함께한 마음으로 한 방향을 가득 채우고 머무는가? 마치 마음에 들지도 않고 그렇다고 불쾌하지도 않은 사람을 보고 그에 대해 평온을 유지하듯이, 그와 같이 모든 중생에 대해 평온으로 가득 채운다.(Vis.IX.88)

여기서 무엇이 '평온(upekkhā)'인가? [276] 중생들에 대한 평온, 평온을 가짐, 평온한 상태, 평온을 통한 마음의 해탈[捨心解脫] — 이를 일러 평온이라 한다.

여기서 무엇이 '마음'인가? 마음, 마노[意], 정신작용 … (§184) … 그것에 적합한 마노의 알음알이의 요소 — 이를 일러 마음이라 한다.

이러한 마음이 이러한 평온과 함께하고 함께 생기고 결속되고 결합된다. 그래서 말하기를 '평온이 함께한 마음으로(upekkhāsahagatena cetasā)'라고 하였다.

674. '한 방향'이란 동쪽이나 서쪽이나 북쪽이나 남쪽이나 위나 아래나 옆으로나 간방향[艮方]으로이다.

675. '가득 채우고'란 충만하게 하고 잘 펼쳐서이다.

676. '머문다'라고 하였다. … (§656) … 그래서 말하기를 머문다고

하였다.

677. '그처럼 두 번째 방향을'이란 첫 번째 방향에처럼 두 번째 방향에도 그와 같고 세 번째 방향에도 그와 같고 네 번째 방향에도 그와 같고 위로도 그와 같고 아래로도 그와 같고 옆으로도 그와 같고 간방향[艮方]으로도 그와 같은 것이다.

678. '모든 곳에서 모두를 자신처럼 여기고, 모든 세상을'이란 모든 방면에서 완전하게 남김 없고 빠짐없이이다. '모든 곳에서 모두를 자신처럼 여기고, 모든 세상을'이란 것은 모든 것을 다 포함시키는 표현이다.

679. '평온이 함께한 마음으로'라고 하였다.

여기서 무엇이 '평온'인가? 중생들에 대한 평온, 평온을 가짐, 평온한 상태, 평온을 통한 마음의 해탈[捨心解脫] — 이를 일러 평온이라 한다.

여기서 무엇이 '마음'인가? 마음, 마노[意], 정신작용 … (§184) … 그것에 적합한 마노의 알음알이의 요소 — 이를 일러 마음이라 한다.

이러한 마음이 이러한 평온과 함께하고 함께 생기고 결속되고 결합된다. 그래서 말하기를 평온이 함께한 마음으로라고 하였다.

680. '풍만하고'라고 하였다. 풍만한 것은 광대한 것이고 광대한 것은 무량한 것이고 무량한 것은 원한 없는 것이고 원한 없는 것은 악의 없는 것이다.

681. '가득 채우고'란 충만하게 하고 잘 펼쳐서이다.

682. '머문다'라고 하였다. … (§656) … 그래서 말하기를 머문다고 하였다.

경에 따른 분석 방법이 [끝났다.]

II. 아비담마에 따른 분석 방법[58]

Abhidhamma-bhājanīya

(1) 유익한 네 가지 무량함[59]

683. (1) 네 가지 무량함이 있으니, 자애[慈], 연민[悲], 함께 기뻐함[喜], 평온[捨]이다.

684. 여기서 무엇이 '자애'인가? 여기 [277] 비구가 색계에 태어나는 도를 닦아서 감각적 쾌락들을 완전히 떨쳐버리고 … 자애가 함께한 초선을 구족하여 머물 때, 그때에 [일어나는] 자애로움, 자애를 가짐, 자애로운 상태, 자애를 통한 마음의 해탈[慈心解脫] — 이를 일러 자애라 한다. 자애와 결합된 나머지 법들도 있다.

여기서 무엇이 '자애'인가? 여기 비구가 색계에 태어나는 도를 닦아서 일으킨 생각과 지속적 고찰을 가라앉혔기 때문에 [더 이상 존재하지 않으며] … 자애가 함께한 제2선을 구족하여 머물 때, 그때에 [일어나는] 자애로움, 자애를 가짐, 자애로운 상태, 자애를 통한 마음의 해탈 — 이를 일러 자애라 한다. 자애와 결합된 나머지 법들도 있다.

여기서 무엇이 '자애'인가? 여기 비구가 색계에 태어나는 도를 닦아서 희열이 빛바랬기 때문에 … (§205) … 자애가 함께한 제3선을 구족하

---

58) 여기서는 네 가지 무량함을 넷으로 분류한 禪(catukka-jjhāna, jhāna-catukka) 즉 사종선(四種禪)과 다섯으로 분류한 禪(pañcaka-jjhāna, jhāna-pañcaka) 즉 오종선(五種禪) 둘 다를 통해서 나열하고 있다.

59) 여기에 채택한 (1) 유익한 네 가지 무량함(§683)과 (2) 과보로 나타난 네 가지 무량함(§691)과 (3) 작용만 하는 네 가지 무량함(§696)이라는 세 가지 표제어는 아래 §698의 주해에서 인용하고 있는 『위방가 주석서』를 참조한 것이다.

여 머물 때, 그때에 [일어나는] 자애로움, 자애를 가짐, 자애로운 상태, 자애를 통한 마음의 해탈 — 이를 일러 자애라 한다. 자애와 결합된 나머지 법들도 있다.

685. 여기 비구가 색계에 태어나는 도를 닦아서 감각적 쾌락들을 완전히 떨쳐버리고 … (§205) … 자애가 함께한 초선을 구족하여 머물 때, 그때에 [일어나는] 자애로움, 자애를 가짐, 자애로운 상태, 자애를 통한 마음의 해탈 — 이를 일러 자애라 한다. 자애와 결합된 나머지 법들도 있다.

여기 비구가 색계에 태어나는 도를 닦아서 감각적 쾌락들을 완전히 떨쳐버리고 해로운 법들[不善法]을 떨쳐버린 뒤, 일으킨 생각은 없고 지속적 고찰만 있으며 떨쳐버렸음에서 생긴 희열[喜]과 행복[樂]이 있는 제2선을 구족하여 머물 때, 그때에 [일어나는] 자애로움, 자애를 가짐, 자애로운 상태, 자애를 통한 마음의 해탈 — 이를 일러 자애라 한다. 자애와 결합된 나머지 법들도 있다.

여기 비구가 색계에 태어나는 도를 닦아서 일으킨 생각과 지속적 고찰을 가라앉혔기 때문에 [더 이상 존재하지 않으며] … (§205) … 자애가 함께한 제3선을 구족하여 머물 때, 그때에 [일어나는] 자애로움, 자애를 가짐, 자애로운 상태, 자애를 통한 마음의 해탈 — 이를 일러 자애라 한다. 자애와 결합된 나머지 법들도 있다.

여기 비구가 색계에 태어나는 도를 닦아서 희열이 빛바랬기 때문에 … 자애가 함께한 제4선을 구족하여 머물 때, 그때에 [일어나는] 자애로움, 자애를 가짐, 자애로운 상태, 자애를 통한 마음의 해탈 — 이를 일러 자애라 한다. 자애와 결합된 나머지 법들도 있다.

686. 여기서 [278] 무엇이 '연민'인가? 여기 비구가 색계에 태어나는 도를 닦아서 감각적 쾌락들을 완전히 떨쳐버리고 … (§205) … 연민

이 함께한 초선을 구족하여 머물 때, 그때에 [일어나는] 연민, 연민을 가짐, 연민하는 상태, 연민을 통한 마음의 해탈 — 이를 일러 연민이라 한다. 연민과 결합된 나머지 법들도 있다.

여기서 무엇이 '연민'인가? 여기 비구가 색계에 태어나는 도를 닦아서 일으킨 생각과 지속적 고찰을 가라앉혔기 때문에 [더 이상 존재하지 않으며] … (§205) … 연민이 함께한 제2선을 구족하여 머물 때, 그때에 [일어나는] 연민, 연민을 가짐, 연민하는 상태, 연민을 통한 마음의 해탈 — 이를 일러 연민이라 한다. 연민과 결합된 나머지 법들도 있다.

여기서 무엇이 '연민'인가? 여기 비구가 색계에 태어나는 도를 닦아서 희열이 빛바랬기 때문에 … (§205) … 연민이 함께한 제3선을 구족하여 머물 때, 그때에 [일어나는] 연민, 연민을 가짐, 연민하는 상태, 연민을 통한 마음의 해탈 — 이를 일러 연민이라 한다. 연민과 결합된 나머지 법들도 있다.

687. 여기 비구가 색계에 태어나는 도를 닦아서 감각적 쾌락들을 완전히 떨쳐버리고 … (§205) … 연민이 함께한 초선을 구족하여 머물 때, 그때에 [일어나는] 연민, 연민을 가짐, 연민하는 상태, 연민을 통한 마음의 해탈 — 이를 일러 연민이라 한다. 연민과 결합된 나머지 법들도 있다.

여기 비구가 색계에 태어나는 도를 닦아서 감각적 쾌락들을 완전히 떨쳐버리고 해로운 법들[不善法]을 떨쳐버린 뒤, 일으킨 생각은 없고 지속적 고찰만 있으며 떨쳐버렸음에서 생긴 희열[喜]과 행복[樂]이 있는 연민이 함께한 제2선을 구족하여 머물 때, 그때에 [일어나는] 연민, 연민을 가짐, 연민하는 상태, 연민을 통한 마음의 해탈 — 이를 일러 연민이라 한다. 연민과 결합된 나머지 법들도 있다.

여기 비구가 색계에 태어나는 도를 닦아서 일으킨 생각과 지속적 고찰을 가라앉혔기 때문에 [더 이상 존재하지 않으며] … (§205) … 연민이 함께한 제3선을 구족하여 머물 때, 그때에 [일어나는] 연민, 연민을 가짐, 연민하는 상태, 연민을 통한 마음의 해탈 — 이를 일러 연민이라 한다. 연민과 결합된 나머지 법들도 있다.

여기 비구가 색계에 태어나는 도를 닦아서 희열이 빛바랬기 때문에 … (§205) … 연민이 함께한 제4선을 구족하여 머물 때, 그때에 [일어나는] [279] 연민, 연민을 가짐, 연민하는 상태, 연민을 통한 마음의 해탈 — 이를 일러 연민이라 한다. 연민과 결합된 나머지 법들도 있다.

688. 여기서 무엇이 '함께 기뻐함'인가? 여기 비구가 색계에 태어나는 도를 닦아서 감각적 쾌락들을 완전히 떨쳐버리고 … (§205) … 함께 기뻐함이 함께한 초선을 구족하여 머물 때, 그때에 [일어나는] 함께 기뻐함, 함께 기뻐함을 가짐, 함께 기뻐하는 상태, 함께 기뻐함을 통한 마음의 해탈 — 이를 일러 함께 기뻐함이라 한다. 함께 기뻐함과 결합된 나머지 법들도 있다.

여기서 무엇이 '함께 기뻐함'인가? 여기 비구가 색계에 태어나는 도를 닦아서 일으킨 생각과 지속적 고찰을 가라앉혔기 때문에 [더 이상 존재하지 않으며] … (§205) … 함께 기뻐함이 함께한 제2선을 구족하여 머물 때, 그때에 [일어나는] 함께 기뻐함, 함께 기뻐함을 가짐, 함께 기뻐하는 상태, 함께 기뻐함을 통한 마음의 해탈 — 이를 일러 함께 기뻐함이라 한다. 함께 기뻐함과 결합된 나머지 법들도 있다.

여기서 무엇이 '함께 기뻐함'인가? 여기 비구가 색계에 태어나는 도를 닦아서 희열이 빛바랬기 때문에 … (§205) … 함께 기뻐함이 함께한 제3선을 구족하여 머물 때, 그때에 [일어나는] 함께 기뻐함, 함께 기뻐함을 가짐, 함께 기뻐하는 상태, 함께 기뻐함을 통한 마음의 해탈 — 이를 일러 함께 기뻐함이라 한다. 함께 기뻐함과 결합된 나머지 법들도 있다.

689. 여기 비구가 색계에 태어나는 도를 닦아서 감각적 쾌락들을 완전히 떨쳐버리고 … (§205) … 함께 기뻐함이 함께한 초선을 구족하여 머물 때, 그때에 [일어나는] 함께 기뻐함, 함께 기뻐함을 가짐, 함께 기뻐하는 상태, 함께 기뻐함을 통한 마음의 해탈 — 이를 일러 함께 기뻐함이라 한다. 함께 기뻐함과 결합된 나머지 법들도 있다.

여기 비구가 색계에 태어나는 도를 닦아서 감각적 쾌락들을 완전히 떨쳐버리고 해로운 법들[不善法]을 떨쳐버린 뒤, 일으킨 생각은 없고 지속적 고찰만 있으며 떨쳐버렸음에서 생긴 희열[喜]과 행복[樂]이 있는 함께 기뻐함이 함께한 제2선을 구족하여 머물 때, 그때에 [일어나는] 함께 기뻐함, 함께 기뻐함을 가짐, 함께 기뻐하는 상태, 함께 기뻐함을 통한 마음의 해탈 — 이를 일러 함께 기뻐함이라 한다. 함께 기뻐함과 결합된 나머지 법들도 있다.

여기 비구가 색계에 태어나는 도를 닦아서 일으킨 생각과 지속적 고찰을 가라앉혔기 때문에 [더 이상 존재하지 않으며] … (§205) … 함께 기뻐함이 함께한 제3선을 구족하여 머물 때, 그때에 [일어나는] 함께 기뻐함, 함께 기뻐함을 가짐, 함께 기뻐하는 상태, 함께 기뻐함을 통한 마음의 해탈 — 이를 일러 함께 기뻐함이라 한다. 함께 기뻐함과 결합된 나머지 법들도 있다.

여기 비구가 색계에 태어나는 도를 닦아서 희열이 빛바랬기 때문에 … (§205) … 함께 기뻐함이 함께한 제4선을 구족하여 머물 때, 그때에 [일어나는] 함께 기뻐함, 함께 기뻐함을 가짐, 함께 기뻐하는 상태, 함께 기뻐함을 통한 마음의 해탈 — 이를 일러 함께 기뻐함이라 한다. 함께 기뻐함과 결합된 나머지 법들도 있다.

690. 여기서 무엇이 '평온'인가? 여기 비구가 색계에 태어나는 도를 닦아서 행복도 버리고 … (§205) … 평온이 함께한 제4선을 구족하여 머물 때, 그때에 [일어나는] 평온, 평온을 가짐, 평온한 상태, 평온을 통한 마음의 해탈 — 이를 일러 평온이라 한다. 평온과 결합된 나머지 법들도 있다.

(2) 과보로 나타난 네 가지 무량함

691. (2) 네 가지 무량함이 있으니, 자애[慈], 연민[悲], 함께 기뻐함[喜], 평온[捨]이다.

692. 여기서 무엇이 '자애'인가? 여기 비구가 색계에 태어나는 도를 닦아서 감각적 쾌락들을 완전히 떨쳐버리고 … (§205) … 자애가 함께한 초선을 구족하여 머물 때, 그때에 감각접촉이 있고 … (Dhs §1) … 산란하지 않음이 있다. 이것이 유익한 법들이다.

이러한 색계의 유익한 업을 지었고 쌓았기 때문에, 감각적 쾌락들을 완전히 떨쳐버리고 … 자애가 함께한 과보로 나타난 초선을 구족하여 머물 때, 그때에 [일어나는] 자애로움, 자애를 가짐, 자애로운 상태, 자애를 통한 마음의 해탈 — 이를 일러 자애라 한다. 자애와 결합된 나머지 법들도 있다.

여기서 무엇이 '자애'인가? 여기 비구가 색계에 태어나는 도를 닦아서 일으킨 생각과 지속적 고찰을 가라앉혔기 때문에 [더 이상 존재하지 않으며] … (§205) … 자애가 함께한 제2선을 [280] 구족하여 머물 때, 그때에 감각접촉이 있고 … (Dhs §1) … 산란하지 않음이 있다. 이것이 유익한 법들이다.

이러한 색계의 유익한 업을 지었고 쌓았기 때문에, 일으킨 생각과 지속적 고찰을 가라앉혔기 때문에 [더 이상 존재하지 않으며] … (§205) … 자애가 함께한 과보로 나타난 제2선을 … 제3선을 구족하여 머물 때 … 초선을 … 제2선을 … 제3선을 … 제4선을 구족하여 머물 때, 그때에 [일어나는] 자애로움, 자애를 가짐, 자애로운 상태, 자애를 통한 마음의 해탈 — 이를 일러 자애라 한다. 자애와 결합된 나머지 법들도 있다.

693. 여기서 무엇이 '연민'인가? 여기 비구가 색계에 태어나는 도를 닦아서 감각적 쾌락들을 완전히 떨쳐버리고 … (§205) … 연민이 함께한 초선을 구족하여 머물 때, 그때에 감각접촉이 있고 … (Dhs §1) … 산란하지 않음이 있다. 이것이 유익한 법들이다.

이러한 색계의 유익한 업을 지었고 쌓았기 때문에, 감각적 쾌락들을 완전히 떨쳐버리고 … (§205) … 연민이 함께한 과보로 나타난 초선을 구족하여 머물 때, 그때에 [일어나는] 연민, 연민을 가짐, 연민하는 상태, 연민을 통한 마음의 해탈 — 이를 일러 연민이라 한다. 연민과 결합된 나머지 법들도 있다.

여기서 무엇이 '연민'인가? 여기 비구가 색계에 태어나는 도를 닦아서 일으킨 생각과 지속적 고찰을 가라앉혔기 때문에 [더 이상 존재하지 않으며] … (§205) … 연민이 함께한 제2선을 구족하여 머물 때, 그때에 감각접촉이 있고 … (Dhs §1) … 산란하지 않음이 있다. 이것이 유익한 법들이다.

이러한 색계의 유익한 업을 지었고 쌓았기 때문에, 일으킨 생각과 지속적 고찰을 가라앉혔기 때문에 [더 이상 존재하지 않으며] … (§205) … 연민이 함께한 과보로 나타난 제2선을 … 제3선을 구족하여 머물 때 … 초선을 … 제2선을 … 제3선을 … 제4선을 구족하여 머물 때, 그때에 [일어나는] 연민, 연민을 가짐, 연민하는 상태, 연민을 통한 마음의 해탈 — 이를 일러 연민이라 한다. 연민과 결합된 나머지 법들도 있다.

694. 여기서 [281] 무엇이 '함께 기뻐함'인가? 여기 비구가 색계에 태어나는 도를 닦아서 감각적 쾌락들을 완전히 떨쳐버리고 … 함께 기뻐함이 함께한 초선을 구족하여 머물 때, 그때에 감각접촉이 있고 … (Dhs §1) … 산란하지 않음이 있다. 이것이 유익한 법들이다.

이러한 색계의 유익한 업을 지었고 쌓았기 때문에, 감각적 쾌락들을 완전히 떨쳐버리고 … (§205) … 함께 기뻐함이 함께한 과보로 나타난 초선을 구족하여 머물 때, 그때에 [일어나는] 함께 기뻐함, 함께 기뻐함을 가짐, 함께 기뻐하는 상태, 함께 기뻐함을 통한 마음의 해탈 — 이를 일러 함께 기뻐함이라 한다. 함께 기뻐함과 결합된 나머지 법들도 있다.

여기서 무엇이 '함께 기뻐함'인가? 여기 비구가 색계에 태어나는 도를 닦아서 일으킨 생각과 지속적 고찰을 가라앉혔기 때문에 [더 이상 존재하지 않으며] … (§205) … 함께 기뻐함이 함께한 제2선을 구족하여 머물 때, 그때에 감각접촉이 있고 … (Dhs §1) … 산란하지 않음이 있다. 이것이 유익한 법들이다.

이러한 색계의 유익한 업을 지었고 쌓았기 때문에, 일으킨 생각과 지속적 고찰을 가라앉혔기 때문에 [더 이상 존재하지 않으며] … (§205) … 함께 기뻐함이 함께한 과보로 나타난 제2선을 … 제3선을 구족하여 머물 때 … 제2선을 … 제3선을 … 제4선을 구족하여 머물 때, 그때에 [일어나는] 함께 기뻐함, 함께 기뻐함을 가짐, 함께 기뻐하는 상태, 함께 기뻐함을 통한 마음의 해탈 — 이를 일러 함께 기뻐함이라 한다. 함께 기뻐함과 결합된 나머지 법들도 있다.

695. 여기서 무엇이 '평온'인가? 여기 비구가 색계에 태어나는 도를 닦아서 감각적 쾌락들을 완전히 떨쳐버리고 … (§205) … 평온이 함께한 제4선을 구족하여 머물 때, 그때에 감각접촉이 있고 … (Dhs §1) … 산란하지 않음이 있다. 이것이 유익한 법들이다.

이러한 색계의 유익한 업을 지었고 쌓았기 때문에, 행복도 버리고 … 평온이 함께한 제4선을 구족하여 머물 때, 그때에 [일어나는] 평온, 평온을 가짐, 평온한 상태, 평온을 통한 마음의 해탈 — 이를 일러 평온이라 한다. 평온과 결합된 나머지 법들도 있다.

(3) 작용만 하는 네 가지 무량함

696. (3) 네 가지 무량함이 있으니, 자애[慈], 연민[悲], 함께 기뻐함[喜], 평온[捨]이다.

697. 여기서 무엇이 '자애'인가? 여기 비구가 유익한 것도 아니고 해로운 것도 아니고 업의 과보로 나타난 것도 아닌 작용만 하는 것으로 지금·여기에서 행복하게 머묾인 색계의 禪을 닦아서, 감각적 쾌락들을 완전히 떨쳐버리고 … (§205) … 자애와 결합된 초선을 구족하여 머물 때, 그때에 [일어나는] [282] 자애로움, 자애를 가짐, 자애로운 상태, 자애를 통한 마음의 해탈 — 이를 일러 자애라 한다. 자애와 결합된 나머지 법들도 있다.

여기서 무엇이 '자애'인가? 여기 비구가 유익한 것도 아니고 해로운 것도 아니고 업의 과보로 나타난 것도 아닌 작용만 하는 것으로 지금·여기에서 행복하게 머묾인 색계의 禪을 닦아서, 일으킨 생각과 지속적 고찰을 가라앉혔기 때문에 [더 이상 존재하지 않으며] … (§205) … 자애가 함께한 과보로 나타난 제2선을 … 제3선을 구족하여 머물 때 … 초선을 … 제2선을 … 제3선을 … 제4선을 구족하여 머물 때, 그때에 자애로움, 자애를 가짐, 자애로운 상태, 자애를 통한 마음의 해탈 — 이를 일러 자애라 한다. 자애와 결합된 나머지 법들도 있다.

698. 여기서 무엇이 '연민'인가? … (§697) … 여기서 무엇이 '함께

기뻐함'인가? … (§697) … 여기서 무엇이 '평온'인가? 여기 비구가 유익한 것도 아니고 해로운 것도 아니고 업의 과보로 나타난 것도 아닌 작용만 하는 것으로 지금 · 여기에서 행복하게 머묾인 색계의 禪을 닦아서, 행복도 버리고 … (§205) … 평온이 함께한 제4선을 구족하여 머물 때, 그때에 평온, 평온을 가짐, 평온한 상태, 평온을 통한 마음의 해탈 — 이를 일러 평온이라 한다. 평온과 결합된 나머지 법들도 있다.

아비담마에 따른 분석 방법이 [끝났다.][60]

III. [아비담마 마띠까를 통한] 질문의 제기

Pañhāpucchaka

699. 네 가지 무량함[四無量]은 [다음과 같다.]

여기 비구는 자애가 함께한 마음으로 한 방향을 가득 채우고 머문다. 그처럼 두 번째 방향을, 그처럼 세 번째 방향을, 그처럼 네 번째 방향을 가득 채우고 머문다. 이와 같이 위로, 아래로, 옆으로, 모든 곳에서 모두를 자신처럼 여기고, 모든 세상을 풍만하고, 광대하고, 무량하고, 원한 없고, 악의 없는, 자애가 함께한 마음으로 가득 채우고 머문다.

연민이 함께한 마음으로 한 방향을 가득 채우고 머문다. 그처럼 두 번째 방향을, 그처럼 세 번째 방향을, 그처럼 네 번째 방향을 가득 채우고

60) "아비담마에 따른 분석 방법은 앞의 [『담마상가니』 제1편] 마음의 일어남 편에서 유익한 것과 과보로 나타난 것과 작용만 하는 것으로 분류된 방법(bhājitanaya)에 의해서 분류되었다. 의미도 거기서 설한 방법대로 알아야 한다."(VbhA.380)

머문다. 이와 같이 위로, 아래로, 옆으로, 모든 곳에서 모두를 자신처럼 여기고, 모든 세상을 풍만하고, 광대하고, 무량하고, 원한 없고, 악의 없는, 연민이 함께한 마음으로 가득 채우고 머문다.

함께 기뻐함이 함께한 마음으로 한 방향을 가득 채우고 머문다. 그처럼 두 번째 방향을, 그처럼 세 번째 방향을, 그처럼 네 번째 방향을 가득 채우고 머문다. 이와 같이 위로, 아래로, 옆으로, 모든 곳에서 모두를 자신처럼 여기고, 모든 세상을 풍만하고, 광대하고, 무량하고, 원한 없고, 악의 없는, 함께 기뻐함이 함께한 마음으로 가득 채우고 머문다.

평온이 함께한 마음으로 한 방향을 가득 채우고 머문다. 그처럼 두 번째 방향을, 그처럼 세 번째 방향을, 그처럼 네 번째 방향을 가득 채우고 머문다. 이와 같이 위로, 아래로, 옆으로, 모든 곳에서 모두를 자신처럼 여기고, 모든 세상을 풍만하고, 광대하고, 무량하고, 원한 없고, 악의 없는, 평온이 함께한 마음으로 가득 채우고 머문다.

700. 네 가지 무량함 가운데 몇 가지가 유익한 [법]이고, 몇 가지가 해로운 [법]이고, 몇 가지가 결정할 수 없는[無記] [법]인가? … pe(Dhs Mtk) … 몇 가지가 다툼을 가진 [법]이고, 몇 가지가 다툼이 없는 [법]인가?

(1) 세 개 조

701. [네 가지 무량함은] 유익한 [법]일 수 있고, [283] 결정할 수 없는[無記] [법]일 수 있다.(*cf.* ma3-1)

세 가지 무량함은 즐거운 느낌과 결합된 [법]이다. 평온은 괴롭지도 즐겁지도 않은 느낌과 결합된 [법]이다.(*cf.* ma3-2)

[네 가지 무량함은] 과보로 나타난 [법]일 수 있고, 과보를 생기게 하는 [법]일 수 있고, 과보로 나타난 것도 아니고 과보를 생기게 하는 것도

아닌 [법]일 수 있다.(*cf.* ma3-3)

취착되었고 취착의 대상인 [법]일 수 있고, 취착되지 않았지만 취착의 대상인 [법]일 수 있다.(*cf.* ma3-4)

오염되지 않았지만 오염의 대상인 [법]이다.(*cf.* ma3-5)

세 가지 무량함은 일으킨 생각이 있고 지속적 고찰이 있는 [법]일 수 있고, 일으킨 생각은 없고 지속적 고찰만 있는 [법]일 수 있고, 일으킨 생각도 없고 지속적 고찰도 없는 [법]일 수 있다. 평온은 일으킨 생각도 없고 지속적 고찰도 없는 [법]이다.(*cf.* ma3-6)

세 가지 무량함은 희열이 함께하는 [법]일 수 있고, 행복이 함께하는 [법]일 수 있지만 평온이 함께하는 [법]은 아니다. [그러나] 희열이 함께하는 [법]이라고 말해서는 안 되는 경우가 있다. 평온은 평온이 함께하는 [법]이다.(*cf.* ma3-7)

[네 가지 무량함은] 봄이나 닦음으로 버려야 하지 않는 [법]이다.(*cf.* ma3-8)

봄이나 닦음으로 버려야 하는 원인을 가지지 않은 [법]이다.(*cf.* ma3-9)

[윤회를] 축적시키는 [법]일 수 있고, [윤회를] 축적하게 하는 것도 [윤회를] 감소시키는 것도 아닌 [법]일 수 있다.(*cf.* ma3-10)

유학에도 무학에도 속하지 않는 [법]이다.(*cf.* ma3-11)

고귀한 [법]이다.(*cf.* ma3-12)

제한된 대상을 가진 [법]이라고도 고귀한 대상을 가진 [법]이라고도 무량한 대상을 가진 [법]이라고도 말해서는 안 된다.(*cf.* ma3-13)

중간인 [법]이다.(*cf.* ma3-14)

확정되지 않은 [법]이다.(*cf.* ma3-15)

도를 대상으로 가진 [법]이라고도 도를 원인으로 가진 [법]이라고도 도를 지배의 [요소]로 가진 [법]이라고도 말해서는 안 된다.(*cf.* ma3-16)

일어난 [법]일 수 있고, 일어나지 않은 [법]일 수 있고, 일어나게 될

[법]일 수 있다.(*cf* ma3-17)

과거의 [법]일 수 있고, 미래의 [법]일 수 있고, 현재의 [법]일 수 있다.(*cf* ma3-18)

과거의 대상을 가진 [법]이라고도 미래의 대상을 가진 [법]이라고도 현재의 대상을 가진 [법]이라고도 말해서는 안 된다.(*cf* ma3-19)

안의 [법]일 수 있고, 밖의 [법]일 수 있고, 안과 밖의 [법]일 수 있다.(*cf* ma3-20)

밖의 대상을 가진 [법]이다.(*cf* ma3-21)

볼 수도 없고 부딪힘도 없는 [법]이다.(*cf* ma3-22)

(2) 두 개 조

① 원인의 모둠

702. 자애는 원인인 [법]이다. 세 가지 무량함은 원인이 아닌 [법]이다.(*cf* ma2-1)

[네 가지 무량함은] 원인을 가진 [법]이다.(*cf* ma2-2)

원인과 결합된 [법]이다.(*cf* ma2-3)

자애는 원인이면서 원인을 가진 [법]이다. 세 가지 무량함은 원인이면서 원인을 가진 [법]이라고 말해서는 안 된다. [이들은] 원인을 가졌지만 원인이 아닌 [법]이다.(*cf* ma2-4)

자애는 원인이면서 원인과 결합된 [법]이다. 세 가지 무량함은 원인이면서 원인과 결합된 [법]이라고 말해서는 안 된다. [이들은] 원인과 결합되었지만 원인이 아닌 [법]이다.(*cf* ma2-5)

세 가지 무량함은 원인이 아니지만 원인을 가진 [법]이다. 자애는 원인이 아니지만 원인을 가진 [법]이라고도 원인이 아니면서 원인을 가지지 않은 [법]이라고도 말해서는 안 된다. (*cf* ma2-6)

② 틈새에 있는 짧은 두 개 조

[네 가지 무량함은] 조건을 가진 [법]이다.(*cf.* ma2-7)

형성된 [법]이다.(*cf.* ma2-8)

볼 수 없는 [법]이다.(*cf.* ma2-9)

부딪힘이 없는 [법]이다.(*cf.* ma2-10)

비물질인 [법]이다.(*cf.* ma2-11)

세간적인 [법]이다.(*cf.* ma2-12)

어떤 것으로는 식별되는 [법]이고, 어떤 것으로는 식별되지 않는 [법]이다.(*cf.* ma2-13)

③ 번뇌의 모둠

번뇌가 아닌 [법]이다.(*cf.* ma2-14)

번뇌의 대상인 [법]이다.(*cf.* ma2-15)

번뇌와 결합되지 않은 [법]이다.(*cf.* ma2-16)

번뇌이면서 번뇌의 대상인 [법]이라고 말해서는 안 된다. [284] 번뇌의 대상이지만 번뇌가 아닌 [법]이다.(*cf.* ma2-17)

번뇌이면서 번뇌와 결합된 [법]이라고도 번뇌와 결합되었지만 번뇌가 아닌 [법]이라고도 말해서는 안 된다.(*cf.* ma2-18)

번뇌와 결합되지 않았지만 번뇌의 대상인 [법]이다.(*cf.* ma2-19)

④ 족쇄의 모둠

족쇄가 아닌 [법]이다. … (*cf.* ma2-20~25)

⑤ 매듭의 모둠

매듭이 아닌 [법]이다. … (*cf.* ma2-26~31)

⑥ 폭류의 모둠

폭류가 아닌 [법]이다. … (*cf.* ma2-32~37)

⑦ 속박의 모둠

속박이 아닌 [법]이다. … (*cf.* ma2-38~43)

⑧ 장애의 모둠

장애가 아닌 [법]이다. … (*cf.* ma2-44~49)

⑨ 집착[固守]의 모둠

집착[固守]이 아닌 [법]이다. … (*cf.* ma2-50~54)

⑩ 틈새에 있는 긴 두 개 조

대상을 가진 [법]이다.(*cf.* ma2-55)

마음이 아닌 [법]이다.(*cf.* ma2-56)

마음부수인 [법]이다.(*cf.* ma2-57)

마음과 결합된 [법]이다.(*cf.* ma2-58)

마음과 결속된 [법]이다.(*cf.* ma2-59)

마음에서 생긴 [법]이다.(*cf.* ma2-60)

마음과 함께 존재하는 [법]이다.(*cf.* ma2-61)

마음을 따르는 [법]이다.(*cf.* ma2-62)

마음과 결속되어 있고 마음에서 생긴 [법]이다.(*cf.* ma2-63)

마음과 결속되어 있고 마음에서 생겼고 마음과 함께 존재하는 [법]이다.(*cf.* ma2-64)

마음과 결속되어 있고 마음에서 생겼고 마음을 따르는 [법]이다.(*cf.* ma2-65)

밖에 있는 [법]이다.(*cf.* ma2-66)

파생되지 않은 [법]이다.(*cf.* ma2-67)

취착된 [법]일 수 있고, 취착되지 않은 [법]일 수 있다.(*cf.* ma2-68)

⑪ 취착의 모둠

취착이 아닌 [법]이다. … (*cf.* ma2-69~74)

⑫ 오염원의 모둠

오염원이 아닌 [법]이다. … (*cf.* ma2-75~82)

⑬ 마지막 두 개 조

봄으로써 버려야 하는 것이 아닌 [법]이다.(*cf.* ma2-83)

닦음으로써 버려야 하는 것이 아닌 [법]이다.(*cf.* ma2-84)

봄으로써 버려야 하는 원인을 가지지 않은 [법]이다.(*cf.* ma2-85)

닦음으로써 버려야 하는 원인을 가지지 않은 [법]이다.(*cf.* ma2-86)

세 가지 무량함은 일으킨 생각이 있는 [법]일 수 있고 일으킨 생각이 없는 [법]일 수 있다. 평온은 일으킨 생각이 없는 [법]이다.(*cf.* ma2-87)

세 가지 무량함은 지속적 고찰이 있는 [법]일 수 있고 지속적 고찰이 없는 [법]일 수 있다. 평온은 지속적 고찰이 없는 [법]이다.(*cf.* ma2-88)

세 가지 무량함은 희열이 있는 [법]일 수 있고 희열이 없는 [법]일 수 있다. 평온은 희열이 없는 [법]이다.(*cf.* ma2-89)

세 가지 무량함은 희열이 함께하는 [법]일 수 있고 희열이 함께하지 않는 [법]일 수 있다. 평온은 희열이 함께하지 않는 [법]이다.(*cf.* ma2-90)

세 가지 무량함은 행복이 함께하는 [법]이다. 평온은 행복이 함께하지 않는 [법]이다.(*cf.* ma2-91)

평온은 평온이 함께하는 [법]이다. 세 가지 무량함은 평온이 함께하지 않는 [법]이다.(*cf.* ma2-92)

[네 가지 무량함은] 욕계에 속하지 않는 [법]이다.(*cf.* ma2-93)

색계에 속하는 [법]이다.(*cf.* ma2-94)

무색계에 속하지 않는 [법]이다.(*cf.* ma2-95)

[세간에] 포함된 [법]이다.(*cf.* ma2-96)

출리로 인도하지 못하는 [법]이다.(*cf.* ma2-97)
확정되지 않은 [법]이다.(*cf.* ma2-98)
위가 있는 [법]이다.(*cf.* ma2-99)
다툼이 없는 [법]이다.(*cf.* ma2-100)

[아비담마 마띠까를 통한] 질문의 제기가 [끝났다.]

무량함[無量]에 대한 분석이 [끝났다.]

제14장

학습계목 위방가

학습계목에 대한 분석

Sikkhāpada-vibhaṅga

I. 아비담마에 따른 분석 방법

Abhidhamma-bhājanīya

(1) 다섯 가지 학습계목의 정의

703. (1) 다섯 가지 학습계목[61]이 [285] 있으니, 생명을 죽이는 것을 금하는[62] 학습계목, 주지 않은 것을 가지는 것을 금하는 학습계목, 그릇된 음행을 금하는 학습계목, 거짓말을 금하는 학습계목, 취하게 하고 방일하는 이유가 되는 여러 종류의 술[63]을 금하는 학습계목이다.

---

61) "'학습계목(sikkhāpada)'이라는 것은 ① 학습해야 하는(공부지어야 하는) 조목들(sikkhitabbapadāni)이다. 학습하는(공부짓는) 항목들(sikkhā-koṭṭhāsā)이라는 뜻이다. 나아가서 앞에서 전해온 모든 유익한 법들도 학습해야 하는 것(sikkhitabba)이기 때문에 학습[學, 공부지음, sikkhā]이기는 하다. 그러나 다섯 가지 계행의 구성요소(sīlaṅgā) 가운데 어떤 구성요소든 그것은 학습들이 굳게 서는 곳이라는 뜻(patiṭṭhānaṭṭha)에서 조목(pada)이다. 이처럼 ② 학습(공부지음)들의 조목이기 때문에(sikkhānaṁ padattā) 학습계목이다."(VbhA.381)

62) 여기 '금하는'은 veramaṇī를 옮긴 것이다. 그동안은 팔정도의 바른 말[正語]과 바른 행위[正業]의 문맥에서는(*cf.* §205, §487 등) 이 용어를 주로 '삼가는'으로 옮겼다. 그러나 '삼가다'의 사전적 의미가 '조심스럽게 가려 하거나 하기를 꺼리다.'라서 본서에서는 모두 '금하는'으로 통일하여 옮겼다.

63) '취하게 하고 방일하는 이유가 되는 여러 종류의 술'은 surā-meraya-majja-pamādaṭṭhānā를 옮긴 것이다. 여기서 여러 종류의 술은 surā-meraya를 옮긴 것인데 여기서 surā는 증류주에 해당하고 meraya는 발효주에 해당한다. majja는 취하게 하는 것을 뜻하고 pamāda는 방일을 ṭhānā는 이유를 말한다. 이것을 합하여 '취하게 하고 방일하는 이유가 되는 여러 종류의 술'로 풀어서 옮겼다. 주석서는 이렇게 해석하고 있다.

"여기서 'sura(증류주)'는 가루로 만든 증류주, 덩어리로 만든 증류주, 밥으로 만든 증류주, 효소에 넣어서 만든 증류주, 여러 재료를 모아 만든 것의 다섯 가지 증류주이다. 'meraya(발효주)'는 꽃으로 만든 발효주, 열매로 만든 발효주, 당밀로 만든 발효주, 꿀로 만든 발효주, 여러 재료를 모아 만든 것의 다섯 가지 발효주이다. 이 둘은 취하게 한다는 뜻(madanīyaṭṭha)에서 '취하게 하는 것(majja)'이다. 의도(cetanā)로써 이를 마시는 것은 방일하는 이유가 되기 때문에(pamāda-kāraṇattā) '방일하는 이유가 되는 것(pamādaṭṭhāna)'이다. 그래서 '취하게 하고 방일하는 이유가 되는 여러 종류의 술(surā-meraya-majja-pamādaṭṭhānā)'이다. 이것이 논의의 주제에 대한 간결한 설명(mātikā-nikkhepa)의 뜻이다."(VbhA.381)

이것이 주석서 전통에서 surā-meraya-majja-pamādaṭṭhānā를 해석하는 방법이다. 초기불전연구원에서는 그 동안 이 용어를 '방일하는 근본이 되는 술과 중독성 물질'로 옮겼는데 majja(√mad, *to intoxicate*)를 surā-meraya를 수식하는 형용사로 해석하지 않고 중성명사로 이해하여(PED s.v. majja) '중독성 물질'로 해석한 것이다. 문법적으로는 아무런 하자가 없는 해석이며 현대적인 관점에서 볼 때 여러 종류의 마약이나 넓게는 담배나 도박이나 게임 중독 같은 것도 이 majja 즉 중독성 물질에 포함시키는 것이 불음주계에 대한 더 적극적인 해석이라고 생각하였기 때문이다. 여기서는 『위방가 주석서』의 설명을 존중하여 '취하게 하고 방일하는 이유가 되는 여러 종류의 술'로 옮겼음을 밝힌다.

『앙굿따라 니까야 주석서』는 이렇게 설명한다.
"'취하게 하고 방일하는 이유가 되는 여러 종류의 술'은 취하게 하는 여러 종류의 술을 마시는 의도(cetanā)라고 일컬어지는 방일하는 원인이라는(surāmerayamajjānaṁ pānacetanāsaṅkhātaṁ pamādakāraṇaṁ) [말이다.]"(AA.ii.327)

여기서 '이유'는 ṭhāna를 옮긴 것인데 위의 주석서에서 보듯이 이 문맥에서 ṭhāna는 이유(kāraṇa)를 뜻한다. 냐나몰리 스님도 ṭhāna를 세 가지로 정리하고 있는데 그것은 — (1) *place;* (2) *possibility* (ṭhānaṭṭhāna - *the possible & impossible);* (3) *reason* [def. DhsA.53]이다.(MOL *s.v.* ṭhāna)

704. 여기서 무엇이 '생명을 죽이는 것을 금하는 학습계목(pāṇāti-pātā veramaṇī sikkhāpadaṁ)'인가? 생명을 죽이는 것을 금하는 자에게 ① 기쁨이 함께하고 지혜와 결합되고 [자극을 받지 않은] 욕계의 유익한 마음이 일어날 때, 그때에 생명을 죽이는 것을 억제함, 절제함, 제어함, 금함, 행하지 않음, 짓지 않음, 넘지 않음, 한계를 넘지 않음, 다리를 없앰(Dhs §299) — 이를 일러 생명을 죽이는 것을 금하는 학습계목이라 한다. 금함과 결합된 나머지 법들도 있다.

여기서 무엇이 '생명을 죽이는 것을 금하는 학습계목'인가? 생명을 죽이는 것을 금하는 자에게 ① 기쁨이 함께하고 지혜와 결합되고 [자극을 받지 않은] 욕계의 유익한 마음이 일어날 때, 그때에 있는 의도, 의도함, 의도된 상태 — 이를 일러 생명을 죽이는 것을 금하는 학습계목이라 한다.[64] 의도와 결합된 나머지 법들도 있다.

여기서 무엇이 '생명을 죽이는 것을 금하는 학습계목'인가? 생명을 죽이는 것을 금하는 자에게 ① 기쁨이 함께하고 지혜와 결합되고 [자극을 받지 않은] 욕계의 유익한 마음이 일어날 때, 그때에 있는 감각접촉 … (Dhs §1) … 분발, 산란하지 않음 — 이를 일러 생명을 죽이는 것을 금하는 학습계목이라 한다.[65] [66]

---

64) "그런데 금함만이(viratiyeva) 학습계목이 아니라 의도(cetanā)도 학습계목이다. 이것을 드러내기 위해서 두 번째 방법을 보여주셨다."(VbhA.381)

65) "[앞의] 두 가지 법만이 학습계목이 아니라 의도와 결합된 50가지가 넘는 법들(paropaṇṇāsadhammā)도 학습해야 하는 항목(sikkhitabbakoṭṭhāsa)이기 때문에 학습계목이다. 그래서 세 번째 방법을 보여주셨다."(VbhA. 381)

66) "여기서 두 가지 학습계목이 있으니 대기설(對機說, 방편설)인 학습계목(pariyāyasikkhāpada)과 비대기설(非對機說, 비방편설)인 학습계목(nip-pariyāyasikkhāpada)이다. 여기서 금함(virati)은 비대기설(비방편설)인 학습계목이다. '생명을 죽이는 것을 금함'이라고 성전에 전승되어오고 의도(cetanā)라고 [전승되어오지] 않기 때문이다. 금하는 자(viramanta)는 그

여기서 무엇이 '생명을 죽이는 것을 금하는 학습계목'인가? 생명을 죽이는 것을 금하는 자에게 ② 기쁨이 함께하고 지혜와 결합되고 자극을 받은 … ③ 기쁨이 함께하고 지혜와 결합되지 않고 [자극을 받지 않은] … [286] ④ 기쁨이 함께하고 지혜와 결합되지 않고 자극을 받은 … ⑤ 평온이 함께하고 지혜와 결합되고 [자극을 받지 않은] … ⑥ 평온이 함께하고 지혜와 결합되고 자극을 받은 … ⑦ 평온이 함께하고 지혜와 결합되지 않고 [자극을 받지 않은] … ⑧ 평온이 함께하고 지혜와 결합되지 않고 자극을 받은 욕계의 유익한 마음이 일어날 때, 그때에 생명을 죽이는 것을 억제함, 절제함, 제어함, 금함, 행하지 않음, 짓지 않음, 넘지 않음, 한계를 넘지 않음, 다리를 없앰(Dhs §299) — 이를 일러 생명을 죽이는 것을 금하는 학습계목이라 한다. 금함과 결합된 나머지 법들도 있다.

705. 여기서 무엇이 '생명을 죽이는 것을 금하는 학습계목'인가? 생명을 죽이는 것을 금하는 자에게 ⑧ 평온이 함께하고 지혜와 결합되지 않고 자극을 받은 욕계의 유익한 마음이 일어날 때, 그때에 있는 의도, 의도함, 의도된 상태 — 이를 일러 생명을 죽이는 것을 금하는 학습계목이라 한다. 의도와 결합된 나머지 법들도 있다.

여기서 무엇이 '생명을 죽이는 것을 금하는 학습계목'인가? 생명을 죽이는 것을 금하는 자에게 ⑧ 평온이 함께하고 지혜와 결합되지 않고 자극을 받은 욕계의 유익한 마음이 일어날 때, 그때에 있는 감각접촉 … (Dhs §1) … 분발, 산란하지 않음 — 이를 일러 생명을 죽이는 것을 금하

[금함]에 의해서 여기저기서 금하는 것이지 의도에 의해서가 아니다. 그렇지만 의도를 가져와서 보여주시고 의도와 결합된 나머지 법들도 그렇게 하셨다. 범하는 때에는(vītikkamakāle) 증오에 찬 의도(veracetanā)가 바로 나쁜 계행(dussīlya)이기 때문이다. 그래서 이 [의도]는 [살생 등을] 금하는 때에도 좋은 계행(susīlya)을 통해서 말씀하셨다. 감각접촉 등은(phassādayo) 이것과 결합되어 있기 때문에 취하셨다."(VbhA.381~382)

는 학습계목이라 한다.

706. 여기서 무엇이 '주지 않은 것을 가지는 것을 금하는 학습계목(adinnādānā veramaṇī sikkhāpadaṁ)'인가? … '그릇된 음행을 금하는 학습계목(kāmesumicchācārā veramaṇī sikkhāpadaṁ)'인가? … '거짓말을 금하는 학습계목(musāvādā veramaṇī sikkhāpadaṁ)'인가? … '취하게 하고 방일하는 이유가 되는 여러 종류의 술을 금하는 학습계목(surāmerayamajjapamādaṭṭhānā veramaṇī sikkhāpadaṁ)'인가? 취하게 하고 방일하는 이유가 되는 여러 종류의 술을 금하는 자에게 ① 기쁨이 함께하고 지혜와 결합되고 [자극을 받지 않은] 욕계의 유익한 마음이 일어날 때, 그때에 취하게 하고 방일하는 이유가 되는 여러 종류의 술을 억제함, 절제함, 제어함, 금함, 행하지 않음, 짓지 않음, 넘지 않음, 한계를 넘지 않음, 다리를 없앰 — 이를 일러 취하게 하고 방일하는 이유가 되는 여러 종류의 술을 금하는 학습계목이라 한다. 금함과 결합된 나머지 법들도 있다.

여기서 무엇이 '취하게 하고 방일하는 이유가 되는 여러 종류의 술을 금하는 학습계목'인가? 취하게 하고 방일하는 이유가 되는 여러 종류의 술을 금하는 자에게 ① 기쁨이 함께하고 지혜와 결합되고 [자극을 받지 않은] 욕계의 유익한 마음이 일어날 때, 그때에 있는 의도, 의도함, 의도된 상태 — 이를 일러 취하게 하고 방일하는 이유가 되는 여러 종류의 술을 금하는 학습계목이라 한다. 의도와 결합된 나머지 법들도 있다.

여기서 무엇이 '취하게 하고 방일하는 이유가 되는 여러 종류의 술을 금하는 학습계목'인가? 취하게 하고 방일하는 이유가 되는 여러 종류의 술을 금하는 자에게 ① 기쁨이 함께하고 지혜와 결합되고 [자극을 받지 않은] 욕계의 유익한 마음이 일어날 때, [287] 그때에 있는 감각접촉 … (Dhs §1) … 분발, 산란하지 않음 — 이를 일러 취하게 하고 방일하는 이유가 되는 여러 종류의 술을 금하는 학습계목이라 한다.

여기서 무엇이 '취하게 하고 방일하는 이유가 되는 여러 종류의 술을 금하는 학습계목'인가? 취하게 하고 방일하는 이유가 되는 여러 종류의 술을 금하는 자에게 ② 기쁨이 함께하고 지혜와 결합되고 자극을 받은 … ③ 기쁨이 함께하고 지혜와 결합되지 않고 [자극을 받지 않은] … ④ 기쁨이 함께하고 지혜와 결합되지 않고 자극을 받은 … ⑤ 평온이 함께하고 지혜와 결합되고 [자극을 받지 않은] … ⑥ 평온이 함께하고 지혜와 결합되고 자극을 받은 … ⑦ 평온이 함께하고 지혜와 결합되지 않고 [자극을 받지 않은] … ⑧ 평온이 함께하고 지혜와 결합되지 않고 자극을 받은 욕계의 유익한 마음이 일어날 때, 그때에 생명을 죽이는 것을 억제함, 절제함, 제어함, 금함, 행하지 않음, 짓지 않음, 넘지 않음, 한계를 넘지 않음, 다리를 없앰(Dhs §299) — 이를 일러 취하게 하고 방일하는 이유가 되는 여러 종류의 술을 금하는 학습계목이라 한다. 금함과 결합된 나머지 법들도 있다.

707. 여기서 무엇이 '취하게 하고 방일하는 이유가 되는 여러 종류의 술을 금하는 학습계목'인가? 취하게 하고 방일하는 이유가 되는 여러 종류의 술을 금하는 자에게 ⑧ 평온이 함께하고 지혜와 결합되지 않고 자극을 받은 욕계의 유익한 마음이 일어날 때, 그때에 있는 의도, 의도함, 의도된 상태 — 이를 일러 취하게 하고 방일하는 이유가 되는 여러 종류의 술을 금하는 학습계목이라 한다. 의도와 결합된 나머지 법들도 있다.

여기서 무엇이 '취하게 하고 방일하는 이유가 되는 여러 종류의 술을 금하는 학습계목'인가? 취하게 하고 방일하는 이유가 되는 여러 종류의 술을 금하는 자에게 ⑧ 평온이 함께하고 지혜와 결합되지 않고 자극을 받은 욕계의 유익한 마음이 일어날 때, 그때에 있는 감각접촉 … (Dhs

§1) … [288] 분발, 산란하지 않음 — 이를 일러 취하게 하고 방일하는 이유가 되는 여러 종류의 술을 금하는 학습계목이라 한다.67) 68)

---

67) "이제 이들 학습계목들에 대한 지혜를 불러일으키기[讚勵] 위해서(ñāṇa-samuttejanatthaṁ) ① 법에 따라 ② 항목에 따라 ③ 대상에 따라 ④ 느낌에 따라 ⑤ 뿌리에 따라 ⑥ 업에 따라 ⑦ 비난받아야 함에 따라 ⑧ 수단에 따라 이러한 생명을 죽이는 것 등에 대한 판별을 알아야 한다.

여기서 '① 법에 따라(dhammato)'라는 것은 생명을 죽이는 것을 금하는 것 등 이들 다섯은 바로 의도인 법들(cetanādhammā)이다.
'② 항목에 따라(koṭṭhāsato)': 이 다섯은 업의 길(kammapathā)이다.
'③ 대상에 따라(ārammaṇato)': 생명을 죽이는 것은 생명기능(jīvitindriya)을 대상으로 한다. 주지 않은 것을 가지는 것은 중생(satta)을 대상으로 하거나 형성된 것(saṅkhāra)을 대상으로 한다. 그릇된 음행은 여성이나 남성을 대상으로 한다. 거짓말을 하는 것은 중생을 대상으로 하거나 형성된 것들을 대상으로 한다. 술을 마시는 것은 형성된 것을 대상으로 한다.
'④ 느낌에 따라(vedanāto)': 생명을 죽이는 것은 괴로운 느낌을 가진다. 주지 않은 것을 가지는 것은 세 가지 느낌을 가진다. 웃고 만족하는 자(haṭṭhatuṭṭha)가 주지 않은 것을 가질 때는 즐거운 느낌이 되고 두려워할 때는(bhītakāle) 괴로운 느낌이 되며 중립적인 상태(majjhatta)에서 취할 때는 괴롭지도 즐겁지도 않은 느낌이 되기 때문이다. 그릇된 음행은 즐거운 느낌을 가지거나 괴롭지도 즐겁지도 않은 느낌을 가진다. 거짓말을 하는 것은 주지 않은 것을 가지는 것처럼 세 가지 느낌을 가진다. 술을 마시는 것은 즐거운 느낌이나 중립적인 느낌을 가진다.
'⑤ 뿌리에 따라(mūlato)': 생명을 죽이는 것은 성냄과 어리석음을 뿌리로 한다(dosamohamūla). 주지 않은 것을 가지는 것은 어떤 때는 탐욕과 어리석음을 뿌리로 하고(lobhamohamūla) 어떤 때는 성냄과 어리석음을 뿌리로 한다. 그릇된 음행은 탐욕과 어리석음을 뿌리로 한다. 거짓말을 하는 것은 어떤 때는 탐욕과 어리석음을 뿌리로 하고 어떤 때는 성냄과 어리석음을 뿌리로 한다. 술을 마시는 것은 탐욕과 어리석음을 뿌리로 한다.
'⑥ 업에 따라(kammato)': 거짓말을 하는 것은 말로 짓는 업(vacīkamma)이고 나머지는 몸으로 짓는 업(kāyakamma)이다.
'⑦ 비난받아야 함에 따라(sāvajjato)': 생명을 죽이는 것은 적게 비난받아야 하는 것(appasāvajja)이 있고 크게 비난받아야 하는 것(mahāsāvajja)이 있다. 주지 않은 것을 가지는 것 등도 그러하다. 이들의 다양함은 [『담마상가니 주석서』(DhsA.97 이하) 등에서] 밝혔다."(VbhA.382)

이렇게 설명한 뒤 계속해서 『위방가 주석서』는 다른 방법으로 적게 비난받아야 하는 것(appasāvajja)과 크게 비난받아야 하는 것(mahāsāvajja)

을 설명하고 있는데(VbhA.382~383) 요약하면 다음과 같다.

ⓐ 생명을 죽이는 것은 작은 개미, 큰 개미, 새, 도마뱀, 토끼, 사슴, 소, 말, 코끼리, 행실이 나쁜 인간(dussīlamanussa), 천성이 착한 인간(gorūpasīla-kamanussa), [삼보에] 귀의를 한 사람(saraṇagata), 다섯 가지 학습계목을 지니는 사람(pañcasikkhāpadika), 사미, 범부인 비구, 예류자, 일래자, 불환자, 번뇌 다한 자의 순서로 뒤로 갈수록 이들을 죽이는 것이 더 크게 비난받아야 하는 것(mahāsāvajja)이라고 밝히고 있다.
ⓑ 주지 않은 것을 가지는 것은 행실이 나쁜 사람, 천성이 착한 사람, 귀의를 한 사람, 다섯 가지 학습계목을 지니는 사람, 사미, 범부인 비구, 예류자, 일래자, 불환자, 번뇌 다한 자의 순서로 뒤로 갈수록 이들의 것을 훔치는 것이 더 크게 비난받아야 한다고 밝히고 있다.
ⓒ 그릇된 음행도 행실이 나쁜 여인, 천성이 착한 여인, 귀의를 한 여인, 다섯 가지 학습계목을 지니는 여인, 사미니, 범부인 비구니, 예류자, 일래자, 불환자, 번뇌 다한 자의 순서로 뒤로 갈수록 이들을 범하는 것(vītikkama)이 더 크게 비난받아야 한다고 밝히고 있다.
ⓓ 거짓말을 하는 것은 엽전 한 닢 정도(kākaṇikamatta)나 동전 반 닢(aḍḍhamāsaka) 등으로부터 시작하여 점점 더 많은 돈을 위해서 거짓말을 하는 것을 든 뒤에 거짓말을 하여 승가를 분열시키는 것을 가장 크게 비난받아야 하는 것이라고 밝히고 있다.
ⓔ 술을 마시는 것도 적은 양에서부터 언급하여 몸을 가누지 못할 정도로(kāyacālanasamattha) 과음을 한 뒤 마을이나 성읍을 파괴하는 업을 짓는 것이 가장 크게 비난받아야 하는 것이라고 밝히고 있다.
그런 뒤에 다음과 같이 마무리를 한다.

"생명을 죽이는 것 가운데는 번뇌 다한 자를 살해하는 것(khīṇāsavassa vadha)이 가장 크게 비난받아야 하는 것이고, 주지 않은 것을 가지는 것 가운데는 번뇌 다한 자의 것을 훔치는 것(haraṇa)이고, 그릇된 음행 가운데는 번뇌 다한 비구니를 범하는 것이고, 거짓말을 하는 것 가운데는 거짓말로 승가를 분열시키는 것(musāvādena saṅghabheda)이고, 술을 마시는 것 가운데는 몸을 가누지 못할 정도로 과음을 한 뒤 마을이나 성읍을 파괴하는 것이다. 이들 모두 가운데 거짓말로 승가를 분열시키는 것이 가장 크게 비난받아야 하는 것이다. 이것은 한 겁 동안 지옥에서 굽힐 수 있는(pācana-samattha) 큰 죄악(mahākibbisa)이기 때문이다."(VbhA.383)

"[마지막으로] '⑧ 수단에 따라(payogato)': 생명을 죽이는 것은 [직접] 자기 손(sāhatthika)으로도 짓고 [남을] 시켜서도(āṇattika) 짓는다. 주지 않은 것을 가지는 것도 그러하다. 그릇된 음행과 거짓말을 하는 것과 술을 마시는 것은 [직접] 자기가 짓는다."(*Ibid.*)

(2) 네 가지 지배와 학습계목

708. (2) 다섯 가지 학습계목이 있으니, 생명을 죽이는 것을 금하는 학습계목, 주지 않은 것을 가지는 것을 금하는 학습계목, 그릇된 음행을 금하는 학습계목, 거짓말을 금하는 학습계목, 취하게 하고 방일하는 이유가 되는 여러 종류의 술을 금하는 학습계목이다.

709. 여기서 무엇이 '생명을 죽이는 것을 금하는 학습계목'인가? 생명을 죽이는 것을 금하는 자에게 ① 기쁨이 함께하고 지혜와 결합되고 [자극을 받지 않은] 저열한 … 중간인 … 수승한 … 열의의 지배를 가진 … 정진의 지배를 가진 … 마음의 지배를 가진 … 검증의 지배를 가진 … 저열한 열의의 지배를 가진 … 중간인 열의의 지배를 가진 … 수승한 열의의 지배를 가진 … 저열한 정진의 지배를 가진 … 중간인 정진의 지배를 가진 … 수승한 정진의 지배를 가진 … 저열한 마음의 지배를 가진 … 중간인 마음의 지배를 가진 … 수승한 마음의 지배를 가진 … 저열한 검증의 지배를 가진 … 중간인 검증의 지배를 가진 … 수승한 검증의 지배를 가진 욕계의 유익한 마음이 일어날 때,(Dhs §269) 그때에 생명을 죽이는 것을 억제함, 절제함, 제어함, 금함, 행하지 않음, 짓지 않음, 넘지 않음, 한계를 넘지 않음, 다리를 없앰 — 이를 일러 생명을 죽이는 것을 금하는 학습계목이라 한다. 금함과 결합된 나머지 법들

---

68) 계속해서 주석서는 생명을 죽이는 것을 금하는 것 등의 금함(veramaṇi)에 대해서 "이와 같이 여기서 생명을 죽이는 것 등을 법 등을 통해서 판별을 안 뒤에 생명을 죽이는 것을 금하는 것(veramaṇi) 등도 ① 법에 따라 ② 항목에 따라 ③ 대상에 따라 ④ 느낌에 따라 ⑤ 뿌리에 따라 ⑥ 업에 따라 ⑦ 범함에 따라 ⑧ 받아지님에 따라 ⑨ 수단에 따라 판별을 알아야 한다."라고 하여 아홉 가지를 들고 있다. 여기서는 앞의 ⑦ 비난받아야 함에 따라 대신에 ⑦ 범함에 따라 ⑧ 받아지님에 따라의 두 가지가 들어가서 전체가 아홉 가지로 구성이 된다. 여기 금하는 것에 대한 설명은 앞의 범하는 것에 대한 설명에 준해서 이해하면 된다.

도 있다.

여기서 무엇이 '생명을 죽이는 것을 금하는 학습계목'인가? 생명을 죽이는 것을 금하는 자에게 ① 기쁨이 함께하고 지혜와 결합되고 [자극을 받지 않은] 저열한 … 중간인 … 수승한 … 열의의 지배를 가진 … 정진의 지배를 가진 … 마음의 지배를 가진 … 검증의 지배를 가진 … 저열한 열의의 지배를 가진 … 중간인 열의의 지배를 가진 … 수승한 열의의 지배를 가진 … 저열한 정진의 지배를 가진 … 중간인 정진의 지배를 가진 … 수승한 정진의 지배를 가진 … 저열한 마음의 지배를 가진 … 중간인 마음의 지배를 가진 … 수승한 마음의 지배를 가진 … 저열한 검증의 지배를 가진 … 중간인 검증의 지배를 가진 … 수승한 검증의 지배를 가진 욕계의 유익한 마음이 일어날 때, 그때에 있는 의도, 의도함, 의도된 상태 — 이를 일러 생명을 죽이는 것을 금하는 학습계목이라 한다. 의도와 결합된 나머지 법들도 있다.

여기서 무엇이 '생명을 죽이는 것을 금하는 학습계목'인가? 생명을 죽이는 것을 금하는 자에게 [289] ① 기쁨이 함께하고 지혜와 결합되고 [자극을 받지 않은] 저열한 … 중간인 … 수승한 … 열의의 지배를 가진 … 정진의 지배를 가진 … 마음의 지배를 가진 … 검증의 지배를 가진 … 저열한 열의의 지배를 가진 … 중간인 열의의 지배를 가진 … 수승한 열의의 지배를 가진 … 저열한 정진의 지배를 가진 … 중간인 정진의 지배를 가진 … 수승한 정진의 지배를 가진 … 저열한 마음의 지배를 가진 … 중간인 마음의 지배를 가진 … 수승한 마음의 지배를 가진 … 저열한 검증의 지배를 가진 … 중간인 검증의 지배를 가진 … 수승한 검증의 지배를 가진 욕계의 유익한 마음이 일어날 때,(Dhs §269) 그때에 있는 감각접촉 … (Dhs §1) … 분발, 산란하지 않음 — 이를 일러 생명을 죽이는 것을 금하는 학습계목이라 한다.

여기서 무엇이 '생명을 죽이는 것을 금하는 학습계목'인가? 생명을 죽이는 것을 금하는 자에게 ② 기쁨이 함께하고 지혜와 결합되고 자극을 받은 … ③ 기쁨이 함께하고 지혜와 결합되지 않고 [자극을 받지 않은] … ④ 기쁨이 함께하고 지혜와 결합되지 않고 자극을 받은 … ⑤ 평온이 함께하고 지혜와 결합되고 [자극을 받지 않은] … ⑥ 평온이 함께하고 지혜와 결합되고 자극을 받은 … ⑦ 평온이 함께하고 지혜와 결합되지 않고 [자극을 받지 않은] … ⑧ 평온이 함께하고 지혜와 결합되지 않고 자극을 받은, 저열한 … 중간인 … 수승한 … 열의의 지배를 가진 … 정진의 지배를 가진 … 마음의 지배를 가진 …[69] 저열한 열의의 지배를 가진 … 중간인 열의의 지배를 가진 … 수승한 열의의 지배를 가진 … 저열한 정진의 지배를 가진 … 중간인 정진의 지배를 가진 … 수승한 정진의 지배를 가진 … 저열한 마음의 지배를 가진 … 중간인 마음의 지배를 가진 … 수승한 마음의 지배를 가진 욕계의 유익한 마음이 일어날 때,(Dhs §270) 그때에 생명을 죽이는 것을 억제함, 절제함, 제어함, 금함, 행하지 않음, 짓지 않음, 넘지 않음, 한계를 넘지 않음, 다리를 없앰 — 이를 일러 생명을 죽이는 것을 금하는 학습계목이라 한다. 금함과 결합된 나머지 법들도 있다. … 의도와 결합된 나머지 법들도 있다. … 그때에 있는 감각접촉 … (Dhs §1) … 분발, 산란하지 않음 — 이를 일러 생명을 죽이는 것을 금하는 학습계목이라 한다.

710. 여기서 무엇이 '주지 않은 것을 가지는 것을 금하는 학습계목 … 그릇된 음행을 금하는 학습계목 … 거짓말을 금하는 학습계목 … 취하게 하고 방일하는 이유가 되는 여러 종류의 술을 금하는 학습계목'인가? 취하게 하고 방일하는 이유가 되는 여러 종류의 술을 금하는 자에

---

69) 여기서 유념해야 할 점은 욕계의 여덟 가지 유익한 마음 가운데 지혜와 결합되지 않은 네 가지, 즉 ③번과 ④번과 ⑦번과 ⑧번 마음에는 검증의 지배를 가진 것(vīmaṁsādhipateyya)은 나타날 수 없다는 것이다. 『디가 니까야 복주서』의 설명처럼 '검증(vīmaṁsā)'은 "통찰지와 같은 계열(paññā-patirūpaka)"(DAṬ.i.188)이기 때문이다.

게 ① 기쁨이 함께하고 지혜와 결합되고 [자극을 받지 않은] 저열한 … 중간인 … 수승한 … 열의의 지배를 가진 … 정진의 지배를 가진 [290] … 마음의 지배를 가진 … 검증의 지배를 가진 … 저열한 열의의 지배를 가진 … 중간인 열의의 지배를 가진 … 수승한 열의의 지배를 가진 … 저열한 정진의 지배를 가진 … 중간인 정진의 지배를 가진 … 수승한 정진의 지배를 가진 … 저열한 마음의 지배를 가진 … 중간인 마음의 지배를 가진 … 수승한 마음의 지배를 가진 … 저열한 검증의 지배를 가진 … 중간인 검증의 지배를 가진 … 수승한 검증의 지배를 가진 욕계의 유익한 마음이 일어날 때,(Dhs §269) 그때에 취하게 하고 방일하는 이유가 되는 여러 종류의 술을 억제함, 절제함, 제어함, 금함, 행하지 않음, 짓지 않음, 넘지 않음, 한계를 넘지 않음, 다리를 없앰 — 이를 일러 취하게 하고 방일하는 이유가 되는 여러 종류의 술을 금하는 학습계목이라 한다. 금함과 결합된 나머지 법들도 있다. … 의도와 결합된 나머지 법들도 있다. … 그때에 있는 감각접촉 … (Dhs §1) … 분발, 산란하지 않음 — 이를 일러 취하게 하고 방일하는 이유가 되는 여러 종류의 술을 금하는 학습계목이라 한다.

711. 여기서 무엇이 '주지 않은 것을 가지는 것을 금하는 학습계목 … 그릇된 음행을 금하는 학습계목 … 거짓말을 금하는 학습계목 … 취하게 하고 방일하는 이유가 되는 여러 종류의 술을 금하는 학습계목'인가? 취하게 하고 방일하는 이유가 되는 여러 종류의 술을 금하는 자에게 ② 기쁨이 함께하고 지혜와 결합되고 자극을 받은 … ③ 기쁨이 함께하고 지혜와 결합되지 않고 [자극을 받지 않은] … ④ 기쁨이 함께하고 지혜와 결합되지 않고 자극을 받은 … ⑤ 평온이 함께하고 지혜와 결합되고 [자극을 받지 않은] … ⑥ 평온이 함께하고 지혜와 결합되고 자극을 받은 … ⑦ 평온이 함께하고 지혜와 결합되지 않고 [자극을 받

지 않은] … ⑧ 평온이 함께하고 지혜와 결합되지 않고 자극을 받은, 저열한 … 중간인 … 수승한 … 열의의 지배를 가진 … 정진의 지배를 가진 … 마음의 지배를 가진 …[70] 저열한 열의의 지배를 가진 … 중간인 열의의 지배를 가진 … 수승한 열의의 지배를 가진 … 저열한 정진의 지배를 가진 … 중간인 정진의 지배를 가진 … 수승한 정진의 지배를 가진 … 저열한 마음의 지배를 가진 … 중간인 마음의 지배를 가진 … 수승한 마음의 지배를 가진 욕계의 유익한 마음이 일어날 때,(Dhs §270) 그때에 취하게 하고 방일하는 이유가 되는 여러 종류의 술을 억제함, 절제함, 제어함, 금함, 행하지 않음, 짓지 않음, 넘지 않음, 한계를 넘지 않음, 다리를 없앰 — 이를 일러 취하게 하고 방일하는 이유가 되는 여러 종류의 술을 금하는 학습계목이라 한다. 금함과 결합된 나머지 법들도 있다. … 의도와 결합된 나머지 법들도 있다. … 그때에 있는 감각접촉 … (Dhs §1) … 분발, 산란하지 않음 — 이를 일러 취하게 하고 방일하는 이유가 되는 여러 종류의 술을 금하는 학습계목이라 한다.

(3) 학습(공부지음, sikkhā)

712. 무엇이 '학습(공부지음)인 법들(dhammā sikkhā)'인가? 형색을 대상으로 하거나 … 법을 대상으로 하거나 그 어떤 것을 대상으로 하여 ① 기쁨이 함께하고 지혜와 결합되고 [자극을 받지 않은] 욕계의 유익한 마음이 일어날 때, 그때에 있는 감각접촉 … (Dhs §1) … 분발, 산란하지 않음 — 이것이 학습(공부지음)인 법들이다.[71]

---

70) 여기서도 욕계의 여덟 가지 유익한 마음 가운데 지혜와 결합되지 않은 네 가지, 즉 ③번과 ④번과 ⑦번과 ⑧번 마음에는 검증의 지배를 가진 것(vīmaṁsādhipateyya)은 나타날 수 없다.

71) "이제 학습(공부지음, sikkhā)이 항목들로 확립된 상태(koṭṭhāsabhāva = patiṭṭhānabhāvena — VbhAMṬ)를 통해서 다섯 가지 학습계목을 설하셨다. 여기서 네 가지 경지의 유익한 법들(catubhūmakakusalā dhammā)

무엇이 [291] '학습(공부지음)인 법들'인가? 형색을 대상으로 하거나 … 법을 대상으로 하거나 그 어떤 것을 대상으로 하여 ② 기쁨이 함께하고 지혜와 결합되고 자극을 받은 … ③ 기쁨이 함께하고 지혜와 결합되지 않고 [자극을 받지 않은] … ④ 기쁨이 함께하고 지혜와 결합되지 않고 자극을 받은 … ⑤ 평온이 함께하고 지혜와 결합되고 [자극을 받지 않은] … ⑥ 평온이 함께하고 지혜와 결합되고 자극을 받은 … ⑦ 평온이 함께하고 지혜와 결합되지 않고 [자극을 받지 않은] … ⑧ 평온이 함께하고 지혜와 결합되지 않고 자극을 받은 욕계의 유익한 마음이 일어날 때, 그때에 있는 감각접촉 … (Dhs §1) … 분발, 산란하지 않음 — 이것이 학습(공부지음)인 법들이다.

713. 무엇이 '학습(공부지음)인 법들'인가? 색계에 태어나는 도를 닦아서 … (§624) … 무색계에 태어나는 도를 닦아서 … (§626) … 사견에 빠짐을 버리고 첫 번째 경지[初地, 예류과]를 얻기 위하여, 출리로 인도하고 [윤회를] 감소시키는 출세간禪을 닦아서, 감각적 쾌락들을 완전히 떨쳐버리고 … (§205) … ① 도닦음도 어렵고 초월지도 느린 초선을 구족하여 머물 때, 그때에 있는 감각접촉 … (Dhs §277) … 분발, 산란하지 않음 — 이것이 학습(공부지음)인 법들이다.

아비담마에 따른 분석 방법이 [끝났다.]

이 모두 공부지어야 하는 것(sikkhitabbabhāva)이기 때문에 학습(공부지음)이다. 이들을 보여주시기 위해서 '욕계의 유익한 마음이 일어날 때 …'라는 등을 말씀하셨다. 여기서는 [『담마상가니』 제1편] 마음의 일어남 편에서 설하신 방법대로 성전을 상세하게 나열한 뒤에 그 뜻을 알아야 한다. 그러나 여기서는 표제어만을(mukhamattameva) 보여주시면서 설명하셨다."(VbhA.384~385)

II. [아비담마 마띠까를 통한] 질문의 제기

Pañhāpucchaka

714. 다섯 가지 학습계목이 있으니, 생명을 죽이는 것을 금하는 학습계목, 주지 않은 것을 가지는 것을 금하는 학습계목, 그릇된 음행을 금하는 학습계목, 거짓말을 금하는 학습계목, 취하게 하고 방일하는 이유가 되는 여러 종류의 술을 금하는 학습계목이다.

715. 다섯 가지 학습계목 가운데 몇 가지가 유익한 [법]이고, 몇 가지가 해로운 [법]이고, 몇 가지가 결정할 수 없는[無記] [법]인가? … pe(Dhs Mtk) … 몇 가지가 다툼을 가진 [법]이고, 몇 가지가 다툼이 없는 [법]인가?

(1) 세 개 조

716. [다섯 가지 학습계목은] 오직 유익한 [법]이다.(*cf.* ma3-1)

즐거운 느낌과 함께하는 [법]일 수 있고, 괴롭지도 즐겁지도 않은 느낌과 함께하는 [법]일 수 있다.(*cf.* ma3-2)

과보를 생기게 하는 [법]이다.(*cf.* ma3-3)

취착되지 않았지만 취착의 대상인 [법]이다.(*cf.* ma3-4)

오염되지 않았지만 오염의 대상인 [법]이다.(*cf.* ma3-5)

일으킨 생각이 있고 지속적 고찰이 있는 [법]이다.(*cf.* ma3-6)

희열이 함께하는 [법]일 수 있고, 행복이 함께하는 [법]일 수 있고, 평온이 함께하는 [법]일 수 있다.(*cf.* ma3-7)

봄이나 닦음으로 버려야 하지 않는 [법]이다.(*cf.* ma3-8)

봄이나 닦음으로 버려야 하는 원인을 가지지 않은 [법]이다.(*cf.* ma3-9)

[윤회를] 축적하게 하는 [법]이다.(*cf* ma3-10) [292]

유학에도 무학에도 속하지 않는 [법]이다.(*cf* ma3-11)

제한된 [법]이다.(*cf* ma3-12)

제한된 대상을 가진 [법]이다.(*cf* ma3-13)

중간인 [법]이다.(*cf* ma3-14)

확정되지 않은 [법]이다.(*cf* ma3-15)

도를 대상으로 가진 [법]이라고도 도를 원인으로 가진 [법]이라고도 도를 지배의 [요소]로 가진 [법]이라고도 말해서는 안 된다.(*cf* ma3-16)

일어난 [법]일 수 있고, 일어나지 않은 [법]일 수 있다. 일어나게 될 [법]이라고 말해서는 안 된다.(*cf* ma3-17)

과거의 [법]일 수 있고, 미래의 [법]일 수 있고, 현재의 [법]일 수 있다.(*cf* ma3-18)

현재의 대상을 가진 [법]이다.(*cf* ma3-19)

안의 [법]일 수 있고, 밖의 [법]일 수 있고, 안과 밖의 [법]일 수 있다.(*cf* ma3-20)

밖의 대상을 가진 [법]이다.(*cf* ma3-21)

볼 수도 없고 부딪힘도 없는 [법]이다.(*cf* ma3-22)

(2) 두 개 조

① 원인의 모둠

717. [다섯 가지 학습계목은] 원인이 아닌 [법]이다.(*cf* ma2-1)

원인을 가진 [법]이다.(*cf* ma2-2)

원인과 결합된 [법]이다.(*cf* ma2-3)

원인이면서 원인을 가진 [법]이라고 말해서는 안 된다. [이들은] 원인을 가졌지만 원인이 아닌 [법]이다.(*cf* ma2-4)

원인이면서 원인과 결합된 [법]이라고 말해서는 안 된다. [이들은] 원인과 결합되었지만 원인이 아닌 [법]이다.(*cf.* ma2-5)

원인이 아니지만 원인을 가진 [법]이다.(*cf.* ma2-6)

② 틈새에 있는 짧은 두 개 조

조건을 가진 [법]이다.(*cf.* ma2-7)

형성된 [법]이다.(*cf.* ma2-8)

볼 수 없는 [법]이다.(*cf.* ma2-9)

부딪힘이 없는 [법]이다.(*cf.* ma2-10)

비물질인 [법]이다.(*cf.* ma2-11)

세간적인 [법]이다.(*cf.* ma2-12)

어떤 것으로는 식별되는 [법]이고, 어떤 것으로는 식별되지 않는 [법]이다.(*cf.* ma2-13)

③ 번뇌의 모둠

번뇌가 아닌 [법]이다.(*cf.* ma2-14)

번뇌의 대상인 [법]이다.(*cf.* ma2-15)

번뇌와 결합되지 않은 [법]이다.(*cf.* ma2-16)

번뇌이면서 번뇌의 대상인 [법]이라고 말해서는 안 된다. 번뇌의 대상이지만 번뇌가 아닌 [법]이다.(*cf.* ma2-17)

번뇌이면서 번뇌와 결합된 [법]이라고도 번뇌와 결합되었지만 번뇌가 아닌 [법]이라고도 말해서는 안 된다.(*cf.* ma2-18)

번뇌와 결합되지 않았지만 번뇌의 대상인 [법]이다.(*cf.* ma2-19)

④ 족쇄의 모둠

족쇄가 아닌 [법]이다. … (*cf.* ma2-20~25)

⑤ 매듭의 모둠

매듭이 아닌 [법]이다. … (*cf.* ma2-26~31)

⑥ 폭류의 모둠

폭류가 아닌 [법]이다. … (*cf.* ma2-32~37)

⑦ 속박의 모둠

속박이 아닌 [법]이다. … (*cf.* ma2-38~43)

⑧ 장애의 모둠

장애가 아닌 [법]이다. … (*cf.* ma2-44~49)

⑨ 집착[固守]의 모둠

집착[固守]이 아닌 [법]이다. … (*cf.* ma2-50~54)

⑩ 틈새에 있는 긴 두 개 조

대상을 가진 [법]이다.(*cf.* ma2-55)
마음이 아닌 [법]이다.(*cf.* ma2-56)
마음부수인 [법]이다.(*cf.* ma2-57)
마음과 결합된 [법]이다.(*cf.* ma2-58)
마음과 결속된 [법]이다.(*cf.* ma2-59)
마음에서 생긴 [법]이다.(*cf.* ma2-60)
마음과 함께 존재하는 [법]이다.(*cf.* ma2-61)
마음을 따르는 [법]이다.(*cf.* ma2-62)
마음과 결속되어 있고 마음에서 생긴 [법]이다.(*cf.* ma2-63)
마음과 결속되어 있고 마음에서 생겼고 마음과 함께 존재하는 [법]이다.(*cf.* ma2-64)

마음과 결속되어 있고 마음에서 생겼고 마음을 따르는 [법]이다.(*cf.* ma2-65)

밖에 있는 [법]이다.(*cf.* ma2-66)

파생되지 않은 [법]이다.(*cf.* ma2-67)

취착되지 않은 [법]이다.(*cf.* ma2-68)

⑪ 취착의 모둠

취착이 아닌 [법]이다. … (*cf.* ma2-69~74)

⑫ 오염원의 모둠

오염원이 아닌 [법]이다. … (*cf.* ma2-75~82)

⑬ 마지막 두 개 조

봄으로써 버려야 하는 것이 아닌 [법]이다.(*cf.* ma2-83)

닦음으로써 버려야 하는 것이 아닌 [법]이다.(*cf.* ma2-84)

봄으로써 버려야 하는 원인을 가지지 않은 [법]이다.(*cf.* ma2-85)

닦음으로써 버려야 하는 원인을 가지지 않은 [법]이다.(*cf.* ma2-86)

일으킨 생각이 있는 [법]이다.(*cf.* ma2-87)

지속적 고찰이 있는 [법]이다.(*cf.* ma2-88)

희열이 있는 [법]일 수 있고, 희열이 없는 [법]일 수 있다.(*cf.* ma2-89)

희열이 함께하는 [법]일 수 있고, 희열이 함께하지 않는 [법]일 수 있다.(*cf.* ma2-90)

행복이 함께하는 [법]일 수 있고, 행복이 함께하지 않는 [법]일 수 있다.(*cf.* ma2-91)

평온이 함께하는 [법]일 수 있고, 평온이 함께하지 않는 [법]일 수 있다.(*cf.* ma2-92)

욕계에 속하는 [법]이다.(*cf.* ma2-93)

색계에 속하지 않는 [법]이다.(*cf.* ma2-94)
무색계에 속하지 않는 [법]이다.(*cf.* ma2-95)
[세간에] 포함된 [법]이다.(*cf.* ma2-96)
출리로 인도하지 못하는 [법]이다.(*cf.* ma2-97)
확정되지 않은 [법]이다.(*cf.* ma2-98)
위가 있는 [법]이다.(*cf.* ma2-99)
다툼이 없는 [법]이다.(*cf.* ma2-100)

[아비담마 마띠까를 통한] 질문의 제기가 [끝났다.]

학습계목에 대한 분석이 [끝났다.]

제15장
무애해체지(無礙解體智) 위방가

걸림 없는 해체의 지혜에 대한 분석

Paṭisambhidā-vibhaṅga[72)] [73)]

72) '무애해체지(無礙解體智)'는 빠알리어 paṭisambhidā를 옮긴 것이다. 빠알리어 paṭisambhidā는 praṭi+saṁ+√bhid(*to split*)에서 파생된 여성명사이다. (PED s.v.) 이 용어는 불교 산스끄리뜨(BHS)에서는 pratisaṁvid (praṭi+saṁ+√vid, *to know*)로 나타난다.(MV.III.321, 『아비달마 구사론』 등) 그러나 이 pratisaṁvid(praṭi+saṁ+√vid, *to know*)는 빠알리 문헌에서는 paṭisaṁvedeti(경험하다, 겪다)로 나타난다.
예를 들면 "'온몸을 경험하면서(sabbakāyapaṭisaṁvedī) 들이쉬리라.'며 공부짓고 '온몸을 경험하면서 내쉬리라.'며 공부짓는다."(D22 §2)라거나 "비구는 희열이 빛바랬기 때문에 평온하게 머물고, 마음챙기고 알아차리며 [正念·正知] 몸으로 행복을 경험한다(sukhañca kāyena paṭisaṁvedeti)." (제3선의 정형구) 등으로 빠알리 문헌의 도처에서 나타나고 있다.

이처럼, 생생하게 안다, 철저하게 경험한다는 의미를 살려 중국에서 無礙解(무애해)로 정착이 된 것 같다. CBETA로 검색해보면 무애해(無礙解)는 『대반야바라밀다경』이나 『대지도론』, 『대비바사론』, 『아비달마 구사론』 등의 도처에서 아주 많이 나타나고 있다.

그러나 빠알리 문헌에서는 동사 √vid(*to know*)가 사용된 paṭisaṁvid나 paṭisaṁvidā로 나타나지 않고 모두 동사 √bhid(*to split*)가 사용된 paṭisambhidā로 나타난다. 그래서 주석서는 "빠띠삼비다는 분석(pabhedā)이다. … 어떤 다른 것으로 분석하는 것이 아니라 오직 지혜로 분석하는 것(ñāṇasseva pabhedā)이라고 알아야 한다(paṭisambhidā ti pabhedā … na aññassa kassaci pabhedā, ñāṇasseva pabhedā ti veditabbā)." (VbhA.386)라고 적고 있다. 그러므로 중국에서 無礙解로 정착된 불교 산스끄리뜨(BHS) pratisaṃvid는 √vid(*to know*)의 의미를 가졌지만 본 장의 빠알리어 paṭisambhidā는 √bhid(*to split*)의 의미를 가졌기 때문에 엄연히 뜻이 다른 단어이다. 그래서 paṭisambhidā에 맞는 새로운 역어를 모색하게 되었다.

√bhid(*to split*)를 어근으로 하는 paṭisambhidā를 지혜(ñāṇa)로 해석하고 설명하는(atthe ñāṇaṁ atthapaṭisambhidā … §718) 본서와 주석서

문헌들의 설명을 종합하면 빠알리어 paṭisambhidā는 '해체지(解體智)'나 '분석지(分析智)'를 뜻한다고 할 수 있다. PED는 *analytic insight*와 *discriminating knowledge*로 옮기고 있고 텃띨라 스님은 *analytic insight*를 채용하였으며 냐나몰리 스님은 *discrimination*으로 옮겼다. (MOL)

한편『청정도론』은 "이 네 가지 무애해체지는 유학의 경지와 무학의 경지의 두 단계에서 통달하게 된다. 그 가운데서 상수 제자들과 큰 제자들은 무학의 경지에서 통달했고 아난다 존자와 찟따 장자와 담미까 청신사와 우빨리(Upāli) 장자와 쿳줏따라(Khujjuttarā) 청신녀 등은 유학의 경지에서 통달했다." (Vis.XIV.27)라고 하여 범부는 통달하지 못하는 지혜로 적고 있다. 네 가지 무애해체지는『청정도론』XIV.21~31에서 통찰지[般若, 慧, paññā] 가운데 하나로 자세하게 설명이 되고 있으므로 참조하기 바란다.

73) 역자는 빠알리 paṭisambhidā를 우리말로 옮기면서 여러 가지 용어를 두고 고심하였다. 특히 초기불전연구원 원장 대림 스님과 긴 시간을 두고 논의를 하여 최종적으로 무애해체지(無礙解體智)로 정착을 시켰다. 그 이유는 아래의 일곱 가지로 정리할 수 있다.
그래서 역자는 여러 가지 용어를 두고 고심하다가 ① 접두어 paṭisam을 무애(無礙)로 해석한 한문 역어를 참조하고 ② 동사 √bhid(*to split*)의 의미를 해체(解體)로 살려내어 먼저 '무애해체(無礙解體)'로 이해하였다. 여기에다 특히 ③ 이 paṭisambhidā를 지혜(ñāṇa)로 해석하는 본서 §718 등(atthe ñāṇaṁ atthapaṭisambhidā …)과 ④ 분석에 몰입한 지혜(pabhedagata ñāṇa)라고 풀이하고 있는 주석서 문헌(VbhA.386, 바로 다음의 주해 참조) 등의 설명을 존중하고 ⑤ *discriminating knowledge*와 *analytic insight*로 옮긴 PED와 텃띨라 스님의 입장을 참조하였다. 그리고 ⑥ "이 네 가지 무애해체지는 유학의 경지와 무학의 경지의 두 단계에서 통달하게 된다."(Vis.XIV. 27)라는『청정도론』의 설명과 ⑦ 이 네 가지 무애해체지를 통찰지[般若, 慧, paññā] 가운데 하나로 자세하게 설명하고 있는『청정도론』XIV.21~31의 설명을 존중하여 최종적으로 '무애해체지(無礙解體智)'로 정착시켰다.

물론 이 paṭisambhidā라는 용어 자체에는 지혜[智]를 뜻하는 ñāṇa가 들어있지 않다. 그러므로 무애해체지(無礙解體智) 보다는 무애해체(無礙解體)로 옮기는 것이 더 적합해 보인다. 그러나 무애해체(無礙解體)라는 용어 자체만으로는 이 paṭisambhidā가 지혜(ñāṇa) 특히 유학의 경지와 무학의 경지에서 구족하게 되는 지혜라는 것을 드러내지 못한다는 점 때문에 최종적으로 '무애해체지(無礙解體智)'를 택했음을 밝힌다.

I. 경에 따른 분석 방법

Suttanta-bhājanīya

(1) 길라잡이에 관한 부문(saṅgaha-vāra)

718. 네 가지 무애해체지가 [293] 있으니, ① 뜻(attha)에 대한 무애해체지[義無礙解體智] ② 법(dhamma)에 대한 무애해체지[法無礙解體智] ③ 언어(nirutti)에 대한 무애해체지[詞無礙解體智] ④ 영감(靈感, paṭibhāna)에 대한 무애해체지[辯無礙解體智]이다.

뜻에 대한 지혜가 '뜻에 대한 무애해체지'[74]이다. 법에 대한 지혜가 '법에 대한 무애해체지'이다. 이러한 법들에 대해서 [정확한] 언어를 구사함에 대한 지혜가 '언어에 대한 무애해체지'이다.[75] 이러한 [세 가지] 지혜들에 대한 지혜[76]가 '영감에 대한 무애해체지'이다.[77] 이것이 길라

---

74) "'뜻에 대한 무애해체지(atthapaṭisambhidāti atthe paṭisambhidā)'란 뜻을 분석할 때 있는 식별하고 설명하고 정의하는 행위에 대한 능력(sallakkhaṇa-vibhāvanā-vavatthāna-karaṇa-samattha)인데 뜻에 대한 분석에 몰입한 지혜(atthe pabhedagata ñāṇa)라는 의미이다. 나머지 구문에서도 같은 방법이 적용된다."(VbhA.386)

75) "그 뜻(attha)과 법(dhamma)에 대한 고유한 언어(sabhāva-nirutti)가 있는데 … 그것을 구사할 때 그것에 통달한 지혜를 언어에 대한 무애해체지(niruttipaṭisambhidā)라 한다."(VbhA.387)

『청정도론』은 팟소(phasso), 웨다나(vedanā) 등의 말을 들으면 이것은 고유한 언어라고 알지만 팟사(phassā), 웨다노(vedano) 등의 말을 들으면 이것은 고유한 언어가 아니라고 아는 것을 보기로 들고 있다.(Vis.XIV.25) 즉 phasso[觸, 감각접촉]는 항상 남성명사로 쓰이고 'vedanā[受, 느낌]'는 항상 여성명사로 쓰인다. 그래서 이것을 여성명사로 만들어서 'phassā'로 발음하거나 남성명사로 만들어 'vedano'로 발음하면 바른 언어의 사용법이 아니다. 이처럼 성·수·격 등과 시제와 태 등을 정확히 이해하고 구사하는 것을 언어[詞]에 대한 무애해체지라 부르고 있다.

잡이에 관한 부문이다.78)

---

76) "'지혜들에 대한 지혜(ñāṇesu ñāṇa)'라는 것은 [앞의 세 가지] 모두에 대한 지혜(sabbatthakañāṇa = atthādīsu ñāṇa — VbhAMṬ)이다. 이것을 대상으로 하여 지혜를 반조하는 자에게 분석적으로 적용되는(pabhedagata) 지혜를 영감에 대한 무애해체지라 한다."(VbhA.388)

"'이러한 지혜들에 대한 지혜(iti ñāṇesu ñāṇaṁ)'란 이러한 방식으로 전개되는 세 가지 지혜에 대한 지혜(tīsu ñāṇesu ñāṇaṁ)를 말한다."(VbhA.392)

『청정도론』은 "앞서 말한 세 가지 지혜에 대해 각각의 대상, 역할 등으로 상세하게 아는 것이 영감에 대한 무애해체지라는 뜻이다."(Vis.XIV.26)라는 설명을 덧붙이고 있다.

77) 네 가지 무애해체지의 정의에 해당하는 본 문장은 "atthe ñāṇaṁ atthapaṭisambhidā, dhamme ñāṇaṁ dhammapaṭisambhidā, tatra dhammaniruttābhilāpe ñāṇaṁ niruttipaṭisambhidā, ñāṇesu ñāṇaṁ paṭibhānapaṭisambhidā"를 옮긴 것이다.

한편 『청정도론』은 먼저 본서의 이 구절을 무애해체지의 정의로 인용한 뒤에(Vis.XIV.21) ① 결과(phala)에 대한 지혜를 뜻에 대한 무애해체지라 하고 ② 원인(hetu)에 대한 지혜를 법에 대한 무애해체지라 하며 ③ 뜻과 법에 대해서 [정확한] 언어를 구사함(attha-dhamma-nirutta-abhilāpa)에 대한 지혜를 언어에 대한 무애해체지라 하고 ④ 앞의 지혜들을 대상으로 한 지혜(ñāṇārammaṇa ñāṇa) 혹은 앞의 세 가지 지혜에 대해 각각의 대상, 역할 등으로 상세하게 아는 것(sagocarakiccādivasena vitthārato ñāṇa)을 영감에 대한 무애해체지라 한다고 설명하고 있다.(Vis.XIV.22~26)
그런 뒤에 "이 네 가지 무애해체지는 유학의 경지와 무학의 경지의 두 단계에서 통달하게 된다. 그 가운데서 상수 제자들과 큰 제자들은 무학의 경지에서 통달했고 아난다 존자와 찟따 장자와 담미까 청신사와 우빨리 장자와 쿳줏따라 청신녀 등은 유학의 경지에서 통달했다."라고 적고 있다.(Vis.XIV.27)

78) "이 네 가지 무애해체지는 두 단계로 분류되고(dvīsu ṭhānesu pabhedaṁ gacchanti) 다섯 가지 이유(kāraṇā) 때문에 명쾌하게 된다(visadā honti)고 알아야 한다. 무엇이 둘인가? ① 유학의 경지에 속하는 것(sekkhabhūmiya)과 ② 무학의 경지에 속하는 것(asekkhabhūmiya)이다.

여기서 사리뿟따 장로나 마하목갈라나 장로나 마하깟사빠 장로나 마하깟짜야나 장로나 마하꼿티따 장로와 같은 80분의 대장로들의 무애해체지는 ① 무학의 경지에 속하는 분류이다. 아난다 장로나 찟따 장자나 담미까 청신녀나 우빨리 장자나 쿳줏따라 청신녀와 같은 이런 분들의 무애해체지는 ② 유

(2) 진리에 관한 부문(sacca-vāra)

719. 네 가지 무애해체지가 있으니, ① 뜻에 대한 무애해체지[義無礙解體智] ② 법에 대한 무애해체지[法無礙解體智] ③ 언어에 대한 무애해체지[詞無礙解體智] ④ 영감에 대한 무애해체지[辯無礙解體智]이다.

괴로움에 대한 지혜가 '뜻에 대한 무애해체지'이다. 괴로움의 일어남에 대한 지혜가 '법에 대한 무애해체지'이다. 괴로움의 소멸에 대한 지혜가 '뜻에 대한 무애해체지'이다. 괴로움의 소멸로 인도하는 도닦음에 대한 지혜가 '법에 대한 무애해체지'이다. 이러한 법들에 대해서 [정확한] 언어를 구사함에 대한 지혜가 '언어에 대한 무애해체지'이다. 이러한 [세 가지] 지혜들에 대한 지혜가 '영감에 대한 무애해체지'이다. 이것

학의 경지에 속하는 분류가 된다. 이러한 두 가지 경지(bhūmi)에서 분류가 있다.

어떤 다섯 가지 이유 때문에 명쾌하게 된다고 하는가? ① 증득에 의해서 ② 교학에 의해서 ③ 들음에 의해서 ④ 질문에 의해서 ⑤ 이전의 노력에 의해서이다.
이 가운데 '① 증득(adhigama)'이란 것은 아라한됨(arahatta)이다. 이것을 얻은 자에게 무애해체지는 명쾌하게 되기 때문이다. '② 교학(pariyatti)'이란 부처님의 말씀(buddhavacana)이다. 이것을 섭렵한 자(uggaṇhanta)에게 무애해체지는 명쾌하게 되기 때문이다. '③ 들음(savana)'이란 법을 들음이다. 정성을 다해(sakkacca) 법을 듣는 자에게 무애해체지는 명쾌하게 되기 때문이다. '④ 질문(paripucchā)'이란 주석(뜻을 설명함, aṭṭhakathā)이다. 배운 성전(uggahitapāḷi)에 대해서 주석을 하는(뜻을 설명하는) 자(atthaṁ kathenta)에게 무애해체지는 명쾌하게 되기 때문이다. '⑤ 이전의 노력(pubbayoga)'이란 이전의 노력으로 [명상주제를] 가짐(pubbayoga-avacaratā)이다. 전생에(atītabhave) 갈 때도 [명상주제를] 들고 돌아올 때도 드는 방법으로 명상주제를 호지한 것(pariggahitakammaṭṭhānatā)이다. 이전의 노력을 [명상주제를] 가지는 자에게 무애해체지는 명쾌하게 되기 때문이다."(VbhA.388~389)

주석서는 이렇게 설명한 뒤에 이 다섯에 대해서 각각 옛 장로들의 일화를 보기로 들고 있다.

이 진리에 관한 부문이다.

(3) 원인에 관한 부문(hetu-vāra)

720. 네 가지 무애해체지가 있으니, ① 뜻에 대한 무애해체지[義無礙解體智] ② 법에 대한 무애해체지[法無礙解體智] ③ 언어에 대한 무애해체지[詞無礙解體智] ④ 영감에 대한 무애해체지[辯無礙解體智]이다.

원인에 대한 지혜가 '법에 대한 무애해체지'이다. 원인의 결과에 대한 지혜가 '뜻에 대한 무애해체지'이다. 이러한 법들에 대해서 [정확한] 언어를 구사함에 대한 지혜가 '언어에 대한 무애해체지'이다. 이러한 [세 가지] 지혜들에 대한 지혜가 '영감에 대한 무애해체지'이다. 이것이 원인에 관한 부문이다.

(4) 법에 관한 부문(dhamma-vāra)

721. 네 가지 무애해체지가 있으니, ① 뜻에 대한 무애해체지[義無礙解體智] ② 법에 대한 무애해체지[法無礙解體智] ③ 언어에 대한 무애해체지[詞無礙解體智] ④ 영감에 대한 무애해체지[辯無礙解體智]이다.

태어나고, 출생하고, 생기고, 탄생하고, 나타난 법들 — 그런 법들에 대한 지혜가 '뜻에 대한 무애해체지'이다. 어떤 법들로부터 그 법들이 태어나고, 출생하고, 생기고, 탄생하고, 나타난 그런 법들에 대한 지혜가 '법에 대한 무애해체지'이다. 이러한 법들에 대해서 [정확한] 언어를 구사함에 대한 지혜가 '언어에 대한 무애해체지'이다. 이러한 [세 가지] 지혜들에 대한 지혜가 '영감에 대한 무애해체지'이다. 이것이 법에 관한 부문이다.

(5) 연기에 관한 부문(paṭiccasamuppāda-vāra)

722. 네 가지 무애해체지가 있으니, [294] ① 뜻에 대한 무애해체지[義無礙解體智] ② 법에 대한 무애해체지[法無礙解體智] ③ 언어에 대한 무애해체지[詞無礙解體智] ④ 영감에 대한 무애해체지[辯無礙解體智]이다.

늙음·죽음에 대한 지혜가 '뜻에 대한 무애해체지'이다. 늙음·죽음의 일어남에 대한 지혜가 '법에 대한 무애해체지'이다. 늙음·죽음의 소멸에 대한 지혜가 '뜻에 대한 무애해체지'이다. 늙음·죽음의 소멸로 인도하는 도닦음에 대한 지혜가 '법에 대한 무애해체지'이다. 이러한 법들에 대해서 [정확한] 언어를 구사함에 대한 지혜가 '언어에 대한 무애해체지'이다. 이러한 [세 가지] 지혜들에 대한 지혜가 '영감에 대한 무애해체지'이다.

723. 네 가지 무애해체지가 있으니, ① 뜻에 대한 무애해체지[義無礙解體智] ② 법에 대한 무애해체지[法無礙解體智] ③ 언어에 대한 무애해체지[詞無礙解體智] ④ 영감에 대한 무애해체지[辯無礙解體智]이다.

태어남에 대한 지혜가 … 존재에 대한 지혜가 … 취착에 대한 지혜가 … 갈애에 대한 지혜가 … 느낌에 대한 지혜가 … 감각접촉에 대한 지혜가 … 여섯 가지 감각장소에 대한 지혜가 … 정신·물질에 대한 지혜가 … 알음알이에 대한 지혜가 … [업]형성들에 대한 지혜가 '뜻에 대한 무애해체지'이다. [업]형성들의 일어남에 대한 지혜가 '법에 대한 무애해체지'이다. [업]형성들의 소멸에 대한 지혜가 '뜻에 대한 무애해체지'이다. [업]형성들의 소멸로 인도하는 도닦음에 대한 지혜가 '법에 대한 무애해체지'이다. 이러한 법들에 대해서 [정확한] 언어를 구사함에 대한 지혜가 '언어에 대한 무애해체지'이다. 이러한 [세 가지] 지혜들에 대한 지혜가 '영감에 대한 무애해체지'이다. 이것이 연기에 관한 부문이다.

(6) 교학에 관한 부문(pariyatti-vāra)

724. 네 가지 무애해체지가 있으니, ① 뜻에 대한 무애해체지[義無礙解體智] ② 법에 대한 무애해체지[法無礙解體智] ③ 언어에 대한 무애해체지[詞無礙解體智] ④ 영감에 대한 무애해체지[辯無礙解體智]이다.

여기서 무엇이 '법에 대한 무애해체지'인가? 여기 비구는 ① 경(經), ② 응송(應頌), ③ 상세한 설명[記別, 授記], ④ 게송(偈頌), ⑤ 감흥어(感興語), ⑥ 여시어(如是語), ⑦ 본생담(本生譚), ⑧ 미증유법(未曾有法), ⑨ 문답[方等][으로 이루어진] 법을 안다.[79] — 이를 일러 법에 대한 무애해체지라 한다. 그는 '이것은 이렇게 설해진 뜻이다. 이것은 이렇게 설해진 뜻이다.'라고 이처럼 설해진 [아홉 가지 구성요소를 가진 스승의 교법[九分教]의 뜻을 안다. — 이를 일러 '뜻에 대한 무애해체지'라 한다. 이러한 법들에 대해서 [정확한] 언어를 구사함에 대한 지혜가 '언어에 대한 무애해체지'이다. 이러한 [세 가지] 지혜들에 대한 지혜가 '영감에 대한 무애해체지'이다. 이것이 교학에 관한 부문이다.

경에 따른 분석 방법이 [끝났다.]

---

79) 이 아홉 가지는 전통적으로 '아홉 가지 구성요소를 가진 스승의 교법[九分教, navaṅga-satthu-sāsana]으로 알려져 있다. 구분교(九分教)에 대해서는 『디가 니까야』 제3권에 부록으로 싣고 있는 『디가 니까야 주석서』 서문(DA) §67을 참조하기 바란다.

II. 아비담마에 따른 분석 방법

Abhidhamma-bhājanīya

(1) 유익함에 관한 부문(kusala-vāra)[80]

725. 네 가지 무애해체지가 있으니, ① 뜻에 대한 무애해체지[義無礙解體智] ② 법에 대한 무애해체지[法無礙解體智] ③ 언어에 대한 무애해체지[詞無礙解體智] ④ 영감에 대한 무애해체지[辯無礙解體智]이다.

무엇이 '유익한 법들'인가? 형색을 대상으로 하거나 … 법을 대상으로 하거나 그 어떤 것을 대상으로 하여, ① 기쁨이 함께하고 지혜와 결합되고 [자극을 받지 않은] 욕계의 유익한 마음이 일어날 때, [295] 그때에 감각접촉이 있고 … (Dhs §1) … 산란하지 않음이 있다. 이것이 유익한 법들이다.

이러한 법들에 대한 지혜가 법에 대한 무애해체지이다. 이들의 과보에 대한 지혜가 뜻에 대한 무애해체지이다. 언어에 의해서 이러한 법들의 개념이 있다. 이러한 법들에 대해서 [정확한] 언어를 구사함에 대한 지혜가 언어에 대한 무애해체지이다. '이런 지혜들은 이런 뜻을 밝혀주

---

80) "여기서 세 가지 무애해체지는 세간적인 것(lokiyā)이다. 뜻에 대한 무애해체지는 세간적인 것과 출세간적인 것이 혼합된 것(lokiyalokuttara-missakā)이다. 이것은 열반을 대상으로 하는(nibbānārammaṇā) 도와 과의 지혜(maggaphalañāṇā)를 통해서 출세간적인 것이 되기 때문이다. 아비담마를 통한 분류 방법에서는 유익한 것과 해로운 것과 과보로 나타난 것과 작용만 하는 것(kusala-akusala-vipāka-kiriyā)을 통해서 네 가지 부문으로 분류가 되었다.
여기서는 [『담마상가니』 제1편] 마음의 일어남 편에서 유익한 마음들을 분석한 그 모든 것들을 통해서 각각의 마음의 해설에서 네 가지씩의 무애해체지가 분석되었다고 알아야 한다."(VbhA.391)

는구나.'라고 이 지혜를 통해서 그 지혜들을 안다. 이러한 [세 가지] 지혜들에 대한 지혜가 영감에 대한 무애해체지이다.[81)]

726. 네 가지 무애해체지가 있으니, ① 뜻에 대한 무애해체지[義無礙解體智] ② 법에 대한 무애해체지[法無礙解體智] ③ 언어에 대한 무애해체지[詞無礙解體智] ④ 영감에 대한 무애해체지[辯無礙解體智]이다.

무엇이 '유익한 법들'인가? 형색을 대상으로 하거나 … 법을 대상으로 하거나 그 어떤 것을 대상으로 하여, ② 기쁨이 함께하고 지혜와 결합되고 자극을 받은 … ③ 기쁨이 함께하고 지혜와 결합되지 않고 [자극을 받지 않은] … ④ 기쁨이 함께하고 지혜와 결합되지 않고 자극을 받은 … ⑤ 평온이 함께하고 지혜와 결합되고 [자극을 받지 않은] … ⑥ 평온이 함께하고 지혜와 결합되고 자극을 받은 … ⑦ 평온이 함께하고 지혜와 결합되지 않고 [자극을 받지 않은] … ⑧ 평온이 함께하고 지혜와 결합되지 않고 자극을 받은 욕계의 유익한 마음이 일어날 때, 그때에 감각접촉이 있고 … (Dhs §1) … 산란하지 않음이 있다. 이것이 유익한 법들이다.

이러한 법들에 대한 지혜가 법에 대한 무애해체지이다. 이들의 과보에 대한 지혜가 뜻에 대한 무애해체지이다. 언어에 의해서 이러한 법들의 개념이 있다. 이러한 법들에 대해서 [정확한] 언어를 구사함에 대한 지혜가 '언어에 대한 무애해체지'이다. '이런 지혜들은 이런 뜻을 밝혀주는구나.'라고 이 지혜를 통해서 그 지혜들을 안다. 이러한 [세 가지] 지혜들에 대한 지혜가 '영감에 대한 무애해체지'이다.

---

81) "'이러한 [세 가지] 지혜들에 대한 지혜가(iti ñāṇesu ñāṇaṁ)'라는 것은 이러한 형태로 전개되는 세 가지 지혜에 대한 지혜(tīsu ñāṇesu ñāṇaṁ)를 말한다."(VbhA.392)

727. 네 가지 무애해체지가 있으니, ① 뜻에 대한 무애해체지[義無礙解體智] ② 법에 대한 무애해체지[法無礙解體智] ③ 언어에 대한 무애해체지[詞無礙解體智] ④ 영감에 대한 무애해체지[辯無礙解體智]이다.

무엇이 '유익한 법들'인가? 색계에 태어나는 도를 닦아서, 감각적 쾌락들을 완전히 떨쳐버리고 … (§205) … 땅의 까시나를 가진 초선을 구족하여 머물 때, 그때에 감각접촉이 있고 … (Dhs §1) … 산란하지 않음이 있다. 이것이 유익한 법들이다.

이러한 법들에 대한 지혜가 법에 대한 무애해체지이다. 이들의 과보에 대한 지혜가 뜻에 대한 무애해체지이다. 언어에 의해서 이러한 법들의 개념이 있다. 이러한 법들에 대해서 [정확한] 언어를 구사함에 대한 지혜가 '언어에 대한 무애해체지'이다. '이런 지혜들은 이런 뜻을 밝혀주는구나.'라고 이 지혜를 통해서 그 지혜들을 안다. 이러한 [세 가지] 지혜들에 대한 지혜가 '영감에 대한 무애해체지'이다.

728. 네 가지 무애해체지가 있으니, [296] ① 뜻에 대한 무애해체지[義無礙解體智] ② 법에 대한 무애해체지[法無礙解體智] ③ 언어에 대한 무애해체지[詞無礙解體智] ④ 영감에 대한 무애해체지[辯無礙解體智]이다.

무엇이 '유익한 법들'인가? 무색계에 태어나는 도를 닦아서 무소유처를 완전히 초월하여 비상비비상처의 인식이 함께하였으며, 행복도 버리고 … (§205) … 제4선을 구족하여 머물 때, 그때에 감각접촉이 있고 … (Dhs §1) … 산란하지 않음이 있다. 이것이 유익한 법들이다.

이러한 법들에 대한 지혜가 법에 대한 무애해체지이다. 이들의 과보에 대한 지혜가 뜻에 대한 무애해체지이다. 언어에 의해서 이러한 법들의 개념이 있다. 이러한 법들에 대해서 [정확한] 언어를 구사함에 대한 지혜가 '언어에 대한 무애해체지'이다. '이런 지혜들은 이런 뜻을 밝혀주는구나.'라고 이 지혜를 통해서 그 지혜들을 안다. 이러한 [세 가지] 지혜들에 대한 지혜가 '영감에 대한 무애해체지'이다.

729. 네 가지 무애해체지가 있으니, ① 뜻에 대한 무애해체지[義無礙解體智] ② 법에 대한 무애해체지[法無礙解體智] ③ 언어에 대한 무애해체지[詞無礙解體智] ④ 영감에 대한 무애해체지[辯無礙解體智]이다.

무엇이 '유익한 법들'인가? 사견에 빠짐을 버리고 첫 번째 경지[初地, 예류과]를 얻기 위하여, 출리로 인도하고 [윤회를] 감소시키는 출세간禪을 닦아서, 감각적 쾌락들을 완전히 떨쳐버리고 … (§205) … ① 도닦음도 어렵고 초월지도 느린 초선을 구족하여 머물 때,(§304 등) 그때에 감각접촉이 있고 … (Dhs §277) … 산란하지 않음이 있다. 이것이 유익한 법들이다.

이러한 법들에 대한 지혜가 법에 대한 무애해체지이다. 이들의 과보에 대한 지혜가 뜻에 대한 무애해체지이다. 언어에 의해서 이러한 법들의 개념이 있다. 이러한 법들에 대해서 [정확한] 언어를 구사함에 대한 지혜가 '언어에 대한 무애해체지'이다. '이런 지혜들은 이런 뜻을 밝혀주는구나.'라고 이 지혜를 통해서 그 지혜들을 안다. 이러한 [세 가지] 지혜들에 대한 지혜가 '영감에 대한 무애해체지'이다.

(2) 해로움에 관한 부문(akusala-vāra)[82]

730. 네 가지 무애해체지가 있으니, ① 뜻에 대한 무애해체지[義無

82) "해로운 마음에서도 [앞의 유익함에 관한 부문]의 방법이 적용된다."(VbhA.391)

礙解體智] ② 법에 대한 무애해체지[法無礙解體智] ③ 언어에 대한 무애해체지[詞無礙解體智] ④ 영감에 대한 무애해체지[辯無礙解體智]이다.

무엇이 '해로운 법들'인가? 형색을 대상으로 하거나 … 법을 대상으로 하거나 그 어떤 것을 대상으로 하여, ① 기쁨이 함께하고 사견에 빠짐과 결합되고 [자극을 받지 않은] 해로운 마음이 일어날 때, 그때에 감각접촉이 있고 … (Dhs §365) … 산란하지 않음이 있다. 이것이 해로운 법들이다.

이러한 법들에 대한 지혜가 법에 대한 무애해체지이다. 이들의 과보에 대한 지혜가 뜻에 대한 무애해체지이다. 언어에 의해서 이러한 법들의 개념이 있다. 이러한 법들에 대해서 [정확한] 언어를 구사함에 대한 지혜가 '언어에 대한 무애해체지'이다. '이런 지혜들은 이런 뜻을 밝혀주는구나.'라고 이 지혜를 통해서 그 지혜들을 안다. 이러한 [세 가지] 지혜들에 대한 지혜가 '영감에 대한 무애해체지'이다.

731. 네 가지 무애해체지가 있으니, [297] ① 뜻에 대한 무애해체지[義無礙解體智] ② 법에 대한 무애해체지[法無礙解體智] ③ 언어에 대한 무애해체지[詞無礙解體智] ④ 영감에 대한 무애해체지[辯無礙解體智]이다.

무엇이 '해로운 법들'인가? 형색을 대상으로 하거나 … 법을 대상으로 하거나 그 어떤 것을 대상으로 하여, ② 기쁨이 함께하고 사견에 빠짐과 결합되고 자극을 받은 … ③ 기쁨이 함께하고 사견에 빠짐과 결합되지 않고 [자극을 받지 않은] … ④ 기쁨이 함께하고 사견에 빠짐과 결합되지 않고 자극을 받은 … ⑤ 평온이 함께하고 사견에 빠짐과 결합되고 [자극을 받지 않은] … ⑥ 평온이 함께하고 사견에 빠짐과 결합되고 자극을 받은 … ⑦ 평온이 함께하고 사견에 빠짐과 결합되지 않고 [자극을 받지 않은] … ⑧ 평온이 함께하고 사견에 빠짐과 결합되지 않고 자극을 받은 … ⑨ 불만족이 함께하고 적의와 결합되고 [자극을 받지 않은] … ⑩ 불만족이 함께하고 적의와 결합되고 자극을 받은 … ⑪ 평온이 함께하고 의심과 결합된 … ⑫ 평온이 함께하고 들뜸과 결합된 해로운 마음이 일어날 때, 그때에 감각접촉이 있고 … (Dhs §365) … 산란하지 않음이 있다. 이것이 해로운 법들이다.

이러한 법들에 대한 지혜가 법에 대한 무애해체지이다. 이들의 과보에 대한 지혜가 뜻에 대한 무애해체지이다. 언어에 의해서 이러한 법들의 개념이 있다. 이러한 법들에 대해서 [정확한] 언어를 구사함에 대한 지혜가 '언어에 대한 무애해체지'이다. '이런 지혜들은 이런 뜻을 밝혀주는구나.'라고 이 지혜를 통해서 그 지혜들을 안다. 이러한 [세 가지] 지혜들에 대한 지혜가 '영감에 대한 무애해체지'이다.

(3) 과보로 나타난 것에 관한 부문(vipāka-vāra)

732. 세 가지 무애해체지가 있으니, ① 뜻에 대한 무애해체지[義無礙解體智] ② 언어에 대한 무애해체지[詞無礙解體智] ③ 영감에 대한 무애해체지[辯無礙解體智]이다.83)

무엇이 '결정할 수 없는[無記] 법들'인가?

욕계의 유익한 업을 지었고 쌓았기 때문에, ① 형색을 대상으로 하여 평온이 함께하는 과보로 나타난 눈의 알음알이가 일어날 때, 그때에 감

83) "과보로 나타난 것과 작용만 하는 부문들에서는 과보로 나타난 마음들과 작용만 하는 마음들의 뜻과 조합되었기 때문에(saṅgahitattā) [원인에 대한 무애해체지를 뜻하는] 법무애해체지는 제외한 뒤에 각각의 과보의 마음과 작용만 하는 마음에 세 가지씩의 무애해체지가 분석되었다. 그러나 성전은 표제어만을(mukhamattameva) 보여주시면서 설명하여 간략하게 되었다."(Vbh A.391)

각접촉이 있고 느낌이 있고 인식이 있고 의도가 있고 마음이 있고 평온이 있고 마음이 한끝으로 [집중]됨이 있고 마노의 기능이 있고 평온의 기능이 있고 생명기능이 있다.

그 밖에 그때에 조건 따라 일어난[緣而生], 비물질인 다른 법들도 있다.[84] — 이것이 결정할 수 없는[無記] 법들이다.(Dhs §431)

---

84) '그 밖에 그때에 조건 따라 일어난[緣而生], 비물질인 다른 법들도 있다.'는 'ye vā pana tasmiṁ samaye aññepi atthi paṭiccasamuppannā arūpino dhammā.'를 옮긴 것이다. 이 "ye vā pana tasmiṁ samaye aññepi atthi paṭiccasamuppannā [XX] dhammā." 구문은 『담마상가니』의 여러 곳에서도 나타나고 있다. 전통적으로 이 구문을 『담마상가니』에서는 'yevā-panaka'라 부르고 있으며(Dhs §57 참조) 역자는 『담마상가니』 한글 번역에서 '그밖에들(yevāpanaka)' 혹은 '예와빠나까(yevāpanaka)'로 옮겼다. 이 '그밖에들(yevāpanaka)'에 대한 『담마상가니』 §57의 주해를 아래에 옮겨 적는다.

'그밖에들'은 'ye(그들)+혹은(vā)+그런데(pana+ka)'로 분석이 되는 예와빠나까(yevāpanaka)를 문맥에 맞추어서 옮긴 것으로 초기불전연구원에서 옮기고 있는 '반드시들(sādhāraṇa)'과 '때때로들(pakiṇṇaka)'을 염두에 둔 순 우리말 합성어이다.(반드시들과 때때로들에 대해서는 『아비담마 길라잡이』 제2장 §2와 §3의 해설 등도 참조할 것.)

'yevāpanaka(예와빠나까)' 혹은 'yevāpana(예와빠나)'는 문자적으로는 'ye vā pana라는 구문에 속하는'이란 뜻이다. 여기서 'ye vā pana'는 본서의 도처에서 '그 밖에'로 옮기고 있는 구절인데(§1, §57, §58 등, §§161~175 등) 이것의 문자적인 의미는 '그들(ye) 혹은(vā) 그러나(pana)'이다. 이 구절을 그대로 가져와서 'yevāpanaka(예와빠나까)'라는 표제어를 만든 것이다. 본서에서 '그밖에들'로 옮기고 있는 이 예와빠나까라는 용어는 빠알리 삼장 가운데 본서에서 제일 먼저 나타나는 아비담마의 전문용어이다.

본서뿐만 아니라 모든 아비담마에 의하면 특정한 마음(citta)이 일어나는 순간에는 당연히 여러 마음부수들(cetasikā)이 함께 일어난다. 예를 들면 이 욕계에 속하는 첫 번째 유익한 마음이 일어날 때 성전에서 언급되고 있는 그대로 취하면 56개이고 고유성질로 분류하면 30개의 마음과 마음부수들이 일어난다. 이들은 ① 감각접촉을 다섯 번째로 하는 모음 등의 아홉 가지 모음으로 분류가 되어 일정하게 일어난다. 그런데 이 마음이 일어날 때에는 이처럼 이름이 명시되어 정해진 것들만 일어나는 것이 아니다. 본문의 'ye vā pana tasmiṁ samaye …'로 시작하는 이 구절에서 보듯이 이름을 명시하지 않은 [9가지의] 또 다른 마음부수들도 이 첫 번째 마음이 일어날 때 함께 이러한 법들에 대한 지혜가 '뜻에 대한 무애해체지'이다. 언어에 의해서 이러한 법들의 개념이 있다. 이러한 법들에 대해서 [정확한] 언어를 구사함에 대한 지혜가 '언어에 대한 무애해체지'이다. '이런 지혜들은 이런 뜻을 밝혀주는구나.'라고 이 지혜를 통해서 그 지혜들을 안다. 이러한 지혜들에 대한 지혜가 '영감에 대한 무애해체지'이다.

733. 세 가지 무애해체지가 있으니, ① 뜻에 대한 무애해체지[義無礙解體智] ② 언어에 대한 무애해체지[詞無礙解體智] ③ 영감에 대한 무애해체지[辯無礙解體智]이다.

무엇이 '결정할 수 없는[無記] 법들'인가?

욕계의 유익한 업을 지었고 쌓았기 때문에, ② 소리를 대상으로 하여 평온이 함께하는 [298] 과보로 나타난 귀의 알음알이가 일어날 때 … ③ 냄새를 대상으로 하여 평온이 함께하는 과보로 나타난 코의 알음알이가 일어날 때 … ④ 맛을 대상으로 하여 평온이 함께하는 과보로 나타난 혀의 알음알이가 일어날 때 … ⑤ 감촉을 대상으로 하여 즐거움이 함께하는 과보로 나타난 몸의 알음알이가 일어날 때, 그때에 감각접촉이 있고 느낌이 있고 인식이 있고 의도가 있고 마음이 있고 즐거움이 있고 마음이 한끝으로 [집중]됨이 있고 마노의 기능이 있고 즐거움의 기능이 있고 생명기능이 있다.

그밖에 그때에 조건 따라 일어난, 비물질인 다른 법들도 있다. — 이

일어난다(aññe pi atthi … dhammā). 여기서 '그밖에들(예와빠나까)'이란 이처럼 이름이 명시되지 않은 마음부수들을 뜻한다.

이 예와빠나까는 그래서 'ye vā pana tasmiṁ samaye aññe pi atthi … dhammā(그 밖에 그때에 다른 법들)'라는 이 구문에서 'ye vā pana'를 취해서 예와빠나까(yevāpanaka)로 전문용어화한 것이고 역자는 이를 '그밖에들'로 옮겼다.

것이 결정할 수 없는[無記] 법들이다.(Dhs §443)

이러한 법들에 대한 지혜가 '뜻에 대한 무애해체지'이다. 언어에 의해서 이러한 법들의 개념이 있다. 이러한 법들에 대해서 [정확한] 언어를 구사함에 대한 지혜가 '언어에 대한 무애해체지'이다. '이런 지혜들은 이런 뜻을 밝혀주는구나.'라고 이 지혜를 통해서 그 지혜들을 안다. 이러한 지혜들에 대한 지혜가 '영감에 대한 무애해체지'이다.

734. 세 가지 무애해체지가 있으니, ① 뜻에 대한 무애해체지[義無礙解體智] ② 언어에 대한 무애해체지[詞無礙解體智] ③ 영감에 대한 무애해체지[辯無礙解體智]이다.

무엇이 '결정할 수 없는[無記] 법들'인가?

욕계의 유익한 업을 지었고 쌓았기 때문에, ⑥ 형색을 대상으로 하거나 … 감촉을 대상으로 하거나 그 어떤 것을 대상으로 하여 평온이 함께하는 과보로 나타난 마노의 요소[意界]가 일어날 때, 그때에 감각접촉이 있고 느낌이 있고 인식이 있고 의도가 있고 마음이 있고 일으킨 생각이 있고 지속적 고찰이 있고 평온이 있고 마음이 한끝으로 [집중]됨이 있고 마노의 기능이 있고 평온의 기능이 있고 생명기능이 있다.

그밖에 그때에 조건 따라 일어난, 비물질인 다른 법들도 있다. — 이것이 결정할 수 없는[無記] 법들이다.(Dhs §455)

이러한 법들에 대한 지혜가 '뜻에 대한 무애해체지'이다. 언어에 의해서 이러한 법들의 개념[施設]이 있다. 이러한 법들에 대해서 [정확한] 언어를 구사함에 대한 지혜가 '언어에 대한 무애해체지'이다. '이런 지혜들은 이런 뜻을 밝혀주는구나.'라고 이 지혜를 통해서 그 지혜들을 안다. 이러한 지혜들에 대한 지혜가 '영감에 대한 무애해체지'이다.

735. 세 가지 무애해체지가 있으니, ① 뜻에 대한 무애해체지[義無礙解體智] ② 언어에 대한 무애해체지[詞無礙解體智] ③ 영감에 대한 무애해체지[辯無礙解體智]이다.

무엇이 '결정할 수 없는[無記] 법들'인가?

욕계의 유익한 업을 지었고 쌓았기 때문에, ⑦ 형색을 대상으로 하거나 … 법을 대상으로 하거나 그 어떤 것을 대상으로 하여 기쁨이 함께하는 과보로 나타난 마노의 알음알이의 요소[意識界]가 일어날 때, 그때에 감각접촉이 있고 느낌이 있고 인식이 있고 의도가 있고 마음이 있고 일으킨 생각이 있고 지속적 고찰이 있고 희열이 있고 행복이 있고 마음이 한끝으로 [집중]됨이 있고 마노의 기능이 있고 기쁨의 기능이 있고 생명기능이 있다.

그밖에 그때에 조건 따라 일어난, 비물질인 다른 법들도 있다. [299] — 이것이 결정할 수 없는[無記] 법들이다.(Dhs §469)

이러한 법들에 대한 지혜가 '뜻에 대한 무애해체지'이다. 언어에 의해서 이러한 법들의 개념이 있다. 이러한 법들에 대해서 [정확한] 언어를 구사함에 대한 지혜가 '언어에 대한 무애해체지'이다. '이런 지혜들은 이런 뜻을 밝혀주는구나.'라고 이 지혜를 통해서 그 지혜들을 안다. 이러한 지혜들에 대한 지혜가 '영감에 대한 무애해체지'이다.

736. 세 가지 무애해체지가 있으니, ① 뜻에 대한 무애해체지[義無礙解體智] ② 언어에 대한 무애해체지[詞無礙解體智] ③ 영감에 대한 무애해체지[辯無礙解體智]이다.

무엇이 '결정할 수 없는[無記] 법들'인가?

욕계의 유익한 업을 지었고 쌓았기 때문에, ⑧ 형색을 대상으로 하거나… 법을 대상으로 하거나 그 어떤 것을 대상으로 하여 평온이 함께하는 과보로 나타난 마노의 알음알이의 요소가 일어날 때, 그때에 감각접촉이 있고 느낌이 있고 인식이 있고 의도가 있고 마음이 있고 일으킨 생각이 있고 지속적 고찰이 있고 평온이 있고 마음이 한끝으로 [집중]됨이 있고 마노의 기능이 있고 평온의 기능이 있고 생명기능이 있다.

그밖에 그때에 조건 따라 일어난, 비물질인 다른 법들도 있다. — 이것이 결정할 수 없는[無記] 법들이다.(Dhs §484)

이러한 법들에 대한 지혜가 '뜻에 대한 무애해체지'이다. 언어에 의해서 이러한 법들의 개념이 있다. 이러한 법들에 대해서 [정확한] 언어를 구사함에 대한 지혜가 '언어에 대한 무애해체지'이다. '이런 지혜들은 이런 뜻을 밝혀주는구나.'라고 이 지혜를 통해서 그 지혜들을 안다. 이러한 지혜들에 대한 지혜가 '영감에 대한 무애해체지'이다.

737. 세 가지 무애해체지가 있으니, ① 뜻에 대한 무애해체지[義無礙解體智] ② 언어에 대한 무애해체지[詞無礙解體智] ③ 영감에 대한 무애해체지[辯無礙解體智]이다.

무엇이 '결정할 수 없는[無記] 법들'인가?

욕계의 유익한 업을 지었고 쌓았기 때문에, 형색을 대상으로 하거나 … 법을 대상으로 하거나 그 어떤 것을 대상으로 하여

① 기쁨이 함께하고 지혜와 결합되고 [자극을 받지 않은] …

② 기쁨이 함께하고 지혜와 결합되고 자극을 받은 …

③ 기쁨이 함께하고 지혜와 결합되지 않고 [자극을 받지 않은] …

④ 기쁨이 함께하고 지혜와 결합되지 않고 자극을 받은 …

⑤ 평온이 함께하고 지혜와 결합되고 [자극을 받지 않은] …

⑥ 평온이 함께하고 지혜와 결합되고 자극을 받은 …

⑦ 평온이 함께하고 지혜와 결합되지 않고 [자극을 받지 않은] …

⑧ 평온이 함께하고 지혜와 결합되지 않고 자극을 받은 과보로 나타난 마노의 알음알이의 요소가 일어날 때, 그때에 감각접촉이 있고 … (Dhs §1) … 산란하지 않음이 있다. — 이것이 결정할 수 없는[無記] 법들이다.

이러한 법들에 대한 지혜가 '뜻에 대한 무애해체지'이다. 언어에 의해서 이러한 법들의 개념이 있다. 이러한 법들에 대해서 [정확한] 언어를 구사함에 대한 지혜가 '언어에 대한 무애해체지'이다. '이런 지혜들은 이런 뜻을 밝혀주는구나.'라고 이 지혜를 통해서 그 지혜들을 안다. 이러한 지혜들에 대한 지혜가 '영감에 대한 무애해체지'이다.

738. 세 가지 무애해체지가 있으니, ① 뜻에 대한 무애해체지[義無礙解體智] ② 언어에 대한 무애해체지[詞無礙解體智] ③ 영감에 대한 무애해체지[辯無礙解體智]이다.

무엇이 '결정할 수 없는[無記] 법들'인가?

색계에 태어나는 도를 닦아서, 감각적 쾌락들을 완전히 떨쳐버리고 … (§205) … 땅의 까시나를 가진 초선을 구족하여 머물 때, 그때에 감각접촉이 있고 … (Dhs §1) … 산란하지 않음이 있다. — 이것이 유익한 법들이다.

이러한 색계의 유익한 업을 지었고 쌓았기 때문에, 감각적 쾌락들을 완전히 떨쳐버리고 … (§205) … 땅의 까시나를 가진, 과보로 나타난 초선을 구족하여 머물 때, 그때에 감각접촉이 있고 … (Dhs §1) … 산란하지 않음이 있다. — 이것이 결정할 수 없는[無記] 법들이다.(Dhs §499)

이러한 법들에 대한 지혜가 '뜻에 대한 무애해체지'이다. 언어에 의해서 이러한 법들의 개념이 있다. 이러한 법들에 대해서 [정확한] 언어를 구사함에 대한 지혜가 '언어에 대한 무애해체지'이다. '이런 지혜들은 이런 뜻을 밝혀주는구나.'라고 이 지혜를 통해서 [300] 그 지혜들을 안다. 이러한 지혜들에 대한 지혜가 '영감에 대한 무애해체지'이다.

739. 세 가지 무애해체지가 있으니, ① 뜻에 대한 무애해체지[義無礙解體智] ② 언어에 대한 무애해체지[詞無礙解體智] ③ 영감에 대한 무애해체지[辯無礙解體智]이다.

무엇이 '결정할 수 없는[無記] 법들'인가?

무색계에 태어나는 도를 닦아서, 무소유처를 완전히 초월하여 비상비비상처(非想非非想處)의 인식이 함께하였으며, 행복도 버리고 괴로움도 버리고 … (§205) … 제4선을 구족하여 머물 때, 그때에 감각접촉이 있고 … (Dhs §1) … 산란하지 않음이 있다. — 이것이 유익한 법들이다.

이러한 무색계의 유익한 업을 지었고 쌓았기 때문에, 무소유처를 완전히 초월하여 비상비비상처(非想非非想處)의 인식이 함께하였으며, 행복도 버리고 괴로움도 버리고 … (§205) … 과보로 나타난 제4선을 구족하여 머물 때, 그때에 감각접촉이 있고 … (Dhs §1) … 산란하지 않음이 있다. — 이것이 결정할 수 없는[無記] 법들이다.(Dhs §504)

이러한 법들에 대한 지혜가 '뜻에 대한 무애해체지'이다. 언어에 의해서 이러한 법들의 개념이 있다. 이러한 법들에 대해서 [정확한] 언어를 구사함에 대한 지혜가 '언어에 대한 무애해체지'이다. '이런 지혜들은 이런 뜻을 밝혀주는구나.'라고 이 지혜를 통해서 그 지혜들을 안다. 이러한 지혜들에 대한 지혜가 '영감에 대한 무애해체지'이다.

740. 세 가지 무애해체지가 있으니, ① 뜻에 대한 무애해체지[義無礙解體智] ② 언어에 대한 무애해체지[詞無礙解體智] ③ 영감에 대한 무

애해체지[辯無礙解體智]이다.

무엇이 '결정할 수 없는[無記] 법들'인가? 사견에 빠짐을 버리고 첫 번째 경지[初地, 예류과]를 얻기 위하여, 출리로 인도하고 [윤회를] 감소시키는 출세간禪을 닦아서, 감각적 쾌락들을 완전히 떨쳐버리고 … (§205) … ① 도닦음도 어렵고 초월지도 느린 초선을 구족하여 머물 때, 그때에 감각접촉이 있고 … (Dhs §277) … 산란하지 않음이 있다. 이것이 유익한 법들이다. 그때에 이러한 색계의 유익한 업을 지었고 쌓았기 때문에, 감각적 쾌락들을 완전히 떨쳐버리고 … (§205) … 도닦음도 어렵고 초월지도 느리며 공하고[空性] 과보로 나타난 초선을 구족하여 머물 때, 그때에 감각접촉이 있고 … (Dhs §277) … 산란하지 않음이 있다. 이것이 결정할 수 없는[無記] 법들이다.(Dhs §505)

이러한 법들에 대한 지혜가 '뜻에 대한 무애해체지'이다. 언어에 의해서 이러한 법들의 개념이 있다. 이러한 법들에 대해서 [정확한] 언어를 구사함에 대한 지혜가 '언어에 대한 무애해체지'이다. '이런 지혜들은 이런 뜻을 밝혀주는구나.'라고 이 지혜를 통해서 그 지혜들을 안다. 이러한 지혜들에 대한 지혜가 '영감에 대한 무애해체지'이다.

741. 세 가지 무애해체지가 있으니, ① 뜻에 대한 무애해체지[義無礙解體智] ② 언어에 대한 무애해체지[詞無礙解體智] ③ 영감에 대한 무애해체지[辯無礙解體智]이다.

무엇이 [301] '결정할 수 없는[無記] 법들'인가?

해로운 업을 지었고 쌓았기 때문에, ① 형색을 대상으로 하여 평온이 함께하는 과보로 나타난 눈의 알음알이가 일어날 때 … ② 소리를 대상으로 하여 평온이 함께하는 과보로 나타난 귀의 알음알이가 일어날 때 … ③ 냄새를 대상으로 하여 평온이 함께하는 과보로 나타난 코의 알음알이가 일어날 때 … ④ 맛을 대상으로 하여 평온이 함께하는 과보로 나타난 혀의 알음알이가 일어날 때 … ⑤ 감촉을 대상으로 하여 괴로움이 함께하는 과보로 나타난 몸의 알음알이가 일어날 때, 그때에 감각접촉이 있고 느낌이 있고 인식이 있고 의도가 있고 마음이 있고 괴로움이 있고 마음이 한끝으로 [집중]됨이 있고 마노의 기능이 있고 괴로움의 기능이 있고 생명기능이 있다.

그밖에 그때에 조건 따라 일어난, 비물질인 다른 법들도 있다. — 이것이 결정할 수 없는[無記] 법들이다.(Dhs §556)

이러한 법들에 대한 지혜가 '뜻에 대한 무애해체지'이다. 언어에 의해서 이러한 법들의 개념이 있다. 이러한 법들에 대해서 [정확한] 언어를 구사함에 대한 지혜가 '언어에 대한 무애해체지'이다. '이런 지혜들은 이런 뜻을 밝혀주는구나.'라고 이 지혜를 통해서 그 지혜들을 안다. 이러한 지혜들에 대한 지혜가 '영감에 대한 무애해체지'이다.

742. 세 가지 무애해체지가 있으니, ① 뜻에 대한 무애해체지[義無礙解體智] ② 언어에 대한 무애해체지[詞無礙解體智] ③ 영감에 대한 무애해체지[辯無礙解體智]이다.

무엇이 '결정할 수 없는[無記] 법들'인가?

해로운 업을 지었고 쌓았기 때문에, ⑥ 형색을 대상으로 하거나 … 감촉을 대상으로 하거나 그 어떤 것을 대상으로 하여 평온이 함께하는 과보로 나타난 마노의 요소가 일어날 때 …

⑦ 형색을 대상으로 하거나 … 법을 대상으로 하거나 그 어떤 것을 대상으로 하여 평온이 함께하는 과보로 나타난 마노의 알음알이의 요소가 일어날 때, 그때에 감각접촉이 있고 느낌이 있고 인식이 있고 의도가 있고 마음이 있고 일으킨 생각이 있고 지속적 고찰이 있고 평온이 있고

마음이 한끝으로 [집중]됨이 있고 마노의 기능이 있고 평온의 기능이 있고 생명기능이 있다.

그밖에 그때에 조건 따라 일어난, 비물질인 다른 법들도 있다. — 이것이 결정할 수 없는[無記] 법들이다.(Dhs §562)

이러한 법들에 대한 지혜가 '뜻에 대한 무애해체지'이다. 언어에 의해서 이러한 법들의 개념이 있다. 이러한 법들에 대해서 [정확한] 언어를 구사함에 대한 지혜가 '언어에 대한 무애해체지'이다. '이런 지혜들은 이런 뜻을 밝혀주는구나.'라고 이 지혜를 통해서 그 지혜들을 안다. 이러한 지혜들에 대한 지혜가 '영감에 대한 무애해체지'이다.

(4) 작용만 하는 것에 관한 부문(kiriya-vāra)

743. 세 가지 무애해체지가 있으니, ① 뜻에 대한 무애해체지[義無礙解體智] ② 언어에 대한 무애해체지[詞無礙解體智] ③ 영감에 대한 무애해체지[辯無礙解體智]이다.

무엇이 '결정할 수 없는[無記] 법들'인가?

형색을 대상으로 하거나 [302] … 감촉을 대상으로 하거나 그 어떤 것을 대상으로 하여, ① 유익한 것도 아니고 해로운 것도 아니고 업의 과보로 나타난 것도 아닌 평온이 함께하는 작용만 하는 마노의 요소가 일어날 때, 그때에 감각접촉이 있고 느낌이 있고 인식이 있고 의도가 있고 마음이 있고 일으킨 생각이 있고 지속적 고찰이 있고 평온이 있고 마음이 한끝으로 [집중]됨이 있고 마노의 기능이 있고 평온의 기능이 있고 생명기능이 있다.

그밖에 그때에 조건 따라 일어난, 비물질인 다른 법들도 있다. — 이것이 결정할 수 없는[無記] 법들이다.(Dhs §566)

이러한 법들에 대한 지혜가 '뜻에 대한 무애해체지'이다. 언어에 의해서 이러한 법들의 개념이 있다. 이러한 법들에 대해서 [정확한] 언어를 구사함에 대한 지혜가 '언어에 대한 무애해체지'이다. '이런 지혜들은 이런 뜻을 밝혀주는구나.'라고 이 지혜를 통해서 그 지혜들을 안다. 이러한 지혜들에 대한 지혜가 '영감에 대한 무애해체지'이다.

744. 세 가지 무애해체지가 있으니, ① 뜻에 대한 무애해체지[義無礙解體智] ② 언어에 대한 무애해체지[詞無礙解體智] ③ 영감에 대한 무애해체지[辯無礙解體智]이다.

무엇이 '결정할 수 없는[無記] 법들'인가?

형색을 대상으로 하거나 … 법을 대상으로 하거나 그 어떤 것을 대상으로 하여, ② 유익한 것도 아니고 해로운 것도 아니고 업의 과보로 나타난 것도 아닌 기쁨이 함께하는 작용만 하는 마노의 알음알이의 요소가 일어날 때,(Dhs §568) …

형색을 대상으로 하거나 … 법을 대상으로 하거나 그 어떤 것을 대상으로 하여, ③ 유익한 것도 아니고 해로운 것도 아니고 업의 과보로 나타난 것도 아닌 평온이 함께하는 작용만 하는 마노의 알음알이의 요소가 일어날 때, 그때에 감각접촉이 있고 느낌이 있고 인식이 있고 의도가 있고 마음이 있고 일으킨 생각이 있고 지속적 고찰이 있고 평온이 있고 마음이 한끝으로 [집중]됨이 있고 정진의 기능이 있고 삼매의 기능이 있고 마노의 기능이 있고 평온의 기능이 있고 생명기능이 있다.

그밖에 그때에 조건 따라 일어난, 비물질인 다른 법들도 있다. — 이것이 결정할 수 없는[無記] 법들이다.(Dhs §574)

이러한 법들에 대한 지혜가 '뜻에 대한 무애해체지'이다. 언어에 의해서 이러한 법들의 개념이 있다. 이러한 법들에 대해서 [정확한] 언어를 구사함에 대한 지혜가 '언어에 대한 무애해체지'이다. '이런 지혜들은 이런 뜻을 밝혀주는구나.'라고 이 지혜를 통해서 그 지혜들을 안다. 이러한 지혜들에 대한 지혜가 '영감에 대한 무애해체지'이다.

745. 세 가지 무애해체지가 있으니, ① 뜻에 대한 무애해체지[義無礙解體智] ② 언어에 대한 무애해체지[詞無礙解體智] ③ 영감에 대한 무애해체지[辯無礙解體智]이다.

무엇이 '결정할 수 없는[無記] 법들'인가?

유익한 것도 아니고 해로운 것도 아니고 업의 과보로 나타난 것도 아닌 작용만 하는,

① 기쁨이 함께하고 지혜와 결합되고 [자극을 받지 않은] …

② 기쁨이 함께하고 지혜와 결합되고 자극을 받은 …

③ 기쁨이 함께하고 지혜와 결합되지 않고 [자극을 받지 않은] …

④ 기쁨이 함께하고 지혜와 결합되지 않고 자극을 받은 …

⑤ 평온이 함께하고 지혜와 결합되고 [자극을 받지 않은] …

⑥ 평온이 함께하고 지혜와 결합되고 자극을 받은 …

⑦ 평온이 함께하고 지혜와 결합되지 않고 [자극을 받지 않은] …

⑧ 평온이 함께하고 지혜와 결합되지 않고 자극을 받은 마노의 알음알이의 요소가 일어날 때 …

유익한 것도 아니고 해로운 것도 아니고 업의 과보로 나타난 것도 아닌 작용만 하는 것으로 지금·여기에서 행복하게 머묾인 색계의 禪을 닦아서 … (§205) … 무색계의 禪을 닦아서 무소유처를 완전히 초월하여 비상비비상처(非想非非想處)의 인식이 함께하였으며, 행복도 버리고 괴로움도 버리고 … 과보로 나타난 제4선을 구족하여 머물 때, 그때에 감각접촉이 있고 … (Dhs §1) … 산란하지 않음이 있다. — 이것이 결정

할 수 없는[無記] 법들이다.(Dhs §576 참조)

이러한 법들에 대한 지혜가 '뜻에 대한 무애해체지'이다. 언어에 의해서 [303] 이러한 법들의 개념이 있다. 이러한 법들에 대해서 [정확한] 언어를 구사함에 대한 지혜가 '언어에 대한 무애해체지'이다. '이런 지혜들은 이런 뜻을 밝혀주는구나.'라고 이 지혜를 통해서 그 지혜들을 안다. 이러한 지혜들에 대한 지혜가 '영감에 대한 무애해체지'이다.

(5) 무애해체지가 일어나는 곳(uppattiṭṭhāna)

746. 네 가지 무애해체지가 있으니, ① 뜻에 대한 무애해체지[義無礙解體智] ② 법에 대한 무애해체지[法無礙解體智] ③ 언어에 대한 무애해체지[詞無礙解體智] ④ 영감에 대한 무애해체지[辯無礙解體智]이다.[85]

세 가지 무애해체지는 욕계의 유익한 [마음 여덟 가지] 가운데 네 가지 지혜와 결합된 마음이 일어날 때에 일어난다.[86] 그리고 작용만 하는 [마음의] 경우에도 네 가지[87] 지혜와 결합된 마음이 일어날 때에 [일어

---

85) "이와 같이 유익한 마음의 일어남 등을 통해서 무애해체지를 분석한 뒤에 이제 이들의 일어나는 장소가 되는 들판(uppattiṭṭhānabhūta khetta)을 보여주기 위해서 다시 '네 가지 무애해체지가 있으니(catasso paṭisambhidā)'라는 등을 말씀하셨다."(VbhA.392)

86) "여기서 '세 가지 무애해체지는 욕계의 유익한 [마음 여덟 가지] 가운데 네 가지 지혜와 결합된 마음이 일어날 때에 일어난다(tisso paṭisambhidā kāmāvacarakusalato catūsu ñāṇasampayuttesu cittuppādesu).'라는 것은 이제 유학들(sekkhāna)을 통해서 말씀하셨다. 그 [유학]들의 법을 반조하는 때에는(dhammapaccavekkhaṇakāle) 앞에서 설한 다섯 형태의 법을 대상으로 하여 지혜와 결합된 네 가지 유익한 마음에서(catūsu ñāṇa-sampayuttakusalacittesu) 법에 대한 무애해체지가 일어난다. 거기서 언어를 반조하는 시간에는(niruttipaccavekkhaṇakāle) 소리(sadda)를 대상으로 하여 언어에 대한 무애해체지가, 지혜를 반조하는 때에는 [앞의 세 가지] 모두에 대한 지혜(sabbatthakañāṇa)를 대상으로 하여 영감에 대한 무애해체지가 [일어난다.]"(VbhA.392~393)

난다.] 뜻에 대한 무애해체지도 이들의 경우에 일어나고[88] 네 가지 도와 네 가지 과의 경우에도 일어난다.

아비담마에 따른 분석 방법이 [끝났다.]

---

87) "'그리고 작용만 하는 [마음의] 경우에도 네 가지(kiriyato catūsu)'라는 이것은 무학들(asekkhā)을 통해서 설하셨다. 그 [무학]들의 법을 반조하는 때에는 앞에서 설한 다섯 형태의 법을 대상으로 하여 지혜와 결합된 네 가지 작용만 하는 마음에서 법에 대한 무애해체지가 일어난다. 거기서 언어(nirutti)를 반조하는 때에는 소리를 대상으로 하여 언어에 대한 무애해체지가, 지혜(ñāṇa)를 반조하는 때에는 [앞의 세 가지] 모두에 대한 지혜(sabbatthakañāṇa)를 대상으로 하여 영감에 대한 무애해체지가 [일어난다.]"(VbhA.393)

88) "그런데 '뜻에 대한 무애해체지도 이들의 경우에 일어나고(attha-paṭisambhidā etesu ceva uppajjati)'라는 이것은 유학들과 무학(sekkhāsekkhā)을 통해서 말씀하셨다.

거기서 ① 유학들이 뜻을 반조하는 때에는 앞에서 설한 구분을 가진 뜻을 대상으로 하여 지혜와 결합된 네 가지 유익한 마음에서 이것이 일어나기 때문이고 도와 과가 [일어날] 때에는(maggaphala-kāle) 도와 과의 [마음들]에서(maggaphalesu) [일어나기 때문이다.]

그러나 ② 무학이 뜻을 반조하는 때에는 앞에서 설한 구분을 가진 뜻을 대상으로 하여 지혜와 결합된 네 가지 작용만 하는 마음에서 일어난다. 그리고 과가 [일어날] 때에는(phalakāle) 가장 높은 사문의 결실(아라한과)의 [마음]에서(uparime sāmaññaphale) [일어난다.] 이와 같이 유학들과 무학에게서 일어날 때에는 이 경지들(bhūmī)에서 일어난다고 해서 경지를 보여주기 위해서(bhūmidassanatthaṁ) 이 방법을 드러내신 것이다."(VbhA.393)

III. [아비담마 마띠까를 통한] 질문의 제기

Pañhāpucchaka

747. 네 가지 무애해체지가 있으니, ① 뜻에 대한 무애해체지[義無礙解體智] ② 법에 대한 무애해체지[法無礙解體智] ③ 언어에 대한 무애해체지[詞無礙解體智] ④ 영감에 대한 무애해체지[辯無礙解體智]이다.

748. 네 가지 무애해체지 가운데 몇 가지가 유익한 [법]이고, 몇 가지가 해로운 [법]이고, 몇 가지가 결정할 수 없는[無記] [법]인가? … pe(Dhs Mtk) … 몇 가지가 다툼을 가진 [법]이고, 몇 가지가 다툼이 없는 [법]인가?

(1) 세 개 조

749. [네 가지 무애해체지는] 유익한 [법]일 수 있고, 결정할 수 없는[無記] [법]일 수 있다.(*cf.* ma3-1)

즐거운 느낌과 결합된 [법]일 수 있고, 괴롭지도 즐겁지도 않은 느낌과 결합된 [법]일 수 있다.(*cf.* ma3-2)

세 가지 무애해체지는 과보를 생기게 하는 [법]일 수 있고, 과보로 나타난 것도 아니고 과보를 생기게 하는 것도 아닌 [법]일 수 있다. 뜻에 대한 무애해체지는 과보로 나타난 [법]일 수 있고, 과보를 생기게 하는 [법]일 수 있고, 과보로 나타난 것도 아니고 과보를 생기게 하는 것도 아닌 [법]일 수 있다.(*cf.* ma3-3)

세 가지 무애해체지는 취착되지 않았지만 취착의 대상인 [법]이다. 뜻에 대한 무애해체지는 취착되지 않았지만 취착의 대상인 [법]일 수 있고 취착되지 않았고 취착의 대상도 아닌 [법]일 수 있다.(*cf.* ma3-4)

세 가지 무애해체지는 오염되지 않았지만 오염의 대상인 [법]이다. 뜻에 대한 무애해체지는 오염되지 않았지만 오염의 대상인 [법]일 수 있고, 오염되지 않았고 오염의 대상도 아닌 [법]일 수 있다.(*cf* ma3-5)

세 가지 무애해체지는 일으킨 생각이 있고 지속적 고찰이 있는 [법]이다. 뜻에 대한 무애해체지는 일으킨 생각이 있고 지속적 고찰이 있는 [법]일 수 있고, 일으킨 생각은 없고 지속적 고찰만 있는 [법]일 수 있고, 일으킨 생각도 없고 지속적 고찰도 없는 [법]일 수 있다.(*cf* ma3-6)

[네 가지 무애해체지는] 희열이 함께하는 [법]일 수 있고, 행복이 함께하는 [법]일 수 있고, 평온이 함께하는 [법]일 수 있다.(*cf* ma3-7)

봄이나 닦음으로 버려야 하지 않는 [법]이다.(*cf* ma3-8)

봄이나 닦음으로 버려야 하는 원인을 가지지 않은 [법]이다.(*cf* ma3-9)

세 가지 무애해체지는 [윤회를] 축적하게 하는 [법]일 수 있고, [윤회를] 축적하게 하는 것도 [윤회를] 감소시키는 것도 아닌 [법]일 수 있다. 뜻에 대한 무애해체지는 [304] [윤회를] 축적하게 하는 [법]일 수 있고, [윤회를] 감소시키는 [법]일 수 있고, [윤회를] 축적하게 하는 것도 [윤회를] 감소시키는 것도 아닌 [법]일 수 있다.(*cf* ma3-10)

세 가지 무애해체지는 유학에도 무학에도 속하지 않는 [법]이다. 뜻에 대한 무애해체지는 유학에 속하는 [법]일 수 있고, 무학에 속하는 [법]일 수 있고, 유학에도 무학에도 속하지 않는 [법]일 수 있다.(*cf* ma3-11)

세 가지 무애해체지는 제한된 [법]이다. 뜻에 대한 무애해체지는 제한된 [법]일 수 있고, 무량한 [법]일 수 있다.(*cf* ma3-12)

언어에 대한 무애해체지는 제한된 대상을 가진 [법]이다. 세 가지 무애해체지는 제한된 대상을 가진 [법]일 수 있고, 고귀한 대상을 가진 [법]일 수 있고, 무량한 대상을 가진 [법]일 수 있다.(*cf* ma3-13)

세 가지 무애해체지는 중간인 [법]이고 뜻에 대한 무애해체지는 중간

인 [법]일 수 있고, 수승한 [법]일 수 있다.(*cf.* ma3-14)

세 가지 무애해체지는 확정되지 않은 [법]이다. 뜻에 대한 무애해체지는 바른 것으로 확정된 [법]일 수 있고, 확정되지 않은 [법]일 수 있다.(*cf.* ma3-15)

언어에 대한 무애해체지는 도를 대상으로 가진 [법]이라고도 도를 원인으로 가진 [법]이라고도 도를 지배의 [요소]로 가진 [법]이라고도 말해서는 안 된다. 뜻에 대한 무애해체지는 도를 대상으로 가진 [법]이 아니다. 도를 원인으로 가진 [법]일 수 있고, 도를 지배의 [요소]로 가진 [법]일 수 있다. [그러나] 도를 원인으로 가진 [법]이라고도 도를 지배의 [요소]로 가진 [법]이라고도 말해서는 안 되는 경우가 있다. 두 가지 무애해체지는 도를 대상으로 가진 [법]일 수 있다. 도를 원인으로 가진 [법]이 아니다. 도를 지배의 [요소]로 가진 [법]일 수 있다. [그러나] 도를 대상으로 가진 [법]이라고도 도를 지배의 [요소]로 가진 [법]이라고도 말해서는 안 되는 경우가 있다.(*cf.* ma3-16)

세 가지 무애해체지는 일어난 [법]일 수 있고, 일어나지 않은 [법]일 수 있다. 일어나게 될 [법]이라고 말해서는 안 된다. 뜻에 대한 무애해체지는 일어난 [법]일 수 있고, 일어나지 않은 [법]일 수 있고, 일어나게 될 [법]일 수 있다.(*cf.* ma3-17)

[네 가지 무애해체지는] 과거의 [법]일 수 있고, 미래의 [법]일 수 있고, 현재의 [법]일 수 있다.(*cf.* ma3-18)

언어에 대한 무애해체지는 현재의 대상을 가진 [법]이다. 두 가지 무애해체지는 과거의 대상을 가진 [법]일 수 있고, 미래의 대상을 가진 [법]일 수 있고, 현재의 대상을 가진 [법]일 수 있다. 뜻에 대한 무애해체지는 과거의 대상을 가진 [법]일 수 있고, 미래의 대상을 가진 [법]일 수 있고, 현재의 대상을 가진 [법]일 수 있다. [그러나] 과거의 대상을 가진 [법]이라고도 미래의 대상을 가진 [법]이라고도 현재의 대상을 가진 [법]

이라고도 말해서는 안 되는 경우가 있다.(*cf* ma3-19)

[네 가지 무애해체지는] 안의 [법]일 수 있고, 밖의 [법]일 수 있고, 안과 밖의 [법]일 수 있다.(*cf* ma3-20)

언어에 대한 무애해체지는 밖의 대상을 가진 [법]이다. 세 가지 무애해체지는 안의 대상을 가진 [법]일 수 있고, 밖의 대상을 가진 [법]일 수 있고, 안과 밖의 대상을 가진 [법]일 수 있다.(*cf* ma3-21)

[네 가지 무애해체지는] 볼 수도 없고 부딪힘도 없는 [법]이다.(*cf* ma3-22)

(2) 두 개 조

① 원인의 모둠

750. [네 가지 무애해체지는] 원인인 [법]이다.(*cf* ma2-1)

원인을 가진 [법]이다.(*cf* ma2-2)

원인과 결합된 [법]이다.(*cf* ma2-3)

원인이면서 원인을 가진 [법]이다.(*cf* ma2-4)

원인이면서 원인과 결합된 [법]이다.(*cf* ma2-5)

원인이 아니지만 원인을 가진 [법]이라고도 원인이 아니면서 원인을 가지지 않은 [법]이라고도 말해서는 안 된다.(*cf* ma2-6)

② 틈새에 있는 짧은 두 개 조

[네 가지 무애해체지는] 조건을 가진 [법]이다.(*cf* ma2-7)

형성된 [법]이다.(*cf* ma2-8)

볼 수 없는 [법]이다.(*cf* ma2-9)

부딪힘이 없는 [법]이다.(*cf* ma2-10)

비물질인 [법]이다.(*cf* ma2-11)

세 가지 무애해체지는 세간적인 [법]이다. 뜻에 대한 무애해체지는 세간적인 [법]일 수 있고, 출세간의 [법]일 수 있다.(*cf.* ma2-12)

[네 가지 무애해체지는] 어떤 것으로는 식별되는 [법]이고, 어떤 것으로는 식별되지 않는 [법]이다.(*cf.* ma2-13)

③ 번뇌의 모둠

[네 가지 무애해체지는] 번뇌가 아닌 [법]이다.(*cf.* ma2-14)

세 가지 무애해체지는 번뇌의 대상인 [법]이다. 뜻에 대한 무애해체지는 번뇌의 대상인 [법]일 수 있고, 번뇌의 대상이 아닌 [법]일 수 있다.(*cf.* ma2-15)

[네 가지 무애해체지는] 번뇌와 결합되지 않은 [법]이다.(*cf.* ma2-16)

세 가지 무애해체지는 [305] 번뇌이면서 번뇌의 대상인 [법]이라고 말해서는 안 된다. 번뇌의 대상이지만 번뇌가 아닌 [법]일 수 있다. 뜻에 대한 무애해체지는 번뇌이면서 번뇌의 대상인 [법]이라고 말해서는 안 된다. 번뇌의 대상이지만 번뇌가 아닌 [법]일 수 있다. [그러나] 번뇌의 대상이지만 번뇌가 아닌 [법]이라고 말해서는 안 되는 경우가 있다.(*cf.* ma2-17)

[네 가지 무애해체지는] 번뇌이면서 번뇌와 결합된 [법]이라고도 번뇌와 결합되었지만 번뇌가 아닌 [법]이라고도 말해서는 안 된다.(*cf.* ma2-18)

세 가지 무애해체지는 번뇌와 결합되지 않았지만 번뇌의 대상인 [법]이다. 뜻에 대한 무애해체지는 번뇌와 결합되지 않았지만 번뇌의 대상인 [법]일 수 있고, 번뇌와 결합되지 않았으면서 번뇌의 대상이 아닌 [법]일 수 있다.(*cf.* ma2-19)

④ 족쇄의 모둠

[네 가지 무애해체지는] 족쇄가 아닌 [법]이다. … (*cf.* ma2-20~25)

⑤ 매듭의 모둠

매듭이 아닌 [법]이다. … (*cf.* ma2-26~31)

⑥ 폭류의 모둠

폭류가 아닌 [법]이다. … (*cf.* ma2-32~37)

⑦ 속박의 모둠

속박이 아닌 [법]이다. … (*cf.* ma2-38~43)

⑧ 장애의 모둠

장애가 아닌 [법]이다. … (*cf.* ma2-44~49)

⑨ 집착[固守]의 모둠

집착[固守]이 아닌 [법]이다. … (*cf.* ma2-50~54)

⑩ 틈새에 있는 긴 두 개 조

대상을 가진 [법]이다.(*cf.* ma2-55)

마음이 아닌 [법]이다.(*cf.* ma2-56)

마음부수인 [법]이다.(*cf.* ma2-57)

마음과 결합된 [법]이다.(*cf.* ma2-58)

마음과 결속된 [법]이다.(*cf.* ma2-59)

마음에서 생긴 [법]이다.(*cf.* ma2-60)

마음과 함께 존재하는 [법]이다.(*cf.* ma2-61)

마음을 따르는 [법]이다.(*cf.* ma2-62)

마음과 결속되어 있고 마음에서 생긴 [법]이다.(*cf.* ma2-63)

마음과 결속되어 있고 마음에서 생겼고 마음과 함께 존재하는 [법]이다.(*cf.* ma2-64)

마음과 결속되어 있고 마음에서 생겼고 마음을 따르는 [법]이다.(*cf.* ma2-65)

밖에 있는 [법]이다.(*cf.* ma2-66)

파생되지 않은 [법]이다.(*cf.* ma2-67)

취착된 [법]이 아니고, 취착되지 않은 [법]이다.(*cf.* ma2-68)

⑪ 취착의 모둠

취착이 아닌 [법]이다. … (*cf.* ma2-69~74)

⑫ 오염원의 모둠

오염원이 아닌 [법]이다. … (*cf.* ma2-75~82)

⑬ 마지막 두 개 조

봄으로써 버려야 하는 것이 아닌 [법]이다.(*cf.* ma2-83)

닦음으로써 버려야 하는 것이 아닌 [법]이다.(*cf.* ma2-84)

봄으로써 버려야 하는 원인을 가지지 않은 [법]이다.(*cf.* ma2-85)

닦음으로써 버려야 하는 원인을 가지지 않은 [법]이다.(*cf.* ma2-86)

세 가지 무애해체지는 일으킨 생각이 있는 [법]이다. 뜻에 대한 무애해체지는 일으킨 생각이 있는 [법]일 수 있고, 일으킨 생각이 없는 [법]일 수 있다.(*cf.* ma2-87)

세 가지 무애해체지는 지속적 고찰이 있는 [법]이다. 뜻에 대한 무애해체지는 지속적 고찰이 있는 [법]일 수 있고, 지속적 고찰이 없는 [법]일 수 있다.(*cf.* ma2-88)

[네 가지 무애해체지는] 희열이 있는 [법]일 수 있고, 희열이 없는 [법]일 수 있다.(*cf.* ma2-89)

희열이 함께하는 [법]일 수 있고, 희열이 함께하지 않는 [법]일 수 있다.(*cf.* ma2-90)

행복이 함께하는 [법]일 수 있고, 행복이 함께하지 않는 [법]일 수 있다.

(*cf* ma2-91)

평온이 함께하는 [법]일 수 있고, 평온이 함께하지 않는 [법]일 수 있다. (*cf* ma2-92)

세 가지 무애해체지는 욕계에 속하는 [법]이다. 뜻에 대한 무애해체지는 욕계에 속하는 [법]일 수 있고, 욕계에 속하지 않는 [법]일 수 있다.(*cf* ma2-93)

[네 가지 무애해체지는] 색계에 속하지 않는 [법]이다.(*cf* ma2-94)

무색계에 속하지 않는 [법]이다.(*cf* ma2-95)

세 가지 무애해체지는 [세간에] 포함된 [법]이다. 뜻에 대한 무애해체지는 [세간에] 포함된 [법]일 수 있고, [세간에] 포함되지 않는 [법]이다.(*cf* ma2-96)

세 가지 무애해체지는 출리로 인도하지 못하는 [법]이다. 뜻에 대한 무애해체지는 출리로 인도하는 [법]일 수 있고 출리로 인도하지 못하는 [법]일 수 있다.(*cf* ma2-97)

세 가지 무애해체지는 확정되지 않은 [법]이다. 뜻에 대한 무애해체지는 확정된 [법]일 수 있고 확정되지 않은 [법]일 수 있다.(*cf* ma2-98)

세 가지 무애해체지는 위가 있는 [법]이다. 뜻에 대한 무애해체지는 위가 있는 [법]일 수 있고, 위가 없는 [법]일 수 있다.(*cf* ma2-99)

[네 가지 무애해체지는] 다툼이 없는 [법]이다.(*cf* ma2-100)

[아비담마 마띠까를 통한] 질문의 제기가 [끝났다.]

무애해체지에 대한 분석이 [끝났다.]

제16장

지혜 위방가

지혜에 대한 분석

Ñāṇa-vibhaṅga

I. 마띠까[論母][89]

mātikā

(1) 한 개 조 마띠까(ekaka-mātikā)

751. 한 가지에 의한 [306] 지혜의 토대가 있다. ―

1) 다섯 가지 알음알이[前五識]는 ―

① 원인이 아닌 것이다.(*cf.* ma2-1-b)

② 원인을 가지지 않은 것이다.(*cf.* ma2-2-b)

③ 원인과 결합되지 않은 것이다.(*cf.* ma2-3-b)

④ 조건을 가진 것이다.(*cf.* ma2-7-a)

⑤ 형성된 것이다.(*cf.* ma2-8-a)

⑥ 비물질인 것이다.(*cf.* ma2-11-b)

⑦ 세간적인 것이다.(*cf.* ma2-12-a)

⑧ 번뇌의 대상이다.(*cf.* ma2-15-a)

⑨ 족쇄의 대상이다.(*cf.* ma2-21-a)

---

89) 논의의 주제를 뜻하는 '마띠까[論母, Mātikā]'에 대한 자세한 논의는 『담마상가니』 제1권 해제 '3. 『담마상가니』 마띠까'(92쪽 이하)를 참조하기 바란다.

⑩ 매듭의 대상이다.(*cf.* ma2-27-a)

⑪ 폭류의 대상이다.(*cf.* ma2-33-a)

⑫ 속박의 대상이다.(*cf.* ma2-39-a)

⑬ 장애의 대상이다.(*cf.* ma2-45-a)

⑭ 집착의 대상이다.(*cf.* ma2-51-a)

⑮ 취착의 대상이다.(*cf.* ma2-70-a)

⑯ 오염원의 대상이다.(*cf.* ma2-76-a)

⑰ 결정할 수 없는 것[無記](*cf.* ma3-1-c)이다.

⑱ 대상을 가진 것이다.(*cf.* ma2-55-a)

⑲ 마음부수가 아닌 것이다.(*cf.* ma2-57-b)

⑳ 과보로 나타난 것이다.(*cf.* ma3-3-a)

㉑ 취착되었고 취착의 대상인 것이다.(*cf.* ma3-4-a)

㉒ 오염되지 않았지만 오염의 대상인 것이다.(*cf.* ma3-5-b)

㉓ 일으킨 생각이 있고 지속적 고찰이 있는 것(*cf.* ma3-6-a)이 아니다.

㉔ 일으킨 생각은 없고 지속적 고찰만 있는 것(*cf.* ma3-6-b)이 아니다.

㉕ 일으킨 생각도 없고 지속적 고찰도 없는 것이다.(*cf.* ma3-6-c)

㉖ 희열이 함께하는 것(*cf.* ma3-7-a)이 아니다.

㉗ 봄이나 닦음으로 버려야 하지 않는 것이다.(*cf.* ma3-8-c)

㉘ 봄이나 닦음으로 버려야 하는 원인을 가지지 않은 것이다.(*cf.* ma3-9-c)

㉙ [윤회를] 축적하게 하는 것도 [윤회를] 감소시키는 것도 아닌 [법]이다.(*cf.* ma3-10-c)

㉚ 유학에도 무학에도 속하지 않는 것이다(*cf.* ma3-11-c)

㉛ 제한된 것이다.(*cf.* ma3-12-a)

㉜ 욕계에 속하는 것이다.(*cf.* ma2-93-a)

㉝ 색계에 속하지 않는 것이다.(*cf.* ma2-94-b)

㉞ 무색계에 속하지 않는 것이다.(*cf.* ma2-95-b)

㉟ [세간에] 포함된 것이다.(*cf.* ma2-96-a)

㊱ [세간에] 포함되지 않는 것(*cf.* ma2-96-b)이 아니다.

㊲ 확정되지 않은 것이다.(*cf.* ma2-98-b)

㊳ 출리로 인도하지 못하는 것이다.(*cf.* ma2-97-b)

㊴ 현재의 것이 마노의 알음알이를 통해서 식별된다.(*cf.* Rma-1-41)

㊵ 무상할 뿐이다.(*cf.* Rma-1-42)

㊶ 쇠퇴하기 마련이다.(*cf.* Rma-1-43)[90] [91]

2) [다섯 가지 알음알이는] 일어난 토대를 가지고 일어난 대상을 가진다.

3) 먼저 생긴 토대를 가지고 먼저 생긴 대상을 가진다.

4) 안의 토대를 가지고 밖의 대상을 가진다.

---

90) 여기서 '㊴ 현재의 것이 마노의 알음알이를 통해서 식별된다.'와 '㊵ 무상하다.'와 '㊶ 쇠퇴하기 마련이다.'는 각각 uppanna-manoviññāṇaviññeyyā와 aniccā와 jarābhibhūtā를 옮긴 것이다. 이 세 가지는 VRI본에는 나타나지 않고 PTS본에는 나타난다. 그러나 본 마띠까에 대한 해설을 담고 있는 아래 §761에서는 VRI본과 PTS본 둘 다에 'uppannaṁ manoviññāṇa-viññeyyameva', 'aniccameva', 'jarābhibhūtameva'로 나타나고 있기 때문에 여기 마띠까에도 있어야 한다고 여겨져서 역자는 여기에 넣었다. 주석서는 별다른 설명이 없다. 미얀마 본을 저본으로 한 팃띨라 스님의 영역본은 VRI본처럼 여기 §751에는 이 세 가지가 빠져있고 §761에는 이 셋이 영역되어 나타난다.

91) 이상 다섯 가지 알음알이에 대한 한 개 조 마띠까의 첫 번째 구문에 포함된 이 41가지는 『담마상가니』 제2편 물질 편 §584에 나타나는 물질의 마띠까 가운데 한 개 조 마띠까 43가지와 같은 방법으로 기술되고 있다. 물질의 마띠까 43가지에 포함되어 있는 '마음과 결합되지 않는다.'(Rma-1-20)와 '행복이 함께하는 것이 아니다.'(Rma-1-27)와 '평온이 함께하는 것이 아니다.'(Rma-1-28)가 여기에는 나타나지 않으며 물질의 마띠까에는 없는 '㉑ 취착되었고 취착의 대상인 것이다.'가 여기에는 들어있다. 그리고 문맥에 맞게, 예를 들면 '물질이다.'(Rma-1-6)가 '⑥ 비물질이다.'로, '집착된 것이다.'(Rma-1-14)가 '⑭ 집착의 대상이다.'로, '대상을 가지지 않는다.'(Rma-1-18)가 '⑱ 대상을 가진 것이다.' 등으로 나타나고 있다.

5) 섞이지 않은 토대를 가지고 섞이지 않은 대상을 가진다.

6) 다양한 토대를 가지고 다양한 대상을 가진다.

7) 서로서로의 영역과 대상을 경험하지 않는다.

8) [오문]전향이 없이는[92] 일어나지 않는다.

9) 마음에 잡도리함[作意]이 없이 일어나지 않는다.

10) 연속하여 일어나지 않는다.

11) 전도 없고 후도 없이 [동시에] 일어나지 않는다.

12) 서로서로는 더욱 틈 없이 뒤따라[等無間] 일어나지 않는다.

13) 다섯 가지 알음알이는 관심을 기울이지 못한다.[93]

---

92) 여기서 '[오문]전향이 없이는'은 asamannāhāra를 옮긴 것이다. 『맛지마 니까야 주석서』는 "밖에서 형색이 눈의 영역에 들어오지 않고, 그곳으로 전향하는 마음이 일어나지 않으면, 그것에 상응하는 알음알이는 일어나지 않습니다."(M28 §27)라는 『맛지마 니까야』의 경문을 주석하면서 여기서 '그곳으로 전향하는 마음'으로 옮긴 samannāhāra를 다음과 같이 설명하고 있다.

"'그곳으로 전향하는 마음(tajjo samannāhāro)'이란 눈과 형색을 조건으로 바왕가(잠재의식)를 전환시킨 뒤에(bhavaṅgaṁ āvaṭṭetvā) 일어난 마음에 잡도리함(uppajjana-manasikāra)이다. 이것은 바왕가의 흐름을 끊어버리고 본격적인 인식단계로 접어드는 것으로, 눈의 문에서 일어난 단지 작용만 하는 마음의 요소인 [오문전향의] 마음(kiriya-manodhātu-citta)을 말한다."(MA.ii.229)

이처럼 이 문맥에서 samannāhāra는 오문전향의 마음을 뜻한다. 그래서 『맛지마 니까야』에서는 이것을 '전향의 마음'으로 의역을 하였다. 이것을 참조하여 역자도 본서에서 asamannāhāra를 '[오문]전향이 없이는'으로 옮겼음을 밝힌다. 그리고 문맥상으로도 전오식은 오문전향의 마음이 없으면 일어날 수가 없다. 오문전향(pañca-dvār-āvajjana)은 『아비담마 길라잡이』 제3장 §8의 [해설] 3. (1)을 참조하고 오문인식과정은 같은 책 제4장 인식과정의 길라잡이 394쪽 이하에 상세하게 설명되어 있으니 참조하기 바란다.

93) '관심을 기울이지 못한다.'는 anābhoga를 옮긴 것이다. 주석서에서 "'관심을 기울이지 못함'이란 전향을 하지 못하기 때문에(anāvajjanabhūtā) 전향하는 곳(āvajjanaṭṭhāna)에 머물면서도 전향하는 역할(āvajjanakicca)을 할 수 없다는 뜻이다."(Moh.262)라고 anābhoga를 전향하지 못함(anāvajjanabhūta)으로 설명하고 있어서 이렇게 옮겼다. §766. 13)도 참조할 것.

14) 다섯 가지 알음알이로는 [대상에] 들어가는 것 외에는 어떤 법도 알지 못한다.

15) 다섯 가지 알음알이의 더욱 틈 없이 뒤따르는[等無間] [마음]일지라도[94] 어떤 [유익한 법이나 해로운] 법도 알지 못한다.

16) 다섯 가지 알음알이로는 어떤 자세도 취할 수 없다.[95]

17) 다섯 가지 알음알이의 더욱 틈 없이 뒤따르는 [마음]일지라도 어떤 자세도 취할 수 없다.

18) 다섯 가지 알음알이로는 몸의 업과 말의 업을 확립하지 못한다.

19) 다섯 가지 알음알이의 더욱 틈 없이 뒤따르는 [마음]일지라도 몸의 업과 말의 업을 확립하지 못한다.

20) 다섯 가지 알음알이로는 유익한 [법]이나 해로운 법을 행하지 못한다.

21) 다섯 가지 알음알이의 더욱 틈 없이 뒤따르는 [마음]일지라도 유익한 [법]이나 해로운 법을 행하지 못한다.

22) 다섯 가지 알음알이로는 입정과 출정을 하지 못한다.

23) 다섯 가지 알음알이의 더욱 틈 없이 뒤따르는 [마음]일지라도 입정과 출정을 하지 못한다.

---

94) "다섯 가지 알음알이의 더욱 틈 없이 뒤따르는[等無間] [마음](pañcannaṁ viññāṇānaṁ samanantarāpi)"은 마노의 요소(manodhātu, 받아들이는 마음, 『아비담마 길라잡이』 제3장 §8 [해설] (9) 참조)이다. 여기서 '~일지라도(api)'라는 단어는 적집의 뜻(sampiṇḍanattha)으로 쓰였다. 즉 단지 마노의 요소뿐만이 아니라 여운의 [마음]으로 마무리되는 다섯 가지 문에 의지한 다른 알음알이들에 의해서도(parehipi pañcadvārikaviññāṇehi tad-ārammaṇa-pariyosānehi) 어떤 유익한 [법]이나 해로운 법도 알지 못한다는 뜻을 보여주신 것이라고 받아들여야 한다. 다섯 가지 문(pañcadvāra)에서 유익하거나 해로운 등의 자와나들(속행, javanāni)이 일어날 때에도 역시 마치 허공의 꽃들(moghapupphāni)처럼 하찮은 것들(abbohārikāni)이라고 보아야 한다."(Moh.263)

95) "'다섯 가지 알음알이로는 어떤 자세도 취할 수 없다(na kañci iriyā-pathaṁ kappeti).'는 등도 앞의 방법으로 알아야 한다."(Moh.263)

24) 다섯 가지 알음알이로는 죽지 못하고 태어나지 못한다.

25) 다섯 가지 알음알이의 더욱 틈 없이 뒤따르는 [마음]일지라도 죽지 못하고 태어나지 못한다.

26) 다섯 가지 알음알이로는 잠을 자지 못하고 깨어나지 못하고 꿈을 꾸지 못한다.

27) 다섯 가지 알음알이의 더욱 틈 없이 뒤따르는 [마음]일지라도 잠을 자지 못하고 깨어나지 못하고 꿈을 꾸지 못한다.

— 토대에 대한 정확한 해석이 [바로] 통찰지이다.

— 이와 같이 한 가지에 의한 지혜의 토대가 있다.

(2) 두 개 조 마띠까(duka-mātikā)

752. 두 가지에 의한 지혜의 토대가 있다.

1) 세간적인 통찰지, 출세간의 통찰지(*cf.* ma2-12)

2) 어떤 것으로는 식별되는 통찰지, 어떤 것으로는 식별되지 않는 통찰지(*cf.* ma2-13)

3) 번뇌의 대상인 통찰지, 번뇌의 대상이 아닌 통찰지(*cf.* ma2-15)

4) 번뇌와 결합되지 않았지만 번뇌의 대상인 통찰지, 번뇌와 결합되지 않았으면서 번뇌의 대상이 아닌 통찰지(*cf.* ma2-19)

5) 족쇄의 대상인 통찰지, 족쇄의 대상이 아닌 통찰지(*cf.* ma2-21)

6) 족쇄와 결합되지 않았지만 족쇄의 대상인 통찰지, 족쇄와 결합되지 않았으면서 족쇄의 대상이 아닌 통찰지(*cf.* ma2-25)

7) 매듭의 대상인 통찰지, 매듭의 대상이 아닌 통찰지(*cf.* ma2-27)

8) 매듭과 결합되지 않았지만 매듭의 대상인 통찰지, 매듭과 결합되지 않았으면서 매듭의 대상이 아닌 통찰지(*cf.* ma2-31)

9) 폭류의 대상인 통찰지, 폭류의 대상이 아닌 통찰지(*cf.* ma2-33)

10) 폭류와 결합되지 않았지만 폭류의 대상인 통찰지, 폭류와 결합되

지 않았으면서 폭류의 대상이 아닌 통찰지(*cf.* ma2-37)

11) 속박의 대상인 통찰지, 속박의 대상이 아닌 통찰지(*cf.* ma2-39)

12) 속박과 결합되지 않았지만 속박의 대상인 통찰지, 속박과 결합되지 않았으면서 속박의 대상이 아닌 통찰지(*cf.* ma2-43)

13) 장애의 대상인 통찰지, 장애의 대상이 아닌 통찰지(*cf.* ma2-45)

14) 장애와 결합되지 않았지만 장애의 대상인 통찰지, 장애와 결합되지 않았으면서 장애의 대상이 아닌 통찰지(*cf.* ma2-49)

15) 집착의 대상인 통찰지, [309] 집착의 대상이 아닌 통찰지(*cf.* ma2-51)

16) 집착과 결합되지 않았지만 집착의 대상인 통찰지, 집착과 결합되지 않았으면서 집착의 대상이 아닌 통찰지(*cf.* ma2-54)

17) 취착된 통찰지, 취착되지 않은 통찰지(*cf.* ma2-68)

18) 취착의 대상인 통찰지, 취착의 대상이 아닌 통찰지(*cf.* ma2-70)

19) 취착과 결합되지 않았지만 취착의 대상인 통찰지, 취착과 결합되지 않았으면서 취착의 대상이 아닌 통찰지(*cf.* ma2-74)

20) 오염원의 대상인 통찰지, 오염원의 대상이 아닌 통찰지(*cf.* ma2-76)

21) 오염원과 결합되지 않았지만 오염원의 대상인 통찰지, 오염원과 결합되지 않았으면서 오염원의 대상이 아닌 통찰지(*cf.* ma2-82)

22) 일으킨 생각이 있는 통찰지, 일으킨 생각이 없는 통찰지(*cf.* ma2-87)

23) 지속적 고찰이 있는 통찰지, 지속적 고찰이 없는 통찰지(*cf.* ma2-88)

24) 희열이 있는 통찰지, 희열이 없는 통찰지(*cf.* ma2-89)

25) 희열이 함께하는 통찰지, 희열이 함께하지 않는 통찰지(*cf.* ma2-90)

26) 행복이 함께하는 통찰지, 행복이 함께하지 않는 통찰지(*cf.* ma2-91)

27) 평온이 함께하는 통찰지, 평온이 함께하지 않는 통찰지(*cf.* ma2-92)

28) 욕계에 속하는 통찰지, 욕계에 속하지 않는 통찰지(*cf.* ma2-93)

29) 색계에 속하는 통찰지, 색계에 속하지 않는 통찰지(*cf.* ma2-94)

30) 무색계에 속하는 통찰지, 무색계에 속하지 않는 통찰지(*cf.* ma2-95)

31) [세간에] 포함된 통찰지, [세간에] 포함되지 않는[出世間] 통찰지(*cf.* ma2-96)

32) 출리로 인도하는 통찰지, 출리로 인도하지 못하는 통찰지(*cf.* ma2-97)

33) 확정된 통찰지, 확정되지 않은 통찰지(*cf.* ma2-98)

34) 위가 있는 통찰지, 위가 없는 통찰지(*cf.* ma2-99)

35) 결과를 생기게 하는 통찰지, 생긴 결과인 통찰지

— 이와 같이 두 가지에 의한 지혜의 토대가 있다.

(3) 세 개 조 마띠까(tika-mātikā)

753. 세 가지에 의한 [310] 지혜의 토대가 있다.

1) 생각으로 이루어진 통찰지, 들음으로 이루어진 통찰지, 수행으로 이루어진 통찰지

2) 보시로 이루어진 통찰지, 계행으로 이루어진 통찰지, 수행으로 이루어진 통찰지

3) 높은 계[增上戒]에 있는 통찰지, 높은 마음[增上心]에 있는 통찰지, 높은 통찰지[增上慧]에 있는 통찰지

4) 증장에 능숙함, 손상에 능숙함, 방법에 능숙

5) 과보로 나타난 통찰지, 과보를 생기게 하는 통찰지, 과보로 나타난 것도 아니고 과보를 생기게 하는 것도 아닌 통찰지(*cf.* ma3-3)

6) 취착되었고 취착의 대상인 통찰지, 취착되지 않았지만 취착의 대상인 통찰지, 취착되지 않았고 취착의 대상도 아닌 통찰지(*cf.* ma3-4)

7) 일으킨 생각이 있고 지속적 고찰이 있는 통찰지, 일으킨 생각은 없고 지속적 고찰만 있는 통찰지, 일으킨 생각도 없고 지속적 고찰도 없는 통찰지(*cf.* ma3-6)

8) 희열이 함께하는 통찰지, 행복이 함께하는 통찰지, 평온이 함께하는 통찰지(*cf.* ma3-7)

9) [윤회를] 축적하게 하는 통찰지, [윤회를] 감소시키는 통찰지, [윤회를] 축적하게 하는 것도 [윤회를] 감소시키는 것도 아닌 통찰지(*cf* ma3-10)

10) 유학에 속하는 통찰지, 무학에 속하는 통찰지, 유학에도 무학에도 속하지 않는 통찰지(*cf* ma3-11)

11) 제한된 통찰지, 고귀한 통찰지, 무량한 통찰지(*cf* ma3-12)

12) 제한된 대상을 가진 통찰지, 고귀한 대상을 가진 통찰지, 무량한 대상을 가진 통찰지(*cf* ma3-13)

13) 도를 대상으로 가진 통찰지, 도를 원인으로 가진 통찰지, 도를 지배의 [요소]로 가진 통찰지(*cf* ma3-16)

14) 일어난 통찰지, 일어나지 않은 통찰지, 일어나게 될 통찰지(*cf* ma3-17)

15) 과거의 통찰지, [311] 미래의 통찰지, 현재의 통찰지(*cf* ma3-18)

16) 과거의 대상을 가진 통찰지, 미래의 대상을 가진 통찰지, 현재의 대상을 가진 통찰지(*cf* ma3-19)

17) 안의 통찰지, 밖의 통찰지, 안과 밖의 통찰지(*cf* ma3-20)

18) 안의 대상을 가진 통찰지, 밖의 대상을 가진 통찰지, 안과 밖의 대상을 가진 통찰지(*cf* ma3-21)

19) 일으킨 생각이 있고 지속적 고찰이 있는 통찰지(*cf* ma3-6-a)[96]는

과보로 나타난 것이 있고, 과보를 생기게 하는 것이 있고, 과보로 나타난 것도 아니고 과보를 생기게 하는 것도 아닌 것이 있다.(*cf* ma3-3)

20) 취착되었고 취착의 대상인 것이 있고, 취착되지 않았지만 취착의 대상인 것이 있고, 취착되지 않았고 취착의 대상도 아닌 것이 있다.(*cf* ma3-4)

---

96) 이 '일으킨 생각과 지속적 고찰을 가진 통찰지(savitakkasavicārā paññā)'(*cf* ma3-6-a)는 다시 19)부터 31)까지의 13개의 논의의 주제로 세분이 되고 있다.

21) 희열이 함께하는 것이 있고, 행복이 함께하는 것이 있고, 평온이 함께하는 것이 있다.(*cf.* ma3-7)

22) [윤회를] 축적하게 하는 것이 있고, [윤회를] 감소시키는 것이 있고, [윤회를] 축적하게 하는 것도 [윤회를] 감소시키는 것도 아닌 것이 있다.(*cf.* ma3-10)

23) 유학에 속하는 것이 있고, 무학에 속하는 것이 있고, 유학에도 무학에도 속하지 않는 것이 있다.(*cf.* ma3-11)

24) 제한된 것이 있고, 고귀한 것이 있고, 무량한 것이 있다.(*cf.* ma3-12)

25) 제한된 대상을 가진 것이 있고, 고귀한 대상을 가진 것이 있고, 무량한 대상을 가진 것이 있다.(*cf.* ma3-13)

26) 도를 대상으로 가진 것이 있고, 도를 원인으로 가진 것이 있고, 도를 지배의 [요소]로 가진 것이 있다.(*cf.* ma3-16)

27) 일어난 것이 있고, 일어나지 않은 것이 있고, 일어나게 될 것이 있다.(*cf.* ma3-17)

28) 과거의 것이 있고, 미래의 것이 있고, 현재의 것이 있다.(*cf.* ma3-18)

29) 과거의 대상을 가진 것이 있고, [312] 미래의 대상을 가진 것이 있고, 현재의 대상을 가진 것이 있다.(*cf.* ma3-19)

30) 안의 것이 있고, 밖의 것이 있고, 안과 밖의 것이 있다.(*cf.* ma3-20)

31) 안의 대상을 가진 것이 있고, 밖의 대상을 가진 것이 있고, 안과 밖의 대상을 가진 것이 있다.(*cf.* ma3-21)

32) 일으킨 생각은 없고 지속적 고찰만 있는 통찰지(*cf.* ma3-6-b)[97]는

97) 이 '일으킨 생각은 없고 지속적 고찰만 있는 통찰지(avitakkavicāramattā paññā)'(*cf.* ma3-6-b)는 다시 32)부터 38)까지의 7개의 논의의 주제로 세분이 되고 있다. 이것은 '일으킨 생각과 지속적 고찰을 가진 통찰지(savitakkasavicārā paññā)'(*cf.* ma3-6-a)에서 언급된 13개의 논의의 주제 가운데 6개가 제외된 것이다. 그 6개는 다음과 같다.

희열이 함께하는 것이 있고, 행복이 함께하는 것이 있고, 평온이 함께하는

과보로 나타난 것이 있고, 과보를 생기게 하는 것이 있고, 과보로 나타난 것도 아니고 과보를 생기게 하는 것도 아닌 것이 있다.(*cf.* ma3-3)

33) 취착되었고 취착의 대상인 것이 있고, 취착되지 않았지만 취착의 대상인 것이 있고, 취착되지 않았고 취착의 대상도 아닌 것이 있다.(*cf.* ma3-4)

34) [윤회를] 축적하게 하는 것이 있고, [윤회를] 감소시키는 것이 있고, [윤회를] 축적하게 하는 것도 [윤회를] 감소시키는 것도 아닌 것이 있다.(*cf.* ma3-10)

35) 유학에 속하는 것이 있고, 무학에 속하는 것이 있고, 유학에도 무학에도 속하지 않는 것이 있다.(*cf.* ma3-11)

36) 일어난 것이 있고, 일어나지 않은 것이 있고, 일어나게 될 것이 있다.(*cf.* ma3-17)

37) 과거의 것이 있고, 미래의 것이 있고, 현재의 것이 있다.(*cf.* ma3-18)

38) 안의 것이 있고, 밖의 것이 있고, 안과 밖의 것이 있다.(*cf.* ma3-20)

39) 일으킨 생각도 없고 지속적 고찰도 없는 통찰지(*cf.* ma3-6-c)[98]는

것이 있다.(*cf.* ma3-7)
제한된 것이 있고, 고귀한 것이 있고, 무량한 것이 있다.(*cf.* ma3-12)
제한된 대상을 가진 것이 있고, 고귀한 대상을 가진 것이 있고, 무량한 대상을 가진 것이 있다.(*cf.* ma3-13)
도를 대상으로 가진 것이 있고, 도를 원인으로 가진 것이 있고, 도를 지배의 [요소]로 가진 것이 있다.(*cf.* ma3-16)
과거의 대상을 가진 것이 있고, 미래의 대상을 가진 것이 있고, 현재의 대상을 가진 것이 있다.(*cf.* ma3-19)
안의 대상을 가진 것이 있고, 밖의 대상을 가진 것이 있고, 안과 밖의 대상을 가진 것이 있다.(*cf.* ma3-21)

98) 이 '일으킨 생각도 없고 지속적 고찰도 없는 통찰지(avitakkāvicārā paññā)'(*cf.* ma3-6-c)는 다시 39)부터 50)까지의 12개의 논의의 주제로 세분이 되고 있다. 이것은 '일으킨 생각과 지속적 고찰을 가진 통찰지(savitakka-savicārā paññā)'(*cf.* ma3-6-a)에서 언급된 13개의 논의의 주제 가운데

과보로 나타난 것이 있고, 과보를 생기게 하는 것이 있고, 과보로 나타난 것도 아니고 과보를 생기게 하는 것도 아닌 것이 있다.(*cf.* ma3-3)

40) 취착되었고 취착의 대상인 것이 있고, 취착되지 않았지만 취착의 대상인 것이 있고, 취착되지 않았고 취착의 대상도 아닌 것이 있다.(*cf.* ma3-4)

41) 희열이 함께하는 것이 있고, 행복이 함께하는 것이 있고, 평온이 함께하는 것이 있다.(*cf.* ma3-7)

42) [윤회를] 축적하게 하는 것이 있고, [윤회를] 감소시키는 것이 있고, [윤회를] 축적하게 하는 것도 [윤회를] 감소시키는 것도 아닌 것이 있다.(*cf.* ma3-10)

43) 유학에 속하는 것이 있고, [313] 무학에 속하는 것이 있고, 유학에도 무학에도 속하지 않는 것이 있다.(*cf.* ma3-11)

44) 제한된 대상을 가진 것이 있고, 고귀한 대상을 가진 것이 있고, 무량한 대상을 가진 것이 있다.(*cf.* ma3-13)

45) 도를 대상으로 가진 것이 있고, 도를 원인으로 가진 것이 있고, 도를 지배의 [요소]로 가진 것이 있다.(*cf.* ma3-16)

46) 일어난 것이 있고, 일어나지 않은 것이 있고, 일어나게 될 것이 있다.(*cf.* ma3-17)

47) 과거의 것이 있고, 미래의 것이 있고, 현재의 것이 있다.(*cf.* ma3-18)

48) 과거의 대상을 가진 것이 있고, 미래의 대상을 가진 것이 있고, 현재의 대상을 가진 것이 있다.(*cf.* ma3-19)

49) 안의 것이 있고, 밖의 것이 있고, 안과 밖의 것이 있다.(*cf.* ma3-20)

50) 안의 대상을 가진 것이 있고, 밖의 대상을 가진 것이 있고, 안과 밖의 대상을 가진 것이 있다.(*cf.* ma3-21)

'제한된 것이 있고, 고귀한 것이 있고, 무량한 것이 있다.(*cf.* ma3-12)'가 제외된 것이다.

51) 희열이 함께한 통찰지(*cf* ma3-7-a)와 행복이 함께한 통찰지(*cf* ma3-7-b)[99]는 과보로 나타난 것이 있고, 과보를 생기게 하는 것이 있고, 과보로 나타난 것도 아니고 과보를 생기게 하는 것도 아닌 것이 있다.(*cf* ma3-3)

52) 취착되었고 취착의 대상인 것이 있고, 취착되지 않았지만 취착의 대상인 것이 있고, 취착되지 않았고 취착의 대상도 아닌 것이 있다.(*cf* ma3-4)

53) 일으킨 생각이 있고 지속적 고찰이 있는 것이 있고, 일으킨 생각은 없고 지속적 고찰만 있는 것이 있고, 일으킨 생각도 없고 지속적 고찰도 없는 것이 있다.(*cf* ma3-6)

54) [윤회를] 축적하게 하는 것이 있고, [윤회를] 감소시키는 것이 있고, [윤회를] 축적하게 하는 것도 [윤회를] 감소시키는 것도 아닌 것이 있다.(*cf* ma3-10)

55) 유학에 속하는 것이 있고, 무학에 속하는 것이 있고, 유학에도 무학에도 속하지 않는 것이 있다.(*cf* ma3-11)

56) 제한된 것이 있고, 고귀한 것이 있고, 무량한 것이 있다.(*cf* ma3-12)

57) 제한된 대상을 가진 것이 있고, [314] 고귀한 대상을 가진 것이 있고, 무량한 대상을 가진 것이 있다.(*cf* ma3-13)

58) 도를 대상으로 가진 것이 있고, 도를 원인으로 가진 것이 있고, 도를 지배의 [요소]로 가진 것이 있다.(*cf* ma3-16)

---

99) 이 희열이 함께한 통찰지(*cf* ma3-7-a)와 행복이 함께한 통찰지(*cf* ma3-7-b)는 다시 51)부터 63)까지의 13개의 논의의 주제로 세분이 되고 있다. 이것은 위의 19)부터 31)까지의 13개의 논의의 주제로 세분되어 나타난 '일으킨 생각과 지속적 고찰을 가진 통찰지(savitakkasavicārā paññā)'(*cf* ma3-6-a)의 13개의 논의의 주제 가운데 '희열이 함께하는 것이 있고, 행복이 함께하는 것이 있고, 평온이 함께하는 것이 있다.(*cf* ma3-7)' 대신에 '일으킨 생각이 있고 지속적 고찰이 있는 것이 있고, 일으킨 생각은 없고 지속적 고찰만 있는 것이 있고, 일으킨 생각도 없고 지속적 고찰도 없는 것이 있다.(*cf* ma3-6)'가 들어간 것이다.

59) 일어난 것이 있고, 일어나지 않은 것이 있고, 일어나게 될 것이 있다.(*cf.* ma3-17)

60) 과거의 것이 있고, 미래의 것이 있고, 현재의 것이 있다.(*cf.* ma3-18)

61) 과거의 대상을 가진 것이 있고, 미래의 대상을 가진 것이 있고, 현재의 대상을 가진 것이 있다.(*cf.* ma3-19)

62) 안의 것이 있고, 밖의 것이 있고, 안과 밖의 것이 있다.(*cf.* ma3-20)

63) 안의 대상을 가진 것이 있고, 밖의 대상을 가진 것이 있고, 안과 밖의 대상을 가진 것이 있다.(*cf.* ma3-21)

64) 평온이 함께하는 통찰지(*cf.* ma3-7-c)[100]는

과보로 나타난 것이 있고, 과보를 생기게 하는 것이 있고, 과보로 나타난 것도 아니고 과보를 생기게 하는 것도 아닌 것이 있다.(*cf.* ma3-3)

65) 취착되었고 취착의 대상인 것이 있고, 취착되지 않았지만 취착의 대상인 것이 있고, 취착되지 않았고 취착의 대상도 아닌 것이 있다.(*cf.* ma3-4)

66) [윤회를] 축적하게 하는 것이 있고, [윤회를] 감소시키는 것이 있고, [윤회를] 축적하게 하는 것도 [윤회를] 감소시키는 것도 아닌 것이 있다.(*cf.* ma3-10)

67) 유학에 속하는 것이 있고, 무학에 속하는 것이 있고, 유학에도 무학에도 속하지 않는 것이 있다.(*cf.* ma3-11)

68) 제한된 것이 있고, 고귀한 것이 있고, 무량한 것이 있다.(*cf.* ma3-12)

69) 제한된 대상을 가진 것이 있고, 고귀한 대상을 가진 것이 있고, 무량한 대상을 가진 것이 있다.(*cf.* ma3-13)

---

100) 이 '평온이 함께한 통찰지'(*cf.* ma3-7-c)는 다시 64)부터 75)까지 12개의 논의의 주제로 세분이 되고 있다. 이것은 위의 19)부터 31)까지의 13개의 논의의 주제로 세분되어 나타난 '일으킨 생각과 지속적 고찰을 가진 통찰지(savitakkasavicārā paññā)'(*cf.* ma3-6-a)의 13개의 논의의 주제 가운데 '희열이 함께하는 것이 있고, 행복이 함께하는 것이 있고, 평온이 함께하는 것이 있다.(*cf.* ma3-7)'가 제외된 것이다.

70) 도를 대상으로 가진 것이 있고, 도를 원인으로 가진 것이 있고, 도를 지배의 [요소]로 가진 것이 있다.(*cf.* ma3-16)

71) 일어난 것이 있고, [315] 일어나지 않은 것이 있고, 일어나게 될 것이 있다.(*cf.* ma3-17)

72) 과거의 것이 있고, 미래의 것이 있고, 현재의 것이 있다.(*cf.* ma3-18)

73) 과거의 대상을 가진 것이 있고, 미래의 대상을 가진 것이 있고, 현재의 대상을 가진 것이 있다.(*cf.* ma3-19)

74) 안의 것이 있고, 밖의 것이 있고, 안과 밖의 것이 있다.(*cf.* ma3-20)

75) 안의 대상을 가진 것이 있고, 밖의 대상을 가진 것이 있고, 안과 밖의 대상을 가진 것이 있다.(*cf.* ma3-21)

— 이와 같이 세 가지에 의한 지혜의 토대가 있다.

(4) 네 개 조 마띠까(catukka-mātikā)

754. 네 가지에 의한 지혜의 토대가 있다.

1) 업이 자신의 주인임을 [아는] 지혜, 진리에 수순하는 지혜, 도를 구족한 자의 지혜(*cf.* ma2-137-b), 과를 구족한 자의 지혜

2) 괴로움에 대한 지혜, 괴로움의 일어남에 대한 지혜, 괴로움의 소멸에 대한 지혜, 괴로움의 소멸로 인도하는 도닦음에 대한 지혜

3) 욕계에 속하는 통찰지, 색계에 속하는 통찰지, 무색계에 속하는 통찰지, [세간에] 포함되지 않는[出世間] 통찰지

4) 법에 대한 지혜, 추론에 의한 지혜, 남들에 대한 지혜, 인습적인 지혜(D33 §1.11 (11); D34 §1.5 (8))[101)]

---

101) VRI본에는 "dhamme ñāṇaṁ, anvaye ñāṇaṁ, pariye [paricce (sabbattha) passa dīghanikāye] ñāṇaṁ, sammutiñāṇaṁ [sammati-ñāṇaṁ (syā0) passa dīghanikāye]"로 나타나고 PTS본에는 "dhamme ñāṇaṁ, anvaye ñāṇaṁ, paricce ñāṇaṁ, sammati-ñāṇaṁ"으로 나타나고 있다. 이 네 가지는 VRI본 『디가 니까야』에는 "dhamme ñāṇaṁ,

5) [윤회를] 축적하게 하고 감소시키지 않는 통찰지(*cf* ma3-10-a)가 있고, [윤회를] 감소시키고 축적하게 하지 않는 통찰지(*cf* ma3-10-b)가 있고, [윤회를] 축적하게도 하고 감소시키기도 하는 통찰지가 있고, [윤회를] 축적하게 하는 것도 [윤회를] 감소시키는 것도 아닌 통찰지(*cf* ma3-10-c)가 있다.[102]

6) 염오로 인도하지만 꿰뚫음으로 인도하지 못하는 통찰지가 있고, 꿰뚫음으로 인도하지만 염오로 인도하지 못하는 통찰지가 있고, 염오로도 인도하고 꿰뚫음으로도 인도하는 통찰지가 있고, 염오로 인도하지도 꿰뚫음으로 인도하지도 못하는 통찰지가 있다.

7) 퇴보에 빠진 통찰지가 있고, [316] 정체에 빠진 통찰지가 있고, 수승함에 동참하는 통찰지가 있고, 꿰뚫음에 동참하는 통찰지가 있다.

8) 네 가지 무애해체지

9) 네 가지 도닦음

10) 네 가지 대상

11) 늙음 · 죽음에 대한 지혜, 늙음 · 죽음의 일어남에 대한 지혜, 늙

---

anvaye ñāṇaṁ, pariye ñāṇaṁ, sammutiyā ñāṇaṁ"(D33 §1.11 (11), D34 §1.5 (8))으로 나타나고 있다.

『디가 니까야 주석서』는 이 네 가지를 다음과 같이 설명한다.
"'법에 대한 지혜(dhamme ñāṇa)'란 하나의 꿰뚫음(통찰)에 의해서 네 가지 진리[四諦]의 법에 대한 지혜와 네 가지 진리에 포함되어 있는 소멸의 진리[滅諦]인 법에 대한 지혜이다. '추론에 의한 지혜(anvaye ñāṇa)'란 네 가지 진리를 직접 본 뒤에 '이와 같이 과거에도 미래에도 오온은 괴로움의 진리[苦諦]요 이 갈애는 일어남의 진리[集諦]요 이 소멸은 소멸의 진리[滅諦]요 이 도는 도의 진리[道諦]이다.'라고 그 지혜를 통해서 추론하는(anugati-ya) 지혜이다. '남들에 대한 지혜(pariye ñāṇa)'란 남들의 마음을 파악하는 것에 대한 지혜(paresaṁ cittaparicchede ñāṇa)이다. 이 셋을 제외한 나머지가 '인습적인 지혜(sammutiyā ñāṇa)'이다."(DA.iii.1019~20)

102) "'축적시킨다(ācaya)'는 것은 윤회(vaṭṭa)를 증가시킨다(vaḍḍhana)는 의미이고, 감소시키지 않는다(no apacaya)는 것은 윤회를 없애지 못한다는 의미이다."(AA.iv.137 — A8:53 §2에 대한 주해임)

음 · 죽음의 소멸에 대한 지혜, 늙음 · 죽음의 소멸로 인도하는 도닦음에 대한 지혜

12~21) 태어남에 대한 지혜 … 존재에 대한 지혜 … 취착에 대한 지혜 … 갈애에 대한 지혜 … 느낌에 대한 지혜 … 감각접촉에 대한 지혜 … 여섯 가지 감각장소에 대한 지혜 … 정신 · 물질에 대한 지혜 … 알음알이에 대한 지혜 … [업]형성들에 대한 지혜, [업]형성들의 일어남에 대한 지혜, [업]형성들의 소멸에 대한 지혜, [업]형성들의 소멸로 인도하는 도닦음에 대한 지혜

— 이와 같이 네 가지에 의한 지혜의 토대가 있다.

(5) 다섯 개 조 마띠까(pañcaka-mātikā)

755. 다섯 가지에 의한 지혜의 토대가 있다.

1) 다섯 가지 구성요소를 가진 바른 삼매

2) 다섯 가지 지혜를 가진 바른 삼매이다.

— 이와 같이 다섯 가지에 의한 지혜의 토대가 있다.

(6) 여섯 개 조 마띠까(chakka-mātikā)

756. 여섯 가지에 의한 지혜의 토대가 있다.

여섯 가지 신통지(초월지)에 있는 통찰지이다.

— 이와 같이 여섯 가지에 의한 지혜의 토대가 있다.

(7) 일곱 개 조 마띠까(sattaka-mātikā)

757. 일곱 가지에 의한 지혜의 토대가 있다.

일흔일곱 가지 지혜의 토대이다.

— 이와 같이 일곱 가지에 의한 지혜의 토대가 있다.

(8) 여덟 개 조 마띠까(aṭṭhaka-mātikā)

758. 여덟 가지에 의한 [317] 지혜의 토대가 있다.
네 가지 도와 네 가지 과에 있는 통찰지이다.
— 이와 같이 여덟 가지에 의한 지혜의 토대가 있다.

(9) 아홉 개 조 마띠까(navaka-mātikā)

759. 아홉 가지에 의한 지혜의 토대가 있다.
아홉 가지 차례로 머묾의 증득[九次第住等至]에 있는 통찰지이다.
— 이와 같이 아홉 가지에 의한 지혜의 토대가 있다.

(10) 열 개 조 마띠까(dasaka-mātikā)

760. 열 가지에 의한 지혜의 토대가 있다.(M12 §§9~19)
여래에게는 열 가지 여래의 힘이 있나니,[103] 이런 힘을 구족하여 여

103) '열 가지 여래의 힘(tathāgata-balāni)'은 우리에게 여래십력(如來十力)으로 잘 알려져 있다. 주석서는 여래의 힘을 육체적인 힘(kāya-bala)과 지혜의 힘(ñāṇa-bala)의 둘로 나누고 지혜의 힘으로는 본서에 나타나는 십력에 대한 지혜(dasa-bala-ñāṇa, §§9~20), 네 가지 담대함[四無畏]에 대한 지혜(catu-vesārajja-ñāṇa, §§22~27), 여덟 가지 회중[八會衆]에 대해 동요하지 않는 지혜(aṭṭhasu parisāsu akampanañāṇa, §§29~30), 네 부류의 태어남[四生]을 구분하는 지혜(catu-yoni-paricchedaka-ñāṇa, §§32~33), 다섯 가지 태어날 곳[五趣]을 구분하는 지혜(pañcagati-paricchedaka-ñāṇa, §§35~42) 등을 들고, 나아가서 부처님이 가지신 수천의 지혜를 지혜의 힘이라 한다고 설명한다. 그리고 지혜는 흔들림 없음의 뜻(akampiyaṭṭha)과 굳건함의 뜻(upatthambhanaṭṭha)에 의해서 힘(bala)이라 불린다고 주석하고 있다.(MA.ii.26~27)
한편 열 가지 여래의 힘(여래십력)은 『맛지마 니까야』 제1권 「사자후의 긴 경」(M12) §§9~20과 『앙굿따라 니까야』 제6권 「사자 경」(A10:21)에도 자세히 설명되고 있다. 그리고 『상윳따 니까야』 제6권 「원인 경」

래는 대웅(大雄)의 위치를 천명하고 회중에서 사자후를 토하고 신성한 바퀴[梵輪]를 굴린다. 무엇이 열 가지인가?

여기서 ① 여래는 원인을 원인이라고 원인이 아닌 것을 원인이 아닌 것이라고 있는 그대로 꿰뚫어 안다. 이처럼 여래가 원인을 원인이라고 원인이 아닌 것을 원인이 아닌 것이라고 있는 그대로 꿰뚫어 아는 이 [지혜도] 여래가 가진 여래의 힘이니, 이런 힘을 구족하여 여래는 대웅의 위치를 천명하고 회중에서 사자후를 토하고 수승한 바퀴를 굴린다.

다시, ② 여래는 과거 · 미래 · 현재에 업을 받들어 행함의 과보를 조건에 따라 원인에 따라 있는 그대로 꿰뚫어 안다. 이처럼 여래가 과거 · 미래 · 현재에 업을 받들어 행함의 과보를 조건에 따라 원인에 따라 있는 그대로 꿰뚫어 아는 이 [지혜도] 여래가 가진 여래의 힘이니, 이런 힘을 구족하여 여래는 대웅의 위치를 천명하고 회중에서 사자후를 토하고 수승한 바퀴를 굴린다."

다시, ③ 여래는 모든 태어날 곳[行處]으로 인도하는 도닦음을 있는 그대로 꿰뚫어 안다. 이처럼 여래가 모든 태어날 곳으로 인도하는 도닦음을 있는 그대로 꿰뚫어 아는 이 [지혜도] 여래가 가진 여래의 힘이니, 이런 힘을 구족하여 여래는 대웅의 위치를 천명하고 회중에서 사자후를 토하고 수승한 바퀴를 굴린다.

다시, ④ 여래는 여러 가지 요소[界]와 다양한 요소를 가진 세상을 있는 그대로 꿰뚫어 안다. 이처럼 여래가 여러 가지 요소와 다양한 요소를 가진 세상을 있는 그대로 꿰뚫어 아는 이 [지혜도] 여래가 가진 여래의

(S52:15)부터 「번뇌의 멸진 경」(S52:24)까지의 열 개의 경들은 아누룻다 존자가 자신이 실현한 십력을 각각 하나씩 다루어 모두를 설명하고 있다. 한편 『앙굿따라 니까야』 제4권 「사자후 경」(A6:64)에는 이 열 가지 가운데 여섯 가지를 여래의 힘으로 설하고 있으며, 『앙굿따라 니까야』 제3권 「전에 들어보지 못함 경」(A5:11)에는 믿음, 양심, 수치심, 정진, 통찰지의 다섯 가지를 여래의 힘으로 들고 있다.

힘이니, 이런 힘을 구족하여 여래는 대웅의 위치를 천명하고 회중에서 사자후를 토하고 수승한 바퀴를 굴린다.

다시, ⑤ 여래는 중생들의 다양한 성향을 있는 그대로 꿰뚫어 안다. 이처럼 여래가 중생들의 다양한 성향을 [318] 있는 그대로 꿰뚫어 아는 이 [지혜도] 여래가 가진 여래의 힘이니, 이런 힘을 구족하여 여래는 대웅의 위치를 천명하고 회중에서 사자후를 토하고 수승한 바퀴를 굴린다.

다시, ⑥ 여래는 다른 중생들과 다른 인간들의 기능[根]의 뛰어남과 저열함을 있는 그대로 꿰뚫어 안다. 이처럼 여래가 다른 중생들과 다른 인간들의 기능의 뛰어남과 저열함을 있는 그대로 꿰뚫어 아는 이 [지혜도] 여래가 가진 여래의 힘이니, 이런 힘을 구족하여 여래는 대웅의 위치를 천명하고 회중에서 사자후를 토하고 수승한 바퀴를 굴린다.

다시, ⑦ 여래는 禪과 해탈과 삼매와 증득[等至]의 오염원과 깨끗함과 출정을 있는 그대로 꿰뚫어 안다. 이처럼 여래가 禪과 해탈과 삼매와 증득[等至]의 오염원과 깨끗함과 출정을 있는 그대로 꿰뚫어 아는 이 [지혜도] 여래가 가진 여래의 힘이니, 이런 힘을 구족하여 여래는 대웅의 위치를 천명하고 회중에서 사자후를 토하고 수승한 바퀴를 굴린다.

다시, ⑧ 여래는 전생의 삶들을 기억하여 있는 그대로 꿰뚫어 안다[宿命通]. 이처럼 여래가 전생의 삶들을 기억하여 있는 그대로 꿰뚫어 아는 이 [지혜도] 여래가 가진 여래의 힘이니, 이런 힘을 구족하여 여래는 대웅의 위치를 천명하고 회중에서 사자후를 토하고 수승한 바퀴를 굴린다.

다시, ⑨ 여래는 중생들이 죽고 태어나는 것을 있는 그대로 꿰뚫어 안다[天眼通]. 이처럼 여래가 중생들이 죽고 태어나는 것을 있는 그대로 꿰뚫어 아는 이 [지혜도] 여래가 가진 여래의 힘이니, 이런 힘을 구족하여 여래는 대웅의 위치를 천명하고 회중에서 사자후를 토하고 수승한 바퀴를 굴린다.

다시, ⑩ 여래는 번뇌의 멸진을 있는 그대로 꿰뚫어 안다[漏盡通]. 이처럼 여래가 번뇌의 멸진을 있는 그대로 꿰뚫어 아는 이 [지혜도] 여래가 가진 여래의 힘이니, 이런 힘을 구족하여 여래는 대웅의 위치를 천명하고 회중에서 사자후를 토하고 수승한 바퀴를 굴린다.

이것이 여래가 가진 열 가지 여래의 힘[如來十力]이니, 이런 힘을 구족하여 여래는 대웅의 위치를 천명하고 회중에서 사자후를 토하고 수승한 바퀴를 굴린다.

— 이와 같이 열 가지 지혜의 토대가 있다.

마띠까가 [끝났다.]

II. 해설

niddesa

(1) 한 개 조에 대한 해설(ekaka-niddesa)

761. 1) 다섯 가지 알음알이[前五識]는 — [319]

① 참으로[104] 원인이 아닌 것이다.(*cf.* ma2-1-b)

② 참으로 원인을 가지지 않은 것이다.(*cf.* ma2-2-b)

③ 참으로 원인과 결합되지 않은 것이다.(*cf.* ma2-3-b)

④ 참으로 조건을 가진 것이다.(*cf.* ma2-7-a)

⑤ 참으로 형성된 것이다.(*cf.* ma2-8-a)

⑥ 참으로 비물질인 것이다.(*cf.* ma2-11-b)

---

104) 앞의 한 개 조 마띠까(§751)에서는 "pañca viññāṇā na hetū, ahetukā … aniyatā, aniyyānikā"으로 나타나고 있는데 여기 한 개 조에 대한 해설(§761)에서는 "pañca viññāṇā na hetum**eva**, ahetukam**eva** … aniyatameva, aniyyānikam**eva**"로 모든 용어에 영어의 *only*에 해당하는 'eva'가 붙어서 나타나고 있다. 같은 어법이 『담마상가니』에도 나타나고 있는데(Dhs §594와 Dhs §594) 여기에 대해서 『담마상가니』 아누띠까는 다음과 같이 설명하고 있다.

"여기 이 부분의 해설은 [앞의 한 개 조 마띠까의 해당 부분과] 차이점이 없다(vibhāga-abhāva = bheda-abhāva, DhkānuṬ.23). 그래서 'na hetum eva'라는 등으로 [앞의 한 개 조 마띠까의 해당 부분과] 차이점이 없음을 강조하는 '참으로(eva)'라는 [불변화사]를 사용하여 해설을 하고 있다."(DhsAMṬ.142~143)

본서를 영역한 팃띨라 스님은 eva가 들어있는 후자를 모두 *always*를 넣어서 '*The five types of sense consciousness always are not roots.*' 등으로 옮겼다. 위의 복주서의 설명을 참조하여 『담마상가니』에서는 물질의 한 개 조의 해설(Dhs §594)에서 이 부분을 앞의 물질의 한 개 조 마띠까(Dhs §584)의 해당 부분과 구분하지 않고 똑같이 옮겼다. 그러나 본서에서는 eva를 '참으로'로 옮겨서 해설의 이 부분을 앞의 물질의 한 개 조 마띠까의 해당 부분(§751)과 구분하고 있다.

⑦ 참으로 세간적인 것이다.(cf. ma2-12-a)

⑧ 참으로 번뇌의 대상이다.(cf. ma2-15-a)

⑨ 참으로 족쇄의 대상이다.(cf. ma2-21-a)

⑩ 참으로 매듭의 대상이다.(cf. ma2-27-a)

⑪ 참으로 폭류의 대상이다.(cf. ma2-33-a)

⑫ 참으로 속박의 대상이다.(cf. ma2-39-a)

⑬ 참으로 장애의 대상이다.(cf. ma2-45-a)

⑭ 집착의 대상이다.(cf. ma2-51-a)

⑮ 참으로 취착의 대상이다.(cf. ma2-70-a)

⑯ 참으로 오염원의 대상이다.(cf. ma2-76-a)

⑰ 참으로 결정할 수 없는 것[無記](cf. ma3-1-c)이다.

⑱ 참으로 대상을 가진 것이다.(cf. ma2-55-a)

⑲ 참으로 마음부수가 아닌 것이다.(cf. ma2-57-b)

⑳ 참으로 과보로 나타난 것이다.(cf. ma3-3-a)

㉑ 참으로 취착되었고 취착의 대상인 것이다.(cf. ma3-4-a)

㉒ 참으로 오염되지 않았지만 오염의 대상인 것이다.(cf. ma3-5-b)

㉓ 참으로 일으킨 생각이 있고 지속적 고찰이 있는 것(cf. ma3-6-a)이 아니다.

㉔ 참으로 일으킨 생각은 없고 지속적 고찰만 있는 것(cf. ma3-6-b)이 아니다.

㉕ 참으로 일으킨 생각도 없고 지속적 고찰도 없는 것이다.(cf. ma3-6-c)

㉖ 참으로 희열이 함께하는 것(cf. ma3-7-a)이 아니다.

㉗ 참으로 봄이나 닦음으로 버려야 하지 않는 것이다.(cf. ma3-8-c)

㉘ 참으로 봄이나 닦음으로 버려야 하는 원인을 가지지 않은 것이다.(cf. ma3-9-c)

㉙ 참으로 [윤회를] 축적하게 하는 것도 [윤회를] 감소시키는 것도 아닌 [법]이다.(*cf* ma3-10-c)

㉚ 참으로 유학에도 무학에도 속하지 않는 것이다(*cf* ma3-11-c)

㉛ 참으로 제한된 것이다.(*cf* ma3-12-a)

㉜ 참으로 욕계에 속하는 것이다.(*cf* ma2-93-a)

㉝ 참으로 색계에 속하지 않는 것이다.(*cf* ma2-94-b)

㉞ 참으로 무색계에 속하지 않는 것이다.(*cf* ma2-95-b)

㉟ 참으로 [세간에] 포함된 것이다.(*cf* ma2-96-a)

㊱ 참으로 [세간에] 포함되지 않는 것(*cf* ma2-96-b)이 아니다.

㊲ 참으로 확정되지 않은 것이다.(*cf* ma2-98-b)

㊳ 참으로 출리로 인도하지 못하는 것이다.(*cf* ma2-97-b)

㊴ 참으로 현재의 것이 마노의 알음알이를 통해서 식별된다.(*cf* Rma-1-41)

㊵ 참으로 무상할 뿐이다.(*cf* Rma-1-42)

㊶ 참으로 쇠퇴하기 마련이다.(*cf* Rma-1-43)

762. 2) '다섯 가지 알음알이는 일어난 토대를 가지고 일어난 대상을 가진다.'란 [그들은 각각] 일어난 토대와 일어난 대상에서 일어난다는 것이다.

3) '먼저 생긴 토대를 가지고 먼저 생긴 대상을 가진다.'란 먼저 생긴 토대와 먼저 생긴 대상에서 일어난다는 것이다.

4) '안의 토대를 가지고 밖의 대상을 가진다.'란 다섯 가지 알음알이의 토대는 안에 있고 대상은 밖에 있다는 것이다.

5) '섞이지 않은 토대를 가지고 섞이지 않은 대상을 가진다.'란 섞이지 않은 토대와 섞이지 않은 대상에서 일어난다는 것이다.

6) '다양한 토대를 가지고 다양한 대상을 가진다.'란 눈의 알음알이의 토대와 대상은 다르고 귀의 알음알이의 토대와 대상은 다르고 코의 알

음알이의 토대와 대상은 다르고 혀의 알음알이의 토대와 대상은 다르고 몸의 알음알이의 토대와 대상은 다르다는 것이다.

763. 7) '서로서로의 영역과 대상을 경험하지 않는다.'라고 하였다. 눈의 알음알이의 영역과 대상을 귀의 알음알이가 경험하지 않고, 귀의 알음알이의 영역과 대상은 눈의 알음알이가 경험하지 않는다. 눈의 알음알이의 영역과 대상을 코의 알음알이가 경험하지 않고, 코의 알음알이의 영역과 대상은 눈의 알음알이가 경험하지 않는다. 눈의 알음알이의 영역과 대상을 혀의 알음알이가 [320] 경험하지 않고, 혀의 알음알이의 영역과 대상은 눈의 알음알이가 경험하지 않는다. 눈의 알음알이의 영역과 대상을 몸의 알음알이가 경험하지 않고, 몸의 알음알이의 영역과 대상은 눈의 알음알이가 경험하지 않는다.

귀의 알음알이의 … 코의 알음알이의 … 혀의 알음알이의 … 몸의 알음알이의 영역과 대상을 눈의 알음알이가 경험하지 않고, 눈의 알음알이의 영역과 대상은 몸의 알음알이가 경험하지 않는다. 몸의 알음알이의 영역과 대상을 귀의 알음알이가 경험하지 않고, 귀의 알음알이의 영역과 대상은 몸의 알음알이가 경험하지 않는다. 몸의 알음알이의 영역과 대상을 코의 알음알이가 경험하지 않고, 코의 알음알이의 영역과 대상은 몸의 알음알이가 경험하지 않는다. 몸의 알음알이의 영역과 대상을 혀의 알음알이가 경험하지 않고, 혀의 알음알이의 영역과 대상은 몸의 알음알이가 경험하지 않는다.

764. 8) '전향이 없이는 일어나지 않는다.'란 전향하는 자에게 일어난다는 것이다.

9) '마음에 잡도리함[作意]이 없이 일어나지 않는다.'란 마음에 잡도리하는 자에게 일어난다는 것이다.

10) '연속하여 일어나지 않는다.'란 순차적으로 일어나지 않는다는 것

이다.

11) '전도 없고 후도 없이 [동시에] 일어나지 않는다.'란 한 순간에 일어나지 않는다는 것이다.

765. 12) '서로서로는 더욱 틈 없이 뒤따라[等無間] 일어나지 않는다.'라고 하였다. 눈의 알음알이가 일어나고 틈이 없는 바로 다음에 귀의 알음알이가 일어나지 않고, 귀의 알음알이가 일어나고 틈이 없는 바로 다음에 눈의 알음알이가 일어나지 않는다. 눈의 알음알이가 일어나고 틈이 없는 바로 다음에 코의 알음알이가 일어나지 않고, 코의 알음알이가 일어나고 틈이 없는 바로 다음에 눈의 알음알이가 일어나지 않는다. 눈의 알음알이가 일어나고 틈이 없는 바로 다음에 혀의 알음알이가 일어나지 않고, 혀의 알음알이가 일어나고 틈이 없는 바로 다음에 눈의 알음알이가 일어나지 않는다. 눈의 알음알이가 일어나고 틈이 없는 바로 다음에 몸의 알음알이가 일어나지 않고, 몸의 알음알이가 일어나고 틈이 없는 바로 다음에 눈의 알음알이가 일어나지 않는다.

귀의 알음알이의 … 코의 알음알이의 … 혀의 알음알이의 … 몸의 알음알이가 일어나고 틈이 없는 바로 다음에 눈의 알음알이가 일어나지 않고, 눈의 알음알이가 일어나고 틈이 없는 바로 다음에 몸의 알음알이가 일어나지 않는다. 몸의 알음알이가 일어나고 틈이 없는 바로 다음에 귀의 알음알이가 일어나지 않고, 귀의 알음알이가 일어나고 틈이 없는 바로 다음에 몸의 알음알이가 일어나지 않는다. 몸의 알음알이가 일어나고 틈이 없는 바로 다음에 코의 알음알이가 일어나지 않고, 코의 알음알이가 [321] 일어나고 틈이 없는 바로 다음에 몸의 알음알이가 일어나지 않는다. 몸의 알음알이가 일어나고 틈이 없는 바로 다음에 혀의 알음알이가 일어나지 않고, 혀의 알음알이가 일어나고 틈이 없는 바로 다음에 몸의 알음알이가 일어나지 않는다.

766. 13) '다섯 가지 알음알이는 관심을 기울이지 못한다.'105)란 다섯 가지 알음알이는 [대상으로] 전향하거나 관심을 기울이거나 향하거나 마음에 잡도리하지 못한다는 것이다.

14) '다섯 가지 알음알이로는 어떤 법도 알지 못한다.'란 다섯 가지 알음알이를 통해서는 어떠한 법도 알지 못한다는 것이다. '[대상에] 들어가는 것 외에는'은 [대상에] 개입하는 것 외에는이다.

15) '다섯 가지 알음알이의 더욱 틈 없이 뒤따르는[等無間] [마음]일지라도 어떤 법도 알지 못한다.'란 다섯 가지 알음알이의 더욱 틈 없이 뒤따르는[等無間] 마노의 요소로도 어떤 법도 알지 못한다는 것이다.

16) '다섯 가지 알음알이로는 어떤 자세도 취할 수 없다.'란 다섯 가지 알음알이로는 가거나 서거나 앉거나 눕는 어떤 자세도 취할 수 없다는 것이다.

17) '다섯 가지 알음알이의 더욱 틈 없이 뒤따르는[等無間] [마음]일지라도 어떤 자세도 취할 수 없다.'란 다섯 가지 알음알이의 [322] 더욱 틈 없이 뒤따르는[等無間] 마노의 요소로도 가거나 서거나 앉거나 눕는 어떤 자세도 취할 수 없다는 것이다.

18) '다섯 가지 알음알이로는 몸의 업과 말의 업을 확립하지 못한다.'란 다섯 가지 알음알이로는 몸의 업과 말의 업을 세우지 못한다는 것이다.

19) '다섯 가지 알음알이의 더욱 틈 없이 뒤따르는[等無間] [마음]일지라도 몸의 업과 말의 업을 확립하지 못한다.'란 다섯 가지 알음알이의 더욱 틈 없이 뒤따르는[等無間] 마노의 요소로도 몸의 업과 말의 업을 세우지 못한다는 것이다.

20) '다섯 가지 알음알이로는 유익한 [법]이나 해로운 법을 행하지 못한다.'란 다섯 가지 알음알이로는 유익한 [법]이나 해로운 법을 행하지

105) '관심을 기울이지 못함'으로 옮기고 있는 anābhoga에 대해서는 본서 §751 13)의 주해를 참조할 것.

못한다는 [말 그대로의 뜻이다.]

21) '다섯 가지 알음알이의 더욱 틈 없이 뒤따르는[等無間] [마음]일지라도 유익한 [법]이나 해로운 법을 행하지 못한다.'란 다섯 가지 알음알이의 더욱 틈 없이 뒤따르는[等無間] 마노의 요소로도 유익한 [법]이나 해로운 법을 행하지 못한다는 것이다.

22) '다섯 가지 알음알이로는 입정과 출정을 하지 못한다.'란 다섯 가지 알음알이로는 입정과 출정을 하지 못한다는 것이다.

23) '다섯 가지 알음알이의 더욱 틈 없이 뒤따르는[等無間] [마음]일지라도 입정과 출정을 하지 못한다.'란 다섯 가지 알음알이의 더욱 틈 없이 뒤따르는[等無間] 마노의 요소로도 입정과 출정을 하지 못한다는 것이다.

24) '다섯 가지 알음알이로는 죽지 못하고 태어나지 못한다.'란 다섯 가지 알음알이로는 죽지 못하고 태어나지 못한다는 것이다.

25) '다섯 가지 알음알이의 더욱 틈 없이 뒤따르는[等無間] [마음]일지라도 죽지 못하고 태어나지 못한다.'란 다섯 가지 알음알이의 더욱 틈 없이 뒤따르는[等無間] 마노의 요소로도 죽지 못하고 태어나지 못한다는 것이다.

26) '다섯 가지 알음알이로는 잠을 자지 못하고 깨어나지 못하고 꿈을 꾸지 못한다.'란 다섯 가지 알음알이로는 잠을 자지 못하고 깨어나지 못하고 꿈을 꾸지 못한다는 것이다.

27) '다섯 가지 알음알이의 더욱 틈 없이 뒤따르는[等無間] [마음]일지라도 잠을 자지 못하고 깨어나지 못하고 꿈을 꾸지 못한다.'란 다섯 가지 알음알이의 더욱 틈 없이 뒤따르는[等無間] 마노의 요소로도 잠을 자지 못하고 깨어나지 못하고 꿈을 꾸지 못한다는 것이다.

— 이와 같이 토대에 대한 정확한 해석이 통찰지이다.[106]

— 이와 같이 한 가지에 의한 지혜의 토대가 있다.

한 개 조에 대한 해설이 [끝났다.]

(2) 두 개 조에 대한 해설(duka-niddesa)

767. 1) 세 가지 경지에서 유익한 [마음]이나 결정할 수 없는[無記] [마음]에 있는 통찰지가 '세간적인 통찰지'이고 네 가지 도와 네 가지 과에 있는 통찰지가 '출세간의 통찰지'이다.(*cf.* ma2-12)

2) 모든 통찰지는 '어떤 것으로는 식별되는 통찰지'이고 '어떤 것으로는 식별되지 않는 통찰지'이다.(*cf.* ma2-13)

3) 세 가지 경지에서 유익한 [마음]이나 결정할 수 없는 [마음]에 있는 통찰지가 '번뇌의 대상인 통찰지'이고 네 가지 도와 네 가지 과에 있는 통찰지가 '번뇌의 대상이 아닌 통찰지'이다.(*cf.* ma2-15)

4) 세 가지 경지에서 유익한 [마음]이나 결정할 수 없는 [마음]에 있는 통찰지가 '번뇌와 결합되지 않았지만 번뇌의 대상인 통찰지'이고 네 가지 도와 네 가지 과에 있는 통찰지가 '번뇌와 결합되지 않았으면서 번뇌의 대상이 아닌 통찰지'이다.(*cf.* ma2-19)

5) 세 가지 경지에서 유익한 [마음]이나 결정할 수 없는 [마음]에 있는 통찰지가 '족쇄의 대상인 통찰지'이고 네 가지 도와 네 가지 과에 있는

---

106) "'이와 같이 토대에 대한 정확한 해석이 통찰지이다(evaṁ yāthāvaka-vatthuvibhāvanā paññā).'라고 하셨다. 다섯 가지 알음알이[前五識]는 원인이 아니라는 뜻(1-1)이 정확한 뜻(yāthāvaṭṭha)이다. 이 정확한 뜻을 가진 토대를 해석한다(yāthāvaṭṭhaṁ vatthuṁ vibhāveti)고 해서 토대에 대한 정확한 해석(yāthāvakavatthuvibhāvanā)이다. 그와 같이 다섯 가지 알음알이들이 원인을 가지지 않은 뜻(1-2)과 쇠퇴하기 마련인 뜻(1-41)과 꿈을 꾸지 못하는 뜻(26)이 정확한 뜻이다. 이 정확한 뜻을 가진 토대를 해석한다고 해서 토대에 대한 정확한 해석이다. 이와 같이 앞의 마띠까(§751)에서 '토대에 대한 정확한 해석이 통찰지이다.'라고 규정한 그것이 바로 [여기에서 해설하는] '이와 같이 토대에 대한 정확한 해석이 통찰지이다.'라고 알아야 한다."(VbhA.408~409)

통찰지가 '족쇄의 대상이 아닌 통찰지'이다.(*cf* ma2-21)

6) 세 가지 경지에서 유익한 [마음]이나 결정할 수 없는 [마음]에 있는 통찰지가 '족쇄와 결합되지 않았지만 족쇄의 대상인 통찰지'이고 네 가지 도와 네 가지 과에 있는 통찰지가 '족쇄와 결합되지 않았으면서 족쇄의 대상이 아닌 통찰지'이다.(*cf* ma2-25)

7) 세 가지 경지에서 유익한 [마음]이나 결정할 수 없는 [마음]에 있는 통찰지가 '매듭의 대상인 통찰지'이고 네 가지 도와 네 가지 과에 있는 통찰지가 '매듭의 대상이 아닌 통찰지'이다.

8) 세 가지 경지에서 유익한 [마음]이나 결정할 수 없는 [마음]에 있는 통찰지가 '매듭과 결합되지 않았지만 매듭의 대상인 통찰지'이고 네 가지 도와 네 가지 과에 있는 통찰지가 '매듭과 결합되지 않으면서 매듭의 대상이 아닌 통찰지'이다.(*cf* ma2-27)

9) 세 가지 경지에서 유익한 [마음]이나 결정할 수 없는 [마음]에 있는 통찰지가 '폭류의 대상인 통찰지'이고 네 가지 도와 네 가지 과에 있는 통찰지가 '폭류의 대상이 아닌 통찰지'이다.(*cf* ma2-33)

10) 세 가지 경지에서 [323] 유익한 [마음]이나 결정할 수 없는 [마음]에 있는 통찰지가 '폭류와 결합되지 않았지만 폭류의 대상인 통찰지'이고 네 가지 도와 네 가지 과에 있는 통찰지가 '폭류와 결합되지 않았으면서 폭류의 대상이 아닌 통찰지'이다.(*cf* ma2-37)

11) 세 가지 경지에서 유익한 [마음]이나 결정할 수 없는 [마음]에 있는 통찰지가 '속박의 대상인 통찰지'이고 네 가지 도와 네 가지 과에 있는 통찰지가 '속박의 대상이 아닌 통찰지'이다.(*cf* ma2-39)

12) 세 가지 경지에서 유익한 [마음]이나 결정할 수 없는 [마음]에 있는 통찰지가 '속박과 결합되지 않았지만 속박의 대상인 통찰지'이고 네 가지 도와 네 가지 과에 있는 통찰지가 '속박과 결합되지 않았으면서 속박의 대상이 아닌 통찰지'이다.(*cf* ma2-43)

13) 세 가지 경지에서 유익한 [마음]이나 결정할 수 없는 [마음]에 있는 통찰지가 '장애의 대상인 통찰지'이고 네 가지 도와 네 가지 과에 있는 통찰지가 '장애의 대상이 아닌 통찰지'이다.(*cf.* ma2-45)

14) 세 가지 경지에서 유익한 [마음]이나 결정할 수 없는 [마음]에 있는 통찰지가 '장애와 결합되지 않았지만 장애의 대상인 통찰지'이고 네 가지 도와 네 가지 과에 있는 통찰지가 '장애와 결합되지 않았으면서 장애의 대상이 아닌 통찰지'이다.(*cf.* ma2-49)

15) 세 가지 경지에서 유익한 [마음]이나 결정할 수 없는 [마음]에 있는 통찰지가 '집착의 대상인 통찰지'이고 네 가지 도와 네 가지 과에 있는 통찰지가 '집착의 대상이 아닌 통찰지'이다.(*cf.* ma2-51)

16) 세 가지 경지에서 유익한 [마음]이나 결정할 수 없는 [마음]에 있는 통찰지가 '집착과 결합되지 않았지만 집착의 대상인 통찰지'이고 네 가지 도와 네 가지 과에 있는 통찰지가 '집착과 결합되지 않았으면서 집착의 대상이 아닌 통찰지'이다.(*cf.* ma2-54)

17) 세 가지 경지에서 유익한 [마음]이나 결정할 수 없는 [마음]에 있는 통찰지가 '취착된 통찰지'이고 네 가지 도와 네 가지 과에 있는 통찰지가 '취착되지 않은 통찰지'이다.(*cf.* ma2-68)

18) 세 가지 경지에서 유익한 [마음]이나 결정할 수 없는 [마음]에 있는 통찰지가 '취착의 대상인 통찰지'이고 네 가지 도와 네 가지 과에 있는 통찰지가 '취착의 대상이 아닌 통찰지'이다.(*cf.* ma2-70)

19) 세 가지 경지에서 유익한 [마음]이나 결정할 수 없는 [마음]에 있는 통찰지가 '취착과 결합되지 않았지만 취착의 대상인 통찰지'이고 네 가지 도와 네 가지 과에 있는 통찰지가 '취착과 결합되지 않았으면서 취착의 대상이 아닌 통찰지'이다.(*cf.* ma2-74)

20) 세 가지 경지에서 유익한 [마음]이나 결정할 수 없는 [마음]에 있는 통찰지가 '오염원의 대상인 통찰지'이고 네 가지 도와 네 가지 과에

있는 통찰지가 '오염원의 대상이 아닌 통찰지'이다.(*cf* ma2-76)

21) 세 가지 경지에서 유익한 [마음]이나 결정할 수 없는 [마음]에 있는 통찰지가 '오염원과 결합되지 않았지만 오염원의 대상인 통찰지'이고 네 가지 도와 네 가지 과에 있는 통찰지가 '오염원과 결합되지 않았으면서 오염원의 대상이 아닌 통찰지'이다.(*cf* ma2-82)

22) 일으킨 생각과 결합된 통찰지가 '일으킨 생각이 있는 통찰지'이고 일으킨 생각과 결합되지 않은 통찰지가 '일으킨 생각이 없는 통찰지'이다.

23) 지속적 고찰과 결합된 통찰지가 '지속적 고찰이 있는 통찰지'이고 지속적 고찰과 결합되지 않은 통찰지가 '지속적 고찰이 없는 통찰지'이다.

24) 희열과 결합된 통찰지가 '희열이 있는 통찰지'이고 희열과 결합되지 않은 통찰지가 '희열이 없는 통찰지'이다.

25) 희열과 결합된 통찰지가 '희열이 함께하는 통찰지'이고 희열과 결합되지 않은 통찰지가 '희열이 함께하지 않는 통찰지'이다.

26) 행복과 결합된 통찰지가 [324] '행복이 함께하는 통찰지'이고 행복과 결합되지 않은 통찰지가 '행복이 함께하지 않는 통찰지'이다.

27) 평온과 결합된 통찰지가 '평온이 함께하는 통찰지'이고 평온과 결합되지 않은 통찰지가 '평온이 함께하지 않는 통찰지'이다.

28) 욕계의 유익한 [마음]이나 결정할 수 없는 [마음]에 있는 통찰지가 '욕계에 속하는 통찰지'이다. 색계에 속하는 통찰지와 무색계에 속하는 통찰지와 [세간에] 포함되지 않는 통찰지는 욕계에 속하는 통찰지가 아니다.

29) 색계의 유익한 [마음]이나 결정할 수 없는 [마음]에 있는 통찰지가 '색계에 속하는 통찰지'이다. 욕계에 속하는 통찰지와 무색계에 속하는 통찰지와 [세간에] 포함되지 않는 통찰지는 색계에 속하는 통찰지가 아니다.

30) 무색계의 유익한 [마음]이나 결정할 수 없는 [마음]에 있는 통찰

지가 '무색계에 속하는 통찰지'이다. 욕계에 속하는 통찰지와 색계에 속하는 통찰지와 [세간에] 포함되지 않는 통찰지는 무색계에 속하는 통찰지가 아니다.

31) 세 가지 경지에서 유익한 [마음]이나 결정할 수 없는 [마음]에 있는 통찰지가 '[세간에] 포함된 통찰지'이고 네 가지 도와 네 가지 과에 있는 통찰지가 '[세간에] 포함되지 않는 통찰지'이다.

32) 네 가지 도에 있는 통찰지가 '출리로 인도하는 통찰지'이고 세 가지 경지에서 유익한 [마음]이나 네 가지 경지에서 과보로 나타난 [마음]이나 세 가지 경지에서 작용만 하는 결정할 수 없는 [마음]에 있는 통찰지가 '출리로 인도하지 못하는 통찰지'이다.

33) 네 가지 도에 있는 통찰지가 '확정된 통찰지'이고 세 가지 경지에서 유익한 [마음]이나 네 가지 경지에서 과보로 나타난 [마음]이나 세 가지 경지에서 작용만 하는 결정할 수 없는 [마음]에 있는 통찰지가 '확정되지 않은 통찰지'이다.

34) 세 가지 경지에서 유익한 [마음]이나 결정할 수 없는 [마음]에 있는 통찰지가 '위가 있는 통찰지'이고 네 가지 도와 네 가지 과에 있는 통찰지가 '위가 없는 통찰지'이다.

35) 여기서 무엇이 '결과를 생기게 하는 통찰지'인가?

네 가지 경지에서 유익한 [마음]이나 신통지를 일어나게 하거나 증득(본삼매)을 일어나게 하는 아라한의 작용만 하는 결정할 수 없는 [마음]에 있는 통찰지가 '결과를 생기게 하는 통찰지'이다. 네 가지 경지에서 과보로 나타난 [마음]이나 이미 일어난 신통지나 이미 일어난 증득을 갖춘 아라한의 작용만 하는 결정할 수 없는 [마음]에 있는 통찰지가 '생긴 결과인 통찰지'이다.[107]

---

107) '결과를 생기게 하는 통찰지'는 atthajāpikā paññā를 옮긴 것이고 '생긴 결과인 통찰지'는 jāpitatthā paññā를 주석서 문헌을 참조하여 풀어서 옮긴

— 이와 같이 두 가지에 의한 지혜의 토대가 있다.

두 개 조에 대한 해설이 [끝났다.]

(3) 세 개 조에 대한 해설(tika-niddesa)

768. ① 여기서 무엇이 '생각으로 이루어진 통찰지(cintāmayā paññā)'인가? 조예가 깊은[108] 직업 분야나 조예가 깊은 기술 분야나 조예가 깊은 학문의 영역에 있거나, 혹은 업이 자신의 주인임에 대한 것이거나, 혹은 진리[四諦]에 수순함에 대한 것이거나, 혹은 물질은 무상하다거나, 느낌은 … 인식은 … 심리현상들은 … 알음알이는 [325] 무상하다

것이다. 이 둘은 본서의 여기에만 나타나는 것으로 조사되었다. 주석서들은 다음과 같이 설명한다.

"[본서] 제15장 무애해체지 위방가에서 설하신 다섯 가지 뜻들(=결과들, atthā) 가운데서 각각 자신의 경지에 포함된(bhūmipariyāpanna) 과보라고 불리는(vipākasaṅkhāta) 뜻(결과)을 생기게 한다, 낳게 한다, 일어나게 한다(jāpeti janeti pavatteti)고 해서 '결과를 생기게 하는 것(attha-jāpikā)'이다."(VbhA.409)
여기서 다섯 가지 결과(pañca atthā)는 조건에 의해서 생긴 것, 열반, 설해진 뜻, 과보로 나타난 것, 작용만 하는 것(paccayasamuppanna, nibbāna, bhāsitattha, vipāka, kiriyā)의 다섯 가지 법들을 말한다.(AAṬ.ii.347)

"이것의 결과가 생겼다, 산출되었다(jāpito janito attho etissa)고 해서 '생긴 결과(jāpitatthā)'인 통찰지이다. 이것은 이유가 되는 통찰지와 같은 것(kāraṇapaññāsadisī)인데 결과를 밝히게 되고(phalappakāsanabhūtā) 결과와 결합된(phalasampayuttā) 통찰지이다."(VbhAMṬ.197)

"'생긴 결과인 통찰지(jāpitatthā paññā)'는 ① 함께 생긴 과보인 결과를 생기게 하고 서 있는 것(sahajātaṁ vipākatthaṁ jāpetvā ṭhitā)이나 ② 자신의 원인들에 의해서 생겼고 드러났기 때문에 스스로도 결과가 되는 것(sayañca atthabhūtā)이다."(Moh.265)

108) '조예가 깊은'은 yogavihita를 옮긴 것이다. 주석서는 여기서 조예로 옮긴 yoga를 통찰지라고 설명하고 있어서(yogo vuccati paññā … paññā-pariṇāmitesūti attho — VbhA.410) 이렇게 옮겼다.

고 하는 이런 형태의 [도에] 수순하는 지혜의 능력[忍知],[109] [110] 견해,

---

109) '[도에] 수순하는 지혜의 능력[忍知], 견해 …'는 anulomika khanti diṭṭhi …를 옮긴 것이다. 이것은 '[도에] 수순함, 지혜의 능력, 견해 …'로도 옮길 수 있고 '[도에] 수순하는, 지혜의 능력, 견해 …'로도 옮길 수 있다.
여기서처럼 '[도에] 수순하는 지혜의 능력[忍知], 견해 …'로 옮기면 anulomika가 khanti를 수식하는 것으로 이해한 것이다. '[도에] 수순함, 지혜의 능력, 견해 …'로 옮기면 '[도]에 수순함'은 지혜의 능력과 견해 등과 병렬관계가 되어 '생각으로 이루어진 통찰지'를 설명하는 것이 된다. '[도에] 수순하는, 지혜의 능력, 견해 …'로 옮기면 '[도]에 수순함'이 지혜의 능력과 견해 등을 모두 수식하는 것으로 이해한 것이다.

틋띨라 스님은 '*in conformity, ability (to comprehend), view, …*'로 옮겨서 세 번째로 이해하여 옮긴 것으로 여겨진다.(틋띨라 스님, 425쪽) 역자는 주석서에 나타나는 아래 주해의 설명을 참조하여 첫 번째로 옮겼지만 두 번째와 세 번째로도 이해할 수 있다고 생각한다.

110) '[도에] 수순하는 지혜의 능력[忍知]'은 anulomika khanti를 주석서를 참조하여 풀어서 옮긴 것이다. 『청정도론』 복주서』(Pm)는 이렇게 설명한다.

"'[도에] 수순하는 지혜의 능력(anulomika khanti)'이란 성스러운 도를 얻는 데 적합한 지혜(ariyamaggādhigamassa anukūla)를 뜻한다. [인내로 옮기는] khanti는 지혜의 능력(ñāṇakhanti)이다. 지혜가 대상의 고유성질에 들어가서(visayasabhāvaṁ ogāhetvā) 그것을 구분하는 것을 참고, 견딜만하기 때문에(khamati sahati) khanti라 한다."(Pm.ii.393)

『청정도론』 XX.18에서는 이 anulomika khanti를 '적합한 인내'로 옮겼는데 여기서는 통찰지의 뜻을 부각시키기 위해서 이렇게 풀어서 옮겼다. '지혜의 능력'은 일반적으로 인욕이나 인내로 옮기는 khanti(Sk. kṣānti)를 주석서들을 참조하여 의역한 것이다. 특히 틋띨라 스님은 *ability*로 옮겼는데 이를 채용하였다.

한편 『앙굿따라 니까야』 복주서』는 anulomika khanti를 "예류도의 가까이로 수순하는 지혜의 능력(sotāpattimaggassa orato anulomikaṁ khantiṁ)"(AAṬ.ii.95)으로 풀이하고 있다.
그리고 『무애해도 주석서』는 anulomika khanti를 다음과 같이 설명하고 있다.

"여기서 위빳사나의 지혜(vipassanāñāṇa)를 출세간도(lokuttaramagga)로 수순하게 한다(anulometi)고 해서 수순(anulomika)이다. 그것은 지혜의 능력을 기대하여(khantimapekkhitvā) 수순한다. 모든 형성된 것들은 이것 때문에 무상으로부터 괴로움으로부터 무아로부터 인내를 하게 되고

선호, 의견, 판단, 법을 파악하는 지혜의 능력111)을 타인으로부터 듣지 않고 얻는다. — 이를 일러 '생각으로 이루어진 통찰지'라 한다.(Vis.XIV.14)

여기서 무엇이 '들음으로 이루어진 통찰지(sutamayā paññā)'인가? 직업적인 일의 분야나 기술의 분야나 지식의 분야에 있거나, 혹은 업이 자신의 주인임에 대한 것이거나, 혹은 진리[四諦]에 수순함에 대한 것이거나, 혹은 물질은 무상하다거나, 느낌은 … 인식은 … 심리현상들은 … 알음알이는 무상하다고 하는 이런 형태의 [도에] 수순하는 지혜의 능력, 견해, 선호, 의견, 판단, 법을 파악하는 지혜의 능력을 타인으로부터 들어서 얻는다. — 이를 일러 '들음으로 이루어진 통찰지'라 한다.

증득한 자112)의 통찰지는 모두 '수행으로 이루어진 통찰지(bhāvanāmayā paññā)'이다.(Vis.XIV.14)

769. ② 여기서 무엇이 '보시로 이루어진 통찰지(dānamayā paññā)' 인가? 보시를 기반으로 하고 보시를 실천하여 생긴 통찰지, 통찰함 … (§525) … 어리석음 없음, 법의 간택, 바른 견해 — 이를 일러 보시로 이

(khamanti) 빛이 나게 된다(ruccanti). 이 지혜의 능력[忍知, khanti, 인내]은 부드럽고 중간이고 강한 것으로 세 가지가 있다.
[10가지 위빳사나의 지혜 가운데] ① 깔라빠의 명상(kalāpasammasana)부터 ② 생멸의 지혜까지가 부드러운 수순하는 지혜의 능력(mudukaanulomikā khanti)이다. ③ 무너짐을 관찰하는 것(bhaṅgānupassanā)부터 ⑧ 형성된 것들에 대한 평온의 지혜까지가 중간인 수순하는 지혜의 능력(majjhimānulomikā khanti)이다. ⑩ 수순하는 지혜(anulomañāṇa)가 강한 수순하는 지혜의 능력(tikkhānulomikā khanti)이다."(PsA.iii.697)

111) '법을 파악하는 지혜의 능력[忍知]'은 dhamma-nijjhāna-kkhanti를 풀어서 옮긴 것이다. 『맛지마 니까야』 「끼따기리 경」(M70) 등에서는 이 합성어를 '법을 사유하여 받아들임'(M70 §23; M95 §20 등)으로 옮겼는데 텃띨라 스님이 khanti를 *ability*나 *ability (to comprehend)*로 옮긴 것과 주석서들을 참조하여 본서에서는 본서의 문맥에 맞게 이렇게 옮겨보았다.

112) 즉 禪의 증득(jhānasamāpatti), 道의 증득(maggasamāpatti), 果의 증득(phalasamāpatti)을 이룬 자를 말한다.

루어진 통찰지라 한다.

여기서 무엇이 '계행으로 이루어진 통찰지(sīlamayā paññā)'인가? 계행을 기반으로 하고 계행을 실천하여 생긴 통찰지, 통찰함 … (§525) … 어리석음 없음, 법의 간택, 바른 견해 — 이를 일러 계행으로 이루어진 통찰지라 한다.

증득한 자의 통찰지는 모두 '수행으로 이루어진 통찰지(bhāvanāmayā paññā)'이다.

770. ③ 여기서 무엇이 '높은 계[增上戒]에 있는 통찰지(adhisīle paññā)'인가?113) 계목의 단속으로 단속하는 자에게 생긴 통찰지, 통찰함 … (§525) … 어리석음 없음, 법의 간택, 바른 견해 — 이를 일러 높은 계에 있는 통찰지라 한다.

여기서 무엇이 '높은 마음에 있는 통찰지(adhicitte paññā)'인가? 색계와 무색계의 증득을 얻은 자에게 생긴 통찰지, 통찰함 … (§525) … 어리석음 없음, 법의 간택, 바른 견해 — 이를 일러 높은 마음에 있는 통찰지라 한다.

여기서 무엇이 '높은 통찰지에 있는 통찰지(adhipaññāya paññā)'인가? 네 가지 도와 네 가지 과에 있는 통찰지 — 이를 일러 높은 통찰지에 있는 통찰지라 한다.

771. ④ 여기서 무엇이 '증장에 능숙함(āya-kosalla)'인가? 이 법들을 마음에 잡도리하는 자에게 아직 일어나지 않은 해로운 법들[不善法]은 일어나지 않고 이미 일어난 해로운 법들은 버려진다. 그리고 이 법들을 마음에 잡도리하는 자에게 아직 일어나지 않은 유익한 법들[善法]은

---

113) "계목을 통한 단속의 계는 위빳사나의 원인이 되기 때문에(vipassanā-hetuttā) 나머지 계보다 더 높은 계(adhika sīla)라고 해서 높은 계(adhisīla)이다. 이것에 결합된(tasmiṁ sampayuttā) 통찰지가 '높은 계[增上戒]에 있는 통찰지(adhisīle paññā)'이다."(Moh.267)

일어나고 이미 일어난 유익한 법들은 증장하게 되고 충만하게 되고 닦아서 성취하게 된다. 여기에 있는 통찰지, 통찰함 … (§525) … 어리석음 없음, [326] 법의 간택, 바른 견해 — 이를 일러 증장에 능숙함이라 한다.(Vis.XIV.16)

여기서 무엇이 '손상에 능숙함(apāya-kosalla)'인가? 이 법들을 마음에 잡도리하는 자에게 아직 일어나지 않은 유익한 법들[善法]은 일어나지 않고 이미 일어난 유익한 법들은 사라진다. 그리고 이 법들을 마음에 잡도리하는 자에게 아직 일어나지 않은 해로운 법들[不善法]은 일어나고 이미 일어난 해로운 법들은 증장하게 되고 충만하게 된다. 여기에 있는 통찰지, 통찰함 … (§525) … 어리석음 없음, 법의 간택, 바른 견해 — 이를 일러 손상에 능숙함이라 한다.(Vis.XIV.17)

여기서 [말한] 이러한 방법들에 대한 통찰지는 모두 '방법에 능숙함(upāya-kosalla)'이다.(Vis.XIV.18)

772. ⑤ 네 가지 경지에서 과보로 나타난 [마음]에 있는 통찰지가 '과보로 나타난 통찰지'이다. 네 가지 경지에서 유익한 [마음]에 있는 통찰지가 '과보를 생기게 하는 통찰지'이다. 세 가지 경지에서 작용만 하는 결정할 수 없는 [마음]에 있는 통찰지가 '과보로 나타난 것도 아니고 과보를 생기게 하는 것도 아닌 통찰지'이다.(*cf.* ma3-3)

773. ⑥ 세 가지 경지에서 과보로 나타난 [마음]에 있는 통찰지가 '취착되었고 취착의 대상인 통찰지'이고, 세 가지 경지에서 유익한 [마음]과 세 가지 경지에서 작용만 하는 결정할 수 없는 [마음]에 있는 통찰지가 '취착되지 않았지만 취착의 대상인 통찰지'이며, 네 가지 도와 네 가지 과에 있는 통찰지가 '취착되지 않았고 취착의 대상도 아닌 통찰지'이다.(*cf.* ma3-4)

774. ⑦ 일으킨 생각과 지속적 고찰과 결합된 통찰지가 '일으킨 생각이 있고 지속적 고찰이 있는 통찰지'이고, 일으킨 생각과 결합되지 않고 지속적 고찰과 결합된 통찰지가 '일으킨 생각은 없고 지속적 고찰만 있는 통찰지'이며, 일으킨 생각과 지속적 고찰과 결합되지 않은 통찰지가 '일으킨 생각도 없고 지속적 고찰도 없는 통찰지'이다.(*cf.* ma3-6)

775. ⑧ 희열과 결합된 통찰지가 '희열이 함께하는 통찰지'이고, 행복과 결합된 통찰지가 '행복이 함께하는 통찰지'이며, 평온과 결합된 통찰지가 '평온이 함께하는 통찰지'이다.(*cf.* ma3-7)

776. ⑨ 세 가지 경지에서 유익한 [마음]에 있는 통찰지가 '[윤회를] 축적하게 하는 통찰지'이고, 네 가지 도와 네 가지 과에 있는 통찰지가 '[윤회를] 감소시키는 통찰지'이며, 네 가지 경지에서 과보로 나타난 [마음]과 세 가지 경지에서 작용만 하는 결정할 수 없는 [마음]에 있는 통찰지가 '[윤회를] 축적하게 하는 것도 [윤회를] 감소시키는 것도 아닌 통찰지'이다.(*cf.* ma3-10)

777. ⑩ 네 가지 도와 세 가지 과에 있는 통찰지가 '유학에 속하는 통찰지'이고, 가장 높은 아라한과에 있는 통찰지가 '무학에 속하는 통찰지'이며,114) 세 가지 경지에서 유익한 [마음]과 세 가지 경지에서 과보로 나타난 [마음]과 세 가지 경지에서 작용만 하는 결정할 수 없는 [마음]에 있는 통찰지가 '유학에도 무학에도 속하지 않는 통찰지'이다.(*cf.* ma3-11)

778. ⑪ 욕계의 유익한 [마음]이나 결정할 수 없는 [마음]에 있는

114) 무엇이 '무학에 속하는 법들'(ma3-11-b)인가? 가장 높은 아라한과 — 이것이 무학에 속하는 법들이다.(Dhs §1024, §1415)

통찰지가 '제한된 통찰지'이고, 색계와 무색계의 유익한 [마음]이나 결정할 수 없는 [마음]에 있는 통찰지가 '고귀한 통찰지'이며, 네 가지 도와 네 가지 과에 있는 통찰지가 '무량한 통찰지'이다.(*cf* ma3-12)

779. ⑫ 여기서 무엇이 '제한된 대상을 가진 통찰지(parittārammaṇā paññā)'인가? 제한된 법들을 [327] 대상으로 해서 일어난 통찰지, 통찰함 … (§525) … 어리석음 없음, 법의 간택, 바른 견해 — 이를 일러 제한된 대상을 가진 통찰지라 한다.(*cf* ma3-13-a)

780. 여기서 무엇이 '고귀한 대상을 가진 통찰지(mahaggatārammaṇā paññā)'인가? 고귀한 법들을 대상으로 해서 일어난 통찰지, 통찰함 … (§525) … 어리석음 없음, 법의 간택, 바른 견해 — 이를 일러 고귀한 대상을 가진 통찰지라 한다.(*cf* ma3-13-b)

781. 여기서 무엇이 '무량한 대상을 가진 통찰지(appamāṇārammaṇā paññā)'인가? 무량한 법들을 대상으로 해서 일어난 통찰지, 통찰함 … (§525) … 어리석음 없음, 법의 간택, 바른 견해 — 이를 일러 무량한 대상을 가진 통찰지라 한다.(*cf* ma3-13-c)

782. ⑬ 여기서 무엇이 '도를 대상으로 가진 통찰지(maggārammaṇā paññā)'인가? 성스러운 도를 대상으로 해서 일어난 통찰지, 통찰함 … (§525) … 어리석음 없음, 법의 간택, 바른 견해 — 이를 일러 도를 대상으로 가진 통찰지라 한다.(*cf* ma3-16-a)

네 가지 도에 있는 통찰지가 '도를 원인으로 가진 통찰지(magga-hetukā paññā)'이다.(*cf* ma3-16-b)

783. 여기서 무엇이 '도를 지배의 [요소]로 가진 통찰지(maggādhi-patinī paññā)'인가? 성스러운 도를 지배의 [요소]로 삼아[115] 생긴 통찰

지, 통찰함 … (§525) … 어리석음 없음, 법의 간택, 바른 견해 — 이를 일러 도를 지배의 [요소]로 가진 통찰지라 한다.(*cf* ma3-16-c)

784. ⑭ 네 가지 경지에서 과보로 나타난 [마음]에 있는 통찰지는 일어난 것일 수 있고, 일어나게 될 것일 수 있다. 일어나지 않은 것이라고 말해서는 안 된다. 네 가지 경지에서 유익한 [마음]과 세 가지 경지에서 작용만 하는 결정할 수 없는 [마음]에 있는 통찰지는 일어난 것일 수 있고, 일어나지 않은 것일 수 있다. 일어나게 될 것이라고 말해서는 안 된다.(*cf* ma3-17)

785. ⑮ 모든 통찰지는 과거의 것일 수 있고, 미래의 것일 수 있고, 현재의 것일 수 있다.(*cf* ma3-18)

786. ⑯ 여기서 무엇이 '과거의 대상을 가진 통찰지(atītārammaṇā paññā)'인가? 과거의 법들을 대상으로 해서 일어난 통찰지, 통찰함 … (§525) … 어리석음 없음, 법의 간택, 바른 견해 — 이를 일러 과거의 대상을 가진 통찰지라 한다.(*cf* ma3-19-a)

787. 여기서 무엇이 '미래의 대상을 가진 통찰지(anāgatārammaṇā paññā)'인가? 미래의 법들을 대상으로 해서 일어난 통찰지, 통찰함 … (§525) … 어리석음 없음, 법의 간택, 바른 견해 — 이를 일러 미래의 대상을 가진 통찰지라 한다.(*cf* ma3-19-b)

788. 여기서 무엇이 '현재의 대상을 가진 통찰지(paccuppannārammaṇā

---

115) "'성스러운 도를 지배의 [요소]로 삼아(ariyamaggaṁ adhipatiṁ karitvā)'라는 것은 성스러운 도를 대상으로서 지배하는 것(ārammaṇa-adhipati)으로 삼아서라는 뜻이다. 이들은 제한된 법들이다. 성스러운 제자들은 자신의 도를 중히 여기고 반조를 하는 때에 대상으로서 지배하는 것을 얻는다." (DhsA.359)

-ṇā paññā)'인가? 현재의 법들을 대상으로 해서 일어난 통찰지, 통찰함 … (§525) … 어리석음 없음, 법의 간택, 바른 견해 — 이를 일러 현재의 대상을 가진 통찰지라 한다.(*cf* ma3-19-c)

789. ⑰ 모든 통찰지는 안의 것일 수 있고, 밖의 것일 수 있고, 안과 밖의 것일 수 있다.(*cf* ma3-20)

790. ⑱ 여기서 무엇이 '안의 대상을 가진 통찰지(ajjhattārammaṇā paññā)'인가? 안의 법들을 대상으로 해서 일어난 통찰지, 통찰함 … (§525) … [328] 어리석음 없음, 법의 간택, 바른 견해 — 이를 일러 안의 대상을 가진 통찰지라 한다.(*cf* ma3-21-a)

791. 여기서 무엇이 '밖의 대상을 가진 통찰지(bahiddhārammaṇā paññā)'인가? 밖의 법들을 대상으로 해서 일어난 통찰지, 통찰함 … (§525) … 어리석음 없음, 법의 간택, 바른 견해 — 이를 일러 밖의 대상을 가진 통찰지라 한다.(*cf* ma3-21-b)

792. 여기서 무엇이 '안과 밖의 대상을 가진 통찰지(ajjhattabahiddh-ārammaṇā paññā)'인가? 안과 밖의 법들을 대상으로 해서 일어난 통찰지, 통찰함 … (§525) … 어리석음 없음, 법의 간택, 바른 견해 — 이를 일러 안과 밖의 대상을 가진 통찰지라 한다.(*cf* ma3-21-c)

— 이와 같이 세 가지에 의한 지혜의 토대가 있다.

세 개 조에 대한 해설이 [끝났다.][116]

---

116) 이상으로 §753에 나열된 세 가지에 의한 지혜의 토대 즉 세 개 조 마띠까 75가지 가운데 18번 마띠까까지만이 세 개 조에 대한 해설로 설명이 되고 나머지 19번부터 75번까지는 해설이 되지 않고 있다. 19번부터 75번까지는 다시 (1) '일으킨 생각과 지속적 고찰을 가진 통찰지(savitakkasavicārā paññā)'(*cf* ma3-6-a) = 19번부터 31번까지 (2) '일으킨 생각은 없고 지속적 고찰만 있는 통찰지(avitakkavicāramattā paññā)'(*cf* ma3-6-b) = 32번부터

(4) 네 개 조에 대한 해설(catukka-niddesa)

793. ① 여기서 무엇이 '업이 자신의 주인임을 [아는] 지혜(kamma-ssakata-ñāṇa)'인가?(*cf.* Dhs §1373) '보시도 있고 공물도 있고 제사(헌공)도 있다. 선행과 악행의 업들에 대한 결실도 있고 과보도 있다. 이 세상도 있고 저 세상도 있다. 어머니도 있고 아버지도 있다. 화생하는 중생도 있고 이 세상과 저 세상을 스스로 최상의 지혜로 알고 실현하여 선언하는, 덕스럽고 바른 도를 구족한 사문·바라문들도 이 세상에는 있다.'라는 이런 형태의 통찰지, 통찰함 … (§525) … 어리석음 없음, 법의 간택, 바른 견해 — 이를 일러 업이 자신의 주인임을 [아는] 지혜라 한다. 진리에 수순하는 지혜를 제외한 번뇌의 대상인(§767 3) 참조) 유익한 통찰지들도 모두 업이 자신의 주인임을 [아는] 지혜이다.

여기서 무엇이 '진리에 수순하는 지혜(saccānulomikañāṇa)'인가? '물질은 무상하다.'라거나 '느낌은 … 인식은 … 심리현상들은 … 알음알이는 무상하다.'라는 이런 형태의 [도에] 수순하는 지혜의 능력, 견해, 선호, 의견, 판단, 법을 파악하는 지혜의 능력 — 이를 일러 진리에 수순하는 지혜라 한다.

네 가지 도에 있는 통찰지가 '도를 구족한 자의 지혜(maggasamaṅgissa ñāṇa)'이다.

네 가지 과에 있는 통찰지가 '과를 구족한 자의 지혜(phalasamaṅgissa ñāṇa)'이다.

38번까지 (3) '일으킨 생각도 없고 지속적 고찰도 없는 통찰지(avitakka-avicārā paññā)'(*cf.* ma3-6-c) = 39번부터 50번까지 (4) 희열이 함께한 통찰지(*cf.* ma3-7-a)와 행복이 함께한 통찰지(*cf.* ma3-7-b) = 51번부터 63번까지 (5) '평온이 함께한 통찰지'(*cf.* ma3-7-c) = 64번부터 75번까지의 다섯 가지 소주제로 무리지어 나열되고 있는데(§753의 해당 부분 참조) 이렇게 분류한 것 자체가 해설이기 때문이 아닐까 생각한다.

794. ② 도를 구족한 자의 지혜는 괴로움에 대한 지혜이기도 하고, 괴로움의 일어남에 대한 지혜이기도 하고, 괴로움의 소멸에 대한 지혜이기도 하고, 괴로움의 소멸로 인도하는 도닦음에 대한 지혜이기도 하다.

여기서 무엇이 '괴로움에 대한 지혜'인가? 괴로움을 대상으로 해서 일어난 통찰지, 통찰함 … (§525) … 어리석음 없음, 법의 간택, 바른 견해 — 이를 일러 괴로움에 대한 지혜라 한다.

[여기서 무엇이 '괴로움의 일어남에 대한 지혜'인가?][117] 괴로움의 일어남을 대상으로 해서 … 괴로움의 소멸을 대상으로 해서 … 괴로움의 소멸로 인도하는 도닦음을 [329] 대상으로 해서 일어난 통찰지, 통찰함 … (§525) … 어리석음 없음, 법의 간택, 바른 견해 — 이를 일러 괴로움의 소멸로 인도하는 도닦음에 대한 지혜라 한다.

795. ③ 욕계의 유익한 [마음]이나 결정할 수 없는 [마음]에 있는 통찰지가 '욕계에 속하는 통찰지'이고, 색계의 유익한 [마음]이나 결정할 수 없는 [마음]에 있는 통찰지가 '색계에 속하는 통찰지'이고, 무색계의 유익한 [마음]이나 결정할 수 없는 [마음]에 있는 통찰지가 '무색계에 속하는 통찰지'이며, 네 가지 도와 네 가지 과에 있는 통찰지가 '[세간에] 포함되지 않는[出世間] 통찰지'이다.

796. ④ 여기서 무엇이 '㉠ 법에 대한 지혜(dhamme ñāṇa)'인가? 네 가지 도와 네 가지 과에 있는 통찰지가 법에 대한 지혜이다.

알아지고 보아지고 얻어지고 체험되고(vidita) 간파된 이러한 법을 통해서 그는 과거와 미래에 대해서 바른 방법으로 추론한다.[118]

---

117) [ ] 안은 VRI본과 PTS본에는 나타나지 않지만 이해를 돕기 위해서 역자가 임의로 넣었다. 틧띨라 스님도 넣지 않고 번역하였다.

118) '바른 방법으로 추론한다.'는 nayaṁ neti를 옮긴 것이다. 주석서는 여기서 '바른 방법'으로 옮기고 있는 naya를 이렇게 설명한다.

참으로 어떤 사문이든 바라문이든 과거에 있었던 괴로움을 최상의 지혜로 알았고 괴로움의 일어남을 최상의 지혜로 알았고 괴로움의 소멸을 최상의 지혜로 알았고 괴로움의 소멸로 인도하는 도닦음을 최상의 지혜로 알았던 자들은 바로 이 괴로움을 최상의 지혜로 알았고 괴로움의 일어남을 최상의 지혜로 알았고 괴로움의 소멸을 최상의 지혜로 알았고 괴로움의 소멸로 인도하는 도닦음을 최상의 지혜로 알았다.

참으로 어떤 사문이든 바라문이든 미래에 있을 괴로움을 최상의 지혜로 알게 되고 괴로움의 일어남을 최상의 지혜로 알게 되고 괴로움의 소멸을 최상의 지혜로 알게 되고 괴로움의 소멸로 인도하는 도닦음을 최상의 지혜로 알게 될 자들은 바로 이 괴로움을 최상의 지혜로 알게 될 것이고 괴로움의 일어남을 최상의 지혜로 알게 될 것이고 괴로움의 소멸을 최상의 지혜로 알게 될 것이고 괴로움의 소멸로 인도하는 도닦음을 최상의 지혜로 알게 될 것이다.

— 여기에 있는 통찰지, 통찰함 … (§525) … 어리석음 없음, 법의 간택, 바른 견해 — 이를 일러 'ㄴ 추론에 의한 지혜(anvaye ñāṇa)'라 한다.

여기서 무엇이 'ㄷ 남들에 대한 지혜(pariye ñāṇa)'[119]인가? 자기의 마음으로 다른 중생들과 다른 인간들의 마음을 꿰뚫어 안다. 갈망이 있는 마음은 갈망이 있는 마음이라고 꿰뚫어 알고 갈망을 여읜 마음은 갈망을 여읜 마음이라고 꿰뚫어 안다. 성냄이 있는 마음은 성냄이 있는 마음이라고 꿰뚫어 알고 성냄을 여읜 마음은 성냄을 여읜 마음이라고 꿰뚫어 안다. 어리석음이 있는 마음은 어리석음이 있는 마음이라고 꿰뚫

"오염원과 깨끗함을(saṁkilese vodānāni ca) 분석하여(vibhāgato) 인도하고(nayanti) 알게 한다(ñāpenti)고 해서 바른 방법이다. 법을 설하는 자들이 경(sutta)의 뜻을 잘 탐구하여(atthapavicayattha) 드러내 보였다고 해서 바른 방법이다."(NetA.149~150)

119) '남들에 대한 지혜'는 pariye ñāṇa를 옮긴 것이다. 주석서는 "마음을 파악하는 지혜(cittaparicchedа-ñāṇa)"(VbhA.417)로 설명하고 있다.

어 알고 어리석음을 여읜 마음은 어리석음을 여읜 마음이라고 꿰뚫어 안다. 수축한 마음은 수축한 마음이라고 꿰뚫어 알고 흩어진 마음은 흩어진 마음이라고 꿰뚫어 안다. 고귀한 마음은 고귀한 마음이라고 꿰뚫어 알고 고귀하지 않은 마음은 고귀하지 않은 마음이라고 꿰뚫어 안다. 위가 있는 마음은 위가 있는 마음이라고 꿰뚫어 알고 위가 없는 마음은 위가 없는 마음이라고 꿰뚫어 안다. 삼매에 든 마음은 삼매에 든 마음이라고 꿰뚫어 알고 삼매에 들지 않은 마음은 삼매에 들지 않은 마음이라고 꿰뚫어 안다. 해탈한 마음은 해탈한 마음이라고 꿰뚫어 알고 해탈하지 않은 마음은 해탈하지 않은 마음이라고 꿰뚫어 안다.[他心通]

— 여기에 있는 통찰지, 통찰함 [330] … (§525) … 어리석음 없음, 법의 간택, 바른 견해 — 이를 일러 남들에 대한 지혜라 한다.

법에 대한 지혜와 추론에 의한 지혜와 남들에 대한 지혜를 제외하고 남은 통찰지가 '㉣ 인습적인 지혜(sammutiñāṇa)'이다.

797. ⑤ 여기서 무엇이 '[윤회를] 축적하게 하고 감소시키지 않는 통찰지(paññā ācayāya no apacayāya)'(*cf.* ma3-10-a)인가? 욕계의 유익한 [마음]에 있는 [통찰지]가 [윤회를] 축적하게 하고 감소시키지 않는 통찰지이다.

네 가지 도에 있는 [통찰지]가 '[윤회를] 감소시키고 축적하게 하지 않는 통찰지'이다.(*cf.* ma3-10-b)

색계와 무색계의 유익한 것에 있는 [통찰지]가 '[윤회를] 축적하게도 하고 감소시키기도 하는 통찰지'이다.

나머지 [통찰지]가 '[윤회를] 축적하게 하는 것도 [윤회를] 감소시키는 것도 아닌 통찰지'이다.(*cf.* ma3-10-c)

798. ⑥ 여기서 무엇이 '염오로 인도하지만 꿰뚫음으로 인도하지 못하는 통찰지(paññā nibbidāya no paṭivedhāya)'인가? 그 통찰지로 감각

적 쾌락에 대한 탐욕을 여의지만[120] 최상의 지혜를 꿰뚫지 못하고 진리를 꿰뚫지 못하는 것 — 이를 일러 염오로 인도하지만 꿰뚫음으로 인도하지 못하는 통찰지라 한다.

그가 통찰지로 감각적 쾌락에 대한 탐욕을 여의고 최상의 지혜를 꿰뚫지만 진리를 꿰뚫지 못하는 것 — 이를 일러 '꿰뚫음으로 인도하지만 염오로 인도하지 못하는 통찰지'라 한다.

네 가지 도에 있는 [통찰지]가 '염오로도 인도하고 꿰뚫음으로도 인도하는 통찰지'이다.

나머지 [통찰지]가 '염오로 인도하지도 꿰뚫음으로 인도하지도 못하는 통찰지'이다.[121]

---

120) "근절하여 여읨에 의해서(samucchedavigamena) 이것의 탐욕이 여의어졌다(vigato rāgo assa)고 해서 '탐욕을 여읨(vītarāga)'이라 한다."(PsA.i.267)

121) "색계 초선의 통찰지(rūpāvacarapaṭhamajjhānapaññā)는 ① '염오로 인도하지만 꿰뚫음으로 인도하지 못하는 것(nibbidāya no paṭivedhāya)'이다. 이것은 감각적 쾌락을 떨쳐버림(kāmaviveka)을 통해서 얻었기 때문에 오염원들에 대한 염오(kilesanibbidā)가 생긴다. 그러나 초월지의 토대가 됨(abhiññāpādakabhāva)은 얻지 못하였기 때문에 초월지에 의한 꿰뚫음(bhiññāpaṭivedha)은 일어나지 않기 때문이다.

제4선의 통찰지(catutthajjhānapaññā)는 ② '꿰뚫음으로 인도하지만 염오로 인도하지 못하는 것(paṭivedhāya no nibbidāya)'이다. 이것은 초월지의 토대가 됨(abhiññāpādakabhāva)을 통해서 초월지가 됨이 생겨서 꿰뚫음이 생긴다. 초선의 순간에 장애들에 대해서 염오가 일어나기 때문에(nīvaraṇanibbindanattā) 여기 [제4선에서는] 염오가 없다. 제2선과 제3선의 통찰지는 기쁨이 함께하기 때문에(somanassasahagatatā) 초선에 준한 것(paṭhamajjhānasannissitā)으로 여기거나 일으킨 생각이 없기 때문에(avitakkatā) 제4선에 준한 것으로 여겨야 한다.

도의 통찰지(maggapaññā)는 ③ '염오로도 인도하고 꿰뚫음으로도 인도하는 것(nibbidāya ceva paṭivedhāya ca)'이다. 여기에는 네 가지 진리를 꿰뚫음(catusaccapaṭivedha)을 통해서 염오가 있고 이들의 경지에서 육신통을 얻음(chaḷabhiññāppatti)과 꿰뚫음(paṭivedha)이 생기기 때문이다.
나머지 세간적이거나 출세간적인 통찰지(sesā lokiyalokuttarā paññā)는

799\. ⑦ 여기서 무엇이 '퇴보에 빠진 통찰지(hānabhāginī paññā)' 인가?[122)]

초선을 얻은 자에게 감각적 쾌락이 함께하는 인식과 마음에 잡도리함이 일어나는 것이 '퇴보에 빠진 통찰지'이다. 그것과 관련된 [그릇된] 마음챙김[123)]이 유지되고 있는 것이 '정체에 빠진 통찰지(ṭhitibhāginī paññā)'이다. 일으킨 생각이 없음이 함께하는 인식과 마음에 잡도리함이 일어나는 것이 '수승함에 동참하는 통찰지(visesabhāginī paññā)'이다. 염오와 함께하고 탐욕의 빛바램을 수반하는 인식과 마음에 잡도리함이 일어나는 것이 '꿰뚫음에 동참하는[124)] 통찰지(nibbedhabhāginī paññā)'이다.

---

④ '염오로 인도하지도 꿰뚫음으로 인도하지도 못하는 것(neva nibbidāya no paṭivedhāya)'이다."(Moh.269~270)

122) '퇴보에 빠진'은 hānabhāginī를 옮긴 것이다. bhāgi는 √bhaja(to, share)에서 파생된 명사 bhāga(부분, 몫)에 소유를 뜻하는 어미 '-in'을 붙여서 만들어진 명사로 '부분을 가진 자(것), 몫을 가진 자(것)'를 뜻한다. 그래서 '퇴보의 부분을 가진 것(hānaṁ bhajati — Moh.270)'이라는 뜻이 되며 뒤의 통찰지를 수식한다. 문맥을 분명하게 하기 위해서 '퇴보에 빠진'으로 옮겼다.

123) "여기서 마음챙김은 그릇된 마음챙김(micchāsati)을 두고 말씀하신 것이지 바른 마음챙김(sammāsati)이 아니다. 어떤 자는 초선에 적합한 성질을 가졌기 때문에(paṭhamajjhānānurūpasabhāvā) 초선을 고요하고 수승하다고(santato paṇītato) 본 뒤에 맛을 들이고 기뻐하는 집착(assādayamānā abhinandamānā nikanti)이 그에게 생기는데 그 집착에 의해서 그의 그 초선의 통찰지는 퇴보하지도 않고 향상하지도 않고 정체의 부문에 속하기(ṭhitikoṭṭhāsikā) 때문이다. 그래서 말씀하기를 '정체에 빠진 통찰지'라고 하셨다."(VbhA.418)

"집착(nikanti)이나 집착과 함께한 마음의 일어남(nikantisahagata-cittuppāda)을 그릇된 마음챙김(micchāsati)이라고 설명하였다."(VbhA MṬ.204)

124) '꿰뚫음에 동참하는'은 nibbedhabhāginī를 옮긴 것이다. 이것의 산스끄리뜨인 nirvedha-bhāgīya를 중국에서는 결택분(決擇分)이나 순결택(順決擇)이나 순결택분(順決擇分)으로 옮겼다.
여기서 꿰뚫음으로 옮긴 nibbedha는 nis+√vyadh(*to pierce*)에서 파생된 남성명사이다. 초기불전연구원에서는 어근의 뜻을 살려서 꿰뚫음으로 옮기

제2선을 얻은 자에게 일으킨 생각이 함께하는 인식과 마음에 잡도리함이 일어나는 것이 '퇴보에 빠진 통찰지'이다. 그것과 관련된 [그릇된] 마음챙김이 유지되고 있는 것이 '정체에 빠진 통찰지'이다. 평온이 함께하는 인식과 마음에 잡도리함이 일어나는 것이 '수승함에 동참하는 통찰지'이다. 염오와 함께하고 탐욕의 빛바램을 수반하는 인식과 마음에 잡도리함이 일어나는 것이 '꿰뚫음에 동참하는 통찰지'이다.

제3선을 얻은 자에게 희열과 행복이 함께하는 인식과 마음에 잡도리함이 일어나는 것이 '퇴보에 빠진 통찰지'이다. 그것과 관련된 [그릇된] 마음챙김이 유지되고 있는 것이 '정체에 빠진 통찰지'이다. 괴로움도 즐거움도 아닌 것이 함께하는 인식과 마음에 잡도리함이 일어나는 것이 '수승함에 동참하는 통찰지'이다. [331] 염오와 함께하고 탐욕의 빛바램을 수반하는 인식과 마음에 잡도리함이 일어나는 것이 '꿰뚫음에 동참하는 통찰지'이다.

제4선을 얻은 자에게 행복이 함께하는[125] 인식과 마음에 잡도리함이 일어나는 것이 '퇴보에 빠진 통찰지'이다. 그것과 관련된 [그릇된] 마음챙김이 유지되고 있는 것이 '정체에 빠진 통찰지'이다. 공무변처와 함께

고 있다. 경에서는 nibbedhika-paññā로 많이 나타나고 여기서처럼 nibbedhabhāginī로도 적지 않게 나타나고 있다. 이 용어는 통찰이나 꿰뚫음이나 관통으로 옮기고 있는 paṭivedha(prati+√vyadh)와 같은 어근에서 파생된 말이다. 경에서 이 용어는 대부분 appaṭivedha(꿰뚫지 못함)로 나타나고 주석서 문헌에서는 paṭivedha로도 나타난다.

"'꿰뚫음(nibbedha)'이란 여기서는 성스러운 도(ariyamagga)인데 이것을 생기게 하는 위빳사나를 토대로 하기 때문(tannibbattaka-vipassanā-pādakattā)이다."(Moh.270)

125) '행복이 함께하는'은 PTS본의 sukhasahagatā(331쪽 3째줄)를 옮긴 것이다. VRI본에는 upekkhāsahagatā(평온이 함께하는)로 표기되어 있고 띳떨라 스님도 이에 따라 '*accompanied by equanimity*'로 옮기고 있지만(띳떨라 스님, 433쪽 맨아래 줄) 문맥으로 볼 때 PTS본의 sukhasahagatā가 옳다.

하는 인식과 마음에 잡도리함이 일어나는 것이 '수승함에 동참하는 통찰지'이다. 염오와 함께하고 탐욕의 빛바램을 수반하는 인식과 마음에 잡도리함이 일어나는 것이 '꿰뚫음에 동참하는 통찰지'이다.

공무변처를 얻은 자에게 물질이 함께하는 인식과 마음에 잡도리함이 일어나는 것이 '퇴보에 빠진 통찰지'이다. 그것과 관련된 [그릇된] 마음챙김이 유지되고 있는 것이 '정체에 빠진 통찰지'이다. 식무변처와 함께하는 인식과 마음에 잡도리함이 일어나는 것이 '수승함에 동참하는 통찰지'이다. 염오와 함께하고 탐욕의 빛바램을 수반하는 인식과 마음에 잡도리함이 일어나는 것이 '꿰뚫음에 동참하는 통찰지'이다.

식무변처를 얻은 자에게 공무변처가 함께하는 인식과 마음에 잡도리함이 일어나는 것이 '퇴보에 빠진 통찰지'이다. 그것과 관련된 [그릇된] 마음챙김이 유지되고 있는 것이 '정체에 빠진 통찰지'이다. 무소유처와 함께하는 인식과 마음에 잡도리함이 일어나는 것이 '수승함에 동참하는 통찰지'이다. 염오와 함께하고 탐욕의 빛바램을 수반하는 인식과 마음에 잡도리함이 일어나는 것이 '꿰뚫음에 동참하는 통찰지'이다.

무소유처를 얻은 자에게 식무변처가 함께하는 인식과 마음에 잡도리함이 일어나는 것이 '퇴보에 빠진 통찰지'이다. 그것과 관련된 [그릇된] 마음챙김이 유지되고 있는 것이 '정체에 빠진 통찰지'이다. 비상비비상처와 함께하는 인식과 마음에 잡도리함이 일어나는 것이 '수승함에 동참하는 통찰지'이다. 염오와 함께하고 탐욕의 빛바램을 수반하는 인식과 마음에 잡도리함이 일어나는 것이 '꿰뚫음에 동참하는 통찰지'이다.

800. ⑧ 여기서 무엇이 '네 가지 무애해체지(catasso paṭisambhidā)'인가? ㉠ 뜻에 대한 무애해체지[義無礙解體智] ㉡ 법에 대한 무애해체지[法無礙解體智] ㉢ 언어에 대한 무애해체지[詞無礙解體智] ㉣ 영감에 대한 무애해체지[辯無礙解體智]이다.

뜻에 대한 지혜가 '뜻에 대한 무애해체지'이다. 법에 대한 지혜가 '법에 대한 무애해체지'이다. 이러한 법들에 대해서 [정확한] 언어를 구사함에 대한 지혜가 '언어에 대한 무애해체지'이다. 이러한 [세 가지] 지혜들에 대한 지혜가 '영감에 대한 무애해체지'이다.

801. ⑨ 여기서 무엇이 '네 가지 도닦음(catasso paṭipadā)'인가? ㉠ 도닦음도 어렵고 초월지도 느린 통찰지 ㉡ 도닦음은 어려우나 초월지는 빠른 통찰지 ㉢ 도닦음은 쉬우나 초월지는 느린 통찰지 ㉣ 도닦음도 쉽고 초월지도 빠른 통찰지이다.[126)]

여기서 무엇이 '㉠ 도닦음도 어렵고 초월지도 느린 통찰지(dukkha-paṭipadā dandhābhiññā paññā)'인가? 힘들고 [332] 어렵게 삼매를 얻어서 더디게 그 경지를 최상의 지혜로 안 자에게 생긴 통찰지, 통찰함 … (§525) … 어리석음 없음, 법의 간택, 바른 견해 — 이를 일러 도닦음도 어렵고 초월지도 느린 통찰지라 한다.

여기서 무엇이 '㉡ 도닦음은 어려우나 초월지는 빠른 통찰지(dukkha-paṭipadā khippābhiññā paññā)'인가? 힘들고 어렵게 삼매를 얻어서 빠르게 그 경지를 최상의 지혜로 안 자에게 생긴 통찰지, 통찰함 … (§525) … 어리석음 없음, 법의 간택, 바른 견해 — 이를 일러 도닦음은 어려우나 초월지는 빠른 통찰지라 한다.

여기서 무엇이 '㉢ 도닦음은 쉬우나 초월지는 느린 통찰지(sukha-paṭipadā dandhābhiññā paññā)'인가? 힘들지 않고 어렵지 않게 삼매를 얻어서 더디게 그 경지를 최상의 지혜로 안 자에게 생긴 통찰지, 통찰함 … (§525) … 어리석음 없음, 법의 간택, 바른 견해 — 이를 일러 도닦음

---

126) 이 네 가지는 『담마상가니』(Dhs) §180 등과 『디가 니까야』 제3권 「합송경」(D33) §1.11(21)과 『앙굿따라 니까야』 제2권 「간략하게 경」(A4:161) 이하에 나타나고 있는데 「상세하게 경」(A4:162) 등의 설명을 참조하기 바란다. 『청정도론』 III.§14 이하에서도 설명되고 있다.

은 쉬우나 초월지는 느린 통찰지라 한다.

여기서 무엇이 '㉣ 도닦음도 쉽고 초월지도 빠른 통찰지(sukha-paṭipadā khippābhiññā paññā)'인가? 힘들지 않고 어렵지 않게 삼매를 얻어서 빠르게 그 경지를 최상의 지혜로 안 자에게 생긴 통찰지, 통찰함 … (§525) … 어리석음 없음, 법의 간택, 바른 견해 — 이를 일러 도닦음도 쉽고 초월지도 빠른 통찰지라 한다.

802. ⑩ 여기서 무엇이 '네 가지 대상(cattāri ārammaṇāni)'인가? ㉠ 제한되었고 제한된 대상을 가진 통찰지 ㉡ 제한되었지만 무량한 대상을 가진 통찰지 ㉢ 무량하지만 제한된 대상을 가진 통찰지 ㉣ 무량하고 무량한 대상을 가진 통찰지이다.(*cf.* Dhs §185 등)

여기서 무엇이 '㉠ 제한되었고 제한된 대상을 가진 통찰지(parittā parittārammaṇā paññā)'인가? 삼매를 원하는 대로 얻지 못하고(S54: 참조) 대상도 조금만 확장한 자에게 생긴 통찰지, 통찰함 … (§525) … 어리석음 없음, 법의 간택, 바른 견해 — 이를 일러 제한되었고 제한된 대상을 가진 통찰지라 한다.

여기서 무엇이 '㉡ 제한되었지만 무량한 대상을 가진 통찰지(parittā appamāṇārammaṇā paññā)'인가? 삼매를 원하는 대로 얻지 못했지만 대상을 풍만하게 확장한 자에게 생긴 통찰지, 통찰함 … (§525) … 어리석음 없음, 법의 간택, 바른 견해 — 이를 일러 제한되었지만 무량한 대상을 가진 통찰지라 한다.

여기서 무엇이 '㉢ 무량하지만 제한된 대상을 가진 통찰지(appamāṇā parittārammaṇā paññā)'인가? 삼매를 원하는 대로 얻었지만 대상을 조금만 확장한 자에게 생긴 통찰지, 통찰함 … (§525) … 어리석음 없음, 법의 간택, 바른 견해 — 이를 일러 무량하지만 제한된 대상을 가진 통찰지라 한다.

여기서 무엇이 '㉣ 무량하고 무량한 대상을 가진 통찰지(appamāṇā appamāṇārammaṇā paññā)'인가? 삼매를 원하는 대로 얻고 대상도 풍만하게 확장한 자에게 생긴 통찰지, 통찰함 … (§525) … 어리석음 없음, 법의 간택, [333] 바른 견해 — 이를 일러 무량하고 무량한 대상을 가진 통찰지라 한다.

⑪ 도를 구족한 자의 지혜는 늙음·죽음에 대한 지혜이기도 하고, 늙음·죽음의 일어남에 대한 지혜이기도 하고, 늙음·죽음의 소멸에 대한 지혜이기도 하고, 늙음·죽음의 소멸로 인도하는 도닦음에 대한 지혜이기도 하다.

여기서 무엇이 '늙음·죽음에 대한 지혜'인가? 늙음·죽음을 대상으로 해서 일어난 통찰지, 통찰함 … (§525) … 어리석음 없음, 법의 간택, 바른 견해 — 이를 일러 늙음·죽음에 대한 지혜라 한다.

늙음·죽음의 일어남을 대상으로 해서 … 늙음·죽음의 소멸을 대상으로 해서 … 늙음·죽음의 소멸로 인도하는 도닦음을 대상으로 해서 일어난 통찰지, 통찰함 … (§525) … 어리석음 없음, 법의 간택, 바른 견해 — 이를 일러 '늙음·죽음의 소멸로 인도하는 도닦음에 대한 지혜'라 한다.

803. ⑫ 도를 구족한 자의 지혜[127]는 태어남에 대한 지혜이기도 하고 …

⑬ 존재에 대한 지혜이기도 하고 …

⑭ 취착에 대한 지혜이기도 하고 …

⑮ 갈애에 대한 지혜이기도 하고 …

127) '도를 구족한 자의 지혜'는 maggasamaṅgissa를 옮긴 것이다. VRI본에는 dhammasamaṅgissa로 나타나는데 maggasamaṅgissa가 옳다. PTS본에는 maggasamaṅgissa로 바르게 나타난다. 띳띨라 스님도 *the knowledge of one having the path*로 옮겼다.

⑯ 느낌에 대한 지혜이기도 하고 …

⑰ 감각접촉에 대한 지혜이기도 하고 …

⑱ 여섯 가지 감각장소에 대한 지혜이기도 하고 …

⑲ 정신 · 물질에 대한 지혜이기도 하고 …

⑳ 알음알이에 대한 지혜이기도 하고 …

㉑ [업]형성들에 대한 지혜이기도 하고, [업]형성들의 일어남에 대한 지혜이기도 하고, [업]형성들의 소멸에 대한 지혜이기도 하고, [업]형성들의 소멸로 인도하는 도닦음에 대한 지혜이기도 하다.

여기서 무엇이 '[업]형성들에 대한 지혜'인가? [업]형성들을 대상으로 해서 일어난 통찰지, 통찰함 … (§525) … 어리석음 없음, 법의 간택, 바른 견해 — 이를 일러 [업]형성들에 대한 지혜라 한다.

[업]형성들의 일어남을 대상으로 해서 … [업]형성들의 소멸을 대상으로 해서 … [업]형성들의 소멸로 인도하는 도닦음을 대상으로 해서 일어난 통찰지, 통찰함 … (§525) … 어리석음 없음, 법의 간택, 바른 견해 — 이를 일러 '[업]형성들의 소멸로 인도하는 도닦음에 대한 지혜'라 한다.

— 이와 같이 네 가지에 의한 지혜의 토대가 있다.

네 개 조에 대한 해설이 [끝났다.]

(5) 다섯 개 조에 대한 해설(pañcaka-niddesa)

804. ① 여기서 [334] 무엇이 '다섯 가지 구성요소를 가진 바른 삼매(pañcaṅgika sammāsamādhi)'인가? 희열로 충만한 것, 행복으로 충만한 것, 마음으로 충만한 것, 광명으로 충만한 것, 반조의 표상이다.

두 가지 禪에 있는 통찰지는 희열로 충만한 것이다. 세 가지 禪에 있는 통찰지는 행복으로 충만한 것이다. 남의 마음에 대한 지혜는 마음으로 충만한 것이다. 신성한 눈[天眼通]이 광명으로 충만한 것이다. 이런저런 삼매로부터 출정한 자의 반조의 지혜가 반조의 표상이다. 이를 일러 다섯 가지 구성요소를 가진 바른 삼매라 한다.

② 여기서 무엇이 '다섯 가지 지혜를 가진 바른 삼매(pañcañāṇiko sammāsamādhi)'인가? '이 삼매는 현재에도 행복하고 미래에도 행복한 과보를 가져온다.'라는 지혜가 각자에게[128] 생긴다. '이 삼매는 성스럽고 세속을 여읜 것이다.'라는 지혜가 각자에게 생긴다. '이 삼매는 저열하지 않은 사람이 의지하는 것이다.'라는 지혜가 각자에게 생긴다. '이 삼매는 고요하고 수승하며 편안함을 통해서 얻어지고 단일한 상태에 의해 증득된 것이지 억지로 노력하여 억압하고 제어된 상태가 아니다.'[129] 라는 지혜가 각자에게 생긴다. '그런 나는 이 삼매를 마음챙겨 증득하고 마음챙겨 출정한다.'라는 지혜가 각자에게 생긴다. 이것이 다섯 가지 지혜를 가진 바른 삼매이다.(*cf.* D34 §1. (8); A5:27 §2)

— 이와 같이 다섯 가지에 의한 지혜의 토대가 있다.

다섯 개 조에 대한 해설이 [끝났다.]

---

128) '각자에게'는 paccattaññeva(paccattaṁ eva, 개별적으로)를 옮긴 것인데 주석서는 "자신에 의해서 자신의 내면에서(attanāva attano abbhantare)"(DA.ii.527 등)라고 설명하기도 하고, "스스로 자신에 의해서(sayam eva attanā va) … 다른 사람이 체득하는 것이 아니라는(na aññassa ānubhāvena) 말이다."(SA.ii.78)라고 설명하고 있다.

129) '억지로 노력하여 억압하고 제어된 상태가 아니다.'는 na sasaṅkhāra-niggayha-vāritagato를 옮긴 것이다. 주석서에서 "한시적으로 억지로 노력하여(sappayogena) 오염원(kilesa)들을 억압하거나 저지한 것이 아니라는 말이다. 그와는 달리 오염원들을 완전히 뿌리 뽑았다(chinnattā)는 것이다."(SA.i.80; DA.iii.1060)라고 설명하고 있어서 이렇게 옮겼다.

(6) 여섯 개 조에 대한 해설(chakka-niddesa)

805. 여기서 무엇이 '여섯 가지 신통지(초월지)에 있는 통찰지(chasu abhiññāsu paññā)'인가? 신통변화에 대한 지혜[神足通], 귀의 요소를 청정하게 함에 대한 지혜[天耳通],130) 남의 마음에 대한 지혜[他心通], 전생의 삶들을 기억하는 지혜[宿命通], 중생들의 죽음과 다시 태어남을 [아는] 지혜[天眼通], 번뇌의 멸진에 대한 지혜[漏盡通] — 이것이 여섯 가지 신통지에 있는 통찰지이다.

— 이와 같이 여섯 가지에 의한 지혜의 토대가 있다.

여섯 개 조에 대한 해설이 [끝났다.]

(7) 일곱 개 조에 대한 해설(sattaka-niddesa)

806. 여기서 무엇이 '일흔일곱 가지 지혜의 토대(sattasattati ñāṇa-vatthūni, S12:34)'인가?

(1) ① 태어남을 조건으로 하여 늙음·죽음이 있다는 지혜 ② 태어남이 없으면 늙음·죽음이 없다는 지혜 ③ 과거에도 태어남을 조건으로 하여 늙음·죽음이 있었다는 지혜 ④ [과거에도] 태어남이 없었으면 늙음·죽음이 없었다는 지혜 ⑤ 미래에도 태어남을 조건으로 하여 늙음·죽음이 있다는 지혜 ⑥ [미래에도] 태어남이 없으면 늙음·죽음이 없다는 지혜 ⑦ 이와 같은 법들의 조건에 대한 지혜131)도 역시 부서지

---

130) "'귀의 요소를 청정하게 함에 대한 지혜(sotadhātuvisuddhiyā ñāṇa)'는 멀거나 가까운 것으로 구분되는 소리를 대상으로 하는(dūrasantikādi-bheda-saddārammaṇa) 신성한 귀의 요소의 지혜[天耳通, dibbasota-dhātuyā ñāṇa]이다."(VbhA.421)

131) "'법들의 조건에 대한 지혜[法住智, dhammaṭṭhiti-ñāṇa]'란 조건[緣]에 대한 지혜(paccay-ākāre ñāṇa)이다. 조건이 바로 법들이 전개되고 유지되는 원인이 되기 때문에(pavatti-ṭṭhiti-kāraṇattā) 법들의 조건[法住,

기 마련인 법이고 사라지기 마련인 법이고 탐욕이 빛바래기 마련인 법이고 소멸하기 마련인 법이라는 지혜132)

(2) ① 존재를 조건으로 하여 태어남이 있다는 지혜 …

(3) ① 취착을 조건으로 하여 존재가 있다는 [335] 지혜 …

(4) ① 갈애를 조건으로 하여 취착이 있다는 지혜 …

(5) ① 느낌을 조건으로 하여 갈애가 있다는 지혜 …

(6) ① 감각접촉을 조건으로 하여 느낌이 있다는 지혜 …

(7) ① 여섯 감각장소를 조건으로 하여 감각접촉이 있다는 지혜 …

(8) ① 정신 · 물질을 조건으로 하여 여섯 감각장소가 있다는 지혜 …

(9) ① 알음알이를 조건으로 하여 정신 · 물질이 있다는 지혜 …

(10) ① [업]형성들을 조건으로 하여 알음알이가 있다는 지혜 …

(11) ① 무명을 조건으로 하여 [업]형성들이 있다는 지혜, ② 무명이 없으면 [업]형성들이 없다는 지혜, ③ 과거에도 무명을 조건으로 하여

---

dhamma-ṭṭhiti]이라 불리고 이것에 대한 지혜가 바로 법들의 조건에 대한 지혜이다. 이것은 본문에 나타나는 여섯 가지 지혜를 말한다."(SA.ii.68)

한편 『상윳따 니까야』 제2권 「조건 경」(S12:20)에서는 dhammaṭṭhitatā가 나타났는데 '법으로 확립된 것'으로 옮겼고, 본경의 dhammaṭṭhiti는 주석서를 참조해서 '법들의 조건'이라고 옮기고 있다. 이 둘은 동의어로 간주해도 무방하다. 후자는 『상윳따 니까야』 제2권 「수시마 경」(S12:70) §15에도 나타난다. 법들의 조건에 대한 지혜[法住智]에 대해서는 『청정도론』 VII.20; 22와 XIX.25~26을 참조할 것.

132) '법들의 조건에 대한 지혜도 역시 부서지기 마련인 법이고 사라지기 마련인 법이고 탐욕이 빛바래기 마련인 법이고 소멸하기 마련인 법이라는 지혜'는 yampissa taṁ dhammaṭṭhitiñāṇaṁ tampi khayadhammaṁ vaya-dhammaṁ virāgadhammaṁ nirodhadhammanti ñāṇaṁ를 옮긴 것이다. 주석서는 이 지혜를 "위빳사나에 대한 역(逆) 위빳사나(vipassanā-paṭivipassanā)"(SA.ii.68)라고 설명하고 있다. 즉 위빳사나의 지혜 역시 소멸되기 마련이라고 관찰하는 것을 말한다. 이것은 『청정도론』 XXI.10 이하(특히 §§11~13)에서 (2) 무너짐을 관찰하는 지혜(bhaṅgānupassanā-ñāṇa)의 주 내용으로 나타나고 있으므로 참조할 것.

[업]형성들이 있었다는 지혜, ④ [과거에도] 무명이 없었으면 [업]형성들이 없었다는 지혜, ⑤ 미래에도 무명을 조건으로 하여 [업]형성들이 있다는 지혜, ⑥ [미래에도] 무명이 없으면 [업]형성들이 없다는 지혜, ⑦ 이와 같은 법들의 조건에 대한 지혜도 역시 부서지기 마련인 법이고 사라지기 마련인 법이고 탐욕이 빛바래기 마련인 법이고 소멸하기 마련인 법이라는 지혜 — 이것이 77가지 지혜의 토대이다.

— 이와 같이 일곱 가지에 의한 지혜의 토대가 있다.

일곱 개 조에 대한 해설이 [끝났다.]

(8) 여덟 개 조에 대한 해설(aṭṭhaka-niddesa)

807. 여기서 무엇이 '네 가지 도와 네 가지 과에 있는 통찰지(catūsu maggesu catūsu phalesu paññā)'인가? 예류도에 있는 통찰지, 예류과에 있는 통찰지, 일래도에 있는 통찰지, 일래과에 있는 통찰지, 불환도에 있는 통찰지, 불환과에 있는 통찰지, 아라한도에 있는 통찰지, 아라한과에 있는 통찰지 — 이것이 네 가지 도와 네 가지 과에 있는 통찰지이다.

— 이와 같이 여덟 가지에 의한 지혜의 토대가 있다.

여덟 개 조에 대한 해설이 [끝났다.]

(9) 아홉 개 조에 대한 해설(navaka-niddesa)

808. 여기서 무엇이 '아홉 가지 차례로 머묾의 증득[九次第住等至]에 있는 통찰지(navasu anupubbavihārasamāpattīsu paññā)'인가? 초선의 증득에 있는 통찰지, 제2선의 증득에 있는 통찰지, 제3선의 증득에 있는 통찰지, 제4선의 증득에 있는 통찰지, 공무변처의 증득에 있는 통찰지, 식무변처의 증득에 있는 통찰지, 무소유처의 증득에 있는 통찰지, 비상

비비상처의 증득에 있는 통찰지, 상수멸의 증득으로부터 출정한 자의 반조의 지혜 — 이것이 아홉 가지 차례로 머묾의 증득에 있는 통찰지이다.

— 이와 같이 아홉 가지에 의한 지혜의 토대가 있다.

아홉 개 조에 대한 해설이 [끝났다.]

(10) 열 개 조에 대한 해설(dasaka-niddesa)

809. 여기서 무엇이 '① 원인을 원인이라고[133] 원인이 아닌 것을 원인이 아닌 것이라고 있는 그대로 아는 여래의 지혜'인가?[134]

1) 여기 여래는 '이것은 있을 수 없고 불가능한 일이다. 견해를 구족한 사람이 형성된 것[行]은 어떤 것이든 그것을 영원하다고 여기는 것은 [336] 있을 수 없는 일이다.'라고 꿰뚫어 안다. '그러나 이것은 가능한 일이다. 범부가 형성된 것은 어떤 것이든 그것을 영원하다고 여기는 것은 가능한 일이다.'라고 꿰뚫어 안다.

---

133) '원인을 원인이라고'는 ṭhānañca ṭhānato(장소를 장소라고)를 주석서를 참조하여 옮긴 것이다. 주석서는 이렇게 설명하고 있다.

"ṭhānañca ṭhānato는 원인을 원인이라고(kāraṇañca kāraṇato)의 뜻이다. 왜냐하면 원인(kāraṇa)이란 그곳에 결과(phala)가 머문다(tiṭṭhati). 즉 결과는 반드시 그 원인을 의지하여 일어나고 생기기 때문에 원인을 ṭhāna라 부른다.
세존께서 여기에 대해 이렇게 말씀하셨다. "어떤 법들이 어떤 다른 법들이 일어나는 데에 원인(hetū)과 조건(paccayā)이 되면 그 법들은 각각 원인(ṭhāna)이라고, 어떤 법들이 어떤 다른 법들이 일어나는 데에 원인이 되지 않고 조건이 되지 않으면(na hetū na paccayā) 그 법들은 각각 원인이 아닌 것(aṭṭhāna)이라고 있는 그대로 꿰뚫어 안다."라고.
그리고 『위방가』(본서)에서는 "무엇이 원인을 원인이라고(ṭhānañca ṭhāna-to) 원인이 아닌 것을 원인이 아닌 것이라고 있는 그대로 아는 여래의 지혜(yathābhūta ñāṇa)인가?"(Vbh §809)라는 방법으로 상세하게 설했다." (MA.ii.28)

134) 여기 §809에서 언급되고 있는 28가지는 『앙굿따라 니까야』 제1권의 제15장 「불가능 품」(A1:15:1~28)의 내용과 일치한다.

2) '이것은 있을 수 없고 불가능한 일이다. 견해를 구족한 사람이 형성된 것은 어떤 것이든 그것을 행복하다고 여기는 것은 있을 수 없는 일이다.'라고 꿰뚫어 안다. '그러나 이것은 가능한 일이다. 범부가 형성된 것은 어떤 것이든 그것을 행복하다고 여기는 것은 가능한 일이다.'라고 꿰뚫어 안다.

3) '이것은 있을 수 없고 불가능한 일이다. 견해를 구족한 사람이 형성된 것은 어떤 것이든 그것을 자아라고 여기는 것은 있을 수 없는 일이다.'라고 꿰뚫어 안다. '그러나 이것은 가능한 일이다. 범부가 형성된 것은 어떤 것이든 그것을 자아라고 여기는 것은 가능한 일이다.'라고 꿰뚫어 안다.

4) '이것은 있을 수 없고 불가능한 일이다. 견해를 구족한 사람이 어머니를 살해하는 것은 있을 수 없는 일이다.'라고 꿰뚫어 안다. '그러나 이것은 가능한 일이다. 범부가 어머니를 살해하는 것은 가능한 일이다.'라고 꿰뚫어 안다.

5)~10) '이것은 있을 수 없고 불가능한 일이다. 견해를 구족한 사람이 아버지를 살해하는 것은 … 아라한을 살해하는 것은 … 나쁜 마음으로 여래의 몸에 피를 맺히게 하는 것은 … 승가를 분열하는 것은[135] … 다른 자를 스승으로 삼는 것은 … 여덟 번째 존재를 받는다는 것은 있을 수 없는 일이다.'[136]라고 꿰뚫어 안다.[137] '그러나 이것은 가능한 일이

135) 어머니를 살해하는 것부터 승가를 분열하는 것까지의 다섯 가지는 오무간업(無間業, ānantariya-kamma)이라 한다. 이것은 무거운 업이기 때문에 반드시 악도에 떨어진다고 한다. 『아비담마 길라잡이』 5장 §19의 1번 해설을 참조할 것.

136) 『앙굿따라 니까야』 「스승 경」(A6:92)에서 '여섯 가지 있을 수 없는 경우'를 들면서 여섯 번째로 "견해를 구족한 사람이 [욕계에] 여덟 번째 존재를 받는다는 것은 있을 수 없는 일이다."라고 나타나는 것과 같다. 여기서 '여덟 번째 존재(aṭṭhama bhava)'란 욕계에 여덟 번째로 재생연결식을 [받는 것을] 말한다.(AA.iii.414) 이 경 바로 앞의 「제거하지 않음 경」(A6:

다. 범부가 여덟 번째 존재를 받는다는 것은 가능한 일이다.'라고 꿰뚫어 안다.

11) '이것은 있을 수 없고 불가능한 일이다. 하나의 세계[138]에서 동시에 두 분의 아라한 정등각이 출현하신다는 것은 있을 수 없는 일이다.' 라고 꿰뚫어 안다. '그러나 이것은 가능한 일이다. 하나의 세계에 한 분의 아라한 정등각이 출현한다는 것은 가능한 일이다.'라고 꿰뚫어 안다.

12) '이것은 있을 수 없고 불가능한 일이다. 하나의 세계에서 동시에 두 분의 전륜성왕이 태어난다는 것은 있을 수 없는 일이다.'라고 꿰뚫어 안다. '그러나 이것은 가능한 일이다. 하나의 세계에 한 분의 전륜성왕이 태어난다는 것은 가능한 일이다.'라고 꿰뚫어 안다.

13) '이것은 있을 수 없고 불가능한 일이다. 여자가 아라한 정등각이 된다는 것은 있을 수 없는 일이다.'라고 꿰뚫어 안다. '그러나 이것은 가능한 일이다. 남자가 아라한 정등각이 된다는 것은 가능한 일이다.'라고 꿰뚫어 안다.

14) '이것은 있을 수 없고 불가능한 일이다. 여자가 전륜성왕이 된다는 것은 있을 수 없는 일이다.'라고 꿰뚫어 안다. '그러나 이것은 가능한 일이다. 남자가 전륜성왕이 된다는 것은 가능한 일이다.'라고 꿰뚫어 안다.

15) '이것은 있을 수 없고 불가능한 일이다. 여자가 삭까(인드라)의 지위를 행하고, 마라의 지위를 [337] 행하고, 범천의 지위의 지위를 행한다

---

89)에서 견해를 구족한 자는 예류도를 얻은 자라고 하였다. 그러므로 예류자는 최대 일곱 번만(sattakkhattuparama) 다시 천상이나 인간 세상에(deve ca manusse ca) 태어나기 때문에 여덟 번째 태어남이란 없다는 말이다. 『상윳따 니까야 주석서』(SA.iii.238)도 같은 설명을 하고 있다.

137) '여덟 번째 존재를 받아 태어난다는 것(aṭṭhamaṁ bhavaṁ nibbatteyya)'은 『앙굿따라 니까야』 하나의 모음(A1:15)에는 나타나지 않는다.

138) '세계'는 loka-dhātu를 직역한 것이다. 주석서에 의하면 여기서 세계는 우주로 옮기는 'cakkavāḷa(輪圍山)'와 동의어이다.(ekissā lokadhātuyā ti ekasmiṁ cakkavāḷe — MA.iv.120) 우주(cakkavāḷa)의 크기에 대해서는 『청정도론』(Vis.VII.40; 44)을 참조할 것.

는 것은 있을 수 없는 일이다.'라고 꿰뚫어 안다. '그러나 이것은 가능한 일이다. 남자가 삭까의 지위를 행하고, 마라의 지위를 행하고, 범천의 지위를 행한다는 것은 가능한 일이다.'라고 꿰뚫어 안다.

16) '이것은 있을 수 없고 불가능한 일이다. 몸의 나쁜 행위에서 원하고 사랑스럽고 마음에 드는 과보가 생길 것이라는 것은 있을 수 없는 일이다.'[139]라고 꿰뚫어 안다. '그러나 이것은 가능한 일이다. 몸의 나쁜 행위에서 원하지 않고 사랑스럽지 않고 마음에 들지 않는 과보가 생길 것이라는 것은 가능한 일이다.'라고 꿰뚫어 안다.

17)~18) '이것은 있을 수 없고 불가능한 일이다. 말의 나쁜 행위에서 … 마음의 나쁜 행위에서 원하고 사랑스럽고 마음에 드는 과보가 생길 것이라는 것은 있을 수 없는 일이다.'라고 꿰뚫어 안다. '그러나 이것은 가능한 일이다. 말의 나쁜 행위에서 … 마음의 나쁜 행위에서 원하지 않고 사랑스럽지 않고 마음에 들지 않는 과보가 생길 것이라는 것은 가능한 일이다.'라고 꿰뚫어 안다.

19) '이것은 있을 수 없고 불가능한 일이다. 몸의 좋은 행위에서 원하지 않고 사랑스럽지 않고 마음에 들지 않는 과보가 생길 것이라는 것은 있을 수 없는 일이다.'라고 꿰뚫어 안다. '그러나 이것은 가능한 일이다. 몸의 좋은 행위에서 원하고 사랑스럽고 마음에 드는 과보가 생길 것이라는 것은 가능한 일이다.'라고 꿰뚫어 안다.

20)~21) '이것은 있을 수 없고 불가능한 일이다. 말의 좋은 행위에서 … 마음의 좋은 행위에서 원하지 않고 사랑스럽지 않고 마음에 들지 않는 과보가 생길 것이라는 것은 있을 수 없는 일이다.'라고 꿰뚫어 안다.

---

139) "마치 님바 나무의 종자와 꼬사따끼 나무의 종자 등(nimba-bīja-kosā-takī-bījādi)이 달콤한 열매를 맺는 것이 아니라 달갑지 않은 쓴 맛의 열매를 맺듯이, 몸의 나쁜 행위(kāya-duccarita) 등은 달콤한 과보(madhura-vipāka)를 생산해내는 것이 아니라 달갑지 않은 쓴 과보를 생산해낸다." (VbhA.438; MA.iv.123)

'그러나 이것은 가능한 일이다. 말의 좋은 행위에서 … 마음의 좋은 행위에서 원하고 사랑스럽고 마음에 드는 과보가 생길 것이라는 것은 가능한 일이다.'라고 꿰뚫어 안다.

22) '이것은 있을 수 없고 불가능한 일이다. 몸으로 나쁜 행위를 하는 자가 그 때문에 그것을 조건으로 하여 몸이 무너져 죽은 뒤 좋은 곳[善處], 천상세계에 태어난다는 것은 있을 수 없는 일이다.'라고 꿰뚫어 안다. '그러나 이것은 가능한 일이다. 몸으로 나쁜 행위를 하는 자가 그 때문에 그것을 조건으로 하여 몸이 무너져 죽은 뒤 처참한 곳, 불행한 곳, 파멸처, 지옥에 태어난다는 것은 가능한 일이다.'라고 꿰뚫어 안다.

23)~24) '이것은 있을 수 없고 불가능한 일이다. 말로 나쁜 행위를 하는 자가 … 마음으로 나쁜 행위를 하는 자가 그 때문에 그것을 조건으로 하여 몸이 무너져 죽은 뒤 좋은 곳[善處], 천상세계에 태어난다는 것은 있을 수 없는 일이다.'라고 꿰뚫어 안다. '그러나 이것은 가능한 일이다. 말로 나쁜 행위를 하는 자가 … 마음으로 나쁜 행위를 하는 자가 그 때문에 그것을 조건으로 하여 몸이 무너져 죽은 뒤 처참한 곳, 불행한 곳, 파멸처, 지옥에 태어난다는 것은 가능한 일이다.'라고 꿰뚫어 안다.

25) '이것은 있을 수 없고 불가능한 일이다. 몸으로 좋은 행위를 하는 자가 그 때문에 그것을 조건으로 하여 몸이 무너져 죽은 뒤 처참한 곳[苦界], 불행한 곳[惡處], 파멸처, 지옥에 태어난다는 것은 있을 수 없는 일이다.'라고 꿰뚫어 안다. '그러나 이것은 가능한 일이다. 몸으로 좋은 행위를 하는 자가 그 때문에 그것을 조건으로 하여 몸이 무너져 죽은 뒤 좋은 곳[善處], [338] 천상세계에 태어난다는 것은 가능한 일이다.'라고 꿰뚫어 안다.

26)~27) '이것은 있을 수 없고 불가능한 일이다. 말로 좋은 행위를 하는 자가 … 마음으로 좋은 행위를 하는 자가 그 때문에 그것을 조건으로 하여 몸이 무너져 죽은 뒤 처참한 곳[苦界], 불행한 곳[惡處], 파멸처, 지

옥에 태어난다는 것은 있을 수 없는 일이다.'라고 꿰뚫어 안다. '그러나 이것은 가능한 일이다. 말로 좋은 행위를 하는 자가 … 마음으로 좋은 행위를 하는 자가 그때문에 그것을 조건으로 하여 몸이 무너져 죽은 뒤 좋은 곳[善處], 천상세계에 태어난다는 것은 가능한 일이다.'라고 꿰뚫어 안다.

28) 이런저런 법들은 이런저런 법들이 일어나는 원인이 되고 조건이 된다는 그런 것은 가능한 일이다. 그러나 이런저런 법들은 이런저런 법들이 일어나는 원인이 아니고 조건이 아니라는 그런 것은 불가능한 일이다. 여기에 있는 통찰지, 통찰함 … (§525) … 어리석음 없음, 법의 간택, 바른 견해 — 이것이 원인을 원인이라고 원인이 아닌 것을 원인이 아닌 것이라고 있는 그대로 아는 여래의 지혜이다.

810. ② 여기서 무엇이 '과거·미래·현재에 업을 받들어 행함[140]의 과보를 조건에 따라 원인에 따라[141] 있는 그대로 아는 여래의 지혜'[142]인가?

---

140) '업을 받들어 행함'은 kamma-samādānā를 아래 주석서의 설명을 참조하여 옮긴 것이다.
"이것은 받아 지녀서(samādiyitvā) 지은(katānaṁ) 유익하고 해로운 업들(kusala-akusala-kammā)을 말한다. 혹은 업(kamma)이 바로 업을 받들어 행함(kamma-samādāna)이다."(VbhA.400; MA.ii.29)

samādhāna는 saṁ+ā+√dā(*to give*)에서 파생된 중성명사로 받음, 받아 지님을 뜻한다. 중국에서는 受持, 攝取, 攝受, 正受, 誓願(수지, 섭취, 섭수, 정수, 서원) 등으로 옮겼다. 여기서는 업을 짓는다는 의미를 살려 받들어 행함으로 옮겼다.

141) '조건에 따라 원인에 따라'는 ṭhānaso hetuso를 옮긴 것이다. 주석서에서 "ṭhānaso hetuso는 paccayato ceva hetuto ca의 뜻이다. 여기서 태어날 곳(gati)과 재생의 근거(upadhi)와 시간(kāla)과 노력(payoga)은 과보의 조건(paccaya)이고 업은 그것의 원인(hetu)이다."(MA.ii.29)라고 설명하고 있어서 이렇게 옮겼다.

142) 『맛지마 니까야』 제2권 「견서계경」 (개처럼 사는 서계를 가진 자 경,

여기 여래는 [다음과 같이] 꿰뚫어 안다.

1) '어떤 나쁜 업을 받들어 행함은 태어날 곳의 성취에 힘입어 그 과보를 가져오지 않는다. 어떤 나쁜 업을 받들어 행함은 재생의 근거인 [오온의] 성취에 힘입어 그 과보를 가져오지 않는다. 어떤 나쁜 업을 받들어 행함은 시간의 성취에 힘입어 그 과보를 가져오지 않는다. 어떤 나쁜 업을 받들어 행함은 노력의 성취에 힘입어 그 과보를 가져오지 않는다.'143)

2) '어떤 나쁜 업을 받들어 행함은 태어날 곳의 재난을 만나면 그 과보를 가져온다. 어떤 나쁜 업을 받들어 행함은 재생의 근거인 [오온의] 재난을 만나면 그 과보를 가져온다. 어떤 나쁜 업을 받들어 행함은 시간의 재난을 만나면 그 과보를 가져온다. 어떤 나쁜 업을 받들어 행함은 노력의 재난을 만나면 그 과보를 가져온다.'

3) '어떤 좋은 업을 받들어 행함은 태어날 곳의 재난을 만나면 그 과보를 가져오지 않는다. 어떤 좋은 업을 받들어 행함은 재생의 근거인 [오온의] 재난을 만나면 그 과보를 가져오지 않는다. 어떤 좋은 업을 받들어 행함은 시간의 재난을 만나면 그 과보를 가져오지 않는다. 어떤 좋은 업을 받들어 행함은 노력의 재난을 만나면 그 과보를 가져오지 않는다.'

M57)과 제4권 「업 분석의 짧은 경」(M135)과 「업 분석의 긴 경」(M136)은 이 두 번째 여래의 힘의 좋은 보기가 된다 하겠다.

143) "여기서 '태어날 곳의 성취(gatisampatti)'는 천상세계와 인간세계이다. '태어날 곳의 재난(gativipatti)'은 네 가지 악처[四惡道, cattāro apāyā]이다. '재생의 근거인 [오온의] 성취(upadhisampatti)'는 자기 존재가 번영하는 것(attabhāva-samiddhi)이다. '재생의 근거인 [오온의] 재난'은 저열한 자기 존재가 되는 것(hīnāttabhāvatā)이다. '시간의 성취(kālasampatti)'는 좋은 왕과 좋은 인간의 시대라 불리는(surāja-sumanussa-kāla-saṅkhāta) 번영하는 시대(sampannakāla)이다. '시간의 재난'은 나쁜 왕과 나쁜 인간의 시대라 불리는 쇠퇴하는 시대(vipannakāla)이다. '노력의 성취(payoga-sampatti)'는 바른 노력(sammāpayoga)이고 '노력의 재난'은 그릇된 노력(micchāpayoga)이다."(VbhA.439~440)

4) '어떤 좋은 업을 받들어 행함은 태어날 곳의 성취에 힘입어 그 과보를 가져온다. 어떤 좋은 업을 받들어 행함은 재생의 근거인 [오온의] 성취에 힘입어 그 과보를 가져온다. 어떤 [339] 좋은 업을 받들어 행함은 시간의 성취에 힘입어 그 과보를 가져온다. 어떤 좋은 업을 받들어 행함은 노력의 성취에 힘입어 그 과보를 가져온다.'

여기에 있는 통찰지, 통찰함 … (§525) … 어리석음 없음, 법의 간택, 바른 견해 — 이것이 과거·미래·현재에 업을 받들어 행함의 과보를 조건에 따라 원인에 따라 있는 그대로 아는 여래의 지혜이다.

811. ③ 여기서 무엇이 '모든 태어날 곳[行處]으로 인도하는 도닦음을 있는 그대로 아는 여래의 지혜'인가?

여기 여래는 '이것이 지옥으로 가는 도이고 도닦음이다.'라고 꿰뚫어 안다. '이것이 축생의 모태로 가는 도이고 도닦음이다.'라고 꿰뚫어 안다. '이것이 아귀계로 가는 도이고 도닦음이다.'라고 꿰뚫어 안다. '이것이 인간의 세상으로 가는 도이고 도닦음이다.'라고 꿰뚫어 안다. '이것이 신의 세상으로 가는 도이고 도닦음이다.'라고 꿰뚫어 안다. '이것이 열반으로 가는 도이고 도닦음이다.'라고 꿰뚫어 안다.

여기에 있는 통찰지, 통찰함 … (§525) … 어리석음 없음, 법의 간택, 바른 견해 — 이것이 모든 태어날 곳으로 인도하는 도닦음을 있는 그대로 아는 여래의 지혜이다.

812. ④ 여기서 무엇이 '여러 가지 요소[界]와 다양한 요소를 가진 세상[144]을 있는 그대로 아는 여래의 지혜'인가?

---

144) "'여러 가지 요소(aneka-dhātu)'란 눈의 요소 등이나 혹은 감각적 쾌락의 요소 등이 여러 가지인 것을 말한다. '다양한 요소(nānā-dhātu)'란 이런 요소들은 그 특징이 일관성이 없기 때문에(vilakkhaṇatā) 다양한 형태의 요소(nāna-ppakāra-dhātu)이다. '세상(loka)'이란 무더기[蘊], 감각장소[處], 요소[界]의 세상을 말한다."(MA.ii.29)

여기 여래는 무더기의 다양함을 꿰뚫어 알고 감각장소의 다양함을 꿰뚫어 알고 요소의 다양함을 꿰뚫어 알고 여러 가지 요소[界]와 다양한 요소를 가진 세상의 다양함을 꿰뚫어 안다.

여기에 있는 통찰지, 통찰함 … (§525) … 어리석음 없음, 법의 간택, 바른 견해 — 이것이 여러 가지 요소[界]와 다양한 요소를 가진 세상을 있는 그대로 아는 여래의 지혜이다.

813. ⑤ 여기서 무엇이 '중생들의 다양한 성향145)을 있는 그대로 아는 여래의 지혜'인가? 여기 여래는 [다음과 같이] 꿰뚫어 안다.

'저열한 성향을 가진 중생들이 있고 수승한 성향을 가진 중생들이 있다. 저열한 성향을 가진 중생들은 저열한 성향을 가진 자들을 의지해 살고 경모하고 섬기고, 수승한 성향을 가진 중생들은 수승한 성향을 가진 자들을 의지해 살고 경모하고 섬긴다.'146)

'과거에도 저열한 성향을 가진 중생들은 저열한 성향을 가진 자들을 의지해 살았고 경모했고 섬겼고, 수승한 성향을 가진 중생들은 수승한 성향을 가진 자들을 의지해 살았고 경모했고 섬겼다.'

---

145) 여기서 '성향'으로 옮긴 원어는 adhimuttikatā인데 adhimutti(ka)는 주로 확신, 결의, 결심 등으로 옮겨지는 용어이다. 그러나 복주서는 여기서는 ajjhāsayatā(성향, 의향)를 뜻한다고 설명하고 있어서 이렇게 옮겼다. (AAṬ.iii.293) 그리고 복주서는 이렇게 덧붙이고 있다.

"'성향(adhimuttika)'은 의향의 요소(ajjhāsaya-dhātu)나 의향의 고유성질(ajjhāsaya-sabhāva)을 뜻한다. 이것은 저열한 것과 수승한 것이 다르기 때문에 삼장에서는 두 가지로 말씀하셨지만 저열한 성향과 수승한 성향이 서로 다르기 때문에 다양한 성향이 됨(nānādhimuttika-bhāva)이라고 하였다."(*Ibid.*)

146) 여기서 '의지해 살고 경모하고 섬긴다.'는 sevanti bhajanti payirupāsanti를 옮긴 것이다. 『상윳따 니까야』 제2권 「저열한 의향 경」(S14:14)부터 「열 가지 구성 요소 경」(S14:29)까지의 16개 경에는 "저열한 성향을 가진 중생들은 저열한 성향을 가진 자들과 함께 모이고 함께 어울린다."(S14:14 §3)라는 등으로 '함께 모이고 함께 어울린다(saṁsandanti samenti).'로 나타나고 있다.

'미래에도 저열한 성향을 가진 중생들은 저열한 성향을 가진 자들을 의지해 살 것이고 경모할 것이고 섬길 것이며, 수승한 성향을 가진 중생들은 [340] 수승한 성향을 가진 자들을 의지해 살 것이고 경모할 것이고 섬길 것이다.'

여기에 있는 통찰지, 통찰함 … (§525) … 어리석음 없음, 법의 간택, 바른 견해 — 이것이 중생들의 다양한 성향을 있는 그대로 아는 여래의 지혜이다.

814. ⑥ 여기서 무엇이 '다른 중생들과 다른 인간들의[147] 기능[根]의 뛰어남과 저열함[148]을 있는 그대로 아는 여래의 지혜'인가?

여기 여래는 모든 중생들의 습성을 꿰뚫어 알고, 잠재성향을 꿰뚫어 알고, 행위를 꿰뚫어 알고, 성향을 꿰뚫어 알고, 눈에 때가 적은지 많은지,[149] 기능이 예리한지 둔한지, 행실이 바른지 나쁜지, 가르치기 쉬운지 어려운지, 가능성이 있는지 없는지를 안다.(Vis.VII.39)

815. 그러면 무엇이 '중생들의 습성(sattānaṁ āsaya)'인가?

'세상은 영원하다.'라거나, '세상은 영원하지 않다.'라거나, '세상은 유

147) '다른 중생들과 다른 인간들의'는 parasattānaṁ parapuggalānaṁ을 옮긴 것이다. 주석서는 다음과 같이 설명한다.
"다른 중생들이란 중요한 중생들(padhānasattā)이고 다른 인간들이란 그와 다른 저열한 중생들(hīnasattā)이다. 혹은 이 두 단어는 단지 같은 뜻(ekattha)을 나타낸다. 쉽게 가르치기 위해서(veneyyavasena) 두 가지로 설한 것이다."(MA.ii.29~30)

148) "'기능의 뛰어남과 저열함(indriya-paropariyatta)'이란 믿음, 정진 등의 기능의 수승함(parabhāva)과 저열함(aparabhāva)과 향상(vuddhi)과 퇴보(hāni)를 뜻하며 이것을 있는 그대로 꿰뚫어 안다는 말이다."(ā.v.15)

149) "이들의 통찰지로 이루어진 눈에(paññāmaye akkhimhi) 적고 제한된 탐욕과 성냄과 어리석음의 때(rāgadosamoharaja)가 있다고 해서 '눈에 때가 적은 것(apparajakkhā)'이고 그것이 많기 때문에 '눈에 때가 많은 것(mahā-rajakkhā)이다."(VbhA.458)

한하다.'라거나, '세상은 무한하다.'라거나, '생명과 몸은 같은 것이다.' 라거나, '생명과 몸은 다른 것이다.'라거나, '여래는 사후에도 존재한다.' 라거나, '여래는 사후에 존재하지 않는다.'라거나 '여래는 사후에 존재하기도 하고 존재하지 않기도 한다.'라거나, '여래는 사후에 존재하는 것도 아니고 존재하지 않는 것도 아니다.'라는 이러한 존재에 대한 견해에 빠지거나 존재하지 않음에 대한 견해에 빠진 중생들이 있다. 그러나 이러한 양 극단에 의지하지 않고 이것에게 조건되는 성질[此緣性], 즉 조건발생인 법들에 수순하는 지혜의 능력[忍知][150]과 여실한 지혜[如實知]가 얻어진다.[151] — 이것이 중생들의 습성이다.

816. 그러면 무엇이 '중생들의 잠재성향(sattānaṁ anusaya)'인가? 감각적 쾌락에 대한 갈망의 잠재성향, 적의의 잠재성향, 자만의 잠재성향, 사견의 잠재성향, 의심의 잠재성향, 존재에 대한 갈망의 잠재성향,

---

150) khanti를 '지혜의 능력[忍知]'으로 옮긴 것에 대해서는 본서 §768의 해당 주해를 참조할 것.
'법들에 수순하는 지혜의 능력[忍知]이 얻어짐'은 dhammesu anulomikā khanti paṭiladdhā를 옮긴 것인데 이러한 표현들이 대승경전에 많이 나타나는 '무생법인(無生法忍, anutpattika-dharma-kṣānti, anutpattikeṣu dharmeṣu kṣāntiṁ pratilabhate)'으로 계승된 것으로 여겨진다.

151) '지혜의 능력[忍知]과 여실한 지혜[如實知]가 얻어진다.'는 VRI본의 anulomikā khanti paṭiladdhā hoti yathābhūtaṁ ñāṇaṁ를 옮긴 것이다. 이 문장으로는 anulomikā khanti와 yathābhūtaṁ ñāṇaṁ의 수식 관계가 분명하지 않다. 그런데 PTS본에는 anulomikā khanti paṭiladdhā hoti, yathābhūtaṁ **vā** ñāṇaṁ으로 나타나고(PTS본 340쪽) VRI본의 『무애해도』에도 anulomikā khanti paṭiladdhā hoti, yathābhūtaṁ **vā** ñāṇaṁ(Ps. §113, PTS본의 123쪽)으로 나타나고 있고 『위방가 주석서』의 해당 부분에도 "anulomikā khantīti vipassanāñāṇaṁ. yathābhūtaṁ vā ñāṇanti maggañāṇaṁ."(VbhA.459)으로 설명이 되고 있어서 이 둘은 병렬관계로 봐야 한다. 그래서 '지혜의 능력[忍知]과 여실한 지혜[如實知]가 얻어진다.'로 옮겼다. 주석서는 '지혜의 능력[忍知]'을 위빳사나의 지혜(vipassanāñāṇa)로, '여실한 지혜[如實知]'를 도의 지혜(maggañāṇa)로 설명하고 있다.(*Ibid.*)

무명의 잠재성향이다. 세상에서 사랑스럽고 기분 좋은 것이 있으면 중생들의 갈망의 잠재성향은 여기서 자리 잡는다. 세상에서 즐겁지 않고 기분 좋지 않은 것이 있으면 중생들의 적의의 잠재성향은 여기서 자리 잡는다.152) 이처럼 이들 두 가지 법에 대해서 무명이 생긴다. 자만과 사견과 의심은 이들과 함께 작용하는 것153)이라고 보아야 한다.154) 이것이 중생들의 잠재성향이다.

817. 그러면 무엇이 '중생들의 행위(sattānaṁ carita)'인가? 제한된 경지를 가졌거나 큰 경지를 가진, 공덕이 되는 [업]형성, 공덕이 아닌 [업]형성, 흔들림 없는 [업]형성 — 이것이 중생들의 행위이다.

818. 무엇이 '중생들의 성향(sattānaṁ adhimutti)'인가?

저열한 성향을 가진 중생들이 있고 수승한 성향을 가진 중생들이 있다. 저열한 성향을 가진 중생들은 저열한 성향을 가진 중생들을 의지해 살고 [341] 경모하고 섬긴다. 수승한 성향을 가진 중생들은 수승한 성향을 가진 중생들을 의지해 살고 경모하고 섬긴다.

과거에도 저열한 성향을 가진 중생들은 저열한 성향을 가진 중생들

---

152) 본 문장은 여기에 대응하는 『디가 니까야』 제2권 「대념처경」(D22) §18의 어법과는 조금 다르다.

153) "여기서 하나의 마음이나 한 사람에 머문다(ṭhita)고 해서 '함께 작용하는 것(ekaṭṭha)'이다. 여기서 하나의 마음에 머무는 것이 ① 함께 생긴 것과 함께 작용하는 것(sahajekaṭṭha)이다. 한 사람에 머무는 것은 ② 버려질 때 함께 작용하는 것(pahānekaṭṭha)이다. 이것은 탐욕 등과 함께 작용한다. 혹은 이것은 탐욕 등과는 다르고 여기저기서 설명되지 않는 [감각접촉 등]과 더불어 한 곳에 머문다고 해서 '함께 작용하는 것'이다."(DhsA.345)
"'함께 작용하는 것(ekaṭṭha)'은 무명과 결합되어 함께 작용함에 의해서(sampayuttekaṭṭhavasena) 함께 작용하는 것이다."(VbhA.460)

154) "여기서 '자만(māna)'과 '사견(diṭṭhi)'과 '의심(vicikicchā)'은 각각 아홉 가지 자만(§962)과 62가지 사견에 빠짐(§977)과 8가지에 대한 의심(§915)이다."(VbhA.460)

을 의지해 살고 경모하고 섬겼다. 수승한 성향을 가진 중생들은 수승한 성향을 가진 중생들을 의지해 살고 경모하고 섬겼다.

미래에도 저열한 성향을 가진 중생들은 저열한 성향을 가진 중생들을 의지해 살고 경모하고 섬길 것이다. 수승한 성향을 가진 중생들은 수승한 성향을 가진 중생들을 의지해 살고 경모하고 섬길 것이다. 이것이 중생들의 성향이다.

819. 무엇이 '중생들의 눈에 때가 많은 것(mahārajakkhā)'인가? 열 가지 오염원의 토대가 있으니 ① 탐욕 ② 성냄 ③ 어리석음 ④ 자만 ⑤ 사견 ⑥ 의심 ⑦ 해태 ⑧ 들뜸 ⑨ 양심 없음 ⑩ 수치심 없음이다. 중생들이 이러한 열 가지 오염원의 토대를 반복하고, 닦고, 많이 짓고, 현저하게 하면 이것이 중생들의 눈에 때가 많은 것이다.

820. 무엇이 '중생들의 눈에 때가 적은 것(apparajakkhā)'인가? 중생들이 이러한 열 가지 오염원의 토대를 반복하지 않고, 닦지 않고, 많이 짓지 않고, 현저하게 하지 않으면 이것이 중생들의 눈에 때가 적은 것이다.

821. 무엇이 '중생들의 기능[根]이 둔한 것(mudindriyā)'인가? 다섯 가지 기능이 있으니, 믿음의 기능, 정진의 기능, 마음챙김의 기능, 삼매의 기능, 통찰지의 기능이다. 중생들이 이러한 다섯 가지 기능을 닦지 않고, 많이 짓지 않고, 현저하게 하지 않으면 이것이 중생들의 기능이 둔한 것이다.

822. 무엇이 '중생들의 기능[根]이 예리한 것(tikkhindriyā)'인가? 중생들이 이러한 다섯 가지 기능을 닦고, 많이 짓고, 현저하게 하면 이것이 중생들의 기능이 예리한 것이다.

823. 무엇이 '중생들의 행실이 나쁜 것(dvākārā)'인가? 중생들의 악한 습성, 악한 잠재성향, 악한 행위, 악한 성향, 때가 많음, 기능이 둔함 — 이것이 중생들의 행실이 나쁜 것이다.

824. 무엇이 '중생들의 행실이 좋은 것(svākārā)'인가? 중생들의 좋은 습성, 좋은 행위, 좋은 성향, 때가 적음, 기능이 예리함 — 이것이 중생들의 행실이 좋은 것이다.

825. 무엇이 '중생들이 가르치기 어려운 것(duviññāpayā)'인가? 중생들의 행실이 나쁜 것, 이것이 중생들이 가르치기 어려운 것이다. 중생들의 행실이 좋은 것, 이것이 중생들이 가르치기 쉬운 것이다.

826. 무엇이 '중생들이 가능성이 없는 것(abhabbā)'인가? 업의 장애를 가졌거나 오염원의 장애를 가졌거나 과보의 장애를 가졌거나 믿음이 없고 열의가 없고 통찰지가 없는 중생들은 유익한 법들에 대한 올바름이라는 확정된 [도]에 들어갈 수 없다.155) 이것이 중생들이 가능성이

155) '유익한 법들에 대한 올바름이라는 확정된 [도]에 들어갈 수 없다.'는 abhabbā niyāmaṁ okkamituṁ kusalesu dhammesu sammattaṁ을 옮긴 것이다. 주석서는 "유익한 법들에 대한 올바름이라는 확정됨이라 불리는(sammattaniyāmasaṅkhāta) 도(magga = 성스러운 도(ariyamagga, DAṬ.ii.85))에 들 수 없다는 [뜻이다.]"(VbhA.461)라고 설명하고 있다. 텃띨라 스님도 '*not fit to enter into the immutable rightness of good states (i.e. path consciousness)*'로 옮기고 있다.(텃띨라 스님, 447쪽) 이 문단은 『청정도론』 V.40에서 인용되고 있는데 『청정도론』 V.41은 다음과 같은 설명을 덧붙이고 있다.

"이 가운데서 업의 장애를 가진 자들(kammāvaraṇena samannāgatā)이란 무간업을 가진 자들이다. 오염원의 장애(kilesāvaraṇa)를 가진 자들이란 고착된 삿된 견해를 가진 자와 양성자와 고자를 뜻한다. 과보의 장애(vipāk-āvaraṇa)를 가진 자들이란 원인이 없는 재생연결과 두 가지의 원인을 가진 재생연결을 가진 자들이다. 믿음이 없는 자들(asaddhā)이란 부처님 등에 믿음이 없는 자들이다. 열의가 없는 자들(acchandikā)이란 대적할 것이

없는 것이다.

827. 무엇이 [342] '중생들이 가능성이 있는 것(bhabbā)'인가? 업의 장애를 가지지 않았거나 오염원의 장애를 가지지 않았거나 과보의 장애를 가지지 않았거나 믿음이 있고 열의가 있고 통찰지가 있는 중생들은 유익한 법들에 대한 올바름이라는 확정된 [도]에 들어갈 수 있다. 이것이 중생들이 가능성이 있는 것이다.

여기에 있는 통찰지, 통찰함 … (§525) … 어리석음 없음, 법의 간택, 바른 견해 — 이를 일러 다른 중생들과 다른 인간들의 기능[根]의 뛰어남과 저열함을 있는 그대로 아는 여래의 지혜라 한다.

828. ⑦ 여기서 무엇이 '禪과 해탈과 삼매와 증득[等至]의 오염원과 깨끗함과 출정을[156] 있는 그대로 아는 여래의 지혜'인가?

'참선하는 자(jhāyi)'라 하였다. 네 부류의 참선하는 자가 있다. 어떤 참선하는 자는 성취하였지만 실패하였다고 간주한다. 어떤 참선하는 자는 실패하였지만 성취하였다고 간주한다. 어떤 참선하는 자는 성취한 뒤 성취하였다고 간주한다. 어떤 참선하는 자는 실패한 뒤 실패하였다고 간주한다. — 이것이 네 부류의 참선하는 자이다.

또 다른 네 부류의 참선하는 자가 있다. 어떤 참선하는 자는 느리게

없는 도닦음에 대해 열의가 없는 자들이다.(사성제에 수순하고 도를 따르는 수행인 위빳사나에 대한 열의가 없는 것이다. — Pm.101) 통찰지가 없는 자들(duppaññā)이란 세간적이거나 출세간적인 바른 견해가 없는 자들이다."(Vis.V.41)

156) VRI본 『위방가』 §828(VRI본 114권 391쪽, 1998년)과 VRI 인터넷 홈페이지에 올라온 자료에는 §828의 이 부분에는 '출정'에 해당하는 vuṭṭhānaṃ이 빠진 채 saṃkilesaṃ vodānaṃ(오염원과 깨끗함)만 나타나고 있다. 그러나 1997년 판 VRI CD-ROM에는 'saṃkilesaṃ vodānaṃ vuṭṭhānaṃ'으로 나타나고 있으며 PTS본(342쪽 10째 줄)에도 나타나고 있다. 무엇보다도 앞의 §760 ⑦에도 나타나고 있어서 여기서도 살려서 옮겼다.

증득하고 빠르게 출정한다. 어떤 참선하는 자는 빠르게 증득하고 느리게 출정한다. 어떤 참선하는 자는 느리게 증득하고 느리게 출정한다. 어떤 참선하는 자는 빠르게 증득하고 빠르게 출정한다. — 이것이 네 부류의 참선하는 자이다.

또 다른 네 부류의 참선하는 자가 있다. 여기 어떤 참선하는 자는 삼매에는 능숙[157]하지만 삼매의 증득에는 능숙하지 못하다. 여기 어떤 참선하는 자는 삼매의 증득에는 능숙하지만 삼매에는 능숙하지 못하다. 여기 어떤 참선하는 자는 삼매에도 능숙하고 삼매의 증득에도 능숙하다. 여기 어떤 참선하는 자는 삼매에도 능숙하지 못하고 삼매의 증득에도 능숙하지 못하다.[158] — 이것이 네 부류의 참선하는 자이다.

'禪'이라고 하였다. 네 가지 禪이 있다. — 초선, 제2선, 제3선, 제4선이다.

'해탈(vimokkha)'이라고 하였다. 여덟 가지 해탈[八解脫]이 있다.

여기 비구는 물질[色]을 가진 자가[159] 물질들을 본다.(Dhs §248)[160]

---

157) "'삼매에 능숙함(samādhi-kusala)'이란 초선은 [일으킨 생각, 지속적 고찰, 희열, 행복, 마음이 한끝으로 [집중]됨]이라는 다섯 가지 구성요소를 가졌고 (pañcaṅgika) 제2선은 [희열, 행복, 마음이 한끝으로 [집중]됨]이라는 세 가지 구성요소를 가졌다는 등으로 구성요소를 구분하는 데 능숙함(aṅga-vavatthāna-kusala)을 말한다. '증득에 능숙하지 못함(na samāpatti-kusala)'이란 마음을 편안하게 하고(hāsetvā) 유연하게 하여(kallaṁ katvā) 禪을 증득할 수 없는 것을 말한다."(SA.ii.352)

즉, 이론적으로 삼매에 대해서 잘 아는 것이 삼매에 능숙함이고, 실제로 그런 삼매의 경지에 들 수 있는 것을 증득에 능숙함이라고 주석서는 설명하고 있다.

158) 『상윳따 니까야』 선(禪) 상윳따(S34)에 포함된 S34:1부터 S24:10까지의 열 개의 경에는 이 세 번째와 네 번째의 순서가 바뀌어서 나타나고 있다.

159) 여기서 '물질을 가진 자(rūpī)'는 색계禪을 가진 자를 말한다. 『담마상가니 주석서』는 이렇게 설명한다.
"여기서 '물질을 가진 자(rūpī)'라는 것은 안으로 머리털 등을 통해서 생긴 색계禪이라는 물질(rūpajjhāna rūpa), 그것이 그에게 있다고 해서 물질을 이것이 첫 번째 해탈이다.

안으로 물질을 인식하지 않으면서161) 밖으로 물질들을 본다. 이것이 두 번째 해탈이다.

깨끗하다고 확신한다. 이것이 세 번째 해탈이다.

물질에 대한 인식을 완전히 초월하고 부딪힘의 인식을 소멸하고 갖가지 인식을 마음에 잡도리하지 않기 때문에 '무한한 허공'이라고 하면서 공무변처를 구족하여 머문다. 이것이 네 번째 해탈이다.

공무변처를 완전히 초월하여 '무한한 알음알이'라고 하면서 식무변처를 구족하여 머문다. 이것이 다섯 번째 해탈이다.

식무변처를 완전히 초월하여 [343] '아무것도 없다.'라고 하면서 무소유처를 구족하여 머문다. 이것이 여섯 번째 해탈이다.

무소유처를 완전히 초월하여 비상비비상처를 구족하여 머문다. 이것

가진 자이다. 즉 안으로 푸른색의 준비(nīla-parikamma)를 지을 때 머리털이나 담즙이나 눈동자에서 하고, 노란색의 준비(pīta-parikamma)를 지을 때 지방이나 피부나 손바닥·발바닥이나 눈의 노란 부분에서 하고, 붉은색의 준비(lohita-parikamma)를 지을 때 살이나 피나 혀나 눈의 붉은 부분에서 하고, 흰색의 준비(odāta-parikamma)를 지을 때 뼈나 이빨이나 손톱이나 눈의 흰 부분에서 하기 때문이다.(MA.iii.257 = M77 §23의 주해) 이와 같이 준비를 만들고서 일어난 禪에 완비된 것을 두고 이것을 말씀하셨다." (DhsA.190~191)

160) "'물질들을 보면서(rūpāni passati)'라는 것은 밖으로도 역시 푸른색의 까시나 등의 물질들을 禪의 눈(jhāna-cakkhu)으로 본다는 것이다. 이러한 안과 밖의 토대인 까시나들에서 禪을 얻음을 보이신 것이다."(DhsA.191)

한편『청정도론』의 복주서인『빠라맛타만주사』는 이렇게 설명한다. "색계禪에 든 자가 까시나의 물질들을 禪의 눈으로 본다는 뜻이다."(Pm.277)

161) "'안으로 물질을 인식하지 않으면서(ajjhattaṁ arūpasaññī)'라는 것은 안으로는 물질의 인식이 없는 것(ajjhattaṁ na rūpasaññī)이다. 자신의 머리털 등에 대해서는 일어나지 않은 색계禪(anuppāditarūpāvacarajjhāna)이라는 뜻이다. 이것으로 밖에 대해서 준비단계(parikamma)를 만들어서 밖에 대해서 禪이 증득됨(paṭiladdhajjhānatā)을 보여주신 것이다."(DA.ii.513; DhsA.191 등)

이 일곱 번째 해탈이다.

비상비비상처를 완전히 초월하여 상수멸(想受滅, 인식과 느낌의 소멸)을 구족하여 머문다. 이것이 여덟 번째 해탈이다.

'삼매(samādhi)'라고 하였다. 세 가지 삼매가 있다. 일으킨 생각과 지속적 고찰이 있는 삼매, 일으킨 생각은 없고 지속적 고찰만 있는 삼매, 일으킨 생각도 없고 지속적 고찰도 없는 삼매이다.(S43:3)

'증득[等至, samāpatti]'이라고 하였다. 아홉 가지 차례로 머묾의 증득[九次第住等至]이 있으니, 초선의 증득, 제2선의 증득, 제3선의 증득, 제4선의 증득, 공무변처의 증득, 식무변처의 증득, 무소유처의 증득, 비상비비상처의 증득, 상수멸의 증득이다.

'오염원(saṁkilesa)'은 퇴보에 빠진 법이다.

'깨끗함(vodāna)'이란 수승함에 동참하는 법이다.

'출정(vuṭṭhāna)'이란 깨끗함도 출정이고 이런저런 삼매로부터 출정하는 것도 출정이다.

여기에 있는 통찰지, 통찰함 … (§525) … 어리석음 없음, 법의 간택, 바른 견해 — 이를 일러 禪과 해탈과 삼매와 증득[等至]의 오염원과 깨끗함과 출정을 있는 그대로 아는 여래의 지혜라 한다.

829. ⑧ 여기서 무엇이 '전생의 삶들을 기억하여 있는 그대로 아는 여래의 지혜'인가? 여기 여래는 수많은 전생의 갖가지 삶들을 기억한다. 즉 한 생, 두 생, 세 생, 네 생, 다섯 생, 열 생, 스무 생, 서른 생, 마흔 생, 쉰 생, 백 생, 천 생, 십만 생, 세계가 수축하는 여러 겁, 세계가 팽창하는 여러 겁,162) 세계가 수축하고 팽창하는 여러 겁을 기억한다. '어느 곳에

---

162) "멸하는 겁을 수축하는 겁[壞劫, saṁvaṭṭakappa]이라 하고, 늘어나는 겁을 팽창하는 겁[成劫, vivaṭṭakappa]이라 한다고 알아야 한다(parihāyamāno kappo saṁvaṭṭakappo, vaḍḍhamāno vivaṭṭakappo ti veditabbo.)."(Vis.XIII.28)

서 이런 이름을 가졌고, 이런 종족이었고, 이런 용모를 가졌고, 이런 음식을 먹었고, 행복과 고통을 경험했고, 이런 수명의 한계를 가졌고, 그곳에서 죽어 다른 어떤 곳에 다시 태어나 그곳에서는 이런 이름을 가졌고, 이런 종족이었고, 이런 용모를 가졌고, 이런 음식을 먹었고, 이런 행복과 고통을 경험했고, 이런 수명의 한계를 가졌고, 그곳에서 죽어 여기 다시 태어났다.'라고. 이처럼 한량없는 전생의 갖가지 모습들을 그 특색과 더불어 상세하게 기억해낸다.

여기에 있는 통찰지, 통찰함 … (§525) … 어리석음 없음, 법의 간택, 바른 견해 — 이를 일러 전생의 삶들을 기억하여 있는 그대로 아는 여래의 지혜라 한다.

830. ⑨ 여기서 [344] 무엇이 '중생들이 죽고 태어나는 것을 있는 그대로 꿰뚫어 아는 여래의 지혜[天眼通]'인가? 여기 여래는 청정하고 인간을 넘어선 신성한 눈[天眼]으로 중생들이 죽고 태어나고, 저열하고 수승하고, 잘생기고 못생기고, 좋은 곳[善處]에 가고 나쁜 곳[惡處]에 가는 것을 보고, 중생들이 지은 바 그 업에 따라가는 것을 꿰뚫어 안다. '이들은 몸으로 못된 짓을 골고루 하고 입으로 못된 짓을 골고루 하고 또 마음으로 못된 짓을 골고루 하고, 성자들을 비방하고, 그릇된 견해를 지니어 그릇된 견해에 기인한 업을 받들어 행하였다.163) 이들은 죽어

163) "'그릇된 견해를 지니어(micchādiṭṭhikā)'란 전도된 견해를 가진 것이다. '그릇된 견해에 기인한 업을 받들어 행하였다(micchādiṭṭhikamma-samā-dānā).'는 그릇된 견해 때문에 얻은 갖가지의 업과 그릇된 견해에 뿌리박은 몸으로 짓는 업 중에 어느 것을 짓는 것이다. 여기서 말로 짓는 나쁜 행위를 언급함(vacīduccaritaggahaṇa)으로써 성자를 비방하는 것(ariyūpa-vāda)이 이미 포함되었고, 또 마음으로 짓는 나쁜 행위를 언급함(mano-duccaritaggahaṇa)으로써 이미 그릇된 견해가 포함되었지만 이 [성자를 비방함과 그릇된 견해]들이 큰 허물이 되는 것을 보여주기 위해(mahā-sāvajjabhāva-dassanattha) 이 두 구절을 다시 언급했다고 알아야 한다." (Vis.XIII.89; ItA.ii.39; PsA.i.381)

서 몸이 무너진 다음에는 비참한 곳, 나쁜 곳[惡處], 파멸처, 지옥에 태어났다.

그러나 이들은 몸으로 좋은 일을 골고루 하고 입으로 좋은 일을 골고루 하고 마음으로 좋은 일을 골고루 하고 성자들을 비방하지 않고 바른 견해를 지니어 바른 견해에 기인한 업을 받들어 행하였다. 이들은 죽어서 몸이 무너진 다음에는 좋은 곳[善處], 천상세계에 태어났다.'라고. 이와 같이 그는 청정하고 인간을 넘어선 신성한 눈으로 중생들이 죽고 태어나고, 저열하고 수승하고, 잘생기고 못생기고, 좋은 곳[善處]에 가고 나쁜 곳[惡處]에 가는 것을 보고, 중생들이 지은 바 그 업에 따라서 가는 것을 꿰뚫어 안다.

여기에 있는 통찰지, 통찰함 … (§525) … 어리석음 없음, 법의 간택, 바른 견해 — 이를 일러 중생들이 죽고 태어나는 것을 있는 그대로 꿰뚫어 아는 여래의 지혜라 한다.

831. ⑩ 여기서 무엇이 '번뇌의 멸진을 있는 그대로 아는 여래의 지혜[漏盡通]'인가? 여기 여래는 모든 번뇌가 다하여 아무 번뇌가 없는 마음의 해탈[心解脫]과 통찰지를 통한 해탈[慧解脫]을 바로 지금・여기에서 스스로 최상의 지혜로 알고 실현하고 구족하여 머문다.

여기에 있는 통찰지, 통찰함 … (§525) … 어리석음 없음, 법의 간택, 바른 견해 — 이를 일러 번뇌의 멸진을 있는 그대로 아는 여래의 지혜라 한다.

열 개 조에 대한 해설이 [끝났다.]

지혜에 대한 분석이 [끝났다.]

제17장

작은 항목 위방가

소소한 항목에 대한 분석164)

Khuddakavatthu-vibhaṅga

I. 마띠까[論母]

mātikā

(1) 한 개 조 마띠까(ekaka-mātikā)

832. ① 태생에 대한 교만 [345] ② 족성에 대한 교만 ③ 건강에 대한 교만 ④ 젊음에 대한 교만 ⑤ 수명에 대한 교만 ⑥ 이득에 대한 교만 ⑦ 존경에 대한 교만 ⑧ 공경에 대한 교만 ⑨ 앞장섬에 대한 교만 ⑩ 권

---

164) 여기서 '작은' 혹은 '소소한'으로 옮긴 용어는 khuddaka인데 작은을 뜻하는 형용사 khudda에 '-ka' 어미를 붙여서 만든 형용사이다. 중국에서는 khudda의 산스끄리뜨 kṣudra를 雜穢(잡예)로 옮기기도 하였듯이 여기서 작은 것은 주된 것 혹은 주요한 것이 아닌 작고 사소하고 잡다한 것이란 의미를 담고 있다. 그래서 주 제목으로는 '작은'으로, 부제목에서는 '소소한'으로 옮겨보았다. 본 장에서는 여러 가지 불선법들을 숫자에 초점을 맞추어 불선법들을 모두 한 개 조부터 열한 개조까지로 분류하여 모두 697개를 들고 열한 번째 갈애의 발생에 대한 마띠까에서 108개와 마지막으로 62가지 사견에 빠짐을 넣어서 170가지를 들어서 모두 867개의 불선법들에 관계된 주제들을 모아서 분석하고 있다.

한편 여기서 작은 것을 뜻하는 khuddaka는 제18장의 제목 dhamma-hadaya에 나타나는 심장(hadaya, 핵심)과 대비가 되는데 작고 소소한 것을 뜻하는 khuddaka를 심장이 되고 핵심이 되는 것을 나타내는 hadaya와 대비하여 드러내고 있다고 여겨진다.

속에 대한 교만 ⑪ 재물에 대한 교만 ⑫ 외모에 대한 교만 ⑬ 배움에 대한 교만 ⑭ 영감에 대한 교만 ⑮ 구참이라는 교만 ⑯ 탁발음식만 [수용하는] 자라는 교만 ⑰ 경멸되지 않음에 대한 교만 ⑱ 행동거지(자세)에 대한 교만 ⑲ 성취에 대한 교만 ⑳ 명성에 대한 교만 ㉑ 계행에 대한 교만 ㉒ 禪에 대한 교만 ㉓ 기술에 대한 교만 ㉔ 키에 대한 교만 ㉕ 체격에 대한 교만, ㉖ [몸의] 생김새에 대한 교만 ㉗ [몸의] 구족에 대한 교만

㉘ 교만 ㉙ 방일 ㉚ 완고함 ㉛ 뻔뻔스러움 ㉜ 지나친 바람[願] ㉝ 큰 바람 ㉞ 악한 바람 ㉟ 맵시내기 ㊱ 갈망 ㊲ 치장하려는 욕심 ㊳ 화합하지 않음 ㊴ 싫증냄 ㊵ 나른함 ㊶ 기지개 ㊷ 식곤증 ㊸ 정신적 태만 ㊹ 계략을 부림 ㊺ 쓸데없는 말을 함 ㊻ 암시를 줌 ㊼ 비방함 ㊽ 이득으로 이득을 추구함

㊾ 내가 더 뛰어나다는 자만 ㊿ 나와 동등하다는 자만 51 내가 더 못하다는 자만 52 뛰어난 자가 내가 더 뛰어나다고 [여기는] 자만 53 뛰어난 자가 내가 동등하다고 [여기는] 자만 54 뛰어난 자가 내가 더 못하다고 [여기는] 자만 55 동등한 자가 내가 더 뛰어나다고 [여기는] 자만 56 동등한 자가 내가 동등하다고 [여기는] 자만 57 동등한 자가 내가 더 못하다고 [여기는] 자만 58 못한 자가 내가 더 뛰어나다고 [여기는] 자만 59 못한 자가 내가 동등하다고 [여기는] 자만 60 못한 자가 내가 더 못하다고 [여기는] 자만

61 자만 62 거만 63 자만에 이은 거만 64 열등감 65 과대평가 66 '나는 있다.'라는 자만 67 그릇된 자만 68 친척에 대한 생각 69 지역에 대한 생각 70 애매모호함과 관련된 생각 혹은 죽지 않음에 대한 생각 71 남들에 대한 동정심과 관련된 생각 72 이득과 존경과 명성과 관련된 생각 73 멸시받지 않음과 관련된 생각

한 개 조 마띠까가 [끝났다.]

(2) 두 개 조 마띠까(duka-mātikā)

833. ① 분노와 적의 ② 모욕과 얕봄 ③ 질투와 인색 ④ 속임수와 위선[165] ⑤ 무명과 존재에 대한 갈애 ⑥ 존재에 대한 견해[有見]와 존재하지 않음에 대한 견해[非有見] ⑦ 상견과 단견 ⑧ 유한하다는 견해와 무한하다는 견해 ⑨ 과거를 모색하는 견해와 미래를 모색하는 견해 ⑩ 양심 없음과 수치심 없음 ⑪ 거칠게 말함과 악한 친구를 사귐 ⑫ 반듯하지 못함과 유연하지 못함 ⑬ 인욕하지 못함과 온화하지 못함 ⑭ 싹싹하지 못한 말씨와 호의를 베풀지 못함 ⑮ 감각기능들의 문을 [347] 잘 보호하지 못함과 음식에서 적당함을 알지 못함 ⑯ 마음챙김을 놓아버림과 알아차림이 없음 ⑰ 계를 파함과 [바른] 견해를 파함 ⑱ 안의 족쇄와 밖의 족쇄

두 개 조 마띠까가 [끝났다.]

(3) 세 개 조 마띠까(tika-mātikā)

834. ① 세 가지 해로움의 뿌리 ② 세 가지 해로운 사유 ③ 세 가지 해로운 인식 ④ 세 가지 해로움의 요소 ⑤ 세 가지 나쁜 행위 ⑥ 세 가지 번뇌 ⑦ 세 가지 족쇄 ⑧ 세 가지 갈애 ⑨ 또 다른 세 가지 갈애 ⑩ 또 다른 세 가지 갈애 ⑪ 세 가지 추구 ⑫ 세 가지 [자만의] 유형 ⑬ 세 가지 두려움 ⑭ 세 가지 어두움 ⑮ 세 가지 외도의 근거 ⑯ 세 가지 걸림돌 ⑰ 세 가지 흠 ⑱ 세 가지 더러움 ⑲ 세 가지 비뚤어짐 ⑳ 또 다른 세 가지 비뚤어짐 ㉑ 세 가지 불 ㉒ 세 가지 씁쓰레함 ㉓ 또 다른 세 가지 씁쓰레함

㉔ 달콤함에 대한 견해, 자아에 대한 견해, 그릇된 견해 ㉕ 싫증냄,

---

165) 이상은 M3 §9에 나타나고 있다.

해침, 법에 따르지 않은 행실 ㉖ 거칠게 말함, 악한 친구를 사귐, 갖가지 인식 ㉗ 들뜸, 게으름, 방일 ㉘ 만족하지 못함, 알아차리지 못함, 큰 바람 ㉙ 양심 없음, 수치심 없음, 방일 ㉚ 경시함, 거칠게 말함, 악한 친구를 사귐 ㉛ 믿음 없음, [간청하는 자의] 말뜻을 모름, 게으름 ㉜ 들뜸, 단속하지 못함, 나쁜 계행 ㉝ 성자들을 친견하고자 하지 않음, 바른 법을 들으려고 하지 않음, 비난하는 마음상태 ㉞ 마음챙김을 놓아버림, 알아차림이 없음, 마음의 혼란함 ㉟ 이치에 어긋나게 [348] 마음에 잡도리함, 나쁜 길을 의지함, 정신적 태만

세 개 조 마띠까가 [끝났다.]

(4) 네 개 조 마띠까(catukka-mātikā)

835. ① 네 가지 번뇌 ② 네 가지 매듭 ③ 네 가지 폭류 ④ 네 가지 속박 ⑤ 네 가지 취착 ⑥ 네 가지 갈애의 일어남 ⑦ 네 가지 하지 않아야 할 것을 함 ⑧ 네 가지 전도 ⑨ 네 가지 성스럽지 못한 언어표현 ⑩ 또 다른 네 가지 성스럽지 못한 언어표현 ⑪ 네 가지 나쁜 행위 ⑫ 또 다른 네 가지 나쁜 행위 ⑬ 네 가지 두려움 ⑭ 또 다른 네 가지 두려움 ⑮ 네 가지 [그릇된] 견해

네 개 조 마띠까가 [끝났다.]

(5) 다섯 개 조 마띠까(pañcaka-mātikā)

836. ① 다섯 가지 낮은 단계의 족쇄[下分結] ② 다섯 가지 높은 단계의 족쇄[上分結] ③ 다섯 가지 인색 ④ 다섯 가지 결박 ⑤ 다섯 가지 쇠살 ⑥ 다섯 가지 마음의 삭막함 ⑦ 다섯 가지 마음의 묶임 ⑧ 다섯 가지 장애 ⑨ 다섯 가지 무간업 ⑩ 다섯 가지 견해 ⑪ 다섯 가지 증오 ⑫

다섯 가지 상실 ⑬ 다섯 가지 인욕하지 못함에서 오는 위험 ⑭ 다섯 가지 두려움 ⑮ 다섯 가지 지금·여기에서의 열반을 주장함

다섯 개 조 마띠까가 [끝났다.]

(6) 여섯 개 조 마띠까(chakka-mātikā)

837. ① 여섯 가지 분쟁의 뿌리 [349] ② 여섯 가지 욕탐 ③ 여섯 가지 반목의 토대 ④ 여섯 가지 갈애의 무리 ⑤ 여섯 가지 존중하지 않음 ⑤ 여섯 가지 쇠퇴하는 법 ⑦ 또 다른 여섯 가지 쇠퇴하는 법 ⑧ 여섯 가지 기쁨의 고찰 ⑨ 여섯 가지 불만족의 고찰 ⑩ 여섯 가지 평온의 고찰 ⑪ 여섯 가지 세속에 얽힌 기쁨 ⑫ 여섯 가지 세속에 얽힌 불만족 ⑬ 여섯 가지 세속에 얽힌 평온 ⑭ 여섯 가지 [그릇된] 견해

여섯 개 조 마띠까가 [끝났다.]

(7) 일곱 개 조 마띠까(sattaka-mātikā)

838. ① 일곱 가지 잠재성향 ② 일곱 가지 족쇄 ③ 일곱 가지 얽매임 ④ 일곱 가지 바르지 못한 법 ⑤ 일곱 가지 나쁜 행위 ⑥ 일곱 가지 자만 ⑦ 일곱 가지 [그릇된] 견해

일곱 개 조 마띠까가 [끝났다.]

(8) 여덟 개 조 마띠까(aṭṭhaka-mātikā)

839. ① 여덟 가지 오염원의 토대 ② 여덟 가지 게으름의 토대 ③ 여덟 가지 세속적인 법에 대한 마음의 갈등 ④ 여덟 가지 성스럽지 못한 언어표현 ⑤ 여덟 가지 그릇됨 ⑥ 여덟 가지 사람의 결점 ⑦ 여덟 가지

[사후에 자아가] 인식을 가지지 않는다는 주장 ⑧ 여덟 가지 [사후에 자아가] 인식을 가진 것도 아니고 인식을 가지지 않은 것도 아니라는 주장

여덟 개 조 마띠까가 [끝났다.]

(9) 아홉 개 조 마띠까(navaka-mātikā)

840. ① 아홉 가지 원한이 [생기는] 토대 ② 아홉 가지 인간의 더러움 ③ 아홉 가지 자만 ④ 아홉 가지 갈애를 뿌리로 가진 법 ⑤ 아홉 가지 동요 ⑥ 아홉 가지 허황된 생각[空想] ⑦ 아홉 가지 혼란 ⑧ 아홉 가지 사량분별 ⑨ 아홉 가지 형성된 것

아홉 개 조 마띠까가 [끝났다.]

(10) 열 개 조 마띠까(dasaka-mātikā)

841. ① 열 가지 오염원의 토대 ② 열 가지 원한이 [생기는] 원인 ③ 열 가지 해로운 업의 길[十不善業道] ④ 열 가지 족쇄 ⑤ 열 가지 그릇됨 ⑥ 열 가지 토대를 가진 그릇된 견해 ⑦ 열 가지 토대를 가진 [양]극단을 취하는 견해

열 개 조 마띠까가 [끝났다.]

(11) 갈애의 발생에 대한 마띠까(taṇhāvicarita-mātika)

842. 18가지 안의 [오온]을 취착하여 [일어나는] 갈애의 발생이 있다. 18가지 밖의 [오온]을 취착하여 [일어나는] 갈애의 발생이 있다. 이 [둘을] 한데 모으고 간략히 해서 36가지 갈애의 발생이 있다. 이런 형태의 과거의 36가지 갈애의 발생과 미래의 36가지 갈애의 발생과 현재의

36가지 갈애의 발생이 있으며 이 [셋을] 한데 모으고 간략히 해서 108가지 갈애의 발생이 있다. 세존께서 「범망경」(D1)에서 말씀하신 62가지 사견에 빠짐이 있다.

논모(마띠까)가 [끝났다.]

II. 해설

niddesa

(1) 한 개 조에 대한 해설(ekaka-niddesa)

① 태생에 대한 교만

843. 여기서 [350] 무엇이 '① 태생에 대한 교만(jātimada)'인가? 태생을 조건으로 한 교만, 교만함, 교만한 상태, 자만, 자만함, 자만하는 상태, 우쭐함, 우월감, 깃발[을 날림], 건방짐, 마음의 허영 — 이를 일러 태생에 대한 교만이라 한다.

②~㉗ 족성에 대한 교만 등

844. 여기서 무엇이 '② 족성에 대한 교만(gottamada)'인가? 족성을 조건으로 한 … ③ 건강을 조건으로 한 … 젊음을 조건으로 한 … 수명을 조건으로 한 … 이득을 조건으로 한 … 존경을 조건으로 한 … 공경을 조건으로 한 … 앞장섬을 조건으로 한166) … 권속을 조건으로 한 … 재물을 조건으로 한 … 외모를 조건으로 한 … 배움을 조건으로 한 … 영감을 조건으로 한 … 구참을 조건으로 한 … 탁발음식만 [수용하는] 자를 조건으로 한 … 경멸되지 않음을 조건으로 한 … 행동거지(자세)를 조건으로 한 … 성취를 조건으로 한167) … 명성을 조건으로 한 …

166) "'질문이 생기면 오직 내가 상수(mukha)가 되어 풀어낸다. 탁발을 갈 때에도 나를 앞에 놓고 에워싸고 간다.'라는 자만감(majjana)에서 생긴 교만이 앞장섬에 의한 교만(purekkhāramada)이라는 것이다."(VbhA.466)
"질문을 푸는 등의 행위(pañhavissajjanādikiriyā)에서 앞에 행하는 것(purato karaṇaṁ)이 앞장섬이다."(VbhAMṬ.216)

167) "'다른 중생들은 날개가 잘린 까마귀와 같지만(chinnapakkhakākasadisā) 나는 큰 성취와 큰 위력을 가졌다.'라거나 '내가 무엇이든 행하면 그대로 성

계행을 조건으로 한 … 禪을 조건으로 한 … 기술을 조건으로 한 … 키를 조건으로 한 … 체격을 조건으로 한168) … [몸의] 생김새를 조건으로 한 … [몸의] 구족을 조건으로 한 교만, 교만함, 교만한 상태, 자만, 자만함, 자만하는 상태, 우쭐함, 우월감, 깃발[을 날림], 건방짐, 마음의 허영 — 이를 일러 [몸의] 구족에 대한 교만이라 한다.

㉘ 교만

845. 여기서 무엇이 '교만(mada)'인가? 교만, 교만함, 교만한 상태, 자만, 자만함, 자만하는 상태, 우쭐함, 우월감, 깃발[을 날림], 건방짐, 마음의 허영 — 이를 일러 교만이라 한다.

㉙ 방일

846. 여기서 무엇이 '방일(pamāda)'인가? 몸으로 나쁜 행위169)를 저지르거나 말로 나쁜 행위를 저지르거나 마음으로 나쁜 행위를 저지르거나 다섯 가닥의 감각적 쾌락에 대해서 마음이 풀린 상태이거나 계속해서 풀리는 것, 유익한 법들을 닦는 데 있어서 정성을 다하여 행하지 못함, 끈기 있게 행하지 못함, 쉼 없이 행하지 못함, 굴복함, 열의를 버려

취된다.'라거나 자기도취에서 생긴 교만을 '성취에 대한 교만(iddhimada)'이라 한다."(VbhA.467)

168) "[체형이] 잘 갖추어진 상태를 의지한(parimaṇḍalattabhāva-nissita) 교만을 체격에 대한 교만(pariṇāhamada)이라 한다."(VbhAMṬ.216)

169) 여기서 '나쁜 행위'는 duccarita를 옮긴 것이고 '악한 행위'(§823)는 pāpa-carita를 옮긴 것이다. 이처럼 본서 전체에서 pāpa는 '악한'으로 du-는 '나쁜'으로 micchā는 '그릇된'으로 sammā는 '바른'으로 akusala는 '해로운'으로 kusala는 '유익한'으로 옮겼다. '삿된'은 주로 삿된 견해의 문맥에서 사용하였는데 diṭṭhi가 나쁜 견해를 뜻할 때 주로 사견(邪見)으로 옮겼다.(§11의 주해와 §206의 해당 주해 참조) 이 경우에 diṭṭhi-gata는 '사견에 빠짐'(§206 등)으로 옮겼다.

버림, 이런 형태의 방일, 방일함, 방일하는 상태 — 이를 일러 방일이라 한다.

㉚ 완고함

847. 여기서 무엇이 '완고함(thambha)'인가? 완고함, 완고해짐, 완고한 상태, 단단함, 거침, 마음의 경직됨, 부드럽지 못함 — 이를 일러 완고함이라 한다.

㉛ 뻔뻔스러움

848. 여기서 무엇이 '뻔뻔스러움(sārambha)'인가? 뻔뻔스러움, 매우 뻔뻔스러움, 뻔뻔해짐, 매우 뻔뻔해짐, 매우 뻔뻔한 상태 — 이를 일러 뻔뻔스러움이라 한다.

㉜ 지나친 바람[願]

849. 여기서 무엇이 '지나친 바람(atricchatā)'인가? 다섯 가닥의 감각적 쾌락 때문에 이런저런 의복, 탁발음식, 거처, 병구완을 위한 약품이라는 필수품에 대해서 만족하지 못하고 더 많은 것을 바라는 것으로, [351] 이런 형태의 바람, 바라게 됨, 지나친 바람, 갈망, 탐닉, 마음의 탐닉170) — 이를 일러 지나친 바람이라 한다.

---

170) '갈망, 탐닉, 마음의 탐닉'은 VRI본의 rāgo sārāgo cittassa sārāgo를 옮긴 것이다. PTS본에는 rāgo sārāgo … pe … cittassa sārāgo로 '탐닉'과 '마음의 탐닉' 사이가 반복되는 부분(뻬얄라, peyyala)의 생략으로 편집되어 있다. 여기뿐만 아니라 아래 §850 등과 §918 등에도 그러하다. 앞의 §249나 §257 등을 참조하면 PTS본처럼 뻬얄라의 생략으로 처리하는 것이 타당해 보이지만 역자는 저본인 VRI본을 따랐고 텃띨라 스님도 이렇게 번역하였다.

㉝ 큰 바람

850. 여기서 무엇이 '큰 바람(mahicchatā)'인가? 다섯 가닥의 감각적 쾌락 때문에 이런저런 의복, 탁발음식, 거처, 병구완을 위한 약품이라는 필수품에 대해서 만족하지 못하고 더 많은 것을 바라는 것으로, 이런 형태의 바람, 바라게 됨, 큰 바람, 갈망, 탐닉, 마음의 탐닉 — 이를 일러 큰 바람이라 한다.

㉞ 악한 바람

851. 여기서 무엇이 '악한 바람(pāpicchatā)'인가? 여기 어떤 사람은 신심이 없으면서도 '사람들이 나를 신심있는 자로 알아주기를!' 하고 바란다. 계행이 나쁘면서도 '사람들이 나를 계를 지니는 자로 알아주기를!' 하고 바란다. 적게 배웠으면서도 '사람들이 나를 많이 배운 자로 알아주기를!' 하고 바란다. 대중처소에 살기를 좋아하면서도 '사람들은 나를 한거하는 자로 알아주기를!' 하고 바란다. 게으르면서도 '사람들은 나를 열심히 정진하는 자로 알아주기를!' 하고 바란다. 마음챙김을 놓아버렸으면서도 '사람들은 나를 마음챙김을 확립한 자로 알아주기를!' 하고 바란다. 삼매에 들지 못하면서도 '사람들은 나를 삼매에 든 자로 알아주기를!' 하고 바란다. 통찰지가 없으면서도 '사람들은 나를 통찰지를 가진 자로 알아주기를!' 하고 바란다. 번뇌 다한 자가 아니면서도 '사람들은 나를 번뇌 다한 자로 알아주기를!' 하고 바란다. — 이런 형태의 바람, 바라게 됨, 악한 바람, 갈망, 탐닉, 마음의 탐닉 — 이를 일러 악한 바람이라 한다.

㉟ 맵시내기

852. 여기서 무엇이 '맵시내기(siṅga)'인가? 맵시내기, 맵시내기에

빠짐, 고상한 척함, 잘난 척함, 숨긴 상태, 숨김 — 이를 일러 맵시내기라 한다.

㊱ 갈망

853. 여기서 무엇이 '갈망(tintiṇa)'[171] 인가? 갈망, 갈망함, 갈망하는 상태, 게걸, 게걸스러움, 게걸스러운 상태, 꼬리침,[172] 격렬한 욕망 — 이를 일러 갈망이라 한다.

㊲ 치장하려는 욕심

854. 여기서 무엇이 '치장하려는 욕심(cāpalya)'[173] 인가? 옷을 꾸미고 발우를 치장하고 거처를 장식하거나 이 썩기 마련인 몸의 외관이나 필수품을 꾸미고 장식하고 모양내고 광을 내고 멋을 부리고 멋을 내고 치장하려 들고 치장하려는 욕심 — 이를 일러 치장하려는 욕심이라 한다.

㊳ 화합하지 않음

855. 여기서 무엇이 '화합하지 않음(asabhāgavutti)'[174] 인가? 어머

---

171) "갈망(tintiṇa)은 갈애(taṇhā)를 말한다."(ā.v.54)

172) "'꼬리침(pucchañjikatā)'이란 갈애에 의해서 원하는 장소들(lābhaṭṭhāna)에 대해서 꼬리를 흔드는 개(pucchaṁ cālayamānā sunakhā)처럼 촐랑대면서 다니는(kampamānā vicaranti) 이런 자의 촐랑대는 갈애(kampana-taṇhā)의 다른 이름이다."(DhsA.3)
여기 나타나는 '게걸' 등의 다섯(loluppaṁ, loluppāyanā, loluppāyitattaṁ, pucchañjikatā, sādhukamyatā)은 본서 §909와 Dhs §1065 등에서 탐욕의 동의어 101개에 포함되어 나타나고 있다.

173) "[치장하려는 욕심으로 옮긴] 'cāpalya'는 자기 몸과 의복 등 필수품에 대한 장식을 통해 일어난 탐욕이다(Pm.45)."

174) '화합하지 않는'으로 옮긴 원어는 asabhāgavuttika이다. 이것은 생활하는 방식이나 형태가 같지 않고 다른 것을 의미한다.(AA.iii.228)

니나 아버지나 어른이나 형이나 스승들이나 은사나 부처님이나 제자들이나 이런저런 존중을 해야 하는 분들에게 멋대로 대함, 억지를 부림, 무례, [352] 무례함, 불경스러움, 존중하지 않음 — 이를 일러 화합하지 않음이라 한다.

㊴ 싫증냄

856. 여기서 무엇이 '싫증냄(arati)'175) 인가? 외딴 처소나 여러 가지 아주 유익한 법들176)에 대해서 싫증냄, 싫증내는 상태, 싫어함, 싫어하는 상태, 불만스러워함, 초조함 — 이를 일러 싫증냄이라 한다.

㊵ 나른함

857. 여기서 무엇이 '나른함(tandī)'인가? 나른함, 나른한 상태, 나른한 마음, 게으름, 게으름에 빠짐, 게으른 상태 — 이를 일러 나른함이라 한다.

---

175) '싫증냄'은 arati를 옮긴 것이다. 주석서는 "아주 유익한 법들(adhikusalā dhammā)에 대한 불만스러움(ukkaṇṭhitatā)이다."(MA.iii.181)라고 설명하고 있는데 본서의 이 문맥을 참조한 설명이다.
"'싫증냄(arati)' 등에 대해서 이치에 어긋나게 마음에 잡도리하는 자에게 해태와 혼침이 일어난다. '나른함(tandi)'은 몸의 게으름을 뜻하고, '기지개(vijambhitā)'는 몸의 늘어짐을 뜻하고, '식곤증(bhattasammada)'은 식사 후에 오는 피곤함을 뜻하고, '정신적 태만(cetaso līnatta)'은 마음의 무기력함을 뜻한다. 이들 싫증냄 등에 대해서 이치에 어긋나게 마음에 잡도리하기를 많이 짓기 때문에 해태와 혼침이 일어난다.
그래서 "비구들이여, 싫증냄, 나른함, 기지개, 식곤증, 정신적 태만이 있어 거기에 이치에 어긋나게 마음에 잡도리하기를 많이 지으면 이것이 아직 일어나지 않은 해태와 혼침을 일어나도록 하고 이미 일어난 해태와 혼침을 늘리고 드세게 만드는 자양분이다.(S46:2)"라고 말씀하셨다."(DA.iii.780)

176) "'아주 유익한 [법들](adhikusalā)'이란 사마타와 위빳사나의 법(samatha-vipassanādhammā)이다."(VbhA.478).

㊶ 기지개

858. 여기서 무엇이 '기지개(vijambhitā)'인가? 몸의 기지개를 켬, 기지개를 폄, 앞으로 기울임, 뒤로 기울임, 옆으로 기울임, 비틀어 기울임, 부르르 떪 — 이를 일러 기지개라 한다.

㊷ 식곤증

859. 여기서 무엇이 '식곤증(bhattasammada)'인가? 음식을 먹은 사람의 식후 몽롱함, 식후 피곤함, 식후의 열기, 몸의 무거움 — 이를 일러 식곤증이라 한다.

㊸ 정신적 태만

860. 여기서 무엇이 '정신적 태만(cetaso līnatta)'인가? 마음의 내키지 않음, 일에 적합하지 않음, 굼뜸, 축 처짐, 태만, 태만함, 태만한 상태, 해태, 나태함, 마음의 나태한 상태 — 이를 일러 정신적 태만이라 한다.

㊹ 계략을 부림

861. 여기서 무엇이 '계략을 부림(kuhanā)'[177]인가? 이득과 존경과 명성을 집착하고, 악한 바람[願]을 가졌고, 그런 바람에 사로잡힌 자가 필수품의 수용이라 부르는 것에 의해서나 혹은 간접적인 말에 의해

177) 여기 §§861~865에 나타나는 다섯 가지, 즉 '계략을 부림(kuhanā)', '쓸데없는 말을 함(lapanā)', '암시를 줌(nemitta-katā)', '비방함(nippesikatā)', '이득으로 이득을 추구함(lābhena lābhaṁ nijigiṁsanatā)'은 니까야에서도 "비구들이여, 그러면 어떤 것이 그릇된 생계인가? 비구들이여, 계략을 부리고, 쓸데없는 말을 하고, 암시를 주고, 비방하고, 이득으로 이득을 추구하는 것이 그릇된 생계이다."(M117 §29)로 나타난다. 이 다섯의 각각에 대한 설명은 『청정도론』 I.61~82의 생계의 청정에 관한 계(ājīva-pārisuddhi-sīla)에서 상세히 논의되어 있으므로 참조하기 바란다.

서나 혹은 행동거지를 확실하게 하고 굳건하게 하고 확립하여서 눈살을 찌푸림, 눈살을 찌푸린 상태, 계략을 부림, 계략에 빠뜨림, 계략을 부린 상태 — 이를 일러 계략을 부림이라 한다.(Vis.I.61)

㊺ 쓸데없는 말을 함

862. 여기서 무엇이 '쓸데없는 말을 함(lapanā)'인가? 이득과 존경과 명성을 집착하고, 악한 바람을 가졌고, 그런 바람에 사로잡힌 자가 남들에게 말을 건넴, 대답함, 장황하게 말함, 격찬함, 계속해서 격찬함, 설득함, 계속 설득함, 제안함, 계속해서 제안함, 환심을 사는 말을 함, 아첨하는 말을 함, 반쯤 거짓인 말을 함, 귀여워함 — 이를 일러 쓸데없는 말을 함이라 한다.(Vis.I.62)

㊻ 암시를 줌

863. 여기서 무엇이 '암시를 줌(nemittikatā)'인가? 이득과 존경과 명성을 집착하고, 악한 바람을 가졌고, 그런 바람에 사로잡힌 자가 [353] 남들에게 신호함, 신호를 보냄, 귀띔, 귀띔함, 간접적인 말을 함, 에둘러 말함 — 이를 일러 암시를 줌이라 한다.(Vis.I.63)

㊼ 비방함

864. 여기서 무엇이 '비방함(nippesikatā)'인가? 이득과 존경과 명성을 집착하고, 악한 바람을 가졌고, 그런 바람에 사로잡힌 자가 남들에게 욕함, 얕봄, 헐뜯음, 윽박지름, 계속해서 윽박지름, 비웃음, 계속해서 비웃음, 모욕, 계속해서 모욕함, 나쁜 소문을 퍼뜨림, 뒤에서 험담함 — 이를 일러 비방함이라 한다.(Vis.I.64)

㊽ 이득으로 이득을 추구함

865. 여기서 무엇이 '이득으로 이득을 추구함(lābhena lābhaṁ nijigīsanatā)'인가? 이득과 존경과 명성을 집착하고, 악한 바람을 가졌고, 그런 바람에 사로잡힌 자가 이곳에서 얻은 세속적인 것을 저곳으로 가져가고, 혹은 저곳에서 얻은 세속적인 것을 이곳으로 가져온다. 이와 같이 세속적인 것으로 세속적인 것을 구함, 찾음, 구하러 돌아다님, 구하러 감, 찾으러 감, 찾아서 돌아다님 — 이를 일러 이득으로 이득을 추구함이라 한다.(Vis.I.64)

㊾ 내가 더 뛰어나다는 자만

866. 여기서 무엇이 '내가 더 뛰어나다는 자만(seyyohamasmīti māna)'인가? 여기 어떤 사람은 태생이나 족성이나 가문의 명성이나 아름다운 용모나 재산이나 학문이나 직업 분야나 기술 분야나 지식의 영역이나 배움이나 영감이나 그 외 이런저런 근거에 의하여 [내가 더 뛰어나다는] 자만을 일으킨다. 이런 형태의 자만, 자만함, 자만하는 상태, 우쭐함, 우월감, 깃발[을 날림], 건방짐, 마음의 허영 — 이를 일러 내가 더 뛰어나다는 자만이라 한다.

㊿ 나와 동등하다는 자만

867. 여기서 무엇이 '나와 동등하다는 자만(sadisohamasmīti māna)'인가? 여기 어떤 사람은 태생이나 족성이나 가문의 명성이나 아름다운 용모나 재산이나 학문이나 직업 분야나 기술 분야나 학문의 영역이나 배움이나 영감이나 그 외 이런저런 근거에 의하여 [나와 동등하다는] 자만을 일으킨다. 이런 형태의 자만, 자만함, 자만하는 상태, 우쭐함, 우월감, 깃발[을 날림], 건방짐, 마음의 허영 — 이를 일러 나와 동등하다

는 자만이라 한다.

⑤① 내가 더 못하다는 자만

868. 여기서 무엇이 '내가 더 못하다는 자만(hīno hamasmīti māna)' 인가? 여기 어떤 사람은 태생이나 족성이나 가문의 명성이나 아름다운 용모나 재산이나 학문이나 직업 분야나 기술 분야나 학문의 영역이나 배움이나 영감이나 그 외 이런저런 근거에 의하여 [내가 더 못하다는] 열등감을 일으킨다. 이런 형태의 열등감, 열등감을 가짐, 열등감을 가진 상태, 비하함, 매우 비하함, 매우 비하하는 상태, 자기 모멸, 자기 경멸, 자기 멸시 — 이를 일러 내가 더 못하다는 자만이라 한다.

⑤② 뛰어난 자가 내가 더 뛰어나다고 [여기는] 자만

869. 여기서 [354] 무엇이 '뛰어난 자가 내가 더 뛰어나다고 [여기는] 자만(seyyassa seyyohamasmīti māna)'인가?

여기 어떤 사람은 태생이나 족성이나 가문의 명성이나 아름다운 용모나 재산이나 학문이나 직업 분야나 기술 분야나 학문의 영역이나 배움이나 영감이나 그 외 이런저런 근거에 의하면 [남들보다] 뛰어나다. 그는 남들보다 더 뛰어나다고 자신을 평가한다. 그는 이런 것을 의지하여 자만을 일으킨다. 이런 형태의 자만, 자만함, 자만하는 상태, 우쭐함, 우월감, 깃발[을 날림], 건방짐, 마음의 허영 — 이를 일러 뛰어난 자가 내가 더 뛰어나다고 [여기는] 자만이라 한다.

⑤③ 뛰어난 자가 내가 동등하다고 [여기는] 자만

870. 여기서 무엇이 '뛰어난 자가 내가 동등하다고 [여기는] 자만(seyyassa sadisohamasmīti māna)'인가? 여기 어떤 사람은 태생이나 족성이나 가문의 명성이나 아름다운 용모나 재산이나 학문이나 직업 분야

나 기술 분야나 학문의 영역이나 배움이나 영감이나 그 외 이런저런 근거에 의하면 [남들보다] 뛰어나다. [그러나] 그는 남들과 동등하다고 자신을 평가한다. 그는 이런 것을 의지하여 자만을 일으킨다. 이런 형태의 자만, 자만함, 자만하는 상태, 우쭐함, 우월감, 깃발[을 날림], 건방짐, 마음의 허영 — 이를 일러 뛰어난 자가 내가 동등하다고 [여기는] 자만이라 한다.

㉞ 뛰어난 자가 내가 더 못하다고 [여기는] 자만

871. 여기서 무엇이 '뛰어난 자가 내가 더 못하다고 [여기는] 자만(seyyassa hīnohamasmīti māna)'인가? 여기 어떤 사람은 태생이나 족성이나 가문의 명성이나 아름다운 용모나 재산이나 학문이나 직업 분야나 기술 분야나 학문의 영역이나 배움이나 영감이나 그 외 이런저런 근거에 의하면 [남들보다] 뛰어나다. [그러나] 그는 남들보다 못하다고 자신을 평가한다. 그는 이런 것을 의지하여 열등감을 일으킨다. 이런 형태의 열등감, 열등감을 가짐, 열등감을 가진 상태, 비하함, 매우 비하함, 매우 비하하는 상태, 자기 모멸, 자기 경멸, 자기 멸시 — 이를 일러 뛰어난 자가 내가 더 못하다고 [여기는] 자만이라 한다.

㉟ 동등한 자가 내가 더 뛰어나다고 [여기는] 자만

872. 여기서 무엇이 '동등한 자가 내가 더 뛰어나다고 [여기는] 자만(sadisassa seyyohamasmīti māna)'인가? 여기 어떤 사람은 태생이나 족성이나 가문의 명성이나 … 그 외 이런저런 근거에 의하면 [남들과] 동등하다. [그러나] 그는 남들보다 뛰어나다고 자신을 평가한다. 그는 이런 것을 의지하여 자만을 일으킨다. 이런 형태의 자만, 자만함, 자만하는 상태 … (§866) … 마음의 허영 — 이를 일러 동등한 자가 내가 더 뛰어나다고 [여기는] 자만'이라 한다.

⑯ 동등한 자가 내가 동등하다고 [여기는] 자만

873. 여기서 무엇이 '동등한 자가 내가 동등하다고 [여기는] 자만(sadisassa sadisohamasmīti māna)'인가? 여기 어떤 사람은 태생이나 족성이나 가문의 명성이나 … 그 외 이런저런 근거에 의하면 [남들과] 동등하다. 그는 남들과 동등하다고 자신을 평가한다. 그는 이런 것을 의지하여 자만을 일으킨다. 이런 형태의 자만, 자만함, 자만하는 상태 … (§866) … 마음의 허영 — 이를 일러 동등한 자가 내가 동등하다고 [여기는] 자만이라 한다.

⑰ 동등한 자가 내가 더 못하다고 [여기는] 자만

874. 여기서 무엇이 '동등한 자가 내가 더 못하다고 [여기는] 자만(sadisassa hīnohamasmīti māna)'인가? 여기 어떤 사람은 태생이나 족성이나 가문의 명성이나 … (§866) … 그 외 이런저런 근거에 의하면 [남들과] 동등하다. [그러나] 그는 남들보다 못하다고 자신을 평가한다. 그는 이런 것을 의지하여 열등감을 일으킨다. 이런 형태의 열등감, 열등감을 가짐, 열등감을 가진 상태, 비하함, 매우 비하함, 매우 비하하는 상태, 자기 모멸, 자기 경멸, 자기 멸시 — 이를 일러 동등한 자가 내가 더 못하다고 [여기는] 자만이라 한다.

⑱ 못한 자가 내가 더 뛰어나다고 [여기는] 자만

875. 여기서 무엇이 '못한 자가 내가 더 뛰어나다고 [여기는] 자만(hīnassa seyyohamasmīti māna)'인가? 여기 어떤 사람은 태생이나 족성이나 가문의 명성이나 … (§866) … 그 외 이런저런 근거에 의하면 [남들보다] 못하다. [그러나] 그는 남들보다 뛰어나다고 자신을 평가한다. 그는 이런 것을 의지하여 자만을 일으킨다. 이런 형태의 자만, 자만함, 자

만하는 상태, 우쭐함, 우월감, 깃발[을 날림], 건방짐, 마음의 허영 — 이를 일러 못한 자가 내가 더 뛰어나다고 [여기는] 자만'이라 한다.

⑤⑨ 못한 자가 내가 동등하다고 [여기는] 자만

876. 여기서 무엇이 '못한 자가 내가 동등하다고 [여기는] 자만(hīnassa sadisohamasmīti māna)'인가? 여기 어떤 사람은 태생이나 족성이나 가문의 명성이나 … (§866) … 그 외 이런저런 근거에 의하면 [남들보다] 못하다. [그러나] 그는 남들과 동등하다고 자신을 평가한다. 그는 이런 것을 의지하여 자만을 일으킨다. 이런 형태의 자만, 자만함, 자만하는 상태, 우쭐함, 우월감, 깃발[을 날림], [355] 건방짐, 마음의 허영 — 이를 일러 못한 자가 내가 동등하다고 [여기는] 자만이라 한다.

⑥⓪ 못한 자가 내가 더 못하다고 [여기는] 자만

877. 여기서 무엇이 '못한 자가 내가 더 못하다고 [여기는] 자만(hīnassa hīnohamasmīti māna)'인가? 여기 어떤 사람은 태생이나 족성이나 가문의 명성이나 … (§866) … 그 외 이런저런 근거에 의하면 [남들보다] 못하다. 그는 남들보다 못하다고 자신을 평가한다. 그는 이런 것을 의지하여 열등감을 일으킨다. 이런 형태의 열등감, 열등감을 가짐, 열등감을 가진 상태, 비하함, 매우 비하함, 매우 비하하는 상태, 자기 모멸, 자기 경멸, 자기 멸시 — 이를 일러 못한 자가 내가 더 못하다고 [여기는] 자만이라 한다.

⑥① 자만

878. 여기서 무엇이 '자만(māna)'인가?[178] 자만, 자만함, 자만하는

---

178) "여기서 무엇이 '자만의 족쇄'인가?
내가 더 뛰어나다는 자만, 나와 동등하다는 자만, 내가 못하다는 자만이 있다.

상태, 우쭐함, 우월감, 깃발[을 날림], 건방짐, 마음의 허영 — 이를 일러 자만이라 한다.

㉒ 거만

879. 여기서 무엇이 '거만(atimāna)'인가? 여기 어떤 사람은 태생이나 족성이나 가문의 명성이나 … (§866) … 그 외 이런저런 근거에 의하면 [남들과] 동등하다. [그러나] 그는 남들보다 자신을 지나치게 평가한다.179) 이런 형태의 자만, 자만함, 자만하는 상태, 우쭐함, 우월감, 깃발[을 날림], 건방짐, 마음의 허영 — 이를 일러 거만이라 한다.

㉓ 자만에 이은 거만

880. 여기서 무엇이 '자만에 이은 거만(mānātimāna)'180)인가? 여기 어떤 사람은 태생이나 족성이나 가문의 명성이나 … (§866) … 그 외 이런저런 근거에 의하면 [남들과] 동등하다. [그러나] 그는 처음에는 남들과 자신이 동등하다고 평가하였지만 나중에는 [남들보다] 자신이 뛰어나다고 평가한다. 이런 형태의 자만, 자만함, 자만하는 상태, 우쭐함, 우월감, 깃발[을 날림], 건방짐, 마음의 허영 — 이를 일러 자만에 이은 거만이라 한다.

이런 형태의 자만, 자만함, 자만하는 상태, 우쭐함, 우월감, 깃발[을 날림], 건방짐, 마음의 허영 — 이를 일러 자만의 족쇄라 한다."(Dhs §1121)

179) '지나치게 평가한다.'는 atimaññati를 옮긴 것인데 주석서는 "'태생 등으로 나와 동등한 자는 없다.'라고 넘어서서 생각한다(atikkamitvā maññati)."(VbhA.487)라고 설명하고 있다.

180) "앞의 자만(purimamāna)에 대한 다음의 자만(uparimāna)이 '자만에 이은 거만(mānātimāna)'이다. 여기서 'ati-'라는 접두어는 '앞의(upari-)'라는 뜻을 말한다고 알아야 한다. 혹은 앞의 자만을 넘어선(atikkanta) 자만이 '자만에 이은 거만'이다."(VbhAMṬ.221)

⑥④ 열등감

881. 여기서 무엇이 '열등감(omāna)'인가? 여기 어떤 사람은 태생이나 족성이나 가문의 명성이나 아름다운 용모나 재산이나 학문이나 직업 분야나 기술 분야나 학문의 영역이나 배움이나 영감이나 그 외 이런저런 근거로 열등감을 일으킨다. 이런 형태의 열등감, 열등감을 가짐, 열등감을 가진 상태, 비하함, 매우 비하함, 매우 비하하는 상태, 자기 모멸, 자기 경멸, 자기 멸시 — 이를 일러 열등감이라 한다.

⑥⑤ 과대평가

882. 여기서 무엇이 '과대평가(adhimāna)'인가? 얻지 못한 것에 대해서 얻었다는 인식을 가지고, 행하지 못한 것에 대해서 행했다는 인식을 가지고, 증득하지 못한 것에 대해서 증득했다는 인식을 가지고, 실현하지 못한 것에 대해서 실현했다는 인식을 가진 이런 형태의 자만, 자만함, 자만하는 상태, 우쭐함, 우월감, 깃발[을 날림], 건방짐, 마음의 허영 — 이를 일러 과대평가라 한다.

⑥⑥ '나는 있다.'라는 자만

883. 여기서 [356] 무엇이 "'나는 있다.'라는 자만(asmimāna)'181) 인가? 물질을 두고 '나는 있다.'라는 자만, '나는 있다.'라는 열의, '나는 있다.'라는 잠재성향, 느낌을 두고 … 인식을 두고 … 심리현상들을 두고 … 알음알이를 두고 '나는 있다.'라는 자만, '나는 있다.'라는 열의, '나는 있다.'라는 잠재성향, 이런 형태의 자만, 자만함, 자만하는 상태, 우쭐함, 우월감, 깃발[을 날림], 건방짐, 마음의 허영 — 이를 일러 '나는 있다.'

---

181) "오온에 대해서 '나는 있다(ahamasmi).'라는 등으로 전개되는(pavatta) 자만이 '나는 있다.'라는 자만(asmimāna)이다."(Moh.298)

라는 자만이라 한다.

⑥⑦ 그릇된 자만

884. 여기서 무엇이 '그릇된 자만(micchāmāna)'인가? 여기 어떤 사람은 악한 직업 분야나 악한 기술 분야나 악한 학문의 영역이나 악한 배움이나 악한 영감이나 악한 계행이나 악한 의례의식이나 악한 계행과 의례의식이나 악한 견해나 그 외 이런저런 근거로 자만을 일으킨다. 이런 형태의 자만, 자만함, 자만하는 상태, 우쭐함, 우월감, 깃발[을 날림], 건방짐, 마음의 허영 — 이를 일러 그릇된 자만이라 한다.

⑥⑧ 친척에 대한 생각

885. 여기서 무엇이 '친척에 대한 생각(ñātivitakka)'인가? 친척에 대한 세속적인 생각, 일으킨 생각, … (§182) …[182] 그릇된 사유 — 이를 일러 친척에 대한 생각이라 한다.

⑥⑨ 지역에 대한 생각(A3:100)

886. 여기서 무엇이 '지역에 대한 생각(janapadavitakka)'인가? 지역에 대한 세속적인 생각, 일으킨 생각 … (§182) … 그릇된 사유 — 이를 일러 지역에 대한 생각이라 한다.

⑦⓪ 애매모호함과 관련된 생각 혹은 죽지 않음에 대한 생각

887. 여기서 무엇이 '애매모호함과 관련된 생각 혹은 죽지 않음에 대한 생각(amaravitakka)'[183]인가? 혹독한 고행에 관련되었거나 삿된

---

182) 이 문맥의 몇 군데에 나타나는 '생각, 일으킨 생각 … (§182) … 그릇된 사유'에 포함된 반복되는 부분(뻬얄라, peyyala)의 생략 표시는 VRI본에는 나타나지 않지만 PTS본에는 나타나고 있다. 역자는 PTS본을 따랐다.

견해와 관련된 세속적인 생각, 일으킨 생각 … (§182) … 그릇된 사유 — 이를 일러 애매모호함과 관련된 생각 혹은 죽지 않음에 대한 생각이라 한다.

⑺ 남들에 대한 동정심과 관련된 생각

888. 여기서 무엇이 '남들에 대한 동정심과 관련된 생각(para-anuddayatāpaṭisaṁyutto vitakka)'인가? 여기 어떤 자는 재가자들과 섞여서 지내면서 기쁨을 같이하고 슬픔을 같이하며, 즐거운 일들을 즐거워하고 괴로운 일들을 괴로워하며, 해야 할 일들이 생기면 자신이 그것에 전념한다.(S22:3 §7; S35:241) 여기에 [있는] 세속적인 생각, 일으킨 생각 … (§182) … 그릇된 사유 — 이를 일러 남들에 대한 동정심과 관련된 생각이라 한다.

⑿ 이득과 존경과 명성과 관련된 생각

889. 여기서 무엇이 '이득과 존경과 명성과 관련된 생각(lābha-sakkārasilokapaṭisaṁyutta vitakka)'인가? 이득과 존경과 명성에 대한 세속적인 생각, 일으킨 생각 … (§182) … 그릇된 사유 — 이를 일러 이득

---

183) '애매모호함과 관련된 생각이나 죽지 않음에 대한 생각'은 amaravitakka를 옮긴 것이다. 주석서는 이 amara-vitakka를 두 가지로 설명하고 있다. 즉 『디가 니까야』 「범망경」(D1)에 나타나는 62가지 견해 중의 18가지 과거를 모색하는 자들(pubbantakappikā) 가운데 애매모호한 자들(amarā-vikkhepikā)의 4가지 견해(D1 §§2.23~28)와 관련된 생각으로도 설명하고(diṭṭhigatapaṭisaṁyutta vitakka) 죽지 않음(amara)이라는 문자적인 뜻 그대로를 나타내는(na maratīti amaro nāma hoti) 생각으로도 설명하고 있다.(VbhA.490~491) 그래서 '애매모호함과 관련된 생각이나 죽지 않음에 대한 생각'으로 풀어서 옮겼다. 텃띨라 스님도 '*thinking about (how to) not die and/or eel wriggling*'으로 옮기고 있다.
한편 빠알리 사전에 의하면 amarā는 뱀장어(*eel*)를 뜻하고 amara는 죽지 않음(*not mortal*)을 나타낸다.(PED, BDD 등) 여기 본문에서는 amara-vitakka로 나타나기 때문에 죽지 않음으로 보는 것이 좋지 않을까 생각한다.

과 존경과 명성과 관련된 생각이라 한다.

⑦③ 멸시받지 않음과 관련된 생각(A3:100 등)

890. 여기서 무엇이 '멸시받지 않음과 관련된 생각(anavaññatti-paṭisaṁyutto vitakka)'인가? 여기 어떤 사람은 태생이나 족성이나 가문의 명성이나 아름다운 용모나 재산이나 학문이나 직업 분야나 기술 분야나 학문의 영역이나 배움이나 영감이나 그 외 이런저런 근거로 '남들이 나를 [357] 멸시하지 않기를.'이라고 [생각한다.] 여기에 [있는] 세속적인 생각, 일으킨 생각 … (§182) … 그릇된 사유 — 이를 일러 멸시받지 않음과 관련된 생각이라 한다.

하나로 된 것이 [끝났다.]

(2) 두 개 조에 대한 해설(duka-niddesa)

① 분노와 적의

891. 여기서 무엇이 '분노(kodha)'인가? 분노, 분노함, 분노한 상태, 성냄, 성마름, 성난 상태, 악의에 참, 악의를 가짐, 불화, 반목, 잔혹함, 잘 제어되지 못함, 마음의 언짢음(Dhs §1066 등) — 이를 일러 분노라 한다.

여기서 무엇이 '적의(upanāha)'인가? 처음에 분노가 있고 다음에 적의가 있다. 이런 형태의 적의, 적대감, 적대하는 상태를 확실하게 하고 굳건하게 하고 확립하고 유지하고 동여매어 분노를 강화시키는 것[184] — 이를 일러 적의라 한다.

---

184) '확실하게 하고 굳건하게 하고 확립하고 유지하고 동여매어 분노를 강화시키는 것'은 aṭṭhapanā ṭhapanā saṇṭhapanā anusaṁsandanā anuppabandhanā daḷhīkammaṁ kodhassa를 옮긴 것이다. 한편 적의(upanāha)를 정의하는 이 구문은 본서의 여기와 『뿍갈라빤낫띠』(인시설론, Pug §46; §66)에만 나타나는 것으로 조사된다.

② 모욕과 얕봄

892. 여기서 무엇이 '모욕(makkha)'인가? 모욕, 모욕함, 모욕하는 상태, 헐뜯음, 헐뜯는 행위 — 이를 일러 모욕이라 한다.

여기서 무엇이 '얕봄(paḷāsa)'인가? 얕봄, 얕잡아 봄, 얕잡아 보는 상태, 논쟁을 야기함, 서로 맞섬, 놓아버리지 못함 — 이를 일러 얕봄이라 한다.

③ 질투와 인색

893. 여기서 무엇이 '질투(issā)'인가? 남들의 이득과 존경과 존중과 추앙과 경배와 숭배에 대한 질투, 질투함, 질투하는 상태, 시샘, 시샘함, 시샘하는 상태(Dhs §1126) — 이를 일러 질투라 한다.

여기서 무엇이 '인색(macchariya)'인가? 다섯 가지 인색이 있으니 거처에 대한 인색, [신도]가족에 대한 인색, 얻은 것에 대한 인색, 칭송에 대한 인색,[185] 법에 대한 인색이다.(A5:115 등; Vis.XXII.52) 이런 형태의 인색, 인색함, 인색한 상태, 허욕, 쩨쩨함, 쓰디쓴 상태, 마음이 닫힌 상태(Dhs §1127) — 이를 일러 인색이라 한다.[186]

④ 속임수와 위선

894. 여기서 무엇이 '속임수(māyā)'인가? 여기 어떤 자는 몸으로 나쁜 행위를 하고 말로 나쁜 행위를 하고 마음으로 나쁜 행위를 한 뒤

185) "칭송에 대해서 인색한 것이 '칭송에 대한 인색(vaṇṇamacchariya)'이다. 여기서 칭송(vaṇṇa)은 몸의 칭송(sarīravaṇṇa)도 해당되고 공덕의 칭송(guṇavaṇṇa)도 해당된다고 알아야 한다."(DA.iii.1027)
"칭송(vaṇṇa)이란 자신과 비슷한 몸의 칭송도 해당되고 공덕의 칭송도 해당된다."(Moh.138)

186) 인색에 대한 정의는 『청정도론』 XIV.173을 참조할 것.

그것을 덮기 위해 그릇된 소원을 가진다. '나를 알아보지 못하기를.'이라고 원하고, '나를 알아보지 못하기를.'이라고 생각하고, '나를 알아보지 못하기를.'이라고 말하고, '나를 [358] 알아보지 못하기를.'이라고 몸으로 애를 쓴다.(A6:45) 이런 형태의 속임수, 속이는 상태, 얼버무림, 현혹, 기만, 혼란시킴, 회피, 숨김, 감춤, 덮음, 가림, 분명하지 않게 함, 알지 못하게 함, 깊이 감춤, 악행 — 이를 일러 속임수라 한다.

여기서 무엇이 '위선(sāṭheyya)'인가? 여기 어떤 자는 위선적이고 아주 간교하다. 여기에 있는 위선, 위선적 행동, 위선적 태도, 가장, 가장함, 겉치레, 허식 — 이를 일러 위선이라 한다.

⑤ 무명과 존재에 대한 갈애

895. 여기서 무엇이 '무명(avijjā)'인가? 무지함, 봄[見]이 없음 … (§180) … 무명의 장벽, 어리석음이라는 해로움의 뿌리 — 이를 일러 무명이라 한다.

여기서 무엇이 '존재에 대한 갈애(bhavataṇhā)'인가? 존재들에 대해서 [일어나는] 존재에 대한 욕구, 존재에 대한 갈망, 존재를 즐거워함, 존재에 대한 갈애, 존재에 대한 애정, 존재에 대한 열병, 존재에 빠짐, 존재에 달라붙음(*cf.* Dhs §1104) — 이를 일러 존재에 대한 갈애라 한다.

⑥ 존재에 대한 견해[有見]와 존재하지 않음에 대한 견해[非有見]

896. 여기서 무엇이 '존재에 대한 견해[有見, bhavadiṭṭhi]'인가? '자아와 세상은 [다시] 존재할 것이다.'라는 이런 형태의 [그릇된] 견해, 사견에 빠짐 … (§249) … 거꾸로 거머쥠 — 이를 일러 존재에 대한 견해라 한다.

여기서 무엇이 '존재하지 않음에 대한 견해[非有見, vibhavadiṭṭhi]'인가? '자아와 세상은 [다시] 존재하지 않을 것이다.'라는 이런 형태의 [그릇된] 견해, 사견에 빠짐 … (§249) … 거꾸로 거머쥠 — 이를 일러 존재하지 않음에 대한 견해라 한다.

⑦ 상견과 단견 – 영원하다는 견해[常見]와 단멸한다는 견해[斷見]

897. 여기서 무엇이 '영원하다는 견해[常見, sassataditthi]'인가? '자아와 세상은 영원하다.'라는 이런 형태의 [그릇된] 견해, 사견에 빠짐 … (§249) … 거꾸로 거머쥠 — 이를 일러 영원하다는 견해라 한다.

여기서 무엇이 '단멸한다는 견해[斷見, ucchedaditthi]'인가? '자아와 세상은 단멸한다.'라는 이런 형태의 [그릇된] 견해, 사견에 빠짐 … (§249) … 거꾸로 거머쥠 — 이를 일러 단멸한다는 견해라 한다.

⑧ 유한하다는 견해와 무한하다는 견해

898. 여기서 [359] 무엇이 '유한하다는 견해(antavādiṭṭhi)'인가? '자아와 세상은 끝이 있다.'라는 이런 형태의 [그릇된] 견해, 사견에 빠짐 … (§249) … 거꾸로 거머쥠 — 이를 일러 유한하다는 견해라 한다.

여기서 무엇이 '무한하다는 견해(anantavādiṭṭhi)'인가? '자아와 세상은 끝이 없다.'라는 이런 형태의 [그릇된] 견해, 사견에 빠짐 … (§249) … 거꾸로 거머쥠 — 이를 일러 무한하다는 견해라 한다.

⑨ 과거를 모색하는 견해와 미래를 모색하는 견해

899. 여기서 무엇이 '과거를 모색하는 견해(pubbantānudiṭṭhi)'인가? 과거에 대해서 생긴 [그릇된] 견해, 사견에 빠짐 … (§249) … 거꾸로 거머쥠 — 이를 일러 과거를 모색하는 견해라 한다.

여기서 무엇이 '미래를 모색하는 견해(aparantānudiṭṭhi)'인가? 미래에 대해서 생긴 [그릇된] 견해, 사견에 빠짐 … (§249) … 거꾸로 거머쥠 — 이를 일러 미래를 모색하는 견해라 한다.

⑩ 양심 없음과 수치심 없음

900. 여기서 무엇이 '양심 없음(ahirika)'인가? 부끄러워해야 하는 것에 대해서 부끄러워하지 않고 악하고 해로운 법들을 취한 것에 대해서 부끄러워하지 않는 것(Dhs §1244) — 이를 일러 양심 없음이라 한다.

무엇이 '수치심 없음(anottappa)'인가? 두려워해야 하는 것에 대해서 두려워하지 않고 악하고 해로운 법들을 취한 것에 대해서 두려워하지 않는 것(Dhs §1245) — 이를 일러 수치심 없음이라 한다.

⑪ 거칠게 말함과 악한 친구를 사귐

901. 여기서 무엇이 '거칠게 말함(dovacassatā)'인가? 동료 수행자들과 말을 하면서 거칠게 말을 겖, 거칠게 말하는 상태, 거칠게 말함, 멋대로 대함, 억지를 부림, 경시함, 무시함, 불경스러움, 존중하지 않음 — 이를 일러 거칠게 말함이라 한다.(Dhs §1332)

여기서 무엇이 '악한 친구를 사귐(pāpamittatā)'인가? 믿음이 없고 계행이 나쁘고 적게 배웠고 인색하고 통찰지가 없는 사람들을 의지하고 크게 의지하고 깊이 의지하고 가까이하고 아주 가까이하고 헌신하고 아주 헌신하고 그들과 사귀는 것(Dhs §1333) — 이를 일러 악한 친구를 사귐이라 한다.

⑫ 반듯하지 못함과 유연하지 못함

902. 여기서 무엇이 '반듯하지 못함(anajjava)'인가? 반듯하지 못함, 반듯하지 못한 상태, 뒤틀림, 꼬부라짐, 비뚤어짐 — 이를 일러 반듯하지 못함이라 한다.(*cf* Dhs §1346)

여기서 무엇이 '유연하지 못함(amaddava)'인가? 부드럽지 못함, 유연하지 못함, 단단함, 견고함, 단단함을 가짐, 단단한 성질을 가짐, 마음의

경직됨이라는 부드럽지 못함[187] — 이를 일러 유연하지 못함이라 한다.(*cf.* Dhs §1347)

⑬ 인욕하지 못함과 온화하지 못함

903. 여기서 [360] 무엇이 '인욕하지 못함(akkhanti)'인가? 인욕하지 못함, 인욕하지 못하는 상태, 견디지 못함, 잔혹함, 잘 제어되지 못함, 마음의 흡족하지 못함 — 이를 일러 인욕하지 못함이라 한다.(Dhs §1348)

여기서 무엇이 '온화하지 못함(asoraccañca)'인가? 몸으로 범하고, 말로 범하고, 몸과 말 [둘 다로] 범하는 것 — 이를 일러 온화하지 못함이라 한다. 나쁜 계행도 모두 온화하지 못함이다.(Dhs §1349)

⑭ 싹싹하지 못한 말씨와 호의를 베풀지 못함

904. 여기서 무엇이 '싹싹하지 못한 말씨(asākhalya)'인가? 과격하고 꺼칠꺼칠하고 남에게 모질고 남을 찌르고 분노에 맞닿아있고 삼매에 도움이 되지 못하는 이런 형태의 말을 한다. 이런 것에 있는 세련되지 않은 말씨, 상냥하지 않은 말씨, 거친 말씨 — 이를 일러 싹싹하지 못한 말씨라 한다.

여기서 무엇이 '호의를 베풀지 못함(appaṭisanthāra)'인가? 두 가지 호의를 베풂이 있다. 세속적인 것으로 호의를 베풂과 법으로 호의를 베풂이다. 여기 어떤 자는 세속적인 것으로 호의를 베풂과 법으로 호의를 베풂으로 호의를 베풀지 못한다. — 이를 일러 호의를 베풀지 못함이라 한다.

---

187) "여기서 다시 '부드럽지 못함(amudutā)'을 취한 것은 이것의 특별함을 드러내기 위한 것이다. 즉 이것은 부드럽지 못함이라 불리는 마음의 경직됨(amudutāsaṅkhātā ujucittatā)을 뜻하지 반듯함이라 불리는 마음의 올곧음(ajjavasaṅkhātā ujucittatā)이 아니라는 것이다."(VbhA.494)
'마음의 올곧음(citta-ujukatā)'에 대해서는 『아비담마 길라잡이』 제2장 §5의 [해설] ⒆를 참조할 것.

⑮ 감각기능들의 문을 잘 보호하지 못함과 음식에서 적당함을 알지 못함

905. 여기서 무엇이 '감각기능들의 문을 잘 보호하지 못함(indriyesu aguttadvāratā)'인가? 여기 어떤 자는 눈으로 형색을 봄에 그 표상 [全體相]을 취하지 않으며, 또 그 세세한 부분상 [細相]을 취하지도 않는다. 만약 그의 눈의 기능 [眼根]이 제어되어 있지 않으면, 욕심과 싫어하는 마음이라는 악하고 해로운 법 [不善法]들이 그에게 [물밀듯이] 흘러들어 올 것이다. 그는 눈의 감각기능을 잘 단속하기 위해 수행하지 않으며, 눈의 감각기능을 잘 방호하지 않고 눈의 감각기능을 잘 단속하지 않는다.

그는 귀로 소리를 들음에 … 코로 냄새를 맡음에 … 혀로 맛을 봄에 … 몸으로 감촉과 맞닿음에 … 마노 [意]로 법을 지각함에 그 표상을 취하지 않으며, 그 세세한 부분상을 취하지도 않는다. 만약 그의 마노의 기능 [意根]이 제어되어 있지 않으면, 욕심과 싫어하는 마음이라는 악하고 해로운 법 [不善法]들이 그에게 [물밀듯이] 흘러들어 올 것이다. 그는 마노의 감각기능을 잘 단속하기 위해 수행하지 않으며, 마노의 감각기능을 잘 방호하지 않고 마노의 감각기능을 잘 단속하지 않는다.

이러한 여섯 가지 감각기능을 보호하지 않고 돌보지 않고 방호하지 않고 단속하지 않는 것 — 이를 일러 감각기능들의 문을 잘 보호하지 못함이라 한다.

여기서 무엇이 '음식에서 적당함을 알지 못함(bhojane amattaññutā)'인가? 여기 어떤 사람은 숙고하지도 못하고 지혜롭지도 못하여 단지 즐기기 위해서 취하기 위해서 겉치레를 위해서 외양을 위해서 음식을 수용한다. 여기서 음식에서 만족하지 못하고 적당함을 알지 못하고 숙고하지 못하는 것 — 이를 일러 음식에서 적당함을 알지 못함이라 한다.

⑯ 마음챙김을 놓아버림과 알아차림이 없음

906. 여기서 무엇이 '마음챙김을 놓아버림(muṭṭhassacca)'인가? 마음챙기지 못함, 계속해서 마음챙기지 못함, 돌이켜 마음챙기지 못함, 마음챙김이 없음, 챙겨있지 못함, 간직하지 못함, 떠다님, 잊어버림(Dhs §1356) — 이를 일러 마음챙김을 놓아버림이라 한다.

여기서 [361] 무엇이 '알아차림이 없음(asampajañña)'인가? 무지함, 봄[見]이 없음 … (§180) … 무명의 장벽, 어리석음이라는 해로움의 뿌리 — 이를 일러 알아차림이 없음이라 한다.

⑰ 계를 파함과 [바른] 견해를 파함[188]

907. 여기서 무엇이 '계를 파함(sīlavipatti)'(ma2-135-a)인가? 몸으로 범하고, 말로 범하고, 몸과 말 [둘 다로] 범하는 것 — 이를 일러 계를 파함이라 한다. 나쁜 계행도 모두 계를 파함이다.(Dhs §1368)

여기서 무엇이 '[바른] 견해를 파함(diṭṭhivipatti)'(ma2-135-b)인가? '보시도 없고, 공물도 없고 … (§971) … 이 세상과 저 세상을 스스로 최상의 지혜로 알고 실현하여 드러내는 바른 도를 구족한 사문·바라문들도 이 세상에는 없다.'(M41 등)라고 하는 이런 형태의 [그릇된] 견해, 사견에 빠짐 … (§249) … 거꾸로 거머쥠 — 이를 일러 [바른] 견해를 파함이라 한다.(Dhs §1369) 그릇된 견해도 모두 [바른] 견해를 파함이다.

---

188) "계를 파괴하는 것(sīlavināsikā)이고 단속하지 못함(asaṁvara)이라 일컫는 계에 어긋남(sīlassa vipatti)이라고 해서 '계를 파함(sīlavipatti)'인데 이와 같이 일어난 해로운 법들(tathāpavattā akusaladhammā)을 말한다. 바른 견해에 어긋남(sammādiṭṭhiyā vipatti)이 '[바른] 견해를 파함(diṭṭhi-vipatti)'인데 이것은 바로 그릇된 견해(micchādiṭṭhi eva)이다."(Moh. 162.)

⑱ 안의 족쇄와 밖의 족쇄

908. 여기서 무엇이 '안의 족쇄(ajjhattasaṁyojana)'인가? 다섯 가지 낮은 단계의 족쇄[下分結]가 안의 족쇄이다. 다섯 가지 높은 단계의 족쇄[上分結]가 '밖의 족쇄(bahiddhāsaṁyojana)'이다.

두 개 조에 대한 해설이 [끝났다.]

(3) 세 개 조에 대한 해설(tika-niddesa)

① 세 가지 해로움의 뿌리

909. 여기서 무엇이 '세 가지 해로움의 뿌리(tīṇi akusalamūlāni)'인가? 탐욕, 성냄, 어리석음이다.

여기서 무엇이 '탐욕(lobha)'인가? 갈망, 탐닉, 친밀함, 순응, 기뻐함, 강한 갈망, 마음의 탐닉, 바람, 홀림, 달라붙음, 애착, 간절히 바람, 속박, 수렁, 동요, 속임, 자궁, 출산, 침모, 유혹자, 격류, 달라붙음, 끈, 널리 퍼짐, 적집, 배우자, 염원, 존재로 인도함, 숲, 정글, 친밀함, 애정, 기대함, 친족, 원함, 기원함, 원하는 상태, 형색을 원함, 소리를 원함, 냄새를 원함, 맛을 원함, 감촉을 원함, 얻는 것을 원함, 재산을 원함, 아들을 원함, 생명을 원함, 중얼거림, 다시 중얼거림, 중얼거리는 행위, 중얼거리는 태도,[189] 게걸, 게걸스러움, 게걸스러운 상태, 꼬리침, 격렬한 욕망, 법답지 못한 갈망, 비뚤어진 탐욕, 집착, 집착함, [362] 간청, 갈구, 간청함,

---

189) '중얼거림, 다시 중얼거림, 중얼거리는 행위, 중얼거리는 태도'는 jappā abhijappā jappanā jappitattaṁ를 옮긴 것이다. 그런데 PTS본에는 jappā pajappā abhijappā jappā jappanā jappitattaṁ로 나타나고 VRI본과 PTS본 『담마상가니』(Dhs 1065 등)에도 이렇게 나타난다. 그래서 『담마상가니』에서는 '중얼거림, 많이 중얼거림, 다시 중얼거림, 중얼거림, 중얼거리는 행위, 중얼거리는 태도'로 옮겼다. 여기서는 저본인 VRI본에 따라 이렇게 옮겼다.

감각적 쾌락에 대한 갈애, 존재에 대한 갈애, 존재하지 않음에 대한 갈애, 색계 존재에 대한 갈애, 무색계 존재에 대한 갈애, 소멸에 대한 갈애, 형색에 대한 갈애, 소리에 대한 갈애,190) 냄새에 대한 갈애, 맛에 대한 갈애, 감촉에 대한 갈애, 법에 대한 갈애, 폭류, 속박, 매듭, 취착, 덮개, 장애, 가리개, 묶음, 오염원, 잠재성향, 얽매임(사로잡힘), 넝쿨, 허욕, 괴로움의 뿌리, 괴로움의 원인, 괴로움의 근원, 마라의 올가미, 마라의 낚싯바늘, 마라의 영역, 갈애의 강, 갈애의 그물, 갈애의 가죽끈, 갈애의 바다, 욕심, 탐욕이라는 해로움의 뿌리191) — 이를 일러 탐욕이라 한다.

여기서 무엇이 '성냄(dosa)'인가?

'이 [사람이] 나에게 손해를 끼쳤다.'라는 생각에 원한이 생긴다. '이 [사람이] 나에게 손해를 끼친다.'라는 생각에 원한이 생긴다. '이 [사람이] 나에게 손해를 끼칠 것이다.'라는 생각에 원한이 생긴다. '이 [사람이] 내가 좋아하고 마음에 드는 사람에게 손해를 끼쳤다 … 손해를 끼친다 … 손해를 끼칠 것이다.'라는 생각에 원한이 생긴다. '이 [사람이] 내가 좋아하지 않고 마음에 들지 않는 사람에게 이익을 주었다 … 이익을 준다 … 이익을 줄 것이다.'라는 생각에 원한이 생긴다.(A9: 등) 혹은 근거가 없이 원한이 생긴다.

이런 형태의 마음[心]의 원한, 적대감, 적의, 반목, 화, 노여움, 격노함, 성냄, 아주 성냄, 격하게 성냄, 마음[意]의 악의, 마음[意]이 노함, 분노, 분노함, 분노한 상태, 성냄, 성마름, 성난 상태, 악의에 참, 악의를 가짐, 불화, 반목, 잔혹함, 잘 제어되지 못함, 마음의 언짢음(Dhs §1066 등) — 이를 일러 성냄이라 한다.

---

190) VRI본에는 '소리에 대한 갈애, 형색에 대한 갈애(saddataṇhā rūpataṇhā)'로 순서가 바뀌어 나타난다. 역자는 PTS본과 『담마상가니』(Dhs §1065 등)를 따랐다.

191) 이 용어들에 대한 원어와 설명은 『담마상가니』(Dhs §1065)의 주해를 참조할 것.

여기서 무엇이 '어리석음(moha)'인가?

괴로움에 대한 무지, 괴로움의 일어남에 대한 무지, 괴로움의 소멸에 대한 무지, 괴로움의 소멸로 인도하는 도닦음에 대한 무지, 과거에 대한 무지, 미래에 대한 무지, 과거와 미래에 대한 무지, 이것에게 조건이 되는 [법들]과 조건 따라 일어난 법들에 대한 무지 — 이런 형태의 무지함, 봄[見]이 없음, … (§180) … 무명의 장벽, 어리석음이라는 해로움의 뿌리 — 이를 일러 어리석음이라 한다.(Dhs §1067)

— 이것이 세 가지 해로움의 뿌리이다.

② 세 가지 해로운 사유

910. 여기서 무엇이 '세 가지 해로운 사유(tayo akusalavitakkā)'인가? 감각적 쾌락과 관련된 사유, 악의와 관련된 사유, 해코지와 관련된 사유이다.192)

여기서 무엇이 '감각적 쾌락과 관련된 사유(kāmavitakka)'인가? 감각적 쾌락과 관련된 생각, 일으킨 생각 … (§182) … 그릇된 사유 — 이를 일러 감각적 쾌락과 관련된 사유라 한다.

여기서 [363] 무엇이 '악의와 관련된 사유(byāpādavitakka)'인가? 악의와 관련된 생각, 일으킨 생각 … (§182) … 그릇된 사유 — 이를 일러 악의와 관련된 사유라 한다.

여기서 무엇이 '해코지와 관련된 사유(vihiṁsāvitakka)'인가? 해코지와 관련된 생각, 일으킨 생각 … (§182) … 그릇된 사유 — 이를 일러 해

192) 여기서 '해로운 사유'와 '감각적 쾌락과 관련된 사유'와 '악의와 관련된 사유'와 '해코지와 관련된 사유'는 각각 akusalavitakkā, kāmavitakko, byāpāda-vitakko, vihiṁsāvitakko를 옮긴 것이다. 일반적으로 초기불전연구원에서는 vitakka를 '일으킨 생각'으로 옮기고 takka를 '생각'으로 옮긴다. 생각과 사유는 동의어라 할 수 있지만 생각이 대상을 헤아리고 판단하는 일반적인 정신 작용이라면 사유는 이성적인 생각 즉 사고(思考)를 의미하는 것으로 받아들여 이 문맥에서는 vitakka를 '사유'로 옮겼음을 밝힌다.

코지와 관련된 사유라 한다.

— 이것이 세 가지 해로운 사유이다.

③ 세 가지 해로운 인식

911. 여기서 무엇이 '세 가지 해로운 인식(tisso akusalasaññā)'인가? 감각적 쾌락과 관련된 인식, 악의와 관련된 인식, 해코지와 관련된 인식이다.

여기서 무엇이 '감각적 쾌락과 관련된 인식(kāmasaññā)'인가? 감각적 쾌락과 관련된 인식, 인식함, 인식하는 상태 — 이를 일러 감각적 쾌락과 관련된 인식이라 한다.

여기서 무엇이 '악의와 관련된 인식(byāpādasaññā)'인가? 악의와 관련된 인식, 인식함, 인식하는 상태 — 이를 일러 악의와 관련된 인식이라 한다.

여기서 무엇이 '해코지와 관련된 인식(vihiṁsāsaññā)'인가? 해코지와 관련된 인식, 인식함, 인식하는 상태 — 이를 일러 해코지와 관련된 인식이라 한다.

— 이것이 세 가지 해로운 인식이다.

④ 세 가지 해로움의 요소

912. 여기서 무엇이 '세 가지 해로움의 요소(tisso akusaladhātuyo)' 인가? 감각적 쾌락의 요소, 악의의 요소, 해코지의 요소이다.

여기서 무엇이 감각적 쾌락의 요소인가? 감각적 쾌락과 관련된 사유가 감각적 쾌락의 요소이다. 악의와 관련된 사유가 악의의 요소이다. 해코지와 관련된 사유가 해코지의 요소이다.

여기서 무엇이 '감각적 쾌락과 관련된 사유'인가? 감각적 쾌락과 관련된 생각, 일으킨 생각 … (§182) … 그릇된 사유 — 이를 일러 감각적 쾌락과 관련된 사유이라 한다.

여기서 무엇이 '악의와 관련된 사유'인가? 악의와 관련된 생각, 일으킨 생각 … (§182) … 그릇된 사유 — 이를 일러 악의와 관련된 사유이라 한다.

여기서 무엇이 '해코지와 관련된 사유'인가? 해코지와 관련된 생각, 일으킨 생각 … (§182) … 그릇된 사유 — 이를 일러 해코지와 관련된 사유이라 한다.

— 이것이 세 가지 해로움의 요소이다.

⑤ 세 가지 나쁜 행위

913. 여기서 무엇이 '세 가지 나쁜 행위(tīṇi duccaritāni)'인가? 몸으로 짓는 나쁜 행위, 말로 짓는 나쁜 행위, 마음으로 짓는 나쁜 행위이다.

여기서 무엇이 '몸으로 짓는 나쁜 행위(kāyaduccarita)'인가? 생명을 죽임, 주지 않은 것을 가짐, 그릇된 음행 — 이를 일러 몸으로 짓는 나쁜 행위라 한다.

여기서 무엇이 '말로 짓는 나쁜 행위(vacīduccarita)'인가? 거짓말, 중상모략, 욕설, 잡담 — 이를 일러 말로 짓는 나쁜 행위라 한다.

여기서 무엇이 '마음으로 짓는 나쁜 행위(manoduccarita)'인가? 욕심, [364] 악의, 그릇된 사유 — 이를 일러 마음으로 짓는 나쁜 행위라 한다.

여기서 무엇이 '몸으로 짓는 나쁜 행위'인가? — 몸으로 짓는 해로운 업이 몸으로 짓는 나쁜 행위이다. 말로 짓는 해로운 업이 말로 짓는 나쁜 행위이다. 마음으로 짓는 해로운 업이 마음으로 짓는 나쁜 행위이다.

여기서 무엇이 '몸으로 짓는 해로운 업'인가? — 몸으로 짓는 해로운 의도가 몸으로 짓는 해로운 업이다. 말로 짓는 해로운 의도가 말로 짓는 해로운 업이다. 마음으로 짓는 해로운 의도가 마음으로 짓는 해로운 업이다.

— 이것이 세 가지 나쁜 행위이다.

⑥ 세 가지 번뇌

914. 여기서 무엇이 '세 가지 번뇌(tayo āsavā)'인가? 감각적 쾌락의 번뇌, 존재의 번뇌, 무명의 번뇌이다.

여기서 무엇이 '감각적 쾌락의 번뇌'인가? 감각적 쾌락들에 대해서 [일어나는] 감각적 쾌락에 대한 욕구, 감각적 쾌락에 대한 갈망, 감각적 쾌락을 즐거워함, 감각적 쾌락에 대한 갈애, 감각적 쾌락에 대한 애정, 감각적 쾌락에 대한 열병, 감각적 쾌락에 빠짐, 감각적 쾌락에 달라붙음 — 이를 일러 감각적 쾌락의 번뇌라 한다.(Dhs §1103)

여기서 무엇이 '존재의 번뇌'인가? 존재들에 대해서 [일어나는] 존재에 대한 욕구 … (§895) … 존재에 달라붙음 — 이를 일러 존재의 번뇌라 한다.(Dhs §1104)

여기서 무엇이 '무명의 번뇌'인가? 괴로움에 대한 무지 … (§909) … 무명의 장벽, 어리석음이라는 해로움의 뿌리 — 이를 일러 무명의 번뇌라 한다.(Dhs §1106)

— 이것이 세 가지 번뇌이다.

⑦ 세 가지 족쇄

915. 여기서 무엇이 '세 가지 족쇄(tīṇi saṁyojanāni)'인가? [불변하는] 자신이 존재한다는 견해[有身見], 의심, 계행과 의례의식에 대한 집착[戒禁取]이다.

여기서 무엇이 '[불변하는] 자신이 존재한다는 견해[有身見, sakkāya-diṭṭhi]'인가? 여기[193] 배우지 못한 범부[194]는 성자들을 친견하지 못하

193) 주석서는 '여기(idha)'를 장소를 뜻하는 불변사라고 설명한 뒤 이것이 뜻하는 의미는 세상에 태어남(lokaṁ upādāya), 교법(sāsana), 기회(okāsa)를

고 성스러운 법에 정통하지 못하고 성스러운 법에 인도되지 못하고, 참된 사람들을 친견하지 못하고 참된 사람들의 법에 정통하지 못하고 참

뜻하기도 하고 단지 단어를 채우기 위해서이기도 하다고 설명한다. 여기서는 세상에 태어남의 뜻이라고 설명하고 있다.(DhsA.348)

194) "여기서 '배우지 못한 범부(assutavā puthujjana)'는 전승된 가르침과 증득이 없기 때문에 알아야 할 것을 배우지 못한 자를 뜻한다. 무더기와 요소와 감각장소와 조건의 형태[蘊·界·處·緣]와 마음챙김의 확립 등에 대해서 파악하고 다시 묻고 판별함이 없기 때문에 그릇된 견해를 논파하는 전승된 가르침(āgama)이 없고, 도닦음으로 증득해야 하는 자가 그것을 증득하지 못함 때문에 증득(adhigama)이 없다. 그래서 전승된 가르침과 증득이 없기 때문에 알아야 할 것을 배우지 못한 자라 한다.
그는 범속한(puthu) 여러 형태들의 오염원 등을 생산해 내는 등(jananādi)의 이유 때문에 '범부(puthujjana)'이다."(DhsA.348)

한편『상윳따 니까야 주석서』는 범부를 이렇게 설명하고 있다.
"'배우지 못한(assutavā)'이란 무더기(온), 요소(계), 감각장소(처), 조건의 형태(연), 마음챙김의 확립 등에 대한 파악(uggaha)과 질문(paripucchā)과 판별(vinicchaya)이 없는 것이다.
'범부(puthujjana)'라고 하였다. 많고(puthu) 다양한 오염원 등을 산출하는(janana) 등의 형태에 의해서 범부라 불린다. 그리고 성스러운 법을 등지고 저열한 법에 빠진, 그 숫자를 헤아릴 수 없을 만큼 많은 사람들 가운데에(puthūnaṁ janānaṁ) 포함되기 때문에 범부라고도 불린다.
혹은 [범(凡)으로 옮긴] puthu란 분리된 것(visuṁ)을 뜻한다. 계행과 배움 등의 공덕을 갖춘 성자들로부터 분리된(visaṁsaṭṭha) 사람(jana)이라고 해서 범부(puthujjana)라고 한다. 이렇게 해서 배우지 못한 범부는 두 가지로 설명이 된다."(SA.ii.97~98 = S12:61의 주해)

주석서에서 범부를 이러한 두 가지 어원으로 설명하는 것은 빠알리어 puthu는 두 가지로 해석이 가능하기 때문이다. 하나는 베다에 나타나는 pṛthu(많은, 광대한)로 본 것이고 다른 하나는 pṛthak(분리된, 구분된)으로 해석하는 것이다. 불교 산스끄리뜨(BHS)에는 pṛthag-jana로 나타나는데 이는 후자로 해석한 것이다. 그러나 빠알리 주석가들은 위의 주석서의 인용에서 보듯이 전자를 더 중시하고 있다.
한편 주석서와 복주서들은 배우지 못한 범부(assutavā puthujjana 혹은 눈먼 범부(andha puthujjana, DA.i.59))와 선한 범부(kalyāṇa-puthujjana)를 구분하고 있다. 이 둘은 아직 예류도에 도달하지 못했기 때문에 범부이지만, 전자는 온·처·계·연 등의 법에 대한 지혜(교학)도 없고 마음챙김의 확립 등의 수행도 하지 않은 자이다. 후자는 이 둘을 다 갖추어 예류도에 도달하기 위해서 노력하는 자이다.(SAṬ.ii.200)

된 사람들의 법에 인도되지 않아서, 물질을 자아라고 관찰하거나, 물질을 가진 것을 자아라고 관찰하거나, 물질이 자아 안에 있다고 관찰하거나, 물질 안에 자아가 있다고 관찰한다. 느낌을 … 인식을 … 심리현상들을 … 알음알이를 자아라고 관찰하거나, 알음알이를 가진 것을 자아라고 관찰하거나, 알음알이가 자아 안에 있다고 관찰하거나, 알음알이 안에 자아가 있다고 관찰한다.

이런 형태의 [그릇된] 견해, 사견에 빠짐 … (§249) … 거꾸로 거머쥠 — 이를 일러 [불변하는] 자신이 존재한다는 견해[有身見]라 한다.(Dhs §1007)

여기서 무엇이 '의심(vicikicchā)'인가? 스승에 대해서 회의하고 의심한다. 법에 대해서 회의하고 의심한다. 승가에 대해서 회의하고 의심한다. 공부지음에 대해서 회의하고 의심한다. 과거에 대해서 회의하고 의심한다. 미래에 대해서 회의하고 의심한다. 과거와 미래에 대해서 회의하고 의심한다. [365] 이것에게 조건이 되는 [법들]과 조건 따라 일어난 법들에 대해서 회의하고 의심한다.195)

이런 형태의 회의, 회의를 품음, 회의를 품은 상태 … (§289) … 마음의 당황스러움, 마음의 상처 — 이를 일러 의심이라 한다.

여기서 무엇이 '계행과 의례의식에 대한 집착[戒禁取, sīlabbata-parāmāsa]'인가? 외도의 사문 · 바라문들이 가지고 있는, '계행에 의해서 청정해진다.'라거나, '의례의식에 의해서 청정해진다.'라거나, '계행과 의례의식에 의해서 청정해진다.'196)라고 한다.

---

195) 이상 이 여덟 가지 의심에 대한 설명은 『담마상가니』 제2권 §1008의 주해들을 참조할 것.

196) "'계행에 의해서(sīlena)'라는 것은 소처럼 사는 계행 등이다. '의례의식에 의해서(vatena)'란 소처럼 사는 의례의식[誓戒] 등에 의해서이다. '계행과 의례의식에 의해서(sīlabbatena)'라는 것은 이 둘에 의해서이다. '청정(suddhi)'이란 오염원의 청정 또는 궁극적으로 청정해진 열반이다."(DhsA.355)

소처럼 사는 계행은 소의 계행으로 직역할 수 있는 고실라(gosīla)를 옮긴 이런 형태의 [그릇된] 견해, 견해에 빠짐, … 거꾸로 거머쥠 — 이를 일러 계행과 의례의식에 대한 집착이라 한다.

— 이것이 세 가지 족쇄이다.

⑧ 세 가지 갈애

916. 여기서 무엇이 '세 가지 갈애(tisso taṇhā)'인가? 감각적 쾌락에 대한 갈애, 존재에 대한 갈애, 존재하지 않음에 대한 갈애이다.

여기서 무엇이 '존재에 대한 갈애[有愛, bhavataṇhā]'(ma2-110-b)인가? 존재에 대한 견해와 함께하는 갈망, 탐닉, 마음의 탐닉 — 이를 일러 존재에 대한 갈애라 한다.

여기서 무엇이 '존재하지 않음에 대한 갈애[無有愛, vibhavataṇhā]'인가? 단멸한다는 견해[斷見]와 함께하는 갈망, 탐닉, 마음의 탐닉 — 이를 일러 존재하지 않음에 대한 갈애라 한다. 나머지 갈애는 감각적 쾌락에 대한 갈애이다.

여기서 무엇이 '감각적 쾌락에 대한 갈애[慾愛, kāmataṇhā]'인가? 욕계의 요소[197]와 관련된 갈망, 탐닉, 마음의 탐닉 — 이를 일러 감각적 쾌락에 대한 갈애라 한다.

[여기서 무엇이 '존재에 대한 갈애[有愛]'인가?][198] 색계의 요소와 무

것인데 『맛지마 니까야』 복주서가 "'소의 계행(gosīla)'이란 소의 행실(gavācāra)이다."(MAṬ.ii.42)라고 설명하고 있어서 소처럼 사는 계행으로 풀어서 옮겼다. 소처럼 사는 계행 등은 『맛지마 니까야』 제2권 「견서계경」(犬誓戒經, Kukkuravatika Sutta, M57)이 좋은 보기가 되므로 참조하기 바란다.

197) 여기서 '욕계의 요소'와 '색계의 요소'와 '무색계의 요소'는 각각 kāmadhātu와 rūpadhātu와 arūpadhātu를 옮긴 것이다. 여기에 대해서는 본서 §991의 해당 주해를 참조할 것.

198) 여기의 [ ] 안에 든 [tattha katamā bhavataṇhā]와 아래의 [ ] 안에 든 [tattha katamā vibhavataṇhā]는 PTS본(365쪽)에는 나타나지 않는다. VRI본에는 여기처럼 [ ] 안에 넣어서 편집하고 있다. 텃띨라 스님도 몇몇 판

색계의 요소와 관련된 갈망, 탐닉, 마음의 탐닉 — 이를 일러 존재에 대한 갈애라 한다.

[여기서 무엇이 '존재하지 않음에 대한 갈애[無有愛]'인가?] 단멸한다는 견해[斷見]와 함께하는 갈망, 탐닉, 마음의 탐닉 — 이를 일러 존재하지 않음에 대한 갈애라 한다.

— 이것이 세 가지 갈애이다.

⑨ 또 다른 세 가지 갈애

917. 여기서 무엇이 또 다른 '세 가지 갈애'인가? 욕계 존재에 대한 갈애, 색계 존재에 대한 갈애, 무색계 존재에 대한 갈애이다.199)

여기서 무엇이 '욕계 존재에 대한 갈애(kāmataṇhā)'인가? 욕계와 관련된 갈망, 탐닉, 마음의 탐닉 — 이를 일러 욕계 존재에 대한 갈애라 한다.

본에는 [ ] 부분이 포함되어 있다고 주를 달고 있다.(텃띨라 스님, 475쪽 참조)

199) '욕계 존재에 대한 갈애', '색계 존재에 대한 갈애', '무색계 존재에 대한 갈애'는 각각 kāmataṇhā, rūpataṇhā, arūpataṇhā를 옮긴 것이다. 주석서들에서 rūpataṇhā와 arūpataṇhā를 "색계 존재에 대한 욕탐과 무색계 존재에 대한 욕탐(rūpabhave chandarāgo rūpataṇhā, arūpabhave chandarāgo arūpataṇhā."(DA.iii.988)이나 "순전히 색계 존재에 대한 갈애(suddhe rūpabhavasmiṁyeva taṇhā)와 무색계 존재에 대한 갈애"(DhsA.366.)로 설명하거나 "바로 이 욕계가 kāma라고 일컬어지고(so ayaṁ kāmāvacaro kāmoti saññito) 색계의 존재가 rūpa이다(rūpabhavo rūpa)."(Abhi-av-nṭ.i.191)라고도 설명하고 있다. 그래서 kāmataṇhā, rūpataṇhā, arūpataṇhā를 각각 kāmabhavataṇhā, rūpabhavataṇhā, arūpabhavataṇhā로 이해하여 각각 '욕계 존재에 대한 갈애', '색계 존재에 대한 갈애', '무색계 존재에 대한 갈애'로 옮겼다.

한편 kāmabhava는 문맥에 따라서 감각적 쾌락 그 자체를 뜻하기도 하고(kāmo eva bhavoti kāmabhavo) 욕계라 불리는 존재(kāmāvacarasaññito vā bhavo kāmasaṅkhāto bhavo)로도 설명이 된다.(Pm.ii.331) 본서에도 §916에서는 kāmataṇhā를 감각적 쾌락에 대한 갈애로 옮겼고 여기 §917에서는 욕계 존재에 대한 갈애라고 옮겼다.

여기서 [366] 무엇이 '색계 존재에 대한 갈애(rūpataṇhā)'인가? 색계와 관련된 갈망, 탐닉, 마음의 탐닉 — 이를 일러 색계 존재에 대한 갈애라 한다.

여기서 무엇이 '무색계 존재에 대한 갈애(arūpataṇhā)'인가? 무색계와 관련된 갈망, 탐닉, 마음의 탐닉 — 이를 일러 무색계 존재에 대한 갈애라 한다.

— 이것이 세 가지 갈애이다.

⑩ 또 다른 세 가지 갈애

918. 여기서 무엇이 또 다른 '세 가지 갈애'인가? 색계 존재에 대한 갈애, 무색계 존재에 대한 갈애, 소멸에 대한 갈애이다.

여기서 무엇이 '색계 존재에 대한 갈애'인가? 색계와 관련된 갈망, 탐닉, 마음의 탐닉 — 이를 일러 색계 존재에 대한 갈애라 한다.

여기서 무엇이 '무색계 존재에 대한 갈애'인가? 무색계와 관련된 갈망, 탐닉, 마음의 탐닉 — 이를 일러 무색계 존재에 대한 갈애라 한다.

여기서 무엇이 '소멸에 대한 갈애(nirodhataṇhā)'인가? 단멸한다는 견해[斷見]와 함께하는 갈망, 탐닉, 마음의 탐닉 — 이를 일러 소멸에 대한 갈애라 한다.

— 이것이 세 가지 갈애이다.

⑪ 세 가지 추구

919. 여기서 무엇이 '세 가지 추구(tisso esanā)'인가? 감각적 쾌락의 추구, 존재의 추구, 청정범행의 추구200)이다.(S45:161; A4:38 등)

---

200) '청정범행의 추구'는 brahmacariyesanā를 옮긴 것이다. 주석서들은 다음과 같이 설명하고 있다.

"'세상은 영원하다.'라는 등의 방법으로 설하는 사견에 빠진 자들이 인정하는 여기서 무엇이 '감각적 쾌락의 추구(kāmesanā)'인가? 감각적 쾌락들에 대해서 [일어나는] 감각적 쾌락에 대한 욕구 … (§914) … 감각적 쾌락에 달라붙음(Dhs §1103) — 이를 일러 감각적 쾌락의 추구라 한다.

여기서 무엇이 '존재의 추구(bhavesanā)'인가? 존재들에 대해서 [일어나는] 존재에 대한 욕구 … (§895) … 존재에 달라붙음 — 이를 일러 존재의 추구라 한다.

여기서 무엇이 '청정범행의 추구(brahmacariyesanā)'인가? [367] '세상은 영원하다.'라거나 '세상은 영원하지 않다.'라거나 … (§815) … '여래는 사후에 존재하는 것도 아니고 존재하지 않는 것도 아니다.'라는[十事無記] 이런 형태의 [그릇된] 견해, 사견에 빠짐 … (§249) … 거꾸로 거머쥠 — 이를 일러 청정범행의 추구라 한다.

여기서 무엇이 '감각적 쾌락의 추구'인가? 감각적 쾌락에 대한 갈망, 이것과 함께 작용하는 해로운 몸의 업과 말의 업과 마노의 업 — 이를 일러 감각적 쾌락의 추구라 한다.

여기서 무엇이 '존재의 추구'인가? 존재에 대한 갈망, 이것과 함께 작용하는 해로운 몸의 업과 말의 업과 마노의 업 — 이를 일러 존재의 추구라 한다.

여기서 무엇이 '청정범행의 추구'인가? [양]극단을 취하는 견해, 이것과 함께 작용하는 해로운 몸의 업과 말의 업과 마노의 업 — 이를 일러 청정범행의 추구라 한다.

— 이것이 세 가지 추구이다.

(diṭṭhigatika-sammata) 청정범행을 추구하는 견해(brahmacariyassa gavesanā diṭṭhi)가 '청정범행의 추구'라고 알아야 한다."(VbhA.495)

"'청정범행의 추구(brahmacariyesanā)'란 삿된 견해라 불리는(micchā-diṭṭhi-saṅkhāta) 청정범행을 추구하는 것이다."(SA.iii.136)

"여기서 삿된 견해는 삿된 견해에 빠진 자가 궁리해낸(diṭṭhigatika-parikappita) 청정범행의 표상이 되기(nimitta-bhāva) 때문이다."(SAṬ.iii.121)

⑫ 세 가지 [자만의] 유형

920. 여기서 무엇이 '세 가지 [자만의] 유형(tisso vidhā)'[201)]인가? '내가 더 뛰어나다.'는 유형, '나와 동등하다.'는 유형, '내가 더 못하다.'는 유형 — 이것이 세 가지 [자만의] 유형이다.

⑬ 세 가지 두려움

921. 여기서 무엇이 '세 가지 두려움(tīṇi bhayāni)'인가? 태어남에 대한 두려움, 늙음에 대한 두려움, 죽음에 대한 두려움이다.[202)]

여기서 무엇이 '태어남에 대한 두려움(jātibhaya)'인가? 태어남을 조건으로 한 두려움, 두려워함, 공포에 떪, 털이 곤두섬, 정신적인 공황상태 — 이를 일러 태어남에 대한 두려움이라 한다.

여기서 무엇이 '늙음에 대한 두려움(jarābhaya)'인가? 늙음을 조건으로 한 두려움, 두려워함, 공포에 떪, 털이 곤두섬, 정신적인 공황상태 — 이를 일러 늙음에 대한 두려움이라 한다.

여기서 무엇이 '죽음에 대한 두려움(maraṇabhaya)'인가? 죽음을 조건으로 한 두려움, 두려워함, 공포에 떪, 털이 곤두섬, 정신적인 공황상태 — 이를 일러 죽음에 대한 두려움이라 한다.

— 이것이 세 가지 두려움이다.

---

201) 주석서에 의하면 '유형(vidha)'에는 외관(ākārasaṇṭhāna)과 부분(koṭṭhāsa)과 자만(māna)의 세 가지 측면이 있는데 여기서는 자만(māna)을 뜻한다고 한다. 자만은 뛰어나다(seyya), 동등하다(sādisa), 못하다(hīna)라고 정리되기 때문에(vidahanato) 유형이라 한다고 설명하고 있다.(DA.iii.990) 그래서 [ ] 안에 '[자만의]'를 넣어서 옮겼다.

202) 『앙굿따라 니까야』 제2권 「두려움 경」 1(A4:119)과 『담마상가니』 §1376에는 '태어남에 대한 두려움, 늙음에 대한 두려움, 병에 대한 두려움, 죽음에 대한 두려움'의 네 가지 두려움이 언급되고 있다.

⑭ 세 가지 어두움

922. 여기서 무엇이 '세 가지 어두움(tīṇi tamāni)'인가? 과거에 대해서 회의하고 의심하고 확신하지 못하고 신뢰하지 못하거나, 미래에 대해서 회의하고 의심하고 확신하지 못하고 신뢰하지 못하거나, 현재에 대해서 회의하고 의심하고 확신하지 못하고 신뢰하지 못한다. — 이것이 세 가지 어두움이다.

⑮ 세 가지 외도의 근거

923. 여기서 무엇이 '세 가지 외도의 근거(tīṇi titthāyatanāni)'[203)]인가? 여기 어떤 사문이나 바라문은 '사람이 즐거운 느낌이나 괴로운 느낌이나 괴롭지도 즐겁지도 않은 느낌을 경험하는 것은 모두 전생의 행위에 기인한 것이다.'라는 이런 주장과 이런 견해를 가지고 있다. 그러나 여기 어떤 사문이나 바라문은 '사람이 즐거운 느낌이나 괴로운 느낌이나 괴롭지도 즐겁지도 않은 느낌을 경험하는 것은 모두 신이 창조했기 때문이다.'라는 이런 주장과 이런 견해를 가지고 있다. 그러나 여기 어떤 사문이나 바라문은 '사람이 즐거운 느낌이나 [368] 괴로운 느낌이나 괴롭지도 즐겁지도 않은 느낌을 경험하는 것은 모두 원인도 없고 조건도 없다.'라는 이런 주장과 이런 견해를 가지고 있다. — 이것이 세 가

---

203) 여기서 '외도'라고 옮긴 원어는 tittha이다. 일반적으로 외도는 añña-titthi를 옮긴 말인데 여기서는 tittha도 외도의 주장이나 견해를 말하므로 문맥에 따라 이렇게 옮겼다. 주석서에서는 "62가지 사견에 빠짐을 말한다."(AA.ii.272)라고 설명하고 있다. 외도(añña-titthi)에 대해서는 『앙굿따라 니까야』 제2권 「밧디야 경」(A4:193) §1의 주해를 참조할 것.
'근거'로 옮긴 원어는 āyatana인데 주로 장소나 감각장소로 옮겨지고 있다. 그러나 주석서에서 "여기서는 생기는 장소(sañjāti-ṭṭhāna)를 말한다."(AA.ii.272)고 설명하고 있고 본경에서 세 가지 외도의 근거를 소개하고 이들은 결국에는 업 지음 없음, 즉 숙명론이나 창조론이나 무인론으로 흐르고 만다고 말씀하고 계셔서 근거라고 옮겼다.

지 외도의 근거이다.

⑯ 세 가지 걸림돌

924. 여기서 무엇이 '세 가지 걸림돌(tayo kiñcanā)'[204)]인가? 갈망은 걸림돌이고 성냄은 걸림돌이고 어리석음은 걸림돌이다. — 이것이 세 가지 걸림돌이다.

⑰ 세 가지 흠

여기서 무엇이 '세 가지 흠(tīṇi aṅgaṇāni)'인가? 갈망은 흠이고 성냄은 흠이고 어리석음은 흠이다. — 이것이 세 가지 흠이다.

⑱ 세 가지 더러움

여기서 무엇이 '세 가지 더러움(tīṇi malāni)'인가? 갈망은 더러움이고 성냄은 더러움이고 어리석음은 더러움이다. — 이것이 세 가지 더러움이다.

⑲ 세 가지 비뚤어짐

여기서 무엇이 '세 가지 비뚤어짐(tīṇi visamāni)'인가? 갈망은 비뚤어짐이고 성냄은 비뚤어짐이고 어리석음은 비뚤어짐이다. — 이것이 세 가지 비뚤어짐이다.

⑳ 또 다른 세 가지 비뚤어짐

여기서 무엇이 또 다른 '세 가지 비뚤어짐'인가? 몸의 비뚤어짐, 말의 비뚤어짐, 마음[意]의 비뚤어짐 — 이것이 세 가지 비뚤어짐이다.

---

204) '걸림돌'로 옮긴 원어는 kiñcanā(그 무엇)이다. 주석서에서 방해(palibodhā)라고 정의하고 있어서(DA.iii.994) 『디가 니까야』 「합송경」(D33 §1.10 (31))에서는 '방해'로 옮겼는데 여기서는 방해하는 그 무엇이라는 의미로 걸림돌로 옮겼다.

㉑ 세 가지 불

여기서 무엇이 '세 가지 불(tayo aggī)'인가? 갈망은 불이고 성냄은 불이고 어리석음은 불이다. — 이것이 세 가지 불이다.

㉒ 세 가지 씁쓰레함205)

여기서 무엇이 '세 가지 씁쓰레함(tayo kasāvā)'인가? 갈망은 씁쓰레함이고 성냄은 씁쓰레함이고 어리석음은 씁쓰레함이다. — 이것이 세 가지 씁쓰레함이다.

㉓ 또 다른 세 가지 씁쓰레함

여기서 무엇이 또 다른 '세 가지 씁쓰레함'인가? 몸의 씁쓰레함, 말의 씁쓰레함, 마음[意]의 씁쓰레함(A3:15) — 이것이 세 가지 씁쓰레함이다.

㉔ 달콤함에 대한 견해, 자아에 대한 견해, 그릇된 견해

925. 여기서 무엇이 '달콤함에 대한 견해(assādadiṭṭhi)'인가? 여기 어떤 사문이나 바라문은 '감각적 쾌락에는 아무 허물이 없다.'라는 이런 주장과 이런 견해를 가지고 있다. 그는 감각적 쾌락에 빠져들게 된다. 이를 일러 달콤함에 대한 견해라 한다.

여기서 무엇이 '자아에 대한 견해(attānudiṭṭhi)'인가? 여기 배우지 못한 범부는 성자들을 친견하지 못하고 성스러운 법에 정통하지 못하고 성스러운 법에 인도되지 못하고, 참된 사람들을 친견하지 못하고 참된 사람들의 법에 정통하지 못하고 참된 사람들의 법에 인도되지 않아서,

---

205) "'씁쓰레함(kasāvā)'이란 떫고(kasaṭā) 맛없는 것(nirojā)이다. 갈망 등과 몸으로 짓는 나쁜 행위(kāyaduccarita) 등에는 단 하나라도 뛰어난 영양분이 없다(ojavantaṁ natthi). 그래서 '갈망은 씁쓰레함이고(rāgo kasāvo)'라는 등을 말씀하셨다."(VbhA.499)
"떫고 맛없는 것이라는 뜻(kasaṭanirojaṭṭha)에서 '씁쓰레함'이다."(Moh.302)

물질을 자아라고 관찰하거나, 물질을 가진 것을 자아라고 관찰하거나, 물질이 자아 안에 있다고 관찰하거나, 물질 안에 자아가 있다고 관찰한다. 느낌을 … 인식을 … 심리현상들을 … 알음알이를 자아라고 관찰하거나, 알음알이를 가진 것을 자아라고 관찰하거나, 알음알이가 자아 안에 있다고 관찰하거나, 알음알이 안에 자아가 있다고 관찰한다. 이런 형태의 [그릇된] 견해, 사견에 빠짐 … (§249) … 거꾸로 거머쥠 — 이를 일러 자아에 대한 견해라 한다.

여기서 [369] 무엇이 '그릇된 견해(micchādiṭṭhi)'인가? '보시도 없고, 공물도 없고 … (§971) … 이 세상과 저 세상을 스스로 최상의 지혜로 실현하여 선언하는, 덕스럽고 바른 도를 구족한 사문·바라문들도 이 세상에는 없다.'라는 견해, 사견에 빠짐 … (§249) … 거꾸로 거머쥠 — 이를 일러 그릇된 견해라 한다.

영원하다는 견해[常見]가 달콤함에 대한 견해이고 자기 존재가 있다는 견해[有身見]가 자아에 대한 견해이고 단멸한다는 견해[斷見]가 그릇된 견해이다.

㉕ 싫증냄, 해침, 법에 따르지 않은 행실

926. 여기서 무엇이 '싫증냄(arati)'인가? 외딴 처소나 여러 가지 아주 유익한 법들에 대해서 싫증냄, 싫증내는 상태, 싫어함, 싫어하는 상태, 불만스러워함, 초조함(paritassitā) — 이를 일러 싫증냄이라 한다.

여기서 무엇이 '해침(vihesā)'인가? 여기 어떤 사람은 손이나 흙덩어리나 몽둥이나 칼이나 밧줄이나 여러 가지 다른 것으로 중생들을 해코지한다. 이런 형태의 괴롭힘, 고통을 줌, 공격함, 해코지, 격분케 함, 모욕을 줌, 남을 파멸시킴(§182) — 이를 일러 해침이라 한다.

여기서 무엇이 '법에 따르지 않은 행실(adhammacariyā)'인가? 몸으로 짓는 법답지 못한 그릇된 행실, 말로 짓는 법답지 못한 그릇된 행실, 마음으로 짓는 법답지 못한 그릇된 행실(*cf.* M41 §7 이하) — 이를 일러 법에 따르지 않은 행실이라 한다.

㉖ 거칠게 말함, 악한 친구를 사귐, 갖가지 인식

927. 여기서 무엇이 '거칠게 말함(dovacassatā)'인가? 동료 수행자들과 말을 하면서 거칠게 말을 겖, 거칠게 말하는 상태, 거칠게 말함, 멋대로 대함, 억지를 부림, 경시함, 무시함, 불경스러움, 존중하지 않음 — 이를 일러 거칠게 말함이라 한다.(§901; Dhs §1332)

여기서 무엇이 '악한 친구를 사귐(pāpa-mittatā)'인가? 믿음이 없고 계행이 나쁘고 배운 것이 적고 인색하고 통찰지가 없는 사람들을 의지하고 크게 의지하고 깊이 의지하고 가까이하고 자주 가까이하고 헌신하고 크게 헌신하고 그들과 사귀는 것 — 이를 일러 악한 친구를 사귐이라 한다.(§901)

여기서 무엇이 '갖가지 인식(nānattasaññā)'인가? 감각적 쾌락에 대한 인식, 악의에 대한 인식, 해코지에 대한 인식 — 이를 일러 갖가지 인식이라 한다. 해로운 인식들도 모두 갖가지 인식이다.

㉗ 들뜸, 게으름, 방일

928. 여기서 무엇이 '들뜸(uddhacca)'인가? 마음의 들뜸, 가라앉지 못함, 마음이 산란함, 마음의 동요 — 이를 일러 들뜸이라 한다.(§291; §552; Dhs §429)

여기서 무엇이 '게으름(kosajja)'인가? 몸으로 나쁜 행위를 저지르거나 말로 나쁜 행위를 저지르거나 마음으로 나쁜 행위를 저지르거나 다섯 가닥의 [370] 감각적 쾌락에 대해서 마음이 풀린 상태이거나 계속해서 풀리는 것, 유익한 법들을 닦는 데 있어서 정성을 다하여 행하지 못함, 끈기 있게 행하지 못함, 쉼 없이 행하지 못함, 굴복함, 열의를 버려버림, 의무를 버려버림, 받들어 행하지 못함, 닦지 못함, 많이 짓지 못함, 확고하지 못함, 몰두하지 못함, 방일 — 이를 일러 게으름이라 한다.

여기서 무엇이 '방일(pamāda)'인가? 몸으로 나쁜 행위를 저지르거나 말로 나쁜 행위를 저지르거나 마음으로 나쁜 행위를 저지르거나 다섯 가닥의 감각적 쾌락에 대해서 마음이 풀린 상태이거나 계속해서 풀리는 것, 유익한 법들을 닦는 데 있어서 정성을 다하여 행하지 못함, 끈기 있게 행하지 못함, 쉼 없이 행하지 못함, 굴복함, 열의를 버려버림, 이런 형태의 방일, 방일함, 방일하는 상태 — 이를 일러 방일이라 한다.

㉘ 만족하지 못함, 알아차리지 못함, 큰 바람

929. 여기서 무엇이 '만족하지 못함(asantuṭṭhitā)'인가? 다섯 가닥의 감각적 쾌락 때문에 이런저런 의복, 탁발음식, 거처, 병구완을 위한 약품이라는 필수품에 대해서 만족하지 못하고 더 많은 것을 바라는 것으로, 이런 형태의 바람, 바라게 됨, 만족하지 못함, 갈망, 탐닉, 마음의 탐닉 — 이를 일러 만족하지 못함이라 한다.

여기서 무엇이 '알아차리지 못함(asampajaññatā)'인가? 무지함, 봄[見]이 없음 … (§180) … 무명의 장벽, 어리석음이라는 해로움의 뿌리 — 이를 일러 알아차리지 못함이라 한다.

여기서 무엇이 '큰 바람(mahicchatā)'인가? 다섯 가닥의 감각적 쾌락 때문에 이런저런 의복, 탁발음식, 거처, 병구완을 위한 약품이라는 필수품에 대해서 만족하지 못하고 더 많은 것을 바라는 것으로, 이런 형태의 바람, 바라게 됨, 큰 바람, 갈망, 탐닉, 마음의 탐닉 — 이를 일러 큰 바람이라 한다.

㉙ 양심 없음, 수치심 없음, 방일

930. 여기서 무엇이 '양심 없음(ahirika)'인가? 부끄러워해야 하는

것에 대해서 부끄러워하지 않고 악하고 해로운 법들을 취한 것에 대해서 부끄러워하지 않는 것 — 이를 일러 양심 없음이라 한다.

무엇이 '수치심 없음(anottappa)'인가? 두려워해야 하는 것에 대해서 두려워하지 않고 악하고 해로운 법들을 취한 것에 대해서 두려워하지 않는 것 — 이를 일러 수치심 없음이라 한다.(§900)

여기서 무엇이 '방일(pamāda)'인가? 몸으로 나쁜 행위를 저지르거나 말로 나쁜 행위를 저지르거나 마음으로 나쁜 행위를 저지르거나 다섯 가닥의 감각적 쾌락에 대해서 마음이 풀린 상태이거나 계속해서 풀리는 것, [371] 유익한 법들을 닦는 데 있어서 정성을 다하여 행하지 못함, 끈기 있게 행하지 못함, 쉼 없이 행하지 못함, 굴복함, 열의를 버려버림, 이런 형태의 방일, 방일함, 방일하는 상태 — 이를 일러 방일이라 한다.

㉚ 경시함, 거칠게 말함, 악한 친구를 사귐

931. 여기서 무엇이 '경시함(anādariya)'인가? 경시함, 무시함, 불경스러움, 존중하지 않음, 존경 없음, 존경하지 않음, 존경하지 않는 상태,[206] 예의 없음, 경의를 표하지 않음[207] — 이를 일러 경시함이라 한다.[208]

여기서 무엇이 '거칠게 말함(dovacassatā)'인가? 동료 수행자들과 말

---

206) '존경 없음', '존경하지 않음', '존경하지 않는 상태'는 각각 VRI본의 anaddā, anaddāyanā, anaddāyitattaṁ을 옮긴 것이다. PTS본에도 이렇게 나타난다. PED는 이들은 잘못 표기되었거나(*faulty writing*) 방언(*dial.*)일 것이라고 설명하고 있다.(PED *s.v.* addā & addāyanā)
주석서는 anaddā를 anādiyanā(ā+√dā, *to give*)로 설명하고 있고(VbhA.499.) 복주서는 "경의를 표하지 않음을 뜻한다(acittīkāroti attho)."(VbhAMṬ.224)라고 설명하고 있어서 이렇게 옮겼다.

207) '경의를 표하지 않음'은 acittīkāra를 옮긴 것이다. 문자적으로는 마음(citta)을 만드는 것 혹은 주는 것이라는 의미이며 주석서는 anādara(무시함)으로 설명하고 있다.(MAṬ.ii.58)

208) '경시함(anādariya)'에 대한 정의는 빠알리 삼장 가운데 여기에만 나타난다.

을 하면서 거칠게 말을 겲, 거칠게 말하는 상태, 거칠게 말함, 멋대로 대함, 억지를 부림, 경시함, 무시함, 불경스러움, 존중하지 않음 — 이를 일러 거칠게 말함이라 한다.(§901; Dhs §1332)

여기서 무엇이 '악한 친구를 사귐(pāpamittatā)'인가? 믿음이 없고 계행이 나쁘고 적게 배웠고 인색하고 통찰지가 없는 사람들을 의지하고 크게 의지하고 깊이 의지하고 [온전히 의지하고][209] 가까이하고 아주 가까이하고 헌신하고 아주 헌신하고 그들과 사귀는 것[210] — 이를 일러 악한 친구를 사귐이라 한다.(§901)

㉛ 믿음 없음, [간청하는 자의] 말뜻을 모름, 게으름

932. 여기서 무엇이 '믿음 없음(assaddhiya)'인가? 여기 어떤 자는 믿음이 없다. 부처님이나 법이나 승가를 믿지 않는다. 이런 형태의 믿음 없음, 믿지 못함, 신뢰하지 못함, 깨끗한 믿음이 없음 — 이를 일러 믿음 없음이라 한다.[211]

여기서 무엇이 '[간청하는 자의] 말뜻을 모름(avadaññutā)'[212]인가?

---

209) '온전히 의지하고'는 paṭisevanā를 옮긴 것이다. 이 단어는 본서 §901, §927, §936의 정형구에는 나타나지 않는다. PTS본의 해당 부분에도 나타나지 않는 것으로 봐서 없는 것이 좋을 듯하다. 텃띨라 스님도 옮기지 않았다.(텃띨라 스님, 401쪽) 그래서 역자는 [ ] 안에 넣어서 옮겼다.

210) '그들과 사귀는 것'은 taṁsampavaṅkatā를 옮긴 것인데 주석서는 "그 사람들과 몸(kāya)과 마음(citta)으로 사귀는 상태(sampavaṅkabhāva)"(DhsA.394)로 설명한다.

211) "믿지 않는 상태(assaddhabhāva)가 '믿음 없음(assaddhiya)'이다. 믿지 않는 형태(asaddahanākāra)가 '믿지 못함(asaddahanā)'이다. 신뢰하고서(okappetvā) 들어가지 못하여 섭수하지 못함(aggahaṇa)이 '신뢰하지 못함(anokappanā)'이다. 깨끗하지 못함의 뜻(appasīdanaṭṭha)에서 '깨끗한 믿음이 없음(anabhippasāda)'이다."(VbhA.499)
한편 믿음 없음에 대한 이러한 정의는 삼장 가운데 본서의 여기에만 나타나는 것으로 조사되었다.

212) "'[간청하는 자의] 말뜻을 모름(avadaññutā)'은 지나치게 인색(thaddha-

다섯 가지 인색이 있다. 거처에 대한 인색, [신도]가족에 대한 인색, 얻은 것에 대한 인색, 칭송에 대한 인색, 법에 대한 인색이다. 이런 형태의 인색, 인색함, 인색한 상태, 허욕, 쩨쩨함, 쓰디쓴 상태, 마음이 닫힌 상태 — 이를 일러 [간청하는 자의] 말뜻을 모름이라 한다.

여기서 무엇이 '게으름(kosajja)'인가? 몸으로 나쁜 행위를 저지르거나 말로 나쁜 행위를 저지르거나 마음으로 나쁜 행위를 저지르거나 다섯 가닥의 감각적 쾌락에 대해서 마음이 풀린 상태이거나 계속해서 풀리는 것, 유익한 법들을 닦는 데 있어서 정성을 다하여 행하지 못함, 끈기 있게 행하지 못함, 쉼 없이 행하지 못함, 굴복함, 열의를 버려버림, [372] 의무를 버려버림, 받들어 행하지 못함, 닦지 못함, 많이 짓지 못함, 확고하지 못함, 몰두하지 못함, 방일 — 이를 일러 게으름이라 한다.

㉜ 들뜸, 단속하지 못함, 나쁜 계행

933. 여기서 무엇이 '들뜸(uddhacca)'인가? 마음의 들뜸, 가라앉지 못함, 마음이 산란함, 마음의 동요 — 이를 일러 들뜸이라 한다.(§291)

여기서 무엇이 '단속하지 못함(asaṁvara)'인가? 여기 어떤 자는 눈으로 형색을 봄에 그 표상[全體相]을 취하고, 또 그 세세한 부분상[細相]을 취한다. 만약 그가 눈의 감각기능이 제어되지 않은 채 머무르면, 욕심과 싫어하는 마음이라는 악하고 해로운 법들[不善法]이 그를 침입해올 것이다. 그는 눈의 감각기능을 잘 단속하기 위해 수행하지 않으며, 눈의 감각기능을 잘 방호하지 않고, 눈의 감각기능을 잘 단속하지 않는다. 귀로 소리를 들음에 … 코로 냄새를 맡음에 … 혀로 맛을 봄에 … 몸으로 감촉과 맞닿음에 … 마노로 법을 지각함에 그 표상을 취하고, 또 그 세세한 부분상을 취한다. 만약 그가 마노의 감각기능이 제어되지 않은 채

---

macchariya = daḷha-maccharitā, DAṬ.ii.290)하여 '주십시오, 하십시오.'라는 말을 알지 못하는 것이다."(VbhA.499)

머무르면, 욕심과 싫어하는 마음이라는 악하고 해로운 법들[不善法]이 그를 침입해올 것이다. 그는 마노의 감각기능을 잘 단속하기 위해 수행하지 않으며, 마노의 감각기능을 잘 방호하지 않고 마노의 감각기능을 잘 단속하지 않는다.(§905) — 이를 일러 단속하지 못함이라 한다.

여기서 무엇이 '나쁜 계행(dussīlya)'인가? 몸으로 범하고, 말로 범하고, 몸과 말 [둘 다로] 범하는 것 — 이를 일러 나쁜 계행이라 한다.

㉝ 성자들을 친견하고자 하지 않음, 바른 법을 들으려고 하지 않음, 비난하는 마음상태

934. 여기서 무엇이 '성자들을 친견하고자 하지 않음(ariyānaṁ adassanakamyatā)'인가? 여기서 무엇이 '성자(ariya)'인가? 성자는 부처님들과 부처님의 제자들을 말한다. 이러한 성자들을 친견하고자 하지 않음, 뵙고자 하지 않음, 가까이하고자 하지 않음, 함께하고자 하지 않음 — 이를 일러 성자들을 친견하고자 하지 않음이라 한다.[213)]

여기서 무엇이 '바른 법을 들으려고 하지 않음(saddhammaṁ asotukamyatā)'인가? 여기서 무엇이 '바른 법(saddhamma)'인가? 네 가지 마음챙김의 확립[四念處], 네 가지 바른 노력[四正勤], 네 가지 성취수단[四如意足], 다섯 가지 기능[五根], 다섯 가지 힘[五力], 일곱 가지 깨달음의 구성요소[七覺支], 여덟 가지 구성요소를 가진 성스러운 도[八支聖道] — 이를 일러 바른 법이라 한다.[214)] 이러한 바른 법을 들으려고 하지 않음,

---

213) "'부처님들과 부처님의 제자들(buddhā ca buddhasāvakā ca)'에서 부처님을 취함에 의해서 벽지불들(paccekabuddhā)도 포함된다. '가까이하고자 하지 않음(asametukamyatā)'은 이들의 곁에 가고자 하지 않음이다."(VbhA.500)
한편 성자들을 친견하고자 하지 않음에 대한 이러한 정의는 삼장 가운데 여기 본서에만 나타나는 것으로 조사되었다.

214) "'바른 법을 들으려고 하지 않음(saddhammaṁ asotukamyatā)'에서 37

섬기려고 하지 않음, 익히려고 하지 않음, 수지하려고 하지 않음 — 이를 일러 바른 법을 들으려고 하지 않음이라 한다.

여기서 무엇이 '비난하는 마음상태(upārambhacittatā)'인가? 여기서 [373] 무엇이 '비난(upārambha)'인가? 비난, 거듭된 비난, 비난함, 거듭해서 비난함, 거듭해서 비난하는 상태, 모멸, 경멸, 멸시, 약점을 찾음 — 이를 일러 비난하는 마음상태라 한다.

㉞ 마음챙김을 놓아버림, 알아차림이 없음, 마음의 혼란함

935. 여기서 무엇이 '마음챙김을 놓아버림(muṭṭhassacca)'(ma2-129-a)인가? 마음챙기지 못함, 계속해서 마음챙기지 못함, 돌이켜 마음챙기지 못함, 마음챙김이 없음, 챙겨있지 못함, 간직하지 못함, 떠다님, 잊어버림 — 이를 일러 마음챙김을 놓아버림이라 한다.

여기서 무엇이 '알아차림이 없음(asampajañña)'인가? 무지함, 봄[見]이 없음 … (§180) … 무명의 장벽, 어리석음이라는 해로움의 뿌리 — 이를 일러 알아차림이 없음이라 한다.

여기서 무엇이 '마음의 혼란함(cetaso vikkhepa)'인가? 마음의 들뜸, 가라앉지 못함, 마음이 산란함, 마음의 동요 — 이를 일러 마음의 혼란함이라 한다.

㉟ 이치에 어긋나게 마음에 잡도리함, 나쁜 길을 의지함, 정신적 태만

936. 여기서 무엇이 '이치에 어긋나게 마음에 잡도리함(ayoniso manasikāra)'인가? 무상에 대해서 항상하다고 이치에 어긋나게 마음에 잡도리하고 괴로움에 대해서 즐거움이라고 이치에 어긋나게 마음에 잡도리하고 무아에 대해서 자아라고 이치에 어긋나게 마음에 잡도리하고

가지 보리분법(sattatiṁsa bodhipakkhiyadhammā)이 바른 법이다."(VbhA.500)

깨끗하지 못함에 대해서 깨끗하다고 이치에 어긋나게 마음에 잡도리하거나 진리와 상반되게 마음을 전향하고 거듭해서 전향하고 관심을 기울이고 전념하고 마음에 잡도리하는 것 — 이를 일러 이치에 어긋나게 마음에 잡도리함이라 한다.

여기서 무엇이 '나쁜 길을 의지함(kummaggasevanā)'인가? 여기서 무엇이 '나쁜 길(kummagga)'인가? 그릇된 견해, 그릇된 사유, 그릇된 말, 그릇된 행위, 그릇된 생계, 그릇된 정진, 그릇된 마음챙김, 그릇된 삼매 — 이를 일러 나쁜 길이라 한다. 이러한 나쁜 길을 의지하고 크게 의지하고 깊이 의지하고 가까이하고 자주 가까이하고 헌신하고 크게 헌신하고 그들과 사귀는 것 — 이를 일러 나쁜 길을 의지함이라 한다.

여기서 무엇이 '정신적 태만(cetaso līnatta)'인가? 마음의 내키지 않음, 일에 적합하지 않음, 굼뜸, 축 처짐, 태만, 태만함, 태만한 상태, 해태, 나태함, 마음의 나태한 상태 — 이를 일러 정신적 태만이라 한다.(§860)

세 개 조에 대한 해설이 [끝났다.]

(4) 네 개 조에 대한 해설(catukka-niddesa)

① 네 가지 번뇌

937. 여기서 무엇이 '네 가지 번뇌(cattāro āsavā)'인가? 감각적 쾌락의 번뇌, 존재의 번뇌, 사견의 번뇌, 무명의 번뇌이다.

여기서 무엇이 '감각적 쾌락의 번뇌(kāmāsava)'인가? [374] 감각적 쾌락들에 대해서 [일어나는] 감각적 쾌락에 대한 욕구, 감각적 쾌락에 대한 갈망, 감각적 쾌락을 즐거워함, 감각적 쾌락에 대한 갈애, 감각적 쾌락에 대한 애정, 감각적 쾌락에 대한 열병, 감각적 쾌락에 빠짐, 감각적 쾌락에 달라붙음 — 이를 일러 감각적 쾌락의 번뇌라 한다.

여기서 무엇이 '존재의 번뇌(bhavāsava)'인가? 존재들에 대해서 [일어나는] 존재에 대한 욕구 … (§895) … 존재에 달라붙음 — 이를 일러 존재의 번뇌라 한다.

여기서 무엇이 '사견의 번뇌(diṭṭhāsava)'인가? '세상은 영원하다.'라거나, '세상은 영원하지 않다.'라거나, '세상은 유한하다.'라거나, '세상은 무한하다.'라거나, '생명과 몸은 같은 것이다.'라거나, '생명과 몸은 다른 것이다.'라거나, '여래는 사후에도 존재한다.'라거나, '여래는 사후에 존재하지 않는다.'라거나 '여래는 사후에 존재하기도 하고 존재하지 않기도 한다.'라거나, '여래는 사후에 존재하는 것도 아니고 존재하지 않는 것도 아니다.'[215] [216]라고 하는[217] 이런 형태의 [그릇된] 견해, 사견에 빠짐 … (§249) … 거꾸로 거머쥠 — 이를 일러 사견의 번뇌라 한다. 그릇된 견해도 모두 사견의 번뇌이다.

여기서 무엇이 '무명의 번뇌(avijjāsava)'인가? 괴로움에 대한 무지, 괴로움의 일어남에 대한 무지, 괴로움의 소멸에 대한 무지, 괴로움의 소멸로 인도하는 도닦음에 대한 무지, 과거에 대한 무지, 미래에 대한 무지,

---

215) "여기서 '사후에 존재한다(so paraṁ maraṇā hoti).'는 것은 첫 번째로 상견(sassata-diṭṭhi)이다. '존재하지 않는다(na hoti).'는 것은 두 번째로 단견(uccheda-diṭṭhi)이다. '존재하기도 하고 존재하지 않기도 한다(hoti ca na ca hoti).'는 것은 세 번째로 부분적인 상견(ekacca-sassata-diṭṭhi)이다. '존재하는 것도 아니고 존재하지 않는 것도 아니다(neva hoti na nahoti).'라는 것은 네 번째로 애매모호한 견해(amarāvikkhepa-diṭṭhi)이다."(DhsA.371)

216) 여기서 언급하고 있는 상견(영속한다는 견해)과 단견(단멸한다는 견해)과 부분적인 상견(일부가 영속한다는 견해)과 애매모호한 견해에 대해서는 각각 『디가 니까야』 제1권 「범망경」(D1)의 §1.30 이하와 §3.9 이하와 §2.1 이하와 §2.23 이하를 참조할 것.

217) 이상의 열 가지는 전통적으로 '설명하지 않음[無記, avyākata]'으로 불리었으며 이것은 십사무기(十事無記)로 우리에게 알려져 있다. 십사무기에 대해서는 『상윳따 니까야』 제5권 해제 §4와 「설명하지 않음[無記] 상윳따」(S44)의 첫 번째 주해와 「목갈라나 경」(S44:7) §3의 주해를 참조하고, 『맛지마 니까야』 제2권 「말룽꺄 짧은 경」(M63) §2의 주해들도 참조하기 바란다.

과거와 미래에 대한 무지, 이것에게 조건이 되는 [법들]과 조건 따라 일어난 법들에 대한 무지 — 이런 형태의 무지함, 봄[見]이 없음 … (§180) … 무명의 장벽, 어리석음이라는 해로움의 뿌리 — 이를 일러 무명의 번뇌라 한다.

— 이것이 네 가지 번뇌이다.218)

---

218) "'이것이 번뇌인 법들이다(ime dhammā āsavā).'(Dhs §1106)라고 하셨다. 여기서 감각적 쾌락의 번뇌와 존재의 번뇌를, 갈망(rāga)을 통해서 한 가지로 만들면 간략하게는(saṅkhepato) 세 가지이고(§914), 자세하게는(vitthārato) [여기서처럼] 네 가지 법들이 번뇌가 된다.
그런데 범천의 신들(brahmā)은 궁전과 소원성취의 나무와 장신구(vimāna-kapparukkha-ābharaṇā)에 대한 욕탐(chandarāga)이 생기는데 이것은 감각적 쾌락의 번뇌(kāmāsava)인가, 아닌가? 아니다. 왜 그런가? 다섯 가닥의 감각적 쾌락인 갈망(pañcakāmaguṇika rāga)이 여기서는 제거되었기 때문이다.

그런데 [이 감각적 쾌락의 번뇌는] 원인의 모둠(hetu-gocchaka)에 들어가면(patvā) 탐욕(lobha)이라는 원인이 되고, 매듭의 모둠(gantha-gocchaka)에 들어가면 욕심의 몸의 매듭(abhijjhā-kāyagantha)이 되고, 오염원의 모둠(kilesa-gocchaka)에 들어가면 탐욕(lobha)이라는 오염원이 된다.
그러면 사견이 함께하는 갈망(diṭṭhisahajāta rāga)은 감각적 쾌락의 번뇌인가, 아닌가? 아니다. 그것은 사견의 갈망(diṭṭhi-rāga)이라 한다. 이렇게 말씀하셨기 때문이다. "사견의 갈망에 몰두하는(diṭṭhirāgaratta) 사람들(purisa-puggalā)에게 베푼 보시(dinna-dāna)는 큰 결실(mahapphala)이 없고 큰 이익(mahānisaṁsa)이 없다."(Ps.i.140)라고.

그런데 이 번뇌들을 ① 오염원의 순서(kilesapaṭipāṭi)와 ② 도의 순서(maggapaṭipāṭiyā)를 통해서 정리해보는 것(āharituṁ)이 적당하다.
① 오염원의 순서를 통해서 [정리해보면], 감각적 쾌락의 번뇌(kāmāsava)는 불환도(anāgāmi-magga)에 의해서, 존재의 번뇌(bhavāsava)는 아라한도(arahatta-magga)에 의해서, 사견의 번뇌(diṭṭhāsava)는 예류도(sotāpatti-magga)에 의해서, 무명의 번뇌(avijjāsava)는 아라한도에 의해서 제거된다(pahīyati).
② 도의 순서를 통해서 [정리해보면], 예류도에 의해서는 사견의 번뇌가, 불환도에 의해서는 감각적 쾌락의 번뇌가, 아라한도에 의해서는 존재의 번뇌와 무명의 번뇌가 제거된다."(DhsA.371~372)

한편 일래도는 예류도에 비해서 감각적 쾌락에 대한 갈망과 악의(kāma-rāga-byāpāda)가 엷어졌을(tanubhūta) 뿐(§361), 일래도에서 제거되는

②~⑤ 네 가지 매듭 등

938. 여기서 무엇이 '네 가지 매듭(ganthā)' [375] … (Dhs §1140) … '네 가지 폭류(oghā)' … (Dhs §1140) … '네 가지 속박(yogā)' … (Dhs §1140) … '네 가지 취착(upādānāni)'인가? 감각적 쾌락에 대한 취착[欲取], 견해에 대한 취착[見取], 계행과 의례의식에 대한 취착[戒禁取], 자아의 교설에 대한 취착[我語取]이다.

여기서 무엇이 '감각적 쾌락에 대한 취착(kāmupādāna)'인가?

감각적 쾌락들에 대해서 [일어나는] 감각적 쾌락에 대한 욕구 … (§914) … 감각적 쾌락에 달라붙음 — 이를 일러 감각적 쾌락에 대한 취착이라 한다.

여기서 무엇이 '견해에 대한 취착(diṭṭhupādāna)'인가?

'보시도 없고, 공물도 없고 … (§971) … 이 세상과 저 세상을 스스로 최상의 지혜로 알고 실현하여 드러내는 바른 도를 구족한 사문·바라문들도 이 세상에는 없다.'(M41 등)라고 하는 것, 이런 형태의 [그릇된] 견해, 사견에 빠짐 … (§249) … 거꾸로 거머쥠 — 이를 일러 견해에 대한 취착이라 한다. 계행과 의례의식에 대한 취착과 자아의 교설에 대한 취착을 제외한 그릇된 견해도 모두 견해에 대한 취착이다.

여기서 무엇이 '계행과 의례의식에 대한 취착(sīlabbatupādāna)'인가?

외도의 사문·바라문들이 가지고 있는, '계행에 의해서 청정해진다.'라거나, '의례의식에 의해서 청정해진다.'라거나, '계행과 의례의식에 의해서 청정해진다.'라고 하는 이런 형태의 [그릇된] 견해, 사견에 빠짐 … (§249) … 거꾸로 거머쥠 — 이를 일러 계행과 의례의식에 대한 취착이라 한다.

번뇌는 없기 때문에 여기서 언급이 되지 않았다.

여기서 무엇이 '자아의 교설에 대한 취착(attavādupādāna)'인가? 여기 배우지 못한 범부는 성자들을 친견하지 못하고 성스러운 법에 정통하지 못하고 성스러운 법에 인도되지 못하고, 참된 사람들을 친견하지 못하고 참된 사람들의 법에 정통하지 못하고 참된 사람들의 법에 인도되지 않아서, 물질을 자아라고 관찰하거나, 물질을 가진 것을 자아라고 관찰하거나, 물질이 자아 안에 있다고 관찰하거나, 물질 안에 자아가 있다고 관찰한다. 느낌을 … 인식을 … 심리현상들을 … 알음알이를 자아라고 관찰하거나, 알음알이를 가진 것을 자아라고 관찰하거나, 알음알이가 자아 안에 있다고 관찰하거나, 알음알이 안에 자아가 있다고 관찰한다. 이런 형태의 [그릇된] 견해, 사견에 빠짐 … (§249) … 거꾸로 거머쥠 — 이를 일러 자아의 교설에 대한 취착이라 한다.

— 이것이 네 가지 취착이다.[219)]

⑥ 네 가지 갈애의 일어남

939. 여기서 무엇이 '네 가지 갈애의 일어남(cattāro taṇhuppādā)'인가? 의복을 원인으로 하여 비구에게 갈애가 일어나거나, 탁발음식을 원인으로 하여 비구에게 갈애가 일어나거나, 거처를 원인으로 하여 비구에게 갈애가 일어나거나, 그 외의 이런저런 [좋은] 것을 원인으로 하여[220)] 비구에게 갈애가 일어난다.(A4:9; A4:254; D33 §1.11 (20)) — 이것

219) "그런데 이 취착들을 ① 오염원의 순서(kilesa-paṭipāṭi)와 ② 도의 순서(magga-paṭipāṭiyā)를 통해서 정리해보는 것이 적당하다.
① 오염원의 순서를 통해서 [정리해보면], 감각적 쾌락에 대한 취착(kām-upādāna)은 [예류도부터 아라한도까지의] 네 가지 도에 의해서 제거되고 나머지 세 가지는 예류도(sotāpatti-magga)에 의해서 제거된다.
② 도의 순서를 통해서 [정리해보면], 예류도에 의해서는 견해에 대한 취착 등(diṭṭhupādānādīni)이 제거되고 네 가지 도에 의해서 감각적 쾌락에 대한 취착이 제거된다."(DhsA.386)

220) '그 외 이런저런 [좋은] 것을 원인으로 하여'는 itibhavābhava-hetu를 옮긴 것이다. 주석서는 "이런저런 것(bhavābhava)이란 상등품의 정제된 버

이 네 가지 갈애의 일어남이다.

⑦ 네 가지 하지 않아야 할 것을 함(D33 §1.11 (9) 등)

여기서 무엇이 '네 가지 하지 않아야 할 것을 하는 것(cattāri agatigamanāni)'인가? 열의 때문에 하지 않아야 할 것을 [376] 하고, 성냄 때문에 하지 않아야 할 것을 하고, 어리석음 때문에 하지 않아야 할 것을 하고, 두려움 때문에 하지 않아야 할 것을 한다. 이런 형태의 하지 않아야 함, 하지 않아야 할 것을 함, 열의를 가지고 함, 편파적으로 함, 치우쳐서 함 — 이것이 네 가지 하지 않아야 할 것을 하는 것이다.

⑧ 네 가지 전도(A4:49)

여기서 무엇이 '네 가지 전도(cattāro vipariyāsā)'인가? 무상에 대해서 항상하다는 인식의 전도, 마음의 전도, 견해의 전도가 있다. 괴로움에 대해서 행복이라는 인식의 전도, 마음의 전도, 견해의 전도가 있다. 무아에 대해서 자아라는 인식의 전도, 마음의 전도, 견해의 전도가 있다. 부정한 것에 대해서 깨끗하다는 인식의 전도, 마음의 전도, 견해의 전도가 있다.221) — 이것이 네 가지 전도이다.

⑨ 네 가지 성스럽지 못한 언어표현(A4:247)

여기서 무엇이 '네 가지 성스럽지 못한 언어표현(cattāro anariya-vohārā)'인가? 보지 못한 것을 보았다 말하고, 듣지 못한 것을 들었다 말

터기름(sappi)과 정제된 생 버터(navanīta) 등을 말한다. 성취한 것(sampatti-bhava)들 가운데 더 뛰어나거나 가장 뛰어난 것을 뜻하기도 한다."(AA.iii.12)고 설명하고 있다.

221) 『청정도론』에서도 버려야 할 법들 13가지 가운데 여섯 번째로 전도(顚倒)를 들고 있는데 "무상하고, 괴로움이고, 무아이고, 부정한 대상에 대해서 영원하고, 행복하고, 자아이고, 깨끗하다고 여기면서 일어나기 때문에 전도라 한다. 인식의 전도, 마음의 전도, 견해의 전도의 세 가지가 있다."(Vis. XXII.53)라고 설명하고 있다.

하고, 감지하지 못한 것을 감지했다 말하고 알지 못한 것을 알았다 말하는 것 — 이것이 네 가지 성스럽지 못한 언어표현이다.

⑩ 또 다른 네 가지 성스럽지 못한 언어표현

여기서 무엇이 또 다른 '네 가지 성스럽지 못한 언어표현'인가? 본 것을 보지 못했다 말하고, 들은 것을 듣지 못했다 말하고, 감지한 것222)을 감지하지 못했다 말하고, 안 것을 알지 못했다 말하는 것 — 이것이 네 가지 성스럽지 못한 언어표현이다.(A4:249)

⑪ 네 가지 나쁜 행위

여기서 무엇이 '네 가지 나쁜 행위(cattāri duccaritāni)'인가? 생명을 죽임, 주지 않은 것을 가짐, 그릇된 음행, 거짓말 — 이것이 네 가지 나쁜 행위이다.

⑫ 또 다른 네 가지 나쁜 행위(A4:148)

여기서 무엇이 또 다른 '네 가지 나쁜 행위'인가? 거짓말, 중상모략, 욕설, 잡담 — 이것이 네 가지 나쁜 행위이다.

⑬ 네 가지 두려움(A4:119)

여기서 무엇이 '네 가지 두려움(cattāri bhayāni)'인가? 태어남에 대한 두려움, 늙음에 대한 두려움, 병에 대한 두려움, 죽음에 대한 두려움 — 이것이 네 가지 두려움이다.

---

222) "생각하고(mutvā) 감지하여(munitvā) 취한 것을 '감지한 것(muta)'이라 한다. 감각기관들이 대상들과 함께 서로서로 닿아서(aññamañña-saṁsilesa) 안다는 말이다. 냄새와 맛과 감촉의 감각장소와 동의어이다."(MA.i.37)

"냄새의 감각장소 등의 셋은 코와 혀와 몸으로 얻어서 취해야 하는 것이기 때문에 감지한 뒤에 알아진다는 뜻에서 '감지한 것(muta)'이라 한다. 그리고 감촉한 뒤에(phusitvā) 알음알이가 일어나는 원인이 되기 때문에 역시 '감지한 것'이라고 부른다."(DhsA.338)

⑭ 또 다른 네 가지 두려움

여기서 무엇이 또 다른 '네 가지 두려움'인가? 왕에 대한 두려움, 도둑에 대한 두려움, 불에 대한 두려움, 물에 대한 두려움(A4:120) — 이것이 네 가지 두려움이다.

여기서 무엇이 또 다른 '네 가지 두려움'인가? 파도에 대한 두려움, 악어에 대한 두려움, 소용돌이에 대한 두려움, 상어에 대한 두려움(M67 §15) — 이것이 네 가지 두려움이다.

여기서 무엇이 또 다른 '네 가지 두려움'인가? 자책에 대한 두려움, 남의 책망에 대한 두려움, 형벌에 대한 두려움, 악처에 대한 두려움(A4:121) — 이것이 네 가지 두려움이다.

⑮ 네 가지 [그릇된] 견해(S12:67)

여기서 무엇이 '네 가지 [그릇된] 견해(catasso diṭṭhiyo)'인가? '즐거움과 괴로움은 스스로가 만드는 것이다.'라는 견해가 진실로 확고하게 일어난다. '즐거움과 괴로움은 남이 만드는 것이다.'라는 견해가 [377] 진실로 확고하게 일어난다. '즐거움과 괴로움은 스스로가 만들기도 하고 남이 만들기도 하는 것이다.'라는 견해가 진실로 확고하게 일어난다. '즐거움과 괴로움은 스스로가 만들거나 남이 만드는 것이 아니라 우연히 생기는 것이다.'라는 견해가 진실로 확고하게 일어난다. — 이것이 네 가지 [그릇된] 견해이다.

네 개 조에 대한 해설이 [끝났다.]

(5) 다섯 개 조에 대한 해설(pañcaka-niddesa)

① 다섯 가지 낮은 단계의 족쇄[下分結]

940. 여기서 무엇이 '다섯 가지 낮은 단계의 족쇄[下分結, orambhāgiya-saṁyojana]'인가? [불변하는] 자신이 존재한다는 견해[有身見], 의심, 계행과 의례의식에 대한 집착[戒禁取], 감각적 쾌락에 대한 욕구, 악의 — 이것이 다섯 가지 낮은 단계의 족쇄이다.(S45:179)

② 다섯 가지 높은 단계의 족쇄[上分結]

여기서 무엇이 '다섯 가지 높은 단계의 족쇄[上分結, uddhambhāgiya-saṁyojana]'인가? 색계에 대한 갈망, 무색계에 대한 갈망, 자만, 들뜸, 무명 — 이것이 다섯 가지 높은 단계의 족쇄이다.(S45:180)

③ 다섯 가지 인색

여기서 무엇이 '다섯 가지 인색(pañca macchariyāni)'인가? 거처에 대한 인색, [신도]가족에 대한 인색, 얻은 것에 대한 인색, 칭송에 대한 인색, 법에 대한 인색 — 이것이 다섯 가지 인색이다.

④ 다섯 가지 결박

여기서 무엇이 '다섯 가지 결박(pañca saṅgā)'인가? 갈망의 결박, 성냄의 결박, 어리석음의 결박, 자만의 결박, 사견의 결박 — 이것이 다섯 가지 결박이다.

⑤ 다섯 가지 쇠살

여기서 무엇이 '다섯 가지 쇠살(pañca sallā)'인가? 갈망의 쇠살, 성냄의 쇠살, 어리석음의 쇠살, 자만의 쇠살, 사견의 쇠살이다. — 이것이 다섯 가지 쇠살이다.

⑥ 다섯 가지 마음의 삭막함

941. 여기서 무엇이 '다섯 가지 마음의 삭막함(pañca cetokhilā)'인가? 스승에 대해 회의하고 의심하고 확신을 가지지 못하고 청정한 믿음을 가지지 못한다. 법에 대해 회의하고 의심하고 확신을 가지지 못하고 청정한 믿음을 가지지 못한다. 승가에 대해 회의하고 의심하고 확신을 가지지 못하고 청정한 믿음을 가지지 못한다. 학습[계목]에 대해 회의하고 의심하고 확신을 가지지 못하고 청정한 믿음을 가지지 못한다. 동료 수행자들에게 화내고 마음으로 기뻐하지 않고 마음이 불쾌하고 삭막함이 생긴다.(M16 등) — 이것이 다섯 가지 마음의 삭막함이다.

⑦ 다섯 가지 마음의 묶임

여기서 무엇이 '다섯 가지 마음의 묶임(pañca cetasovinibandhā)'인가? 감각적 쾌락에 대해 갈망을 여의지 못하고 욕구를 여의지 못하고 애정을 여의지 못하고 갈증을 여의지 못하고 열병을 여의지 못하고 갈애를 여의지 못한다. 몸에 대해 갈망을 여의지 못하고 … 형색[色]에 대해 갈망을 여의지 못하고 … 원하는 대로 [378] 배가 가득 차도록 먹고서는, 눕는 즐거움, 기대는 즐거움, 꾸벅꾸벅 조는 즐거움에 빠져 머문다. 다른 천신의 무리를 갈구하여 '이러한 계행이나 의례의식[誓戒]이나 고행이나 독신수행으로 나는 [높은] 천신이나 [낮은] 천신이 되리라.'[223]라고 하면서 독신수행을 한다.(M16 §§8~12 등) — 이것이 다섯 가지 마음의 묶임이다.

---

223) '나는 [높은] 천신이나 [낮은] 천신이 되리라'는 devo vā bhavissāmi devaññataro vā를 옮긴 것이다. 주석서는 여기서 앞의 천신(deva)은 큰 위력을 가진 천신(mahesakkha-deva)으로 뒤의 천신(devaññatara)은 작은 위력을 가진 천신들 가운데 어떤 자(appesakkha-devesu aññatara)로 설명하고 있어서(VbhA.504) 이렇게 옮겼다.

⑧ 다섯 가지 장애

여기서 무엇이 '다섯 가지 장애(pañca nīvaraṇāni)'인가? 감각적 쾌락에 대한 욕구의 장애, 악의의 장애, 해태와 혼침의 장애, 들뜸 · 후회의 장애, 의심의 장애 — 이것이 다섯 가지 장애이다.

⑨ 다섯 가지 무간업(kammāni ānantarikāni)

여기서 무엇이 '다섯 가지 무간업(pañca kammāni ānantarikāni)'인가? 어머니의 목숨을 빼앗고, 아버지의 목숨을 빼앗고, 아라한의 목숨을 빼앗고, 나쁜 마음으로 여래의 몸에 피를 맺히게 하고, 승가를 분열시키는 것이다. — 이것이 다섯 가지 무간업이다.(A5:129)

⑩ 다섯 가지 견해

여기서 무엇이 '다섯 가지 [그릇된] 견해(pañca diṭṭhiyo)'인가?

여기 어떤 자들은 '자아는 인식을 가지고 죽은 뒤에 병들지 않는다.'라고 천명한다. 여기 어떤 자들은 '자아는 인식을 가지지 않고 죽은 뒤에 병들지 않는다.'라고 천명한다. 여기 어떤 자들은 '자아는 인식을 가진 것도 아니고 인식을 가지지 않은 것도 아니며 죽은 뒤에 병들지 않는다.'라고 천명한다. 그러나 어떤 자들은 중생이 존재하고 있음에도 불구하고 그들의 단멸과 파멸과 없어짐(§951)을 천명한다. 그런데 어떤 자들은 지금 · 여기에서의 열반을 주장한다. — 이것이 다섯 가지 [그릇된] 견해이다.(M102 §2)

⑪ 다섯 가지 증오

942. 여기서 무엇이 '다섯 가지 증오(pañca verā)'인가? 생명을 죽임, 주지 않은 것을 가짐, 그릇된 음행, 거짓말, 취하게 하고 방일하는 이유가 되는 여러 종류의 술 — 이것이 다섯 가지 증오이다.(*cf.* A5:174 §6)

⑫ 다섯 가지 상실

여기서 무엇이 '다섯 가지 상실(pañca byasanā)'인가? 친척의 상실, 재물의 상실, 건강의 상실, 계의 상실, 견해의 상실 — 이것이 다섯 가지 상실이다.[224]

⑬ 다섯 가지 인욕하지 못함에서 오는 위험

여기서 무엇이 '다섯 가지 인욕하지 못함에서 오는 위험(pañca akkhantiyā ādīnavā)'인가? 많은 사람들이 사랑하지 않고 마음에 들어 하지 않는다. 증오심이 많다. 허물이 많다.[225] 혼미한 상태로 죽는다. 몸이 무너져 [379] 죽은 뒤에 처참한 곳, 불행한 곳, 파멸처, 지옥에 태어난다. — 이것이 다섯 가지 인욕하지 못함에서 오는 위험이다.(A5:216)

⑭ 다섯 가지 두려움

여기서 무엇이 '다섯 가지 두려움(pañca bhayāni)'인가? 생계에 대한 두려움, 오명에 대한 두려움, 회중에 대해서 의기소침해지는 두려움, 죽음에 대한 두려움, 불행한 곳에 태어나는 두려움 — 이것이 다섯 가지 두려움이다.(A9:5 §8)

224) "(11) 다섯 가지 상실(vyasana) — 친척의 상실, 재물의 상실, 건강의 상실, 계의 상실, 견해의 상실
도반들이여, 중생들은 친척의 상실을 원인으로 하거나 재물의 상실을 원인으로 하거나 건강의 상실을 원인으로 하여 몸이 무너져 죽은 뒤에 처참한 곳, 불행한 곳, 파멸처, 지옥에 떨어지지는 않습니다. 도반들이여, 그러나 중생들은 계의 상실을 원인으로 하거나 견해의 상실을 원인으로 하여 몸이 무너져 죽은 뒤에 처참한 곳, 불행한 곳, 파멸처, 지옥에 떨어집니다."(D33 §2.1 (11))

225) "이와 같이 [인욕하지 못하는] 사람은 [몸과 말과 마음의] 세 가지 문으로 쌓은 업들(āyūhanakammā)에 대해서 비난받아야 할 것(sāvajja)은 많고 비난받지 않아야 할 것(anavajja)은 적기 때문에 '허물이 많음(vajjabahula)'이라 불린다."(PugA.73)

⑮ 다섯 가지 지금·여기에서의 열반을 주장함

943. 여기서 무엇이 '다섯 가지 지금·여기에서의 열반을 주장함(pañca diṭṭhadhammanibbānavādā)'인가?

㉠ 여기 어떤 사문이나 바라문은 이런 주장을 하고 이런 견해를 가진다. '존자여, 이 자아는 다섯 가닥의 감각적 쾌락을 마음껏 충분히 즐깁니다. 존자여, 이런 까닭에 이 자아는 지금·여기에서 구경의 열반을 실현한 것입니다.' — 이와 같이 여기 어떤 자들은 존재하는 중생이 지금·여기에서 구경의 열반을 [실현함을] 천명한다.

㉡ 이것을 두고 다른 사람은 이와 같이 말한다. '존자여, 그대가 말한 자아는 참으로 존재합니다. 나는 그것이 없다고 말하지 않습니다. 존자여, 그러나 [그대가 말한] 자아가 실로 그것으로 지금·여기에서 구경의 열반을 실현한 것은 아닙니다. 그것은 무슨 이유 때문인가요? 존자여, 참으로 감각적 쾌락이란 무상하고 괴로우며 변하기 마련인 법입니다. 변하고 바뀌는 성질이기 때문에 그들에게 슬픔·비탄·육체적 고통·정신적 고통·절망이 생기기 때문입니다. 존자여, 그래서 이 자아는 감각적 쾌락들을 완전히 떨쳐버리고 … (§205) … 초선을 구족하여 머뭅니다. 존자여, 바로 이런 자아야말로 지금·여기에서 구경의 열반을 실현한 것입니다.' — 이와 같이 여기 어떤 자들은 존재하는 중생이 지금·여기에서 구경의 열반을 [실현함을] 천명한다.

㉢ 이것을 두고 다른 사람은 이와 같이 말한다. '존자여, 그대가 말한 자아는 참으로 존재합니다. 나는 그것이 없다고 말하지 않습니다. 존자여, 그러나 [그대가 말한] 자아가 실로 그것으로 지금·여기에서 구경의 열반을 실현한 것은 아닙니다. 그것은 무슨 이유 때문인가요? 일으킨 생각과 지속적 고찰이 있는 한 이 [초선]은 거칠다고 일컬어지기 때문입니다. 존자여, 그래서 이 자아는 일으킨 생각과 지속적 고찰을 가라

앉혔기 때문에 [더 이상 존재하지 않으며] … (§205) … 제2선을 구족하여 머뭅니다. 존자여, 바로 이런 자아야말로 지금·여기에서 구경의 열반을 실현한 것입니다.' — 이와 같이 여기 어떤 자들은 존재하는 중생이 지금·여기에서 구경의 열반을 [실현함을] 천명한다."

㉣ 이것을 두고 다른 사람은 이와 같이 말한다. '존자여, 그대가 말한 자아는 참으로 존재합니다. 나는 그것이 없다고 말하지 않습니다. 존자여, 그러나 [그대가 말한] 자아가 실로 그것으로 지금·여기에서 구경의 열반을 실현한 것은 아닙니다. 그것은 무슨 이유 때문인가요? 희열에 의지한 의기양양함이 있는 한 이 [제2선]은 거칠다고 일컬어지기 때문입니다. 존자여, 그래서 이 자아는 희열이 빛바랬기 때문에 … (§205) … 제3선을 구족하여 머뭅니다. 존자여, 바로 이런 자아야말로 지금·여기에서 구경의 열반을 실현한 것입니다.' [380] — 이와 같이 여기 어떤 자들은 존재하는 중생이 지금·여기에서 구경의 열반을 [실현함을] 천명한다.

㉤ 이것을 두고 다른 사람은 이와 같이 말한다. '존자여, 그대가 말한 자아는 참으로 존재합니다. 나는 그것이 없다고 말하지 않습니다. 존자여, 그러나 [그대가 말한] 자아가 실로 그것으로 지금·여기에서 구경의 열반을 실현한 것은 아닙니다. 그것은 무슨 이유 때문인가요? 행복이라는 마음의 관심226)이 있는 한 이 [제3선]은 거칠다고 일컬어지기

226) '마음의 관심'은 cetaso ābhoga를 옮긴 것이다. 『맛지마 니까야』 제4권 「차례대로 경」(M111) §10은 제4선에서 드러나는 법들을 열거하면서 편안함[輕安]에 기인한 마음의 무관심을 들고 있다. 주석서는 이렇게 설명한다.
"'편안함[輕安]에 기인한 마음의 무관심(passaddhattā cetaso anābhogo)'이라고 하셨다. 그곳(제3선)에 있던 행복이 함께한 마음의 관심(cetaso ābhoga)은 이제 여기 [제4선]에서는 거친 것(oḷārika)으로 여겨진다. 그래서 편안함에 기인한 마음의 무관심이라 부른다. 그것(행복)이 [제4선에는] 존재하지 않는다는 뜻이다."(MA.iv.90)
즉 행복이 함께한 마음의 관심은 제3선의 두드러진 특징이고 이것은 제4선

때문입니다. 존자여, 그래서 이 자아는 행복도 버리고 … (§205) … 제4선을 구족하여 머뭅니다. 존자여, 바로 이런 자아야말로 지금·여기에서 구경의 열반을 실현한 것입니다.' — 이와 같이 여기 어떤 자들은 존재하는 중생이 지금·여기에서 구경의 열반을 [실현함을] 천명한다.(D1 §§3.20~24)

— 이것이 다섯 가지 지금·여기에서의 열반을 주장함이다.

다섯 개 조에 대한 해설이 [끝났다.]

(6) 여섯 개 조에 대한 해설(chakka-niddesa)

① 여섯 가지 분쟁의 뿌리

944. 여기서 무엇이 '여섯 가지 분쟁의 뿌리(cha vivādamūlāni)'인가? 분노, 모욕, 질투, 위선, 악한 바람, 자기 견해를 고수(固守)함 — 이것이 여섯 가지 분쟁의 뿌리이다.227)

② 여섯 가지 욕탐

여기서 무엇이 '여섯 가지 욕탐(cha chandarāgā)'인가? 욕탐은 세속에 얽힌 법이다. 사랑스러운 형색에 대한 세속에 얽힌228) 갈망, 탐닉, 마음의 탐닉, 사랑스러운 소리에 대한 … 사랑스러운 냄새에 대한 … 사랑스러운 맛에 대한 … 사랑스러운 감촉에 대한 … 사랑스러운 법에 대한

에서 극복되는 것이다.
그리고 ābhoga에 부정접두어가 붙어서 관심을 기울이지 못함으로 옮기고 있는 anābhoga에 대해서는 본서 §751 13)의 주해도 참조하기 바란다.

227) '여섯 가지 분쟁의 뿌리(cha vivāda-mūlāni)'에 관한 M104의 §§6~11은 『앙굿따라 니까야』 제4권 「분쟁 경」(A6:36)과 『디가 니까야』 제3권 「합송경」(D33) §2.2 ⒂와 같은 내용을 담고 있다.

228) "'세속에 얽힌(gehasitā)'이란 다섯 가닥의 얽어매는 감각적 쾌락에 의지한 것(pañca-kāma-guṇa-nissitā)을 말한다."(MA.iv.144)

세속에 얽힌 갈망, 탐닉, 마음의 탐닉 — 이것이 여섯 가지 욕탐이다.

③ 여섯 가지 반목의 토대

여기서 무엇이 '여섯 가지 반목의 토대(cha virodhavatthūni)'인가? 사랑스럽지 않은 형색에 대한 마음[心]의 원한 … (§542) …229) 잔혹함, 잘 제어되지 못함, 마음의 언짢음, 사랑스럽지 않은 소리에 대한 … 사랑스럽지 않은 냄새에 대한 … 사랑스럽지 않은 맛에 대한 … 사랑스럽지 않은 감촉에 대한 … 사랑스럽지 않은 법에 대한 마음[心]의 원한 … (§542) … 잔혹함, 잘 제어되지 못함, 마음의 언짢음 — 이것이 여섯 가지 반목의 토대이다.

④ 여섯 가지 갈애의 무리(D33 §2.2 (8) 등)

여기서 무엇이 '여섯 가지 갈애의 무리(cha taṇhākāyā)'인가? 형색에 대한 갈애, 소리에 대한 갈애, 냄새에 대한 갈애, 맛에 대한 갈애, 감촉에 대한 갈애, 법에 대한 갈애 — 이것이 여섯 가지 갈애의 무리이다.

⑤ 여섯 가지 존중하지 않음(D33 §2.9)

945. 여기서 [381] 무엇이 '여섯 가지 존중하지 않음(cha agāravā)'인가? 스승을 존중하지 않고 순응하지 않으며 머문다. 법을 존중하지 않고 순응하지 않으며 머문다. 승가를 존중하지 않고 순응하지 않으며 머문다. 공부지음을 존중하지 않고 순응하지 않으며 머문다. 불방일(不放逸)을 존중하지 않고 순응하지 않으며 머문다. 호의를 베풂을 존중하지 않고 순응하지 않으며 머문다. — 이것이 여섯 가지 존중하지 않음이다.

---

229) 이 반복되는 부분(뻬알라, peyyala)의 생략 표시는 VRI본에는 나타나지 않지만 PTS본에는 나타나고 있다.

⑥ 여섯 가지 쇠퇴하는 법(A6:14)

여기서 무엇이 '여섯 가지 쇠퇴하는 법(cha parihāniyā dhammā)'인가? [잡다한] 일하기를 좋아하는 것, 말하기를 좋아하는 것, 잠자기를 좋아하는 것, 무리 짓기를 좋아하는 것, 교제하기를 좋아하는 것, 사량분별을 좋아하는 것 — 이것이 여섯 가지 쇠퇴하는 법이다.

⑦ 또 다른 여섯 가지 쇠퇴하는 법(A6:21)

946. 여기서 무엇이 또 다른 '여섯 가지 쇠퇴하는 법'인가? [잡다한] 일 하기를 좋아하는 것, 말하기를 좋아하는 것, 잠자기를 좋아하는 것, 무리 짓기를 좋아하는 것, 훈계를 받아들이지 않는 것, 악한 친구와 어울리는 것 — 이것이 여섯 가지 쇠퇴하는 법이다.

⑧ 여섯 가지 기쁨의 고찰(M137 §8)

여기서 무엇이 '여섯 가지 기쁨의 고찰(cha somanassupavicārā)'인가? 눈으로 형색을 보고 기쁨을 일으킬 형색을 고찰한다. 귀로 소리를 듣고 … 코로 냄새를 맡고 … 혀로 맛을 알고 … 몸으로 감촉과 맞닿고 … 마노[意]로 법을 지각하고 기쁨을 일으킬 법을 고찰한다. — 이것이 여섯 가지 기쁨의 고찰이다.

⑨ 여섯 가지 불만족의 고찰(M137 §8)

여기서 무엇이 '여섯 가지 불만족의 고찰(cha domanassupavicārā)'인가? 눈으로 형색을 보고 불만족을 일으킬 형색을 고찰한다. 귀로 소리를 듣고 … 코로 냄새를 맡고 … 혀로 맛을 알고 … 몸으로 감촉과 맞닿고 … 마노[意]로 법을 지각하고 불만족을 일으킬 법을 고찰한다. — 이것이 여섯 가지 불만족의 고찰이다.

⑩ 여섯 가지 평온의 고찰(M137 §8)

여기서 무엇이 '여섯 가지 평온의 고찰(cha upekkhupavicārā)'인가? 눈으로 형색을 보고 평온을 일으킬 형색을 고찰한다. 귀로 소리를 듣고 … 코로 냄새를 맡고 … 혀로 맛을 알고 … 몸으로 감촉과 맞닿고 … 마노[意]로 법을 지각하고 평온을 일으킬 법을 고찰한다. — 이것이 여섯 가지 평온의 고찰이다.

⑪ 여섯 가지 세속에 얽힌 기쁨(*cf.* M137 §10)

947. 여기서 무엇이 '여섯 가지 세속에 얽힌 기쁨(cha gehasitāni somanassāni)'인가? 사랑스러운 형색에 대한 세속에 얽힌 정신적인 만족감, 정신적인 즐거움, 정신의 감각접촉에서 생긴 만족하고 즐겁게 느껴지는 것, 정신의 감각접촉에서 생긴 만족하고 즐거운 느낌, 사랑스러운 소리에 대한 … 사랑스러운 냄새에 대한 … 사랑스러운 맛에 대한 … 사랑스러운 감촉에 대한 … 사랑스러운 법에 대한 세속에 얽힌 정신적인 만족감, 정신적인 즐거움, 정신의 감각접촉에서 생긴 만족하고 [382] 즐겁게 느껴지는 것, 정신의 감각접촉에서 생긴 만족하고 즐거운 느낌 — 이것이 여섯 가지 세속에 얽힌 기쁨이다.

⑫ 여섯 가지 세속에 얽힌 불만족

여기서 무엇이 '여섯 가지 세속에 얽힌 불만족(cha gehasitāni domanassāni)'인가? 사랑스럽지 않은 형색에 대한 세속에 얽힌 정신적인 슬픔, 정신적인 괴로움, 정신의 감각접촉에서 생긴 불만족하고 괴롭게 느껴지는 것, 정신의 감각접촉에서 생긴 불만족하고 괴로운 느낌, 사랑스럽지 않은 소리에 대한 … 사랑스럽지 않은 냄새에 대한 … 사랑스럽지 않은 맛에 대한 … 사랑스럽지 않은 감촉에 대한 … 사랑스럽지 않은 법에 대한 세속에 얽힌 정신적인 슬픔, 정신적인 괴로움, 정신의 감각접촉에서 생긴 불만족하고 괴롭게 느껴지는 것, 정신의 감각접촉에서 생긴 불만족하고 괴로운 느낌 — 이것이 여섯 가지 세속에 얽힌 불만족이다.

⑬ 여섯 가지 세속에 얽힌 평온

여기서 무엇이 '여섯 가지 세속에 얽힌 평온(cha gehasitā upekkhā)'인가? 평온의 토대가 되는 형색에 대한 세속에 얽힌 정신적인 만족감도 불만족감도 아니고 정신의 감각접촉에서 생긴 괴롭지도 즐겁지도 않게 느껴지는 것, 정신의 감각접촉에서 생긴 괴롭지도 즐겁지도 않은 느낌, 평온의 토대가 되는 소리에 대한 … 평온의 토대가 되는 냄새에 대한 … 평온의 토대가 되는 맛에 대한 … 평온의 토대가 되는 감촉에 대한 … 평온의 토대가 되는 법에 대한 세속에 얽힌 정신적인 만족감도 불만족감도 아니고 정신의 감각접촉에서 생긴 괴롭지도 즐겁지도 않게 느껴지는 것, 정신의 감각접촉에서 생긴 괴롭지도 즐겁지도 않은 느낌 — 이것이 여섯 가지 세속에 얽힌 평온이다.

⑭ 여섯 가지 [그릇된] 견해(*cf.* M2 §8)

948. 여기서 무엇이 '여섯 가지 [그릇된] 견해(cha diṭṭhiyo)'인가?

㉠ '나에게 자아가 있다.'라는 견해가 그에게 진실로 확고하게 생긴다.

㉡ '나에게 자아란 없다.'라는 견해가 그에게 진실로 확고하게 생긴다.

㉢ '나는 자아로써 자아를 인식한다.'[230]라는 견해가 그에게 진실로 확고하게 생긴다.

---

230) "'나는 자아로써 자아를 인식한다(attanā va attānaṁ sañjānāmi).'는 것은 인식의 무더기[想蘊, saññā-kkhandha]를 선두에 두고(saññā-sīsena), 그 인식의 무더기로 다른 무더기들에 대해 자아라고 거머쥐고는 인식으로 나머지 무더기들을 인식하면서 나는 이 자아로써 이 자아를 인식한다는 견해가 일어난다는 뜻이다."(MA.i.70)

㉣ '나는 자아로써 무아를 인식한다.'라는 견해가 그에게 진실로 확고하게 생긴다.

㉤ '나는 무아로써 자아를 인식한다.'라는 견해가 그에게 진실로 확고하게 생긴다.

㉥ 그에게 이런 견해가 생긴다. '이러한 나의 자아는 말하고 경험하며, 여기저기서 오랫동안 선행과 악행의 과보를 경험한다. 이 [자아]는 태어나지 않고 존재하지 않았으며 이 [자아]는 태어나지 않고 존재하지 않을 것이다.[231] 그런 나의 자아는 항상하고 견고하고 영원하고 변하지 않는 법이고 영원히 지속될 것이다.'라는 견해가 그에게 진실로 확고하게 생긴다.[232]

---

231) "'이 [자아]는 태어나지 않고 존재하지 않았으며 이 [자아]는 태어나지 않고 존재하지 않을 것이다(na so jāto nāhosi na so jāto na bhavissati).'라고 하였다. 그 자아(attā)는 태어나지 않는 법이기 때문에(ajātidhammato) '태어나지 않고(na jāto)'라 한 것이다. 항상 오직 존재하는 것(sadā vijjamāno yeva)이라는 뜻이다. 그러므로 과거(atīta)에도 존재하지 않았고(nāhosi) 미래(anāgata)에도 존재하지 않을 것이다(na bhavissati). 태어난 것은 존재한 것이고(yo hi jāto so ahosi) 태어날 것은 존재할 것이기 때문이다(yo ca jāyissati so bhavissati).

혹은 '이 [자아]는 태어나지 않고 존재하지 않았으며 이 [자아]는 태어나지 않고 존재하지 않을 것이다.'라는 것은 그것은 항상 존재하기 때문에(sadā vijjamānattā) 과거에도 태어나지 않음이란 없었고(na jātu nāhosi) 미래에도 태어나지 않음이란 없을 것이다(na jātu na bhavissati)라는 뜻이다."(VbhA. 509)

232) 『맛지마 니까야』 제1권 「모든 번뇌 경」(M2) §8에는 다음과 같이 조금 다르게 나타난다.

"혹은 그에게 이런 견해가 생긴다. '이러한 나의 자아는 말하고 경험하며, 여기저기서 선행과 악행의 과보를 경험한다. 그런 나의 자아는 항상하고 견고하고 영원하고 변하지 않는 법이고 영원히 지속될 것이다.'라고."

주석서는 이렇게 설명한다.

"'항상하다(nicca).'는 것은 일어남과 멸함이 없다는 것이고, '견고하다(dhuva).'는 것은 정수(sāra-bhūta)를 나타내고, '영원하다(sassata).'는 것은 어느 때에나 항상 있다는 것이고, '변하지 않는 법(avipariṇāma-

— 이것이 여섯 가지 [그릇된] 견해이다.

여섯 개 조에 대한 해설이 [끝났다.]

(7) 일곱 개 조에 대한 해설(sattaka-niddesa)

① 일곱 가지 잠재성향

949. 여기서 [383] 무엇이 '일곱 가지 잠재성향(satta anusayā)'인가? 감각적 쾌락에 대한 갈망의 잠재성향, 적의의 잠재성향, 자만의 잠재성향, 사견의 잠재성향, 의심의 잠재성향, 존재에 대한 갈망의 잠재성향, 무명의 잠재성향이다.(§816) — 이것이 일곱 가지 잠재성향이다.[233)]

② 일곱 가지 족쇄

여기서 무엇이 '일곱 가지 족쇄(satta saṁyojanāni)'인가? 감각적 쾌락에 대한 갈망의 족쇄, 적의의 족쇄, 자만의 족쇄, 사견의 족쇄, 의심의 족쇄, 존재에 대한 갈망의 족쇄, 무명의 족쇄이다. — 이것이 일곱 가지 족쇄이다.

③ 일곱 가지 얽매임

여기서 무엇이 '일곱 가지 얽매임(satta pariyuṭṭhānāni)'인가? 감각적 쾌락에 대한 갈망의 얽매임, 적의의 얽매임, 자만의 얽매임, 사견의 얽매임, 의심의 얽매임, 존재에 대한 갈망의 얽매임, 무명의 얽매임이다.

---

dhamma)'이란 자아의 본성은 버릴 수 없다는 것이고, '영원히 지속된다(sassatisama).'는 것은 달, 태양, 바다, 땅, 산은 세상의 용어로는 영원한 것(sassati)이라고 불리는데, 그것과 같다는 뜻이다. 그들이 머무는 한 이 자아도 머문다고 이와 같이 견해가 일어난다."(MA.i.71)

233) 『아비담마 길라잡이』 제7장 §9에는 "① 감각적 쾌락에 대한 갈망의 잠재성향 ② 존재에 대한 갈망의 잠재성향 ③ 적의의 잠재성향 ④ 자만의 잠재성향 ⑤ 사견의 잠재성향 ⑥ 의심의 잠재성향 ⑦ 무명의 잠재성향"의 순서로 나타나고 있다.

— 이것이 일곱 가지 얽매임이다.

④ 일곱 가지 바르지 못한 법

950. 여기서 무엇이 '일곱 가지 바르지 못한 법(satta asaddhammā)' 인가? 믿음 없음, 양심 없음, 수치심 없음, 적게 배움, 게으름, 마음챙김을 놓아 버림, 통찰지 없음 — 이것이 일곱 가지 바르지 못한 법이다.

⑤ 일곱 가지 나쁜 행위

여기서 무엇이 '일곱 가지 나쁜 행위(satta duccaritāni)'인가? 생명을 죽임, 주지 않은 것을 가짐, 그릇된 음행, 거짓말, 중상모략, 욕설, 잡담 — 이것이 일곱 가지 나쁜 행위이다.

⑥ 일곱 가지 자만

여기서 무엇이 '일곱 가지 자만(satta mānā)'인가? 자만, 거만, 자만에 이은 거만, 열등감, 과대평가, '나는 있다.'라는 자만, 그릇된 자만 — 이것이 일곱 가지 자만이다.(*cf.* §878 이하)

⑦ 일곱 가지 [그릇된] 견해(D1 §3 이하)

951. 여기서 무엇이 '일곱 가지 [그릇된] 견해(satta diṭṭhiyo)'[234)]

234) 여기에 나타나는 일곱 가지는 『디가 니까야』 제1권 「범망경」(D1) §§3.9~3.17에서 'II-4. [사후]단멸론자들(uccheda-vāda)'의 견해로 나타나는 일곱 가지와 동일하다.
여기서 '단멸'로 옮긴 원어 uccheda는 ud(위로)+√chid(to cut)에서 파생된 명사로 '끊어짐, 멸절'을 뜻한다. 죽고 나면 아무것도 없다는 말이다. 그래서 uccheda를 '[사후]단멸론'이라 옮겼다.
우리는 일반적으로 단멸론이라 하면 금생에 이 몸이 죽으면 모든 것이 끝난다는 한 가지만을 생각한다. 그러나 부처님께서는 본문에서 7가지로 단멸론을 설명하신다. 이 일곱 가지는 각각 인간, 욕계 천상, 색계 천상, 무색계의 공무변처, 식무변처, 무소유처, 비상비비상처를 뜻한다. 여기에 태어난 중생들이 각각 그 세상에서 죽으면 모든 것이 끝난다는 견해를 국집(局執)하는 인가?

㉠ 여기 어떤 사문이나 바라문은 이와 같이 설하고 이와 같은 견해를 가진다. '존자여, 이 자아는 물질을 가졌고, 사대(四大)로 이루어졌으며, 부모에서 생겨난 것으로 몸이 무너지면 단멸하고 파멸하여 죽은 후에는 더 이상 존재하지 않습니다. 존자여, 이런 까닭에 이 자아는 실로 철저하게 단멸합니다.'라고. — 이와 같이 어떤 자들은 중생의 단멸과 파멸과 없어짐을 천명한다.235)

㉡ 이것을 두고 다른 사람은 이와 같이 말한다. '존자여, 그대가 말한 자아는 참으로 존재합니다. 나는 그것이 없다고 말하지 않습니다. 존자여, [그대가 말한] 자아가 실로 그렇게 철저하게 단멸하는 것은 아닙니다. 존자여, 참으로 다른 자아가 존재합니다. 그것은 천상에 있고 물질을 가졌고 욕계에 있고 음식을 먹습니다.236)

그것을 [384] 그대는 알지도 못하고 보지도 못합니다. 그러나 나는 그것을 알고 봅니다. 존자여, 바로 이런 자아야말로 몸이 무너지면 단멸하고 파멸하고 죽은 후에는 더 이상 존재하지 않습니다. 존자여, 이런 까

경우이다.

이렇게 본다면 금생 다음에 천국이 있고 그 이상을 언급하지 못하는 일신교적인 발상도 결국은 단멸론의 일종이라고 할 수 있다. 왜냐하면 천국 다음에는 아무것도 없다는 입장이기 때문이다. 그리고 인간만이 영혼이 있어서 천국이나 지옥에 가지만 동물들은 영혼이 없다는 발상도 일종의 단멸론적 발상이라고 할 수 있겠다.

235) "물질적인 몸(rūpa-kāya)을 두고 인간의 자아(manussattabhāva)라고 하며 이것이 바로 자아라고 주장하는 경우이다."(DA.i.120)
그리고 이 자아는 이 몸이 죽으면 끝장이라고 하는 것이 첫 번째 단멸론이다. 인간들이 가지는 유물론적인 사고를 대변한다 할 수 있다.

236) "두 번째 경우는 천상의 자아(dibbattabhāva)를 주장한다. 여기서 천상이란 신들의 세상(deva-loka)에 태어난 것을 말하며 욕계에 있다는 것은 여섯 가지 욕계 천상[六欲天]에 난 것을 말한다."(DA.i.120)
즉 욕계 천상에 태어난 중생들이 이런 천상에서의 목숨이 다하면 모든 것이 끝난다는 견해를 가지는 것이 두 번째 단멸론이다.

닭에 이 자아는 실로 철저하게 단멸합니다.'라고. — 이와 같이 어떤 자들은 중생의 단멸과 파멸과 없어짐을 천명한다.

㉢ 이것을 두고 다른 사람은 이와 같이 말한다. '존자여, 그대가 말한 자아는 참으로 존재합니다. 나는 그것이 없다고 말하지 않습니다. 존자여, [그대가 말한] 자아가 실로 그렇게 철저하게 단멸하는 것은 아닙니다. 존자여, 참으로 다른 자아가 존재합니다. 그것은 천상에 있고 물질을 가졌고 마음으로 이루어졌고 모든 수족이 다 갖추어졌으며 감각기능[根]을 구족하였습니다.237)

그것을 그대는 알지도 못하고 보지도 못합니다. 그러나 나는 그것을 알고 봅니다. 존자여, 바로 이런 자아야말로 몸이 무너지면 단멸하고 파멸하고 죽은 후에는 더 이상 존재하지 않습니다. 존자여, 이런 까닭에 이 자아는 실로 철저하게 단멸합니다.'라고. — 이와 같이 어떤 자들은 중생의 단멸과 파멸과 없어짐을 천명한다.

㉣ 이것을 두고 다른 사람은 이와 같이 말한다. '존자여, 그대가 말한 자아는 참으로 존재합니다. 나는 그것이 없다고 말하지 않습니다. 존자여, [그대가 말한] 자아가 실로 그렇게 철저하게 단멸하는 것은 아닙니다. 존자여, 참으로 다른 자아가 존재합니다. 그것은 물질[色]에 대한 인식(산냐)을 완전히 초월하고 부딪힘의 인식을 소멸하고 갖가지 인식을 마음에 잡도리하지 않기 때문에 '무한한 허공'이라고 하는 공무변처(空無邊處)를 얻은 자의 자아입니다.

그것을 그대는 알지도 못하고 보지도 못합니다. 그러나 나는 그것을 알고 봅니다. 존자여, 바로 이런 자아야말로 몸이 무너지면 단멸하고 파

---

237) "마음으로 이루어졌고(manomaya)라는 것은 禪의 마음(jhāna-mano)에 의해서 태어났음을 뜻한다. … 범천의 세상에 존재하는 자들과 다른 경지 즉 [색계 천상]에 있는 자를 두고 한 말이다."(DA.i.120)
이것은 색계 천상에 태어난 중생들이 색계 천상에서 죽으면 모든 것은 끝난다는 견해를 가지는 경우이다.

멸하고 죽은 후에는 더 이상 존재하지 않습니다.[238] 존자여, 이런 까닭에 이 자아는 실로 철저하게 단멸합니다.'라고. — 이와 같이 어떤 자들은 중생의 단멸과 파멸과 없어짐을 천명한다.

㉤ 이것을 두고 다른 사람은 이와 같이 말한다. '존자여, 그대가 말한 자아는 참으로 존재합니다. 나는 그것이 없다고 말하지 않습니다. 존자여, [그대가 말한] 자아가 실로 그렇게 철저하게 단멸하는 것은 아닙니다. 존자여, 참으로 다른 자아가 존재합니다. 그것은 공무변처를 완전히 초월하여 '무한한 알음알이'라고 하는 식무변처(識無邊處)를 얻은 자의 자아입니다.

그것을 그대는 알지도 못하고 보지도 못합니다. 그러나 나는 그것을 알고 봅니다. 존자여, 바로 이런 자아야말로 몸이 무너지면 단멸하고 파멸하고 죽은 후에는 더 이상 존재하지 않습니다. 존자여, 이런 까닭에 이 자아는 실로 철저하게 단멸합니다.'라고. — 이와 같이 어떤 자들은 중생의 단멸과 파멸과 없어짐을 천명한다.

㉥ 이것을 두고 다른 사람은 이와 같이 말한다. '존자여, 그대가 말한 자아는 참으로 존재합니다. 나는 그것이 없다고 말하지 않습니다. 존자여, [그대가 말한] 자아가 실로 그렇게 철저하게 단멸하는 것은 아닙니다. 존자여, 참으로 다른 자아가 존재합니다. 그것은 식무변처를 완전히 초월하여 '아무것도 없다.'라고 하는 무소유처(無所有處)를 얻은 자의 자아입니다.

---

238) 무색계 존재에게는 육체적인 몸(kāya)이 없다. 그래서 『디가 니까야』 복주서는 여기 무색계 존재들의 몸(arūpīnaṁ kāya)은 정신적인 몸(arūpa-kāyabhāva)을 뜻한다고 밝히고 있다.(DAṬ.i.229) 즉 앞의 세 가지 경우에 '몸(kāya)'은 '다섯 가지 무더기를 가진 존재(pañcavokārabhava)'에 포함된 자기 존재(attabhāva)를 말하고 여기 공무변처부터 비상비비상처까지에서 몸은 물질의 무더기[色蘊]를 제외한 '네 가지 무더기를 가진 존재(catuvokārabhava)' 즉 무색계의 존재에 포함된 자기 존재(attabhāva)를 말한다고 설명하고 있다.(*Ibid.*)

그것을 그대는 알지도 못하고 보지도 못합니다. 그러나 나는 [385] 그것을 알고 봅니다. 존자여, 바로 이런 자아야말로 몸이 무너지면 단멸하고 파멸하고 죽은 후에는 더 이상 존재하지 않습니다. 존자여, 이런 까닭에 이 자아는 실로 철저하게 단멸합니다.'라고. — 이와 같이 어떤 자들은 중생의 단멸과 파멸과 없어짐을 천명한다.

㈧ 이것을 두고 다른 사람은 이와 같이 말한다. '존자여, 그대가 말한 자아는 참으로 존재합니다. 나는 그것이 없다고 말하지 않습니다. 존자여, [그대가 말한] 자아가 실로 그렇게 철저하게 단멸하는 것은 아닙니다. 존자여, 참으로 다른 자아가 존재합니다. 그것은 무소유처를 완전히 초월하여[239] 비상비비상처(非想非非想處)를 얻은 자의 자아입니다.

그것을 그대는 알지도 못하고 보지도 못합니다. 그러나 나는 그것을 알고 봅니다. 존자여, 바로 이런 자아야말로 몸이 무너지면 단멸하고 파멸하고 죽은 후에는 더 이상 존재하지 않습니다. 존자여, 이런 까닭에 이 자아는 실로 철저하게 단멸합니다.'라고. — 이와 같이 어떤 자들은 중생의 단멸과 파멸과 없어짐을 천명한다.

— 이것이 일곱 가지 [그릇된] 견해이다.

일곱 개 조에 대한 해설이 [끝났다.]

(8) 여덟 개 조에 대한 해설(aṭṭhaka-niddesa)

① 여덟 가지 오염원의 토대

952. 여기서 무엇이 '여덟 가지 오염원의 토대(aṭṭha kilesavatthūni)' 인가? 탐욕, 성냄, 어리석음, 자만, 사견, 의심, 해태, 들뜸 — 이것이 여

239) D1 §3.16이나 D33 §3.2-3 등에는 '무소유처를 완전히 초월하여'와 '비상비비상처를' 사이에 "이것은 평화롭고 이것은 수승하다.'라고 하는(santam-etaṁ paṇītametanti)'이 나타나지만 본서에는 나타나지 않는다.

덟 가지 오염원의 토대이다.[240]

② 여덟 가지 게으름의 토대[241]

953. 여기서 무엇이 '여덟 가지 게으름의 토대(aṭṭha kusītavatthūni)' 인가?

㉠ 여기 비구가 일을 해야 한다. 그런 그에게 '나는 일을 해야 한다. 그러나 내가 일을 하면 몸이 피곤할 것이다. 에라, 나는 드러누워야겠다.'라는 생각이 든다. 그는 드러누워서는 얻지 못한 것을 얻기 위해서, 증득하지 못한 것을 증득하기 위해서, 실현하지 못한 것을 실현하기 위해서 열심히 정진하지 않는다. — 이것이 첫 번째 게으름의 토대이다.

㉡ 다시 비구가 일을 했다. 그에게 '나는 일을 하였다. 내가 일을 하였기 때문에 몸이 피곤하다. 에라, 나는 드러누워야겠다.'라는 생각이 든다. 그는 드러누워서는 얻지 못한 것을 얻기 위해서, 증득하지 못한 것을 증득하기 위해서, 실현하지 못한 것을 실현하기 위해서 열심히 정진하지 않는다. — 이것이 두 번째 게으름의 토대이다.

㉢ 다시 비구가 길을 가야 한다. 그런 그에게 [386] '나는 길을 가야 한다. 그러나 내가 길을 가면 몸이 피곤할 것이다. 에라, 나는 드러누워야겠다.'라는 생각이 든다. 그는 드러누워서는 얻지 못한 것을 얻기 위해서, 증득하지 못한 것을 증득하기 위해서, 실현하지 못한 것을 실현하기 위해서 열심히 정진하지 않는다. — 이것이 세 번째 게으름의 토대이다.

㉣ 다시 비구가 길을 갔다. 그에게 '나는 길을 갔다. 내가 길을 갔기

---

240) 본서 §819와 §966과 『담마상가니』 §1235와 §1565에는 여기에다 '양심 없음', '수치심 없음'이 들어가서 10가지 오염원의 토대로 나타나고 있고 『아비담마 길라잡이』 제7장 §12에는 열 가지 오염원으로 정리되어 나타난다.

241) 『디가 니까야』 제3권 「합송경」 (D33) §3.1 (4)에서는 '게으른 경우'로 옮겼고 『앙굿따라 니까야』 제5권 「게으름과 열심히 정진함의 사례 경」 (A8:80)에서는 '게으름의 사례'로 옮겼다.

때문에 몸이 피곤하다. 에라, 나는 드러누워야겠다.'라는 생각이 든다. 그는 드러누워서는 얻지 못한 것을 얻기 위해서, 증득하지 못한 것을 증득하기 위해서, 실현하지 못한 것을 실현하기 위해서 열심히 정진하지 않는다. — 이것이 네 번째 게으름의 토대이다.

㉤ 다시 비구가 마을이나 읍으로 탁발을 하면서 거칠거나 좋은 음식을 원하는 만큼 충분히 얻지 못한다. 그런 그에게 '나는 마을이나 읍으로 탁발을 하면서 거칠거나 좋은 음식을 원하는 만큼 충분히 얻지 못하였다. 그런 나의 몸은 피곤하고 아무것도 할 수가 없다. 에라, 나는 드러누워야겠다.'라는 생각이 든다. 그는 드러누워서는 얻지 못한 것을 얻기 위해서, 증득하지 못한 것을 증득하기 위해서, 실현하지 못한 것을 실현하기 위해서 열심히 정진하지 않는다. — 이것이 다섯 번째 게으름의 토대이다.

㉥ 다시 비구가 마을이나 읍으로 탁발을 하면서 거칠거나 좋은 음식을 원하는 만큼 충분히 얻었다. 그런 그에게 '나는 마을이나 읍으로 탁발을 하면서 거칠거나 좋은 음식을 원하는 만큼 충분히 얻었다. 그런 나의 몸은 [많이 먹어서] 무겁고 아무것도 할 수가 없으니 마치 [젖은] 콩 자루[처럼 무겁다는][242] 생각이 드는구나. 에라, 나는 드러누워야겠다.'라는 생각이 든다. 그는 드러누워서는 얻지 못한 것을 얻기 위해서, 증득하지 못한 것을 증득하기 위해서, 실현하지 못한 것을 실현하기 위해서 열심히 정진하지 않는다. — 이것이 여섯 번째 게으름의 토대이다.

㉦ 다시 비구가 사소한 병이 생긴다. 그런 그에게 '나에게 사소한 병이 생겼으니 이제 드러누울 핑계가 생겼다. 에라, 나는 드러누워야겠다.'라는 생각이 든다. 그는 드러누워서는 얻지 못한 것을 얻기 위해서, 증

242) "여기서 콩 자루(māsācita)란 젖은 콩(tintamāsa)이다. 마치 젖은 콩이 무거운 것처럼 그와 같이 무거운 것을 두고 한 말이다."(DA.iii.1044 = VbhA.510)

득하지 못한 것을 증득하기 위해서, 실현하지 못한 것을 실현하기 위해서 열심히 정진하지 않는다. — 이것이 일곱 번째 게으름의 토대이다.

⑧ 다시 비구가 병이 나아서 병[상]에서 일어난 지 오래되지 않았다. 그런 그에게 '나는 병이 나아서 병[상]에서 일어난 지 오래되지 않았다. 그러니 내 몸은 힘이 없고 아무것도 할 수가 없다. 에라, 나는 드러누워야겠다.'라는 생각이 든다. 그는 드러누워서는 얻지 못한 것을 얻기 위해서, 증득하지 못한 것을 증득하기 위해서, 실현하지 못한 것을 실현하기 위해서 열심히 정진하지 않는다. — 이것이 여덟 번째 게으름의 토대이다.

— 이것이 여덟 가지 게으름의 토대이다.

③ 여덟 가지 세속적인 법에 대한 마음의 갈등

954. 여기서 [387] 무엇이 '여덟 가지 세속적인 법에 대한 마음의 갈등(aṭṭhasu lokadhammesu cittassa paṭighāto)'[243] 인가? (§839) 얻었을 때 [생기는] 애착, 얻지 못했을 때 [생기는] 분노, 명성에서 [생기는] 애착, 명성이 없을 때 [생기는] 분노, 칭송에서 [생기는] 애착, 비난에서 [생기는] 분노, 즐거울 때 [생기는] 애착, 괴로울 때 [생기는] 분노 — 이것이 여덟 가지 세속적인 법에 대한 마음의 갈등이다.

④ 여덟 가지 성스럽지 못한 언어표현(A4:247 + A4:249)

955. 여기서 무엇이 '여덟 가지 성스럽지 못한 언어표현(aṭṭha anariyavohārā)'인가? 보지 못한 것을 보았다 말하고, 듣지 못한 것을 들었다 말하고, 감지하지 못한 것을 감지했다 말하고 알지 못한 것을 알았

---

243) "얻음과 얻지 못함(lābha alābha), 명성과 명성이 없음(yasa ayasa), 칭송과 비난(pasaṁsāya nindā), 즐거움과 괴로움(sukha dukkha)에 대해서 각각 순서대로 탐욕과 성냄(rāga-dosa)에 의한 마음의 부딪힘(paṭihanana)을 '여덟 가지 세속적인 법에 대한 마음의 갈등'이라 한다."(Moh.307) 본문에서 '애착'은 sārāga를 '분노'는 paṭivirodha를 옮긴 것이다.

다 말하는 것, 본 것을 보지 못했다 말하고, 들은 것을 듣지 못했다 말하고, 감지한 것을 감지하지 못했다 말하고, 안 것을 알지 못했다 말하는 것 — 이것이 여덟 가지 성스럽지 못한 언어표현이다.

⑤ 여덟 가지 그릇됨

956. 여기서 무엇이 '여덟 가지 그릇됨(aṭṭha micchattā)'인가? 그릇된 견해, 그릇된 사유, 그릇된 말, 그릇된 행위, 그릇된 생계, 그릇된 정진, 그릇된 마음챙김, 그릇된 삼매 — 이것이 여덟 가지 그릇됨이다.

⑥ 여덟 가지 사람의 결점(A8:13)

957. 여기서 무엇이 '여덟 가지 사람의 결점(aṭṭha purisadosā)'인가?

㉠ 여기 어떤 비구가 계를 범하여 비구들이 그에게 훈계를 한다. 그 비구는 자신의 범계(犯戒)로 인해 비구들로부터 훈계를 들으면 '나는 기억하지 못합니다. 나는 기억하지 못합니다.'라고 하면서 기억하지 못함으로써 그 사실을 부인한다. — 이것이 첫 번째 사람의 결점이다.

㉡ 다시 어떤 비구가 계를 범하여 비구들이 그에게 훈계를 한다. 그 비구는 자신의 범계로 인해 비구들로부터 훈계를 들으면 '그대 같은 어리석고 영민하지 못한 사람의 말이 뭐 필요하겠는가? 그대가 발언할 만하다고 생각하는가?'라고 오히려 훈계하는 자에게 대든다. — 이것이 두 번째 사람의 결점이다.

㉢ 다시 어떤 비구가 계를 범하여 비구들이 그에게 훈계를 한다. 그 비구는 자신의 범계로 인해 비구들로부터 훈계를 들으면 '그대도 어떠어떠한 범계를 범했다. 그러니 그대가 먼저 참회를 해야 한다.'라고 오히려 훈계하는 자를 추궁하려 든다. — 이것이 세 번째 사람의 결점이다.

㉣ 다시 어떤 비구가 계를 범하여 비구들이 그에게 훈계를 한다. 그 비구는 자신의 범계로 인해 비구들로부터 훈계를 들으면 다른 질문으로

그 질문을 피해가고, 새로운 주제로 현재의 주제를 바꾸어 버리고, 분노와 성냄과 불만족을 거침없이 드러낸다. — 이것이 네 번째 사람의 결점이다.

ⓜ 다시 어떤 비구가 계를 범하여 비구들이 그에게 훈계를 한다. 그 비구는 [388] 자신의 범계로 인해 비구들로부터 훈계를 들으면 승가 가운데서 팔을 마구 흔들면서 이야기한다. — 이것이 다섯 번째 사람의 결점이다.

ⓑ 다시 어떤 비구가 계를 범하여 비구들이 그에게 훈계를 한다. 그 비구는 자신의 범계로 인해 비구들로부터 훈계를 들으면 승가에게도 주의를 기울이지 않고 훈계하는 자에게도 주의를 기울이지 않고 제멋대로 나가버린다. — 이것이 여섯 번째 사람의 결점이다.

ⓢ 다시 어떤 비구가 계를 범하여 비구들이 그에게 훈계를 한다. 그 비구는 자신의 범계로 인해 비구들로부터 훈계를 들으면 '나는 범했습니다.' 또는 '아닙니다, 나는 범하지 않았습니다.'라고 말하지 않고 침묵으로 승가를 성가시게 만든다. 이것이 일곱 번째 사람의 결점이다.

ⓞ 다시 어떤 비구가 계를 범하여 비구들이 그에게 훈계를 한다. 그 비구는 자신의 범계로 인해 비구들로부터 훈계를 들으면 이렇게 말한다. '무엇 때문에 그대 존자들은 나를 지나치게 걱정합니까? 나는 이제 공부지음을 버리고 낮은 [재가자의] 삶으로 되돌아갈 것입니다.'라고. 그는 공부지음을 버리고 낮은 [재가자의] 삶으로 되돌아가서 '이제 그대 존자들은 흡족해 하십시오.'라고 말한다. — 이것이 여덟 번째 사람의 결점이다.

— 이것이 여덟 가지 사람의 결점이다.

⑦ 여덟 가지 [사후에 자아가] 인식을 가지지 않는다는 주장(D1 §3.2)

958. 여기서 무엇이 '여덟 가지 [사후에 자아가] 인식을 가지지 않는다는 주장(aṭṭha asaññivādā)'인가?

㉠ '자아는 물질[色]을 가진다. 죽고 난 후에 병들지 않는다.[244] 인식을 가지지 않는다.'라고 천명한다.[245]

㉡ '자아는 물질을 가지지 않는다. 죽고 난 후에 병들지 않는다. 인식을 가지지 않는다.'라고 천명한다.

㉢ '자아는 물질을 가지기도 하고 물질을 가지지 않기도 한다. 죽고 난 후에 병들지 않는다. 인식을 가지지 않는다.'라고 천명한다.

㉣ '자아는 물질을 가지는 것도 아니고 물질을 가지지 않는 것도 아니다. 죽고 난 후에 병들지 않는다. 인식을 가지지 않는다.'라고 천명한다.

㉤ '자아는 유한하다. 죽고 난 후에 병들지 않는다. 인식을 가지지 않는다.'라고 천명한다.

㉥ '자아는 무한하다. 죽고 난 후에 병들지 않는다. 인식을 가지지 않는다.'라고 천명한다.

㉦ '자아는 유한하기도 하고 [389] 무한하기도 하다. 죽고 난 후에 병들지 않는다. 인식을 가지지 않는다.'라고 천명한다.

㉧ '자아는 유한하지도 않고 무한하지도 않다. 죽고 난 후에 병들지 않는다. 인식을 가지지 않는다.'라고 천명한다.

— 이것이 여덟 가지 [사후에 자아가] 인식을 가지지 않는다는 주장

---

244) "'병들지 않음(aroga)'이란 항상함[常, nicca]을 말한다."(DA.i.119)
여기 §§958~959에 나타나는 16가지는 『디가 니까야』 제1권 「범망경」(D1) §2.38에도 '사후에 자아가 인식과 함께 존재한다고 설하는 자들(uddhamāghātanikā saññivādā)'의 견해로 나타나고 있다. 각 용어에 대한 설명은 「범망경」(D1) §2.38의 해당 주해들을 참조하기 바란다.

245) 이 ①은 VRI본과 PTS본이 약간 다르게 나타난다. 저본으로 삼고 있는 VRI본에는 ""rūpī attā hoti arogo paraṁ maraṇā"ti — asaññīti naṁ paññapenti."로 나타나고, PTS본에는 "rūpī attā hoti arogo paraṁ maraṇā asaññīti naṁ paññapenti."로 나타나고 있다. 그런데 같은 VRI본 『디가 니까야』 제1권 「범망경」(D1 §3.2)에는 본 『위방가』의 PTS본과 똑같이 나타난다. 그리고 문맥으로 볼 때 이 PTS본의 편집이 더 타당하다. 그래서 역자는 PTS본을 따라서 옮겼고 같은 이유로 ②부터 ⑧까지도 모두 PTS본을 따라서 옮겼다.

이다.

⑧ 여덟 가지 [사후에 자아가] 인식을 가진 것도 아니고 인식을 가지지 않은 것도 아니라는 주장(D1 §3.5)

959. 여기서 무엇이 '여덟 가지 [사후에 자아가] 인식을 가진 것도 아니고 인식을 가지지 않은 것도 아니라는 주장(aṭṭha nevasaññīnāsaññī-vādā)'246) 인가?

㉠ '자아는 물질[色]을 가진다. 죽고 난 후에 병들지 않는다. 인식을 가진 것도 아니고 인식을 가지지 않은 것도 아니다.'라고 천명한다.247)

㉡ '자아는 물질을 가지지 않는다. 죽고 난 후에 병들지 않는다. 인식을 가진 것도 아니고 인식을 가지지 않은 것도 아니다.'라고 천명한다.

㉢ '자아는 물질을 가지기도 하고 물질을 가지지 않기도 한다. 죽고 난 후에 병들지 않는다. 인식을 가진 것도 아니고 인식을 가지지 않은 것도 아니다.'라고 천명한다.

㉣ '자아는 물질을 가지는 것도 아니고 물질을 가지지 않는 것도 아니다. 죽고 난 후에 병들지 않는다. 인식을 가진 것도 아니고 인식을 가지지 않은 것도 아니다.'라고 천명한다.

---

246) '인식을 가진 것도 아니고 인식을 가지지 않은 것도 아닌 것(nevasaññī-nāsaññī)', 혹은 '인식이 있는 것도 아니고 인식이 없는 것도 아닌 것(nevasaññānāsaññā)' 즉 비상비비상(非想非非想)이 구체적으로 무엇인가는 『청정도론』에 잘 설명되어 있다. 『청정도론』 제10장(Vis.X.49～52)을 참조하기 바란다.

247) 여기서도 이 ①은 앞의 §958에서처럼 VRI본에는 ""rūpī attā hoti arogo paraṁ maraṇā"ti — nevasaññīnāsaññīti naṁ paññapenti."로 나타나고, PTS본에는 "rūpī attā hoti arogo paraṁ maraṇā nevasaññī-nāsaññīti naṁ paññapenti."로 나타난다. 여기서도 같은 VRI본 『디가 니까야』 제1권 「범망경」(D1 §3.6)도 본서의 이 PTS본과 똑같이 나타난다. 역자는 통일을 위하여 여기서도 PTS본을 따라서 옮겼고 같은 이유로 ②부터 ⑧까지도 모두 PTS본을 따라서 옮겼다.

㉤ '자아는 유한하다. 죽고 난 후에 병들지 않는다. 인식을 가진 것도 아니고 인식을 가지지 않은 것도 아니다.'라고 천명한다.

㉥ '자아는 무한하다. 죽고 난 후에 병들지 않는다. 인식을 가진 것도 아니고 인식을 가지지 않은 것도 아니다.'라고 천명한다.

㉦ '자아는 유한하기도 하고 무한하기도 하다. 죽고 난 후에 병들지 않는다. 인식을 가진 것도 아니고 인식을 가지지 않은 것도 아니다.'라고 천명한다.

㉧ '자아는 유한하지도 않고 무한하지도 않다. 죽고 난 후에 병들지 않는다. 인식을 가진 것도 아니고 인식을 가지지 않은 것도 아니다.'라고 천명한다.

— 이것이 여덟 가지 [사후에 자아가] 인식을 가진 것도 아니고 인식을 가지지 않은 것도 아니라는 주장이다.

여덟 개 조에 대한 해설이 [끝났다.]

(9) 아홉 개 조에 대한 해설(navaka-niddesa)

① 아홉 가지 원한이 [생기는] 토대

960. 여기서 무엇이 '아홉 가지 원한이 [생기는] 토대(nava āghāta-vatthūni)'인가? '이 [사람이] 나에게 손해를 끼쳤다.'라는 생각에 원한이 생긴다. '이 [사람이] 나에게 손해를 끼친다.'라는 생각에 원한이 생긴다. '이 [사람이] 나에게 손해를 끼칠 것이다.'라는 생각에 원한이 생긴다. '이 [사람이] 내가 좋아하고 마음에 드는 사람에게 손해를 끼쳤다. … 손해를 끼친다. … 손해를 끼칠 것이다.'라는 생각에 원한이 생긴다. '이 [사람이] 내가 좋아하지 않고 마음에 들지 않는 사람에게 이익을 주었다. … 이익을 준다. … 이익을 줄 것이다.'라는 생각에 원한이 생긴다.

— 이것이 아홉 가지 원한이 [생기는] 토대이다.(A9:29. *cf* A10:79, 본서 §967)

② 아홉 가지 인간의 더러움

961. 여기서 무엇이 '아홉 가지 인간의 더러움(nava purisamalāni)'인가? 분노, 모욕, 질투, 인색, 속임수(māyā), 사기(sāṭheyya), 거짓말, 악한 바람, 그릇된 견해 — 이것이 아홉 가지 인간의 더러움이다.

③ 아홉 가지 자만

962. 여기서 무엇이 '아홉 가지 자만(navavidhā mānā)'인가? 뛰어난 자가 내가 더 뛰어나다고 [여기는] 자만, 뛰어난 자가 [390] 내가 동등하다고 [여기는] 자만, 뛰어난 자가 내가 더 못하다고 [여기는] 자만, 동등한 자가 내가 더 뛰어나다고 [여기는] 자만, 동등한 자가 내가 동등하다고 [여기는] 자만, 동등한 자가 내가 더 못하다고 [여기는] 자만, 못한 자가 내가 더 뛰어나다고 [여기는] 자만, 못한 자가 내가 동등하다고 [여기는] 자만, 못한 자가 내가 더 못하다고 [여기는] 자만 — 이것이 아홉 가지 자만이다.

④ 아홉 가지 갈애를 뿌리로 가진 법

963. 여기서 무엇이 '아홉 가지 갈애를 뿌리로 가진 법(nava taṇhā-mūlakā dhammā)'인가? 갈애를 조건으로 하여 추구가, 추구를 조건으로 하여 얻음이, 얻음을 조건으로 하여 판별이, 판별을 조건으로 하여 욕탐이, 욕탐을 조건으로 하여 달라붙음(탐착, ajjhosāna)이, 달라붙음을 조건으로 하여 거머쥠이, 거머쥠을 조건으로 하여 인색이, 인색을 조건으로 하여 수호[248]가, 수호를 원인으로 하여 몽둥이를 들고 칼을 들고 싸우고 말다툼하고 분쟁하고 막말하고 중상모략하고 거짓말하는 수많은 악

하고 해로운 법들이 생겨난다.(D15 §9; D33 §2.2) — 이것이 아홉 가지 갈애를 뿌리로 가진 법이다.

⑤ 아홉 가지 동요

964. 여기서 무엇이 '아홉 가지 동요(nava iñjitāni)'[249] 인가?

'[나는] 있다.'라는 것은 동요이다. '나는 있다.'라는 것은 동요이다.[250] '이러한 나는 있다.'라는 것은 동요이다. '나는 있을 것이다.'라는 것은 동요이다. '나는 물질을 가진 자가 될 것이다.'라는 것은 동요이다. '나는 물질을 가지지 않은 자가 될 것이다.'라는 것은 동요이다. '나는 인식을 가진 자가 될 것이다.'라는 것은 동요이다. '나는 인식을 가지지 않은 자가 될 것이다.'라는 것은 동요이다. '나는 인식을 가진 것도 아니고 인식을 가지지 않은 것도 아닌 자가 될 것이다.'라는 것은 동요이다. —

---

248) "수호(ārakkha)란 대문을 걸어 잠그고 보석함을 지킴에 의해서 잘 수호하는 것이다."(DA.ii.499)
물론 여기서는 나쁜 뜻으로 쓰였다.

249) 여기 §964와 §965는 저본인 VRI본에 준해서 옮긴 것이다. 그러나 PTS본에는 "'[나는] 있다.'라는 것은 동요이다(asmīti iñjitametaṁ)."가 나타나지 않고 대신에 "'나는 있을 것이다.'라는 것은 동요이다(bhavissanti iñjitametaṁ)." 다음에 "'나는 있지 않을 것이다'라는 것은 동요이다(abhavissanti iñjitametaṁ)."가 나타나서 모두 아홉 가지가 된다. 이것은 『맛지마 니까야』 제4권 「요소의 분석 경」(M140) §31에 나타나는 아홉 가지 공상(空想, 허황된 생각, maññita)과도 같고 『상윳따 니까야』 제3권 「관찰 경」(S22: 47) §4와 제4권 「보리 단 경」(S35:248) §8에도 동일하게 나타난다.

250) 그런데 VRI본을 저본으로 하여 옮긴 본서의 '[나는] 있다.'는 asmi를 옮긴 것이고 '나는 있다.'는 ahamasmi를 옮긴 것이다. 전자는 주어 '나는(ahaṁ)'이 빠졌을 뿐이고 문법적으로는 후자와 동일한 내용이다. 주석서는 이 둘이 어떻게 다른지를 설명하고 있지 않다.
이렇게 볼 때 앞의 주해에서 언급한 PTS본의 편집이 더 좋다고 할 수 있다. 텃띨라 스님도 저본인 VRI본에 준해서 옮겼는데 asmi는 "*(I) am*"으로 ( ) 안에 'I'를 넣어서 옮겼고 ahamasmi는 "*I am*"으로 ( ) 없이 구분해서 옮겼다.(텃띨라 스님, 502쪽 참조)

이것이 아홉 가지 동요이다.

⑥~⑨ 아홉 가지 허황된 생각[空想], 아홉 가지 혼란, 아홉 가지 사량분별, 아홉 가지 형성된 것

965. 여기서 무엇이 '아홉 가지 허황된 생각(nava maññitāni)'인가? … '아홉 가지 혼란(nava phanditāni)'인가? … '아홉 가지 사량분별(nava papañcitāni)'인가? … '아홉 가지 형성된 것(nava saṅkhatāni)'인가? '[나는] 있다.'라는 것은 형성된 것이다. '나는 있다.'라는 것은 형성된 것이다. '이러한 나는 있다.'라는 것은 형성된 것이다. '나는 있을 것이다.'라는 것은 [391] 형성된 것이다. '나는 물질을 가진 자가 될 것이다.'라는 것은 형성된 것이다. '나는 물질을 가지지 않은 자가 될 것이다.'라는 것은 형성된 것이다. '나는 인식을 가진 자가 될 것이다.'라는 것은 형성된 것이다. '나는 인식을 가지지 않은 자가 될 것이다.'라는 것은 형성된 것이다. '나는 인식을 가진 것도 아니고 인식을 가지지 않은 것도 아닌 자가 될 것이다.'라는 것은 형성된 것이다. — 이것이 아홉 가지 형성된 것이다.[251]

아홉 개 조에 대한 해설이 [끝났다.]

---

251) "여기서는 모든 구절들을 통해서 자만(māna)을 말씀하셨다. 자만은 동요하기 때문에 동요(iñjita)이고 허황된 생각을 하기 때문에 허황된 생각(maññita)이고 혼란스럽기 때문에 혼란(phandita)이고 사량분별하기 때문에 사량분별(papañcita)이기 때문이다. 이런저런 이유로 형성되었기 때문에 형성된 것(saṅkhata)이라 한다."(VbhA.513)

⑽ 열 개 조에 대한 해설(dasaka-niddesa)

① 열 가지 오염원의 토대

966. 여기서 무엇이 '열 가지 오염원의 토대(dasa kilesavatthūni)'인가? 탐욕, 성냄, 어리석음, 자만, 사견, 의심, 해태, 들뜸, 양심 없음, 수치심 없음(Dhs §1565) — 이것이 열 가지 오염원의 토대이다.

② 열 가지 원한이 [생기는] 토대

967. 여기서 무엇이 '열 가지 원한이 [생기는] 토대(dasa āghātavatthūni)'인가? '이 [사람이] 내게 손해를 끼쳤다.'라는 생각에 원한이 생긴다. '이 [사람이] 내게 손해를 끼친다.'라는 생각에 원한이 생긴다. '이 [사람이] 내게 손해를 끼칠 것이다.'라는 생각에 원한이 생긴다. '이 [사람이] 내가 좋아하고 마음에 드는 사람에게 손해를 끼쳤다. … 끼친다. … 끼칠 것이다.'라는 생각에 원한이 생긴다. '이 [사람이] 내가 좋아하지 않고 마음에 들지 않는 사람에게 이익을 주었다. … 준다. … 줄 것이다.'라는 생각에 원한이 생긴다. 그리고 이유 없이 화를 낸다. — 이것이 열 가지 원한이 [생기는] 토대이다.(A10:79. *cf.* 본서 §960과 A9:29)

③ 열 가지 해로운 업의 길[十不善業道]

968. 여기서 무엇이 '열 가지 해로운 업의 길[十不善業道, dasa akusalakammapathā]'인가? 생명을 죽임, 주지 않은 것을 가짐, 그릇된 음행, 거짓말, 중상모략, 욕설, 잡담, 욕심, 악의, 사견 — 이것이 열 가지 해로운 업의 길이다.

④ 열 가지 족쇄

969. 여기서 무엇이 '열 가지 족쇄(dasa saṁyojanāni)'인가? 열 가지 족쇄가 있으니 감각적 쾌락에 대한 갈망의 족쇄, 적의의 족쇄, 자만의 족쇄, 견해의 족쇄, 의심의 족쇄, 계행과 의례의식에 대한 집착[固守]의 족쇄, 존재에 대한 갈망의 족쇄, 질투의 족쇄, 인색의 족쇄, 무명의 족쇄이다.[252](Dhs §1118) — 이것이 열 가지 족쇄이다.

⑤ 열 가지 그릇됨

970. 여기서 무엇이 '열 가지 그릇됨(dasa micchattā)'인가? 그릇된 견해, 그릇된 사유, 그릇된 말, 그릇된 행위, 그릇된 생계, 그릇된 정진, 그릇된 마음챙김, 그릇된 삼매, [392] 그릇된 지혜, 그릇된 해탈 — 이것이 열 가지 그릇됨이다.(*cf.* §956)

⑥ 열 가지 토대를 가진 그릇된 견해

971. 여기서 무엇이 '열 가지 토대를 가진 그릇된 견해(dasa-

---

252) 본서의 여기서 설명하는 열 가지 족쇄는 아비담마의 방법에 따른 것이다. 『담마상가니』 제3편 §1118에도 이렇게 나타나고 있다. 경에서 설하는 족쇄와 아비담마에서 설하는 족쇄는 조금 다르다.

경(經)에 의하면 열 가지 족쇄는 ① 감각적 쾌락에 대한 갈망의 족쇄 ② 색계의 [존재]에 대한 갈망의 족쇄 ③ 무색계의 [존재]에 대한 갈망의 족쇄 ④ 적의의 족쇄 ⑤ 자만의 족쇄 ⑥ 견해의 족쇄 ⑦ 계행과 의례의식에 대한 집착의 족쇄 ⑧ 의심의 족쇄 ⑨ 들뜸의 족쇄 ⑩ 무명의 족쇄이다.(「족쇄 경」(A10:13))

아비담마의 열 가지 족쇄에는 경에 나타나는 열 가지 족쇄 가운데 ⑨ 들뜸의 족쇄가 빠졌고, ② 색계의 [존재]에 대한 갈망의 족쇄와 ③ 무색계의 [존재]에 대한 갈망의 족쇄가 존재에 대한 갈망의 족쇄 하나로 묶어졌다. 그리고 질투의 족쇄와 인색의 족쇄가 첨가되었다. 이렇게 해서 열 가지가 된 것이다. 더 자세한 설명은 『담마상가니』 제3편 §1118의 해당 주해를 참조하기 바란다.

vatthukā micchādiṭṭhi)'인가? 보시도 없고, 공물도 없고, 제사(헌공)도 없다. 선행과 악행의 업들에 대한 열매도 과보도 없다. 이 세상도 없고, 저 세상도 없다. 어머니도 없고, 아버지도 없다. 화생하는 중생도 없고, 이 세상과 저 세상을 스스로 최상의 지혜로 알고 실현하여 드러내는 바른 도를 구족한 사문 · 바라문들도 이 세상에는 없다.(Dhs §1221) — 이것이 열 가지 토대를 가진 그릇된 견해이다.

⑦ 열 가지 토대를 가진 [양]극단을 취하는 견해

972. 여기서 무엇이 '열 가지 토대를 가진 [양]극단을 취하는 견해(dasavatthukā antaggāhikā diṭṭhi)'인가? '세상은 영원하다.'라거나 '세상은 영원하지 않다.'라거나 '세상은 유한하다.'라거나 '세상은 유한하지 않다.'라거나 '생명과 몸은 같다.'라거나 '생명과 몸은 다르다.'거나 '여래는 죽은 뒤에 존재한다.'라거나 '여래는 죽은 뒤에 존재하지 않는다.'거나 '여래는 죽은 뒤에 존재하기도 하고 존재하지 않기도 하다.'거나 '여래는 죽은 뒤에 존재하는 것도 아니고 존재하지 않는 것도 아니다.'라는 것 — 이것이 열 가지 토대를 가진 [양]극단을 취하는 견해이다.

열 개 조에 대한 해설이 [끝났다.]

(11) 갈애의 발생에 대한 해설(taṇhāvicarita-niddesa) (*cf.* A4:199)

① 18가지 안의 [오온]을 취착하여 [일어나는] 갈애의 발생

973. 그러면 무엇이 '18가지 안의 [오온]을 취착하여[253] [일어나

---

253) '안의 [오온]을 취착하여'는 ajjhattikassa upādāya를 옮긴 것이다. 주석서는 "'안의 것을 취착하여(ajjhattikassa upādāya)'라는 것은 안의 무더기 다섯 가지를(ajjhattikaṁ khandhapañcakaṁ) 취착하여이다."(VbhA.513)라고 설명하고 있어서 이렇게 옮겼다.

는] 갈애의 발생(taṇhā-vicaritāni)'[254] 인가? '나는 있다.'라는 것, '나는 이렇게 있다.'라는 것,[255] '나는 동등하다.'[256] 라는 것, '나는 다르다.'라는 것, '나는 있을 것이다.'라는 것, '나는 이렇게 있을 것이다.'라는 것, '나는 동등하게 되어있을 것이다.'라는 것, '나는 다르게 되어있을 것이다.'라는 것, '나는 영원하다.'라는 것, '나는 영원하지 않다.'라는 것, '나는 있을 수 있다.'라는 것, '나는 이렇게 있을 수 있다.'라는 것, '나는 동등할 수 있다.'라는 것, '나는 다를 수 있다.'라는 것, '나는 참으로 있기를.'이라는 것, [393] '나는 참으로 이렇게 있기를.'이라는 것, '나는 참으로 동등하게 되기를.'이라는 것, '나는 참으로 다르게 되기를.'이라는 것이다.[257] [258]

---

254) 여기서 '갈애의 발생'은 taṇhā-vicaritāni를 옮긴 것이다. 주석서는 이것을 "갈애가 출현하는 것들(taṇhā-samudācārā)과 갈애의 일어남들(taṇhā-pavattiyo)"(Moh.310)로 설명하고 있어서 이렇게 옮겼다.

255) "'나는 이렇게 있다.'라는 것(itthasmīti hoti) 등에서 이와 같이 적집된 것(samūha)을 '나'라고 거머쥘 때 비교하지 않음(anupanidhā)과 비교함(upanidhā)이라는 두 가지로 거머쥠(gahaṇa)이 있다."(VbhA.514)

256) "'나는 동등하다.'라는 것"과 "'나는 다르다.'라는 것"은 각각 evasmīti hoti와 aññathāsmīti hoti를 옮긴 것이다. 주석서에서 "비교를 함(upanidhāya gahaṇa)에는 두 가지가 있는데 동등한 것과 동등하지 않은 것을 통해서(samato ca asamato ca)이다. 이것을 보여주시기 위해서 '나는 동등하다.'라는 것과 '나는 다르다.'라는 것을 말씀하셨다."(VbhA.514)라고 설명하고 있어서 이렇게 풀어서 옮겼다.

257) 원문은 "asmīti hoti, itthasmīti hoti, evasmīti hoti, aññathāsmīti hoti, bhavissanti hoti, itthaṁ bhavissanti hoti, evaṁ bhavissanti hoti, aññathā bhavissanti hoti, asasmīti hoti, sātasmīti hoti, siyanti hoti, itthaṁ siyanti hoti, evaṁ siyanti hoti, aññathā siyanti hoti, apāhaṁ siyanti hoti, apāhaṁ itthaṁ siyanti hoti, apāhaṁ evaṁ siyanti hoti, apāhaṁ aññathā siyanti hoti."이다.
이것은 『앙굿따라 니까야』 「갈애 경」(taṇhā-sutta, A4:199) §3과 같은 내용인데 순서가 조금 다르다.

258) "이들 가운데 항상함과 단멸함(sassatucchada)을 통해서 설하신 두 가지는 견해를 상수로 한 것(diṭṭhisīsā)이라 한다. '나는 있다.'라는 것과 '나는

974. 그러면 어떻게 '나는 있다.'라는 [갈애의 발생이] 있는가? 물질이라는 … 느낌이라는 … 인식이라는 … 심리현상들이라는 … 알음알이라는 법에 대해서 어떠한 구별도 하지 못하면서 '나는 있다.'라는 욕구를 가지게 되고 '나는 있다.'라는 자만을 가지게 되고 '나는 있다.'는 사견을 가지게 된다. 이것이 있을 때 '나는 이렇게 있다.'라거나 '나는 동등하다.'라거나 '나는 다르다.'라는 이러한 사량분별이 있게 된다.

그러면 어떻게 '나는 이렇게 있다.'라는 [갈애의 발생이] 있는가?259)

있을 것이다.'라는 것과 '나는 있을 수 있다.'라는 것과 '나는 참으로 있기를.' 이라는 것의 이 네 가지는 순수함을 상수로 한 것(suddhasīsā)이다. '나는 이렇게 있다.'라는 것 등의 세 가지의 세 가지, 즉 12가지는 상수로 한 것에 뿌리 한 것(sīsamūlakā)이라 한다. 이와 같이 이들은 견해를 상수로한 것 2가지, 순수함을 상수로 한 것 4가지, 상수로 한 것에 뿌리 한 것 12가지가 되어 18가지 견해의 발생인 법들(taṇhāvicarita-dhammā)이라고 알아야 한다."(VbhA.514)

259) "'나는 이렇게 있다.'라는 것(itthasmīti hoti) 등에서 이와 같이 적집된 것(samūha)을 '나'라고 거머쥘 때 ① 비교하지 않음(anupanidhā)과 ② 비교함(upanidhā)이라는 두 가지로 거머쥠(gahaṇa)이 있다.

여기서 ① 비교하지 않음은 다른 형태를 의지하지 않고 자신의 존재(sakabhāva)를 대상으로 하여 '나는 이렇게 있다.'라는 [갈애의 발생이] 있게 된다. 끄샤뜨리야 등에 대해서 '나는 이런 자이다.'라고 갈애와 자만과 사견(taṇhā-māna-diṭṭhi)으로 [갈애의 발생이] 있다는 뜻이다. 이것이 비교하지 않음으로 거머쥐는 것이다.

② 비교를 함(upanidhāya gahaṇa)에는 두 가지가 있는데 동등한 것과 동등하지 않은 것을 통해서(samato ca asamato ca)이다. 이것을 보여주시기 위해서 '나는 동등하다.'라는 것과 '나는 다르다.'라는 것(evasmīti ca aññathāsmīti)을 말씀하셨다. '나는 동등하다.'라는 것은 동등한 것과 비교하여 거머쥐는 것(samato upanidhāya gahaṇa)인데 이것이 끄샤뜨리야이고 이것이 바라문인데 나도 역시 그와 같다라는 뜻이다. '나는 다르다.'라는 이것은 동등하지 않음을 통해서 거머쥐는 것(asamato gahaṇa)인데 이것이 끄샤뜨리야이고 이것이 바라문인데 나는 그와 달라서(tato aññathā ahaṁ) 저열하거나 뛰어나다(hīno vā adhiko vā)라는 뜻이다. 이것은 현재(paccuppanna)를 통해서 [일어나는] 네 가지 갈애의 발생이다."(VbhA.514)

'나는 끄샤뜨리야이다.'라거나 '나는 바라문이다.'라거나 '나는 와이샤이다.'라거나 '나는 수드라이다.'라거나 '나는 재가자이다.'라거나 '나는 출가자이다.'라거나 '나는 신이다.'라거나 '나는 인간이다.'라거나 '나는 물질을 가진 자이다.'라거나 '나는 물질을 가지지 않은 자이다.'라거나 '나는 인식을 가진 자이다.'라거나 '나는 인식을 가지지 않은 자이다.'라거나 '나는 인식을 가진 것도 아니고 인식을 가지지 않은 것도 아닌 자이다.'라고 — 이와 같이 '나는 이렇게 있다.'라는 [갈애의 발생이] 있다.

그러면 어떻게 '나는 동등하다.'라는 [갈애의 발생이] 있는가? 다른 사람과 비교하여 '그가 끄샤뜨리야이듯이 나도 역시 끄샤뜨리야이다.'라거나 '그가 바라문이듯이 나도 역시 바라문이다.'라거나 '그가 와이샤이듯이 나도 역시 와이샤이다.'라거나 '그가 수드라이듯이 나도 역시 수드라이다.'라거나 '그가 재가자이듯이 나도 역시 재가자이다.'라거나 '그가 출가자이듯이 나도 역시 출가자이다.'라거나 '그가 신이듯이 나도 역시 신이다.'라거나 '그가 인간이듯이 나도 역시 인간이다.'라거나 '그가 물질을 가진 자이듯이 나도 역시 물질을 가진 자이다.'라거나 '그가 물질을 가지지 않은 자이듯이 나도 역시 물질을 가지지 않은 자이다.'라거나 '그가 인식을 가진 자이듯이 나도 역시 인식을 가진 자이다.'라거나 '그가 인식을 가지지 않은 자이듯이 나도 역시 인식을 가지지 않은 자이다.'라거나 '그가 인식을 가진 것도 아니고 인식을 가지지 않은 것도 아닌 자이듯이 나도 역시 인식을 가진 것도 아니고 인식을 가지지 않은 것도 아닌 자이다.'라고 — 이와 같이 '나는 동등하다.'라는 [갈애의 발생이] 있다.

그러면 어떻게 '나는 다르다.'라는 [갈애의 발생이] 있는가? 다른 사람과 비교하여 '그는 끄샤뜨리야이지만 나는 그런 끄샤뜨리야가 아니다.'라거나 '그는 바라문이지만 나는 그런 바라문이 아니다.'라거나 '그는 와이샤이지만 나는 그런 와이샤가 아니다.'라거나 '그는 수드라이지만 나는 그런 수드라가 아니다.'라거나 '그는 재가자이지만 나는 그런 재가자가 아니다.'라거나 '그는 출가자이지만 나는 그런 출가자가 아니다.'라거나 '그는 신이지만 나는 그런 신이 아니다.'라거나 '그는 인간이지만 나는 그런 인간이 아니다.'라거나 [394] '그는 물질을 가진 자이지만 나는 그런 물질을 가진 자가 아니다.'라거나 '그는 물질을 가지지 않은 자이지만 나는 그런 물질을 가지지 않은 자가 아니다.'라거나 '그는 인식을 가진 자이지만 나는 그런 인식을 가진 자가 아니다.'라거나 '그는 인식을 가지지 않은 자이지만 나는 그런 인식을 가지지 않은 자가 아니다.'라거나 '그는 인식을 가진 것도 아니고 인식을 가지지 않은 것도 아닌 자이지만 나는 그런 인식을 가진 것도 아니고 인식을 가지지 않은 것도 아닌 자가 아니다.'라고 — 이와 같이 '나는 다르다.'라는 [갈애의 발생이] 있다.

그러면 어떻게 '나는 있을 것이다.'라는 [갈애의 발생이] 있는가?[260] 물질이라는 … 느낌이라는 … 인식이라는 … 심리현상들이라는 … 알음알이라는 법에 대해서 어떠한 구별도 하지 못하면서 '나는 있을 것이다.'는 욕구를 가지게 되고 '나는 있을 것이다.'라는 자만을 가지게 되고 '나는 있을 것이다.'라는 사견을 가지게 된다. 이것이 있을 때 '나는 이렇게 있을 것이다.'라거나 '나는 동등할 것이다.'라거나 '나는 다를 것이다.'라는 이러한 사량분별이 있게 된다.

그러면 어떻게 '나는 이렇게 있을 것이다.'라는 [갈애의 발생이] 있는가? '나는 끄샤뜨리야일 것이다.'라거나 '나는 바라문일 것이다.'라거나

---

260) "'나는 있을 것이다.'라는 것(bhavissanti) 등의 네 가지는 미래(anāgata)를 통해서 설하신 것이다. 앞의 네 가지에서 설하신 것을 통해서 그 뜻을 알아야 한다."(VbhA.514)

'나는 와이샤일 것이다.'라거나 '나는 수드라일 것이다.'라거나 '나는 재가자일 것이다.'라거나 '나는 출가자일 것이다.'라거나 '나는 신일 것이다.'라거나 '나는 인간일 것이다.'라거나 '나는 물질을 가진 자질 것이다.' 라거나 '나는 물질을 가지지 않은 자일 것이다.'라거나 '나는 인식을 가진 자일 것이다.'라거나 '나는 인식을 가지지 않은 자일 것이다.'라거나 '나는 인식을 가진 것도 아니고 인식을 가지지 않은 것도 아닌 자일 것이다.'라고 — 이와 같이 '나는 이렇게 있을 것이다.'라는 [갈애의 발생이] 있다.

그러면 어떻게 '나는 동등하게 되어 있을 것이다.'라는 [갈애의 발생이] 있는가? 다른 사람과 비교하여 '그가 끄샤뜨리야이듯이 나도 역시 끄샤뜨리야일 것이다.'라거나 '그가 바라문이듯이 나도 역시 바라문일 것이다.'라거나 … '그가 인식을 가진 것도 아니고 인식을 가지지 않은 것도 아닌 자이듯이 나도 역시 인식을 가진 것도 아니고 인식을 가지지 않은 것도 아닌 자이다.'라고 — 이와 같이 '나는 동등하게 되어 있을 것이다.'라는 [갈애의 발생이] 있다.

그러면 어떻게 '나는 다르게 되어있을 것이다.'라는 [갈애의 발생이] 있는가? 다른 사람과 비교하여 '그는 끄샤뜨리야이지만 나는 그런 끄샤뜨리야가 아닐 것이다.'라거나 '그는 바라문이지만 나는 그런 바라문이 아닐 것이다.'라거나 … '그는 인식을 가진 것도 아니고 인식을 가지지 않은 것도 아닌 자이지만 나는 그런 인식을 가진 것도 아니고 인식을 가지지 않은 것도 아닌 자일 것이다.'라고 — 이와 같이 '나는 다르게 되어 있을 것이다.'라는 [갈애의 발생이] 있다.

그러면 어떻게 '나는 영원하다.'라는 [갈애의 발생이] 있는가?[261] 물

---

261) "'나는 영원하다(asasmi).'라는 것은 항상함을 통해서 있는 것이다(sassato

질이라는 … 느낌이라는 … 인식이라는 … 심리현상들이라는 … 알음알이라는 법에 대해서 어떠한 구별도 하지 못하면서 '나는 항상하다, 나는 견고하다, 나는 영원하다, 나는 변하지 않는 법이다.'라고 — 이와 같이 '나는 영원하다.'라는 [갈애의 발생이] 있다.

그러면 [395] 어떻게 '나는 영원하지 않다.'라는 [갈애의 발생이] 있는가? 물질이라는 … 느낌이라는 … 인식이라는 … 심리현상들이라는 … 알음알이라는 법에 대해서 어떠한 구별도 하지 못하면서 '나는 단멸할 것이다, 나는 파멸할 것이다, 나는 존재하지 않을 것이다.'라고 — 이와 같이 '나는 영원하지 않다.'라는 [갈애의 발생이] 있다.

그러면 어떻게 '나는 있을 수 있다.'라는 [갈애의 발생이] 있는가?[262] 물질이라는 … 느낌이라는 … 인식이라는 … 심리현상들이라는 … 알음알이라는 법에 대해서 어떠한 구별도 하지 못하면서 '나는 있을 수 있다.'라는 욕구를 가지게 되고 '나는 있을 수 있다.'라는 자만을 가지게 되고 '나는 있을 수 있다.'라는 사견을 가지게 된다. 이것이 있을 때 '나는 이렇게 있을 수 있다.'라거나 '나는 동등할 수 있다.'라거나 '나는 다를

---

asmi). '나는 영원하지 않다.'는 항상하지 않음을 통해서 있는 것이다(asassato asmi).
여기서, 있다(atthi)고 해서 존재함(asa)이다. 이것은 항상(nicca)과 동의어이다. 가라앉는다(sīdati)라고 해서 존재하지 않음이다. 이것은 무상(anicca)과 동의어이다. 그러므로 이 두 가지는 항상함[常]과 끊어짐[斷](sassat-uccheda)으로써 설한 것이라고 알아야 한다."(VbhA.514)

여기서 보듯이 역자는 sassata를 '항상함'으로, nicca를 '항상'으로 구분하여 옮겼다.

262) "'나는 있을 수 있다.'라는 것 등(siyantiādīni)의 네 가지는 의심하는 추론(saṁsayaparivitakka)을 통해서 설하신 것이다."(VbhA.514)
"'그런데 나는 있을 수 있는가, 있을 수 없는가?'라는 추론을 통해서이다(kiṁ nu kho ahaṁ siyaṁ, na siyanti evaṁ parivitakkavasena)."(VbhAMṬ.229)

수 있다.'라는 이러한 사량분별이 있게 된다.

그러면 어떻게 '나는 이렇게 있을 수 있다.'이라는 [갈애의 발생이] 있는가? '나는 끄샤뜨리야일 수 있다.'라거나 '나는 바라문일 수 있다.'라거나 '나는 와이샤일 수 있다.'라거나 '나는 수드라일 수 있다.'라거나 '나는 재가자일 수 있다.'라거나 '나는 출가자일 수 있다.'라거나 '나는 신일 수 있다.'라거나 '나는 인간일 수 있다.'라거나 '나는 물질을 가진 자일 수 있다.'라거나 '나는 물질을 가지지 않은 자일 수 있다.'라거나 '나는 인식을 가진 자일 수 있다.'라거나 '나는 인식을 가지지 않은 자일 수 있다.'라거나 '나는 인식을 가진 것도 아니고 인식을 가지지 않은 것도 아닌 자일 수 있다.'라고 — 이와 같이 '나는 이렇게 있을 수 있다.'라는 [갈애의 발생이] 있다.

그러면 어떻게 '나는 동등할 수 있다.'라는 [갈애의 발생이] 있는가? 다른 사람과 비교하여 '그가 끄샤뜨리야이듯이 나도 역시 끄샤뜨리야와 동등할 수 있다.'라거나 '그가 바라문이듯이 나도 역시 바라문과 동등할 수 있다.'라거나 … '그가 인식을 가진 것도 아니고 인식을 가지지 않은 것도 아닌 자도 아니듯이 나도 역시 인식을 가진 것도 아니고 인식을 가지지 않은 것도 아닌 자와 등등할 수 있다.'라고 — 이와 같이 '나는 동등할 수 있다.'라는 [갈애의 발생이] 있다.

그러면 어떻게 '나는 다를 수 있다.'라는 [갈애의 발생이] 있는가? 다른 사람과 비교하여 '그는 끄샤뜨리야이지만 나는 그런 끄샤뜨리야와 다를 수 있다.'라거나 '그는 바라문이지만 나는 그런 바라문과 다를 수 있다.'라거나 … '그는 인식을 가진 것도 아니고 인식을 가지지 않은 것도 아닌 자이지만 나는 그런 인식을 가진 것도 아니고 인식을 가지지 않은 것도 아닌 자와 다를 수 있다.'라고 — 이와 같이 '나는 다를 수 있다.'

라는 [갈애의 발생이] 있다.

그러면 어떻게 '나는 참으로 있기를.'이라는 [갈애의 발생이] 있는가?[263] 물질이라는 … 느낌이라는 … 인식이라는 … 심리현상들이라는 … 알음알이라는 법에 대해서 어떠한 구별도 하지 못하면서 '나는 참으로 있기를.'이라는 욕구를 가지게 되고 '나는 참으로 있기를.'이라는 자만을 가지게 되고 '나는 참으로 있기를.'이라는 사견을 가지게 된다. 이것이 있을 때 '나는 참으로 이렇게 있기를.'이라거나 '나는 참으로 동등하게 되기를.'이라거나 '나는 참으로 다르게 되기를.'이라는 이러한 사량분별이 있게 된다.

그러면 어떻게 '나는 참으로 이렇게 있기를.'이라는 [갈애의 발생이] 있는가? '나는 참으로 끄샤뜨리야이기를.'이라거나 '나는 참으로 바라문이기를.'이라거나 '나는 참으로 와이샤이기를.'이라거나 '나는 참으로 수드라이기를.'이라거나 '나는 참으로 재가자이기를.'이라거나 '나는 참으로 출가자이기를.'이라거나 [396] '나는 참으로 신이기를.'이라거나 '나는 참으로 인간이기를.'이라거나 '나는 참으로 물질을 가진 자이기를.'이라거나 '나는 참으로 물질을 가지지 않은 자이기를.'이라거나 '나는 참으로 인식을 가진 자이기를.'이라거나 '나는 참으로 인식을 가지지 않은 자이기를.'이라거나 '나는 참으로 인식을 가진 것도 아니고 인식을 가지지 않은 것도 아닌 자이기를.'이라고 — 이와 같이 '나는 참으로 이렇게 있기를.'이라는 [갈애의 발생이] 있다.

그러면 어떻게 '나는 참으로 동등하게 되기를.'이라는 [갈애의 발생이] 있는가? 다른 사람과 비교하여 '그가 끄샤뜨리야이듯이 나도 참으

---

263) "'나는 참으로 있기를.'이라는 등(apāhaṁ siyantiādīni)의 네 가지는 '나는 참으로 있기를(api nāmāhaṁ bhaveyyaṁ).'이라고 이와 같은 소망으로 생각함(patthanā-kappana)을 통해서 말씀하신 것이다."(VbhA.514)

로 끄샤뜨리야와 동등하게 되기를.'이라거나 '그가 바라문이듯이 나도 참으로 바라문과 동등하게 되기를.'이라거나 … '그가 인식을 가진 것도 아니고 인식을 가지지 않은 것도 아닌 자이듯이 나도 참으로 인식을 가진 것도 아니고 인식을 가지지 않은 것도 아닌 자와 동등하게 되기를.'이라고 — 이와 같이 '나는 참으로 동등하게 되기를.'이라는 [갈애의 발생이] 있다.

그러면 어떻게 '나는 참으로 다르게 되기를.'이라는 [갈애의 발생이] 있는가? 다른 사람과 비교하여 '그는 끄샤뜨리야이지만 나는 참으로 그런 끄샤뜨리야와 다르게 되기를.'이라거나 '그는 바라문이지만 나는 참으로 그런 바라문과 다르게 되기를.'이라거나 … '그는 인식을 가진 것도 아니고 인식을 가지지 않은 것도 아닌 자이지만 나는 참으로 그런 인식을 가진 것도 아니고 인식을 가지지 않은 것도 아닌 자와 다르게 되기를.'이라고 — 이와 같이 '나는 참으로 다르게 되기를.'이라는 [갈애의 발생이] 있다.

— 이것이 18가지 안의 [오온]을 취착하여 [일어나는] 갈애의 발생이다.

② 18가지 밖의 [오온]을 취착하여 [일어나는] 갈애의 발생

975. 여기서 무엇이 '18가지 밖의 [오온]을 취착하여 [일어나는] 갈애의 발생(aṭṭhārasa taṇhāvicaritāni bāhirassa upādāya)'인가?

'이것에 의해서[264] 나는 있다.'라는 것, '이것에 의해서 나는 이렇게 있다.'라는 것, '이것에 의해서 나는 동등하다.'라는 것, '이것에 의해서 나는 다르다.'라는 것, '이것에 의해서 나는 있을 것이다.'라는 것, '이것

264) "'이것에 의해서(iminā)'란 이러한 물질에 의해서 … 이러한 알음알이 [즉 오온]에 의해서라는 뜻이다."(AA.iii.208; VbhA.515)

에 의해서 나는 이렇게 있을 것이다.'라는 것, '이것에 의해서 나는 동등하게 되어 있을 것이다.'라는 것, '이것에 의해서 나는 다르게 되어 있을 것이다.'라는 것, '이것에 의해서 나는 영원하다.'라는 것, '이것에 의해서 나는 영원하지 않다.'라는 것, '이것에 의해서 나는 있을 수 있다.'라는 것, '이것에 의해서 나는 이렇게 있을 수 있다.'라는 것, '이것에 의해서 나는 동등할 수 있다.'라는 것, '이것에 의해서 나는 다를 수 있다.'라는 것, '이것에 의해서 나는 참으로 있기를.'이라는 것, '이것에 의해서 나는 참으로 이렇게 있기를.'이라는 것, '이것에 의해서 나는 참으로 동등하게 되기를.'이라는 것, '이것에 의해서 나는 참으로 다르게 되기를.'이라는 것이다.

976. 그러면 어떻게 '이것에 의해서 나는 있다.'라는 [갈애의 발생이] 있는가? [397] 물질이라는 … 느낌이라는 … 인식이라는 … 심리현상들이라는 … 알음알이라는 법에 대해서 구별을 하면서 '이것에 의해서 나는 있다.'는 욕구를 가지게 되고 '이것에 의해서 나는 있다.'라는 자만을 가지게 되고 '이것에 의해서 나는 있다.'는 사견을 가지게 된다. 이것이 있을 때 '이것에 의해서 나는 이렇게 있다.'라거나 '이것에 의해서 나는 동등하다.'라거나 '이것에 의해서 나는 다르다.'라는 이러한 사량분별이 있게 된다.

그러면 어떻게 '이것에 의해서 나는 이렇게 있다.'라는 [갈애의 발생이] 있는가? '이것에 의해서 나는 끄샤뜨리야이다.'라거나 '이것에 의해서 나는 바라문이다.'라거나 '이것에 의해서 나는 와이샤이다.'라거나 '이것에 의해서 나는 수드라이다.'라거나 '이것에 의해서 나는 재가자이다.'라거나 '이것에 의해서 나는 출가자이다.'라거나 '이것에 의해서 나는 신이다.'라거나 '이것에 의해서 나는 인간이다.'라거나 '이것에 의해서 나는 물질을 가진 자이다.'라거나 '이것에 의해서 나는 물질을 가지지 않은 자이다.'라거나 '이것에 의해서 나는 인식을 가진 자이다.'라거나 '이것에 의해서 나는 인식을 가지지 않은 자이다.'라거나 '이것에 의해서 나는 인식을 가진 것도 아니고 인식을 가지지 않은 것도 아닌 자이다.'라고 — 이와 같이 '이것에 의해서 나는 이렇게 있다.'라는 [갈애의 발생이] 있다.

그러면 어떻게 '이것에 의해서 나는 동등하다.'라는 [갈애의 발생이] 있는가? 다른 사람과 비교하여 '그가 끄샤뜨리야이듯이 이것에 의해서 나도 역시 끄샤뜨리야이다.'라거나 '그가 바라문이듯이 이것에 의해서 나도 역시 바라문이다.'라거나 … '그가 인식을 가진 것도 아니고 인식을 가지지 않은 것도 아닌 자이듯이 이것에 의해서 나도 역시 인식을 가진 것도 아니고 인식을 가지지 않은 것도 아닌 자이다.'라고 — 이와 같이 '이것에 의해서 나는 동등하다.'라는 [갈애의 발생이] 있다.

그러면 어떻게 '이것에 의해서 나는 다르다.'라는 [갈애의 발생이] 있는가? 다른 사람과 비교하여 '그는 끄샤뜨리야이지만 이것에 의해서 나는 그런 끄샤뜨리야가 아니다.'라거나 '그는 바라문이지만 이것에 의해서 나는 그런 바라문이 아니다.'라거나 … '그는 인식을 가진 것도 아니고 인식을 가지지 않은 것도 아닌 자이지만 이것에 의해서 나는 그런 인식을 가진 것도 아니고 인식을 가지지 않은 것도 아닌 자가 아니다.'라고 — 이와 같이 '이것에 의해서 나는 다르다.'라는 [갈애의 발생이] 있다.

그러면 어떻게 '이것에 의해서 나는 있을 것이다.'라는 [갈애의 발생이] 있는가? 물질이라는 … 느낌이라는 … 인식이라는 … 심리현상들이라는 … 알음알이라는 법에 대해서 구별을 하면서 '이것에 의해서 나는 있을 것이다.'는 욕구를 가지게 되고 '이것에 의해서 나는 있을 것이다.'라는 자만을 가지게 되고 '이것에 의해서 나는 있을 것이다.'라는 사견을 가지게 된다. 이것이 있을 때 '이것에 의해서 나는 이렇게 있을 것이다.'라거나 '이것에 의해서 나는 동등하게 되어 있을 것이다.'라거나 '이것에 의해서 나는 다르게 되어 있을 것이다.'라는 이러한 사량분별이 있게 된다.

그러면 어떻게 '이것에 의해서 나는 이렇게 있을 것이다.'라는 [갈애의 발생이] 있는가? '이것에 의해서 나는 끄샤뜨리야일 것이다.'라거나 [398] '이것에 의해서 나는 바라문일 것이다.'라거나 … '이것에 의해서 나는 인식을 가진 것도 아니고 인식을 가지지 않은 것도 아닌 자일 것이다.[비상비비상]'라고 — 이와 같이 '이것에 의해서 나는 이렇게 있을 것이다.'라는 [갈애의 발생이] 있다.

그러면 어떻게 '이것에 의해서 나는 동등하게 되어 있을 것이다.'라는 [갈애의 발생이] 있는가? 다른 사람과 비교하여 '그가 끄샤뜨리야이듯이 이것에 의해서 나도 역시 끄샤뜨리야일 것이다.'라거나 '그가 바라문이듯이 이것에 의해서 나도 역시 바라문일 것이다.'라거나 … '그가 인식을 가진 것도 아니고 인식을 가지지 않은 것도 아닌 자이듯이 이것에 의해서 나도 역시 인식을 가진 것도 아니고 인식을 가지지 않은 것도 아닌 자일 것이다.[비상비비상]'라고 — 이와 같이 '이것에 의해서 나는 동등하게 되어 있을 것이다.'라는 [갈애의 발생이] 있다.

그러면 어떻게 '이것에 의해서 나는 다르게 되어있을 것이다.'라는 [갈애의 발생이] 있는가? 다른 사람과 비교하여 '그는 끄샤뜨리야이지만 이것에 의해서 나는 그런 끄샤뜨리야가 아닐 것이다.'라거나 '그는 바라문이지만 이것에 의해서 나는 그런 바라문이 아닐 것이다.'라거나 … '그는 인식을 가진 것도 아니고 인식을 가지지 않은 것도 아닌 자이지만 이것에 의해서 나는 그런 인식을 가진 것도 아니고 인식을 가지지 않은 것도 아닌 자가 아닐 것이다.'라고 — 이와 같이 '이것에 의해서 나는 다르게 되어있을 것이다.'라는 [갈애의 발생이] 있다.

그러면 어떻게 '이것에 의해서 나는 영원하다.'라는 [갈애의 발생이] 있는가? 물질이라는 … 느낌이라는 … 인식이라는 … 심리현상들이라는 … 알음알이라는 법에 대해서 구별을 하면서 '이것에 의해서 나는 항상하다, 나는 견고하다, 나는 영원하다, 나는 변하지 않는 법이다.'라고 — 이와 같이 '이것에 의해서 나는 영원하다.'라는 [갈애의 발생이] 있다.

그러면 어떻게 '이것에 의해서 나는 영원하지 않다.'라는 [갈애의 발생이] 있는가? 물질이라는 … 느낌이라는 … 인식이라는 … 심리현상들이라는 … 알음알이라는 법에 대해서 구별을 하면서 '이것에 의해서 나는 단멸할 것이다, 나는 파멸할 것이다, 나는 존재하지 않을 것이다.'라고 — 이와 같이 '이것에 의해서 나는 영원하지 않다.'라는 [갈애의 발생이] 있다.

그러면 어떻게 '이것에 의해서 나는 있을 수 있다.'라는 [갈애의 발생이] 있는가? 물질이라는 … 느낌이라는 … 인식이라는 … 심리현상들이라는 … 알음알이라는 법에 대해서 구별을 하면서 '이것에 의해서 나는 있을 수 있다.'라는 욕구를 가지게 되고 '이것에 의해서 나는 있을 수 있다.'라는 자만을 가지게 되고 '이것에 의해서 나는 있을 수 있다.'라는 사견을 가지게 된다. 이것이 있을 때 '이것에 의해서 나는 이렇게 있을 수 있다.'라거나 '이것에 의해서 나는 동등할 수 있다.'라거나 '이것에 의해서 나는 다를 수 있다.'라는 이러한 사량분별이 있게 된다.

그러면 어떻게 '이것에 의해서 나는 이렇게 있을 수 있다.'라는 [갈애의 발생이] 있는가? '이것에 의해서 나는 끄샤뜨리야일 수 있다.'라거나 '이것에 의해서 나는 바라문일 수 있다.'라거나 '이것에 의해서 나는 와

이샤일 수 있다.'라거나 '이것에 의해서 나는 수드라일 수 있다.'라거나 '이것에 의해서 나는 재가자일 수 있다.'라거나 '이것에 의해서 나는 출가자일 수 있다.'라거나 '이것에 의해서 나는 신일 수 있다.'라거나 '이것에 의해서 나는 인간일 수 있다.'라거나 '이것에 의해서 나는 물질을 가진 자일 수 있다.'라거나 '이것에 의해서 나는 물질을 가지지 않은 자일 수 있다.'라거나 '이것에 의해서 나는 인식을 가진 자일 수 있다.'라거나
[399] '이것에 의해서 나는 인식을 가지지 않은 자일 수 있다.'라거나 '이것에 의해서 나는 인식을 가진 것도 아니고 인식을 가지지 않은 것도 아닌 자일 수 있다.'라고 — 이와 같이 '이것에 의해서 나는 이렇게 있을 수 있다.'라는 [갈애의 발생이] 있다.

그러면 어떻게 '이것에 의해서 나는 동등할 수 있다.'라는 [갈애의 발생이] 있는가? 다른 사람과 비교하여 '그가 *끄샤뜨리야*이듯이 이것에 의해서 나도 역시 *끄샤뜨리야*와 동등할 수 있다.'라거나 '그가 바라문이듯이 이것에 의해서 나도 역시 바라문과 동등할 수 있다.'라거나 … '그가 인식을 가진 것도 아니고 인식을 가지지 않은 것도 아닌 자이듯이 이것에 의해서 나도 역시 인식을 가진 것도 아니고 인식을 가지지 않은 것도 아닌 자와 등등할 수 있다.'라고 — 이와 같이 '이것에 의해서 나는 동등할 수 있다.'라는 [갈애의 발생이] 있다.

그러면 어떻게 '이것에 의해서 나는 다를 수 있다.'라는 [갈애의 발생이] 있는가? 다른 사람과 비교하여 '그는 *끄샤뜨리야*이지만 이것에 의해서 나는 그런 *끄샤뜨리야*와 다를 수 있다.'라거나 '그는 바라문이지만 이것에 의해서 나는 그런 바라문과 다를 수 있다.'라거나 … '그는 인식을 가진 것도 아니고 인식을 가지지 않은 것도 아닌 자이지만 이것에 의해서 나는 그런 인식을 가진 것도 아니고 인식을 가지지 않은 것도 아닌 자와 다를 수 있다.'라고 — 이와 같이 '이것에 의해서 나는 다를 수 있

다.'라는 [갈애의 발생이] 있다.

그러면 어떻게 '이것에 의해서 나는 참으로 있기를.'이라는 [갈애의 발생이] 있는가? 물질이라는 … 느낌이라는 … 인식이라는 … 심리현상들이라는 … 알음알이라는 법에 대해서 구별을 하면서 '이것에 의해서 나는 참으로 있기를.'이라는 욕구를 가지게 되고 '이것에 의해서 나는 참으로 있기를.'이라는 자만을 가지게 되고 '이것에 의해서 나는 참으로 있기를.'이라는 사견을 가지게 된다. 이것이 있을 때 '이것에 의해서 나는 참으로 이렇게 있기를.'이라거나 '이것에 의해서 나는 참으로 동등하게 되기를.'이라거나 '이것에 의해서 나는 참으로 다르게 되기를.'이라는 이러한 사량분별이 있게 된다.

그러면 어떻게 '이것에 의해서 나는 참으로 이렇게 있기를.'이라는 [갈애의 발생이] 있는가? '이것에 의해서 나는 참으로 끄샤뜨리야이기를.'이라거나 '이것에 의해서 나는 참으로 바라문이기를.'이라거나 '이것에 의해서 나는 참으로 와이샤이기를.'이라거나 '이것에 의해서 나는 참으로 수드라이기를.'이라거나 '이것에 의해서 나는 참으로 재가자이기를.'이라거나 '이것에 의해서 나는 참으로 출가자이기를.'이라거나 '이것에 의해서 나는 참으로 신이기를.'이라거나 '이것에 의해서 나는 참으로 인간이기를.'이라거나 '이것에 의해서 나는 참으로 물질을 가진 자이기를.'이라거나 '이것에 의해서 나는 참으로 물질을 가지지 않은 자이기를.'이라거나 '이것에 의해서 나는 참으로 인식을 가진 자이기를.'이라거나 '이것에 의해서 나는 참으로 인식을 가지지 않은 자이기를.'이라거나 '이것에 의해서 나는 참으로 인식을 가진 것도 아니고 인식을 가지지 않은 것도 아닌 자이기를.'이라고 — 이와 같이 '이것에 의해서 나는 참으로 이렇게 있기를.'이라는 [갈애의 발생이] 있다.

그러면 어떻게 '이것에 의해서 나는 참으로 동등하게 되기를.'이라는 [갈애의 발생이] 있는가? 다른 사람과 비교하여 '그가 *끄샤뜨리야*이듯이 이것에 의해서 나도 참으로 *끄샤뜨리야*와 동등하게 되기를.'이라거나 '그가 바라문이듯이 이것에 의해서 나도 참으로 바라문과 동등하게 되기를.'이라거나 … '그가 인식을 가진 것도 아니고 인식을 가지지 않은 것도 아닌 자이듯이 이것에 의해서 나도 참으로 인식을 가진 것도 아니고 인식을 가지지 않은 것도 아닌 자와 동등하게 되기를.'이라고 — 이와 같이 '이것에 의해서 나는 참으로 동등하게 되기를.'이라는 [갈애의 발생이] 있다.

그러면 어떻게 '이것에 의해서 나는 참으로 다르게 되기를.'이라는 [갈애의 발생이] 있는가? 다른 사람과 비교하여 [400] '그는 *끄샤뜨리야*이지만 이것에 의해서 나는 참으로 그런 *끄샤뜨리야*와 다르게 되기를.'이라거나 '그는 바라문이지만 이것에 의해서 나는 참으로 그런 바라문과 다르게 되기를.'이라거나 … '그는 인식을 가진 것도 아니고 인식을 가지지 않은 것도 아닌 자이지만 이것에 의해서 나는 참으로 그런 인식을 가진 것도 아니고 인식을 가지지 않은 것도 아닌 자와 다르게 되기를.'이라고 — 이와 같이 '이것에 의해서 나는 참으로 다르게 되기를.'이라는 [갈애의 발생이] 있다.
— 이것이 18가지 밖의 [오온]을 취착하여 [일어나는] 갈애의 발생이다.

이와 같이 이것이 18가지 안의 [오온]을 취착하여 [일어나는] 갈애의 발생이고 이것이 18가지 밖의 [오온]을 취착하여 [일어나는] 갈애의 발생이다. 이 [둘을] 한데 모으고 간략히 해서 36가지 갈애의 발생이 있다. 이런 형태의 과거의 36가지 갈애의 발생과 미래의 36가지 갈애의 발생과 현재의 36가지 갈애의 발생이 있으며 이 [셋을] 한데 모으고 간략히 해서 108가지 갈애의 발생이 있다.

③ 세존께서 「범망경」(D1)에서 말씀하신 62가지 사견에 빠짐

977. 여기서 무엇이 '세존께서 「범망경」(D1)에서 말씀하신 62가지 사견에 빠짐(dvāsaṭṭhi diṭṭhigatāni brahmajāle veyyākaraṇe vuttāni bhagavatā)'인가?

[18가지 과거를 모색하는 자들 가운데] 4가지 영속론자들, 4가지 일부영속 일부비영속론자들, 4가지 유한함과 무한함을 설하는 자들, 4가지 애매모호한 자들, 2가지 우연발생론자들, [44가지 미래를 모색하는 자들 가운데] 16가지 [사후에 자아가] 인식을 가진다고 설하는 자들, 8가지 [사후에 자아가] 인식을 가지지 않는다고 설하는 자들, 8가지 [사후에 자아가] 인식을 가진 것도 아니고 인식을 가지지 않은 것도 아니라고 설하는 자들, 7가지 단멸론자들, 5가지 지금・여기에서 열반을 실현한다고 주장하는 자들이다. — 이것이 「범망경」(D1)에서 세존께서 설하신 62가지 사견에 빠짐이다.

소소한 항목에 대한 분석이 [끝났다.]

제18장

법의 심장 위방가

법의 핵심에 대한 분석[265)]

Dhammahadaya-vibhaṅga

(1) 일체의 길라잡이에 관한 부문(sabbasaṅgāhika-vāra)

978. 몇 가지 [401] 무더기[蘊]가 있고, 몇 가지 감각장소[處]가 있고,

265) 주석서는 아비담마 마띠까와 이 법의 심장 위방가 없이는 빠알리 논장(Abhidhamma)은 전개될 수 없다고 아래와 같이 본 장을 강조하고 있다.
"'높은 법과 높은 율에 전념해야 한다(abhidhamme abhivinaye yogo karaṇīyo).'라고 하였다. 여기서 '높은 법(abhidhamma)'이란 논장(Abhidhamma-piṭaka)을 말하고 '높은 율(abhivinaya)'이란 율장(Vinaya-piṭaka)을 말하는데, 여기서는 각각의 성전(pāḷi)과 각각의 주석서(aṭṭha-kathā)를 합한 것을 말한다.
모든 것의 끝에 도달한 분석에 의하면(sabbantimena hi paricchedena), 논장은 두 개 조와 세 개 조 마띠까(dukatikamātikā)와 더불어 법의 심장 위방가(dhammahadayavibhaṅga) 없이는 전개되지 않는다. 율장은 갈마(羯磨)와 비갈마를 판별하는 것(kammākammavinicchaya)과 더불어 잘 판별된 두 가지 빠띠목카(suvinicchitāni dve pātimokkhāni) 없이는 전개되지 않는다."(MA.iii.185)

실제로 율장은 율장의 두 개의 마띠까라고도 일컬어지는 비구 빠띠목카와 비구니 빠띠목카와 수계(受戒)·참회(懺悔)·징벌(懲罰)·의결(議決) 등과 같은 승가 내의 행사나 사건들을 처리하는 공식적인 회의라 할 수 있는 갈마(羯磨, kamma, Sk. karma)가 없이는 존재할 수 없다. 그와 같이 논장의 칠론은 『담마상가니』 첫머리에서 밝히고 있는 세 개 조 마띠까 22개와 두 개 조 마띠까 100개로 구성된 아비담마 마띠까 없이는 전개될 수 없다. 이처럼 주석서는 아비담마의 가르침은 이 122개의 마띠까와 본 법의 심장 위방가 없이는 전개되지 않는다고 본 장의 중요성을 강조하는 것이다. 아비담마 마띠까에 대해서는 『담마상가니』 제1권 163~214쪽을 참조할 것.

몇 가지 요소[界]가 있고, 몇 가지 진리[諦]가 있고, 몇 가지 기능[根]이 있고, 몇 가지 원인[因]이 있고, 몇 가지 음식[食]이 있고, 몇 가지 감각접촉[觸]이 있고, 몇 가지 느낌[受]이 있고, 몇 가지 인식[想]이 있고, 몇 가지 의도[思]가 있고, 몇 가지 마음[心]이 있는가?

다섯 가지 무더기가 있고, 12가지 감각장소가 있고, 18가지 요소가 있고, 네 가지 진리가 있고, 22가지 기능이 있고, 9가지 원인이 있고, 네 가지 음식이 있고, 일곱 가지 감각접촉이 있고, 일곱 가지 느낌이 있고, 일곱 가지 인식이 있고, 일곱 가지 의도가 있고, 일곱 가지 마음이 있다.

979. 여기서 무엇이 '다섯 가지 무더기[五蘊, pañcakkhandhā]'인가? 물질의 무더기[色蘊], 느낌의 무더기[受蘊], 인식의 무더기[想蘊], 심리현상들의 무더기[行蘊], 알음알이의 무더기[識蘊] — 이를 일러 다섯 가지 무더기라 한다.

980. 여기서 무엇이 '12가지 감각장소(dvādasāyatanāni)'인가? 눈의 감각장소[眼處], 형색의 감각장소[色處], 귀의 감각장소[耳處], 소리의 감각장소[聲處], 코의 감각장소[鼻處], 냄새의 감각장소[香處], 혀의 감각장소[舌處], 맛의 감각장소[味處], 몸의 감각장소[身處], 감촉의 감각장소[觸處], 마노의 감각장소[意處], 법의 감각장소[法處] — 이를 일러 12가지 감각장소라 한다.

981. 여기서 무엇이 '18가지 요소(aṭṭhārasa dhātuyo)'인가? 눈의 요소, 형색의 요소, 눈의 알음알이의 요소, 귀의 요소, 소리의 요소, 귀의 알음알이의 요소, 코의 요소, [402] 냄새의 요소, 코의 알음알이의 요소, 혀의 요소, 맛의 요소, 혀의 알음알이의 요소, 몸의 요소, 감촉의 요소, 몸의 알음알이의 요소, 마노의 요소, 법의 요소, 마노의 알음알이의 요소 — 이를 일러 18가지 요소라 한다.

982. 여기서 무엇이 '네 가지 진리(cattāri saccāni)'인가? 괴로움의 진리, 일어남의 진리, 소멸의 진리, 도의 진리 — 이를 일러 네 가지 진리라 한다.

983. 무엇이 '22가지 기능(bāvīsatindriyāni)'인가? ① 눈의 기능[眼根] ② 귀의 기능[耳根] ③ 코의 기능[鼻根] ④ 혀의 기능[舌根] ⑤ 몸의 기능[身根] ⑥ 마노의 기능[意根] ⑦ 여자의 기능[女根] ⑧ 남자의 기능[男根] ⑨ 생명기능[命根] ⑩ 즐거움의 기능[樂根] ⑪ 괴로움의 기능[苦根] ⑫ 기쁨의 기능[喜根] ⑬ 불만족의 기능[憂根] ⑭ 평온의 기능[捨根] ⑮ 믿음의 기능[信根] ⑯ 정진의 기능[精進根] ⑰ 마음챙김의 기능[念根] ⑱ 삼매의 기능[定根] ⑲ 통찰지의 기능[慧根] ⑳ 구경의 지혜를 가지려는 기능[未知當知根] ㉑ 구경의 지혜의 기능[已知根] ㉒ 구경의 지혜를 구족한 기능[具知根] — 이를 일러 22가지 기능이라 한다.

984. 여기서 무엇이 '아홉 가지 원인(nava hetū)'인가? 세 가지 유익한 원인, 세 가지 해로운 원인, 세 가지 결정할 수 없는 원인이다.

여기서 무엇이 '세 가지 유익한 원인(tayo kusalahetū)'인가? 탐욕 없음[不貪]이라는 유익한 원인, 성냄 없음[不嗔]이라는 유익한 원인, 어리석음 없음[不痴]이라는 유익한 원인 — 이것이 세 가지 유익한 원인이다.

여기서 무엇이 '세 가지 해로운 원인(tayo akusalahetū)'인가? 탐욕이라는 해로운 원인, 성냄이라는 해로운 원인, 어리석음이라는 해로운 원인 — 이것이 세 가지 해로운 원인이다.

여기서 무엇이 '세 가지 결정할 수 없는[無記] 원인(tayo abyākatahetū)'인가? 유익한 법들의 과보로 나타난 작용만 하는 결정할 수 없는[無記] 법들에 있는 탐욕 없음, 성냄 없음, 어리석음 없음 — 이것이 세 가지 결정할 수 없는[無記] 원인이다.

— 이를 일러 아홉 가지 원인이라 한다.

985. 여기서 무엇이 '네 가지 음식(cattāro āhārā)'인가? 덩어리진 [먹는] 음식[段食], 감각접촉의 음식[觸食], 의도의 음식[意思食], [403] 알음알이의 음식[識食] — 이를 일러 네 가지 음식이라 한다.

986. 여기서 무엇이 '일곱 가지 감각접촉(satta phassā)'인가? 눈의 감각접촉, 귀의 감각접촉, 코의 감각접촉, 혀의 감각접촉, 몸의 감각접촉, 마노의 요소의 감각접촉, 마노의 알음알이의 요소의 감각접촉 — 이를 일러 일곱 가지 감각접촉이라 한다.

987. 여기서 무엇이 '일곱 가지 느낌(satta vedanā)'인가? 눈의 감각접촉에서 생긴 느낌, 귀의 감각접촉에서 생긴 느낌, 코의 감각접촉에서 생긴 느낌, 혀의 감각접촉에서 생긴 느낌, 몸의 감각접촉에서 생긴 느낌, 마노의 요소의 감각접촉에서 생긴 느낌, 마노의 알음알이의 요소의 감각접촉에서 생긴 느낌 — 이를 일러 일곱 가지 느낌이라 한다.

988. 여기서 무엇이 '일곱 가지 인식(satta saññā)'인가? 눈의 감각접촉에서 생긴 인식, 귀의 감각접촉에서 생긴 인식, 코의 감각접촉에서 생긴 인식, 혀의 감각접촉에서 생긴 인식, 몸의 감각접촉에서 생긴 인식, 마노의 요소의 감각접촉에서 생긴 인식, 마노의 알음알이의 요소의 감각접촉에서 생긴 인식 — 이를 일러 일곱 가지 인식이라 한다.

989. 여기서 무엇이 '일곱 가지 의도(satta cetanā)'인가? 눈의 감각접촉에서 생긴 의도, 귀의 감각접촉에서 생긴 의도, 코의 감각접촉에서 생긴 의도, 혀의 감각접촉에서 생긴 의도, 몸의 감각접촉에서 생긴 의도, 마노의 요소의 감각접촉에서 생긴 의도, 마노의 알음알이의 요소의 감각접촉에서 생긴 의도 — 이를 일러 일곱 가지 의도라 한다.

990. 여기서 무엇이 '일곱 가지 마음(satta cittāni)'인가? 눈의 알음알이, 귀의 알음알이, 코의 알음알이, 혀의 알음알이, [404] 몸의 알음알이, 마노의 요소, 마노의 알음알이의 요소 — 이를 일러 일곱 가지 마음이라 한다.

(2) 일어남과 일어나지 않음에 관한 부문(uppattānuppatti-vāra)

① 욕계의 요소266)

---

266) 본서의 본 문단 이후에 나타나는 '욕계의 요소'와 '색계의 요소'와 '무색계의 요소'는 각각 kāmadhātu, rūpadhātu, arūpadhātu를 옮긴 것이다. 일반적으로 욕계, 색계, 무색계로 옮기는 kāmāvacara와 rūpāvacara와 arūpāvacara와 구분하기 위해서 dhātu의 의미를 살려 욕계의 요소, 색계의 요소, 무색계의 요소로 옮겼다. 경장의 4부 니까야에는 "tisso dhātuyo — kāmadhātu, rūpadhātu, arūpadhātu."(D33 §1-10 (13); D34 §1-4 (9); M115 §8)로 나타나고 『앙굿따라 니까야』 제1권 「존재 경」(A3:76)과 「의도 경」(A3:77)에도 각각 독립되어 나타난다.

kāmadhātu, rūpadhātu, arūpadhātu라는 용어는 논장 칠론 가운데 『담마상가니』와 『다뚜카타』와 『빳타나』에는 나타나지 않고 본서의 이곳과 『까타왓투』[論事, 논사]와 『야마까』[雙論, 쌍론] 제2권에만 나타나는 것으로 조사된다. 물론 일반적으로 욕계, 색계, 무색계로 옮기는 kāmāvacara와 rūpāvacara와 arūpāvacara도 본서와 『까타왓투』와 『야마까』의 주요 문맥에 많이 나타나고 있다.

역자는 kāmadhātu, rūpadhātu, arūpadhātu를 각각 감각적 쾌락의 요소, 물질의 요소, 비물질의 요소로 직역하지 않고 욕계의 요소, 색계의 요소, 무색계의 요소로 옮기고 있는데 본서의 이곳에서 보듯이 이 셋은 각각 욕계(kāmāvacara)와 색계(rūpāvacara)와 무색계(arūpāvacara)와 연관이 있고 아래에서 보듯이 주석서들도 이렇게 설명하기 때문이다. 텃띨라 스님은 표제어로 이 셋을 각각 '*the element of (the plane of) desire*'(527쪽)와 '*the element of (the plane of) form*'(535쪽)과 '*(the plane of) the formless element*'(537쪽)로 옮기고 있는데 여기서 kāmadhātu와 rūpadhātu와 arūpadhātu를 단순히 감각적 쾌락의 요소와 물질의 요소와 비물질의 요소로 본 것이 아니라 욕계와 색계와 무색계와 관련된 요소로 보았기 때문이다.

한편 kāmadhātu는 문맥에 따라 '감각적 쾌락의 요소'로도 옮기고 여기서처럼 '욕계의 요소'로도 옮긴다. 전자는 대부분 감각적 쾌락의 요소, 악의의 요소, 해코지의 요소(kāmadhātu, byāpādadhātu, vihiṁsādhātu, 본서 §181 등)의 문맥에서 나타나고 후자는 여기서처럼 kāmadhātu, rūpadhātu, arūpadhātu의 문맥에서 나타난다. 여기에 대한 주석서들의 설명을 살펴보자.

"두 가지 감각적 쾌락이 있으니 ① 토대로서의 감각적 쾌락(vatthu-kāma)과 ② 오염원인 감각적 쾌락(kilesa-kāma)이다. 여기서 오염원인 감각적 쾌락의 경우에는 감각적 쾌락과 결합된 요소(kāmapaṭisaṁyuttā dhātu)가 감각적 쾌락의 요소인데 이것은 감각적 쾌락에 대한 사유(kāmavitakka)와 동의어이다. 토대로서의 감각적 쾌락의 경우에는 감각적 쾌락이 바로 요소(kāmoyeva dhātu)이다. 이것은 욕계의 법들(kāmāvacaradhammā)과 동의어이다."(VbhA.74 = §181의 주석)

이 둘을 구분하기 위해서 본서에서는 오염원인 감각적 쾌락을 '감각적 쾌락의 요소'로, 토대로서의 감각적 쾌락을 '욕계의 요소'로 구분하여 옮기고 있다. 비슷한 설명이 본서 §991과 §999에 해당하는 주석서에도 나타나고 있다. 『담마상가니 주석서』에도 다음과 같이 나타나고 비슷한 설명이 까타왓투 주석서(KvA.106~107)에도 나타나고 있다.

"두 가지 감각적 쾌락이 있으니 토대로서의 감각적 쾌락(vatthu-kāma)과 오염원인 감각적 쾌락(kilesa-kāma)이다. 여기서 뜻으로는 오염원인 감각적 쾌락은 욕탐이고 토대로서의 감각적 쾌락은 삼계의 윤회(tebhūmakavaṭṭa)이다."(DhsA.61~62)

한편 『무애해도 주석서』는 욕계의 요소(kāma-dhātu)와 색계의 요소(rūpa-dhātu)와 무색계의 요소(arūpa-dhātu)를 다음과 같이 설명한다.

"감각적 쾌락과 결합된 요소(kāmena yuttā dhātu)가 욕계의 요소이다. 혹은 감각적 쾌락이라 불리는 요소(kāma-saṅkhātā vā dhātu)가 욕계의 요소(kāma-dhātu)이다."(PsA.87)로 욕계의 요소를 설명한다. 같은 방법이 색계의 요소(rūpa-dhātu)와 무색계의 요소(arūpa-dhātu)에도 적용된다.(*Ibid.*)

그리고 『닛데사 주석서』는 "욕계의 요소란 욕계의 존재이고 다섯 가지 무더기가 얻어진다. 색계의 요소란 색계의 존재이고 다섯 가지 무더기가 얻어진다. 무색계의 요소란 무색계의 존재이고 네 가지 무더기가 얻어진다."(NdA.i.44)라고 이 셋을 각각 욕계·색계·무색계 존재(bhava)와 연결하여 설명하고 있다.

『맛지마 니까야 주석서』는 "'욕계의 요소(kāma-dhātu)'란 다섯 가지 욕

991. 욕계의 요소에는 몇 가지 무더기[蘊]가 있고, 몇 가지 감각장소[處]가 있고, 몇 가지 요소[界]가 있고, 몇 가지 진리[諦]가 있고, 몇 가지 기능[根]이 있고, 몇 가지 원인[因]이 있고, 몇 가지 음식[食]이 있고, 몇 가지 감각접촉[觸]이 있고, 몇 가지 느낌[受]이 있고, 몇 가지 인식[想]이 있고, 몇 가지 의도[思]가 있고, 몇 가지 마음[心]이 있는가?

욕계의 요소에는 다섯 가지 무더기, 12가지 감각장소, 18가지 요소, 세 가지 진리, 22가지 기능, 아홉 가지 원인, 네 가지 음식, 일곱 가지 감각접촉, 일곱 가지 느낌, 일곱 가지 인식, 일곱 가지 의도, 일곱 가지 마음이 있다.

992. 여기서 무엇이 '욕계의 요소에 있는[267] 다섯 가지 무더기'인가? 물질의 무더기[色蘊], 느낌의 무더기[受蘊], 인식의 무더기[想蘊], 심리현상들의 무더기[行蘊], 알음알이의 무더기[識蘊] — 이를 일러 욕계의 요소에 있는 다섯 가지 무더기라 한다.

여기서 무엇이 '욕계의 요소에 있는 12가지 감각장소'인가? 눈의 감각장소[眼處], 형색의 감각장소[色處], 귀의 감각장소[耳處], 소리의 감각장소[聲處], 코의 감각장소[鼻處], 냄새의 감각장소[香處], 혀의 감각장소[舌處], 맛의 감각장소[味處], 몸의 감각장소[身處], 감촉의 감각장소[觸處], 마노의 감각장소[意處], 법의 감각장소[法處] — 이를 일러 욕계의

계의 무더기(욕계의 오온, pañca kāmāvacara-kkhandhā)를, '색계의 요소(rūpa-dhātu)'란 다섯 가지 색계의 무더기를, '무색계의 요소(arūpa-dhātu)'란 네 가지 무색계의 무더기를 말한다."(MA.iv.106)라고 설명하고 있다.

그러므로 욕계 · 색계 · 무색계의 요소는 욕계 · 색계 · 무색계(kāmāvacara · rūpāvacara · arūpāvacara)에 존재하는 것들을 고유성질을 가진 요소(dhātu)의 측면에서 표현한 용어라고 이해할 수 있다.

본서 §1007의 주해도 참조할 것.

267) 띳띨라 스님은 "*Therein what are the five aggregates in the elements of desire?*"로 옮겼다.(띳띨라 스님, 517쪽)

요소에 있는 12가지 감각장소라 한다.

여기서 무엇이 '욕계의 요소에 있는 18가지 요소'인가? 눈의 요소, 형색의 요소, 눈의 알음알이의 요소, 귀의 요소, 소리의 요소, 귀의 알음알이의 요소, 코의 요소, 냄새의 요소, 코의 알음알이의 요소, 혀의 요소, 맛의 요소, 혀의 알음알이의 요소, 몸의 요소, 감촉의 요소, 몸의 알음알이의 요소, 마노의 요소, 법의 요소, 마노의 알음알이의 요소 — 이를 일러 욕계의 요소에 있는 18가지 요소라 한다.

여기서 무엇이 '욕계의 요소에 있는 세 가지 진리'인가? 괴로움의 진리, 일어남의 진리, 도의 진리 — 이를 일러 욕계의 요소에 있는 세 가지 진리라 한다.

무엇이 '욕계의 요소에 있는 22가지 기능'인가? ① 눈의 기능[眼根] ② 귀의 기능[耳根] … (§219) … ㉒ 구경의 지혜를 구족한 기능[具知根] — 이를 일러 욕계의 요소에 있는 22가지 기능이라 한다.

여기서 무엇이 '욕계의 요소에 있는 아홉 가지 원인'인가? 세 가지 유익한 원인, 세 가지 해로운 원인, 세 가지 결정할 수 없는[無記] 원인이다. … (§984) … 이를 일러 욕계의 요소에 있는 아홉 가지 원인이라 한다.

여기서 [405] 무엇이 '욕계의 요소에 있는 네 가지 음식'인가? 덩어리진 [먹는] 음식[段食], 감각접촉의 음식[觸食], 의도의 음식[意思食], 알음알이의 음식[識食] — 이를 일러 욕계의 요소에 있는 네 가지 음식이라 한다.

여기서 무엇이 '욕계의 요소에 있는 일곱 가지 감각접촉'인가? 눈의 감각접촉, 귀의 감각접촉, 코의 감각접촉, 혀의 감각접촉, 몸의 감각접촉, 마노의 요소의 감각접촉, 마노의 알음알이의 요소의 감각접촉 — 이를 일러 욕계의 요소에 있는 일곱 가지 감각접촉이라 한다.

여기서 무엇이 '욕계의 요소에 있는 일곱 가지 느낌'인가? 눈의 감각접촉에서 생긴 느낌, 귀의 감각접촉에서 생긴 느낌, 코의 감각접촉에서 생긴 느낌, 혀의 감각접촉에서 생긴 느낌, 몸의 감각접촉에서 생긴 느낌, 마노의 요소의 감각접촉에서 생긴 느낌, 마노의 알음알이의 요소의 감각접촉에서 생긴 느낌 — 이를 일러 욕계의 요소에 있는 일곱 가지 느낌이라 한다.

여기서 무엇이 '욕계의 요소에 있는 일곱 가지 인식'인가? 눈의 감각접촉에서 생긴 인식, 귀의 감각접촉에서 생긴 인식, 코의 감각접촉에서 생긴 인식, 혀의 감각접촉에서 생긴 인식, 몸의 감각접촉에서 생긴 인식, 마노의 요소의 감각접촉에서 생긴 인식, 마노의 알음알이의 요소의 감각접촉에서 생긴 인식 — 이를 일러 욕계의 요소에 있는 일곱 가지 인식이라 한다.

여기서 무엇이 '욕계의 요소에 있는 일곱 가지 의도'인가? 눈의 감각접촉에서 생긴 의도, 귀의 감각접촉에서 생긴 의도, 코의 감각접촉에서 생긴 의도, 혀의 감각접촉에서 생긴 의도, 몸의 감각접촉에서 생긴 의도, 마노의 요소의 감각접촉에서 생긴 의도, 마노의 알음알이의 요소의 감각접촉에서 생긴 의도 — 이를 일러 욕계의 요소에 있는 일곱 가지 의도라 한다.

여기서 무엇이 '욕계의 요소에 있는 일곱 가지 마음'인가? 눈의 알음알이, 귀의 알음알이, 코의 알음알이, 혀의 알음알이, 몸의 알음알이, 마노의 요소, 마노의 알음알이의 요소 — 이를 일러 욕계의 요소에 있는 일곱 가지 마음이라 한다.

② 색계의 요소

993. 색계의 요소에는 몇 가지 무더기[蘊]가 있고, 몇 가지 감각장소[處]가 있고, 몇 가지 요소[界]가 있고, 몇 가지 진리[諦]가 있고, 몇 가지 기능[根]이 있고 … (§991) … 몇 가지 마음[心]이 있는가?

색계의 요소에는 다섯 가지 무더기, 여섯 가지 감각장소, 아홉 가지 요소, 세 가지 진리, 14가지 기능, 여덟 가지 원인, 세 가지 음식, 네 가지 감각접촉, 네 가지 느낌, 네 가지 인식, 네 가지 의도, 네 가지 마음이 있다.

994. 여기서 무엇이 '색계의 요소에 있는 다섯 가지 무더기'인가? 물질의 무더기[色蘊], 느낌의 무더기[受蘊], 인식의 무더기[想蘊], 심리현상들의 무더기[行蘊], 알음알이의 무더기[識蘊] — 이를 일러 색계의 요소에 있는 다섯 가지 무더기라 한다.

여기서 무엇이 '색계의 요소에 있는 여섯 가지 감각장소'인가? 눈의 감각장소[眼處], 형색의 감각장소[色處], 귀의 감각장소[耳處], 소리의 감각장소[聲處], 마노의 감각장소[意處], 법의 감각장소[法處] — 이를 일러 색계의 요소에 있는 여섯 가지 감각장소라 한다.

여기서 무엇이 '색계의 요소에 있는 아홉 가지 요소'인가? 눈의 요소, 형색의 요소, 눈의 알음알이의 요소, 귀의 요소, 소리의 요소, 귀의 알음알이의 요소, 마노의 요소, 법의 요소, 마노의 알음알이의 요소 — 이를 일러 색계의 요소에 있는 아홉 가지 요소라 한다.

여기서 무엇이 '색계의 요소에 있는 세 가지 진리'인가? 괴로움의 진리, 일어남의 진리, 도의 진리 — 이를 일러 색계의 요소에 있는 세 가지 진리라 한다.

무엇이 '색계의 요소에 있는 14가지 기능'인가? ① 눈의 기능[眼根] ② 귀의 기능[耳根] ⑥ 마노의 기능[意根] ⑨ 생명기능[命根] ⑫ 기쁨의 기능[喜根] [406] ⑭ 평온의 기능[捨根] ⑮ 믿음의 기능[信根] ⑯ 정진의 기능[精進根] ⑰ 마음챙김의 기능[念根] ⑱ 삼매의 기능[定根] ⑲ 통찰지의 기능[慧根] ⑳ 구경의 지혜를 가지려는 기능[未知當知根] ㉑ 구경의 지혜의 기능[已知根] ㉒ 구경의 지혜를 구족한 기능[具知根] — 이를 일러 색계의 요소에 있는 14가지 기능이라 한다.

여기서 무엇이 '색계의 요소에 있는 여덟 가지 원인'인가? 세 가지 유익한 원인, 두 가지 해로운 원인, 세 가지 결정할 수 없는[無記] 원인이다.

여기서 무엇이 '세 가지 유익한 원인'인가? 탐욕 없음[不貪]이라는 유익한 원인, 성냄 없음[不嗔]이라는 유익한 원인, 어리석음 없음[不痴]이라는 유익한 원인 — 이것이 세 가지 유익한 원인이다.

여기서 무엇이 '두 가지 해로운 원인'인가? 탐욕이라는 해로운 원인, 어리석음이라는 해로운 원인 — 이것이 두 가지 해로운 원인이다.

여기서 무엇이 '세 가지 결정할 수 없는[無記] 원인'인가? 유익한 법들의 과보로 나타난 작용만 하는 결정할 수 없는[無記] 법들에 있는 탐욕 없음, 성냄 없음, 어리석음 없음 — 이것이 세 가지 결정할 수 없는[無記] 원인이다.

— 이를 일러 색계의 요소에 있는 여덟 가지 원인이라 한다.

여기서 무엇이 '색계의 요소에 있는 세 가지 음식'인가? 감각접촉의 음식[觸食], 의도의 음식[意思食], 알음알이의 음식[識食] — 이를 일러 색계의 요소에 있는 세 가지 음식이라 한다.

여기서 무엇이 '색계의 요소에 있는 네 가지 감각접촉'인가? 눈의 감각접촉, 귀의 감각접촉, 마노의 요소의 감각접촉, 마노의 알음알이의 요소의 감각접촉 — 이를 일러 색계의 요소에 있는 네 가지 감각접촉이라 한다.

여기서 무엇이 '색계의 요소에 있는 네 가지 느낌'인가? … (*cf.* §992) … '색계의 요소에 있는 네 가지 인식'인가? … (*cf.* §992) … '색계의 요소에 있는 네 가지 의도'인가? … (*cf.* §992) … '색계의 요소에 있는 네 가지 마음'인가? 눈의 알음알이, 귀의 알음알이, 마노의 요소, 마노의 알음알이의 요소 — 이를 일러 색계의 요소에 있는 네 가지 마음이라 한다.

③ 무색계의 요소

995. 무색계의 요소에는 몇 가지 무더기[蘊]가 있고 … (§991) … 몇 가지 마음[心]이 있는가?

무색계의 요소에는 네 가지 무더기, 두 가지 감각장소, 두 가지 요소, 세 가지 진리, 11가지 기능, 8가지 원인, 세 가지 음식, 한 가지 감각접촉, 한 가지 느낌, 한 가지 인식, 한 가지 의도, 한 가지 마음이 있다.

996. 여기서 [407] 무엇이 '무색계의 요소에 있는 네 가지 무더기'인가? 느낌의 무더기[受蘊], 인식의 무더기[想蘊], 심리현상들의 무더기[行蘊], 알음알이의 무더기[識蘊] — 이를 일러 무색계의 요소에 있는 네 가지 무더기라 한다.

여기서 무엇이 '무색계의 요소에 있는 두 가지 감각장소'인가? 마노의 감각장소[意處], 법의 감각장소[法處] — 이를 일러 무색계의 요소에 있는 두 가지 감각장소라 한다.

여기서 무엇이 '무색계의 요소에 있는 두 가지 요소'인가? 마노의 알음알이의 요소, 법의 요소 — 이를 일러 무색계의 요소에 있는 두 가지 요소라 한다.

여기서 무엇이 '무색계의 요소에 있는 세 가지 진리'인가? 괴로움의 진리, 일어남의 진리, 도의 진리 — 이를 일러 무색계의 요소에 있는 세 가지 진리라 한다.

여기서 무엇이 '무색계의 요소에 있는 11가지 기능'인가? ⑥ 마노의 기능[意根] ⑨ 생명기능[命根] ⑫ 기쁨의 기능[喜根] ⑭ 평온의 기능[捨根] ⑮ 믿음의 기능[信根] ⑯ 정진의 기능[精進根] ⑰ 마음챙김의 기능[念根] ⑱ 삼매의 기능[定根] ⑲ 통찰지의 기능[慧根] ㉑ 구경의 지혜의 기능[已知根] ㉒ 구경의 지혜를 구족한 기능[具知根] — 이를 일러 무색계의 요소에 있는 11가지 기능이라 한다.

여기서 무엇이 '무색계의 요소에 있는 여덟 가지 원인'인가? 세 가지 유익한 원인, 두 가지 해로운 원인, 세 가지 결정할 수 없는[無記] 원인이다. … (§994) … — 이를 일러 무색계의 요소에 있는 여덟 가지 원인이라 한다.

여기서 무엇이 '무색계의 요소에 있는 세 가지 음식'인가? 감각접촉의 음식[觸食], 의도의 음식[意思食], 알음알이의 음식[識食] — 이를 일러 무색계의 요소에 있는 세 가지 음식이라 한다.

여기서 무엇이 '무색계의 요소에 있는 한 가지 감각접촉'인가? 마노의 알음알이의 요소의 감각접촉 — 이를 일러 무색계의 요소에 있는 한 가지 감각접촉이라 한다.

여기서 무엇이 '무색계의 요소에 있는 한 가지 느낌'인가? … (*cf.* §992) … '무색계의 요소에 있는 한 가지 인식'인가? … (*cf.* §992) … '무색계의 요소에 있는 한 가지 의도'인가? … (*cf.* §992) … '무색계의 요소에 있는 한 가지 마음'인가? 마노의 알음알이의 요소 — 이를 일러 무색계의 요소에 있는 한 가지 마음이라 한다.

④ [세간에] 포함되지 않는 것[出世間]

997. [세간에] 포함되지 않는 것에는 몇 가지 무더기[蘊]가 있고 … (*cf.* §991) … 몇 가지 마음[心]이 있는가?

[세간에] 포함되지 않는 것에는 네 가지 무더기, 두 가지 감각장소, 두 가지 요소, 두 가지 진리, 12가지 기능, 6가지 원인, 세 가지 음식, 한 가지 감각접촉, [408] 한 가지 느낌, 한 가지 인식, 한 가지 의도, 한 가지 마음이 있다.

998. 여기서 무엇이 '[세간에] 포함되지 않는 것에 있는 네 가지 무더기'인가? 느낌의 무더기[受蘊], 인식의 무더기[想蘊], 심리현상들의 무더기[行蘊], 알음알이의 무더기[識蘊] — 이를 일러 [세간에] 포함되지

않는 것에 있는 네 가지 무더기라 한다.

여기서 무엇이 '[세간에] 포함되지 않는 것에 있는 두 가지 감각장소' 인가? 마노의 감각장소[意處], 법의 감각장소[法處] — 이를 일러 [세간에] 포함되지 않는 것에 있는 두 가지 감각장소라 한다.

여기서 무엇이 '[세간에] 포함되지 않는 것에 있는 두 가지 요소'인가? 마노의 알음알이의 요소, 법의 요소 — 이를 일러 [세간에] 포함되지 않는 것에 있는 두 가지 요소라 한다.

여기서 무엇이 '[세간에] 포함되지 않는 것에 있는 두 가지 진리'인가? 도의 진리, 소멸의 진리 — 이를 일러 [세간에] 포함되지 않는 것에 있는 두 가지 진리라 한다.

여기서 무엇이 '[세간에] 포함되지 않는 것에 있는 12가지 기능'인가?

⑥ 마노의 기능[意根] ⑨ 생명기능[命根] ⑫ 기쁨의 기능[喜根] ⑭ 평온의 기능[捨根] ⑮ 믿음의 기능[信根] ⑯ 정진의 기능[精進根] ⑰ 마음챙김의 기능[念根] ⑱ 삼매의 기능[定根] ⑲ 통찰지의 기능[慧根] ⑳ 구경의 지혜를 가지려는 기능[未知當知根] ㉑ 구경의 지혜의 기능[已知根] ㉒ 구경의 지혜를 구족한 기능[具知根] — 이를 일러 [세간에] 포함되지 않는 것에 있는 12가지 기능이라 한다.

여기서 무엇이 '[세간에] 포함되지 않는 것에 있는 여섯 가지 원인'인가? 세 가지 유익한 원인과 세 가지 결정할 수 없는[無記] 원인이다.

여기서 무엇이 '[세간에 포함되지 않는 것에 있는] 세 가지 유익한 원인'인가? 탐욕 없음[不貪], 성냄 없음[不嗔], 어리석음 없음[不痴] — 이것이 세 가지 유익한 원인이다.

여기서 무엇이 '[세간에 포함되지 않는 것에 있는] 세 가지 결정할 수 없는[無記] 원인'인가? 유익한 법들의 과보로 나타난 단지 작용만 하는 결정할 수 없는[無記] 법들에 있는 탐욕 없음, 성냄 없음, 어리석음 없음 — 이것이 세 가지 결정할 수 없는[無記] 원인이다.

— 이를 일러 [세간에] 포함되지 않는 것에 있는 여섯 가지 원인이라 한다.

여기서 무엇이 '[세간에] 포함되지 않는 것에 있는 세 가지 음식'인가? 감각접촉의 음식[觸食], 의도의 음식[意思食], 알음알이의 음식[識食] — 이를 일러 [세간에] 포함되지 않는 것에 있는 세 가지 음식이라 한다.

여기서 무엇이 '[세간에] 포함되지 않는 것에 있는 한 가지 감각접촉'인가? 마노의 알음알이의 요소의 감각접촉 — 이를 일러 [세간에] 포함되지 않는 것에 있는 한 가지 감각접촉이라 한다.

여기서 무엇이 '[세간에] 포함되지 않는 것에 있는 한 가지 느낌'인가? … (*cf.* §992) … '[세간에] 포함되지 않는 것에 있는 한 가지 인식'인가? … (*cf.* §992) … '[세간에] 포함되지 않는 것에 있는 한 가지 의도'인가? … (*cf.* §992) … '[세간에] 포함되지 않는 것에 있는 한 가지 마음'인가? 마노의 알음알이의 요소 [409] — 이를 일러 [세간에] 포함되지 않는 것에 있는 한 가지 마음이라 한다.

(3) 포함된 것과 포함되지 않는 것에 관한 부문
(pariyāpannāpariyāpanna-vāra)

① 욕계의 요소

999. 다섯 가지 무더기 가운데 몇 가지가 욕계의 요소에 포함된 것이고, 몇 가지가 욕계의 요소에 포함되지 않는 것인가? … (§991) … 일곱 가지 마음 가운데 몇 가지가 욕계의 요소에 포함된 것이고, 몇 가지가 욕계의 요소에 포함되지 않는 것인가?

1000. 물질의 무더기는 욕계의 요소에 포함된 것이다. 네 가지 무더기는 욕계의 요소에 포함된 것일 수 있고, 욕계의 요소에 포함되지 않는 것일 수 있다.

열 가지 감각장소는 욕계의 요소에 포함된 것이다. 두 가지 감각장소는 욕계의 요소에 포함된 것일 수 있고, 욕계의 요소에 포함되지 않는 것일 수 있다.

16가지 요소는 욕계의 요소에 포함된 것이다. 두 가지 요소는 욕계의 요소에 포함된 것일 수 있고, 욕계의 요소에 포함되지 않는 것일 수 있다.

일어남의 진리는 욕계의 요소에 포함된 것이다. 두 가지 진리는 욕계의 요소에 포함된 것이 아니다. 괴로움의 진리는 욕계의 요소에 포함된 것일 수 있고, 욕계의 요소에 포함되지 않는 것일 수 있다.

열 가지 기능은 욕계의 요소에 포함된 것이다. 세 가지 기능은 욕계의 요소에 포함된 것이 아니다. 아홉 가지 기능은 욕계의 요소에 포함된 것일 수 있고, 욕계의 요소에 포함되지 않는 것일 수 있다.

세 가지 해로운 원인은 욕계의 요소에 포함된 것이다. 여섯 가지 원인은 욕계의 요소에 포함된 것일 수 있고, 욕계의 요소에 포함되지 않는 것일 수 있다.

덩어리로 된 [먹는] 음식은 욕계의 요소에 포함된 것이다. 세 가지 음식은 욕계의 요소에 포함된 것일 수 있고, 욕계의 요소에 포함되지 않는 것일 수 있다.

여섯 가지 감각접촉은 욕계의 요소에 포함된 것이다. 마노의 알음알이의 요소의 감각접촉은 욕계의 요소에 포함된 것일 수 있고, 욕계의 요소에 포함되지 않는 것일 수 있다.

여섯 가지 느낌은 … (*cf* §992) … 여섯 가지 인식은 … (*cf* §992) … 여섯 가지 의도는 … (*cf* §992) … 여섯 가지 마음은 욕계의 요소에 포함된 것이다. 마노의 알음알이의 요소는 욕계의 요소에 포함된 것일 수 있고, 욕계의 요소에 포함되지 않는 것일 수 있다.

② 색계의 요소

1001. 다섯 가지 무더기 가운데 몇 가지가 색계의 요소에 포함된 것이고, 몇 가지가 색계의 요소에 포함되지 않는 것이고 … (§991) … 일곱 가지 마음 가운데 몇 가지가 색계의 요소에 포함된 것이고, 몇 가지가 색계의 요소에 포함되지 않는 것인가?

1002. 물질의 무더기는 색계의 요소에 포함된 것이 아니다.268) 네 가지 무더기는 [410] 색계의 요소에 포함된 것일 수 있고, 색계의 요소에 포함되지 않는 것일 수 있다.

열 가지 감각장소는 색계의 요소에 포함된 것이 아니다. 두 가지 감각장소는 색계의 요소에 포함된 것일 수 있고, 색계의 요소에 포함되지 않는 것일 수 있다.

16가지 요소는 색계의 요소에 포함된 것이 아니다. 두 가지 요소는 색

---

268) 본서 §994에서 물질의 무더기[色蘊]는 색계의 요소에 있는 다섯 가지 무더기 가운데 하나로 언급되었다. 그러나 여기서는 '물질의 무더기는 색계의 요소에 포함된 것이 아니다(rūpakkhandho na rūpadhātupariyāpanno).'라고 나타난다. 이를 어떻게 이해해야 할까? 주석서 문헌들은 여기에 대해서 별다른 설명을 하지 않는 것 같다.

주지하다시피 "색계 세상에서는 코와 혀와 몸의 세 가지 토대가 없다(rūpaloke pana ghānādittayaṁ natthi)."(『아비담마 길라잡이』 제3장 §20) 레디 사야도는 이 색계 세상에서도 존재들은 코와 혀와 몸이라는 육체적인 기관(sasambhāra)은 가지고 있기는 하지만 그들의 이런 기관은 감수할 능력 즉 감성의 물질(pasāda-rūpa)이 없기 때문에 냄새 맡고 맛보고 감촉하는 토대(vatthu)로서의 역할을 수행하지 못한다고 주석한다.(PdṬ.141, 『아비담마 길라잡이』 제3장 §20의 해설 참조)

이처럼 물질은 어떤 형태로든 색계에 존재하기 때문에 본서 §994에서는 물질의 무더기[色蘊]는 색계의 요소 가운데 하나로 언급되었지만 모든 물질이 색계에 포함되는 것이 아니기 때문에 여기 §1002에서는 물질의 무더기는 색계의 요소에 포함되지 않는 것(apariyāpanna)이라고 설하고 있다고 이해해야 할 것 같다. 이런 의미에서 포함되었음을 뜻하는 pariyāpanna는 아주 엄격한 기준을 가진 것이라 할 수 있다.(띳띨라 스님, 525쪽도 참조할 것)

계의 요소에 포함된 것일 수 있고, 색계의 요소에 포함되지 않는 것일 수 있다.

세 가지 진리는 색계의 요소에 포함된 것이 아니다. 괴로움의 진리는 색계의 요소에 포함된 것일 수 있고, 색계의 요소에 포함되지 않는 것일 수 있다.

열세 가지 기능은 색계의 요소에 포함된 것이 아니다. 아홉 가지 기능은 색계의 요소에 포함된 것일 수 있고, 색계의 요소에 포함되지 않는 것일 수 있다.

세 가지 해로운 원인은 색계의 요소에 포함된 것이 아니다. 여섯 가지 원인은 색계의 요소에 포함된 것일 수 있고, 색계의 요소에 포함되지 않는 것일 수 있다.

덩어리로 된 [먹는] 음식은 색계의 요소에 포함된 것이 아니다. 세 가지 음식은 색계의 요소에 포함된 것일 수 있고, 색계의 요소에 포함되지 않는 것일 수 있다.

여섯 가지 감각접촉은 색계의 요소에 포함된 것이 아니다. 마노의 알음알이의 요소의 감각접촉은 색계의 요소에 포함된 것일 수 있고, 색계의 요소에 포함되지 않는 것일 수 있다.

여섯 가지 느낌은 … (*cf.* §992) … 여섯 가지 인식은 … (*cf.* §992) … 여섯 가지 의도는 … (*cf.* §992) … 여섯 가지 마음은 색계의 요소에 포함된 것이 아니다. 마노의 알음알이의 요소는 색계의 요소에 포함된 것일 수 있고, 색계의 요소에 포함되지 않는 것일 수 있다.

③ 무색계의 요소

1003. 다섯 가지 무더기 가운데 몇 가지가 무색계의 요소에 포함된 것이고, 몇 가지가 무색계의 요소에 포함되지 않는 것이고 … (§991) … 일곱 가지 마음 가운데 몇 가지가 무색계의 요소에 포함된 것이고,

몇 가지가 무색계의 요소에 포함되지 않는 것인가?

1004. 물질의 무더기는 무색계의 요소에 포함된 것이 아니다. 네 가지 무더기는 무색계의 요소에 포함된 것일 수 있고, 무색계의 요소에 포함되지 않는 것일 수 있다.

열 가지 감각장소는 무색계의 요소에 포함된 것이 아니다. 두 가지 감각장소는 무색계의 요소에 포함된 것일 수 있고, 무색계의 요소에 포함되지 않는 것일 수 있다.

16가지 요소는 무색계의 요소에 포함된 것이 아니다. 두 가지 요소는 무색계의 요소에 포함된 것일 수 있고, 무색계의 요소에 포함되지 않는 것일 수 있다.

세 가지 진리는 무색계의 요소에 포함된 것이 아니다. 괴로움의 진리는 무색계의 요소에 포함된 것일 수 있고, 무색계의 요소에 포함되지 않는 것일 수 있다.

열네 가지 기능은 무색계의 요소에 포함된 것이 아니다. 8가지 기능은 [411] 무색계의 요소에 포함된 것일 수 있고, 무색계의 요소에 포함되지 않는 것일 수 있다.

세 가지 해로운 원인은 무색계의 요소에 포함된 것이 아니다. 여섯 가지 원인은 무색계의 요소에 포함된 것일 수 있고, 무색계의 요소에 포함되지 않는 것일 수 있다.

덩어리로 된 [먹는] 음식은 무색계의 요소에 포함된 것이 아니다. 세 가지 음식은 무색계의 요소에 포함된 것일 수 있고, 무색계의 요소에 포함되지 않는 것일 수 있다.

여섯 가지 감각접촉은 무색계의 요소에 포함된 것이 아니다. 마노의 알음알이의 요소의 감각접촉은 무색계의 요소에 포함된 것일 수 있고, 무색계의 요소에 포함되지 않는 것일 수 있다.

여섯 가지 느낌은 … (*cf* §992) … 여섯 가지 인식은 … (*cf* §992) … 여섯 가지 의도는 … (*cf* §992) … 여섯 가지 마음은 무색계의 요소에 포함된 것이 아니다. 마노의 알음알이의 요소는 무색계의 요소에 포함된 것일 수 있고, 무색계의 요소에 포함되지 않는 것일 수 있다.

④ [세간에] 포함된 것과 [세간에] 포함되지 않는 것[出世間]

1005. 다섯 가지 무더기 가운데 몇 가지가 '[세간에] 포함된 것(pariyāpannā)'이고, 몇 가지가 '[세간에] 포함되지 않는 것[出世間, apariyāpannā]'이고(*cf* ma2-96) … (§991) … 일곱 가지 마음 가운데 몇 가지가 '[세간에] 포함된 것'이고, 몇 가지가 '[세간에] 포함되지 않는 것[出世間]'인가?

1006. 물질의 무더기는 [세간에] 포함된 것이다. 네 가지 무더기는 [세간에] 포함된 것일 수 있고, [세간에] 포함되지 않는 것일 수 있다.

열 가지 감각장소는 [세간에] 포함된 것이다. 두 가지 감각장소는 [세간에] 포함된 것일 수 있고, [세간에] 포함되지 않는 것일 수 있다.

16가지 요소는 [세간에] 포함된 것이다. 두 가지 요소는 [세간에] 포함된 것일 수 있고, [세간에] 포함되지 않는 것일 수 있다.

두 가지 진리는 [세간에] 포함된 것이다. 두 가지 진리는 [세간에] 포함되지 않는 것이다.

열 가지 기능은 [세간에] 포함된 것이다. 세 가지 기능은 [세간에] 포함되지 않는 것이다. 아홉 가지 기능은 [세간에] 포함된 것일 수 있고, [세간에] 포함되지 않는 것일 수 있다.

세 가지 해로운 원인은 [세간에] 포함된 것이다. 여섯 가지 원인은 [세간에] 포함된 것일 수 있고, [세간에] 포함되지 않는 것일 수 있다.

덩어리로 된 [먹는] 음식은 [세간에] 포함된 것이다. 세 가지 음식은

[세간에] 포함된 것일 수 있고, [세간에] 포함되지 않는 것일 수 있다.

여섯 가지 감각접촉은 [세간에] 포함된 것이다. 마노의 알음알이의 요소의 감각접촉은 [세간에] 포함된 것일 수 있고, [세간에] 포함되지 않는 것일 수 있다.

여섯 가지 느낌은 … (*cf.* §992) … 여섯 가지 인식은 … (*cf.* §992) … 여섯 가지 의도는 … (*cf.* §992) … 여섯 가지 마음은 [세간에] 포함된 것이다. 마노의 알음알이의 요소는 [세간에] 포함된 것일 수 있고, [세간에] 포함되지 않는 것일 수 있다.

(4) 법들을 보여줌에 관한 부문(dhammadassana-vāra)[269]

① 욕계의 요소

1007. 욕계의 요소에 태어나는 순간에[270] 몇 가지 무더기가 나타

---

269) 여기서 '법들을 보여줌'은 dhammadassana를 옮긴 것이다. 문자적으로 법을 봄이라 옮길 수 있는 이 dhammadassana는 초기불전의 여러 곳에서 세존께서 "슬기로운 자는 믿음(saddha)과 계(sīla)와 청정한 믿음(pasāda)과 법을 봄(dhammadassana)에 몰두하라."(S11:14 §6 등)고 강조하시는 문맥에서 나타나고 있다. 주석서들의 설명처럼 여기서 법을 봄은 사성제의 법을 보는 것(catusacca-dhammadassana — AA.iii.94 등)이다.

그러나 여기 『위방가』 제18장 법의 심장 위방가의 네 번째 주제의 표제어로 쓰인 dhammadassana는 사성제의 법을 보는 것이 아니다. 『위방가 주석서』의 설명처럼 이 네 번째 주제는 "세 가지 경지에 태어나는 순간에(tīsu bhūmīsu uppattikkhaṇe) 존재하거나 존재하지 않는 법들을 보는(보여주는) 부문(vijjamānāvijjamāna-dhammadassana-vāro)"(VbhA. 517)이고 다섯 번째 주제는 "이러한 법들을 경지의 특별함 통해서 보는(보여주는) 부문(bhūmantaravasena dassanavāro)"(*Ibid.*)이다. 그래서 역자는 dassana를 '보여줌'이라고 옮겼다. 텃띨라 스님도 *showing*으로 옮겼다.(텃띨라 스님, 517쪽)

270) '욕계의 요소에 태어나는 순간에'는 kāmadhātuyā upapattikkhaṇe를 옮긴 것이다.
『아비담맛타상가하』의 복주서인 『빠라맛타디빠니띠까』는 '욕계의 요소

나고 … (§991) … 몇 가지 마음이 나타나는가?

욕계의 요소에 태어나는 순간에 모든 [존재]에게는 다섯 가지 무더기가 나타난다. 어떤 [존재]에게는 11가지 감각장소가 나타나고 어떤 [존재]에게는 [412] 10가지 감각장소가 나타나고 어떤 [존재]에게는 또 다른 10가지 감각장소가 나타나고 어떤 [존재]에게는 9가지 감각장소가 나타나고 어떤 [존재]에게는 7가지 감각장소가 나타난다. 어떤 [존재]에게는 11가지 요소가 나타나고 어떤 [존재]에게는 10가지 요소가 나타나고 어떤 [존재]에게는 또 다른 10가지 요소가 나타나고 어떤 [존재]에게는 9가지 요소가 나타나고 어떤 [존재]에게는 7가지 요소가 나타난다. 모든 [존재]에게는 한 가지 진리가 나타난다.

어떤 [존재]에게는 14가지 기능이 나타나고 어떤 [존재]에게는 13가지 기능이 나타나고 어떤 [존재]에게는 또 다른 13가지 기능이 나타나고 어떤 [존재]에게는 12가지 기능이 나타나고 어떤 [존재]에게는 10가지 기능이 나타나고 어떤 [존재]에게는 9가지 기능이 나타나고 어떤 [존

에 태어나는 순간에'(kāmadhātuyā upapattikkhaṇe)를 주석하면서 "여기서 '욕계의 요소'는 욕계 세상(kāmaloka)이다. '태어나는 순간에'란 재생연결의 마음이 일어나는 찰나이다."(PdṬ.312)라고 설명하고 있다.

여기서 '욕계의 요소에'로 옮긴 단어는 kāmadhātuyā이다. 여성명사인 dhātuyā의 격은 기본적으로 도구격(*Instrumental*)이나 여격(*Dative*)이나 탈격(*Ablative*)이나 소유격(*Genitive*)에 해당한다. 그러나 우리말로는 이 네 가지 격으로 옮길 수 없다. 드물지만 이것은 처소격(*Locative*)으로도 쓰일 수 있다. 그래서 처소격(*Locative*)으로 옮겼다. 텃띨라 스님도 '*at the moment of conception* ***in the element of desire***'로 처소격으로 옮겼다.(텃띨라 스님, 527쪽)
물론 욕계의 요소**에** 태어난다는 표현도 어색하기는 하다. 그래서 '욕계의 요소**에서** 태어나는 순간에'로 옮기려고 시도하기도 하였다. 그러나 태어나는 것은 세상에 태어나는 것이다. 세상에서 태어난다는 표현도 애매하기는 마찬가지이다. 주석서의 설명처럼 이 욕계의 요소는 바로 욕계 세상(kāmaloka)을 뜻하고 그래서 이것은 '욕계 세상에 태어나는 순간에'로 이해하면 된다.
욕계의 요소 등에 대한 설명은 본서 §991의 주해를 참조할 것.

재]에게는 또 다른 아홉 가지 기능이 나타나고 어떤 [존재]에게는 8가지 기능이 나타나고 어떤 [존재]에게는 또 다른 8가지 기능이 나타나고 어떤 [존재]에게는 7가지 기능이 나타나고 어떤 [존재]에게는 5가지 기능이 나타나고 어떤 [존재]에게는 4가지 기능이 나타난다.

어떤 [존재]에게는 세 가지 원인이 나타나고 어떤 [존재]에게는 두 가지 원인이 나타나고 어떤 [존재]에게는 원인 없음이 나타난다. 모든 [존재]에게는 네 가지 음식이 나타난다. 모든 [존재]에게는 한 가지 감각접촉이 나타난다. 모든 [존재]에게는 한 가지 느낌이 … 한 가지 인식이 … 한 가지 의도가 … 한 가지 마음이 나타난다.

1008. 욕계의 요소에 태어나는 순간에[271] 모든 [존재]에게는 어떠한 다섯 가지 무더기가 나타나는가? 물질의 무더기 … 알음알이의 무더기 — 욕계의 요소에 태어나는 순간에 모든 [존재]에게는 이러한 다섯 가지 무더기가 나타난다.

1009. 욕계의 요소에 태어나는 순간에 누구에게 11가지 감각장소가 나타나는가? 욕계의 신들과 첫 번째 겁에 속하는 인간들과[272] 화현하는 아귀들과 화현하는 아수라들과 화현하는 축생들과 지옥에 태어나는 자들이 감각장소들을 온전하게 구족한 경우에는 태어나는 순간에 11

---

271) '태어나는 순간에'는 upapattikkhaṇe를 옮긴 것이다. 주석서는 "여기서 태어나는 순간이란 재생연결의 순간(paṭisandhikkhaṇa)이다."(Pm.ii.308)라고 설명한다. 태생의 경우에 태어나는 순간은 엄밀히 말하면 모태에 드는 순간 즉 수태하는 순간이다. 그래서 띳띨라 스님은 '*at the moment of conception*', 즉 '수태하는 순간에'로 옮겼다.(띳띨라 스님, 528쪽) 역자는 여기서는 화현하는 아귀들 등이 있기 때문에 '태어나는 순간에'로 옮기고 아래 '태중에 있는 중생들'의 경우에는 '모태에 드는 순간에'로 옮기고 있다.

272) '첫 번째 겁에 속하는 [인간들]'은 paṭhamakappikānaṁ을 옮긴 것인데 주석서는 "첫 번째 겁이 시작되는 시기에 태어난 [인간들](paṭhamakappassa ādikāle nibbattānaṁ)"(DAṬ.i.392)로 설명하고 있다.

가지 감각장소가 나타난다. [그것은] 눈의 감각장소[眼處], 형색의 감각장소[色處], 귀의 감각장소[耳處], 코의 감각장소[鼻處], 냄새의 감각장소[香處], 혀의 감각장소[舌處], 맛의 감각장소[味處], [413] 몸의 감각장소[身處], 감촉의 감각장소[觸處], 마노의 감각장소[意處], 법의 감각장소[法處]이다. 욕계의 요소에 태어나는 순간에 이들에게는 [소리의 감각장소를 제외한][273] 이러한 11가지 감각장소가 나타난다.

욕계의 요소에 태어나는 순간에 누구에게 10가지 감각장소가 나타나는가? 화현하는 아귀들과 화현하는 아수라들과 화현하는 축생들과 지옥에 태어나는 자들이 태어날 때부터 눈이 먼 경우에는 태어나는 순간에 10가지 감각장소가 나타난다. [그것은] 형색의 감각장소[色處], 귀의 감각장소[耳處], 코의 감각장소[鼻處], 냄새의 감각장소[香處], 혀의 감각장소[舌處], 맛의 감각장소[味處], 몸의 감각장소[身處], 감촉의 감각장소[觸處], 마노의 감각장소[意處], 법의 감각장소[法處]이다. 욕계의 요소에 태어나는 순간에 이들에게는 [눈의 감각장소와 소리의 감각장소를 제외한] 이러한 10가지 감각장소가 나타난다.

욕계의 요소에 태어나는 순간에 누구에게 또 다른 10가지 감각장소가 나타나는가? 화현하는 아귀들과 화현하는 아수라들과 화현하는 축생들과 지옥에 태어나는 자들이 태어날 때부터 귀가 먹은 경우에는 태어나는 순간에 10가지 감각장소가 나타난다. [그것은] 눈의 감각장소[眼處], 형색의 감각장소[色處], 코의 감각장소[鼻處], 냄새의 감각장소[香處], 혀의 감각장소[舌處], 맛의 감각장소[味處], 몸의 감각장소[身處], 감촉의 감각장소[觸處], 마노의 감각장소[意處], 법의 감각장소[法處]이다. 욕계의 요소에 태어나는 순간에 이들에게는 [귀의 감각장소와 소리의 감각

273) "소리의 감각장소를 제외한(saddāyatanavajjitāni) 11가지 감각장소가 드러난다."(Moh.316; VṬ.212)

장소를 제외한] 이러한 10가지 감각장소가 나타난다.

욕계의 요소에 태어나는 순간에 누구에게 9가지 감각장소가 나타나는가? 화현하는 아귀들과 화현하는 아수라들과 화현하는 축생들과 지옥에 태어나는 자들이 태어날 때부터 눈이 멀고 귀가 먹은 경우에는 태어나는 순간에 9가지 감각장소가 나타난다. [그것은] 형색의 감각장소[色處], 코의 감각장소[鼻處], 냄새의 감각장소[香處], 혀의 감각장소[舌處], 맛의 감각장소[味處], 몸의 감각장소[身處], 감촉의 감각장소[觸處], 마노의 감각장소[意處], 법의 감각장소[法處]이다. 욕계의 요소에 태어나는 순간에 이들에게는 [눈의 감각장소와 귀의 감각장소와 소리의 감각장소를 제외한] 이러한 9가지 감각장소가 나타난다.

욕계의 요소에 태어나는 순간에 누구에게 7가지 감각장소가 나타나는가? 태중에 있는[274] 중생들은 모태에 드는 순간에[275] 7가지 감각장소가 나타난다.[276] [그것은] 형색의 감각장소[色處], 냄새의 감각장소[香處], 맛의 감각장소[味處], 몸의 감각장소[身處], 감촉의 감각장소[觸處], 마노의 감각장소[意處], 법의 감각장소[法處]이다. 욕계의 요소에 태어나는 순간에 이들에게는 [눈의 감각장소와 귀의 감각장소와 코의 감각장

---

274) "태, 즉 어머니의 뱃속에 누워있다고 해서 '태중에 있는 자들'이다(gabbhe mātukucchiyaṁ sentīti gabbhaseyyakā.)."(VṬ.213)

275) '모태에 드는 순간에'는 upapattikkhaṇe를 옮긴 것으로 §1009에서 '태어나는 순간에'로 옮긴 단어와 같다. 태생에게 있어서 태어나는 순간, 즉 재생연결식이 일어나는 순간은 모태에 드는 순간이기 때문에 여기서는 이렇게 옮겼다. 그렇지 않고 이 경우에도 '태어나는 순간에'로 옮기게 되면 태아가 자궁 밖으로 나오는 것과 혼동이 되기 때문이다.

276) "태중에 있는 중생들의 경우에는 신들과 아수라들 등으로 태어날 곳[趣, gati]을 언급하지 않고 구분 없이(avisesa) '태중에 있는 중생들(gabbhaseyyakā)'이라고 말씀하셨다. 어느 곳이든 태중에 있는 자로 태어나면(yattha yattha gabbhaseyyakā sambhavanti) 거기에는 일곱 가지 감각장소가 있기 때문이라고 알아야 한다."(VbhA.518)

소와 혀의 감각장소와 소리의 감각장소를 제외한] 이러한 7가지 감각장소가 나타난다.

1010. 욕계의 요소에 태어나는 순간에 누구에게 11가지 요소가 나타나는가? 욕계의 신들과 첫 번째 겁에 속하는 인간들과 화현하는 아귀들과 화현하는 아수라들과 화현하는 축생들과 지옥에 태어나는 자들이 감각장소들을 온전하게 구족한 경우에는 태어나는 순간에 11가지 요소가 나타난다. [그것은] 눈의 요소, 형색의 요소, 귀의 요소, 코의 요소, 냄새의 요소, 혀의 요소, 맛의 요소, 몸의 요소, 감촉의 요소, 마노의 알음알이의 요소, 법의 요소이다. 욕계의 요소에 태어나는 순간에 이들에게는 [소리의 요소를 제외한] 이러한 11가지 요소가 나타난다.

욕계의 요소에 태어나는 순간에 누구에게 10가지 요소가 나타나는가? 화현하는 아귀들과 화현하는 아수라들과 화현하는 축생들과 [414] 지옥에 태어나는 자들이 태어날 때부터 눈이 먼 경우에는 태어나는 순간에 10가지 요소가 나타난다. [그것은] 형색의 요소, 귀의 요소, 코의 요소, 냄새의 요소, 혀의 요소, 맛의 요소, 몸의 요소, 감촉의 요소, 마노의 알음알이의 요소, 법의 요소이다. 욕계의 요소에 태어나는 순간에 이들에게는 [눈의 요소와 소리의 요소를 제외한] 이러한 10가지 요소가 나타난다.

욕계의 요소에 태어나는 순간에 누구에게 또 다른 10가지 요소가 나타나는가? 화현하는 아귀들과 화현하는 아수라들과 화현하는 축생들과 지옥에 태어나는 자들이 태어날 때부터 귀가 먹은 경우에는 태어나는 순간에 10가지 요소가 나타난다. [그것은] 눈의 요소, 형색의 요소, 코의 요소, 냄새의 요소, 혀의 요소, 맛의 요소, 몸의 요소, 감촉의 요소, 마노의 알음알이의 요소, 법의 요소이다. 욕계의 요소에 태어나는 순간에 이들에게는 [귀의 요소와 소리의 요소를 제외한] 이러한 10가지 요소가 나타난다.

욕계의 요소에 태어나는 순간에 누구에게 9가지 요소가 나타나는가? 화현하는 아귀들과 화현하는 아수라들과 화현하는 축생들과 지옥에 태어나는 자들이 태어날 때부터 눈이 멀고 귀가 먹은 경우에는 태어나는 순간에 9가지 요소가 나타난다. [그것은] 형색의 요소, 코의 요소, 냄새의 요소, 혀의 요소, 맛의 요소, 몸의 요소, 감촉의 요소, 마노의 알음알이의 요소, 법의 요소이다. 욕계의 요소에 태어나는 순간에 이들에게는 [눈의 요소와 귀의 요소와 소리의 요소를 제외한] 이러한 9가지 요소가 나타난다.

욕계의 요소에 태어나는 순간에 누구에게 7가지 요소가 나타나는가? 태중에 있는 중생들에게는 모태에 드는 순간에 7가지 요소가 나타난다. [그것은] 형색의 요소, 냄새의 요소, 맛의 요소, 몸의 요소, 감촉의 요소, 마노의 알음알이의 요소, 법의 요소이다. 욕계의 요소에 태어나는 순간에 이들에게는 [눈의 요소와 귀의 요소와 코의 요소와 혀의 요소와 소리의 요소를 제외한] 이러한 7가지 요소가 나타난다.

1011. 욕계의 요소에 태어나는 순간에 모든 [존재]에게는 어떠한 한 가지 진리가 나타나는가? 괴로움의 진리이다. 욕계의 요소에 태어나는 순간에 모든 [존재]에게는 이러한 한 가지 진리가 나타난다.

1012. 욕계의 요소에 태어나는 순간에 누구에게 14가지 기능이 나타나는가? 원인을 가지고 지혜와 결합된 욕계의 신들에게는 태어나는 순간에 14가지 기능이 나타난다. [그것은] 눈의 기능[眼根], 귀의 기능[耳根], 코의 기능[鼻根], 혀의 기능[舌根], 몸의 기능[身根], [415] 마노의

기능[意根], 여자의 기능[女根]이나 남자의 기능[男根], 생명기능[命根], 기쁨의 기능[喜根]이나 평온의 기능[捨根], 믿음의 기능[信根], 정진의 기능[精進根], 마음챙김의 기능[念根], 삼매의 기능[定根], 통찰지의 기능[慧根]이다. 욕계의 요소에 태어나는 순간에 이들에게는 이러한 14가지 기능이 나타난다.[277]

욕계의 요소에 태어나는 순간에 누구에게 13가지 기능이 나타나는가? 원인을 가지고 지혜와 결합되지 않은 욕계의 신들에게는 태어나는 순간에 13가지 기능이 나타난다. [그것은] 눈의 기능[眼根], 귀의 기능[耳根], 코의 기능[鼻根], 혀의 기능[舌根], 몸의 기능[身根], 마노의 기능[意根], 여자의 기능[女根]이나 남자의 기능[男根], 생명기능[命根], 기쁨의 기능[喜根]이나 평온의 기능[捨根], 믿음의 기능[信根], 정진의 기능[精進根], 마음챙김의 기능[念根], 삼매의 기능[定根]이다.[278] 욕계의 요소에 태어나는 순간에 이들에게는 이러한 13가지 기능이 나타난다.

욕계의 요소에 태어나는 순간에 누구에게 또 다른 13가지 기능이 나타나는가? 원인을 가지고 지혜와 결합된 첫 번째 겁에 속하는 인간들에게는 태어나는 순간에 13가지 기능이 나타난다. [그것은] 눈의 기능[眼根], 귀의 기능[耳根], 코의 기능[鼻根], 혀의 기능[舌根], 몸의 기능[身根], 마노의 기능[意根], 생명기능[命根], 기쁨의 기능[喜根]이나 평온의 기능[捨根], 믿음의 기능[信根], 정진의 기능[精進根], 마음챙김의 기능[念根], 삼매의 기능[定根], 통찰지의 기능[慧根]이다.[279] 욕계의 요소에 태어나는 순간에 이들에게는 이러한 13가지 기능이 나타난다.

---

277) 여기서 언급되는 16가지 가운데 여자의 기능과 남자의 기능 가운데 하나와 기쁨의 기능과 평온의 기능 가운데 하나만이 해당되어 모두 14가지가 된다.

278) 통찰지의 기능[慧根]이 빠졌다.

279) 남자의 기능과 여자의 기능이 빠졌다.

욕계의 요소에 태어나는 순간에 누구에게 12가지 기능이 나타나는가? 원인을 가지고 지혜와 결합되지 않은 첫 번째 겁에 속하는 인간들에게는 태어나는 순간에 12가지 기능이 나타난다. [그것은] 눈의 기능[眼根], 귀의 기능[耳根], 코의 기능[鼻根], 혀의 기능[舌根], 몸의 기능[身根], 마노의 기능[意根], 생명기능[命根], 기쁨의 기능[喜根]이나 평온의 기능[捨根], 믿음의 기능[信根], 정진의 기능[精進根], 마음챙김의 기능[念根], 삼매의 기능[定根]이다.[280] 욕계의 요소에 태어나는 순간에 이들에게는 이러한 12가지 기능이 나타난다.

욕계의 요소에 태어나는 순간에 누구에게 10가지 기능이 나타나는가? 원인을 가지고 지혜와 결합된 태중에 있는 중생들에게는 모태에 드는 순간에 10가지 기능이 나타난다. [그것은] 몸의 기능[身根], 마노의 기능[意根], 여자의 기능[女根]이나 남자의 기능[男根], 생명기능[命根], 기쁨의 기능[喜根]이나 평온의 기능[捨根], 믿음의 기능[信根], 정진의 기능[精進根], 마음챙김의 기능[念根], 삼매의 기능[定根], 통찰지의 기능[慧根]이다. 욕계의 요소에 태어나는 순간에 이들에게는 이러한 10가지 기능이 나타난다.

욕계의 요소에 태어나는 순간에 누구에게 9가지 기능이 나타나는가? 원인을 가지고 지혜와 결합되지 않은 태중에 있는 중생들에게는 모태에 드는 순간에 9가지 기능이 나타난다. [그것은] 몸의 기능[身根], 마노의 기능[意根], 여자의 기능[女根]이나 남자의 기능[男根], 생명기능[命根], 기쁨의 기능[喜根]이나 평온의 기능[捨根], 믿음의 기능[信根], 정진의 기능[精進根], 마음챙김의 기능[念根], 삼매의 기능[定根]이다.[281] 욕계의

280) 남자의 기능과 여자의 기능과 통찰지의 기능이 빠졌다.

281) 통찰지의 기능은 빠졌다.

요소에 태어나는 순간에 이들에게는 이러한 9가지 기능이 나타난다.

욕계의 요소에 태어나는 순간에 누구에게 또 다른 9가지 기능이 나타나는가? 화현하는 아귀들과 화현하는 아수라들과 화현하는 축생들과 지옥에 태어나는 자들이 감각장소들을 온전하게 구족한 경우에는 태어나는 순간에 9가지 기능이 나타난다. [그것은] 눈의 기능[眼根], 귀의 기능[耳根], 코의 기능[鼻根], 혀의 기능[舌根], 몸의 기능[身根], 마노의 기능[意根], 여자의 기능[女根]이나 남자의 기능[男根], 생명기능[命根], 평온의 기능[捨根]이다. 욕계의 요소에 태어나는 순간에 이들에게는 이러한 9가지 기능이 나타난다.

욕계의 요소에 태어나는 순간에 누구에게 8가지 기능이 나타나는가? 화현하는 아귀들과 화현하는 아수라들과 화현하는 축생들과 지옥에 태어나는 자들이 태어날 때부터 눈먼 경우에는 태어나는 순간에 8가지 기능이 나타난다. [그것은] 귀의 기능[耳根], 코의 기능[鼻根], 혀의 기능[舌根], 몸의 기능[身根], 마노의 기능[意根], 여자의 기능[女根]이나 남자의 기능[男根], 생명기능[命根], 평온의 기능[捨根]이다. 욕계의 요소에 태어나는 순간에 이들에게는 이러한 8가지 기능이 나타난다.

욕계의 요소에 태어나는 순간에 누구에게 또 다른 8가지 기능이 나타나는가? 화현하는 아귀들과 화현하는 아수라들과 화현하는 축생들과 지옥에 태어나는 자들이 태어날 때부터 귀가 먹은 경우에는 태어나는 순간에 8가지 기능이 나타난다. [그것은] 눈의 기능[眼根], 코의 기능[鼻根], 혀의 기능[舌根], 몸의 기능[身根], 마노의 기능[意根], 여자의 기능[女根]이나 남자의 기능[男根], 생명기능[命根], 평온의 기능[捨根]이다. 욕계의 요소에 태어나는 순간에 이들에게는 이러한 8가지 기능이 나타난다.

욕계의 요소에 태어나는 순간에 누구에게 7가지 기능이 나타나는가? 화현하는 아귀들과 화현하는 아수라들과 화현하는 축생들과 지옥에 태어나는 자들이 태어날 때부터 눈이 멀고 귀가 먹은 경우에는 태어나는 순간에 7가지 기능이 나타난다. [그것은] 코의 기능[鼻根], 혀의 기능[舌根], 몸의 기능[身根], 마노의 기능[意根], 여자의 기능[女根]이나 남자의 기능[男根], 생명기능[命根], 평온의 기능[捨根]이다. 욕계의 요소에 태어나는 순간에 이들에게는 이러한 7가지 기능이 나타난다.

욕계의 요소에 태어나는 순간에 누구에게 5가지 기능이 나타나는가? 원인이 없고 중성을 제외한 태중에 있는 중생들에게는 모태에 드는 순간에 5가지 기능이 나타난다. [그것은] 몸의 기능[身根], 마노의 기능[意根], 여자의 기능[女根]이나 남자의 기능[男根], 생명기능[命根], 평온의 기능[捨根]이다. 욕계의 요소에 태어나는 순간에 이들에게는 이러한 5가지 기능이 나타난다.

욕계의 요소에 태어나는 순간에 누구에게 4가지 기능이 나타나는가? 원인이 없고 중성인 태중에 있는 중생들에게는 모태에 드는 순간에 4가지 기능이 나타난다. [그것은] 몸의 기능[身根], 마노의 기능[意根], 생명기능[命根], 평온의 기능[捨根]이다. 욕계의 요소에 태어나는 순간에 이들에게는 이러한 4가지 기능이 나타난다.

1013. 욕계의 요소에 태어나는 순간에 누구에게 세 가지 원인이 나타나는가? 욕계의 신들, 첫 번째 겁에 속하는 인간들, 원인을 가지고 지혜와 결합된 태중에 있는 중생들에게는 세 가지 원인이 나타난다. [그것은] 과보로 나타난 원인인 탐욕 없음, 과보로 나타난 원인인 성냄 없음, 과보로 나타난 원인인 어리석음 없음이다. 욕계의 요소에 태어나는 순간에 이들에게는 이러한 세 가지 원인이 나타난다.

욕계의 요소에 태어나는 순간에 누구에게 두 가지 원인이 나타나는가? 욕계의 신들, 첫 번째 겁에 속하는 인간들, 원인을 가지고 지혜와 결합되지 않은 태중에 있는 중생들에게는 두 가지 원인이 나타난다. [그것은] 과보로 나타난 원인인 탐욕 없음, 과보로 나타난 원인인 성냄 없음이다. 욕계의 요소에 태어나는 순간에 이들에게는 이러한 두 가지 원인이 나타난다.

그 외의 모든 중생들에게는 원인 없음이 나타난다.282)

1014. 욕계의 요소에 태어나는 순간에 모든 [존재]에게는 어떠한 네 가지 음식이 나타나는가? 덩어리진 [먹는] 음식[段食], 감각접촉의 음식[觸食], 의도의 음식[意思食], 알음알이의 음식[識食]이다. 욕계의 요소에 태어나는 순간에 모든 [존재]에게는 이러한 네 가지 음식이 나타난다.

욕계의 요소에 태어나는 순간에 모든 [존재]에게는 어떠한 한 가지 감각접촉이 나타나는가? 마노의 알음알이의 요소의 감각접촉이다. 욕계의 요소에 태어나는 순간에 모든 [존재]에게는 이러한 한 가지 감각접촉이 나타난다.

욕계의 요소에 태어나는 순간에 모든 [존재]에게는 어떠한 한 가지 느낌이 [418] … 한 가지 인식이 … 한 가지 의도가 … 한 가지 마음이 나타나는가? 마노의 알음알이의 요소이다. 욕계의 요소에 태어나는 순간에 모든 [존재]에게는 이러한 한 가지 마음이 나타난다.

---

282) 즉 원인 없는 과보의 마음을 재생연결식으로 하여 태어난 4악도의 중생들과 욕계 선처 가운데 선천적인 시각장애인들 등과 저열한 신들이 여기에 속한다.(『아비담마 길라잡이』 제4장 §§10~11 참조)

② 색계의 요소

1015. 색계의 요소에 태어나는 순간에 몇 가지 무더기가 나타나고 … (§991) … 몇 가지 마음이 나타나는가?

무상유정천의 신들을 제외하고, 색계의 요소에 태어나는 순간에 다섯 가지 무더기가 나타난다. 다섯 가지 감각장소가 나타난다. 다섯 가지 요소가 나타난다. 한 가지 진리가 나타난다. 10가지 기능이 나타난다. 세 가지 원인이 나타난다. 세 가지 음식이 나타난다. 한 가지 감각접촉이 나타난다. 한 가지 느낌이 … 한 가지 인식이 … 한 가지 의도가 … 한 가지 마음이 나타난다.

1016. 색계의 요소에 태어나는 순간에 어떠한 다섯 가지 무더기가 나타나는가? 물질의 무더기, 느낌의 무더기, 인식의 무더기, 심리현상들의 무더기, 알음알이의 무더기이다. 색계의 요소에 태어나는 순간에 이러한 다섯 가지 무더기가 나타난다.

색계의 요소에 태어나는 순간에 어떠한 다섯 가지 감각장소가 나타나는가? 눈의 감각장소, 형색의 감각장소, 귀의 감각장소, 마노의 감각장소, 법의 감각장소이다. 색계의 요소에 태어나는 순간에 이러한 다섯 가지 감각장소가 나타난다.

색계의 요소에 태어나는 순간에 어떠한 다섯 가지 요소가 나타나는가? 눈의 요소, 형색의 요소, 귀의 요소, 마노의 알음알이의 요소, 법의 요소이다. 색계의 요소에 태어나는 순간에 이러한 다섯 가지 요소가 나타난다.

색계의 요소에 태어나는 순간에 어떠한 한 가지 진리가 나타나는가? 괴로움의 진리이다. 색계의 요소에 태어나는 순간에 이러한 한 가지 진리가 나타난다.

색계의 요소에 태어나는 순간에 어떠한 열 가지 기능이 나타나는가? 눈의 기능, 귀의 기능, 마노의 기능, 생명기능, 기쁨의 기능이나 평온의 기능, 믿음의 기능, 정진의 기능, [419] 마음챙김의 기능, 삼매의 기능, 통찰지의 기능이다. 색계의 요소에 태어나는 순간에 이러한 열 가지 기능이 나타난다.

색계의 요소에 태어나는 순간에 어떠한 세 가지 원인이 나타나는가? 과보로 나타난 원인인 탐욕 없음, 과보로 나타난 원인인 성냄 없음, 과보로 나타난 원인인 어리석음 없음이다. 색계의 요소에 태어나는 순간에 이러한 세 가지 원인이 나타난다.

색계의 요소에 태어나는 순간에 어떠한 세 가지 음식이 나타나는가? 감각접촉의 음식[觸食], 의도의 음식[意思食], 알음알이의 음식[識食]이다. 색계의 요소에 태어나는 순간에 이러한 세 가지 음식이 나타난다.

색계의 요소에 태어나는 순간에 어떠한 한 가지 감각접촉이 나타나는가? 마노의 알음알이의 요소의 감각접촉이다. 색계의 요소에 태어나는 순간에 이러한 한 가지 감각접촉이 나타난다.

색계의 요소에 태어나는 순간에 어떠한 한 가지 느낌이 … 한 가지 인식이 … 한 가지 의도가 … 한 가지 마음이 나타나는가? 마노의 알음알이의 요소이다. 색계의 요소에 태어나는 순간에 이러한 한 가지 마음이 나타난다.

③ 무상유정천(無想有情天)

1017. 무상유정천의 신들이 태어나는 순간에 몇 가지 무더기가 나

타나고 … (§991) … 몇 가지 마음이 나타나는가?

무상유정천의 신들이 태어나는 순간에 한 가지 무더기가 나타나는데 물질의 무더기이다. 두 가지 감각장소가 나타나는데 형색의 감각장소와 법의 감각장소이다. 두 가지 요소가 나타나는데 형색의 요소와 법의 요소이다. 한 가지 진리가 나타나는데 괴로움의 진리이다. 한 가지 기능이 나타나는데 물질의 생명기능이다. 무상유정천의 신들은 원인이 없이 음식이 없이 감각접촉이 없이 느낌이 없이 인식이 없이 의도가 없이 마음이 없이 나타난다.

④ 무색계의 요소

1018. 무색계의 요소에 태어나는 순간에 몇 가지 무더기가 나타나고 … (§991) … 몇 가지 마음이 나타나는가?

무색계의 요소에 태어나는 순간에 네 가지 무더기가 나타난다. 두 가지 감각장소가 나타난다. 두 가지 요소가 나타난다. 한 가지 진리가 나타난다. 8가지 기능이 나타난다. 세 가지 원인이 나타난다. 세 가지 음식이 나타난다. 한 가지 감각접촉이 나타난다. 한 가지 느낌이 … 한 가지 인식이 … 한 가지 의도가 [420] … 한 가지 마음이 나타난다.

1019. 무색계의 요소에 태어나는 순간에 어떠한 네 가지 무더기가 나타나는가? 느낌의 무더기, 인식의 무더기, 심리현상들의 무더기, 알음알이의 무더기이다. 무색계의 요소에 태어나는 순간에 이러한 네 가지 무더기가 나타난다.

무색계의 요소에 태어나는 순간에 어떠한 두 가지 감각장소가 나타나는가? 마노의 감각장소, 법의 감각장소이다. 무색계의 요소에 태어나는 순간에 이러한 두 가지 감각장소가 나타난다.

무색계의 요소에 태어나는 순간에 어떠한 두 가지 요소가 나타나는가? 마노의 알음알이의 요소, 법의 요소이다. 무색계의 요소에 태어나는 순간에 이러한 두 가지 요소가 나타난다.

무색계의 요소에 태어나는 순간에 어떠한 한 가지 진리가 나타나는가? 괴로움의 진리이다. 무색계의 요소에 태어나는 순간에 이러한 한 가지 진리가 나타난다.

무색계의 요소에 태어나는 순간에 어떠한 여덟 가지 기능이 나타나는가? 마노의 기능, 생명기능, 평온의 기능, 믿음의 기능, 정진의 기능, 마음챙김의 기능, 삼매의 기능, 통찰지의 기능이다. 무색계의 요소에 태어나는 순간에 이러한 여덟 가지 기능이 나타난다.

무색계의 요소에 태어나는 순간에 어떠한 세 가지 원인이 나타나는가? 과보로 나타난 원인인 탐욕 없음, 과보로 나타난 원인인 성냄 없음, 과보로 나타난 원인인 어리석음 없음이다. 무색계의 요소에 태어나는 순간에 이러한 세 가지 원인이 나타난다.

무색계의 요소에 태어나는 순간에 어떠한 세 가지 음식이 나타나는가? 감각접촉의 음식[觸食], 의도의 음식[意思食], 알음알이의 음식[識食]이다. 무색계의 요소에 태어나는 순간에 이러한 세 가지 음식이 나타난다.

무색계의 요소에 태어나는 순간에 어떠한 한 가지 감각접촉이 나타나는가? 마노의 알음알이의 요소의 감각접촉이다. 무색계의 요소에 태어나는 순간에 이러한 한 가지 감각접촉이 나타난다.

무색계의 요소에 태어나는 순간에 어떠한 한 가지 느낌이 … 한 가지 인식이 … 한 가지 의도가 … 한 가지 마음이 나타나는가? 마노의 알음알이의 요소이다. 무색계의 요소에 태어나는 순간에 이러한 한 가지 마음이 나타난다.

(5) 경지의 특별함을 보여줌에 관한 부문
(bhūmantara-dassana-vāra)

1020. 욕계에 속하는 법들, [421] 욕계에 속하지 않는 법들, 색계에 속하는 법들, 색계에 속하지 않는 법들, 무색계에 속하는 법들, 무색계에 속하지 않는 법들, [세간에] 포함된 법들, [세간에] 포함되지 않는 법들[出世間法]이 있다.

무엇이 '욕계에 속하는 법들(kāmāvacarā dhammā)'(*cf.* ma2-93-a)인가? 아래로는 무간지옥을 경계로 하고 위로는 타화자재천의 신들을 끝으로 하여 이 안에 있고 여기에 속하고 여기에 포함되어 있는 무더기와 요소와 감각장소와 물질과 느낌과 인식과 심리현상들과 알음알이 — 이것이 욕계에 속하는 법들이다.(§182; Dhs 1287)

무엇이 '욕계에 속하지 않는 법들(na kāmāvacarā dhammā)'(*cf.* ma2-93-b)인가? 색계에 속하는 것들, 무색계에 속하는 것들, [세간에] 포함되지 않는[出世間] 것들 — 이것이 욕계에 속하지 않는 법들이다.(Dhs §1288)

무엇이 '색계에 속하는 법들(rūpāvacarā dhammā)'(*cf.* ma2-94-a)인가? 아래로는 범천의 세상을 경계로 하고 위로는 색구경천의 신들을 끝으로 하여 이 안에 있고 여기에 속하고 여기에 포함되어 있으며, [이런 경지를] 증득하였거나 [이곳에] 태어났거나 지금·여기에서 행복하게 머무는 자의 마음과 마음부수의 법들 — 이것이 색계에 속하는 법들이다.(Dhs §1289)

무엇이 '색계에 속하지 않는 법들(na rūpāvacarā dhammā)'(*cf.* ma2-94-b)인가? 욕계에 속하는 것들, 무색계에 속하는 것들, [세간에] 포함되지 않는[出世間] 것들 — 이것이 색계에 속하지 않는 법들이다.(Dhs §1290)

무엇이 '무색계에 속하는 법들(arūpāvacarā dhammā)'(*cf.* ma2-95-a)인가? 아래로는 공무변처에 도달한 신들을 경계로 하고 위로는 비상비비상처에 도달한 신들을 끝으로 하여 이 안에 있고 여기에 속하고 여기에 포함되어 있으며, [이런 경지를] 증득하였거나 [이곳에] 태어났거나 지금·여기에서 행복하게 머무는 자의 마음과 마음부수의 법들 — 이것이 무색계에 속하는 법들이다.(Dhs §1291)

무엇이 '무색계에 속하지 않는 법들(na arūpāvacarā dhammā)'(*cf.* ma2-95-b)인가? 욕계에 속하는 것들, 색계에 속하는 것들, [세간에] 포함되지 않는 것들[出世間] — 이것이 무색계에 속하지 않는 법들이다.(Dhs §1292)

무엇이 '[세간에] 포함된 법들(pariyāpannā dhammā)'(*cf.* ma2-96-a)인가? 번뇌의 대상인 욕계에 속하거나 색계에 속하거나 무색계에 속하는 유익하거나 해롭거나 결정할 수 없는 법들, [즉] 물질의 무더기·느낌의 무더기·인식의 무더기·심리현상들의 무더기·알음알이의 무더기 — 이것이 [세간에] 포함된 법들이다.(Dhs §1293)

무엇이 '[세간에] 포함되지 않는[出世間] 법들(apariyāpannā dhammā)'(*cf.* ma2-96-b)인가? 도(道)들, 도의 결실들[果], 형성되지 않은[無爲] 요소 — 이것이 [세간에] 포함되지 않는 법들이다.(Dhs §1294)

(6) 태어나게 하는 업과 수명의 한계에 관한 부문 (uppādakakamma-āyuppamāṇa-vāra)

① 태어나게 하는 업

1021. '신(神)'이라고 하였다. [422] 세 종류의 신들이 있다. 일상적인 표현의 신들, [신으로] 태어난 신들, 청정한 신들이다.

'일상적인 표현의 신들'이란 왕들, 여왕들, 왕자들이다.

'[신으로] 태어난 신들'이란 사대왕천의 신들로 태어났거나 그보다 높은 신들이다.

'청정한 신들'이란 번뇌 다한 아라한들이다.[283)]

보시를 행하고 계를 수지하고 포살의 갈마를 행한 뒤에 어디에 태어나는가? 보시를 행하고 계를 수지하고 포살의 갈마를 행한 뒤에 어떤 자들은 끄샤뜨리야들의 큰 가문의 일원으로 태어난다. 어떤 자들은 바라문들의 큰 가문의 일원으로 태어난다. 어떤 자들은 장자들의 큰 가문의 일원으로 태어난다. 어떤 자들은 사대왕천의 신들의 일원으로 태어난다. 어떤 자들은 삼십삼천의 신들의 일원으로 태어난다. 어떤 자들은 야마천의 신들의 일원으로 태어난다. 어떤 자들은 도솔천의 신들의 일원으로 태어난다. 어떤 자들은 화락천의 신들의 일원으로 태어난다. 어떤 자들은 타화자재천의 신들의 일원으로 태어난다.

② 수명의 한계

1022. 인간들의 '수명의 한계(āyuppamāṇa)'는 얼마만큼인가? 100년의 이쪽저쪽이다.

1023. 사대왕천의 신들의 수명의 한계는 얼마만큼인가? 인간들의 50년은 사대왕천의 단 하루 밤낮과 같고, 그 밤으로 [계산하여] 30일이 한 달이고, 그 달로 [계산하여] 12달이 1년이다. 그 해로 [계산하여] 사대왕천의 신들의 수명의 한계는 천상의 해[天上年]로 500년이다.(A3:70 §18) 인간의 계산으로 하면 얼마만큼인가? 9백만 년이다.

283) 『맛지마 니까야 주석서』(MA.i.33)에도 동일한 내용이 나타난다.(『맛지마 니까야』 제1권 「뿌리에 대한 법문 경」(M1) §8의 주해 참조)

삼십삼천의 신들의 수명의 한계는 얼마만큼인가? 인간들의 100년은 삼십삼천의 신들의 하루 밤낮과 같고, 그 밤으로 [계산하여] 30일이 한 달이고, 그 달로 [계산하여] 12달이 1년이다. 그 해로 [계산하여] 삼십삼천의 신들의 수명의 한계는 천상의 해로 1,000년이다. 인간의 계산으로 하면 얼마만큼인가? 3천6백만 년이다.

야마천의 신들의 수명의 한계는 얼마만큼인가? 인간들의 200년은 야마천의 신들의 하루 밤낮과 같고, [423] 그 밤으로 [계산하여] 30일이 한 달이고, 그 달로 [계산하여] 12달이 1년이다. 그 해로 [계산하여] 야마천의 신들의 수명의 한계는 천상의 해로 2,000년이다. 인간의 계산으로 하면 얼마만큼인가? 1억 4천4백만 년이다.

도솔천의 신들의 수명의 한계는 얼마만큼인가? 인간들의 400년은 도솔천의 신들의 하루 밤낮과 같고, 그 밤으로 [계산하여] 30일이 한 달이고, 그 달로 [계산하여] 12달이 1년이다. 그 해로 [계산하여] 도솔천의 신들의 수명의 한계는 천상의 해로 4,000년이다. 인간의 계산으로 하면 얼마만큼인가? 5억 7천6백만 년이다.

화락천의 신들의 수명의 한계는 얼마만큼인가? 인간들의 800년은 화락천의 신들의 하루 밤낮과 같고, 그 밤으로 [계산하여] 30일이 한 달이고, 그 달로 [계산하여] 12달이 1년이다. 그 해로 [계산하여] 화락천의 신들의 수명의 한계는 천상의 해로 8,000년이다. 인간의 계산으로 하면 얼마만큼인가? 23억 4백만 년이다.

타화자재천의 신들의 수명의 한계는 얼마만큼인가? 인간들의 1,600년은 타화자재천의 신들의 하루 밤낮과 같고, 그 밤으로 [계산하여] 30일이 한 달이고, 그 달로 [계산하여] 12달이 1년이다. 그 해로 [계산하여] 타화자재천의 신들의 수명의 한계는 천상의 해로 16,000년이다. 인간의 계산으로 하면 얼마만큼인가? 92억 1천6백만 년이다.

> 이 여섯 가지는 욕계이니
> 모든 감각적 쾌락으로 풍족한 곳이다.
> 이들 모두를 하나로 계산하면 얼마만큼의 수명이 되는가?
> 그들은 120억과 2억 8천과 [여기에 다시]
> 5백만을 더한 것이 전체 햇수로 드러난 것이다.(122억 8천5백만 년)

1024. 초선을 [424] 제한적으로 닦은 뒤 어디에 태어나는가? 초선을 제한적으로 닦은 뒤 범중천의 신들의 일원으로 태어난다. 그들의 수명의 한계는 얼마만큼인가? 3분의 1겁이다.

초선을 중간 정도로 닦은 뒤 어디에 태어나는가? 초선을 중간 정도로 닦은 뒤 범보천의 신들의 일원으로 태어난다. 그들의 수명의 한계는 얼마만큼인가? 반 겁이다.

초선을 수승하게 닦은 뒤 어디에 태어나는가? 초선을 수승하게 닦은 뒤 대범천의 신들의 일원으로 태어난다. 그들의 수명의 한계는 얼마만큼인가? 1겁이다.

1025. 제2선을 제한적으로 닦은 뒤 어디에 태어나는가? 제2선을 제한적으로 닦은 뒤 소광천의 신들의 일원으로 태어난다. 그들의 수명의 한계는 얼마만큼인가? 2겁이다.

제2선을 중간 정도로 닦은 뒤 어디에 태어나는가? 제2선을 중간 정도로 닦은 뒤 무량광천의 신들의 일원으로 태어난다. 그들의 수명의 한계는 얼마만큼인가? 4겁이다.

제2선을 수승하게 닦은 뒤 어디에 태어나는가? 제2선을 수승하게 닦은 뒤 광음천의 신들의 일원으로 태어난다. 그들의 수명의 한계는 얼마만큼인가? 8겁이다.

1026. 제3선을 제한적으로 닦은 뒤 어디에 태어나는가? 제3선을 제한적으로 닦은 뒤 소정천의 신들의 일원으로 태어난다. 그들의 수명의 한계는 얼마만큼인가? 16겁이다.

제3선을 중간 정도로 닦은 뒤 어디에 태어나는가? 제3선을 중간 정도로 닦은 뒤 무량정천의 신들의 일원으로 태어난다. 그들의 [425] 수명의 한계는 얼마만큼인가? 32겁이다.

제3선을 수승하게 닦은 뒤 어디에 태어나는가? 제3선을 수승하게 닦은 뒤 변정천의 신들의 일원으로 태어난다. 그들의 수명의 한계는 얼마만큼인가? 64겁이다.

1027. 제4선을 닦은 뒤 대상의 다양함과 마음에 잡도리함의 다양함과 열의의 다양함과 염원의 다양함과 결심의 다양함284)과 [마음을] 기울임의 다양함285)과 통찰지의 다양함 때문에 어떤 자들은 무상유정천의 신들의 일원으로 태어난다. 어떤 자들은 광과천의 신들의 일원으로 태어난다. 어떤 자들은 무번천의 신들의 일원으로 태어난다. 어떤 자들은 무열천의 신들의 일원으로 태어난다. 어떤 자들은 선현천의 신들의 일원으로 태어난다. 어떤 자들은 선견천의 신들의 일원으로 태어난

---

284) "어떤 자는 땅의 까시나를 통해서 결심하고(adhimuccati) … 어떤 자는 흰색의 까시나를 통해서 결심한다. 이것이 '결심의 다양함(adhimokkhanānatta)'이다."(VbhA.520)

285) "어떤 자는 땅의 까시나를 통해서 마음을 기울이고(cittaṁ abhinīharati) … 어떤 자는 흰색의 까시나를 통해서 마음을 기울인다. 이것이 '[마음을] 기울임의 다양함(abhinīhāranānatta)'이다."(VbhA.520)

다. 어떤 자들은 색구경천의 신들의 일원으로 태어난다. 어떤 자들은 공무변처에 도달한 신들의 일원으로 태어난다. 어떤 자들은 식무변처에 도달한 신들의 일원으로 태어난다. 어떤 자들은 무소유처에 도달한 신들의 일원으로 태어난다. 어떤 자들은 비상비비상처에 도달한 신들의 일원으로 태어난다.

무상유정천과 광과천의 신들의 수명의 한계는 얼마만큼인가? 500겁이다.

무번천의 신들의 수명의 한계는 얼마만큼인가? 1천 겁이다.

무열천의 신들의 수명의 한계는 얼마만큼인가? 2천 겁이다.

선현천의 신들의 수명의 한계는 얼마만큼인가? 4천 겁이다.

선견천의 신들의 수명의 한계는 얼마만큼인가? 8천 겁이다.

색구경천의 신들의 수명의 한계는 얼마만큼인가? 1만6천 겁이다.

1028. 공무변처에 도달한 신들의 수명의 한계는 얼마만큼인가? 2만 겁이다.

식무변처에 도달한 신들의 수명의 한계는 얼마만큼인가? 4만 겁이다.

무소유처에 도달한 [426] 신들의 수명의 한계는 얼마만큼인가? 6만 겁이다.

비상비비상처에 도달한 신들의 수명의 한계는 얼마만큼인가? 8만4천 겁이다.[286)]

1029. 공덕의 광명[287)]으로 위로 던져져서
욕계의 태어날 곳과 색계의 태어날 곳으로 가나니

---

286) 이상 여러 세상의 수명의 한계(āyuppamāṇa)는 『아비담마 길라잡이』 제5장(제1권 462쪽)에 도표로 정리되어 있으므로 참조하기 바란다.

287) "'공덕의 광명(puññateja)'이란 공덕의 위신력(puññānubhāva)이다."(DAṬ.ii.156)

존재의 끝점에 도달하더라도 다시 악처로 되돌아오도다.
중생들은 비록 이처럼 긴 수명을 누리더라도
수명이 다하면 떨어지나니
존재에 항상한 것이란 아무것도 없다고
대선현은 말씀하셨도다.

그러므로 현명하고 슬기롭고 숙련되었으며
이로움을 생각하는 자들은
늙음·죽음으로부터 해탈하기 위해서 으뜸가는 도를 닦노라.
열반에 듦으로 인도하는 청정한 도를 닦아서
모든 번뇌를 철저하게 안 뒤에
번뇌가 없는 반열반을 성취하도다.

(7) 최상의 지혜로 알아져야 하는 것 등에 관한 부문(abhiññeyyādi-vāra)

1030. 다섯 가지 무더기 가운데 몇 가지가 최상의 지혜로 알아져야 하는 것인가? 몇 가지가 철저하게 알아져야 하는 것인가? 몇 가지가 버려져야 하는 것인가? 몇 가지가 닦아져야 하는 것인가? 몇 가지가 실현되어야 하는 것인가? 몇 가지가 버려져서는 안 되고 닦아져서는 안 되고 실현되어서는 안 되는 것인가? … (§991) … 일곱 가지 마음 가운데 몇 가지가 최상의 지혜로 알아져야 하는 것인가? 몇 가지가 철저하게 알아져야 하는 것인가? 몇 가지가 버려져야 하는 것인가? 몇 가지가 닦아져야 하는 것인가? 몇 가지가 실현되어야 하는 것인가? 몇 가지가 버려져서는 안 되고 닦아져서는 안 되고 실현되어서는 안 되는 것인가?

1031. 물질의 무더기는 최상의 지혜로 알아져야 하는 것이고 철저하게 알아져야 하는 것이고 버려져서는 안 되고 닦아져서는 안 되고 실

현되어서는 안 되는 것이다. 네 가지 무더기는 최상의 지혜로 알아져야 하는 것이고 철저하게 알아져야 하는 것이다. 버려져야 하는 것일 수 있고 닦아져야 하는 것일 수 있고 실현되어야 하는 것일 수 있다. [그러나] 버려져서는 안 되고 닦아져서는 안 되고 실현되어서는 안 되는 것일 수 있다.

열 가지 감각장소는 최상의 지혜로 알아져야 하는 것이고 철저하게 알아져야 하는 것이고 버려져서는 안 되고 닦아져서는 안 되고 실현되어서는 안 되는 것이다. 두 가지 감각장소는 최상의 지혜로 알아져야 하는 것이고 철저하게 알아져야 하는 것이다. 버려져야 하는 것일 수 있고, 닦아져야 하는 것일 수 있고, 실현되어야 하는 것일 수 있다. [그러나] 버려져서는 안 되고 닦아져서는 안 되고 실현되어서는 안 되는 것일 수 있다.

열여섯 가지 요소는 최상의 지혜로 알아져야 하는 것이고 철저하게 알아져야 하는 것이고 버려져서는 안 되고 닦아져서는 안 되고 실현되어서는 안 되는 것이다. 두 가지 요소는 최상의 지혜로 알아져야 하는 것이고 철저하게 알아져야 하는 것이다. 버려져야 하는 것일 수 있고, 닦아져야 하는 것일 수 있고, 실현되어야 하는 것일 수 있다. [그러나] 버려져서는 안 되고 닦아져서는 안 되고 실현되어서는 안 되는 것일 수 있다.

일어남의 진리는 최상의 지혜로 알아져야 하는 것이고 철저하게 알아져야 하는 것이고 버려져야 하는 것이고 닦아져서는 안 되는 것이고 실현되어서는 안 되는 것이다. 도의 진리는 최상의 지혜로 알아져야 하는 것이고 철저하게 알아져야 하는 것이고 버려져서는 안 되는 것이고 닦아져야 하는 것이고 실현되어서는 안 되는 것이다. [427] 소멸의 진리는 최상의 지혜로 알아져야 하는 것이고 철저하게 알아져야 하는 것이고 버려져서는 안 되는 것이고 닦아져서는 안 되는 것이고 실현되어야 하는 것이다. 괴로움의 진리는 최상의 지혜로 알아져야 하는 것이고 철저하게 알아져야 하는 것이다. 버려져야 하는 것일 수 있고 닦아져서는 안 되는 것이고 실현되어서는 안 되는 것이다. [그러나] 버려져서는 안 되는 것일 수 있다.

아홉 가지 기능은 최상의 지혜로 알아져야 하는 것이고 철저하게 알아져야 하는 것이고 버려져서는 안 되고 닦아져서는 안 되고 실현되어서는 안 되는 것이다.

불만족의 기능은 최상의 지혜로 알아져야 하는 것이고 철저하게 알아져야 하는 것이고 버려져야 하는 것이다. [그러나] 닦아져서는 안 되는 것이고 실현되어서는 안 되는 것이다.

구경의 지혜를 가지려는 기능[未知當知根]은 최상의 지혜로 알아져야 하는 것이고 철저하게 알아져야 하는 것이고 버려져서는 안 되는 것이고 닦아져야 하는 것이고 실현되어서는 안 되는 것이다. 구경의 지혜의 기능[已知根]은 최상의 지혜로 알아져야 하는 것이고 철저하게 알아져야 하는 것이고 버려져서는 안 되는 것이고 닦아져야 하는 것일 수 있고 실현되어야 하는 것일 수 있다. 구경의 지혜를 구족한 기능[具知根]은 최상의 지혜로 알아져야 하는 것이고 철저하게 알아져야 하는 것이고 버려져서는 안 되되는 것이고 닦아져서는 안 되는 것이고 실현되어야 하는 것이다.

세 가지 기능은 최상의 지혜로 알아져야 하는 것이고 철저하게 알아져야 하는 것이고 버려져서는 안 되는 것이고 닦아져야 하는 것일 수 있고 실현되어야 하는 것일 수 있다. 닦아져서는 안 되는 것일 수 있고 실현되어야 하는 것이다.

여섯 가지 기능은 최상의 지혜로 알아져야 하는 것이고 철저하게 알아져야 하는 것이고 버려져야 하는 것일 수 있고 닦아져야 하는 것일 수 있고 실현되어야 하는 것일 수 있다. [그러나] 버려져서는 안 되고 닦아져서는 안 되고 실현되어서는 안 되는 것일 수 있다.

세 가지 해로운 원인은 최상의 지혜로 알아져야 하는 것이고 철저하게 알아져야 하는 것이고 버려져야 하는 것이고 닦아져서는 안 되는 것이고 실현되어서는 안 되는 것이다. 세 가지 유익한 원인은 최상의 지혜로 알아져야 하는 것이고 철저하게 알아져야 하는 것이고 버려져서는 안 되는 것이고 닦아져야 하는 것일 수 있고 실현되어서는 안 되는 것이다. [그러나] 닦아져서는 안 되는 것일 수 있다. 세 가지 결정할 수 없는 [無記] 원인은 최상의 지혜로 알아져야 하는 것이고 철저하게 알아져야 하는 것이고 버려져서는 안 되는 것이고 닦아져서는 안 되는 것이다. 실현되어야 하는 것일 수 있고 실현되어서는 안 되는 것일 수 있다.

덩어리진 [먹는] 음식은 최상의 지혜로 알아져야 하는 것이고 철저하게 알아져야 하는 것이고 버려져서는 안 되고 닦아져서는 안 되고 실현되어서는 안 되는 것이다. 세 가지 음식은 최상의 지혜로 알아져야 하는 것이고 철저하게 알아져야 하는 것이고 버려져야 하는 것일 수 있고 닦아져야 하는 것일 수 있고 실현되어야 하는 것일 수 있다. [그러나] 버려져서는 안 되고 닦아져서는 안 되고 실현되어서는 안 되는 것일 수 있다.

여섯 가지 감각접촉은 최상의 지혜로 알아져야 하는 것이고 철저하게 알아져야 하는 것이고 버려져서는 안 되고 닦아져서는 안 되고 실현되어서는 안 되는 것이다. 마노의 알음알이의 요소의 감각접촉은 최상의 지혜로 알아져야 하는 것이고 철저하게 알아져야 하는 것이고 버려져야 하는 것일 수 있고 닦아져야 하는 것일 수 있고 실현되어야 하는 것일 수 있다. [그러나] 버려져서는 안 되고 닦아져서는 안 되고 실현되어서는 안 되는 것일 수 있다.

여섯 가지 느낌은 … 여섯 가지 인식은 … 여섯 가지 의도는 … 여섯 가지 마음은 최상의 지혜로 알아져야 하는 것이고 철저하게 알아져야 하는 것이고 버려져서는 안 되고 닦아져서는 안 되고 실현되어서는 안 되는 것이다. 마노의 알음알이의 요소는 최상의 지혜로 알아져야 하는 것이고 철저하게 알아져야 하는 것이고 버려져야 하는 것일 수 있고 닦아져야 하는 것일 수 있고 실현되어야 하는 것일 수 있다. [428] [그러나] 버려져서는 안 되고 닦아져서는 안 되고 실현되어서는 안 되는 것일 수 있다.

(8) 대상을 가진 것과 대상을 가지지 않은 것에 관한 부문

(sārammaṇa-anārammaṇa-vāra, *cf.* ma2-55)

1032. 다섯 가지 무더기 가운데 몇 가지가 대상을 가진 것이고, 몇 가지가 대상을 가지지 않은 것이고, … (§991) … 일곱 가지 마음 가운데 몇 가지가 대상을 가진 것이고, 몇 가지가 대상을 가지지 않은 것인가?

1033. 물질의 무더기는 대상을 가지지 않은 것이다. 네 가지 무더기는 대상을 가진 것이다.

열 가지 감각장소는 대상을 가지지 않은 것이다. 마노의 감각장소는 대상을 가진 것이다. 법의 감각장소는 대상을 가진 것일 수 있고 대상을 가지지 않은 것일 수 있다.

열 가지 요소는 대상을 가지지 않은 것이다. 일곱 가지 요소는 대상을 가진 것이다. 법의 요소는 대상을 가진 것일 수 있고 대상을 가지지 않은 것일 수 있다.

두 가지 진리는 대상을 가진 것이다. 소멸의 진리는 대상을 가지지 않은 것이다. 괴로움의 진리는 대상을 가진 것일 수 있고 대상을 가지지 않은 것일 수 있다.

일곱 가지 기능은 대상을 가지지 않은 것이다. 열네 가지 기능은 대상을 가진 것이다. 생명기능은 대상을 가진 것일 수 있고 대상을 가지지 않은 것일 수 있다.

아홉 가지 원인은 대상을 가진 것이다.

덩어리진 [먹는] 음식은 대상을 가지지 않은 것이다. 세 가지 음식은 대상을 가진 것이다.

일곱 가지 감각접촉은 … 일곱 가지 느낌은 … 일곱 가지 인식은 … 일곱 가지 의도는 … 일곱 가지 마음은 대상을 가진 것이다.

1034. 다섯 가지 무더기 가운데 몇 가지가 대상을 취하는 대상을 가진 것[288]인가? 몇 가지가 대상을 취하지 않는 대상을 가진 것인가? … (§991) … 일곱 가지 마음 가운데 몇 가지가 대상을 취하는 대상을 가진 것인가? 몇 가지가 대상을 취하지 않는 대상을 가진 것인가?

1035. 물질의 무더기는 대상을 가지지 않은 것이다. 네 가지 무더기는 대상을 취하는 대상을 가진 것일 수 있고 대상을 취하지 않는 대상을 가진 것일 수 있다.

열 가지 감각장소는 대상을 가지지 않은 것이다. 마노의 감각장소는 대상을 취하는 대상을 가진 것일 수 있고 대상을 취하지 않는 대상을 가진 것일 수 있다. 법의 감각장소는 대상을 취하는 대상을 가진 것일 수 있고 대상을 취하지 않는 대상을 가진 것일 수 있고 대상을 가지지 않은 것일 수 있다.

열 가지 요소는 대상을 가지지 않은 것이다. 여섯 가지 요소는 대상을 취하지 않는 대상을 가진 것이다. 마노의 알음알이의 요소는 대상을 취하는 대상을 가진 것일 수 있고 대상을 취하지 않는 대상을 가진 것일

---

288) 여기서 '대상을 취하는 대상을 가진 것'은 sārammaṇārammaṇā를 옮긴 것이고 '대상을 취하지 않는 대상을 가진 것'은 anārammaṇārammaṇā를 옮긴 것이다. 이 두 용어는 여기 『위방가』 §1034와 §1035와 『나마루빠빠릿체다』 (Nāmarūpapariccheda) §625에만 나타나는 것으로 조사된다. 텟띨라 스님은 sārammaṇārammaṇā를 *have object-taking objects*로, anārammaṇārammaṇā를 *have non-object-taking objects*로 옮겼다. (텟띨라 스님, 547쪽)

수 있다. 법의 요소는 대상을 취하는 대상을 가진 것일 수 있고 대상을 취하지 않는 대상을 가진 것일 수 있고 대상을 가지지 않은 것일 수 있다.

소멸의 진리는 대상을 가지지 않은 것이다. 도의 진리는 대상을 취하지 않는 대상을 가진 것이다. 일어남의 진리는 대상을 취하는 대상을 가진 것일 수 있고 대상을 취하지 않는 대상을 가진 것일 수 있다. 괴로움의 진리는 [429] 대상을 취하는 대상을 가진 것일 수 있고 대상을 취하지 않는 대상을 가진 것일 수 있고 대상을 가지지 않은 것일 수 있다.

일곱 가지 기능은 대상을 가지지 않은 것이다. 다섯 가지 기능은 대상을 취하지 않는 대상을 가진 것이다. 아홉 가지 기능은 대상을 취하는 대상을 가진 것일 수 있고 대상을 취하지 않는 대상을 가진 것일 수 있다. 생명기능은 대상을 취하는 대상을 가진 것일 수 있고 대상을 취하지 않는 대상을 가진 것일 수 있고 대상을 가지지 않은 것일 수 있다.

아홉 가지 원인은 대상을 취하는 대상을 가진 것일 수 있고 대상을 취하지 않는 대상을 가진 것일 수 있다.

덩어리진 [먹는] 음식은 대상을 가지지 않은 것이다. 세 가지 음식은 대상을 취하는 대상을 가진 것일 수 있고 대상을 취하지 않는 대상을 가진 것일 수 있다.

여섯 가지 감각접촉은 대상을 취하지 않는 대상을 가진 것이다. 마노의 알음알이의 요소의 감각접촉은 대상을 취하는 대상을 가진 것일 수 있고 대상을 취하지 않는 대상을 가진 것일 수 있다.

여섯 가지 느낌은 … 여섯 가지 인식은 … 여섯 가지 의도는 … 여섯 가지 마음은 대상을 취하지 않는 대상을 가진 것이다. 마노의 알음알이의 요소는 대상을 취하는 대상을 가진 것일 수 있고 대상을 취하지 않는 대상을 가진 것일 수 있다.

(9) 보이는 것과 들리는 것 등의 이해에 관한 부문
(diṭṭhasutādidassana-vāra)

1036. 다섯 가지 무더기 가운데 몇 가지가 보이는 것이고, 몇 가지가 들리는 것이고, 몇 가지가 감지되는 것이고, 몇 가지가 식별되는 것이고, 몇 가지가 보이지 않고 들리지 않고 감지되지 않고 식별되지 않는 것인가? … (§991) … 일곱 가지 마음 가운데 몇 가지가 보이는 것이고, 몇 가지가 들리는 것이고, 몇 가지가 감지되는 것이고, 몇 가지가 식별되는 것이고, 몇 가지가 몇 가지가 보이지 않고 들리지 않고 감지되지 않고 식별되지 않는 것인가?

1037. 물질의 무더기는 보이는 것일 수 있고 들리는 것일 수 있고 감지되는 것일 수 있고 식별되는 것일 수 있고, 보이는 것이 아니고 들리는 것이 아니고 감지되는 것이 아니고 식별되는 것이다. 네 가지 무더기는 보이는 것이 아니고 들리는 것이 아니고 감지되는 것이 아니고 식별되는 것이다.

형색의 감각장소는 보이는 것이고 들리는 것이 아니고 감지되는 것이 아니고 식별되는 것이다. 소리의 감각장소는 보이는 것이 아니고 들리는 것이고 감지되는 것이 아니고 식별되는 것이다. 냄새의 감각장소는 … 맛의 감각장소는 … 감촉의 감각장소는 보이는 것이 아니고 들리는 것이 아니고 감지되는 것이고 식별되는 것이다. 일곱 가지 감각장소는 보이는 것이 아니고 들리는 것이 아니고 감지되는 것이 아니고 식별되는 것이다.

형색의 요소는 보이는 것이고 들리는 것이 아니고 감지되는 것이 아니고 식별되는 것이다. 소리의 요소는 보이는 것이 아니고 들리는 것이고 감지되는 것이 아니고 식별되는 것이다. 냄새의 요소는 … 맛의 요소는 … 감촉의 요소는 보이는 것이 아니고 들리는 것이 아니고 감지되는 것이고 식별되는 것이다. 열세 가지 요소는 보이는 것이 아니고 들리는 것이 아니고 감지되는 것이 아니고 식별되는 것이다.

세 가지 진리는 보이는 것이 아니고 들리는 것이 아니고 감지되는 것이 아니고 식별되는 것이다. 괴로움의 진리는 보이는 것일 수 있고 들리는 것일 수 있고 감지되는 것일 수 있고 식별되는 것일 수 있고, 보이는 것이 아니고 들리는 것이 아니고 감지되는 것이 아니고 식별되는 것이다.

22가지 기능은 보이는 것이 아니고 들리는 것이 아니고 감지되는 것이 아니고 식별되는 것이다.

아홉 가지 원인은 보이는 것이 아니고 들리는 것이 아니고 감지되는 것이 아니고 식별되는 것이다.

네 가지 음식은 보이는 것이 아니고 들리는 것이 아니고 감지되는 것이 아니고 식별되는 것이다.

일곱 가지 감각접촉은 [430] 보이는 것이 아니고 들리는 것이 아니고 감지되는 것이 아니고 식별되는 것이다.

일곱 가지 느낌은 … 일곱 가지 인식은 … 일곱 가지 의도는 … 일곱 가지 마음은 보이는 것이 아니고 들리는 것이 아니고 감지되는 것이 아니고 식별되는 것이다.

(10) 세 개 조 등의 이해에 관한 부문(tikādidassana-vāra)

Ⓐ 세 개 조

① 유익함의 세 개 조(*cf.* ma3-1)

1038. 다섯 가지 무더기 가운데 몇 가지가 유익한 것이고, 몇 가지가 해로운 것이고, 몇 가지가 결정할 수 없는 것[無記]인가? … (§991) …

일곱 가지 마음 가운데 몇 가지가 유익한 것이고 몇 가지가 해로운 것이고, 몇 가지가 결정할 수 없는 것[無記]인가?

물질의 무더기는 결정할 수 없는 것[無記]이다. 네 가지 무더기는 유익한 것일 수 있고 해로운 것일 수 있고 결정할 수 없는 것[無記]일 수 있다.

열 가지 감각장소는 결정할 수 없는 것[無記]이다. 두 가지 감각장소는 유익한 것일 수 있고 해로운 것일 수 있고 결정할 수 없는 것[無記]일 수 있다.

열여섯 가지 요소는 결정할 수 없는 것[無記]이다. 두 가지 요소는 유익한 것일 수 있고 해로운 것일 수 있고 결정할 수 없는 것[無記]일 수 있다.

일어남의 진리는 해로운 것이다. 도의 진리는 유익한 것이다. 소멸이 진리는 결정할 수 없는 것[無記]이다. 괴로움의 진리는 유익한 것일 수 있고 해로운 것일 수 있고 결정할 수 없는 것[無記]일 수 있다.

열 가지 기능은 결정할 수 없는 것[無記]이다. 불만족의 기능은 해로운 것이다. 구경의 지혜를 가지려는 기능[未知當知根]은 유익한 것이다. 네 가지 기능은 유익한 것일 수 있고 결정할 수 없는 것일 수 있다. 여섯 가지 기능은 유익한 것일 수 있고 해로운 것일 수 있고 결정할 수 없는 것[無記]일 수 있다.

세 가지 유익한 원인은 유익한 것이다. 세 가지 해로운 원인은 해로운 것이다. 세 가지 결정할 수 없는[無記] 원인은 결정할 수 없는 것[無記]이다.

덩어리진 [먹는] 음식은 결정할 수 없는 것[無記]이다. 세 가지 음식은 유익한 것일 수 있고 해로운 것일 수 있고 결정할 수 없는 것[無記]일 수 있다.

여섯 가지 감각접촉은 결정할 수 없는 것[無記]이다. 마노의 알음알이의 요소의 감각접촉은 유익한 것일 수 있고 해로운 것일 수 있고 결정할 수 없는 것[無記]일 수 있다.

여섯 가지 느낌은 … 여섯 가지 인식은 … 여섯 가지 의도는 … 여섯 가지 마음은 결정할 수 없는 것[無記]이다. 마노의 알음알이의 요소는 유익한 것일 수 있고 해로운 것일 수 있고 결정할 수 없는 것[無記]일 수 있다.

② 느낌의 세 개 조(*cf.* ma3-2)

1039. 다섯 가지 무더기 가운데 몇 가지가 즐거운 느낌과 결합된 것이고, 몇 가지가 괴로운 느낌과 결합된 것이고, 몇 가지가 괴롭지도 즐겁지도 않은 느낌과 결합된 것인가? … (§991) … 일곱 가지 마음 가운데 몇 가지가 즐거운 느낌과 결합된 것이고, 몇 가지가 괴로운 느낌과 결합된 것이고, 몇 가지가 괴롭지도 즐겁지도 않은 느낌과 결합된 것인가?

두 가지 무더기는 즐거운 느낌과 결합된 것이라고도 괴로운 느낌과 결합된 것이라고도 괴롭지도 즐겁지도 않은 느낌과 결합된 것이라고도 말해서는 안 된다. 세 가지 무더기는 즐거운 느낌과 결합된 것일 수 있고 괴로운 느낌과 결합된 것일 수 있고 괴롭지도 즐겁지도 않은 느낌과 결합된 것일 수 있다.

열 가지 감각장소는 [431] 즐거운 느낌과 결합된 것이라고도 괴로운 느낌과 결합된 것이라고도 괴롭지도 즐겁지도 않은 느낌과 결합된 것이라고도 말해서는 안 된다. 마노의 감각장소는 즐거운 느낌과 결합된 것일 수 있고 괴로운 느낌과 결합된 것일 수 있고 괴롭지도 즐겁지도 않은 느낌과 결합된 것일 수 있다. 법의 감각장소는 즐거운 느낌과 결합된 것일 수 있고 괴로운 느낌과 결합된 것일 수 있고 괴롭지도 즐겁지도 않은 느낌과 결합된 것일 수 있다. [그러나] 즐거운 느낌과 결합된 것이라고도 괴로운 느낌과 결합된 것이라고도 괴롭지도 즐겁지도 않은 느낌과 결합된 것이라고도 말해서는 안 되는 경우가 있다.

열 가지 요소는 즐거운 느낌과 결합된 것이라고도 괴로운 느낌과 결합된 것이라고도 괴롭지도 즐겁지도 않은 느낌과 결합된 것이라고도 말해서는 안 된다. 다섯 가지 요소는 괴롭지도 즐겁지도 않은 느낌과 결합된 것이다. 몸의 알음알이의 요소는 즐거운 느낌과 결합된 것일 수 있고 괴로운 느낌과 결합된 것일 수 있다. 마노의 알음알이의 요소는 즐거운 느낌과 결합된 것일 수 있고 괴로운 느낌과 결합된 것일 수 있고 괴롭지도 즐겁지도 않은 느낌과 결합된 것일 수 있다. 법의 요소는 즐거운 느낌과 결합된 것일 수 있고 괴로운 느낌과 결합된 것일 수 있고 괴롭지도 즐겁지도 않은 느낌과 결합된 것일 수 있다. [그러나] 즐거운 느낌과 결합된 것이라고도 괴로운 느낌과 결합된 것이라고도 괴롭지도 즐겁지도 않은 느낌과 결합된 것이라고도 말해서는 안 되는 경우가 있다.

두 가지 진리는 즐거운 느낌과 결합된 것일 수 있고 괴롭지도 즐겁지도 않은 느낌과 결합된 것일 수 있다. 소멸의 진리는 즐거운 느낌과 결합된 것이라고도 괴로운 느낌과 결합된 것이라고도 괴롭지도 즐겁지도 않은 느낌과 결합된 것이라고도 말해서는 안 된다. 괴로움의 진리는 즐거운 느낌과 결합된 것일 수 있고 괴로운 느낌과 결합된 것일 수 있고 괴롭지도 즐겁지도 않은 느낌과 결합된 것일 수 있다. [그러나] 즐거운 느낌과 결합된 것이라고도 괴로운 느낌과 결합된 것이라고도 괴롭지도 즐겁지도 않은 느낌과 결합된 것이라고도 말해서는 안 되는 경우가 있다.

열두 가지 기능은 즐거운 느낌과 결합된 것이라고도 괴로운 느낌과 결합된 것이라고도 괴롭지도 즐겁지도 않은 느낌과 결합된 것이라고도 말해서는 안 된다. 여섯 가지 기능은 즐거운 느낌과 결합된 것일 수 있고 괴롭지도 즐겁지도 않은 느낌과 결합된 것일 수 있다. 세 가지 기능은 즐거운 느낌과 결합된 것일 수 있고 괴로운 느낌과 결합된 것일 수 있고 [432] 괴롭지도 즐겁지도 않은 느낌과 결합된 것일 수 있다. 생명기능은 즐거운 느낌과 결합된 것일 수 있고 괴로운 느낌과 결합된 것일 수 있고 괴롭지도 즐겁지도 않은 느낌과 결합된 것일 수 있다. [그러나] 즐거운 느낌과 결합된 것이라고도 괴로운 느낌과 결합된 것이라고도 괴롭지도 즐겁지도 않은 느낌과 결합된 것이라고도 말해서는 안 되는 경우가 있다.

성냄은 해로운 원인이고 괴로운 느낌과 결합된 것이다. 일곱 가지 원인은 즐거운 느낌과 결합된 것일 수 있고 괴롭지도 즐겁지도 않은 느낌과 결합된 것일 수 있다. 어리석음은 해로운 원인이고 즐거운 느낌과 결합된 것일 수 있고 괴로운 느낌과 결합된 것일 수 있고 괴롭지도 즐겁지도 않은 느낌과 결합된 것일 수 있다.

덩어리진 [먹는] 음식은 즐거운 느낌과 결합된 것이라고도 괴로운 느낌과 결합된 것이라고도 괴롭지도 즐겁지도 않은 느낌과 결합된 것이라고도 말해서는 안 된다. 세 가지 음식은 즐거운 느낌과 결합된 것일 수 있고 괴로운 느낌과 결합된 것일 수 있고 괴롭지도 즐겁지도 않은 느낌과 결합된 것일 수 있다.

다섯 가지 감각접촉은 괴롭지도 즐겁지도 않은 느낌과 결합된 것이다. 몸의 알음알이의 요소의 감각접촉은 즐거운 느낌과 결합된 것일 수 있고 괴로운 느낌과 결합된 것일 수 있다. 마노의 알음알이의 요소의 감각접촉은 즐거운 느낌과 결합된 것일 수 있고 괴로운 느낌과 결합된 것일 수 있고 괴롭지도 즐겁지도 않은 느낌과 결합된 것일 수 있다.

일곱 가지 느낌은 즐거운 느낌과 결합된 것이라고도 괴로운 느낌과 결합된 것이라고도 괴롭지도 즐겁지도 않은 느낌과 결합된 것이라고도 말해서는 안 된다. 다섯 가지 인식은 … 다섯 가지 의도는 … 다섯 가지 마음은 즐겁지도 괴롭지도 않은 느낌과 결합된 것이다. 몸의 알음알이의 요소는 즐거운 느낌과 결합된 것일 수 있고 괴로운 느낌과 결합된 것일 수 있다. 마노의 알음알이의 요소는 즐거운 느낌과 결합된 것일 수 있고 괴로운 느낌과 결합된 것일 수 있고 괴롭지도 즐겁지도 않은 느낌과 결합된 것일 수 있다.

③ 과보로 나타난 것의 세 개 조(*cf.* ma3-3)

1040. 다섯 가지 무더기 가운데 몇 가지가 과보로 나타난 것인가? 몇 가지가 과보를 생기게 하는 것인가? 몇 가지가 과보로 나타난 것도 아니고 과보를 생기게 하는 것도 아닌 것인가? … (§991) … 일곱 가지 마음 가운데 몇 가지가 과보로 나타난 것인가? 몇 가지가 과보를 생기게 하는 것인가? 몇 가지가 과보로 나타난 것도 아니고 과보를 생기게 하는 것도 아닌 것인가?

물질의 무더기는 과보로 나타난 것도 아니고 과보를 생기게 하는 것도 아니다. 네 가지 무더기는 과보로 나타난 것일 수 있고 과보를 생기게 하는 것일 수 있고 과보로 나타난 것도 아니고 과보를 생기게 하는 것도 아닌 것일 수 있다.

열 가지 감각장소는 [433] 과보로 나타난 것도 아니고 과보를 생기게 하는 것도 아니다. 두 가지 감각장소는 과보로 나타난 것일 수 있고 과보를 생기게 하는 것일 수 있고 과보로 나타난 것도 아니고 과보를 생기게 하는 것도 아닌 것일 수 있다.

열 가지 요소는 과보로 나타난 것도 아니고 과보를 생기게 하는 것도 아니다. 다섯 가지 요소는 과보로 나타난 것이다. 마노의 요소는 과보로 나타난 것일 수 있고 과보로 나타난 것도 아니고 과보를 생기게 하는 것도 아닌 것일 수 있다. 두 가지 요소는 과보로 나타난 것일 수 있고 과보를 생기게 하는 것일 수 있고 과보로 나타난 것도 아니고 과보를 생기게 하는 것도 아닌 것일 수 있다.

두 가지 진리는 과보를 생기게 하는 것이다. 소멸의 진리는 과보로 나타난 것도 아니고 과보를 생기게 하는 것도 아니다. 괴로움의 진리는 과보로 나타난 것일 수 있고 과보를 생기게 하는 것일 수 있고 과보로 나타난 것도 아니고 과보를 생기게 하는 것도 아닌 것일 수 있다.

일곱 가지 기능은 과보로 나타난 것도 아니고 과보를 생기게 하는 것도 아니다. 세 가지 기능은 과보로 나타난 것이다. 두 가지 기능은 과보를 생기게 하는 것이다. 구경의 지혜의 기능[已知根]은 과보로 나타난 것일 수 있고 과보를 생기게 하는 것일 수 있다. 아홉 가지 기능은 과보로 나타난 것일 수 있고 과보를 생기게 하는 것일 수 있고 과보로 나타난 것도 아니고 과보를 생기게 하는 것도 아닌 것일 수 있다.

여섯 가지 원인은 과보를 생기게 하는 것이다. 세 가지 결정할 수 없는[無記] 원인은 과보로 나타난 것일 수 있고 과보로 나타난 것도 아니고 과보를 생기게 하는 것도 아닌 것일 수 있다.

덩어리진 [먹는] 음식은 과보로 나타난 것도 아니고 과보를 생기게 하는 것도 아니다. 세 가지 음식은 과보로 나타난 것일 수 있고 과보를 생기게 하는 것일 수 있고 과보로 나타난 것도 아니고 과보를 생기게 하는 것도 아닌 것일 수 있다.

다섯 가지 감각접촉은 과보로 나타난 것이다. 마노의 요소의 감각접촉은 과보로 나타난 것일 수 있고 과보로 나타난 것도 아니고 과보를 생기게 하는 것도 아닌 것일 수 있다. 마노의 알음알이의 요소의 감각접촉은 과보로 나타난 것일 수 있고 과보를 생기게 하는 것일 수 있고 과보로 나타난 것도 아니고 과보를 생기게 하는 것도 아닌 것일 수 있다.

다섯 가지 느낌은 … 다섯 가지 인식은 … 다섯 가지 의도는 … 다섯 가지 마음은 과보로 나타난 것이다. 마노의 요소는 과보로 나타난 것일 수 있고 과보로 나타난 것도 아니고 과보를 생기게 하는 것도 아닌 것일 수 있다. 마노의 알음알이의 요소는 과보로 나타난 것일 수 있고 과보를 생기게 하는 것일 수 있고 과보로 나타난 것도 아니고 과보를 생기게 하는 것도 아닌 것일 수 있다.

④ 취착된 것의 세 개 조(*cf.* ma3-4)

1041. 다섯 가지 무더기 가운데 몇 가지가 취착되었고 취착의 대상인 것인가? 몇 가지가 취착되지 않았지만 취착의 대상인 것인가? 몇 가지가 취착되지 않았고 취착의 대상도 아닌 것인가? … (§991) … 일곱 가지 마음 가운데 몇 가지가 취착되었고 취착의 대상인 것인가? 몇 가지가 취착되지 않았지만 취착의 대상인 것인가? 몇 가지가 취착되지 않았고 취착의 대상도 아닌 것인가?

물질의 무더기는 취착되었고 취착의 대상인 것일 수 있고 취착되지 않았지만 취착의 대상인 것일 수 있다. 네 가지 무더기는 취착되었고 취착의 대상인 것일 수 있고 취착되지 않았지만 취착의 대상인 것일 수 있고, 취착되지 않았고 취착의 대상도 아닌 것일 수 있다.

다섯 가지 감각장소는 [434] 취착되었고 취착의 대상인 것이다. 소리의 감각장소는 취착되지 않았지만 취착의 대상인 것이다. 네 가지 감각장소는 취착되었고 취착의 대상인 것일 수 있고 취착되지 않았지만 취착의 대상인 것일 수 있다. 두 가지 감각장소는 취착되었고 취착의 대상인 것일 수 있고 취착되지 않았지만 취착의 대상인 것일 수 있고, 취착되지 않았고 취착의 대상도 아닌 것일 수 있다.

열 가지 요소는 취착되었고 취착의 대상인 것이다. 소리의 요소는 취착되지 않았지만 취착의 대상인 것이다. 다섯 가지 요소는 취착되었고 취착의 대상인 것일 수 있고 취착되지 않았지만 취착의 대상인 것일 수 있다. 두 가지 요소는 취착되었고 취착의 대상인 것일 수 있고 취착되지 않았지만 취착의 대상인 것일 수 있고, 취착되지 않았고 취착의 대상도 아닌 것일 수 있다.

일어남의 진리는 취착되지 않았지만 취착의 대상인 것이다. 두 가지 진리는 취착되지 않았고 취착의 대상도 아닌 것이다. 괴로움의 진리는 취착되었고 취착의 대상인 것일 수 있고, 취착되지 않았지만 취착의 대상인 것일 수 있다.

아홉 가지 기능은 취착되었고 취착의 대상인 것이다. 불만족의 기능은 취착되지 않았지만 취착의 대상인 것이다. 세 가지 기능은 취착되지 않았고 취착의 대상도 아닌 것이다. 아홉 가지 기능은 취착되었고 취착의 대상인 것일 수 있고 취착되지 않았지만 취착의 대상인 것일 수 있고, 취착되지 않았고 취착의 대상도 아닌 것일 수 있다. 세 가지 해로운 원인은 취착되지 않았지만 취착의 대상인 것이다. 세 가지 유익한 원인은 취착되지 않았지만 취착의 대상인 것일 수 있고, 취착되지 않았고 취착의 대상도 아닌 것일 수 있다. 세 가지 결정할 수 없는[無記] 원인은 취착되었고 취착의 대상인 것일 수 있고 취착되지 않았지만 취착의 대상인 것일 수 있고, 취착되지 않았고 취착의 대상도 아닌 것일 수 있다.

덩어리진 [먹는] 음식은 취착되었고 취착의 대상인 것일 수 있고 취착되지 않았지만 취착의 대상인 것일 수 있다. 세 가지 음식은 취착되었고 취착의 대상인 것일 수 있고 취착되지 않았지만 취착의 대상인 것일 수 있고, 취착되지 않았고 취착의 대상도 아닌 것일 수 있다.

다섯 가지 감각접촉은 취착되었고 취착의 대상인 것이다. 마노의 요소의 감각접촉은 취착되었고 취착의 대상인 것일 수 있고 취착되지 않았지만 취착의 대상인 것일 수 있다. 마노의 알음알이의 요소의 감각접촉은 취착되었고 취착의 대상인 것일 수 있고 취착되지 않았지만 취착의 대상인 것일 수 있고, 취착되지 않았고 취착의 대상도 아닌 것일 수 있다.

다섯 가지 느낌은 … 다섯 가지 인식은 … 다섯 가지 의도는 … 다섯 가지 마음은 취착되었고 취착의 대상인 것이다. 마노의 요소는 취착되었고 취착의 대상인 것일 수 있고 취착되지 않았지만 취착의 대상인 것일 수 있다. 마노의 알음알이의 요소는 취착되었고 취착의 대상인 것일 수 있고 취착되지 않았지만 취착의 대상인 것일 수 있고, 취착되지 않았고 취착의 대상도 아닌 것일 수 있다.

⑤ 일으킨 생각의 세 개 조(*cf.* ma3-6)

1042. 다섯 가지 무더기 가운데 몇 가지가 일으킨 생각이 있고 지속적 고찰이 있는 것인가? 몇 가지가 일으킨 생각은 없고 지속적 고찰만 있는 것인가? 몇 가지가 일으킨 생각도 없고 지속적 고찰도 없는 것인가? … (§991) … 일곱 가지 마음 가운데 몇 가지가 일으킨 생각이 있고 지속적 고찰이 있는 것인가? 몇 가지가 일으킨 생각은 없고 지속적 고찰만 있는 것인가? 몇 가지가 일으킨 생각도 없고 지속적 고찰도 없는 것인가?

물질의 무더기는 일으킨 생각도 없고 지속적 고찰도 없는 것이다. 세 가지 무더기는 일으킨 생각이 있고 지속적 고찰이 있는 것일 수 있고, 일으킨 생각은 없고 지속적 고찰만 있는 것일 수 있고, 일으킨 생각도 없고 지속적 고찰도 없는 것일 수 있다. 심리현상들의 무더기는 일으킨 생각이 있고 지속적 고찰이 있는 것일 수 있고, 일으킨 생각은 없고 지속적 고찰만 있는 것일 수 있고, 일으킨 생각도 없고 지속적 고찰도 없는 것일 수 있다. [그러나] 일으킨 생각이 있고 지속적 고찰이 있는 것이라고도 [435] 일으킨 생각은 없고 지속적 고찰만 있는 것이라고도 일으킨 생각도 없고 지속적 고찰도 없는 것이라고 말해서는 안 되는 경우가 있다.

열 가지 감각장소는 일으킨 생각도 없고 지속적 고찰도 없는 것이다. 마노의 감각장소는 일으킨 생각이 있고 지속적 고찰이 있는 것일 수 있고, 일으킨 생각은 없고 지속적 고찰만 있는 것일 수 있고, 일으킨 생각도 없고 지속적 고찰도 없는 것일 수 있다. 법의 감각장소는 일으킨 생각이 있고 지속적 고찰이 있는 것일 수 있고, 일으킨 생각은 없고 지속적 고찰만 있는 것일 수 있고, 일으킨 생각도 없고 지속적 고찰도 없는 것일 수 있다. [그러나] 일으킨 생각이 있고 지속적 고찰이 있는 것이라고도 일으킨 생각은 없고 지속적 고찰만 있는 것이라고도 일으킨 생각도 없고 지속적 고찰도 없는 것이라고 말해서는 안 되는 경우가 있다.

열다섯 가지 요소는 일으킨 생각도 없고 지속적 고찰도 없는 것이다. 마노의 요소는 일으킨 생각이 있고 지속적 고찰이 있는 것이다. 마노의 알음알이의 요소는 일으킨 생각이 있고 지속적 고찰이 있는 것일 수 있고, 일으킨 생각은 없고 지속적 고찰만 있는 것일 수 있고, 일으킨 생각도 없고 지속적 고찰도 없는 것일 수 있다. 법의 요소는 일으킨 생각이 있고 지속적 고찰이 있는 것일 수 있고, 일으킨 생각은 없고 지속적 고찰만 있는 것일 수 있고, 일으킨 생각도 없고 지속적 고찰도 없는 것일 수 있다. [그러나] 일으킨 생각이 있고 지속적 고찰이 있는 것이라고도 일으킨 생각은 없고 지속적 고찰만 있는 것이라고도 일으킨 생각도 없고 지속적 고찰도 없는 것이라고 말해서는 안 되는 경우가 있다.

일어남의 진리는 일으킨 생각이 있고 지속적 고찰이 있다. 소멸의 진리는 일으킨 생각도 없고 지속적 고찰도 없는 것이다. 도의 진리는 일으킨 생각이 있고 지속적 고찰이 있는 것일 수 있고, 일으킨 생각은 없고 지속적 고찰만 있는 것일 수 있고, 일으킨 생각도 없고 지속적 고찰도 없는 것일 수 있다. 괴로움의 진리는 일으킨 생각이 있고 지속적 고찰이 있는 것일 수 있고, 일으킨 생각은 없고 지속적 고찰만 있는 것일 수 있고, 일으킨 생각도 없고 지속적 고찰도 없는 것일 수 있다. [그러나] 일으킨 생각이 있고 지속적 고찰이 있는 것이라고도 일으킨 생각은 없고 지속적 고찰만 있는 것이라고도 일으킨 생각도 없고 지속적 고찰도 없는 것이라고 말해서는 안 되는 경우가 있다.

아홉 가지 기능은 일으킨 생각도 없고 지속적 고찰도 없는 것이다. 불만족의 기능은 일으킨 생각이 있고 지속적 고찰이 있는 것이다. 평온의 기능은 일으킨 생각이 있고 지속적 고찰이 있는 것일 수 있고 일으킨 생각도 없고 지속적 고찰도 없는 것일 수 있다. 열한 가지 기능은 일으킨 생각이 있고 지속적 고찰이 있는 것일 수 있고, 일으킨 생각은 없고 지속적 고찰만 있는 것일 수 있고, 일으킨 생각도 없고 지속적 고찰도 없는 것일 수 있다.

세 가지 해로운 원인은 일으킨 생각이 있고 지속적 고찰이 있는 것이다. 여섯 가지 원인은 일으킨 생각이 있고 지속적 고찰이 있는 것일 수 있고, 일으킨 생각은 없고 지속적 고찰만 있는 것일 수 있고, 일으킨 생각도 없고 지속적 고찰도 없는 것일 수 있다.

덩어리진 [먹는] 음식은 일으킨 생각도 없고 지속적 고찰도 없는 것이다. 세 가지 음식은 일으킨 생각이 있고 지속적 고찰이 있는 것일 수 있고, 일으킨 생각은 없고 지속적 고찰만 있는 것일 수 있고, 일으킨 생각도 없고 지속적 고찰도 없는 것일 수 있다.

다섯 가지 감각접촉은 일으킨 생각도 없고 지속적 고찰도 없는 것이다. 마노의 요소의 감각접촉은 일으킨 생각이 있고 지속적 고찰이 있는 것이다. 마노의 알음알이의 요소의 감각접촉은 일으킨 생각이 있고 지속적 고찰이 있는 것일 수 있고, 일으킨 생각은 없고 지속적 고찰만 있는 것일 수 있고, 일으킨 생각도 없고 지속적 고찰도 없는 것일 수 있다.

다섯 가지 느낌은 … 다섯 가지 인식은 … 다섯 가지 의도는 … 다섯 가지 마음은 일으킨 생각도 없고 지속적 고찰도 없는 것이다. 마노의 요소는 일으킨 생각이 있고 지속적 고찰이 있는 것이다. 마노의 알음알이의 요소는 일으킨 생각이 있고 지속적 고찰이 있는 것일 수 있고, 일으킨 생각은 없고 지속적 고찰만 있는 것일 수 있고, 일으킨 생각도 없고 지속적 고찰도 없는 것일 수 있다.

Ⓑ 두 개 조

① 물질의 두 개 조

1043. 다섯 가지 무더기 가운데 몇 가지가 '물질'인가? 몇 가지가 '비물질'인가? … (§991) … 일곱 가지 마음 가운데 몇 가지가 '물질'인가? 몇 가지가 '비물질'인가?

물질의 무더기는 물질이고 네 가지 무더기는 비물질이다.

열 가지 감각장소는 [436] 물질이고 마노의 감각장소는 비물질이고 법의 감각장소는 물질일 수 있고 비물질일 수 있다.

열 가지 요소는 물질이고 일곱 가지 요소는 비물질이고 법의 요소는 물질일 수 있고 비물질일 수 있다.

세 가지 진리는 비물질이고 괴로움의 진리는 물질일 수 있고 비물질일 수 있다.

일곱 가지 기능은 물질이고 14가지 기능은 비물질이고 생명기능은 물질일 수 있고 비물질일 수 있다.

아홉 가지 원인은 비물질이다.

덩어리진 [먹는] 음식은 물질이고 세 가지 음식은 비물질이다.

일곱 가지 감각접촉은 비물질이다.

일곱 가지 느낌은 … 일곱 가지 인식은 … 일곱 가지 의도는 … 일곱 가지 마음은 비물질이다.

② 세간적인 것의 두 개 조(*cf.* ma2-12)

1044. 다섯 가지 무더기 가운데 몇 가지가 세간적인 것인가? 몇 가지가 출세간의 것인가? 열두 가지 감각장소 가운데 몇 가지가 세간적인 것인가? 몇 가지가 출세간의 것인가? 열여덟 가지 요소 가운데 몇 가

지가 세간적인 것인가? 몇 가지가 출세간의 것인가? 네 가지 진리 가운데 몇 가지가 세간적인 것인가? 몇 가지가 출세간의 것인가? … (§991) … 일곱 가지 마음 가운데 몇 가지가 세간적인 것인가? 몇 가지가 출세간의 것인가?

물질의 무더기는 세간적인 것이고 네 가지 무더기는 세간적인 것일 수 있고 출세간의 것일 수 있다. 열 가지 감각장소는 세간적인 것이고 두 가지 감각장소는 세간적인 것일 수 있고 출세간의 것일 수 있다. 열여섯 가지 요소는 세간적인 것이고 두 가지 요소는 세간적인 것일 수 있고 출세간의 것일 수 있다. 두 가지 진리는 세간적인 것이고 두 가지 진리는 출세간의 것이다.

열 가지 기능은 세간적인 것이고 세 가지 기능은 출세간의 것이고 아홉 가지 기능은 세간적인 것일 수 있고 출세간의 것일 수 있다. 세 가지 해로움의 원인은 세간적인 것이고 여섯 가지 원인은 세간적인 것일 수 있고 출세간의 것일 수 있다.

덩어리진 [먹는] 음식은 세간적인 것이고 세 가지 음식은 세간적인 것일 수 있고 출세간의 것일 수 있다.

여섯 가지 감각접촉은 세간적인 것이고 마노의 알음알이의 요소의 감각접촉은 세간적인 것일 수 있고 출세간의 것일 수 있다.

여섯 가지 느낌은 세간적인 것이고 마노의 알음알이의 요소의 감각접촉에서 생긴 느낌은 세간적인 것일 수 있고 출세간의 것일 수 있다.

여섯 가지 인식은 세간적인 것이고 마노의 알음알이의 요소의 감각접촉에서 생긴 인식은 세간적인 것일 수 있고 출세간의 것일 수 있다.

여섯 가지 의도는 세간적인 것이고 마노의 알음알이의 요소의 감각접촉에서 생긴 의도는 세간적인 것일 수 있고 출세간의 것일 수 있다.

여섯 가지 마음은 세간적인 것이고 마노의 알음알이의 요소는 세간적인 것일 수 있고 출세간의 것일 수 있다.

최상의 지혜들(§1030 이하), 대상을 가진 것 두 가지(§1032 이하),
보이는 것들(§1036 이하), 유익함(§1038), 느낌(§1039)
과보로 나타난 것(§1040), 취착된 것(§1041),
일으킨 생각(§1042), 물질(§1043), 세간적인 것(§1044) —
이것이 [최상의 지혜로 알아져야 하는 것
등((7)~(10))에 관한 부문 등의 요약이다.][289)]

법의 심장에 대한 분석이 [끝났다.]

위방가가 [끝났다.]

---

289) "abhiññā dve sārammaṇā, diṭṭhā kusalavedanā;
vipākā ca upādinnā, vitakkaṁ rūpalokiyāti."

부록

아비담마 마띠까[290]

Abhidhamma-mātikā

I. 세 개 조 마띠까

tika-mātikā

1.[291] 유익한 법들(ma3-1-a)
해로운 법들(ma3-1-b)
결정할 수 없는[無記] 법들(ma3-1-c)

2.[292] 즐거운 느낌과 결합된 법들(ma3-2-a)
괴로운 느낌과 결합된 법들(ma3-2-b)
괴롭지도 즐겁지도 않은 느낌과 결합된 법들(ma3-2-c)

---

290) 여기에 싣고 있는 <아비담마 마띠까>는 본서를 읽는 독자들의 편의를 위해서 초기불전연구원에서 출간한 『담마상가니』의 첫머리[冒頭]에 실려있는 164개 조로 구성된 『담마상가니』 마띠까 가운데 경장의 마띠까 42개를 제외하고 아비담마에 관계된 122개 조 마띠까만을 가져온 것이다. 이들에 대한 설명은 『담마상가니』 제1권 163쪽 이하에 싣고 있는 『담마상가니』 마띠까의 해당 주해들을 참조하기 바란다.

291) kusalā dhammā/
akusalā dhammā/
abyākatā dhammā/

292) sukhāya vedanāya sampayuttā dhammā/
dukkhāya vedanāya sampayuttā dhammā/
adukkhamasukhāya vedanāya sampayuttā dhammā/

3.[293] 과보로 나타난 법들(ma3-3-a)
과보를 생기게 하는 법들(ma3-3-b)
과보로 나타난 것도 아니고 과보를 생기게 하는 것도 아닌 법들(ma3-3-c)

4.[294] 취착되었고 취착의 대상인 법들(ma3-4-a)
취착되지 않았지만 취착의 대상인 법들(ma3-4-b)
취착되지 않았고 취착의 대상도 아닌 법들(ma3-4-c)

5.[295] 오염되었고 오염의 대상인 법들(ma3-5-a)
오염되지 않았지만 오염의 대상인 법들(ma3-5-b)
오염되지 않았고 오염의 대상도 아닌 법들(ma3-5-c)

6.[296] 일으킨 생각이 있고 지속적 고찰이 있는 법들(ma3-6-a)
일으킨 생각은 없고 지속적 고찰만 있는 법들(ma3-6-b)
일으킨 생각도 없고 지속적 고찰도 없는 법들(ma3-6-c)

7.[297] 희열이 함께하는 법들(ma3-7-a)
행복이 함께하는 법들(ma3-7-b)

---

293) vipākā dhammā/
vipākadhammadhammā/
nevavipākanavipākadhammadhammā/

294) upādiṇṇupādāniyā dhammā/
anupādiṇṇupādāniyā dhammā/
anupādiṇṇānupādāniyā dhammā/

295) saṁkiliṭṭhasaṁkilesikā dhammā/
asaṁkiliṭṭhasaṁkilesikā dhammā/
asaṁkiliṭṭhāsaṁkilesikā dhammā/

296) savitakkasavicārā dhammā/
avitakkavicāramattā dhammā/
avitakkāvicārā dhammā/

297) pītisahagatā dhammā/
sukhasahagatā dhammā/
upekkhāsahagatā dhammā/

평온이 함께하는 법들(ma3-7-c)

8.[298] 봄[見]으로써 버려야 하는 법들(ma3-8-a)
닦음으로써 버려야 하는 법들(ma3-8-b)
봄[見]이나 닦음으로 버려야 하지 않는 법들(ma3-8-c)

9.[299] 봄[見]으로써 버려야 하는 원인을 가진 법들(ma3-9-a)
닦음으로써 버려야 하는 원인을 가진 법들(ma3-9-b)
봄[見]이나 닦음으로 버려야 하는 원인을 가지지 않은 법들(ma3-9-c)

10.[300] [윤회를] 축적하게 하는 법들(ma3-10-a) [2]
[윤회를] 감소시키는 법들(ma3-10-b)
[윤회를] 축적하게 하는 것도 [윤회를] 감소시키는 것도 아닌 법들(ma3-10-c)

11.[301] 유학에 속하는 법들(ma3-11-a)
무학에 속하는 법들(ma3-11-b)
유학에도 무학에도 속하지 않는 법들(ma3-11-c)

12.[302] 제한된 법들(ma3-12-a)

---

298) dassanena pahātabbā dhammā/
bhāvanāya pahātabbā dhammā/
neva dassanena na bhāvanāya pahātabbā dhammā/

299) dassanena pahātabbahetukā dhammā/
bhāvanāya pahātabbahetukā dhammā/
neva dassanena na bhāvanāya pahātabbahetukā dhammā/

300) ācayagāmino dhammā/
apacayagāmino dhammā/
nevācayagāmināpacayagāmino dhammā/

301) sekkhā dhammā/
asekkhā dhammā/
nevasekkhanāsekkhā dhammā/

302) parittā dhammā/
mahaggatā dhammā/

고귀한 법들(ma3-12-b)
무량한 법들(ma3-12-c)

13.[303] 제한된 대상을 가진 법들(ma3-13-a)
고귀한 대상을 가진 법들(ma3-13-b)
무량한 대상을 가진 법들(ma3-13-c)

14.[304] 저열한 법들(ma3-14-a)
중간인 법들(ma3-14-b)
수승한 법들(ma3-14-c)

15.[305] 그릇된 것으로 확정된 법들(ma3-15-a)
바른 것으로 확정된 법들(ma3-15-b)
확정되지 않은 법들(ma3-15-c)

16.[306] 도를 대상으로 가진 법들(ma3-16-a)
도를 원인으로 가진 법들(ma3-16-b)
도를 지배의 [요소]로 가진 법들(ma3-16-c)

17.[307] 일어난 법들(ma3-17-a)

---

appamāṇā dhammā/

303) parittārammaṇā dhammā/
mahaggatārammaṇā dhammā/
appamāṇārammaṇā dhammā/

304) hīnā dhammā/
majjhimā dhammā/
paṇītā dhammā/

305) micchattaniyatā dhammā/
sammattaniyatā dhammā/
aniyatā dhammā/

306) maggārammaṇā dhammā/
maggahetukā dhammā/
maggādhipatino dhammā/

307) uppannā dhammā/
anuppannā dhammā/

일어나지 않은 법들(ma3-17-b)
일어나게 될 법들(ma3-17-c)

18.[308] 과거의 법들(ma3-18-a)
미래의 법들(ma3-18-b)
현재의 법들(ma3-18-c)

19.[309] 과거의 대상을 가진 법들(ma3-19-a)
미래의 대상을 가진 법들(ma3-19-b)
현재의 대상을 가진 법들(ma3-19-c)

20.[310] 안의 법들(ma3-20-a)
밖의 법들(ma3-20-b)
안과 밖의 법들(ma3-20-c)

21.[311] 안의 대상을 가진 법들(ma3-21-a)
밖의 대상을 가진 법들(ma3-21-b)
안과 밖의 대상을 가진 법들(ma3-21-c)

22.[312] 볼 수도 있고 부딪힘도 있는 법들(ma3-22-a)

---

uppādino dhammā/

308) atītā dhammā/
anāgatā dhammā/
paccuppannā dhammā/

309) atītārammaṇā dhammā/
anāgatārammaṇā dhammā/
paccuppannārammaṇā dhammā/

310) ajjhattā dhammā/
bahiddhā dhammā/
ajjhattabahiddhā dhammā/

311) ajjhattārammaṇā dhammā/
bahiddhārammaṇā dhammā/
ajjhattabahiddhārammaṇā dhammā/

312) sanidassanasappaṭighā dhammā/
anidassanasappaṭighā dhammā/

볼 수는 없지만 부딪힘은 있는 법들(ma3-22-b)
볼 수도 없고 부딪힘도 없는 법들(ma3-22-c)

세 개 조 마띠까가 [끝났다.]

II. 두 개 조 마띠까

duka-mātikā

(1) 원인의 모둠(hetu-gocchaka)

1.[313] 원인인 법들(ma2-1-a)
원인이 아닌 법들(ma2-1-b)

2.[314] 원인을 가진 법들(ma2-2-a)
원인을 가지지 않은 법들(ma2-2-b)

3.[315] 원인과 결합된 법들(ma2-3-a)
원인과 결합되지 않은 법들(ma2-3-b)

4.[316] 원인이면서 원인을 가진 법들(ma2-4-a)
원인을 가졌지만 원인이 아닌 법들(ma2-4-b)

5.[317] 원인이면서 원인과 결합된 법들(ma2-5-a)

---

anidassanāppaṭighā dhammā/

313) hetū dhammā/
na hetū dhammā/

314) sahetukā dhammā/
ahetukā dhammā/

315) hetusampayuttā dhammā/
hetuvippayuttā dhammā/

316) hetū ceva dhammā sahetukā ca/
sahetukā ceva dhammā na ca hetū/

원인과 결합되었지만 원인이 아닌 법들(ma2-5-b)

6.[318] 원인이 아니지만 원인을 가진 법들(ma2-6-a)
[원인이 아니면서] 원인을 가지지 않은 법들(ma2-6-b)

원인의 모둠이 [끝났다.]

(2) 틈새에 있는 짧은 두 개 조(cūḷantara-duka)

7.[319] 조건을 가진 법들(ma2-7-a)
조건을 가지지 않은 법들(ma2-7-b)

8.[320] 형성된 법들[有爲法](ma2-8-a)
형성되지 않은 법들[無爲法](ma2-8-b)

9.[321] 볼 수 있는 법들(ma2-9-a) [3]
볼 수 없는 법들(ma2-9-b)

10.[322] 부딪힘이 있는 법들(ma2-10-a)
부딪힘이 없는 법들(ma2-10-b)

11.[323] 물질인 법들(ma2-11-a)

---

317) hetū ceva dhammā hetusampayuttā ca/
hetusampayuttā ceva dhammā na ca hetū/

318) na hetū kho pana dhammā sahetukāpi/
ahetukāpi/

319) sappaccayā dhammā/
appaccayā dhammā/

320) saṅkhatā dhammā/
asaṅkhatā dhammā/

321) sanidassanā dhammā/
anidassanā dhammā/

322) sappaṭighā dhammā/
appaṭighā dhammā/

323) rūpino dhammā/
arūpino dhammā/

비물질인 법들(ma2-11-b)

12.[324] 세간적인 법들(ma2-12-a)
출세간의 법들(ma2-12-b)

13.[325] 어떤 것으로 식별(識別)되는 법들(ma2-13-a)
어떤 것으로 식별되지 않는 법들(ma2-13-b)

틈새에 있는 짧은 두 개 조가 [끝났다.]

(3) 번뇌의 모둠(āsava-gocchaka)

14.[326] 번뇌인 법들(ma2-14-a)
번뇌가 아닌 법들(ma2-14-b)

15.[327] 번뇌의 대상인 법들(ma2-15-a)
번뇌의 대상이 아닌 법들(ma2-15-b)

16.[328] 번뇌와 결합된 법들(ma2-16-a)
번뇌와 결합되지 않은 법들(ma2-16-b)

17.[329] 번뇌이면서 번뇌의 대상인 법들(ma2-17-a)
번뇌의 대상이지만 번뇌가 아닌 법들(ma2-17-b)

18.[330] 번뇌이면서 번뇌와 결합된 법들(ma2-18-a)

---

324) lokiyā dhammā
lokuttarā dhammā/

325) kenaci viññeyyā dhammā/
kenaci na viññeyyā dhammā/

326) āsavā dhammā/
no āsavā dhammā/

327) sāsavā dhammā/
anāsavā dhammā/

328) āsavasampayuttā dhammā/
āsavavippayuttā dhammā/

329) āsavā ceva dhammā sāsavā ca/
sāsavā ceva dhammā no ca āsavā/

번뇌와 결합되었지만 번뇌가 아닌 법들(ma2-18-b)

19.[331] 번뇌와 결합되지 않았지만 번뇌의 대상인 법들(ma2-19-a)

[번뇌와 결합되지 않았으면서] 번뇌의 대상이 아닌 법들(ma2-19-b)

번뇌의 모둠이 [끝났다.]

(4) 족쇄의 모둠(saṁyojana-gocchaka)

20.[332] 족쇄인 법들(ma2-20-a)

족쇄가 아닌 법들(ma2-20-b)

21.[333] 족쇄의 대상인 법들(ma2-21-a)

족쇄의 대상이 아닌 법들(ma2-21-b)

22.[334] 족쇄와 결합된 법들(ma2-22-a)

족쇄와 결합되지 않은 법들(ma2-22-b)

23.[335] 족쇄이면서 족쇄의 대상인 법들(ma2-23-a)

족쇄의 대상이지만 족쇄가 아닌 법들(ma2-23-b)

24.[336] 족쇄이면서 족쇄와 결합된 법들(ma2-24-a)

---

330) āsavā ceva dhammā āsavasampayuttā ca/
āsavasampayuttā ceva dhammā no ca āsavā/

331) āsavavippayuttā kho pana dhammā sāsavāpi/
anāsavāpi/

332) saṁyojanā dhammā/
no saṁyojanā dhammā/

333) saṁyojaniyā dhammā/
asaṁyojaniyā dhammā/

334) saṁyojanasampayuttā dhammā/
saṁyojanavippayuttā dhammā/

335) saṁyojanā ceva dhammā saṁyojaniyā ca/
saṁyojaniyā ceva dhammā no ca saṁyojanā/

336) saṁyojanā ceva dhammā saṁyojanasampayuttā ca/

족쇄와 결합되었지만 족쇄가 아닌 법들(ma2-24-b)

25.[337] 족쇄와 결합되지 않았지만 족쇄의 대상인 법들(ma2-25-a)
[족쇄와 결합되지 않았으면서] 족쇄의 대상이 아닌 법들(ma2-25-b)

족쇄의 모둠이 [끝났다.]

(5) 매듭의 모둠(gantha-gocchaka)

26.[338] 매듭인 법들(ma2-26-a)
매듭이 아닌 법들(ma2-26-b)

27.[339] 매듭의 대상인 법들(ma2-27-a)
매듭의 대상이 아닌 법들(ma2-27-b)

28.[340] 매듭과 결합된 법들(ma2-28-a)
매듭과 결합되지 않은 법들(ma2-28-b)

29.[341] 매듭이면서 매듭의 대상인 법들(ma2-29-a)
매듭의 대상이지만 매듭이 아닌 법들(ma2-29-b)

30.[342] 매듭이면서 매듭과 결합된 법들(ma2-30-a)

---

saṁyojanasampayuttā ceva dhammā no ca saṁyojanā/

337) saṁyojanavippayuttā kho pana dhammā saṁyojaniyāpi/ asaṁyojaniyāpi/

338) ganthā dhammā/
no ganthā dhammā/

339) ganthaniyā dhammā/
aganthaniyā dhammā/

340) ganthasampayuttā dhammā/
ganthavippayuttā dhammā/

341) ganthā ceva dhammā ganthaniyā ca/
ganthaniyā ceva dhammā no ca ganthā/

342) ganthā ceva dhammā ganthasampayuttā ca/
ganthasampayuttā ceva dhammā no ca ganthā/

매듭과 결합되었지만 매듭이 아닌 법들(ma2-30-b)

31.[343] 매듭과 결합되지 않았지만 매듭의 대상인 법들(ma2-31-a)
[매듭과 결합되지 않았으면서] [4] 매듭의 대상이 아닌 법들(ma2-31-b)

매듭의 모둠이 [끝났다.]

(6) 폭류의 모둠(ogha-gocchaka)

32.[344] 폭류인 법들(ma2-32-a)
폭류가 아닌 법들(ma2-32-b)

33.[345] 폭류의 대상인 법들(ma2-33-a)
폭류의 대상이 아닌 법들(ma2-33-b)

34.[346] 폭류와 결합된 법들(ma2-34-a)
폭류와 결합되지 않은 법들(ma2-34-b)

35.[347] 폭류이면서 폭류의 대상인 법들(ma2-35-a)
폭류의 대상이지만 폭류가 아닌 법들(ma2-35-b)

36.[348] 폭류이면서 폭류와 결합된 법들(ma2-36-a)
폭류와 결합되었지만 폭류가 아닌 법들(ma2-36-b)

---

343) ganthavippayuttā kho pana dhammā ganthaniyāpi/
aganthaniyāpi/

344) oghā dhammā/
no oghā dhammā/

345) oghaniyā dhammā/
anoghaniyā dhammā/

346) oghasampayuttā dhammā/
oghavippayuttā dhammā/

347) oghā ceva dhammā oghaniyā ca/
oghaniyā ceva dhammā no ca oghā/

348) oghā ceva dhammā oghasampayuttā ca/
oghasampayuttā ceva dhammā no ca oghā/

37.[349] 폭류와 결합되지 않았지만 폭류의 대상인 법들(ma2-37-a)
[폭류와 결합되지 않았으면서] 폭류의 대상이 아닌 법들(ma2-37-b)

폭류의 모둠이 [끝났다.]

(7) 속박의 모둠(yoga-gocchaka)

38.[350] 속박인 법들(ma2-38-a)
속박이 아닌 법들(ma2-38-b)

39.[351] 속박의 대상인 법들(ma2-39-a)
속박의 대상이 아닌 법들(ma2-39-b)

40.[352] 속박과 결합된 법들(ma2-40-a)
속박과 결합되지 않은 법들(ma2-40-b)

41.[353] 속박이면서 속박의 대상인 법들(ma2-41-a)
속박의 대상이지만 속박이 아닌 법들(ma2-41-b)

42.[354] 속박이면서 속박과 결합된 법들(ma2-42-a)
속박과 결합되었지만 속박이 아닌 법들(ma2-42-b)

43.[355] 속박과 결합되지 않았지만 속박의 대상인 법들(ma2-43-a)

---

349) oghavippayuttā kho pana dhammā oghaniyāpi/
anoghaniyāpi/

350) yogā dhammā/
no yogā dhammā/

351) yoganiyā dhammā/
ayoganiyā dhammā/

352) yogasampayuttā dhammā/
yogavippayuttā dhammā/

353) yogā ceva dhammā yoganiyā ca/
yoganiyā ceva dhammā no ca yogā/

354) yogā ceva dhammā yogasampayuttā ca/
yogasampayuttā ceva dhammā no ca yogā/

[속박과 결합되지 않았으면서] 속박의 대상이 아닌 법들(ma2-43-b)

속박의 모둠이 [끝났다.]

(8) 장애의 모둠(nīvaraṇa-gocchaka)

44.[356] 장애인 법들(ma2-44-a)
장애가 아닌 법들(ma2-44-b)

45.[357] 장애의 대상인 법들(ma2-45-a)
장애의 대상이 아닌 법들(ma2-45-b)

46.[358] 장애와 결합된 법들(ma2-46-a)
장애와 결합되지 않은 법들(ma2-46-b)

47.[359] 장애이면서 장애의 대상인 법들(ma2-47-a)
장애의 대상이지만 장애가 아닌 법들(ma2-47-b)

48.[360] 장애이면서 장애와 결합된 법들(ma2-48-a)
장애와 결합되었지만 장애가 아닌 법들(ma2-48-b)

49.[361] 장애와 결합되지 않았지만 장애의 대상인 법들(ma2-49-a)

---

355) yogavippayuttā kho pana dhammā yoganiyāpi/
ayoganiyāpi/

356) nīvaraṇā dhammā/
no nīvaraṇā dhammā/

357) nīvaraṇiyā dhammā/
anīvaraṇiyā dhammā/

358) nīvaraṇasampayuttā dhammā/
nīvaraṇavippayuttā dhammā/

359) nīvaraṇā ceva dhammā nīvaraṇiyā ca/
nīvaraṇiyā ceva dhammā no ca nīvaraṇā/

360) nīvaraṇā ceva dhammā nīvaraṇasampayuttā ca/
nīvaraṇasampayuttā ceva dhammā no ca nīvaraṇā/

361) nīvaraṇavippayuttā kho pana dhammā nīvaraṇiyāpi/

[장애와 결합되지 않았으면서] 장애의 대상이 아닌 법들(ma2-49-b)

장애의 모둠이 [끝났다.]

(9) 집착[固守]의 모둠(parāmāsa-gocchaka)

50.[362] 집착[固守]인 법들(ma2-50-a) [5]
집착이 아닌 법들(ma2-50-b)

51.[363] 집착의 대상인 법들(ma2-51-a)
집착의 대상이 아닌 법들(ma2-51-b)

52.[364] 집착과 결합된 법들(ma2-52-a)
집착과 결합되지 않은 법들(ma2-52-b)

53.[365] 집착이면서 집착의 대상인 법들(ma2-53-a)
집착의 대상이지만 집착이 아닌 법들(ma2-53-b)

54.[366] 집착과 결합되지 않았지만 집착의 대상인 법들(ma2-54-a)
[집착과 결합되지 않았으면서] 집착의 대상이 아닌 법들(ma2-54-b)

집착의 모둠이 [끝났다.]

---

anīvaraṇiyāpi/

362) parāmāsā dhammā/
no parāmāsā dhammā/

363) parāmaṭṭhā dhammā/
aparāmaṭṭhā dhammā/

364) parāmāsasampayuttā dhammā/
parāmāsavippayuttā dhammā/

365) parāmāsā ceva dhammā parāmaṭṭhā ca/
parāmaṭṭhā ceva dhammā no ca parāmāsā/

366) parāmāsavippayuttā kho pana dhammā parāmaṭṭhāpi/
aparāmaṭṭhāpi/

⑽ 틈새에 있는 긴 두 개 조(mahantara-duka)

55.[367] 대상을 가진 법들(ma2-55-a)
대상이 없는 법들(ma2-55-b)

56.[368] 마음인 법들(ma2-56-a)
마음이 아닌 법들(ma2-56-b)

57.[369] 마음부수인 법들(ma2-57-a)
마음부수가 아닌 법들(ma2-57-b)

58.[370] 마음과 결합된 법들(ma2-58-a)
마음과 결합되지 않은 법들(ma2-58-b)

59.[371] 마음과 결속된 법들(ma2-59-a)
마음과 결속되지 않은 법들(ma2-59-b)

60.[372] 마음에서 생긴 법들(ma2-60-a)
마음에서 생기지 않은 법들(ma2-60-b)

61.[373] 마음과 함께 존재하는 법들(ma2-61-a)
마음과 함께 존재하지 않는 법들(ma2-61-b)

---

367) sārammaṇā dhammā/
anārammaṇā dhammā/

368) cittā dhammā/
no cittā dhammā/

369) cetasikā dhammā/
acetasikā dhammā/

370) cittasampayuttā dhammā/
cittavippayuttā dhammā/

371) cittasaṁsaṭṭhā dhammā/
cittavisaṁsaṭṭhā dhammā/

372) cittasamuṭṭhānā dhammā/
no cittasamuṭṭhānā dhammā/

373) cittasahabhuno dhammā/
no cittasahabhuno dhammā/

62.[374] 마음을 따르는 법들(ma2-62-a)
마음을 따르지 않는 법들(ma2-62-b)

63.[375] 마음과 결속되어 있고 마음에서 생긴 법들(ma2-63-a)
마음과 결속된 것도 마음에서 생긴 것도 아닌 법들(ma2-63-b)

64.[376] 마음과 결속되어 있고 마음에서 생겼고 마음과 함께 존재하는 법들(ma2-64-a)
마음과 결속된 것도 마음에서 생긴 것도 마음과 함께 존재하는 것도 아닌 법들(ma2-64-b)

65.[377] 마음과 결속되어 있고 마음에서 생겼고 마음을 따르는 법들(ma2-65-a)
마음과 결속된 것도 마음에서 생긴 것도 마음을 따르는 것도 아닌 법들(ma2-65-b)

66.[378] 안에 있는 법들(ma2-66-a)
밖에 있는 법들(ma2-66-b)

67.[379] 파생된 법들(ma2-67-a)
파생되지 않은 법들(ma2-67-b)

68.[380] 취착된 법들(ma2-68-a)

---

374) cittānuparivattino dhammā/
no cittānuparivattino dhammā/

375) cittasaṁsaṭṭhasamuṭṭhānā dhammā/
no cittasaṁsaṭṭhasamuṭṭhānā dhammā/

376) cittasaṁsaṭṭhasamuṭṭhānasahabhuno dhammā/
no cittasaṁsaṭṭhasamuṭṭhānasahabhuno dhammā/

377) cittasaṁsaṭṭhasamuṭṭhānānuparivattino dhammā/
no cittasaṁsaṭṭhasamuṭṭhānānuparivattino dhammā/

378) ajjhattikā dhammā/
bāhirā dhammā/

379) upādā dhammā/
no upādā dhammā/

취착되지 않은 법들(ma2-68-b)

틈새에 있는 긴 두 개 조가 [끝났다.]

(11) 취착의 모둠(upādāna-gocchaka)

69.[381] 취착인 법들(ma2-69-a)
취착이 아닌 법들(ma2-69-b)

70.[382] 취착의 대상인 법들(ma2-70-a)
취착의 대상이 아닌 법들(ma2-70-b)

71.[383] 취착과 결합된 법들(ma2-71-a)
취착과 결합되지 않은 법들(ma2-71-b)

72.[384] 취착이면서 취착의 대상인 법들(ma2-72-a)
취착의 대상이지만 취착이 아닌 법들(ma2-72-b)

73.[385] 취착이면서 취착과 결합된 법들(ma2-73-a)
취착과 결합되었지만 취착이 아닌 법들(ma2-73-b)

74.[386] 취착과 [6] 결합되지 않았지만 취착의 대상인 법들(ma2-74-a)

---

380) upādiṇṇā dhammā/
anupādiṇṇā dhammā/

381) upādānā dhammā/
no upādānā dhammā/

382) upādāniyā dhammā/
anupādāniyā dhammā/

383) upādānasampayuttā dhammā/
upādānavippayuttā dhammā/

384) upādānā ceva dhammā upādāniyā ca/
upādāniyā ceva dhammā no ca upādānā/

385) upādānā ceva dhammā upādānasampayuttā ca/
upādānasampayuttā ceva dhammā no ca upādānā/

386) upādānavippayuttā kho pana dhammā upādāniyāpi/
anupādāniyāpi/

[취착과 결합되지 않았으면서] 취착의 대상이 아닌 법들(ma2-74-b)

취착의 모둠이 [끝났다.]

⑿ 오염원의 모둠(kilesa-gocchaka)

75.[387] 오염원인 법들(ma2-75-a)
오염원이 아닌 법들(ma2-75-b)

76.[388] 오염원의 대상인 법들(ma2-76-a)
오염원의 대상이 아닌 법들(ma2-76-b)

77.[389] 오염된 법들(ma2-77-a)
오염되지 않은 법들(ma2-77-b)

78.[390] 오염원과 결합된 법들(ma2-78-a)
오염원과 결합되지 않은 법들(ma2-78-b)

79.[391] 오염원이면서 오염원의 대상인 법들(ma2-79-a)
오염원의 대상이지만 오염원이 아닌 법들(ma2-79-b)

80.[392] 오염원이면서 오염된 법들(ma2-80-a)
오염되었지만 오염원이 아닌 법들(ma2-80-b)

---

387) kilesā dhammā/
no kilesā dhammā/

388) saṁkilesikā dhammā/
asaṁkilesikā dhammā/

389) saṁkiliṭṭhā dhammā/
asaṁkiliṭṭhā dhammā/

390) kilesasampayuttā dhammā/
kilesavippayuttā dhammā/

391) kilesā ceva dhammā saṁkilesikā ca/
saṁkilesikā ceva dhammā no ca kilesā/

392) kilesā ceva dhammā saṁkiliṭṭhā ca/
saṁkiliṭṭhā ceva dhammā no ca kilesā/

81.[393] 오염원이면서 오염원과 결합된 법들(ma2-81-a)
오염원과 결합되었지만 오염원이 아닌 법들(ma2-81-b)

82.[394] 오염원과 결합되지 않았지만 오염원의 대상인 법들(ma2-82-a)
[오염원과 결합되지 않았으면서] 오염원의 대상이 아닌 법들(ma2-82-b)

오염원의 모둠이 [끝났다.]

⒀ 마지막 두 개 조

83.[395] 봄[見]으로써 버려야 하는 법들(ma2-83-a)
봄[見]으로써 버려야 하는 것이 아닌 법들(ma2-83-b)

84.[396] 닦음[修]으로써 버려야 하는 법들(ma2-84-a)
닦음[修]으로써 버려야 하는 것이 아닌 법들(ma2-84-b)

85.[397] 봄으로써 버려야 하는 원인을 가진 법들(ma2-85-a)
봄으로써 버려야 하는 원인을 가지지 않은 법들(ma2-85-b)

86.[398] 닦음으로써 버려야 하는 원인을 가진 법들(ma2-86-a)
닦음으로써 버려야 하는 원인을 가지지 않은 법들(ma2-86-b)

87.[399] 일으킨 생각이 있는 법들(ma2-87-a)

---

393) kilesā ceva dhammā kilesasampayuttā ca/
kilesasampayuttā ceva dhammā no ca kilesā/

394) kilesavippayuttā kho pana dhammā saṁkilesikāpi/
asaṁkilesikāpi/

395) dassanena pahātabbā dhammā/
na dassanena pahātabbā dhammā/

396) bhāvanāya pahātabbā dhammā/
na bhāvanāya pahātabbā dhammā/

397) dassanena pahātabbahetukā dhammā/
na dassanena pahātabbahetukā dhammā/

398) bhāvanāya pahātabbahetukā dhammā/
na bhāvanāya pahātabbahetukā dhammā/

일으킨 생각이 없는 법들(ma2-87-b)

88.[400] 지속적 고찰이 있는 법들(ma2-88-a)

지속적 고찰이 없는 법들(ma2-88-b)

89.[401] 희열이 있는 법들(ma2-89-a)

희열이 없는 법들(ma2-89-b)

90.[402] 희열이 함께하는 법들(ma2-90-a)

희열이 함께하지 않는 법들(ma2-90-b)

91.[403] 행복이 함께하는 법들(ma2-91-a)

행복이 함께하지 않는 법들(ma2-91-b)

92.[404] 평온이 함께하는 법들(ma2-92-a)

평온이 함께하지 않는 법들(ma2-92-b)

93.[405] 욕계에 속하는 법들(ma2-93-a)

욕계에 속하지 않는 법들(ma2-93-b)

94.[406] 색계에 속하는 법들(ma2-94-a)

---

399) savitakkā dhammā/
avitakkā dhammā/

400) savicārā dhammā/
avicārā dhammā/

401) sappītikā dhammā/
appītikā dhammā/

402) pītisahagatā dhammā/
na pītisahagatā dhammā/

403) sukhasahagatā dhammā/
na sukhasahagatā dhammā/

404) upekkhāsahagatā dhammā/
na upekkhāsahagatā dhammā/

405) kāmāvacarā dhammā/
na kāmāvacarā dhammā/

406) rūpāvacarā dhammā/
na rūpāvacarā dhammā/

색계에 속하지 않는 법들(ma2-94-b)

95.[407] 무색계에 속하는 법들(ma2-95-a)
무색계에 속하지 않는 법들(ma2-95-b)

96.[408] [세간에] 포함된 법들(ma2-96-a)
[세간에] 포함되지 않는[出世間] 법들(ma2-96-b)

97.[409] 출리(出離)로 인도하는 법들(ma2-97-a)
출리로 인도하지 못하는 법들(ma2-97-b)

98.[410] 확정된 법들(ma2-98-a) [7]
확정되지 않은 법들(ma2-98-b)

99.[411] 위가 있는 법들(ma2-99-a)
위가 없는 법들(ma2-99-b)

100.[412] 다툼을 가진 법들(ma2-100-a)
다툼이 없는[無爭] 법들(ma2-100-b)

마지막 두 개 조가 [끝났다.]

아비담마의 두 개 조 마띠까가 [끝났다.]

---

407) arūpāvacarā dhammā/
na arūpāvacarā dhammā/

408) pariyāpannā dhammā/
apariyāpannā dhammā/

409) niyyānikā dhammā/
aniyyānikā dhammā/

410) niyatā dhammā/
aniyatā dhammā/

411) sauttarā dhammā/
anuttarā dhammā/

412) saraṇā dhammā/
araṇā dhammā/

역자 후기

역자가 지도법사 소임을 맡고 있는 <초기불전연구원>(원장: 대림 스님)은 '빠알리 삼장의 한글완역'을 발원하고 2002년 가을에 설립되었다. 그 후 원장 대림 스님의 주도적인 노력으로 2012년까지 빠알리 경장의 핵심인 4부 니까야를 19권으로 완역 출간하여 2012년 11월에는 '4부 니까야 완역 봉헌 법회'를 서울 강남의 코엑스에서 사부대중의 큰 성원으로 회향하였다. 그런 뒤에 2012년 12월에 역자는 늘 하던 대로 태국 차잉마이로 날아가서 석 달 동안 부지런히 번역하여 『위방가』 일차번역을 마무리하였다. 『위방가』(분석론, Vibhaṅga)는 빠알리 논장(論藏, Abhidhamma Piṭaka)의 칠론(七論) 가운데 두 번째 문헌이지만 '경에 따른 분석 방법'을 통해서 경장(經藏, Sutta Piṭaka)과 가장 밀접한 관계가 있는 내용을 담고 있기 때문에 논장의 칠론 가운데 『위방가』를 먼저 번역하고자 한 것이다.

『위방가』 원문은 PTS본으로 430여 쪽에 달하는 적지 않은 분량이다. 원래 계획은 2013년 전반기에 원문 번역을 마치고 후반기에 본격적인 주해 작업을 거쳐서 2014년 전반기에 두 권으로 출간하는 것이었다. 그러나 『위방가』를 번역하고 다듬으면 다듬을수록 <아비담마 마띠까>와 『담마상가니』에 대한 정확한 이해가 없이 『위방가』를 번역하는 것은 엄청난 무리수를 범하는 것이고 정확한 번역이 아예 불가능하다는 것을 크게 깨닫고는 논장의 첫 번째인 『담마상가니』부터 번역 출간하고자 결심하였다. 그래서 2013년부터는 『담마상가니』 번역에 집중하려 하였다.

그러나 예기치 않은 몸의 부조화로 신고(辛苦)를 겪느라 2013년을 다 보내면서 『담마상가니』 번역은 시작조차 하지 못하였다. 그러던 중 2014년 초여름에는 인도를 떠난 지 15년 만에 비장한 마음으로 인도로 성지순례를 가서 부처님께서 정등각을 이루신 곳이며 역자가 1989년에 인도로 유학을 가서 빠알리 삼장 완역을 엎드려 발원하였던 보드가야 대보리사 대탑에 다시 엎드려 '빠알리 삼장을 완역하여 그 기쁨을 부처님께 바칠 수 있도록 해주시기를' 비감한 마음으로 발원하고 기도하였다. 그 힘으로 2014년 여름부터 『담마상가니』 번역에 집중할 수 있었으며 2016년 봄에 두 권으로 출간을 하였다. 그런 뒤 2016년에는 『아비담마 길라잡이』 전정판 작업에 집중하여 2017년 봄에 두 권으로 출간하고 나서야 비로소 『위방가』의 본격적인 번역 작업에 집중하게 되었고 이제 두 권으로 출판하게 되었다.

이처럼 2013년 봄에 치앙마이에서 거칠게 번역해서 가지고 온 『위방가』 번역본을 2016년 가을에 다시 다듬은 뒤에 2017년 봄부터 12개월 동안 초기불전연구원 윤문팀 법우님들의 자세한 윤문과 교정을 거치면서 아스라이 그 목적지가 보이던 『위방가』 번역 작업이 이제야 마무리되어 출간하게 되었으니 감회가 남다르다. 그동안 초기불전연구원 윤문팀 법우님들이 계셔서 늘 든든하였는데 이번 『위방가』 번역출간도 윤문팀 법우님들의 도움이 아니었으면 불가능했을 것이다.

번역을 마무리하면서 감사드려야 할 분들이 많다. 먼저 초기불전연구원장 대림스님께 감사드린다. 특히 본서의 기획과 표지 작업부터 교정과 인쇄 작업 전반에 이르기까지 원장 스님의 노고가 깊이 배어있지 않은 데가 없다. 그리고 본서의 번역출간에도 대림 스님이 번역하신『청정도론』의 도움이 컸다. 대림 스님께 감사의 말씀을 전한다.

이 만큼이라도 오역과 탈역과 오자와 탈자를 바로 잡아 본서를 출간하게 된 데는 초기불전연구원 윤문팀 법우님들의 노고가 큰 힘이 되었다. 초기불전연구원 윤문팀에 동참해주시는 법우님들은 초기불전연구원 동호회 서울/경기 공부모임의 임원이기도 하다. 윤문팀의 윗자부미 정춘태, 자나난다 송영상, 무디따 최혜륜, 말리까 이근순, 사마와띠 강인숙, 와지라냐나 이정인, 아리야와사 남성란, 담마짜리 유미경, 케마와띠 김학란, 웃따마 정재은, 빤냐와띠 송민영, 수완나 김청, 수완나 법우님의 무남독녀 담마마야 나혜원, 담마와나 김호동 법우님의 자녀 김혜정, 마야 법우님의 자제 배정웅 법우님께 깊이 감사드린다. 지난 2017년 3월부터 122018년 3월까지 매달 두 번씩 모여서 하루에 다섯 시간 넘게 가졌던『위방가』에 대한 활발한 토론과 윤문 덕분에 이번『위방가』우리말 번역출판을 위해서 교정지를 네 번이나 출력하면서 마무리 지었다.

그리고 본원에서 출간한 4부 니까야에 이어 본서까지 크나큰 신심으로 꼼꼼한 교정을 해주신 울산 성광여고 교사이신 김성경 거사님과 수단따 정양숙 법우님께 깊은 감사를 드린다. 이처럼 많은 법우님들의 노력과정성과 헌신이 없었더라면 본서는 출간이 될 수 없었을 것이다. 다시 한 번 감사의 말씀을 드린다.

이처럼 본서에는 여러 법우님들의 노력이 배어있다. 역자가 후기를 적으면서 꼭 언급해야 할 두 분이 계시는데, 윤문팀의 웃따마 정재은 법우님과 자나난다 송영상 법우님이다. 웃따마 법우님은 정확한 빠알리어 실력과 꼼꼼한 통찰력으로 번역어 선택에 많은 제언을 해주셨고 탈역된 부분들을 짚어주셨다. 깊은 감사의 말씀을 드린다. 자나난다 법우님은 본서 전체를 꼼꼼하게 읽어서 문장의 흐름을 다듬는 데 많은 작업을 해주셨고 편집의 일관성에 대해서도 중요한 제언들을 해주셨다. 두 분의 진지한 노력과 제언이 있었기 때문에 역자는 조금 더 안도하는 마음으로 본서를 출간하게 되었다.

본서에는 자세한 찾아보기가 들어있다. 이것은 PTS본 Vibhaṅga에 실려있는 색인(Index)을 <초기불전연구원 다음 카페(cafe.daum.net/chobul)> 회원 법우님들의 자원봉사를 토대로 자료화하였기 때문에 가능하였다. 아이디어를 내어주신 와지라냐나 이정인 법우님과 자원봉사에 동참해주신 빤냐바사 이송자, 냐나와사 금현진, sakyaputta 최원석, 추산 송영태, 둔제 조성록, 이수일, 해인, 꾸살라, 마니빠드마 법우님께 감사드린다.

그리고 역자가 편히 번역 작업에만 전념할 수 있도록 배려를 아끼지 않으시는 역자의 재적사찰인 실상사의 회주 도법 스님과 주지 승묵 스님을 위시한 실상사 대중 스님들과 사부대중 여러분께 감사드린다. 실상사 대중이면서도 많은 시간을 밖에 나와서 머무는 역자를 큰 자비심으로 섭수해주시는 실상사 사부대중이 계시기에 이번 『위방가』 번역도 결실을 맺게 되었다.

본서도 여러 불자님들의 보시로 출간이 되었다. 본서의 출간을 위해서 많은 정재를 희사해주신 문수사 혜안 스님, 봉녕사 지웅 스님, 불광사 혜담 스님께 감사드린다. 올해부터 초기불전연구원 동호회 서울/경기 공부모임의 회장 소임을 맡으셨고 맛있는 찬을 장만하시어 비행기로 늘 역자에게 보내주시는 말리까 이근순 법우님과 올해 정년을 맞으신 이재홍 교수님도 많은 보시를 해주셨다. 그리고 늘 여러 가지로 보시와 공양을 내어주시는 채병화 법우님과 아드님 고정곤 법우님, 메따 송정욱 법우님, 윗자부미 정춘태 법우님, 담미까 주호연 법우님, 냐나와사 법우님, 냐난잘리 법우님, 난다마따 법우님과 여러 불자님께 감사드린다. 그리고 법열 최동엽 거사님께서는 윤문팀의 윤문 작업과 가칭 빠알리-한글 대사전 작업을 위해서 지속적으로 많은 보시를 해주고 계신다. 깊은 감사의 말씀을 드린다.

초기불전연구원의 역경불사를 귀중하게 여겨 물심양면의 후원을 해주신 윤문팀의 아리야와사 남성란 법우님이 본서가 출간되는 것을 보지 못하고 지병으로 임종을 하셨다. 아리야와사 법우님 영전에 본서를 헌정하고 법우님이 선처에 태어나셔서 다음 생에도 해탈열반의 도정에 더 굳건하게 나아가시기를 발원한다. 그리고 역경불사를 위해서 16년 동안 매달 많은 후원금을 꼬박꼬박 보내주셨던 조영자 불자님께서도 몇 달 전에 임종을 하셨다. 조영자 불자님 영전에도 본서를 헌정하고 선처에 태어나시기를 발원한다.

역경불사를 한다는 단 한 가지 이유로 매달많은 후원금을 꼬박꼬박 보내주시는 초기불전연구원 후원회원 여러 불자님들께도 감사의 말씀을 드리고 초기불전연구원의 정신적 후원자인 초기불전연구원 다음 카페(cafe.daum.net/chobul)의 9,100명이 넘는 회원 여러분들과 동호회의 여러 법우님께도 감사의 말씀을 전한다. 그리고 본서의 표지를 디자인하고 마무리 작업까지 해준 초기불전연구원 원장 대림 스님의 상좌 도과 스님께 감사드리고 목차를 다듬어준 빤냐와띠 법우님과 이번에도 인쇄를 맡아주신 <문성인쇄>의 관계자분들께도 감사드린다.

역자도 세납으로는 벌써 환갑을 넘겼고 출가를 결행한 지도 40년이나 되어버렸다. "비구들이여, 그대들은 내 법의 상속자가 되지 재물의 상속자가 되지 마라."(M3 §2)라는 부처님의 간곡하신 말씀에 거듭거듭 마음을 챙기면서 목숨이 붙어있는 한 빠알리 삼장의 역경 작업을 계속할 것이다. 부디 장애 없이 빠알리 삼장 완역 불사에 전념할 수 있도록 부처님께 엎드려 발원하면서 부처님께 우리말 『위방가』 두 권을 바친다.

이 땅에 부처님의 정법이 오래오래 머물기를!

불기 2562(2018)년 10월
담마 곶자왈에서

각묵 삼가 씀

참고문헌

I. 『위방가』 및 그 주석서와 복주서 빠알리 원본 및 번역본

The Vibhaṅga, edited by MRS. Rhys Davids, First published 1904. Reprint. London. PTS, 1978.

Vibhaṅgapāḷi, Devanagari edition of the Pāli text of the Chaṭṭha Saṅgāyana, Igatpuri, Vipassana Research Institute (VRI), 1998.

Vibhaṅga, Sri Lanka Tripitaka Project, 2005.

Vibhaṅga-aṭṭhakathā, Devanagari edition of the Pāli text of the Chaṭṭha Saṅgāyana, Igatpuri, VRI, 1998.

Vibhaṅga-mūlaṭīkā, Devanagari edition of the Pāli text of the Chaṭṭha Saṅgāyana, Igatpuri, VRI, 1998.

Vibhaṅga-anuṭīkā, Devanagari edition of the Pāli text of the Chaṭṭha Saṅgāyana, Igatpuri, VRI, 1998.

Sammohavinodanī, Devanagari edition, Varanasi, Sampurnanad, 1989.

Vibhaṅga: Thiṭṭila, U. *The Book of Analysis* London: PTS, 1969.

Sammohavinodanī (Commentary on the Vibhaṅga): Ñāṇamoli, Bhikkhu. *The Dispeller of Delusion.* Vol. 1. London: PTS, 1987; Vol. 2. Oxford: PTS, 1991.

The Caṭṭha Saṅghāyana CD-ROM edition (3th version). Igatpuri: VRI, 1998.

II. 빠알리 삼장 및 그 주석서와 복주서 빠알리 원본

The Dīgha Nikāya. 3 vols. edited by Rhys Davids, T. W. and Carpenter, J. E. First published 1890. Reprint. London. PTS, 1975.

Dīgha Nikāya Aṭṭhakathā (Sumaṅgalavilāsinī) 3 vols. edited by Rhys David, T. W. and Carpenter J. E. and Stede, W. PTS, 1886-1932.

The Majjhimā Nikāya. 3 vols. edited by Rhys Davids, T. W. and Carpenter, J. E. First published 1890. Reprint. London. PTS, 1975.

Majjhimā Nikāya Aṭṭhakathā (Sumaṅgalavilāsinī) 3 vols. edited by Rhys David, T. W. and Carpenter J. E. and Stede, W. PTS, 1886-1932.

The Saṁyutta Nikāya. 5 vols. edited by Rhys Davids, T. W. and Carpenter, J. E. First published 1890. Reprint. London. PTS, 1991.

Saṁyutta Nikāya Aṭṭhakathā (Sāratthappakāsinī) 3 vols. edited by Rhys David, T. W. and Carpenter J. E. and Stede, W. PTS, 1886-1932.

The Aṅguttara Nikāya. 5 vols.

Vol. I and II, edited by Richard Morris, First published 1885. Reprint. London. PTS, 1961.

Vol III~V, edited by E. Hardy, First published 1897. Reprint. London. PTS, 1976.

Aṅguttara Nikāya Aṭṭhakathā (Manorathapūraṇī) 5 vols. edited by Max Walleser and Hermann Kopp, PTS, First published 1924-1956. Reprint. 1973-1977.

The Dhammasaṅgaṇi, edited by Edward Müller, First published 1885. Reprint. London. PTS, 1978.

Dhammasaṅgaṇīpāḷi, Devanagari edition of the Pāli text of the Chaṭṭha Saṅgāyana, Igatpuri, Vipassana Research Institute (VRI), 1998.

Dhammasaṅgaṇī-aṭṭhakathā, Devanagari edition of the Pāli text of the Chaṭṭha Saṅgāyana, Igatpuri, VRI, 1998.

The Aṭṭhasālinī: Buddhaghosa's commentary on the Dhammasaṅgaṇī, 2 Vols., London, PTS, 1916.

Mohavicchedanī(Abhidhammamātikāpāḷi sahitā), Devanagari edition of the Pāli text of the Chaṭṭha Saṅgāyana, Igatpuri, VRI, 1998.

The Chaṭṭha Saṅghāyana CD-ROM edition (3th version). Igatpuri: VRI, 1998.

III. 빠알리 삼장 및 주석서 번역본

Dīgha Nikāya: Rhys Davids, T.W. and C.A.F. *Dialogues of the Buddha*. 3 vols. London: PTS, 1899-1921 Reprinted 1977.

Walshe, Maurice. *Thus Have I Heard: Long Discourse of the Buddha*. London: Wisdom Publications, 1987.

각묵 스님, 『디가 니까야』 (전3권) 초기불전연구원, 2006, 4쇄 2014.

Majjhima Nikāya: Horner, I. B. *The Collection of the Middle Length Sayings*, PTS, 1954-59.

Ñāṇamoli Bhikkhu and Bodhi Bhikkhu. *The Middle Length Discourse of the Buddha*, Kandy: BPS, 1995.

대림 스님, 『맛지마 니까야』 (전4권) 초기불전연구원, 2012.

Saṁyutta Nikāya: Woodward, F. L. *The Book of the Kindred Sayings,* PTS, 1917-27.

Rhys Davids, C.A.F, and F.L. Woodward. *The Book of the Kindred Sayings*. 5 vols. London: PTS, 1917-30. Rhys Davids tr. 9(1917), 2(1922); Woodward tr. 3(1925), 4(1927), 5(1930).

Bodhi, Bhikkhu. *The Connected Discourses of the Buddha* (2 Vol.s). Wisdom Publications, 2000.

각묵 스님, 『상윳따 니까야』 (전6권) 초기불전연구원, 2009, 3쇄 2016.

Aṅguttara Nikāya: Woodward and Hare. *Book of Gradual Sayings*

(5 vols). London: PTS, 1932-38.

대림 스님, 『앙굿따라 니까야』(전6권) 초기불전연구원, 2006~2007, 2쇄 2013.

Vinaya Pitaka: Horner, I. B. *The Book of the Discipline.* 6 vols. London: PTS, 1946-66.

Dhammasaṅgaṇi: Rhys Davids, C.A.F., *A Buddhist Manual of Psychological Ethics*(Dhammasangaṇi 영역본), 1900. Reprint. London: PTS, 1974.

각묵 스님, 『담마상가니』(전2권) 초기불전연구원, 2016.

Dhātukathā: Nārada, U. *Discourse on Elements.* London: PTS, 1962.

Puggalapaññatti: Law, B.C. *A Designation of Human Types.* London: PTS, 1922, 1979.

Kathāvatthu: Shwe Zan Aung and C.A.F. Rhys Davids. *Points of Controversy* London: PTS, 1915, 1979.

Paṭṭhana: U Nārada. *Conditional Relations* London: PTS, Vol.1, 1969; Vol. 2, 1981.

Atthasālinī (Commentary on the Dhammasāṅganī): Pe Maung Tin. *The Expositor* (2 Vol.s), London: PTS, 1920-21, 1976.

Sammohavinodanī (Commentary on the Vibhaṅga): Ñāṇamoli, Bhikkhu. *The Dispeller of Delusion.* Vol. 1. London: PTS, 1987; Vol. 2. Oxford: PTS, 1991.

Visuddhimagga: Ñāṇamoli, Bhikkhu. *The Path of Purification.* (tr. of Vism) Berkeley: Shambhala, 1976.

대림 스님, 『청정도론』(전3권) 초기불전연구원, 2004, 4쇄 2013.

Abhidhammasaṅgaha: Bodhi, Bhikkhu. *A Comprehensive Manual of Abhidhamma,* Kandy: BPS, 1993.

대림 스님/각묵 스님, 『아비담마 길라잡이』(전2권) 초기불전연구원, 2002, 10쇄 2014, 전정판 2017, 2쇄 2017.

IV. 사전류

(1) 빠알리 사전

Pāli-English Dictionary (PED), by Rhys Davids and W. Stede, PTS, London, 1923.

Pāli-English Glossary of Buddhist Technical Terms (NMD), by Ven. Ñāṇamoli, BPS, Kandy, 1994.

A Dictionary of the Pali Language (DPL), by R.C. Childers, London, 1875.

Buddhist Dictionary, by Ven. Ñāṇatiloka, Colombo, 1950.

Concise Pāli-English Dictionary (BDD), by Ven. A.P. Buddhadatta, 1955.

Dictionary of Pāli Proper Names (DPPN), by G.P. Malalasekera, 1938.

Critical Pāli Dictionary (CPD), by Royal Danish Academy of Sciences & Letters

A Dictionary of Pāli (Part I, II), by Cone, M. PTS. 2001.

(2) 기타 사전류

Buddhist Hybrid Sanskrit Grammar and Dictionary (BHD), by F. Edgerton, New Javen: Yale Univ., 1953.

Sanskrit-English Dictionary (MW), by Sir Monier Monier-Williams, 1904.

Practical Sanskrit-English Dictionary (DVR), by Prin. V.S. Apte, Poona, 1957.

Dictionary of Pāṇini (3 vols), Katre S. M. Poona, 1669.

A Dictionary of Sanskrit Grammar, Abhyankar, K. V. Baroda, 1986.

A Dictionary of the Vedic Rituals, Sen, C. Delhi, 1978.

Puranic Encyclopaedia, Mani, V. Delhi, 1975, 1989.

Root, Verb-Forms and Primary Derivatives of the Sanskrit Language, by W. D. Wintney, 1957.

A Vedic Concordance, Bloomfield, M. 1906, 1990.

A Vedic Word-Concordance (16 vols), Hoshiarpur, 1964-1977.

An Illustrated Ardha-Magadhi Dictionary (5 vols), Maharaj, R. First Edition, 1923, Reprint: Delhi, 1988.

Abhidhāna Rājendra Kosh (*Jain Encyclopaedia,* 7 vols), Suri, V. First Published 1910-25, Reprinted 1985.

Prakrit Proper Names (2 vols), Mehta, M. L. Ahmedabad, 1970.

Āgamaśabdakośa (Word-Index of Aṅgasuttāni), Tulasi, A. Ladnun, 1980.

『불교사전』 운허용하 저, 동국역경원, 1989.

『梵和大辭典』 鈴木學術財團, 동경, 1979.

『佛教 漢梵大辭典』 平川彰, 동경, 1997.

『パーリ語佛教辭典』 雲井昭善 著, 1997

V. 기타 참고도서

Banerji, S. Chandra. *A Companion to Sanskrit Literature,* Delhi, 1989.

Basham, *History and Doctrines of the Ājivikas,* London, 1951.

Barua, B. M. *History of Pre-Buddhist Indian Philosophy,* Cal cutta, 1927.

____________, *Inacriptions of Aśoka(Translation and Glossary),* Calcutta, 1943, Second ed. 1990.

Bhandarkar Oriental Research Institute, edited, *The Mahābhārata* (4 vols), Poona, 1971-75.

Bodhi, Bhikkhu. *A Comprehensive Manual of Abhidhamma*

(CMA). Kandy: BPS, 1993. (Pāli in Roman script with English translation)

__________, *The Discourse on the All-Embracing Net of Views: The Brahmajāla Sutta(D1) and Its commentaries.* BPS, 1978.

__________, *The Discourse on the Fruits of Recluseship: The Sāmaññaphala Sutta(D2) and Its Commentaries,* BPS, 1989.

__________, *The Discourse on the Root of Existence: The Mūlapariyāya Sutta(M1) and its Commentaries,* BPS, 1980, 1992.

__________, *The Great Discourse on Causation: The Mahānidāna Sutta(D15) and its Commentaries,* BPS, 1984, 1995.

Bronkhorst, J. *The Two Traditions of Meditation in Ancient India,* Delhi, 1993.

Burlingame, E.W. *Buddhist Legends* (trans. of DhpA). PTS, 1921, 1969.

Cater, J. R. *Dhamma, Western Academic and Sinhalese Buddhist Interpretations - A Study of A Religious Concept.* Tkyo, 1978.

CBETA Chinese Electronic Tripitaka Collection, CD-ROM edition: Taisho Tripitaka(大正新修大藏經) Vol.1-55 & 85; Shinsan Zokuzokyo(Xuzangjing) Vol. 1-88, Chinese Buddhist Electronic Text Association(CBETA, 中華電子佛典協會), Taipei, 2008.

Chapple, Christopher. *Bhagavad Gita (English Tr.), Revised Edition* New York, 1984.

Collins, S. *Nirvana and Other Buddhist Felicities: Utopias of the Pali Imaginaire.* Cambridge, 1998.

_______, *Selfless Persons: Imagery and Thought in Theravāda Buddhism.* Cambridge 1982.

Cowell, E.B. ed. *The Jātakas or Stories of the Buddha's Former*

Births, 6 vols, 1895-1907. Reprint, 3 vols. PTS, 1969.

Cowell, E.B. and R.A. Neil, eds. *Divyāvadāna,* Cambridge 1886.

Deussen, Paul. *Sixty Upanisads of the Veda.* Delhi, 1980.

Dutt, Nalinaksha. *Buddhist Sects in India.* Delhi, 1978.

Eggeling, J. *Satapatha Brahmana* (5 Vol.s SBE Vol. 12, 26, 41, 43-44), Delhi, 1989.

Enomoto, Fumio. *A Comprehensive Study of the Chinese Saṁyuktāgama. Part 1: Saṁgītanipāta.* Kyoto 2994.

Fahs, A. *Grammatik des Pali,* Verlag Enzyklopadie, 1989.

Fairservis W. A. *The Harappan Civilization and Its Writing,* Delhi, 1992.

Fuminaro, Watanabe. *Philosophy and its Development in the Nikāyas and Abhidhamma,* Delhi, 1982.

Geiger, W. *Mahāvaṁsa or Great Chronicle of Ceylon.* PTS.

________. *Cūḷavaṁsa or Minor Chronicle of Ceylon (or Mahāvaṁsa Part II),* PTS.

________. *Pali Literature and Language,* English trans. By Batakrishna Ghosh, 1948, 3th reprint. Delhi, 1978.

Geiger, Wilhelm. A Pāli Grammar. Rev. ed. by K.R. Norman. PTS, 1994.

Gethin, R.M.L. *The Buddhist Path to Awakening, A Study of the Bodhi-Pakkhiyā Dhammā.* Leiden, 1992.

Gnanarama, Ven. P. *An Approach to Buddhist Social Philosophy,* BPS, 1996.

Gombrich, Richard F. *How Buddhism Began: The Conditioned Genesis of the Early Teachings.* London, 1996.

________________. "Old Bodies Like Carts." *Journal of the Pali Text Society* 11(1987): 1-3.

Hamilton, Sue. *Identity and Experience: The Constitution of the*

Human Being according to Early Buddhism. London, 1996.

Harvey, Peter. *The Selfless Mind: Personality, Consciousness, and Nirvāṇa in Early Buddhism*. Curzon, 1995.

____________. "Signless Meditation in Pāli Buddhism." *Journal of the International Association of Buddhist Studies* 9(1986): 28-51.

Hinüber, Oskar von. *A Handbook of Pāli Literature*, Berlin, 1996.

________________. *Selected Papers on Pāli Studies*, Oxford: PTS, 1994.

Hoernle, A.F.R. *Manuscript Remains of Buddhist Literature Fond in Eastern Turkestan*. Oxford 1916.

Horner I. B. *Early Buddhist Theory of Man Perfected*, 1937.

_________. *Milinda's Questions* (tr. of Mil). 2 vols. London: PTS, 1963-64.

International Buddhist Research & Information Center(IBRIC). *Ti-pitaka, The SLTP CD-ROM edition* , 2005. http://jbe.gold.ac.uk/ibric.html

Ireland, John D. *Saṁyutta Nikāya: An Anthology*, Part I (Wheel No. 107/109). Kandy: BPS, 1967.

_____________. *Vaṅgīsa: An Early Buddhist Poet* (Wheel No. 417/418). Kandy: BPS, 1997.

Jacobi, H. *Jaina Sūtras* (SBE Vol.22), Oxford, 1884, Reprinted 1989.

Jambuvijaya, edited by Muni, *Āyāraṅga-Suttam*, Bombay, 1976.

________________________, *Sūyagaḍaṅga-Suttam*, Bombay, 1978.

Jayatileke, K.N. Early Buddhist Theory of Knowledge. London, 1963.

Jayawardhana, Somapala. *Handbook of Pali Literature*, Colombo, 1994.

Jha, Ganganath. *Tattva-Kaumudi - Vacaspati Misra's Commentary on the Samkhya-Karika Text & English Translation.* Poona, 1965.

Jones, J.J., trans. *The Mahāvastu.* 3 vols. London, 1949-56.

Kangle, R. P. *The Kauṭilīya Arthaśāstra* (3 vols), Bombay, 1969.

Kloppenborg, Ria. *The Paccekabuddha: A Buddhist Ascetic.* BPS Wheel No. 305/307, 1983.

Lalwani, K. C. *Kalpa Sūtra,* Delhi, 1979.

Law, B.C. *History of Pali Literature.* London, 1933 (2 Vol.s)

Macdonell, A.A., and Keith. *Vedic Index of Names and Subjects.* 2 vols., 1912. Reprint, Delhi, 1958.

Mahāprajña, Yuvācārya, *Uvaṅga Suttāṇi* (IV, Part I), Ladnun, 1987.

Malalasekera, G. P. *The Pali Literature of Ceylon,* 1928. Reprint. Colombo, 1958.

Manné, Joy. "Categories of Sutta in the Pāli Nikāyas and Their Implications for Our Appreciation of the Buddhist Teaching and Literature." *Journal of the Pali Text Society* 15(1990): 29-87.

__________. "On a Departre Formula and its Translation." *Buddhist Studies Review* 10(1993): 27-43.

Masefield, Peter. *The Udāna Commentary* (tr. of UdA). 2 vols. Oxford: PTS, 1994-5.

Mills, Laurence C.R. "The Case of the Murdered Monks." *Journal of the Pali Text Society* 16(1992):71-75.

Müller, F. Max. *The Upanishads.* 2 vols. Reprint, Delhi, 1987.

Ñāṇamoli, Bhikkhu. *The Guide* (tr. of Nett). London:PTS, 1962.

________________. *The Life of the Buddha according to the Pali Canon.* 1972.

__________________. *The Middle Length Discoursed of the Buddha* (tr. of Majjhima Nikāya, ed. and rev. by Bhikkhu Bodhi), Boston; Kandy: BPS, 1995.

__________________. *Mindfulness of Breathing (ānāpānasati).* Kandy: BPS, 1964.

__________________. *Minor Reading and the Illustrator of Ultimate Meaning* (tr. of Khp and KhpA). London: PTS, 1962.

__________________, *The Path of Purification.* (tr. of Vism) Berkeley: Shambhala, 1976.

Ñāṇananda, Bhikkhu. *The Magic of the Mind: An Exposition of the Kālakārāma Sutta.* Kandy: BPS, 1974.

____________________. *Saṁyutta Nikāya: An Anthology,* Part II (Wheel No. 183/185). Kandy: BPS, 1972.

Naimicandriya, Commented by, *Uttarādhyayana-Sūtra,* Valad, 1937.

Nancy Accord, Translated by, *Introduction to Early Buddhism - An Accessible Explanation of the Core Theory of Early Buddhism,* 초기불전연구원, 2017(『초기불교 입문』 영역본)

Nārada Mahāthera, *A Manual of Abhidhamma.* 4th ed. Kandy: BPS, 1980. (Pāli in Roman script with English translation)

Norman, K.R. *Collected Papers* (5 vols), Oxford, 1990-93.

____________. *Elders' Verses I* (tr. of Thag). London: PTS, 1969.

____________. *Elders' Verses II* (tr. of Thig). London: PTS, 1971.

____________. *The Group of Discourses(SUTTA-NIPĀTA) Vol. II,* London: PTS, 1992.

____________. *Pāli Literature Including the Canonical Literature in Prakrit and Sanskrit of All the Hīnayāna Schools of Buddhism,* Wiesbaden, 1983.

Nyanaponika Thera. Ven. *Abhidhamma Studies,* Kandy: BPS, 1998.

______________________ *The Heart of Buddhist Medition.* London, 1962; BPS, 1992.

Nyanaponika Thera and Hellmuth Hecker. *Great Disciples of the Buddha: Their Lives, Their Works, Their Legacy.* Boston; Kandy: BPS, 1997.

Nyanatiloka Thera. *Guide through the Abhiddhamma Piṭaka,* Kandy: BPS, 1971.

Pe Maung Tin. *The Path of Purity.* P.T.S. 1922 (Vol. I), 1928 (Vol. II), 1931 (Vol. III)

____________, *The Expositor* (2 Vol.s). (Atthasālinī 영역본), London: PTS, 1920-21, 1976.

Pruitt, William. *Commentary on the Verses of the Theris* (tr. of ThigA). Oxford: PTS, 1998.

_____________. edited by, Norman, K. R. translated by, *The Pātimokkha,* London: PTS, 2001.

Radhakrishnan, S. *Indian Philosophy,* 2 vols Oxford, 1991.

_____________. *Principal Upanisads.* Oxford, 1953, 1991.

Rāhula, Walpola Ven. *What the Buddha Taught,* Colombo, 1959, 1996.

__________________. *History of Buddhism in Ceylon.* Colombo 1956, 1993.

Rewata Dhamma. *The First Discourse of the Buddha: Turning the Wheel of the Dhamma.* Boston, 1997.

Rhys Davids, C.A.F, and F.L. Woodward. *The Book of the Kindred Sayings* (tr. of Saṁyutta Nikāya). 5 vols. London: PTS, 1917-30. Rhys Davids tr. 9(1917), 2(1922); Woodward tr. 3(1925), 4(1927), 5(1930).

Rhys Davids, T.W. *Buddhist India.* 1903. Reprint, Delhi, 1997.

Rhys Davids, T.W. and C.A.F. *Dialogues of the Buddha* (tr. of Dīgha Nikāya). 3 vols. London: PTS, 1899-1921.

Senart, edited, *Mahāvastu.* 3 vols. Paris, 1882-97.

Soma Thera, *The Way of Mindfulness,* 5th ed. Kandy: BPS, 1981.

Thomas, E. J. *The Life of the Buddha,* 1917, reprinted 1993.

Thittila, Ashin. *The Book of Analysis* (tr. of Vibh). London: PTS, 1969.

Umasvami, Acharya. *Tattvarthadhigama Sutra.* Delhi, 1953.

Vasu, Srisa Chandra. *Astadhyayi of Panini* (2 Vol.s). Delhi, 1988.

Vipassana Reserach Institute. *Ti-pitaka, The Caṭṭha Saṅghāyana CD-ROM edition* (3th version). Igatpuri: VRI, 1998.

Walshe, Maurice. *The Long Discourses of the Buddha* (tr. of Dīgha Nikāya). Boston, 1987, 1995.

______________. *Saṁyutta Nikāya: An Anthology,* Part III (Wheel No. 318/321). Kandy: BPS, 1985.

Warren, Henry C. & Dhammananda Kosambi. *Visuddhamagga,* Harvard Oriental Series (HOS), Vol. 41, Mass., 1950.

Wijesekera, O.H. de A. *Buddhist and Vedic Studies.* Delhi, 1994.

Winternitz, M. *History of Indian Literature* (3 vols), English trans. by Batakrishna Ghosh, Revised edition, Delhi, 1983.

Witanchchi, C. *"ānanda." Encyslopaedia of Buddhism,* Vol. I fasc. 4. Coombo, 1965.

Warder, A.K. *Indian Buddhism,* 2nd rev. ed. Delhi, 1980.

Yardi, M.R. *Yoga of Patañjali.* Delhi, 1979.

각묵 스님, *Development of the Vedic Concept of Yogakśema.* 『현대와 종교』 20집 1호, 대구, 1997

________, 「간화선과 위빳사나, 무엇이 같고 다른가」 『선우도량 제3호』 2003.

________, 『금강경 역해 — 금강경 산스끄리뜨 원전 분석 및 주해』 불광사 출판부, 2001, 9쇄 2017.

________, 『네 가지 마음챙기는 공부』 초기불전연구원, 2003, 개정판 3쇄 2008.

________, 『담마 상가니』 (전2권) 초기불전연구원, 2016.

________, 『디가 니까야』 (전3권) 초기불전연구원, 2006, 4쇄 2014.

________, 「범본과 한역 <금강경>의 내용 검토」 『승가학보 제8집』 조계종 교육원, 2008.

________, 「현대사회와 율장 정신」 동화사 계율학 대법회 제7회 발제문 2006.

________, 『상윳따 니까야』 (전6권) 초기불전연구원, 2009, 3쇄 2016.

________, 『초기불교 이해』 초기불전연구원, 2010, 5쇄 2015.

________, 『초기불교 입문』 초기불전연구원, 2017.

권오민, 『아비달마 구사론』 (전4권) 동국역경원, 2002, 2쇄 2007.

_____, 『아비달마 불교』 민족사, 2003.

김묘주 옮김, 『성유식론 외』 동국역경원, 2006

김성철 옮김, 『중론』 불교시대사, 2004

김인덕 지음, 『중론송 연구』 불광출판부, 2000.

김윤수 옮김, 『주석 성유식론』 한산암, 2006.

나까무라 하지메 지음, 김지견 옮김 『불타의 세계』 김영사, 2005.

대림 스님/각묵 스님, 『아비담마 길라잡이』 (전2권) 초기불전연구원, 2002, 10쇄 2014.

대림 스님, *A Study in Paramatthamañjūsa (With Special Reference to Paññā)*, Pune University, 2001.(박사학위 청구논문)

________, 『들숨날숨에 마음챙기는 공부』 초기불전연구원, 개정판 2쇄 2008.

________, 『앙굿따라 니까야』 (전6권) 초기불전연구원, 2006~2007.

________, 『염수경 - 상응부 느낌편』 고요한소리, 1996.

________, 『청정도론』 (전3권) 초기불전연구원, 2004, 3쇄 2009.

대한불교조계종 교육원, 『주석본 조계종 표준 금강반야바라밀경』 2009.

라다끄리슈난, 이거룡 옮김, 『인도 철학사』(전4권) 한길사, 1999.
마쓰타니 후미오, 이원섭 역, 『아함경 이야기』 1976, 22쇄 1997.
__________, 이원섭 역, 『불교개론』 현암사, 2001.
박인성, 『중론 연구』 민족사, 2000.
백도수, 「팔리 논장의 논모(Mātikā)에 대한 연구」(2009, 『불교학보』 pp.9~32)
뿔라간들라 R. 이지수 역, 『인도철학』 민족사, 1991.
삐야다시 스님, 김재성 옮김, 『부처님, 그분』 고요한소리, 1990.
__________, 소만 옮김, 『마음 과연 무엇인가』 고요한소리, 1991.
사토우 미츠오, 김호성 역, 『초기불교교단과 계율』 민족사, 1991.
에띠엔 라모뜨, 호진 스님 옮김, 『인도불교사』 1/2 시공사, 2006
와타나베 후미마로 지음, 김한상 옮김, 『니까야와 아비담마의 철학과 그 전개』 동국대학교출판부, 2014.
이재숙, 『우파니샤드』(전2권) 한길사, 1996.
일창 스님, 『부처님을 만나다』 이솔, 2012.
赤沼智善, 『漢巴四部四阿含互照錄』 나고야, 소화4년.
中華電子佛典協會, CBETA 電子佛典集(CD-ROM), 台北, 2008.
平川 彰, 이호근 역, 『印度佛教의 歷史』(전2권) 민족사, 1989, 1991.
______, 권오민 옮김, 『초기·부파불교의 역사』 민족사, 1989.
______, 박용길 역, 『율장연구』 토방, 1995.
혜업 스님 역, 『선종 영가집』 불광사 출판부, 1991

빠알리-한글 색인

◎ 일러두기

빠알리어 색인은 알파벳 어순을 따랐음

【A】

abbhatthaṅgata 철저하게 사라진
abbokiṇṇa 연속하여
abhabba 중생들이 가능성이 없는 것
abhidhamma 높은 법
abhidhamma-bhājanīya 아비담마에 따른 분류 방법
abhijjhā 욕심
abhijjhā-domanassa 욕심과 싫어하는 마음
abhiññā 신통지, 초월지, 최상의 지혜
abhinipāta [대상에] 들어가는
abhiniropanā [마음을 대상에] 겨냥하게 함
abhinivesa 천착
abhinīhāranānatta [마음을] 기울임의 다양함
abhippasāda 깨끗한 믿음
abhisaṁharitvā 모은 뒤
abhisaṅkhāra 업형성
abhisaṅkhipitvā 간략히 해서
abhisaññūhitvā 한데 모은 뒤
abhivinaya 높은 율
abyākata 결정할 수 없는[無記]
abyāpanna-citta 악의가 없는 마음
abyāpāda-dhātu 악의 없음의 요소
accāsarā 얼버무림
acetanaka 의도가 없음
acittaka 마음이 없는
acittikāro 경의를 표하지 않음
adassanakamya [성자들을] 친견하고자 하지 않음
adhammacariyā 법에 따르지 않은 행실
adhicitta 높은 마음
adhikusala 아주 유익한
adhimāna 과대평가
adhimokkha 결심
adhimokkha-nānatta 결심의 다양함

adhimutta 확신하는
adhimutti 성향
adhimuttika 성향을 가진
adhipaññā 높은 통찰지
adhipateyya 지배를 가진
adhipati 지배
adhisīla 높은 계[增上戒]
adhivacana 이름붙임
adhivāsanatā 견디어냄
adinnādānā 주지 않은 것을 가지는 것
adosa 성냄 없음
adukkhamasukha 괴롭지도 즐겁지도 않은
agatigamana 하지 않아야 할 것을 함
agārava 존중하지 않음
agāravā 불경스러움
aggahitatta 닫힌 상태
aggi 불
agha 빈 것
agocara 행동의 영역이 아닌 것
ahamasmi 나는 있다
ahirika 양심 없음
ahīnindriya 감각기능[根]을 구족함
ajjhatta 안의
ajjhattabahiddhā 안팎으로
ajjhattabahiddhārammaṇa 안과 밖의 대상을 가진
ajjhattaṁ 안에 있고, 자기 내면의, 내적인
ajjhattika 안에 있는
ajjhena 학문
ajjhupekkhanā 공평함
ajjhupekkhita 안으로 평온한
akaraṇa 짓지 않음
akiriyā 행하지 않음
akkhamanatā 인욕하지 못하는 상태
akkhanti 인욕하지 못함
akusala 해로운
akusaladhātu 해로움의 요소
akusalahetu 해로운 원인
akusalakamma 해로운 업
akusalamūla 해로움의 뿌리
akusalasaññā 해로운 인식
akusalavitakka 해로운 사유
akusalā dhammā 해로운 법들
alobha 탐욕 없음[不貪]
aṁsa 부분
amaddava 유연하지 못함
amaravitakka 애매모호함과 관련된 생각, 죽지 않음에 대한 생각
amoha 어리석음 없음
amuducittatā 마음의 경직됨
amudutā 부드럽지 못함
aṅgaṇa 흠
aññathābhāva 다른 상태로 되어가는
aññāṇa 무지함
aññātāvindriya 구경의 지혜를 구족한 기능[具知根]
aññindriya 구경의 지혜의 기능[已知根]
aṇumatta 작은
anabhippasāda 청정한 믿음이 없음
anaddā 존경 없음
anadhiṭṭhāna 확고하지 못함
anadhivāsanatā 견디어내지 못함
anajjava 반듯하지 못함
anajjhāpatti 넘지 않음
anaññātaññassāmītindriya 구경의 지혜를 가지려는 기능[未知當知根]
ananta viññāṇa 무한한 알음알이
anantavā 무한한
anantavādiṭṭhi 무한하다는 견해
ananto ākāso 무한한 허공

anattā 무아
anavaññatti 멸시받지 않음
anābhoga 무관심
anācāra 바르지 못한 행실
anādaratā 무시함
anādariya 경시함
anāgata 미래의
aneka-dhātu 여러 가지 요소
anekaṁsa gāha 갈피를 잡지 못함
anicca 무상
anokappanā 신뢰하지 못함
anottappa 수치심이 없는
antavā 유한함
antavādiṭṭhi 견해 [유한하다는]
anuddayatā 동정심
anuddhata 들뜨지 않는
anudiṭṭhi 견해 [과거를 모색하는]
anulomika khanti 수순하는 지혜의 능력[忍知]
anunaya 친밀함
anupakaṭṭha 부근에 있지 않는
anupassanā 관찰[隨觀]
anuppabandhanā 동여맴
anuppanna 아직 일어나지 않은
anuppiya-bhāṇitā 환심을 사는 말을 함
anurodha 순응
anusaṁsandanā 유지함
anusaya 잠재성향
anussaritā 계속해서 마음챙김
anuttānīkamma 분명하지 않게 함
anuvāda 책망
anvaya 추론
apacaya 감소시키는
apacayagāmi [윤회를] 감소시킴
apaccakkha-kamma 직접 인지하지 못함
aparanta-anudiṭṭhi 미래를 모색하는 견해
apariyāpannā dhammā 세간에 포함되지 않는[出世間] 법들
apariyogāhanā 몰입하지 못함
apāya-kosalla 손상에 능숙함
aphassaka 감각접촉이 없음
api 일지라도
api nāmāhaṁ bhaveyyaṁ 나는 참으로 있기를
apodhātu 물의 요소
appamaññā 무량함
appamāṇa 무량
appanā byappanā 전념, 몰입
appanigghosa 소리가 적은
apparajakkhā 눈에 때가 적은 것
appasadda 조용한
appaṭisanthāra 호의를 베풀지 못함
apuññābhisaṅkhāra 공덕이 아닌 [업]형성
arahaṁ 아라한
arahatta-phala 아라한과
arañña 숲속
arati 싫증냄
ariya 성자
ariya 성자, 성스러운
aroga 병들지 않음
arūpa 무색계
arūpa-dhātu 무색계의 요소
arūpa-jīvitindriya 비물질의 생명기능
arūpāvacarā dhammā 무색계에 속하는 법들
asabhāgavutti 화합하지 않음
asaddahanā 믿지 못함
asaddhamma 바르지 못한 법
asallīna 불굴의

asaṁvara 단속하지 못함
asambhinna 섞이지 않은
asametukamyatā 가까이하고자 하지 않음
asammosa 사라지지 않음
asampajañña 알아차림이 없음
asampajaññatā 알아차리지 못함
asaṅkhatā dhātu 형성되지 않은 요소[無爲界]
asaññaka 인식이 없음
asaññasatta 무상유정
asaññivāda [사후에 자아가] 인식을 가지지 않는다는 주장
asantuṭṭhitā 만족하지 못함
asasmi 나는 영원하다
asākhalya 싹싹하지 못한 말씨
asoracca 온화하지 못함
assaddhiya 믿음 없음
assāda 달콤함
assādadiṭṭhi 달콤함에 대한 견해
assutavā puthujjana 배우지 못한 범부
asura 아수라
aṭṭhapanā 확실하게 함
aṭṭhāna-kusalatā 바른 경우가 아닌 것에 능숙함
atimāna 거만
atīta 과거의, 지나갔고
atricchatā 지나친 바람
attaparibhava 자기 멸시
attavādupādāna 자아의 교설에 대한 취착[我語取]
attā 자아
attānudiṭṭhi 자아에 대한 견해
attānuvāda 자책에 대한 두려움
attha 뜻
attha-cintaka 이로움을 생각함
attha-jāpika 결과를 생기게 하는
attha-jotaka 뜻을 밝혀 줌
atthaṅgama 소멸하였음
atthaṅgata 사라진
avakāriṁ 구별을 하면서
avaññatti 멸시받음
avaññāta 경멸되는
avaṇṇahārika 나쁜 소문을 퍼뜨림
avasesā 나머지
avedanaka 느낌이 없음
avihiṁsādhātu 해코지 않음의 요소
avijjā 무명(無明)
avijjā-laṅgi 무명의 장벽
avijjāpaccayā 무명을 조건으로 하여
avipariṇāma-dhamma 변하지 않는 법
avitakka avicāra 일으킨 생각과 지속적 고찰은 없고
avyapāda 악의를 가지지 않음
avyākata/abyākata 결정할 수 없는[無記]
ayoniso manasikāra 이치에 어긋나게 마음에 잡도리함

【Ā】

ābhoga 관심을 기울임
ācaya 축적
ācāra 바른 행실
ādaratā ādariya 무시함, 경시함
ādāya 관점에서
ādīnava 위험
āghāta 원한
āhāra 음식
ājīva 생계
ājīvika-bhaya 생계에 대한 두려움

ākāra 형태
ākāsadhātu 허공의 요소
ākāsānañcāyatana 공무변처
ālasya 게으름
ālokasaññi 광명상을 가진
āmisa 세속적인
ānantarika 무간[업]
āneñjābhisaṅkhāra 흔들림 없는 [업] 형성
āpatha 길
āpodhātu 물의 요소
ārammaṇa 대상
ārāma 좋아함
ārāmatā 좋아함
āsappanā 회피
āsava 번뇌[漏]
āsaya 습성
ātapa 근면함
ātāpa 근면함
ātāpi 근면한 [자]
āvaraṇa 덮개
āvaṭṭanā 전향함
āvatthita 확고함
āya-kosalla 증장에 능숙함
āyatana 감각장소[處], 처(處), 근거, 분야
āyatana-vibhaṅga 감각장소 위방가
āyuppamāṇa 수명의 한계

【B】

bahiddhā 밖, 외적인
bahuvidhavāra 여러 가지 부문
bāhira 밖의
bbūmi 경지
bhabba 가능성이 있음
bhattasammada 식곤증
bhava 존재[有]
bhavadiṭṭhi 존재에 대한 견해
bhavataṇhā 존재에 대한 갈애[有愛]
bhavāsava 존재의 번뇌
bhavesanā 존재의 추구
bhaya 두려움
bhayadassāvī 두려움을 보는
bhākuṭita 눈살을 찌푸림
bhāvanā 수행, 닦음[修]
bhāvanāmayā 수행으로 이루어진
bhikkhu 비구
bhojane mattaññutā 음식에서 적당함을 앎
bhūmaka 경지를 가짐
bhūta 근본물질
bodhipakkhikā dhammā 깨달음의 편에 있는 법들[菩提分法]
bojjhaṅga 깨달음의 구성요소
brahma-cakka 신성한 바퀴[梵輪]
brahma-cariya 청정범행
brahma-loka 범천의 세상
brahmatta 범천의 지위
brāhmaṇa 바라문
buddha-paṭikuṭṭha 부처님께서 나무라신
byasana 상실
byādhiyaka 부르르 떪
byāpāda 악의
byāpāda-padosa 악의와 성냄
byāpāda-saññā 악의와 관련된 인식
byāpāda-vitakka 악의와 관련된 사유

【C】

cakka 바퀴
cakkhāyatana 눈의 감각장소[眼處]
cakkhu 눈[眼]
cakkhu-āyatana 눈의 감각장소
cakkhu-dhātu 눈의 요소[眼界]
cakkhundriya 눈의 기능[眼根]
cakkhu-viññāṇa 눈의 알음알이[眼識]
cattatta 놓아버림
catutha jhāna 제4선
catuvokārabhava 네 가지 무더기를 가진 존재
cāpalya 치장하려는 욕심
cāṭukamyatā 아첨함
cāturatā, cāturiya 고상한 척함, 잘난 척함
cetanā 의도
cetasika 마음부수, 정신적인
cetaso 정신적, 마음의
ceto 마음의
cetokhila 마음의 삭막함
chanda 열의
chandarāga 욕탐
chandatā 열의를 가짐
chandiddhipāda 열의를 [주로 한] 성취수단
chandika 열의를 가진
chaṭṭhāyatana 여섯 번째 감각장소
cintāmaya 생각으로 이루어진
citīkata 존중되는
citta 마음
cittappassaddhi 마음의 편안함
citta-ujukatā 마음의 올곧음
cittiddhipāda 마음을 [주로 한] 성취수단

【D】

daḷhīkamma 강화시킴
dandhābhiññā 초월지가 느린
dassana 봄[見]
dassāvī 보는 자
dāna 보시
dānamaya 보시로 이루어진
deva 신(神)
devaloka 천상세계
dhamma 법(法)
dhammadhātu 법의 요소[法界]
dhamma-nijjhāna-khanti 법을 파악하는 지혜의 능력[忍知]
dhammaṭṭhiti-ñāṇa 법들의 조건에 대한 지혜[法住智]
dhātu 요소[界]
dhura, dhuratā 의무, 의무를 움켜쥠
dhuva 견고한
disaṁ 방향
diṭṭhadhamma 지금/여기
diṭṭhadhamma-nibbāna 지금/여기에서의 열반
diṭṭhadhamma-sukha 지금/여기에서의 행복
diṭṭhāsava 사견의 번뇌
diṭṭhi 견해, 사견
diṭṭhigata 사견에 빠짐
diṭṭhivipatti 견해를 파함
diṭṭhupādāna 견해에 대한 취착[見取]
domanassa 불만족, 싫어하는 마음, 정신적 고통
dosa 성냄
dosakkhaya 성냄의 멸진
dovacassatā 거칠게 말함
duccarita 나쁜 행위

dukkha 괴로움[苦], 육체적 고통
dukkha ariyasacca 괴로움의 성스러운 진리[苦聖諦]
dukkhadhātu 괴로움의 요소
dukkhanirodha 괴로움의 소멸[苦滅]
dukkhanirodhagāminī paṭipadā 괴로움의 소멸로 인도하는 도닦음
dukkhapaṭipadā 도닦음이 어려운
dukkhasamudaya 괴로움의 일어남
dukkhindriya 괴로움의 기능[苦根]
dussīlya 나쁜 계행
dutiya jhāna 제2선
duviññāpayā 가르치기 어려운 것
dūre 멀리 있는
dvākārā 행실이 나쁜 것 [중생들의]
dvāra 문
dvedhāpatha 두 갈래 길

【E】

ekacittakkhaṇika 하나의 심찰나에 존재하는 것
ekaggatā 하나됨 [마음이~]
ekakoṭṭhāsa 하나의 부분
ekaṭṭha 함께 작용하는 것
ekodibhāva 단일한 상태
esanā 추구
eṭṭhi 구함

【G】

gabbhaseyyakā 태중에 있는
gandhāyatana 냄새의 감각장소[香處]
gantha 매듭
ganthaniya 매듭의 대상인
gantha-sampayutta 매듭과 결합된
gati 태어날 곳
gatisampatti 태어날 곳의 성취
gativipatti 태어날 곳의 재난
gavesanā, pariyesanā 찾으러 감, 찾아서 돌아다님
gāha 거머쥠
gehasita 세속에 얽힌
ghānāyatana 코의 감각장소[鼻處]
giddhikatā 멋을 부림
gocara 행동의 영역
gocara-visaya 영역과 대상
gosīla 소의 계행
gottamada 족성에 대한 교만
guttadvāra 문을 잘 보호하는
gūhanā 숨김

【H】

hadaya 심장
hānabhāgini 퇴보에 빠진 것
hānabhāgiya 퇴보에 빠진
hānaṁ bhajati 퇴보의 부분을 가지다
hetu 원인
hīḷana 비하함
hīḷita 천대받는
hīna 저열한, 못한

【I】

icchā, icchatā 바람[願]
idapaccayatā 이것에게 조건이 됨[此緣性]

iddhi 성취
iddhimada 성취에 대한 교만
iddhipāda 성취수단
ijjhanā 성취함
iñjita 동요
inda-khīla 석주
indriya 기능
indriya-paropariyatta 기능의 뛰어남과 저열함
indriyesu guttadvāratā 감각기능들의 문을 잘 보호함
issaranimmāna-hetu 신이 창조했기 때문
issā 질투
iṭṭha kanta manāpa 원하고 사랑스럽고 마음에 드는
itibhavābhava 그 외 이런저런 좋은 것
itthi 여자

【J】

jaccabadhira 태어날 때부터 귀가 먹은
jaccandha 태어날 때부터 눈이 먼
jambhanā 기지개를 켬
jaṅghapesanika 심부름을 감
janapadavitakka 지역에 대한 생각
jarā 늙음
jarāmaraṇa 늙음/죽음[老死]
jāgariya 깨어있음
jāpitattha 생긴 결과
jāti 태어남[生]
jātimada 태생에 대한 교만
jhāna 禪
jhāyi 참선하는 자
jimhatā 뒤틀림
jivhāyatana 혀의 감각장소[舌處]
jīvitindriya 생명기능[命根]

【K】

kaḷevarassa nikkhepa 시체를 안치함
kamma 업
kammabhava 업으로서의 존재[業有]
kammaññatā 적합함
kammanta 행위
kammassakata-ñāṇa 업이 자신의 주인임을 아는 지혜
kamyatā 하고자 함
kappika 겁에 속하는
karuṇā 연민[悲]
kasāva 씁쓰레함
kasiṇa 까시나
kaṭukañcukatā 쓰디쓴 상태
kālasampatti 시간의 성취
kāma 감각적 쾌락, 욕계
kāmacchanda 감각적 쾌락에 대한 욕구
kāma-dhātu 욕계의 요소
kāmataṇhā 감각적 쾌락에 대한 갈애[慾愛], 욕계 존재에 대한 갈애
kāmavitakka 감각적 쾌락과 관련된 사유
kāmāsava 감각적 쾌락의 번뇌
kāmāvacarā dhammā 욕계에 속하는 법들
kāmesanā 감각적 쾌락의 추구
kāsāvāpajjota 가사를 수한 자들로 빛이 나는
kāya 몸
kāyappassaddhi 몸의 편안함
kāyasaṅkhāra 몸의 [업]형성

kāyāyatana 몸의 감각장소[身處]
kāyika 육체적인
keḷanā 모양냄
ketukamyatā 허영
khamanatā 인욕함
khaṇa 순간, 찰나
khaṇattaya 세 찰나, 세 [아]찰나
khandha 무더기[蘊]
khanti 인욕, 지혜의 능력[忍知]
khattiya 끄샤뜨리야
khetta 들판
khīṇāsava 번뇌 다한
khippābhiññā 도닦음이 어려운
kilesa 오염원
kiñcana 걸림돌
kiriyatā 행함
kiriya 작용만 하는
kodha 분노
kosajja 게으름
kosalla 능숙함
koṭṭhāsa 항목
kuhanā 계략을 부림
kukkucca 후회
kummagga 나쁜 길
kummaggasevanā 나쁜 길을 의지함
kusala 유익한[善]
kusala-mūla 유익함의 뿌리[善根]
kusalatā 능숙함
kusīta-vatthu 게으름의 토대

【L】

lapanā 쓸데없는 말을 함
lābhasakkārasiloka 이득과 존경과 명성과 관련된 생각
lālappa 통곡
līna 의기소침
līnatta 의기소침함
līyanā 움츠러듦
lobha 탐욕
loka 세상
lokiya 세간적인
lokuttara 출세간의

【M】

macchariya 인색
mada 교만
maddava 유연함
magga 도(道)
maggasamaṅgi 도를 구족한
maggādhipatinī 도를 지배의 [요소]로 가진
mahaggata 고귀한
mahābhūta 근본물질
mahārajakkhā 눈에 때가 많은 것
mahicchatā 큰 바람
majja 취하게 하는 것
majjhattatā 중립적인 상태
majjhima 중간
makkha 모욕
mala 더러움
maññita 허황된 생각
maṇḍanā 겉치레
manasikāra 마음에 잡도리함[作意]
manāpika 마음에 드는
manāyatana 마노의 감각장소[意處]
mano 마노[意]
manodhātu 마노의 요소[意界]
manoduccarita 마음으로 짓는 나쁜 행위

manodvārika-saññā 의문인식과정의 인식
manoviññāṇadhātu 마노의 알음알이의 요소[意識界]
manussarāhasseyyaka 사람들로부터 먼 곳
maraṇa 죽음[死]
mata 뿐임
mattaññutā 적당함을 앎
māna 자만
mānasa 정신작용
māna-saṁyojana 자만의 족쇄
mānātimāna 자만에 이은 거만
māratta 마라의 지위
māsācita 콩 자루
māyā 속임수
meraya 발효주
mettā 자애
mettāyanā 자애를 가짐
micchatta 그릇됨
micchatta-niyata 그릇된 것으로 확정된
micchā-diṭṭhi 그릇된 견해
micchā-vimutti 그릇된 해탈
middha 혼침
moha 어리석음
mohakkhaya 어리석음의 멸진
mokkha 해탈
mudi 의견
mudindriyā 기능[根]이 둔한 것
muditā 함께 기뻐함
muggasūpatā 반쯤만 사실인 얘기를 함
mukhanimitta 입의 표상
muṭṭhassacca 마음챙김을 놓아버림
muta 감지한 것
mūla 뿌리

[N]

ñāṇa 지혜
ñāṇavatthu 지혜의 토대
ñātivitakka 친척에 대한 생각
nahanā 제안함
namanā 기울임
nandirāga 강한 갈망
nandī 기뻐함
napuṁsaka 중성
natthi kiñci 아무것도 없다
naya [바른] 방법
nayana 안내자
nāma 정신[名]
nāmarūpa 정신/물질[名色]
nānatta 갖가지
nānattatā 다양함
nānā-dhātu 다양한 요소
nānādhimuttika-bhāva 다양한 성향
nekkhamma-saṅkappa 출리(出離)에 대한 사유
nemittikatā 암시를 줌
nepakka 슬기로움
nerayika 지옥에 태어나는 자
netta 길잡이
nevasaññānāsaññāyatana 비상비비상처
nevasaññīnāsaññīvāda 인식을 가진 것도 가지지 않은 것도 아니라는 주장
nibbāna 열반
nibbānagāminī 열반으로 인도하는
nibbedha 꿰뚫음
nibbidā 염오
nicca 항상하는
nidassana 봄
nidāna 근본원인

nijigīsanatā 추구함
nikāmalābhi 원하는 대로 얻음
nikāya 무리
nikkhitta-chandatā 열의를 버려버림
nikkhitta-dhuratā 의무를 버려버림
nimitta 표상
nimittakamma 신호를 보냄
nimmāna 창조
nipaka 슬기로운
nippesikatā 비방함
nipuṇa 숙련된
niraya 지옥
nirāmisā 세속적이지 않은
nirodha 소멸
nirodhataṇhā 소멸에 대한 갈애
nirutti 언어
nissaraṇa 벗어남
nissita 의지한
niṭṭhuriya 헐뜯음
niyaka 자기에게 생긴 것
niyata 확정된
niyāma 확정됨, 확정된 [도]
niyyānika 출리로 인도하는
nīvaraṇa 장애
nīvaraṇiya 장애의 대상인

【O】

odhiso 제한적으로
ogha 폭류
oghaniya 폭류의 대상인
okappanā 신뢰
oḷārika 거친
olīnavuttitā 굴복함
omāna 열등감
opapātika 화현하는
opāna-bhūta 우물과 같은 역할을 하는
oramattaka 하찮은
ottappa 수치심

【P】

paccattaṁ 개개인에 속하는
paccavekkhanā 반조
paccaya 조건
paccuppanna 현재의
padahati 노력하다
padhāna 노력
padhāna-saṅkhāra 노력의 [업]형성
paggāha 분발
pakāra 방법
pakiṇṇaka 때때로들
paḷāsa 얕봄
pallaṅka 가부좌
pamāda 방일
pamādaṭṭhāna 방일하는 이유가 되는 것
pañcadvārika-saññā 오문인식과정의 인식
pañcakkhandha 다섯 가지 무더기【五蘊】
pañcavokārabhava 다섯 가지 무더기를 가진 존재
pañhā-pucchaka 질문을 제기함
paññatti 개념
paññā 통찰지[般若]
paññindriya 통찰지의 기능[慧根]
paṇḍara 깨끗함
paṇidhi 염원
paṇīta 수승한
papañcita 사량분별
para-citta 남의 마음

para-piṭṭhimaṁsikatā 뒤에서 험담함
parāmaṭṭha 집착의 대상인
parāmāsa 집착[固守]
parāmāsitā 고수(固守)함
parideva 비탄
pariharaṇā 회피
parihāniya dhamma 쇠퇴하는 법
parikkhattatā, parikkhattiya 숨긴 상태, 숨김
parimukhaṁ 전면(前面)에
parinibbati 반열반을 성취하다
paripucchā 질문
paripuṇṇāyatana 감각장소들을 온전하게 구족한
parisappanā 망설임
paritta 제한된
parivīmaṁsā 철저하게 검증함
pariyatti 교학
pariyāpanna 세간에 포함된
pariye ñāṇa 남들에 대한 지혜
pariyogāḷha 간파된
pariyuṭṭhāna 얽매임
pasāda 청정한 믿음[淸淨信], 감성(感性)
passaddhi 편안함
paṭhama jhāna 초선
paṭibāḷha 힘입음
paṭibhāna 영감(靈感)
paṭiccasamuppanna 조건 따라 일어난[緣而生]
paṭiccasamuppāda 연기(緣起)
paṭigha 적의, 부딪힘
paṭighasaññā 부딪힘의 인식
paṭighāta 적개심
paṭikuṭṭha 나무라는
paṭipadā 도닦음
paṭippassaddhi 아주 편안함
paṭippassambhanā 아주 안정됨
paṭisallāna 한거
paṭisallānasāruppa 한거하기에 좋은 곳
paṭisambhidā 무애해체지
paṭisanthāra 호의를 베풂
paṭivedha 꿰뚫음
pathama jjhāna 초선
pathavīdhātu 땅의 요소
pavicaya 간택
pavicinati 조사한다
payoga 노력
payogasampatti 노력의 성취
pāṇātipātā veramaṇī sikkhāpada 생명을 죽이는 것을 금하는 학습계목
pānāgāra 술집
pāpakā 악한
pāpa-mittatā 나쁜 친구를 사귐
pāpicchatā 악한 바람
pāramanupatta 저 언덕에 도달함
pāraṅgata 저 언덕으로 감
pāribhaṭyatā 다른 이의 아이를 귀여워함
pāripūrī 닦아서 성취함
pāṭimokkha 계목
pātubhāva 나타남
pekkhā 판단
petā 아귀
pettivisaya 아귀계
phala 과(果)
phandita 혼란
pharitvā 가득 채우고
phassa 감각접촉
phoṭṭhabbāyatana 감촉의 감각장소[觸處]
piyarūpa sātarūpa 사랑스럽고 기분

좋은 것이 있으면
pīti 희열
pītisukha 희열과 행복이 있는
pītiyā virāgā 희열이 빛바랬기 때문에
pubbarattāpararattaṁ 초저녁부터 늦은 밤까지
pubbayoga 이전의 노력
pubbe katahetu 전생의 행위에 기인한 것
pubbenivāsānussati 전생을 기억하는 [지혜][宿命通]
puggala 인간
puñña 공덕
puññateja 공덕의 광명
puññābhisaṅkhāra 공덕이 되는 [업] 형성
purisa 사람, 남자
purisindriya 남자의 기능[男根]
purisadosa 사람의 결점
purisamala 인간의 더러움
pūtikāya 썩기 마련인 몸

【R】

rajakkha 눈에 때가 많은 것
rasāyatana 맛의 감각장소[味處]
rati 억제함, 절제함, 제어함
rāga 갈망
rāgakkhaya 갈망의 멸진
ruci 선호
rukkhamūla 나무 아래
rūpa 물질[色], 형색[色]
rūpa-dhātu 형색의 요소[色界], 색계의 요소
rūpajīvitindriya 물질의 생명기능
rūpakkhandha 물질의 무더기[色蘊]
rūpa-saññā 물질에 대한 인식
rūpa-taṇhā 색계 존재에 대한 갈애
rūpāvacara 색계
rūpāyatana 형색의 감각장소[色處]
rūpī 물질[色]을 가진 자
rūpūpapatti 색계에 태어남

【S】

sabbasaṅgāhakattā 모든 것을 포함함
sabbena sabbaṁ sabbathā sabbaṁ 모든 방면에서 완전하게
sabhāgavutti 화합함
sacca 진리[諦]
saccānulomika 진리에 수순함
sacchikiriya 실현
sadda-taṇhā 소리에 대한 갈애
saddāyatana 소리의 감각장소[聲處]
saddhamma 바른 법
saddhā 믿음[信]
saddhindriya 믿음의 기능[信根]
sakkatta 삭까(인드라)가 됨
sakkāyadiṭṭhi 자신이 존재한다는 견해[有身見] [불변하는~]
saḷāyatana 여섯 감각장소[六處]
salla 쇠살
saṁsandanti samenti 함께 모이고 함께 어울린다
saṁsaya 의문
saṁvacchara 일 년
saṁvara 단속
saṁvuta 단속하는
saṁyojana 족쇄
saṁyojaniya 족쇄의 대상인

samannāharanta 전향하는
samādhi 삼매
samādhi-kusala 삼매에 능숙함
samādhindriya 삼매의 기능[定根]
samāpanna 증득한 자
samāpatti 증득
sambhavati 발생하다
sambodhi 바른 깨달음
sambojjhaṅga 깨달음의 구성요소
samiddhi 원만한 성취
samijjhanā 원만히 성취함
samīddhi 풍족한 곳
sammappadhāna 바른 노력
sammāsamādhi 바른 삼매[正定]
sammādiṭṭhi 바른 견해[正見]
sammājīva 바른 생계[正命]
sammākammanta 바른 행위[正業]
sammāsamādhi 바른 삼매
sammāsaṅkappa 바른 사유
sammāsati 바른 마음챙김
sammāvācā 바른 말[正語]
sammāvāyāma 바른 정진[正精進]
sammutiyā ñāṇa 인습적인 지혜
sampajañña 분명하게 알아차림, 알아차림
sampajāna 분명하게 알아차리는, 알아차리는
sampasādana 확신이 있는
sampatti 성취
samphassa 감각접촉
samudda 바다
saṅga 결박
saṅgha 승가[僧]
saṅkappa 사유
saṅkhata 형성된 것[有爲]
saṅkhāra 상카라[行], 업형성[行], 심리현상[行], 자극
saṅkhāra-avasesa-samāpatti 심리현상들이 남아있는 증득
saṅkhārakkhandha 심리현상들의 무더기[行蘊]
saṅkhepaṁ katvā 간략하게 한 뒤
saṅkiliṭṭha 오염된
saṅkilesika 오염원의 대상인
saṅkīesa 오염원
sañcetanā 의도
sañcetayitatta 의도된 상태
saññā 인식[想]
saññākkhandha 인식의 무더기[想蘊]
saññitā 인식을 가진 자
saññī 인식이 있는
saṇṭhapana 확립함
sanidassanattika 볼 수 있음의 세 개 조
santike 가까이 있는
sappaccaya 조건을 가지는
sappaṭigha 부딪힘이 있는
saritā 마음챙기는
sarīraṭṭhaka 몸에 머물고 있는 것
sassata 영원한
sassatadiṭṭhi 영원하다는 견해[常見]
sassatisama 영원히 지속되는
sati 마음챙김[念]
satimā 마음챙기는 자
satipaṭṭhāna 마음챙김의 확립
sato sampajāno 마음챙기고 알아차리며
satta 중생
savana 들음
savicāra 지속적 고찰[伺]이 있는
savitakka 일으킨 생각[尋]이 있는
sādhāraṇa 반드시들
sādhu-kamyatā 격렬한 욕망

sākhalya 싹싹한 말씨
sāmisa, nirāmisa 세속적인, 비세속적인
sāra 본질을 가진 [비구]
sārambha 뻔뻔스러움
sārammaṇa, anārammaṇa 대상을 가진, 대상이 없는
sāsavā 번뇌의 대상
sāṭheyya 위선
sātacca 끈기 있음
sāvajja 비난받아야 함
sekha 유학
senāsana 거처
setu-ghāta 다리[橋]를 없앰
sikkhā 공부지음, 학습
sikkhāpada 학습계목
siṅga 맵시내기
siṅgāratā 맵시내기에 빠짐
sināna 목욕 때 바르는 분가루
sippāyatana 기술 분야
sīkkhā 학습[계목]
sīla 계[戒], 계행
sīlabbata 계행과 의례의식
sīlabbata-parāmāsa 계행과 의례의식에 대한 집착[戒禁取]
sīlavipatti 계를 파함
sīlya 계행
soka 슬픔
sokasalla 슬픔의 화살
somanassa 기쁨
somanassupavicārā 기쁨의 고찰
soracca 온화함
sota 귀[耳]
sotāyatana 귀의 감각장소[耳處]
suci 청정한
sudda 수드라
sukha 즐거움[樂], 행복
sukhadhātu 즐거움의 요소
sukhapaṭipadā 쉬운 도닦음
sukha-pharaṇatā 행복으로 충만함
sukhuma 미세한
suñña 텅 빈
suññatā 공함[空性]
sura 증류주
surāmerayamajjapamādaṭṭhāna 취하게 하고 방일하는 이유가 되는 여러 종류의 술
sutamaya 들음으로 이루어진
suvavatthita 확고한
svākārā 행실이 좋은 것

【T】

ṭhapanā 굳건하게 함
ṭhāna 경우, 원인
ṭhāna-kusalatā 경우에 능숙함
ṭhiti 머묾, 정체
ṭhitibhāginī 정체에 빠진
ṭhitiyā 지속시키는
takka 생각
tama 어두움
taṇhā 갈애
taṇhākāya 갈애의 무리
taṇhāvicarita 갈애의 발생
taṇhuppāda 갈애의 일어남
taṇṭhāna 그 경지
tandī 나른함
tathābhūta 그렇게 된 자
tathāgata 여래
tatiya jhāna 제3선
tejodhātu 불의 요소

thambha 완고함
thambheti 북돋우다
thambhitatta 당황스러움
thina 해태
thinamiddha 해태와 혼침
thīyanā 나태함
tikkhindriyā 기능이 예리한
tiṇṇa 건넌
tintiṇa 갈망
tiracchāna 축생
titthāyatana 외도의 근거
titthiya 외도
tīra 언덕[岸]

【U】

ubhatovaḍḍhaka 양면으로 증가하는 [부문]
ucchedadiṭṭhi 단멸한다는 견해[斷見]
uddhacca 들뜸
uddhaccakukkucca 들뜸과 후회
uddhambhāgiya-saṁyojana 높은 단계의 족쇄[上分結]
ukkācanā 제안함
uññā 모멸
uññāta 얕보이는
unnati, unnāma 우쭐함, 우월감
upacaya 생성
upadhi 재생의 근거
upakkilesa 오염원
upanāha 적의
upapatti 태어남[生], 재생[生]
upapattibhava 재생으로서의 존재 [生有]
upapattikhaṇa 태어나는 순간
upasaka 청신사
upasampajja 구족한
upasikā 청신녀
upavicārā 추구
upādā 파생된
upādāna 취착
upādānakkhandhā 취착의 [대상인] 무더기
upādāniya 취착의 대상인
upādiṇṇa 취착된
upārambha 비난
upāya-kosalla 방법에 능숙함
upāyāsa 절망
upekkhanā 평온함
upekkhā 평온
upekkhupavicārā 평온의 고찰
uposatha 포살
uposatha-kamma 포살의 갈마
uppanna 일어난
uppāda 일어남
uppādi 일어나게 될
ussadagata 현저하게 함
uttara 위
uttānīkamma 분명하게 함

【V】

vacīduccarita 말로 짓는 나쁜 행위
vacīsaṅkhāra 말의 [업]형성
vajja 허물 [작은]
vajjabahula 허물이 많음
vaṇṇamacchariya 칭송에 대한 인색
vassagga 햇수
vata 의례의식
vatthu 토대

vatthuka 토대를 가짐
vavatthāpeti 확정하다
vācā 말[語]
vāta 바람
vāyāma 애를 씀, 정진
vāyodhātu 바람의 요소
vedanā 느낌[受]
vedanākkhandha 느낌의 무더기[受蘊]
velā-anatikkama 한계를 넘지 않음
vera 증오
veramaṇī 금함
vesiyā 기생집
vessa 와이샤/바이샤
vibhajati/vibhajjati 분석하다
vibhava 존재하지 않음
vibhavataṇhā 존재하지 않음에 대한 갈애[無有愛]
vibhāvanā 해석
vicaya 간택
vicāra 지속적 고찰[伺]
vicikiccha 의심을 건넌
vicikicchā 의심
vidha 자만의 유형
vigatathinamiddha 해태와 혼침이 없이
vihesā 해침
vihiṁsā 해코지
vihiṁsādhātu 해코지의 요소
vihiṁsāvitakka 해코지와 관련된 사유
vihiṁsūparati 해악을 쉬는
vijambhitā 기지개
vijanavāta 한적한 곳
vijjā 명지(明知)
vijjāṭṭhāna 학문의 영역
vikiraṇa/vikīraṇa 혼란시킴
vikkhepa 산란함
vimokha 해탈
vimutta 해탈한
vimutti 해탈
viññatti 암시
viññāṇa 알음알이[識]
viññāṇakkhandha 알음알이의 무더기[識蘊]
viññāṇañcāyatana 식무변처
vinibandhā 묶임
vinicchaya 판별
vipaccanīkasātatā 억지를 부림
vipariṇata 변한
vipariṇāma-dhamma 변하기 마련인 법
vipariyāsa 전도
vipariyāsa-gāha 거꾸로 거머쥠
vipatti 재난, 파함
vipāka 과보
vipāka-dhamma-dhammā 과보를 생기게 하는 법들
vipula 풍만한
virodha-vatthu 반목의 토대
visama 비뚤어짐
visesabhāginī paññā 수승함에 동참하는 통찰지
vitakka 일으킨 생각, 생각
vivādamūla 분쟁의 뿌리
vivekajaṁ 떨쳐버렸음에서 생긴
vivitta 외딴 곳
vīmaṁsā 검증
vīriya/viriya 정진
vīriyasamādhi 정진을 [주로 한] 삼매
vīriyasambojjhaṅga 정진의 깨달음의 구성요소[精進覺支]
vīriyiddhipāda 정진을 [주로 한] 성취수단

vītarāga 탐욕을 여읨
vodāna 깨끗함
vohāra 언어표현
vokāra 무더기
vossagga 철저한 버림
vūpasanta-citta 마음이 고요하여
vyādhi 병

【Y】

yathābhūta 있는 그대로
yathākammūpaga 업에 따라가는 것
yāthāvattha-vibhāvanā 정확한 해석
yevāpanaka 예와빠나까, 그밖에들
yoga 속박
yogavihita 조예가 깊은
yugaggāha 서로 맞섬

찾아보기

◎ 일러두기

문단 번호는 VRI본을 따랐음

[설명]: 『위방가』 본문에 나타나는 용어가 본문에서 직접 설명되는 경우
[각주설명]: 『위방가』 본문에 나타나는 용어가 각주에서 설명되는 경우
[각주]: 『위방가』 본문에는 나타나지 않고 각주에만 나타나는 경우
㊟ 참조

【가】

가까이 있는(santike) §2 이하. ㊟ 멀리 있는(dūre).
　가까이 있는 물질(rūpa santike) §7 [설명].
가까이하고자 하지 않음(asametukamyatā) §934 [각주설명].
가능성이 있음(bhabbā) §827 [설명].
가득 채우고(pharitvā) §645 [설명], §651.
가르치기 어려운, 쉬운(du-, su-viññāpaya) §825 [설명].
가부좌를 틀고 앉는다(nisīdati pallaṅkaṁ ābhujitvā) §535 [설명].
가사를 수한 자들로 빛이 나는(kāsāvāpajjota) §514.
간략하게 한 뒤(saṅkhepaṁ katvā) §2 [각주].
간략히 해서(abhisaṅkhipitvā) §2 [각주설명], §8, §173, §174, §175, §176, §177, §182, §432 이하, §976.
간택(vicaya, pavicaya) §469.
　법을 간택하는(dhamma-vicaya). ㊟ 깨달음의 구성요소(bojjhaṅga).
간파된(pariyogāḷha) §796.
갈등(paṭighāta) §954.
　여덟 가지 세속적인 법에 의한 마음의 갈등(aṭṭhasu lokadhammesu cittassa

paṭighāta) §954 [설명].
갈망1(rāga)
갈망의 멸진(rāgakkhaya) §167, §184.
강한 갈망(nandi-rāga) §203, §249.
욕탐(chanda-rāga) §944 [설명], §963.
탐닉(sārāga) §249 이하 등등.
색계에 대한 갈망, 무색계에 대한 갈망(rūpa-rāga, arūpa-rāga) §940.
감각적 쾌락에 대한 갈망, 존재에 대한 갈망(kāma-rāga, bhava-rāga) §816, §919. 참 족쇄(saṁyojana), 갈애(taṇhā), 욕심(abbijjhā), 걸림돌(kiñcana).
갈망2(tintiṇa) §853 [설명].
갈애(taṇhā) §723. 참 욕심(abbijjhā), 걸림돌(kiñcana).
세 가지 갈애 §203, §916 [설명], §917.
네 가지 갈애의 일어남(cattāro taṇhuppādā) §939 [설명].
여섯 가지 갈애의 무리(cha taṇhākāyā) §944 [설명].
아홉 가지 갈애를 뿌리로 가진 법(nava taṇhāmūlakā dhammā) §963 [설명].
18가지 밖의 [오온]을 취착하여 [일어나는] 갈애의 발생(aṭṭhārasa taṇhā-vicaritāni bāhirassa upādāya) §975 [설명].
18가지 안의 [오온]을 취착하여 [일어나는] 갈애의 발생(aṭṭhārasa taṇhā-vicaritāni ajjhattikassa upādāya) §973 [설명].
형색에 대한 갈애, 소리에 대한 갈애 등(rūpa-taṇhā, sadda-taṇhā, 등) §204.
색계에 대한 갈애, 무색계에 대한 갈애(rūpa-taṇhā, arūpa-taṇhā) §916, §917, §917, §918.
소멸에 대한 갈애(nirodha-taṇhā) §918 [설명].
갈애를 버림(taṇhāya pahānaṁ) §206 이하.
갈애의 발생들(taṇhā-vicaritāni) §973 [설명] 이하
느낌을 조건으로 하여 [발생하는] 느낌과 결합된 갈애 §265 [설명].
느낌을 조건으로 하여 [발생하는] 느낌이 그 원인인 갈애 §257 [설명], §263.
느낌을 조건으로 하여 [발생하는] 갈애 §249 [설명], §273 [설명], §232 [설명].
취착을 조건으로 하여서도 [발생하는] 갈애 §273 [설명].
갈애를 조건으로 하여 [발생하는] 취착[愛緣取, taṇhāpaccayā upādāna] §233 [설명].
괴로움의 일어남(dukkhasamudaya): §206, §207.
연기(nidāna): §225 이하.
갈피를 잡지 못함(anekaṁsa gāha) §289, §557.
감각기능[根, indriya]
감각기능[根]을 구족함(ahīnindriya) §951.
감각기능들의 문을 잘 보호하지 못함(indriyesu aguttadvāra) §517 [설명],

§905 [설명].
감각기능들의 문을 잘 보호함(indriyesu guttadvāratā) §517 [설명].
감각장소[處, āyatana], §154~§171. 참 분야(āyatana), 근거(āyatana).
여섯 가지 감각장소[六入, saḷāyatana] §225, §229, §230 이하, §723.
12가지 감각장소[十二處, dvādasa āyatana] §978, §980 [설명] 이하.
욕계의 요소에 있는 12가지 감각장소 §992 [설명].
무색계의 요소에 있는 두 가지 감각장소 §996 [설명].
색계의 요소에 있는 여섯 가지 감각장소 §994 [설명].
[세간에] 포함되지 않는 것에 있는 두 가지 감각장소 §998 [설명].
감각장소들을 온전하게 구족한(paripuṇṇāyatana) §1009 이하.
여섯 번째 감각장소(chaṭṭhāyatana) §243, §249 [설명] 이하.
감각접촉을 조건으로 하여서도 [발생하는] 여섯 번째 감각장소 §273 [설명], §277 [설명], §279 [설명].
정신·물질을 조건으로 하여 [발생하는] 여섯 번째 감각장소 §253 [설명], §277 [설명].
정신·물질을 조건으로 하여 [발생하는] 정신·물질이 그 원인인 여섯 번째 감각장소 §261 [설명].
정신·물질을 조건으로 하여 [발생하는] 정신과 결합된 여섯 번째 감각장소 §269 [설명].
정신을 조건으로 하여 [발생하는] 여섯 번째 감각장소 §249 [설명], §273 [설명], §307 [설명], §354 [설명].
정신을 조건으로 하여 [발생하는] 정신과 결합된 여섯 번째 감각장소 §265 [설명].
정신을 조건으로 하여 [발생하는] 정신이 그 원인인 여섯 번째 감각장소 §257 [설명].
감각장소 위방가(āyatana-vibhaṅga) §154-171.
감각적 쾌락(kāma) §925. 참 욕계(kāma).
[다섯] 가닥의 감각적 쾌락(kāmaguṇa) §846, §849, §928, §929, §930, §942.
감각적 쾌락과 관련된 사유(kāmavitakka) §910 [설명], §912 [설명].
감각적 쾌락과 관련된 인식(kāmasaññā) §911 [설명].
감각적 쾌락에 대한 갈애[慾愛, kāmataṇhā] §916 [설명].
감각적 쾌락에 대한 욕구(kāmacchanda) §367, §940, §941.
감각적 쾌락에 대한 취착[慾取, kāmupādāna] §233, §938 [설명].
감각적 쾌락의 번뇌(kāmāsava) §914 [설명], §937 [설명].
감각적 쾌락의 요소(kāmadhātu) §182 [설명].
감각적 쾌락의 추구(kāmesanā) §919 [설명].
감각적 쾌락에 대한 갈망(kāmarāga) §816, §914. 참 잠재성향(anusaya).

감각적 쾌락의 폭류, 감각적 쾌락의 속박(kāma-ogha, kāma-yoga) §938.
감각접촉(phassa) §225, §230, §248, §249 이하, §478, §481 이하, §631 이하, §692 이하, §704 이하, §723, §725 이하
감각접촉 일곱 가지(satta phassā) §978, §986 [설명].
감각접촉과 결합된 것(phassa-sampayutta) §34, §35, §60, §61, §120, §121.
욕계의 요소에 있는 일곱 가지 감각접촉 §992 [설명].
색계의 요소에 있는 네 가지 감각접촉 §994 [설명].
무색계의 요소에 있는 한 가지 감각접촉 §996 [설명].
감각접촉이 없음(aphassaka) §1017.
느낌을 조건으로 하여서도 [발생하는] 감각접촉 §273 [설명].
[세간에] 포함되지 않는 것에 있는 한 가지 감각접촉 §998 [설명].
여섯 감각장소를 조건으로 하여 [발생하는] 감각접촉 §230 [설명].
여섯 번째 감각장소를 조건으로 하여 [발생하는] 여섯 번째 감각장소가 그 원인인 감각접촉 §257 [설명], §261 [설명], §263 [설명].
여섯 번째 감각장소를 조건으로 하여 [발생하는] 여섯 번째 감각장소와 결합된 감각접촉 §265 [설명], §269 [설명], §271 [설명].
여섯 번째 감각장소를 조건으로 하여 [발생하는] 감각접촉(phassa) §249 [설명], §253 [설명], §255 [설명], §273 [설명], §277 [설명], §279 [설명], §307 [설명], §354 [설명].
정신을 조건으로 하여 [발생하는] 정신이 그 원인인 감각접촉 §259 [설명].
정신을 조건으로 하여 [발생하는] 정신과 결합된 감각접촉 §267 [설명].
정신을 조건으로 하여 [발생하는] 감각접촉 §251 [설명], §275 [설명].
감각접촉을 제외한 (ṭhapetvā phassaṁ) §249 [각주설명] §251 [각주설명].
감각접촉(samphassa) §203, §986, §987, §988, §989
감각첩촉에서 생긴(samphassaja) §15, §16, §17, 등등.
감성(感性, pasāda)
눈 등(cakkhu 등): §156 이하, §184, 이하, §292, §293 이하.
감소시키는(apacaya) §797.
[윤회를] 감소시킴(apacayagāmi) §33, §35 이하. 참 각 장의 <질문을 제기함>.
감지한 것(muta) §33, §939 [각주설명], §1036, §1037.
감촉[觸, phoṭṭhabba]
감촉의 감각장소[觸處, phoṭṭhabbāyatana] §166 [설명].
감촉의 요소[觸界, phoṭṭhabbadhātu] §184 [설명].
강화시킴(daḷhīkamma) §891.
갖가지(nānatta) §828.
갖가지 인식(nānatta-saññā) §927.

개개인에 속하는(paccattaṁ) §4, §10, §16, §22, §28, §173 [각주설명], §573, §804
개념(paññatti) §725~§728 이하
거꾸로 거머쥠(vipariyāsa-gāha) §249, §896, §897, §898, §899.
거만(atimāna) §879 [설명].
거머쥠(gāha) §249.
  거꾸로 거머쥠(vipariyesa-gāha) §249, §896, §897, §898, §899.
  불확실한 선택(anekaṁsa-gāha) §289.
  분발(paggāha) §704) 이하.
  서로 맞섬(yugaggāha) §892.
거처(senāsana) §527.
거친(olārika) §2, §5 [설명], §33, §943.
거칠게 말함(dovacassatā) §901 [설명], §927 [설명], §931 [설명].
건넌(tiṇṇa) §558
  위로 건넘(uttiṇṇa), 뛰어넘음(nittiṇṇa) §558
걸림돌 세 가지(tayo kiñcanā) §924 [설명].
검증(vīmaṁsā) §454, §455 [설명].
  검증을 [주로 한] 삼매(vīmaṁsā-samādhi) §441, §442 [설명].
  검증의 지배를 가진(vīmaṁsā-adhipateyya) §709.
  철저하게 검증함(parivīmaṁsā) §467.
겁에 속하는 [첫 번째 ~](paṭhama-kappika) §1009 이하
겉치레(maṇḍanā) §854.
게으름(ālasya) §857
게으름(kosajja) §928 [설명], §932 [설명].
게으름의 토대(kusīta)
  게으름의 토대 여덟 가지(aṭṭha kusītavatthūni) §953 [설명].
겨냥하게 함 [마음을 대상에 ~](abhiniropanā) §182. 참 사유(saṅkappa).
격렬한 욕망(sādhu-kamyatā) §853, §909.
견고한(dhuva) §948 [각주설명].
견디어내지 못함(anadhivāsanatā) §903.
견해(diṭṭhi) §249, §509, §768, §769, §770, §771, §790, §791, §792, §793, §794, §819, §827, §974 이하.
  네 가지 [그릇된] 견해(catasso diṭṭhiyo) §939 [설명], §939.
  다섯 가지 [그릇된] 견해(pañca diṭṭhiyo) §941 [설명].
  여섯 가지 [그릇된] 견해(cha diṭṭhiyo) §948 [설명].
  일곱 가지 [그릇된] 견해(satta diṭṭhiyo) §951 [설명].
  열 가지 토대를 가진 [양]극단을 취하는 견해(dasavatthukā antaggāhikā

diṭṭhi) §972 [설명].
[바른] 견해를 파함(diṭṭhivipatti) §907 [설명].
견해에 대한 취착[見取, diṭṭhupādāna] §938 [설명].
견해를 구족한(diṭṭhisampanna), opposite of puthujjana) §809.
견해의 전도(diṭṭhivipariyāsa) §939.
사견의 결박(diṭṭhi-saṅga) §939.
사견의 번뇌(diṭṭhāsava) §937 [설명].
존재에 대한 설명(bhava-diṭṭhi) §815, §896 [설명], §916.
존재하지 않음에 대한 견해(vibhava-diṭṭhi) §815, §896 [설명], §916
단멸한다는 견해(uccheda-diṭṭhi) §815 [설명], §896, §897, §916.
영원하다는 견해(sassata-diṭṭhi) §897 [설명].
불변하는 자신이 존재한다는 견해 [有身見, sakkāyadiṭṭhi] §915 [설명], §940
달콤함에 대한 견해(assādadiṭṭhi) §925 [설명].
[양]극단을 취하는 견해(antaggāhikā diṭṭhi) §919, §972.
모색하는 견해(anudiṭṭhi) §899.
과거를 모색하는 견해(pubbantānudiṭṭhi) §899 [설명].
자아에 대한 견해(attānudiṭṭhi) §925 [설명].
유한하다는 견해(antavādiṭṭhi) §898 [설명].
참 바른 견해(sammā-diṭṭhi), 그릇된 견해(micchā-diṭṭhi) 사견(diṭṭhi), 사견에 빠짐(diṭṭhigata)
결과를 생기게 하는 통찰지(atthajāpikā paññā) §767 [설명].
결박 다섯 가지(pañca saṅgā) §940 [설명].
결심[信解, adhimokkha] §280, §281 이하, §1027.
갈애를 조건으로 하여 [발생하는] 결심 §281 [설명].
느낌을 조건으로 하여 [발생하는] 결심 §314 [설명], §316 [설명], §318 [설명], §327 [설명], §354 [설명].
들뜸을 조건으로 하여 [발생하는] 결심 §291 [설명].
적의를 조건으로 하여 [발생하는] 결심 §287 [설명].
청정한 믿음을 조건으로 하여 [발생하는] 결심 §248, §292 등
결심의 다양함(adhimokkha-nānatta) §1027 [각주설명].
결점(dosa)
사람의 결점 여덟 가지(aṭṭha purisadosā) §957 [설명].
결정할 수 없는[無記, abyākata/avyākata]
물질(rūpa): §31, §33.
느낌(vedanā): §11, §11, §12, §13, §61.
인식(saññā): §17, §18, §19, §19.

심리현상들(saṅkhārā): §23, §24, §25, §25.
알음알이(viññāṇa): §29, §30, §31, §33, §761.
오온(pañcakkhandhā): §152, §1038.
마노[意, mano]: §161.
12가지 감각장소(dvādasāyatanā): §169, §170.
요소들(dhātuyo): §184, §186, §187.
[괴로움의] 소멸의 진리(nirodhasacca): §216, §217.
법들(dhammā): §306 이하, §343, §345, §732, §733 이하.
욕계 유익하거나 결정할 수 없는 것(kāmāvacarakusala-avyākata): §772, §773, §776, §777, §778, §795.
깨달음의 구성요소(bojjhaṅgā): §483, §484.
도의 구성요소(maggaṅgā): §505, §506.
禪(jhāna): §639, §640.
무량함들(appamaññāyo): §701.
통찰지(paññā): §767.
결정할 수 없는[無記] 원인 세 가지(abyākatahetū) §984 [설명], §994 [설명].
결정할 수 없는[無記] 법들(avyākatā dhammā) §248 [설명], §306 [설명], 등, §732 [설명], 등, §984, §994.
경멸되는(avaññāta) §6.
경시함(anādariya) §931 [설명].
경우, 원인(ṭhāna)
[바른] 경우에 능숙함(ṭhāna-kusalatā) §809 [설명], §809.
원인이라고(ṭhānato) §809 [각주설명] 이하.
조건에 따라(ṭhānaso) §760, §810 [각주설명].
확고함(adhiṭṭhāna) §846.
학문의 영역(vijjāṭṭhāna) §768, §866~§871, §881, §884, §890.
경의를 표하지 않음(acittikāra) §931 [설명]
경지(bbūmi) 첫 번째 경지[初地, 예류과, paṭhamā bhūmi] §206 이하, §304 등등.
세 가지 경지(tisso bhūmi) §767, §772 등.
네 가지 경지(catu bhūmi) §767, §772 등.
그 경지(taṇṭhāna) §801.
경지를 가짐(bhūmaka) §817.
계[戒, sīla]
계행으로 이루어진(sīlamaya) §226, §769.
높은 계[增上戒, adhisīla] §769.
계를 파함(sīlavipatti) §906, §907 [설명].

계(界) ☞ 요소[界, dhātu]
계략을 부림(kuhanā) §861 [설명].
계목(pāṭimokkha) §508, §511, §770.
계목의 단속으로 단속하면서(pātimokkha-saṁvarasaṁvuta) §511 [설명].
계속해서 마음챙김(anussaritā) §467. 참 마음챙김[念, sati]
계행(sīlya)
나쁜 계행(dussīlya) §513, §834, §903, §933.
계행과 의례의식(sīlabbata) §233, §915 [각주설명], §938, §938, §940.
계행과 의례의식에 대한 집착[戒禁取, sīlabbata-parāmāsa] §233, §915 [설명], §938 이하, §969.
계행과 의례의식에 대한 취착(sīlabbatupādāna) §938 [설명].
고귀한(mahaggata) §35, §52, §53, §82, §83, §111, §112, §152, §170, §187, §217, §223, §640, §749, §778, §780.
고귀한 마음(mahaggatacitta) §365.
고귀한 대상을 가진 통찰지(mahaggatārammaṇā paññā) §780 [설명].
고상한 척함, 잘난 척함(cāturatā cāturiya) §852.
고수(固守)함(parāmāsitā)
자기 견해를 고수(固守)함(sandiṭṭhi-parāmāsitā) §944.
고통 ☞ 정신적 고통(domanassa), 육체적 고통(dukkha), 괴로움[苦, dukkha]
공덕(puñña)
공덕의 광명(puññateja) §1029 [각주].
공덕이 되는 [업]형성(puññābhisaṅkhāra) §226 [설명], §817.
공덕이 아닌 [업]형성(apuññābhisaṅkhāra) §226 [설명], §817.
공무변처(ākiñcaññcāyatana) §300, §302, §303, §304, §347, §348, §349, §350, §606, §607, §609, §611, §612, §614, §616, §617 , §617, §619, §620, §621.
공부지음(sikkhā) §516 [설명], §703 [각주], §711 [설명].
공평함(ajjhupekkhanā) §474, §476 이하
공함[空性, suññatā] §381～§384, §634.
과(果, phala)
네 가지(cattāri) §767, §770, §807.
아라한과(arahattaphala) §777, §807.
과를 구족한 자(phalasamaṅgī) §793.
과거의(atīta)
무더기[蘊, khandhā]: §2, §3 [설명], §8, §9, §14, §15, §20, §21, §26, §27, §35, §59, §118, §152. 참 각 장의 <질문을 제기함>.
통찰지(paññā): §785, §786.

과거에 대해서 회의하다(kaṅkhati) §922.
과거의 대상을 가진(atītārammaṇa). 참 각 장의 <질문을 제기함>.
과대평가(adhimāna) §882 [설명].
과보(vipāka) §35 이하, §761, §772, §773, §809, §1040. 참 각 장의 <질문을 제기함>
과보에 대한 지혜(vipāke ñāṇaṁ) §725, §726, §727, §728.
과보의 장애(vipākāvaraṇa) §827.
과보로 나타난 원인(vipākahetu) §1013.
과보를 생기게 하는 법들(vipāka-dhamma-dhammā) §35 [각주설명] 이하, §170, §187, §217, §223, 등등.
행복한 과보(sukha-vipāka) §804.
관심을 기울임(ābhoga) §751각주, §766
관점에서(ādāya) §509.
관찰[隨觀, anupassanā] (=paññā) §357 [설명], §368 [설명].
관찰하는[隨觀, anupassī]
몸・느낌・마음・법을 관찰하는(kaya-, vedanā-, citta-, dhamma-anupassī) §205, §355, §356 이하, §487.
광명상을 가진(ālokasaññi) §549 [설명].
광명으로 충만한 것(āloka-pharaṇatā) §804.
괴로운 법(dukkhadhamma) §194 [각주설명].
괴로움[苦, dukkha] §206 [설명], §207 [설명], §208 [설명], §209 [설명], §210 [설명], §211 [설명], §212 [설명], §213 [설명], §214 [설명], §594 [설명], §794. (vedanā) §9, §10, §11, §11, §12, §13 이하. 참 각 장의 <질문을 제기함>.
괴로움의 기능[苦根, dukkhindriya] §34, §121, §161, §220 [설명]..
12가지 감각장소(dvādasāyatanāni) §154.
괴로움의 요소(dukkha-dhātu) §179, §180.
괴로움의 성스러운 진리[苦聖諦, dukkha ariyasacca] §189, §190 [설명], §202, §203, §204, §205, §215.
연기(nidāna) §239 이하.
괴로움에 대한 지혜(dukkhe ñāṇa) §487, §719, §794. 참 무애해체지.
스스로가 만드는 것 등(sayaṅkata 등) §939
싫어하는 [대상]들과 만나는 괴로움(appiyehi sampayoga dukkha) §199 [설명]
원하는 것을 얻지 못하는 괴로움(yampicchaṁ na labhati tampi dukkhaṁ) §201 [설명].
좋아하는 [대상]들과 헤어지는 괴로움(piyehi vippayoga dukkha) §200 [설명], §199.
취착의 [대상인] 다섯 가지 무더기[五取蘊]가 괴로움(pañcupādānakkhan-

dhā dukkhā) §202 [설명].
괴로움의 소멸[苦滅, dukkhanirodha] §206 [설명], §207 [설명], §208 [설명], §209 [설명], §210 [설명], §211 [설명], §212 [설명], §213 [설명], §214 [설명].
괴로움의 소멸의 성스러운 진리[苦滅聖諦, dukkhanirodha ariyasacca] §204 [설명].
괴로움의 소멸로 인도하는 도닦음 §207 [설명], §208 [설명], §209 [설명], §210 [설명], §211 [설명]
괴로움의 소멸로 인도하는 도닦음의 성스러운 진리[苦滅道聖諦, dukkha-nirodhagāminī paṭipadā ariyasacca] §205 [설명].
괴로움의 요소(dukkhadhātu) §180 [설명].
괴로움의 일어남(dukkhasamudaya) §207 [설명], §208 [설명], §209 [설명], §210 [설명], §211 [설명], §212 [설명], §213 [설명], §214 [설명], §206 [설명].
괴로움의 일어남의 성스러운 진리[苦集聖諦, dukkhasamudaya ariyasacca] §203 [설명].
괴롭지도 즐겁지도 않은(adukkhamasukha) §596 [설명].
교만(mada) §832, §843, §844, §845 [설명].
태생에 대한 교만(jātimada) §843 [설명].
교학(pariyatti) §718.
구경의 지혜를 가지려는 기능[未知當知根, anaññātaññassāmītindriya] §220 [설명]. 참 기능(indriya)
구경의 지혜를 구족한 기능[具知根, aññātāvindriya] §220 [설명]. 참 기능(indriya)
구경의 지혜의 기능[已知根, aññindriya] §220 [설명]. 참 기능(indriya).
구별을 하면서(avakāriṁ, §974 이하.
구족한(upasampajja) §570 [설명], §581.
구함, 찾음, 구하러 돌아다님(eṭṭhi, gaveṭṭhi, pariyeṭṭhi), §865.
굳건하게 함(ṭhapanā) §861, §891.
확실하게 함(aṭṭhapanā) §861, §891.
확립함(saṇṭhapanā) §861, §891.
굴복함(olīnavuttitā) §846.
굼뜸(olīyanā) §860, §936.
귀(sota)
귀의 감각장소[耳處, sotāyatana] §157 [설명].
귀의 기능[耳根, sotindriya] §220 [설명].
귀의 알음알이의 요소[耳識界, sotaviññāṇadhātu] §184 [설명].
귀의 요소[耳界, sotadhātu] §184 [설명], §805.

그 외 이런저런 [좋은] 것(itibhavābhava) §939 [각주설명].
그렇게 된 자(tathābhūta) §434
그릇됨(micchattā)
여덟 가지(aṭṭha micchattā) §956 [설명].
그릇됨 열 가지(dasa micchattā) §970 [설명].
그릇된 것으로 확정된(micchatta-niyata, sammatta-niyata 바른 것으로 확정된) §35, §36, §55, §85, §152, §153. 참 각 장의 <질문을 제기함>.
그릇된(micchā)
그릇된 견해(micchā-diṭṭhi) §907, §913, §925 [설명], §936, §937, §961, §968, §970, §970, §971. 참 견해(diṭṭhi)
열 가지 토대를 가진 그릇된 견해(dasavatthukā micchādiṭṭhi) §971 [설명].
그릇된 길(micchā-patha) §249.
그릇된 자만(micchāmāna) §884 [설명]. 참 자만(māna)
그릇된 지혜(micchā-ñāṇa) §970.
그릇된 해탈(micchā-vimutti) §970.
그밖에들(yevāpanaka) ☞ 예와빠나까(yevāpanaka)
그처럼 두 번째 [방향을](tathā dutiyaṁ) §647 [설명].
근(根) ☞ 기능[根, indriya], 감각기능[根, indriya]
근거(āyatanāni) ☞ 외도의 근거(titthāyatanāni)
근면함(ātāpa) §359 [설명], §370 [설명]. 참 정진(vāyāma), 애를 씀(vāyāma)
근면한(ātāpi) §355, 이하, §359 [설명], §370.
근본물질(mahābhūta) §33.
네 가지(cattāro mahābhūtā) §3, §4, §156 이하, §184. 참 dhātu (catasso).
금함(veramaṇī) §706 이하.
기능[根, indriya] 참 감각기능[根, indriya]
다섯 가지 기능(pañca) §34, §821, §822.
여덟 가지 기능(aṭṭha) §33, §34.
22가지 기능(bāvīsatindriyāni) §219 [설명], §983 [설명].
기능인 물질(rūpa indriya) §33.
눈 등의 기능(cakkbu 등) §157, §158, §159, §160, §161 이하.
여성의 기능(itthindriya) §5, §7, §33, §34, §167, §184, §219, §220, §1012 이하.
남성의 기능(purisindriya) §219, §220, §1012 이하.
생명기능(jīvitindriya) §220, §236.
기능[根]이 둔한 것(mudindriya) §821 [설명], §823.
기능의 뛰어남과 저열함(indriyaparopariyatta) §814 [각주설명], §827.
기능[根]이 예리한 것(tikkhindriya) §822 [설명], §824.

기능[根]의 무르익음(indriyānaṁ paripāka) §236.
무색계의 요소에 있는 11가지 기능 §996 [설명].
색계의 요소에 있는 14가지 기능 §994 [설명].
[세간에] 포함되지 않는 것에 있는 12가지 기능 §998 [설명].
욕계의 요소에 있는 22가지 기능 §992 [설명].
기능[根]이 둔한 것(mudindriyā) §821 [설명].
기능이 예리한 것(tikkhindriyā) §822 [설명].
기능의 뛰어남과 저열함(indriya-paropariyatta) §814.
기능 위방가(indriyavibhaṅga) §219-224.
기뻐함(nandī) §249, §909.
기쁨(somanassa) §34, §121, §161, §595 [설명].
기쁨이 함께하는(somanassa-sahagata) §248 이하, §280, §292, 이하, §334, §704 이하, §725 이하.
기쁨의 고찰 여섯 가지 (cha somanassupavicārā) §946 [설명], §947..
기쁨의 기능[喜根, somanassindriya] §220 [설명].
기쁨의 요소(somanassadhātu) §179, §180 [설명].
세속에 얽힌 기쁨 여섯 가지(cha gehasitāni somanassāni) §947 [설명].
기생집(vesiyā) §514.
기술 분야(sippāyatana) ☞ 분야(āyatana)
기울임(namanā)
앞으로 기울임(ānamanā), 뒤로 기울임(panamanā), 옆으로 기울임(vinamanā), 비틀어 기울임(sannamanā) §858.
기울임의 다양함(abhinīhāranānatta) §1027 [각주설명].
기지개(vijambhitā) §858 [설명].
기지개를 켬(jambhanā) §858.
길(āpatha)
나쁜 길(micchāpatha) §249.
두 갈래 길(dvedhāpatha) §289.
길잡이(netta) — 눈 등(cakkhu 등) §156 이하
까시나(kasiṇa)
땅의 까시나(paṭhavīkasiṇa). 참 jhāna와 관련된 것들.
깨끗한 믿음(abhippasāda) §293. 참 청정한 믿음(pasāda)
깨끗한 믿음이 없음(anabhippasāda) §932 [각주설명].
깨끗함(paṇḍara)
눈 등(cakkhu 등) §156~§160 이하.
마노, 마음(mano, citta) §184 등등.
깨끗함(vodāna) §828 [설명].

깨달음의 구성요소 일곱 가지(satta bojjhaṅga) §206 이하. §367, §375, §376～§379, §381～§385, §466～§483, §473 [설명], §478 [설명].
깨달음의 구성요소(sambojjhaṅga) => bojjhaṅgā (satta)
깨달음의 구성요소 위방가(bojjhaṅgavibhaṅga) §466～485.
깨달음의 편에 있는 법들[菩提分法, bodhipakkhikā dhammā] §508, §522 [설명].
깨어있음(jāgariya) §508, §519
꼬리침(pucchañjikatā) §853 [각주설명].
꿰뚫음(nibbedha) §799.
꿰뚫음(paṭivedha) §798.
끄사뜨리야(khattiya) §974 이하, §1021.
끈기 있음(sātacca) §508, §520 [설명].

【나】

나는 영원하다(asasmi) §974 [설명].
나는 있다(ahamasmi) §883 [설명].
나는 참으로 있기를(api nāmāhaṁ bhaveyyaṁ) §974 [각주].
나른함(tandī) §857 [설명].
나머지 불선법들(avasesā akusalā dhammā) §206 [각주설명].
나머지 오염원들 [갈애를 제외한] (avasesā kilesā) §206.
번뇌의 대상인 나머지 유익한 법들(avasesā sāsavā kusalā dham) §206 [설명].
나무 아래(rukkhamūla) §530 [설명].
나무라는(paṭikuṭṭha)
부처님께서 나무라신(buddha-paṭikuṭṭha) §513. 참 ācāra.
나쁜 계행(dussīlya) §933 [설명].
나쁜 길(kummagga) §249, §936 [설명].
나쁜 길을 의지함(kummaggasevanā) §936 [설명].
나쁜 소문을 퍼뜨림(avaṇṇahārika) §864.
나쁜 친구를 사귐(pāpa-mittatā) §901 [설명], §901 [설명], §927 [설명], §931 [설명], §901, §927, §931.
나쁜 행위(duccarita)
세 가지 §206, §809, §830, §846, §894, §913 [설명], §928, §928, §930.
네 가지 §206, §492, §939 [설명].
일곱 가지 §950 [설명].
나쁜 행위를 하는 자(duccarita-samaṅgī) §809 (23).

나타남(pātubhāva) §1007 이하. 참 태어남(jāti).
나태함(thīyanā) §860.
남들에 대한 지혜(pariye ñāṇa) §754, §796 [설명]
남의 마음(paracitta) §804, §805.
남자의 기능[男根, purisindriya] §219, §220 [설명], §1012 이하.
내적인(ajjhattika). 참 안에 있는(ajjhattika).
　내적인 땅의 요소(ajjhattikā pathavīdhātu) §173 [설명].
　내적인 물의 요소(ajjhattikā āpodhātu) §174 [설명].
　내적인 불의 요소(ajjhattikā tejodhātu) §175 [설명].
　내적인 바람의 요소(ajjhattikā vāyodhātu) §176 [설명].
　내적인 허공의 요소(ajjhattikā ākāsadhātu) §177 [설명].
내적인 법들에 대한 마음챙김(ajjhattaṁ dhammesu sati) §469 [각주설명].
허공(ākāsa) §605 [설명].
냄새[香, gandha]
　냄새의 감각장소[香處, gandhāyatana] §164 [설명].
　냄새의 요소[香界, gandhadhātu] §184 [설명].
넘지 않음(anajjhāpatti) §206 [각주설명].
노력1(padhāna). 참 바른 노력(sammappadhāna)
　노력의 [업]형성(padhāna-saṅkhāra) §431, §433 [설명], §436 [설명], §439 [설명], §442 [설명], §446 [설명], §449 [설명], §452 [설명], §455 [설명].
노력2(payoga) §810.
　노력의 성취(payoga-sampatti) §810.
노력하다(padahati) §396 [설명].
논쟁을 야기함(vivādaṭṭhāna) §892.
높은 계[增上戒, adhisīla] §769.
높은 단계의 족쇄[上分結, uddhambhāgiya-saṁyojana] §940 [설명].
높은 마음(adhicitta) §770 [설명].
높은 법(abhidhamma) 높은 율(abhivinaya) §978 [각주].
높은 통찰지(adhipaññā) §770 [설명].
놓아버리지 못함(appaṭinissagga) §892.
놓아버림(cattatta) §547, §553.
눈[眼 cakkhu]
　눈의 감각장소[眼處, cakkhāyatana] §156 [설명].
　눈의 기능[眼根, cakkhundriya] §220 [설명].
　눈의 알음알이[眼識] 등(cakkhuviññāṇa … mano-viññāṇa) §27, §28, §161 이하, §178, §183, §184, §203, §204, §304, §306, §307, §986~§990.

눈의 알음알이의 요소[眼識界, cakkhu-viññāṇa-dhātu] §184 [설명].
눈의 요소[眼界, cakkhu-dhātu] §184 [설명].
눈의 요소[眼界] 등(cakkhu-dhātu 등) §156 이하.
신성한 눈[天眼, dibba cakkhui] §830.
[중생들의] 눈에 때가 많은 것(mahārajakkhā) §819 [설명], §820, §823, §824.
눈에 때가 적은 것(apparajakkhā) §814 [설명], §820 [설명].
눈살을 찌푸림(bhākuṭitā) §861.
느낌[受, vedanā]
오온(khandha): §8, §9, §10, §11, §13, §17, §34～§61, §63, §167, §167, §184
연기(nidāna): §225 이하.
일곱 가지(satta) §978, §979, §987 [설명] 이하.
느낌의 무더기[受蘊, vedanākkhandha] §8 [설명], §34 [설명], §167 [설명], §184 [설명].
욕계의 요소에 있는 일곱 가지 느낌 §992 [설명].
색계의 요소에 있는 네 가지 느낌 §994 [설명].
무색계의 요소에 있는 한 가지 느낌 §996 [설명].
[세간에] 포함되지 않는 것에 있는 한 가지 느낌 §998 [설명].
즐거운 느낌(sukhā vedanā) 참조
괴로운 느낌(dukkhā vedanā) 참조
눈의 감각접촉에서 생긴 느낌 등(cakkhusamphassajā 등) §203, §204.
느낌을 관찰하는[受隨觀, vedanānupassī] §363 이하.
느낌에 대한 지혜(vedanāya ñāṇa) §723.
과거의 느낌 §9～13 [설명].
감각접촉을 조건으로 하여 [발생하는] 느낌 §249 [설명], §273 [설명], §279 [설명], §283 [설명], §287 [설명], §289 [설명], §291 [설명], §303 [설명], §305 [설명], §325 [설명], §327 [설명], §335 [설명], §295 [설명], §297 [설명], §307 [설명], §312 [설명], §314 [설명], §316 [설명], §318 [설명], §354 [설명], §231 [설명].
갈애를 조건으로 하여서도 [발생하는] 느낌 §273 [설명].
감각접촉을 조건으로 하여 [발생하는] 감각접촉과 결합된 느낌 §265 [설명].
감각접촉을 조건으로 하여 [발생하는] 감각접촉이 그 원인인 느낌 §257 [설 명], §263 [설명].
느낌에 따라(vedanāto) §707.
느낌이 없음(avedanaka) §1017
늙음[老, jarā] §190, §192[설명], §236[설명], §249[설명], §273[설명], §354[설명]
늙음에 대한 두려움(jarābhaya) §921 [설명].

늙음/죽음[老死, jarā-maraṇa] §225, §236 [설명]. 이하, §722, §802. 이하, §1029.
태어남을 조건으로 하여 [발생하는] 늙음/죽음[生緣老死, jātipaccayā jarā-maraṇaṁ] §236 [설명], §249 [설명], §273 [설명], §354 [설명].
능숙함(kosalla) §771

【다】

다른 사람(para-puggala) §974 이하
다른 상태로 되어가는(aññathābhāva) §943.
다른 이의 아이를 귀여워함(pāribhaṭyatā/-ṭṭatā) §513. 참 바른 행실(ācāra)
다른 중생(para-satta) §4, §6, §10, §16, §22, §28, §796, §813~§818.
다리를 없앰(setu-ghāta) §206.
다섯 가지 무간업(pañca kammāni ānantarikāni) §941 [설명].
다섯 가지 무더기[五蘊, pañcakkhandha] ☞ 무더기[蘊, khandha]
다섯 가지 알음알이(pañca viññāṇā) §751, §761~§766.
다양한 성향(nānādhimuttika-bhāva) §813 [설명].
다양한 요소(nānā-dhātu) §812.
다양함(nānattatā) §1027.
닦아서 성취함(pāripūrī) §367, §405, §406, §771, §844, §953.
닦음[修, bhāvānā] §152 등. 참 각 장의 <질문을 제기함>.
닦아서 성취되는(bhāvanā pāripūrī) §367 이하, §405, §406, §408, §771.
참 수행(bhāvanā)
단멸론자들(uccheda-vāda) §951 [각주].
단멸한다는 견해[斷見](ucchedadiṭṭhi) §897 [설명], §897.
단속(saṁvara) §508, §511, §513, §514, §933.
단속하는(saṁvuta) §511.
단속하지 못함(asaṁvara) §933 [설명].
단일한 상태(ekodibhāva)
단일한 상태에 의해 증득된(ekodibhāva-adhigata), §804.
마음의 단일한 상태(cetaso ekodibhāva) §205, §575 [설명]. 참 제2선(dutiya jhāna)
닫힌 상태(aggahitatta) §893.
달콤함에 대한 견해(assādadiṭṭhi) §925 [설명].
당황스러움(thambhitatta/chambhitatta) §289
대상(ārammaṇa) §33, §171, §187, §188, §761, §762, §1027.

네 가지 대상(cattāri) §802 [설명].
다섯 가지 알음알이의 대상(pañca viññāṇā) §762.
대상을 가진, 대상이 없는(sārammaṇa, anārammaṇa) §779, §780, §781, §782, §786, §787, §788, §790, §791, §792, §1032, §1033, §1034, §1035. 참 각 장의 <질문을 제기함>
대상에 따라(ārammaṇato) §707 [각주].
더러움 세 가지(tīṇi malāni) §924 [설명].
인간의 더러움 아홉 가지(nava purisamalāni) §961[설명].
덮개(āvaraṇa) §827.
도(道, magga)
네 가지 도(catāro) §767, §770, §793, §794, §807.
다섯 가지 구성요소를 가진 도(pañcaṅgika) §494 [설명], §501 [설명]. §211, 이하, §491, §493～§496, §500～§502.
여덟 가지 구성요소를 가진 도(aṭṭhaṅgika) §490, §491 [설명], §499 [설명]. §205, §206, §486, §488, §490～§492, §498, §499, §504, §505.
도의 구성요소, 도에 포함됨(magga-aṅga magga-pariyāpanna) §206, §211 등
도를 구족한 자(magga-samaṅgi) §793, §794, §802.
도를 대상으로 가진(maggārammaṇa), 도를 원인으로 가진(magga-hetuka), 도를 지배의 [요소]로 가진, magga-adhipati) §35, §56, §152, §782, §783. 참 각 장의 <질문을 제기함>(ma3-16).
으뜸가는 도(uttama magga) §1029.
청정한 도(suci magga) §1029.
나쁜 길(kummagga) §249, §936.
도를 원인으로 가진 통찰지(maggahetukā paññā) §782 [설명].
도를 지배의 [요소]로 가진 통찰지(maggādhipatinī paññā) §783 [설명]
도의 구성요소 위방가(maggaṅgavibhaṅga) §486-507.
도를 구족한 자의 지혜(maggasamaṅgissa ñāṇa) §793 [설명].
도닦음(paṭipadā)
사성제(ariyasacca): §189, §205 이하.
모든 태어날 곳[行處]으로 인도하는 도닦음(sabbatthagāminī paṭipadā) §811
도닦음도 어렵고 초월지도 느린 통찰지(dukkhapaṭipadā dandhābhiññā paññā) §801 [설명].
도닦음은 어려우나 초월지는 빠른 통찰지(dukkhapaṭipadā khippābhiññā paññā) §801 [설명].
동여맴(anuppabandhanā) §891.
동요 아홉 가지(nava iñjitāni) §964 [설명].

동정심(anuddayatā) §888.
두 갈래 길(dvedhāpatha) §289.
두 개 조에 뿌리 한 [부문](dukamūlaka) §34 [각주설명], §37.
두려움(bhaya)
세 가지 두려움(tīṇi bhayāni) §921 [설명].
네 가지 두려움(cattāri bhayāni) §939 [설명].
다섯 가지 두려움(pañca bhayāni) §942 [설명].
태어남에 대한 두려움(jāti-bhaya) §921 [설명].
두려움을 보는(bhayadassāvī) §508, §515.
뒤에서 험담함(parapiṭṭhimaṁsikatā) §864.
뒤틀림(jimhatā) §902.
들뜨지 않는(anuddhata) §553 [설명].
들뜸(uddhacca) §290, §291, §552 [설명], §556 [설명], §928 [설명], §933 [설명].
참 오염원(kilesa), 장애(nīvaraṇa).
들뜸과 결합된(uddhacca-sampayutta) §290, §291
느낌을 조건으로 하여 [발생하는] 들뜸(vedanāpaccayā uddhacca) §291 [설명].
들뜸과 후회(uddhaccakukkucca) §552 [설명].
들어가는 [대상에 ~](abhinipāta) §766 [설명].
들음(savana) §718.
들음으로 이루어진(sutamaya) §768 [설명].
들판(khetta)
눈 등(cakkhu 등) §156 이하
땅의 요소[地界](pathavīdhātu) §173 [설명].
때때로들(pakiṇṇaka) §732[각주].
떨쳐버렸음에서 생긴(vivekajaṁ) §566 [설명].
뜻(attha)
무애해체지(paṭisambhidā): §718, §719, §720, §721, §722 이하.
뜻을 밝혀줌(attha-jotakāni) §725, §728 이하.
결과를 생기게 하는 것(attha-jāpika) §767.
이로움을 생각함(atthacintaka) §1029.

【마】

마노[意](mano, §182, §249 이하.
마노의 감각장소[意處](manāyatana) §161 [설명], §154 이하; §182, §184, §249

마노의 기능[意根](manindriya) §184, §219, §220 [설명].
마노의 요소[意界](manodhātu) §33, §34, §161, §183, §184 [설명], §249, §313, §326, §327, §330, §330, §743, §745, §766, §986~§990.
마노의 알음알이(mano-viññāṇaṁ) §27, §28, §249, §761, §986~§990.
마노의 알음알이의 요소[意識界](manoviññāṇadhātu) §33, §161, §183, §184 [설명], §249, §315, §316, §317, §328, §329, §330, §330, §331, §735, §736, §737, §744, §745.
마음이 희열로 가득한 자(pīti-mano) §467.
마노의 감각접촉에서 생긴(mano-samphassajā) §21, §21, §22.
마노로 식별되는(mano-viññeyya) §33.
마음[意]이 노함(mano-padosa) §542.
마음의 상처(mano-vilekha) §289.
마노로 짓는 업(mano-kamma) §391.
마라의 지위(māratta) §809
마음(citta) §395 [설명], §401 [설명], §413 [설명], §424 [설명], §439 [설명], §452 [설명], §539 [설명], §541 [설명], §543 [설명], §545 [설명], §551 [설명], §555 [설명], §556 [설명], §560 [설명], §643 [설명], §649 [설명], §653 [설명], §659 [설명], §663 [설명], §669 [설명], §673 [설명], §679 [설명].
참 각 장의 <질문을 제기함>, 마노[意, mano]
일곱 가지 마음(satta cittāni) §990 [설명].
욕계의 요소에 있는 일곱 가지 마음 §992 [설명].
욕계의 유익한 마음(kusalakāmāvacara-citta) §292, §334, §704 이하, §725 등
해로운 마음(akusala citta) §248, §282, §284, §286, §288, §290, §730.
높은 마음(adhicitta) §770 [설명].
남의 마음(para-citta) §804, §805.
남들에 대한 지혜(paricce ñāṇa)에 있는 마음 §796..
마음을 일으키는(cittuppāda) §515.
마음과 결합된(citta-sampayutta), 마음에서 생긴(citta-samuṭṭhāna) 등 §31, §33, §92, 이하, §153. 참 각 장의 <질문을 제기함>.
마음으로부터 발생한(cittaja), 마음을 원인으로 하는(citta-hetuka) 등 §253, §255, §261 이하
마음의 지배를 가진(citta-adhipateyya) §709.
마음을 관찰하는[心隨觀, cittānupassī] §365 이하.
마음의 전도(citta-vipariyāsa) §939.
마음을 다잡다(cittaṁ paggaṇhāti) §395.
마음을 [주로 한] 삼매(cittasamādhi) §436, §438, §439.

마음을 [주로 한] 성취수단(cittiddhipāda) §460 [설명].
마음으로 짓는 나쁜 행위(mano-duccarita) §913 [설명].
마음의 [업]형성(citta-saṅkhāra) §226.
마음의 경직됨(amudu-cittatā) §902.
마음의 묶임 다섯 가지(pañca cetasovinibandhā) §941 [설명].
마음의 삭막함 다섯 가지(pañca cetokhilā) §941 [설명].
마음의 오염원(cetaso upakkilesa) §562.
마음의 올곧음(citta-ujukatā) §902.
마음의 편안함(cittappassaddhi) §469.
마음의 혼란함(cetaso vikkhepa) §935 [설명].
마음이 고요한(vūpasantacitta) §555 [설명].
마음이 없는(acittaka) §1017.
마음이 일어나는(cittuppāda) §746 [각주설명].
마음과 마음부수(citta-cetasika) §1020.
마음부수(cetasika) §33, §153. 참 각 장의 <질문을 제기함>.
마음에 드는(manāpika) §944, §947.
마음에 잡도리함[作意](manasikāra) §764, §771, §799
(manasikāra-paṭibaddha) §515.
마음을 태움(cetaso parijjhāyanā) §194.
마음의(ceto)
자애[慈]가 함께한 마음 등(mettāsahagata citta 등) §642, §643 이하.
마음으로 마음을(cetasā ceto paricca) §796.
마음의 해탈[心解脫, ceto-vimutti] §182, §182.
마음을 [대상에] 겨냥하게 함(cetaso abhiniropanā) §182.
마음으로 충만함(ceto-pharaṇatā) §804.
정신적인 공황상태(cetaso utrāsa) §921.
마음의 삭막함 다섯 가지(cetokhila pañca) §941 [설명].
마음챙김[念, sati] §361 [설명], §372 [설명], §524 [설명], §537 [설명], §550 [설명], §586 [설명], §589 [설명], §597 [설명], §799 [각주설명].
마음챙기는 자(satimā) §355, §356 이하 §361 [설명], §372 [설명]. 참 제3선 (tatiya jhāna).
마음챙기는(saritā) §467.
계속해서 마음챙기는(anussaritā) §467.
마음챙기고 알아차리며(sato sampajāno) §550.
바른 마음챙김(sammā-sati) §205 [설명] 이하, §361 이하, §487～§490 이하.
그릇된 마음챙김(micchā-sati) §799 [각주].

마음챙김의 확립(satipaṭṭhāna) §355, §379 [설명], §385 [설명].
마음챙김의 기능(sati-indriya) §220, §221.
마음챙김과 슬기로움(sati-nepakka) §467, §469.
내적인, 외적인 법들에 대한 마음챙김(ajjhattaṁ, bahiddhā dhammesu sati) §469.
마음챙김을 놓아버림(muṭṭhassacca) §906 [설명], §935 [설명].
마음챙김의 기능[念根](satindriya) §220 [설명].
마음챙김의 깨달음의 구성요소(satisambojjhaṅga) §469 [설명], §1 [설명], §467 [설명], §471 [설명], §474 [설명], §476 [설명], §479 [설명], §481 [설명], §465. 참 깨달음의 구성요소 일곱 가지(bojjhaṅga satta).
마음챙김 위방가(satipaṭṭhāna-vibhaṅga) §355-389.
만족하지 못함(asantuṭṭhitā) §929 [설명].
말[語](vācā)
(sammā) §205, §205, §206, §486, §487.
말로 짓는 나쁜 행위(vacīduccarita) §913 [설명], §913.
말의 [업]형성(vacīsaṅkhāra) §226 [설명].
맛의 감각장소[味處](rasāyatana) §165 [설명].
맛의 요소[味界](rasadhātu) §184 [설명].
망설임(parisappanā) §289.
매듭(gantha)
네 가지 매듭(cattāro gantha) §938 [설명].
매듭과 결합된(gantha-sampayutta) §36, §54, §55, §56, §65, §82, §83, §84, §94, §123, §153, §171, §218, §224.
심리현상들의 무더기(saṅkhārakkhandha): §94, §120, §153. 참 각 장의 <질문을 제기함>.
매듭의 대상인(ganthaniya) §33, §36, §54, §56, §65, §82, §84, §123, §153, §171, §218, §224, §761, §767
맵시내기(siṅga) §852 [설명].
맵시내기에 빠짐(siṅgāratā) §852.
머묾, 정체(ṭhiti) §390 이하, §405, §406, §408, §474, §487, §799.
법들의 조건에 대한 지혜[法住智, dhammaṭṭhiti-ñāṇa] §806 [설명].
멀리 있는(dūre) §2 이하.
멀리 있는 물질[色] 등(rūpa dūre 등) §7 [설명] 등.
멋을 부림(giddhikatā) §854.
멸시받음(avaññatti)
멸시받지 않음(anavaññatti) §844, §890.

멸시받지 않음과 관련된 생각(anavaññattipaṭisaṁyutta vitakka) §890 [설명].
명지(明知)(vijjā) §768.
모든 것을 포함함(sabbasaṅgāhakattā) §220 [각주].
모든 방면에서 완전하게(sabbena sabbaṁ sabbathā sabb) §516.
모멸(uññā)
자기 모멸(attuññā) §868 이하
모양냄(keḷanā) §854.
모욕(makkha) §892 [설명], §944, §961
모은 뒤(abhisaṁharitvā) §2 [각주].
목욕 때 바르는 분가루(sināna) §513.
몰입하지 못함(apariyogāhanā) §289.
몸(kāya) §355, §356, §508, §536, §587 [설명].
몸의 알음알이[身識, kāya-viññāṇa] §324, §325.
몸의 알음알이의 요소[身識界](kāyaviññāṇadhātu) §184 [설명].
몸의 감각장소[身處](kāyāyatana) §160 [설명].
몸의 요소[身界](kāyadhātu) §184 [설명].
몸을 관찰하는[身隨觀, kāyānupassī] §355, §356 이하, §487.
몸의 고요함(passaddha-kāya) §467, §469.
썩기 마련인 몸(pūti-kāya) §854. 참 duccarita.
몸에 머물고 있는 것(sarīraṭṭhaka) §4 [각주], §173 [각주].
몸으로 짓는 나쁜 행위(kāyaduccarita) §913 [설명].
몸으로 짓는 해로운 업(akusala kāyakamma) §913 [설명].
몸의 [업]형성(kāyasaṅkhāra) §226 [설명].
몸의 편안함(kāyappassaddhi) §469 [각주설명].
못한(hīna) §868 [설명], §875~§877. 참 저열한(hīna)
무간업 다섯 가지(pañca kammāni ānantarikāni) §941 [설명].
무관심 [편안함[輕安]에 기인한 마음의](cetaso anābhoga) §943 [각주].
무기[無記] ☞ 결정할 수 없는(abyākata/avyākata)
무더기[蘊, khandha] §1, §2, §8, §14, §20, §26, §32, §33, §34, §35~§69, §202, §391, §474, §978, §979 이하, §1020.
다섯 가지 무더기[五蘊, pañcakkhandhā] §979 [설명].
색계의 요소에 있는 다섯 가지 무더기 §994 [설명].
무색계의 요소에 있는 네 가지 무더기 §996 [설명].
[세간에] 포함되지 않는 것에 있는 네 가지 무더기 §998 [설명].
오온의 부서짐(khandhānaṁ bheda) §236.
괴로움의 무더기[苦蘊, dukkha-khandha] §225 이하

무더기 위방가(khandhavibhaṅga) §1-153.
무더기를 가진 존재(vokāra-bhava) §234.
네 가지 무더기를 가진 존재(catuvokārabhava) §951 [각주].
무량(appamāṇa)
무더기들(khandhā): §35, §52, §53, §82, §83, §111, §112, §152.
통찰지(paññā): §778, §781. 참 각 장의 <질문을 제기함>
무량함 네 가지(appamaññā catasso) §642[설명], §683, §691, §696, §699, §701, §702.
무량함 위방가(appamaññāvibhaṅga) §642-702.
무리(nikāya)
중생들의 무리(satta-nikāya) §235, §236.
무명(無明 avijjā) §225, §226 [설명], §249 [설명], §251 [설명], §253 [설명], §255 [설명], §257 [설명], §259 [설명], §261 [설명], §263 [설명], §265 [설명], §267 [설명], §269 [설명], §271 [설명], §273 [설명], §275 [설명], §277 [설명], §279 [설명], §281 [설명], §283 [설명], §285 [설명], §287 [설명], §289 [설명], §291 [설명], §895 [설명], §940.
무명과 결합된(avijjāsampayutta) §244[각주설명].
무명의 번뇌(avijjāsava) §914 [설명], §937 [설명].
무명의 요소(avijjādhātu) §180 [설명].
무명의 장벽(avijjā-laṅgi) §249 등등. 참 moha anusaya avijjā saṁyojana.
무명을 조건으로 하여(avijjāpaccayā) §244, §334.
무명을 조건으로 하여 [발생하는] [업]형성들[無明緣行](avijjāpaccayā saṅkhārā) §226 [설명].
[업]형성을 조건으로 하여서도 [발생하는] 무명 §273 [설명], §275 [설명], §277 [설명], §279 [설명].
무상(anicca) §936.
물질(rūpa): §33.
다섯 가지 알음알이(pañca viññāṇā): §761.
오온(khandhā): §768, §793.
12가지 감각장소(dvādasāyatanāni): §154.
무상유정(asaññasatta) §1015, §1017 [설명].
무색계(無色界 arūpa)
무색계 존재에 대한 갈애(arūpataṇhā) §917 [설명], §918 [설명], §917.
무색계에 속하는 법들(arūpāvacarā dhammā) §1020 [설명].
무색계에 속하지 않는 법들(na arūpāvacarā dhammā) §1020 [설명].
무색계의 요소(arūpa-dhātu) §991 [각주설명].

무시함(anādaratā) §931.
무아(anattā) §939.
  12가지 감각장소(dvādasāyatanāni): §154.
무애해체지(paṭisambhidā) §718~§750 [설명], §800 [설명].
무애해체지 위방가(paṭisambhidāvibhaṅga) §718~750.
무지, 무지함(aññāṇa) §180, §226 등, §895 등. 참 무명(avijjā), 어리석음(moha).
무한하다는 견해(anantavādiṭṭhi) §898 [설명].
무한한(anantavā) §898 [설명].
무한한 알음알이(ananta viññāṇa) §610.
무한한 허공(ananto ākāso) §605 [설명].
묶임(vinibandhā)
  다섯 가지 마음의 묶임(pañca cetasovinibandhā) §941 [설명].
문(dvāra)
  눈 등(cakkhu 등): §156 이하
  문을 잘 보호하는(guttadvāra) §517 [설명].
물의 요소(āpodhātu) §174 [설명].
물질[色](rūpa) §228 [설명], §253 [설명], §255 [설명], §261 [설명], §263 [설명], §269 [설명], §271 [설명], §277 [설명], §279 [설명]. 참 형색[色, rūpa]
  오온(khandha): §1, §2, §32, §33, §182, §1042, §1043, §1044. 참 각 장의 <질문을 제기함>.
  연기(nidāna): §228, §229.
  모든 물질(sabba rūpa) §206.
  정신/물질(nāma-rūpa). 참 정신[名, nāma].
  물질[色]을 가진 자(rūpin §220, §828, §951 등.
  물질들을 보면서(rūpāni passati) §828.
  물질에 대한 인식(rūpa-saññā) §602 [설명].
  물질의 무더기[色蘊](rūpakkhandha) §2 [설명], §33 [설명].
  물질의 생명기능(rūpa-jīvitindriya) §220 [설명], §1017.
  비물질(arūpa) §761, §1043.
미래를 모색하는 견해(aparanta-anudiṭṭhi) §899 [설명], §899 [설명].
미래의(anāgata). 참 atīta.
  미래의 물질 등(anāgata) §3 [설명], §3.
미세한(sukhuma)
  오온(khandhā): §2, §5, §8, §11, §14, §17, §20, §23, §26., §29
  미세한 물질 등(sukhuma rūpa 등) §5 [설명].
믿음[信, saddhā]

믿음의 기능[信根, saddhindriya] §220 [설명].
믿음과 청정한 믿음(saddhā pasāda) §293.
믿지 못함(asaddahanā) §932 [각주설명].
믿음 없음(assaddhiya) §932 [설명].

【바】

바다(samudda)
눈 등(cakkhu 등): §156∼§160 full.
바라문(brāhmaṇa) §974 이하, §1021.
바람(vāta) §176.
바람[願, icchā] §201, §894, §909, §929.
바람에 사로잡힌 자(icchā-pakata) §861, §862, §863.
바람[願](icchatā)
지나찬 바람(atricchatā) §849 [설명]:
큰 바람(mahicchatā) §850 [설명], §929 [설명].
악한 바람(pāpicchatā) §851 [설명].
바람의 요소[風界, vāyodhātu] §176 [설명].
내적인 바람의 요소(vāyodhātu) §176 [설명].
외적인 바람의 요소 §176 [설명].
바르지 못한 법 일곱 가지(satta asaddhammā) §950 [설명].
바르지 못한 행실(anācāra) §513 [설명].
바른 견해[正見, sammādiṭṭhi] §205 [설명], §206 [설명], §211 [설명], §487 [설명], §489 [설명], §492 [설명], §495 [설명], §497 [설명], §503 [설명], §205, §487.§830, §831. 참 통찰지(paññā), 도(magga). 참 견해(diṭṭhi)
바른 경우가 아닌 것에 능숙함(aṭṭhāna-kusalatā) §809 [설명].
바른 깨달음(sambodhi) §469.
바른 노력(sammappadhāna) §414 [설명], §416 [설명], §418 [설명], §425 [설명], §426 [설명]. 참 노력(padhāna)
바른 노력 네 가지(cattāri sammappadhāna) §390 [설명], §396 [설명], §402 [설명], §404 [설명], §407 [설명], 등
바른 노력 위방가(sammappadhānavibhaṅga) §390∼430.
바른 마음챙김[正念, sammāsati] §205 [설명], §206 [설명], §211 [설명], §487 [설명], §492 [설명], §495 [설명], §205 이하, §361 이하, §487∼§490 이하.
참 마음챙김[念, sati]

바른 말[正語](sammāvācā) §205 [설명], §206 [설명], §487 [설명], §492 [설명].
바른 법(saddhamma) §934.
바른 법을 들으려고 하지 않음(saddhammaṁ asotukamyata) §934 [설명].
바른 사유[正思惟, sammāsaṅkappa] §182, §205 [설명], §206 [설명], §211 [설명], §487 [설명], §492 [설명], §495 [설명].
바른 삼매[正定, sammāsamādhi] §205 [설명], §206 [설명], §211 [설명], §487 [설명], §492 [설명], §495 [설명], §497 [설명], §503 [설명], §804. 참 삼매(samādhi)
다섯 가지 구성요소를 가진 바른 삼매(pañcaṅgika sammāsamādhi) §804 [설명].
다섯 가지 지혜를 가진 바른 삼매(pañcañāṇika sammāsamādhi) §804 [설명]
바른 생계[正命, sammā-ājīva] §205 [설명], §206 [설명], §487 [설명], §492 [설명]
바른 정진[正精進, sammāvāyāma] §205 [설명], §206 [설명], §211 [설명], §487 [설명], §492 [설명], §495 [설명].
바른 행실(ācāra) §513 [설명].
바른 행실과 행동의 영역을 갖추고(ācāragocara-sampanna) §508, §513 [설명], §514.
바른 행위[正業, sammākammanta] §205 [설명], §206 [설명], §487 [설명], §492 [설명], §205, §487.
바퀴(cakka)
전륜성왕(cakkavatti) §809.
신성한 바퀴[梵輪, brahmacakka] §760, §830.
밖에 있는 [물질 등](bahiddhā) §4 [설명], §4.
밖으로 [남의] 느낌들에 대해서(bahiddhā vedanāsu) §363 [각주설명].
밖의(bāhira) §33, §975, §976. 참 내적인(ajjhattika), 안에 있는(ajjhattika).
반드시들(sādhāraṇa) §732 [각주].
반듯하지 못함(anajjava) §902 [설명].
반목의 토대 여섯 가지(cha virodhavatthūni) §944 [설명].
반열반을 성취하다(parinibbati) §1029.
반조(paccavekkhanā) §804.
반쯤만 사실인 얘기를 함(muggasūpatā/-suppatā/-supyatā) §513, §862.
발생하다(sambhavati) §225, §243 [각주].
발효주(meraya) §703 [각주].
밝혀줌 [뜻을~](attha-jotakāni) §725, §728 이하.
방법 [하나의~](ekappakāra) §33 [각주].
방법에 능숙함(upāya-kosalla) §771 [설명].

방법으로 추론한다 [바른 ~](nayaṁ neti) §796.
방일(pamāda) §846 [설명], §928 [설명], §930 [설명].
방일하는 이유가 되는 것(pamādaṭṭhāna) §703 [각주설명].
방향 [한~](ekaṁ disaṁ) §644.
배우지 못한 범부(assutavā puthujjana) §915 [각주설명].
번뇌[漏, āsava] §1029.
세 가지 번뇌(tayo) §914 [설명].
네 가지 번뇌(cattāro) §937 [설명].
번뇌인 법들(āsavā dhammā) §914 [설명].
심리현상들의 무더기(saṅkhārakkhandha): §94, §153. 참 각 장의 <질문을 제기함>.
번뇌와 결합된(āsava-sampayutta 등) §36 등등.
번뇌 다한(khīṇāsava) §851.
번뇌의 멸진(āsavānaṁ khayo) §805, §831.
번뇌의 대상인(sāsava) §11, §206 [각주설명] 등등.
범천의 세상(brahma-loka) §1020.
범천의 지위(brahmatta) §809.
범행의 추구(brahmacariyesanā) §919 [설명].
법(法, dhamma)
법들(dhammā) §205, §469, §470, §718~§722, §722~§725 이하.
법의 감각장소[法處, dhammāyatana] §154, §155, §167 [설명] 이하.
법의 감각장소에 포함된 물질[法處所攝色, dhammāyatanapariyāpanna rūpa] §167 [설명], §184 [설명].
법의 요소(dhamma-dhātu) §183, §184 [설명], §184.
법에 대한 지혜(dhamme ñāṇa) §718~§722 이하, §754, §796 [설명].
법에 대한 무애해체지[法無礙解體智, dhamma-paṭisambhidā] §718~§722, §724 [설명].
법에 따르지 않은 행실(adhammacariyā) §926 [설명].
법을 간택함[擇法, dhamma-vicaya] §206. 참 통찰지(paññā)
법을 간택하는 깨달음의 구성요소[擇法覺支, dhammavicaya-sambojjhaṅga] §469 [설명], §474 [설명], §467. 참 깨달음의 구성요소 일곱 가지(bojjhaṅga satta).
지금/여기(diṭṭha-dhamma) §636, §697 이하.
바른 법(saddhamma) §934.
바르지 못한 법 일곱 가지(satta asaddhamma) §950 [설명].
법을 관찰하는[法隨觀, dhammānupassī] §367 이하

법들의 조건에 대한 지혜[法住智, dhammaṭṭhiti-ñāṇa) §806
법에 따라(dhammato) §707 [각주].
법을 파악하는 지혜의 능력(dhamma-nijjhāna-khanti) §768 [설명], §793.
법의 심장 위방가(dhammahadaya-vibhaṅga) §978~1044.
벗어남(nissaraṇa) §515.
변하기 마련인 법(vipariṇāmadhamma) §943.
12가지 감각장소(dvādasāyatanāni): §154, §155.
변하지 않는 법(avipariṇāma-dhamma) §948 [각주설명].
변한(vipariṇata) §3, §9, §15, §21, §27.
병도 괴로움이다(vyādhipi dukkhā) §190 [설명].
병들지 않음(aroga) §958 [각주설명].
보는 자(dassāvī) §515.
보리분법(菩提分法) ☞ 깨달음의 편에 있는 법들(bodhipakkhikā dhammā)
보시(dāna) §513, §1021.
보시로 이루어진(dānamaya) §226, §769 [설명].
본질을 가진 비구(sāra bhikkhu) §510.
볼 수 있음의 세 개 조(sanidassana-ttika) §35.
봄(nidassana)
볼 수 있는(sanidassana)과 볼 수 없는(anidassana) §33, §153, §156 이하. 참 각 장의 <질문을 제기함>.
봄[見, dassana] §33, §35 이하. 참 각 장의 <질문을 제기함>.
다섯 가지 알음알이(pañca viññāṇā): §761.
부근에 있지 않는(anupakaṭṭha) §7, §7
부드럽지 못함(amudutā) §902 [각주설명].
부딪힘(paṭigha)
부딪힘의 인식(paṭigha-saññā) §17, §828, §603 [설명].
부딪힘이 있는(sappaṭigha)과 부딪힘이 없는(apppaṭigha) §33, §153, §156 이하. 참 각 장의 <질문을 제기함>, 잠재성향(anusaya), 얽매임(pariyuṭṭhāna), 족쇄 열 가지(saṁyojana dasa).
부르르 떪(by-/vyadhiyaka) §858.
부분으로 분류되는(aṁsena saṅgahita) §3 이하.
부처님께서 나무라신(buddha-paṭikuṭṭha) §513. 참 ācāra.
부처님들과 부처님의 제자들(buddhā ca buddhasāvakā ca) §934.
북돋우다(upatthambheti), 거듭해서 북돋우다(paccupatthambheti) §395, §401.
분노(kodha) §891 [설명].
분명하게 알아차리는(sampajāna) §205, §355, §356, §360 [설명], §371.

분명하게 알아차림(sampajañña) §360 [설명], §371 [설명].
알아차림(sampajañña) §525 [설명], §550 [설명], §586 [설명].
분명히 알면서[正知] 행하는(sampajāna-kārī) §508, §523, §525.
마음챙기고 알아차리며[正念・正知, sato sampajāno] §205, §487, §508, §519, §523, §550.
분명하게 함(uttānīkamma) §894
분명하지 않게 함(anuttānīkamma) §894.
분발(paggāha) §704) 이하.
분석하다(vibhajati/vibhajjati) §588.
분야(āyatana)
직업 분야(kammāyatana) §768, §866, §867, §868, §869, §884, §890.
기술 분야(sippāyatana) §768, §866, §867, §868, §869, §884, §890.
분쟁의 뿌리 여섯 가지(cha vivādamūlāni) §944 [설명].
불 세 가지(tayo aggī) §924 [설명].
불경스러움(agāravā) (cha) §945.
불굴의(asallīna) §467.
불만족 §34, §121, §161, §240 이하.
여섯 가지 세속에 얽힌 불만족(cha gehasitāni domanassāni) §947 [설명].
불만족의 기능[憂根, domanassindriya] §220 [설명].
불만족의 요소(domanassa-dhātu) §179, §180 [설명].
불만족의 고찰 [여섯 가지] (cha domanassupavicārā) §946 [설명].
불만족이 함께하는(domanassa-sahagata) §286.
기쁨과 불만족(somanassa-domanassa) §205, §487. 참 제4선(catuttha jhāna). 참 정신적 고통(domanassa), 싫어하는 마음(domanassa)
불의 요소(tejodhātu) §175 [설명].
내적인 불의 요소(tejodhātu) §175 [설명].
외적인 불의 요소 §175 [설명].
비구(bhikkhu)§508, §510 [18가지 설명], §514.
비난(upārambha) §934 [설명].
비난받아야 함(sāvajja) §707.
비난하는 마음상태(upārambhacittatā) §934 [설명].
비뚤어짐 세 가지(tīṇi visamāni) §924 [설명].
비물질의 생명기능(arūpajīvitindriya) §220 [설명].
비방함(nippesikatā) §864 [설명].
비상비비상처(nevasaññānāsaññāyatana) §322, §620[설명].
비탄(parideva) §195 [설명], §201, §238 [설명].

비하함(hīḷana)과 매우 비하함(ohīḷanā) §868, §871, §874, §877, §881.
빈 것(agha) §177.
뻔뻔스러움(sārambha) §848 [설명].
뿌리(mūla)
유익함의 뿌리(kusala-mūla) §206 이하.
해로움의 뿌리(akusala-mūla) §180, §906, §909.
뿌리에 따라(mūlato) §707 [각주].
~ 뿐임(mata) §6.

【사】

사견(邪見, diṭṭhi) ☞ 견해(diṭṭhi)
사견의 결박(diṭṭhi-saṅga) §939.
사견의 번뇌(diṭṭhāsava) §937 [설명].
사견에 빠짐(diṭṭhigata) §206 [각주설명] 이하, §248 이하, §375 이하, §842 이하.
62가지 사견에 빠짐(dvāsaṭṭhi diṭṭhigatāni) §842, §977 [설명].
사견에 빠짐을 버리고(diṭṭhi-gatānaṁ pahānāya) §206 [각주설명].
사라지지 않음(asammosa) §390 이하, §405, §406, §408, §487.
사라진(atthaṅgata) §3, §9, 등, §362, 등등.
사람(purisa). 참 남자(purisa), 인간(puggala), 사람(manussa)
저열하지 않은 사람이 의지하는(akapurisasevita) §804
사람의 결점 여덟 가지(aṭṭha purisadosā) §957 [설명].
사람들로부터 먼 곳(manussa-rāhasseyyaka) §533.
사랑스럽고 기분 좋은 것(piyarūpa sātarūpa) §203 [설명], §204 [설명].
사량분별(papañcita) §974 이하.
사량분별 아홉 가지(nava papañcitāni) §965 [설명].
사유(saṅkappa) §182, §492, §565.
그릇된(micchā-) §182, §885~§890, §936.
바른(sammā-) §182, §205 이하, §486, §487 이하
사후에 존재한다(so paraṁ maraṇā hoti) §937.
삭까(인드라)가 됨(sakkatta) §809.
삭막함 다섯 가지 마음의(ceto-khila pañca) §941 [설명].
산란함(vikkhepa) §935.
산란하지 않음(avikkhepa) §321 이하, §478, §481 이하, §631 이하, §692 이하, §704 이하

삼매(samādhi) §433 [설명], §436 [설명], §439 [설명], §442 [설명], §446 [설명], §449 [설명], §452 [설명], §455 [설명], §801, §802, §828.
삼매의 기능(samādhindriya) §220, §221.
열의를 [주로 한] 삼매(chanda-samādhi) §432 [설명], §431 이하.
정진을 [주로 한] 삼매(vīriya-samādhi) §435 [설명].
마음을 [주로 한] 삼매(citta-samādhi) §438 [설명].
검증을 [주로 한] 삼매(vīmaṁsā-samādhi) §441.
바른 삼매(sammā-samādhi) §205, §433, §436, §487~§491 이하, §804.
일으킨 생각과 지속적 고찰이 있는(savitakka-savicāra) §469.
삼매와 증득 (samādhi-samāpatti) §828.
삼매에 도움이 되지 못하는(asamādhi-saṁvattanika) §904.
검증을 [주로 한] 삼매(vīmaṁsāsamādhi) §441.
삼매에 능숙함(samādhi-kusala) §828. ☞ 바른 삼매
삼매에서 생긴(samādhijaṁ) §577.
삼매의 기능[定根, samādhindriya] §220 [설명].
삼매의 깨달음의 구성요소[定覺支, samādhisambojjhaṅga] §469 [설명], §474 [설명].
상실 다섯 가지(pañca byasanā) §942 [설명], §194 이하, §237
상체를 곧추 세우고(ujuṁ kāyaṁ paṇidhāya) §536.
색계(rūpāvacara) §33 등등.
색계 존재에 대한 갈애(rūpataṇhā) §917 [설명], §918 [설명].
색계에 속하는 법들(rūpāvacarā dhammā) §1020 [설명].
색계에 속하지 않는 법들(na rūpāvacarā dhammā) §1020 [설명].
색계에 태어남(rūpupapatti) §300, §302 이하, §631, §632, §713, §728, §738, §739.
색계의 요소(rūpa-dhātu) §990, §994 [설명].
생각(takka) §182, §492, §885~§890
생각(vitakka) ☞ 일으킨 생각(vitakka)
남들에 대한 동정심과 관련된 생각(parānuddayatāpaṭisaṁyutto vitakka) §888 [설명].
지역에 대한 생각(janapadavitakka) §886 [설명].
친척에 대한 생각(ñātivitakka) §885.
생각으로 이루어진 통찰지(cintāmayā paññā) §768 [설명].
생계(ājīva)
그릇된 생계(micchā-) §513, §861 [각주].
바른 생계(sammā-) §205, §206, §486, §487 [설명].

생계에 대한 두려움(ājīvikabhaya) §942.
생긴 결과(jāpitattha) §767 [각주설명].
생명기능[命根, jīvitindriya] §220 [설명], §236.
생명을 죽이는 것을 금하는 학습계목(pāṇātipātā veramaṇī sikkhāpada) §704 [설명], §704 [설명], §705 [설명], §709 [설명]. 참 학습계목(sikkhāpada)
생성(upacaya) §253, §255, §261 이하
서로 맞섬(yugaggāha) §892.
석주(inda-khīla) §529.
섞이지 않은(asambhinna) §762.
禪(jhāna) §508, §569, §570, §580, §581, §591, §592, §599, §600, §623, §624, §625~§641, §844.
네 가지(cattāri) §205, §300, §487, §491, §508, §569, §570, §580, §581, §591, §592, §599, §600, §623, §624 이하, §799, §808, §828, §943, §1024~§1027.
초선(paṭhama jhāna) §624 [설명], §628 [설명], §631 [설명], §634 [설명], §636 [설명].
제2선(dutiya jhāna) §624 [설명], §628 [설명], §631 [설명], §634 [설명], §636 [설명].
제3선(tatiya jhāna) §624 [설명], §628 [설명].
제4선(catutha jhāna) §624 [설명], §628 [설명].
유익한(kusala) §634, §635, §636.
다섯 가지 구성요소를 가진 禪[五種禪, pañcaṅgika jhāna] §624 등.
네 가지 구성요소를 가진 禪[四種禪, caturaṅgika jhāna] §§625, §629.
세 가지 구성요소를 가진 禪(tivaṅgika jhāna) §624, §625, §628, §629.
두 가지 구성요소를 가진 禪(duvaṅgika jhāna) §624 등.
색계의 禪[色界禪, rūpācara jhāna] §332, §635, §697.
무색계의 禪[無色界禪, arūpāvacara jhāna] §333, §508, §637.
禪 위방가(jhānavibhaṅga) §508~641.
선호(ruci) §509, §768, §793.
설득함(unnahanā) §862.
성냄(dosa) §182, §391, §542 [설명], §545 [설명], §819, §891, §909 [설명], §966, §984.
걸림돌(kiñcana), 불(aggi) 등 §924.
성냄 없음(adosa) §293 [설명], §295 [설명], §403, §405, §984.
성냄의 멸진(dosakkhaya) §167 [각주설명], §184.
성스러운(ariya) §490 [각주].
성자(ariya) §934 [설명]. 참 제3선(jhāna tatiya).

성자들이 묘사하는(yaṁ taṁ ariyā ācikkhanti) §588 [설명].
성취(iddhi) §805.
성취에 대한 교만(iddhimada) §844.
원만한 성취(samiddhi) §434. 참 풍족한 곳(samiddhi)
성취(sampatti) §810.
성취수단(iddhipāda) §431, §432, §434 [설명] 이하, §444, §457, §462.
검증을 [주로 한] 성취수단(vīmaṁsiddhipāda) §461 [설명].
성취수단을 닦는다(iddhipādaṁ bhāveti) §434 [설명].
성취수단 위방가(iddhipādavibhaṅga) §431～465.
성취함(ijjhanā) §434 이하.
원만히 성취함(samijjhanā) §434 이하
성향(adhimutti) §814, §818, §823, §824.
성향을 가진(adhimuttika) §813.
세 개 조에 뿌리 한(tikamūlaka) §33, §42.
세간에 포함된 ☞ 포함된(pariyāpanna)
세간적인(lokiya) §33, §36 이하, §171, §188, §218, §224, §641, §761, §1044.
세간적인 통찰지(paññā) §767 [설명].
세계(lokadhātu) §809 [각주설명].
세상(loka) §203 이하, §355 이하, §362 [설명], §364 [설명], §366 [설명], §373 [설명], §538 [설명], §815, §816, §896, §897, §898, §937, §938.
눈 등(cakkhu 등): §156 이하.
범천의 세상(brahmaloka) §1020.
여러 요소와 다양한 요소를 가진 세상(anekadhātu-nānādhātu-loka) §812 [설명] [각주설명].
세속에 얽힌(gehasita) §944 [각주설명], §947.
세속적이지 않은(nirāmisā) §363 [각주설명].
세속적인(āmisa) §865.
세속적인, 세속적이지 않은(sāmisa, nirāmisa) §363 [각주설명].
세속적인 것으로 호의를 베풂(āmisa-paṭisanthāra) §904.
세속적인 법 여덟 가지(lokadhammā aṭṭha) §954 [설명].
소리가 적은(appanigghosa) §533 [설명].
소리[聲, sadda]
소리에 대한 갈애(saddataṇhā) §909.
소리의 감각장소[聲處, saddāyatana] §163 [설명].
소리의 요소[聲界, saddadhātu] §184 [설명].
소멸(nirodha) §189 이하, §471

소멸에 대한 갈애(nirodhataṇhā) §918 [설명].
소멸하였음(atthaṅgama) §205, §487 등등등
소의 계행(gosīla) §915 [각주].
속박(yoga) §888, §938 [설명].
속임수(māyā) §894 [설명], §909, §961.
손상에 능숙함(apāya-kosalla) §771 [설명].
쇠살 다섯 가지(pañca sallā) §940 [설명].
쇠퇴하는 법 여섯 가지(cha parihāniyā dhammā) §945 [설명].
쇠퇴하기 마련인(jarābhibhūta) §33, §761. 참 늙음(jarā)
수드라(sudda) §974 이하
수명의 한계(āyuppamāṇa) §1022 이하 [설명].
수순하는 지혜의 능력(anulomika khanti) §768 [각주설명].
수승한(paṇīta) §388, §429, §464, §484, §506, §640, §804, §1024, §1025, §1026.
참 저열한(hīna).
수승한 물질 등(paṇīta) §6 [설명], §6.
수승함에 동참하는 통찰지(visesabhāginī paññā) §799 [설명].
수치심 없음(anottappa) §819, §900 [설명], §930 [설명], §966.
수치심의 힘(ottappa-bala) §900.
수행(bhāvanā) §33, §35 이하, §846.
수행으로 이루어진(bhāvanāmaya) §226, §768, §769.
수행으로 이루어진 통찰지(bhāvanāmayā paññā) §768 [설명], §769 [설명].
수행하는 데 몰두하는(bhāvanānuyoga) §508, §522.
다섯 가지 알음알이(pañca viññāṇā): §761.
참 각 장의 <질문을 제기함>, 닦음(bhāvanā)
숙련된(nipuṇa) §1029
순간(khaṇa)
한 순간(ekakkhaṇa) §764.
태어나는 순간(uppattikhaṇa) §1007 이하.
순응(anurodha) §249, §909.
술 (취하게 하고 방일하는 이유가 되는 여러 종류의 술, surā-meraya-majja-pamādaṭṭhānā) §706 [설명], §707 [설명].
술집(pānāgāra) §514.
숨긴 상태, 숨김(parikkhattatā parikkhattiya) §852, §894.
숨김(gūhanā) §894.
숲속(arañña) §529 [설명].
쉬운(sukha)

도닦음은 쉬우나 초월지는 느린 통찰지(sukhapaṭipadā dandhābhiññā paññā) §801 [설명].
슬기로운(nipaka) §1029.
슬기로움(nepakka) §508, §521 [설명].
마음챙김과 슬기로움(sati-nepakka) §467
슬픔(soka) §190 이하, §194 [설명], §237 [설명], §595 [설명].
슬픔의 화살(sokasalla) §194, §237.
습성(āsaya) §814, §815
승가[僧, saṅgha] §809.
시간의 성취(kālasampatti) §810 [각주설명].
시체를 안치함(kaḷevarassa nikkhepa) §193, §236.
식곤증(bhattasammada) §859 [설명].
식무변처(viññāṇañcāyatana) §611 [설명], §612, §614.
신(神, deva) §182, §974, §1009 이하, §1021, §1023～§1028.
신의 세상(deva-loka) §811.
첫 번째 겁에 속하는 신들(paṭhama-kappikā devā) §1009 [각주설명].
신뢰(okappanā) §293
신뢰하지 못함(anokappanā) §932.
신성한 바퀴[梵輪, brahma-cakka] §760 이하, §830.
신이 창조했기 때문(issaranimmāna-hetu) §923.
신통지 여섯 가지(cha abhiññā) §805 [설명].
㉾ 최상의 지혜(abhiññā), 초월지(abhiññā)
신호를 보냄(nimitta-kamma) §863.
싫어하는 마음(domanassa) §362 [설명], §364 [설명], §366 [설명], §373 [설명].
㉾ 불만족(domanassa)
실현(sacchikiriya) §434 이하.
싫증냄(arati) §856 [설명], §926 [설명].
심리현상들[行, saṅkhāra]. ㉾ 업형성[行, saṅkhāra]
심리현상들의 무더기[行蘊, saṅkhārakkhandha] §20 [설명], §92 [설명], §167 [설명], §184 [설명].
심리현상들이 남아있는 증득(saṅkhāra-avasesa-samāpatti) §619.
과거의 심리현상들 등 §21～§25 [설명].
심부름을 감(jaṅghapesanika§513. (cf. Miln.ī.287.
심장(hadaya) §184, §184, §249.
법의 심장(dhamma-hadaya) §978～§1044
싹싹한 말씨(sākhalya) §904 [설명].
싹싹하지 못한 말씨(asākhalya) §904 [설명].

썩기 마련인 몸(pūtikāya) §854. 참 duccarita.
쓰디쓴 상태(kaṭukañcukatā) §893, §932.
쓸데없는 말을 함(lapanā) §862.
씁쓰레함 세 가지(tayo kasāvā) §924 [설명].

【아】

아귀(petā) §1009 이하
아귀계(pettivisaya) §811.
아라한(arahaṁ) §767, §809 (=visuddhidevā) §1021.
아라한과(arahatta-phala) §777, §807.
아무것도 없다(natthi kiñci) §615 [설명].
아비담마에 따른 분류 방법(Abhidhamma-bhājanīya) §150 [각주설명].
아수라(asura) §1009 이하
아주 안정됨(paṭippassambhanā) §474.
아주 유익한 [법들](adhikusalā) §856 [각주설명].
아주 편안함(paṭippassaddhi) §474.
아직 일어나지 않은 악하고 해로운 법들(anuppannā pāpakā akusalā dhammā) §391 [설명].
아직 일어나지 않은 유익한 법들(anuppannā kusalā dhammā) §403 [설명].
아첨함(cāṭukamyatā/pāṭukamyatā) §513, §862. 참 행실(ācāra).
악의(byāpāda) §542 [설명], §545 [설명], §913, §940, §941, §968.
악의와 관련된 사유(byāpāda-vitakka) §910 [설명], §912 [설명].
악의와 관련된 인식(byāpāda-saññā) §911 [설명].
악의와 성냄(byāpāda-padosa) §508, §542, §545. 참 gantha (cattāro).
악의와 성냄으로부터 마음을 청정하게 함함(byāpādapadosā) §545 [설명].
악의와 성냄을 제거하여(byāpādapadosaṁ pahāya) §542 [설명].
악의의 요소(byāpāda-dhātu) §181, §182 [설명], §912.
악의를 가지지 않음(avyapāda) §293.
악의 없음의 요소(abyāpāda-dhātu) §182 [설명].
악의 없음에 대한 사유(abyāpāda-saṅkappa) §205, §487.
악의가 없는 마음(abyāpanna-citta) §543 [설명].
악한 바람(pāpicchatā) §851 [설명].
안과 밖의 대상을 가진 통찰지(ajjhattabahiddhārammaṇa) §792 [설명].
안내자(nayana) §156 이하

안에 있는(ajjhattika) §33, §153, §171, §173, §174, §175, §188, §218, §224, §762, §973, §974, §976. 참 내적인(ajjhattika).
안의 것을 취착하여(ajjhattikassa upādāya) §973 [각주설명].
안으로 평온하게 된다(ajjhupekkhitā hoti) §467 [각주설명].
안의(ajjhatta)
안에 있고(ajjhattaṁ) §173 [각주설명].
안으로 물질을 인식하지 않으면서(ajjhattaṁ arūpasaññī) §828 [각주설명].
안의 족쇄(ajjhattasaṁyojana) §908 [설명].
무더기(khandhā): §2, §4 [설명], §8, §10, §35, §60, §61, §152. 참 각 장의 <질문을 제기함>.
관찰하며 머문다(anupassī viharati): §355, §356 이하.
마음챙김(sati): §469.
통찰지(paññā): §789, §790.
안팎으로(ajjhattabahiddhā) §363 [각주설명].
알아차림(sampajañña) §525 [설명], §550 [설명], §586 [설명]. 참 분명하게 알아차림(sampajañña)
알아차림이 없음(asampajañña) §906 [설명], §935 [설명].
알아차리지 못함(asampajaññatā) §929 [설명].
알음알이[識, viññāṇa]
무더기(khandha): §26~§33, §121~§150, §182, §248, §249.
다섯 가지 알음알이[前五識, pañca viññāṇa] §751, §752, §761, §762, §763, §765, §766, §767.
여섯 가지 알음알이(cha viññāṇa) §33.
눈의 알음알이(cakkhu-viññāṇa) … 마노의 알음알이(mano-viññāṇa) §27, §28, §161 이하, §178, §183, §184, §203, §204, §304, §306, §307, §986~§990
과거의 알음알이 등 §27~§31 [설명].
알음알이의 무더기[識蘊, viññāṇakkhandha] §26 [설명], §121 [설명].
알음알이의 요소(viññāṇa-dhātu) §178 [설명], §183, §184 [설명].
알음알이에 대한 지혜(viññāṇe ñaṇaṁ) §723, §754, §803.
[업]형성을 조건으로 하여 [발생하는] [업]형성과 결합된 알음알이 §265 [설명], §267 [설명], §269 [설명], §271 [설명].
[업]형성을 조건으로 하여 [발생하는] [업]형성이 그 원인인 알음알이 §257 [설명], §259 [설명], §261 [설명], §263 [설명].
[업]형성을 조건으로 하여 [발생하는] 알음알이(viññāṇa) §249 [설명], §251 [설명], §253 [설명], §255 [설명], §273 [설명], §275 [설명], §277 [설명],

§279 [설명], §307 [설명], §314 [설명], §316 [설명], §318 [설명], §320 [설명], §325 [설명], §327 [설명], §329 [설명], §354 [설명], §293 [설명].
[업]형성들을 조건으로 하여 [발생하는] 알음알이[行緣識, saṅkhārapaccayā viññāṇa] §227 [설명].
정신 · 물질을 조건으로 하여서도 [발생하는] 알음알이 §277 [설명], §279 [설명].
정신을 조건으로 하여서도 [발생하는] 알음알이 §273 [설명], §275 [설명].
알음알이를 조건으로 하여 [발생하는] 정신 · 물질[識緣名色, viññāṇapaccayā nāmarūpa] §228 [설명], §253 [설명].
암시(viññatti) §33.
암시를 줌(nemittikatā) §861, §863 [설명].
애를 씀(vāyāma) §220, §393 [설명], §399 [설명], §411 [설명], §422 [설명]. 참 바른 정진(sammā-vāyāma)
애매모호함과 관련된 생각 혹은 죽지 않음에 대한 생각(amaravitakka) §887 [설명]
양면으로 증가하는 [부문](ubhatovaḍḍhaka) §33 [각주], §34 [각주설명], §43, §61, §70.
양심 없음(ahirika) §819, §900 [설명], §930 [설명], §966.
얕보이는(uññāta) §6.
얕봄(paḷāsa) §892 [설명].
어두움 세 가지(tīṇi tamāni) §922 [설명].
어리석음(moha) §180, §391, §819, §827, §906, §909 [설명], §966, §984.
방해(kiñcana)와 불(aggi) 등: §924, §939, §940.
통찰지(paññā)와 어리석음: §206 이하, §291, §293.
어리석음의 멸진(mohakkhaya) §167, §184.
어리석음 없음(amoha) §293 [설명], §403, §405, §984.
억제함(ārati), 절제함(virati), 제어함(paṭivirati) §704 이하.
억지를 부림(vipaccanīkasātatā) §855, §901, §931.
언덕[岸, tīra]
이쪽 언덕[此岸, orima tīra] §156~§160 이하
언어(nirutti)
언어에 대한 무애해체지(nirutti-paṭisambhidā): §718 [각주설명] 이하.
언어표현(vohāra)
성스럽지 못한 언어표현 네 가지(cattāro anariya-vohāra) §939 [설명].
성스럽지 못한 언어표현 여덟 가지(aṭṭha anariya-vohāra) §955 [설명].
얼버무림(accāsarā) §894.
얽매임 일곱 가지(satta pariyuṭṭhānāni) §949 [설명].
업(kamma)

업들(kammāni) §793.
업으로부터(kammato) §707.
과거 · 미래 · 현재에 지은 업 §810 [설명].
업의 길 열 가지(kamma-pathā dasa) §707 [각주], §968 [설명].
무간업 다섯 가지(pañca kammāni ānantarikāni) §941 [설명].
업에 따라가는 것(yathākammūpaga) §830.
업으로서의 존재[業有, kammabhava] §234 [설명].
업이 자신의 주인임을 아는 지혜(kammassakata-ñāṇa) §768, §793 [설명].
유익한 업(kusala kamma) §306 이하, §631 이하, §732, §733 이하.
몸으로 짓는 업(kāya-kamma, 등) §391, §766, §919.
업의 과보(kamma-vipāka) §206, §330, §331, §636, §694, §695, §697, §698.
업으로서의 존재[業有, kammabhava] §234 [설명].
업을 받들어 행함(samādāna) §810 [각주설명], §830.
업의 장애(kamma-āvaraṇa) §827, §828.
업에 따라가는 것(yatha-kammūpaga) §830.
신호를 보냄(nimitta-kamma), 귀띔함(obhāsa-kamma) §§863
직업 분야(kammāyatana) §768.
[잡다한] 일하기를 좋아하는 것(kammārāmatā) §945, §946.
직접 인지하지 못함(apaccakkha-kamma) §180.
헐뜯는 행위(nitthuriyakamma) §892.
분명하지 않게 함(anuttānīkamma) §894.
알지 못하게 함(anāvī-kamma) §894.
강화시킴(daḷhīkamma) §891.
포살의 갈마(uposatha-kamma) §1021.
업형성[行, saṅkhāra] §307 [설명], §312 [설명], §314 [설명], §316 [설명], §318 [설명], §320 [설명], §325 [설명], §327 [설명], §329 [설명], §243.
참 심리현상[行, saṅkhāra], 자극을 받은(sasaṅkhārena)
무더기(khandha): §20～§25, §92～§120, §167, §182, §184.
연기(nidāna): §225, §226, §227 이하, §723, §803, §806, §809.
형성된 것[行]은 어떤 것이든(koci saṅkhāra) §809.
노력의 [업]형성(padhāna-saṅkhāra) ☞ 노력1(padhāna)
말의 [업]형성(vacīsaṅkhāra) §226 [설명].
무명을 조건으로(avijjāpaccayā): §225, §226 이하, §806.
무명을 조건으로 하여 [발생하는] [업]형성 §334 [설명], §335 [설명].
무명을 조건으로 하여 [발생하는] [업]형성[行, saṅkhāra] §249 [설명], §251 [설명], §253 [설명], §255 [설명], §273 [설명], §275 [설명], §277 [설명],

§279 [설명], §281 [설명].
무명을 조건으로 하여 [발생하는] 무명과 결합된 [업]형성[行] §265 [설명], §267 [설명], §269 [설명], §271 [설명].
무명을 조건으로 하여 [발생하는] 무명이 그 원인인 [업]형성 §257 [설 명], §259 [설명], §261 [설명], §263 [설명].
알음알이를 조건으로 하여서도 [발생하는] [업]형성 §273 [설명], §275 [설명], §277 [설명], §279 [설명].
유익함의 뿌리를 조건으로 하여 [발생하는] [업]형성 §293 [설명], §295 [설명], §297 [설명], §299 [설명], §301 [설명], §303 [설명], §305 [설명].
유익함의 뿌리를 조건으로 하여 [발생하는] [업]형성 §343 [설명], §344 [설명]
해로움의 뿌리를 조건으로 하여 [발생하는] [업]형성 §351 [설명], §354 [설명]
업형성(abhisaṅkhāra)
공덕이 되는 [업]형성(puññābhisaṅkhāra) §226 [설명], §817.
공덕이 아닌 [업]형성(apuññābhisaṅkhāra) §226 [설명], §817.
흔들림 없는 [업]형성(āneñjābhisaṅkhāra) §226 [설명], §817.
여래(tathāgata) §760, §813, §814, §815 이하, §951～§953 이하,
여래의 지혜 열 가지(tathāgatassa yathābhūtaṁ ñāṇaṁ) §809 이하 [설명].
여래의 힘 열 가지(tathāgata-balāni) §760.
여러 가지 부문(bahuvidhavāra) §34 [각주], §61[각주설명].
여섯 감각장소(saḷāyatana) §225, §229, §230 이하, §338, §723. 참 감각장소[處, āyatana]
정신・물질을 조건으로 하여 [발생하는] 정신・물질이 그 원인인 여섯 감각장소(saḷāyatana) §263 [설명].
정신・물질을 조건으로 하여 [발생하는] 여섯 감각장소[名色緣六入, nāmarūpa-paccayā saḷāyatana] §229 [설명].
정신・물질을 조건으로 하여 [발생하는] 여섯 감각장소 §279 [설명].
정신・물질을 조건으로 하여 [발생하는] 여섯 감각장소 §255 [설명].
정신과 물질을 조건으로 하여 [발생하는] 정신과 결합된 여섯 번째 감각장소를 가진 여섯 감각장소 §271 [설명].
여섯 번째 감각장소(chaṭṭhāyatana) ☞ 감각장소[處, āyatana]
여자(itthi) §809, §809. 참 기능[根, indriya].
여자의 기능[女根m, itthindriya] §220 [설명].
연(緣) ☞ 조건(paccaya)
연기(緣起, paṭiccasamuppāda) §225 [각주].
연기 위방가(paṭiccasamuppāda-vibhaṅga) §225～354.
연민[悲, karuṇā] §653 [설명], §659 [설명], §686 [설명], §686 [설명], §686 [설

명], §693 [설명], §693 [설명], §698 [설명].
연민이 함께한 마음으로(karuṇāsahagatena cetasā) §653, §659.
연속하여(abbokiṇṇa) §764.
열등감(omāna) §881 [설명].
열반(nibbāna) §469.
열반으로 인도하는(nibbāna-gāminī) §810, §1029.
열의(chanda) §392 [설명], §398 [설명], §410 [설명], §421 [설명], §433 [설명], §446 [설명], §392.
열의를 [주로 한] 삼매(chanda-samādhi) §431 [각주설명], §432, §433 이하.
감각적 쾌락에 대한 욕구(kāmacchanda) §367, §940, §941.
열의의 지배를 가진(chanda-adhipateyya) §709.
열의 때문에 하지 않아야 할 것(chanda-agati) §939.
열의의 다양함(chanda-nānattatā) §1027.
열의를 [주로 한] 성취수단(chandiddhipāda) §458 [설명].
열의를 가진(chandika) §827..
열의가 없는(acchandika) §826.
열의를 가짐(chandikatā) §392.
열의를 가짐(chandatā)
열의를 버려버림(nikkhitta-chandatā), §846, §928, §930,
열의를 내려놓지 않음(anikkhitta-chandatā) §220, §433.
열의를 일으킨다(chandaṁ janeti) §392 [설명], §398, §410.
참 정진(vāyāma), 정진(viriya).
염오(nibbidā) §798.
염오로도 인도하고 꿰뚫음으로도 인도하는 통찰지(paññā nibbidāya ceva paṭivedhāya ca) 등 §798 [설명].
염원(paṇidhi) §1027.
영감(靈感)(paṭibhāna)
영감의 무애해체지(paṭibhāna-paṭisambhidā) §718~§722 이하
영역과 대상(gocara-visaya) §763.
영원한(sassata) §948 [각주설명].
영원하다는 견해[常見, sassata-diṭṭhi] §897 [설명].
영원히 지속된다(sassatisama) §948 [각주설명].
예리한 것 [기능이 ~](tikkhindriya) §822 [설명].
예와빠나까, 그밖에들(yevāpanaka) §7, §732 [각주].
오문인식과정의 인식(pañcadvārika-saññā) §17[각주].
오염된, 오염원의 대상인(saṅkiliṭṭha, saṅkilesika) §33, §35, §36 이하. 참 각 장

의 <질문을 제기함>.
다섯 가지 알음알이(pañca viññāṇā): §761.
통찰지(paññā): §767.
오염원(kilesa)
심리현상들의 무더기(saṅkhārakkhandha): §94, §153.
오염원과 결합된(kilesasampayutta 등) §36, §65, §94, §123, §153, §171, §188, §218, §767.
오염원의 장애(kilesāvaraṇa) §827.
여덟 가지 오염원의 토대(aṭṭha kilesavatthūni) §952 [설명].
열 가지 오염원의 토대(dasa kilesavatthūni) §819 [설명], §966 [설명].
참 각 장의 <질문을 제기함>.
오염원(saṅkesa) §828 [설명].
오염원(upakkilesa) §508, §562 [설명].
온(蘊) ☞ 무더기[蘊, khandha]
온화함(soracca) §903 [설명].
온화하지 못함(asoracca) §903 [설명].
와이샤/바이샤 [계급](vessa) §974 이하.
완고함(thambha) §847 [설명].
외도(titthiya) §514.
외도의 근거 세 가지(tīṇi titthāyatanāni) §246, §923 [설명].
외딴 곳(vivitta) §526 [설명].
외딴 처소를 의지한다(vivittaṁ senāsanaṁ bhajati) §528 [설명].
외적인(bāhirā)
외적인 땅의 요소(bāhirā pathavīdhātu) §173 [설명].
외적인 물의 요소(bāhirā āpodhātu) §174 [설명].
외적인 불의 요소(bāhirā tejodhātu) §175 [설명].
외적인 바람의 요소(bāhirā vāyodhātu) §176 [설명].
외적인 허공의 요소(bāhirā ākāsadhātu) §177 [설명].
요소[界, dhātu]
네 가지 요소(catasso dhātuyo) §33, §34, §162~§167.
여섯 가지 요소(cha dhātuyo) §172 [설명], §178, §179, §180, §182.
18가지 요소(aṭṭhārasa dhātuyo) §183, §184, §186, §978, §981 [설명] 이하.
여러 가지 요소(aneka-dhātu) §812 [각주설명].
눈의 요소 등(cakkhu-dhātu 등) §156 이하.
알음알이의 요소(viññāṇa-dhātu) §178.
마노의 요소[意界, mano-dhātu] §313, §330, §742, §743.

마노의 알음알이의 요소[意識界, manoviññāṇa-dhātu] §183, §184, §184, §330, §331 이하, §744, §745.
귀의 요소를 청정하게 함에 대한 지혜[天耳通, sota-dhātu-visuddhiyā ñāṇa] §805 [각주설명].
감각적 쾌락의 요소(kāmadhātu) §182 [설명].
악의의 요소(byāpāda-dhātu) §181, §182 [설명], §912.
즐거움의 요소 등(sukha-dhātu 등) §179, §180.
세계(loka-dhātu) §809 [각주설명].
다양한 요소를 가진 세상(nānā-dhātu loka) §812 [각주설명].
해로움의 요소 세 가지(akusala-dhātu) §912 [설명].
욕계의 요소(kāma-dhātu), 색계의 요소(rūpa-dhātu), 무색계의 요소(arūpa-dhātu) §991～§996, §999～§1004, §1007～§1019.
욕계의 요소에 있는 18가지 요소(dhātu) §992 [설명].
색계의 요소에 있는 아홉 가지 요소 §994 [설명].
무색계의 요소에 있는 두 가지 요소 §996 [설명].
[세간에] 포함되지 않는 것에 있는 두 가지 요소 §998 [설명].
요소 위방가(dhātu-vibhaṅga) §172～188.
욕계(kāma) §564 [설명]§942, §943.
욕계 존재에 대한 갈애(kāmataṇhā) §917 [설명].
욕계(kāmāvacara) §33 등등.
욕계에 속하는 법들(kāmāvacarā dhammā) §1020 [설명].
욕계에 속하지 않는 법들(na kāmāvacarā dhammā) §1020 [설명].
욕계의 요소(kāma-dhātu) §181, §910, §911, §912, §913, §991, §992 [설명].
욕계의 태어날 곳과 색계의 태어날 곳(kāmarūpagati) §1029.
㊟ 감각적 쾌락(kāma)
욕심(abhijjhā) §362 [설명], §364 [설명], §366 [설명], §373 [설명], §538 [설명], §541 [설명], §909, §913, §968. ㊟ gantha (cattāro).
욕심이 없는 마음으로(vigatābhijjhena cetasā) §508, §538, §539 [설명], §541
세상에 대한 욕심을 제거하여(abhijjhaṁ loke pahāya) §538 [설명].
욕심과 싫어하는 마음(abhijjhā-domanassa) §205, §355, §356 이하.
욕탐 여섯 가지(cha chandarāgā) §944 [설명].
우물과 같은 역할을 하는(opāna-bhūta) §514 (cf. D.i.137. M.i.379.
우쭐함(unnati/uṇṇati), 우월감(unnāma/uṇṇāma) §843. ㊟ 자만(māna).
원만한 성취(samiddhi) §434. ㊟ 풍족한 곳(samiddhi)
원만히 성취함(samijjhanā) §434 이하
원인(hetu) §33, §35 이하, §63, §64, §65 이하. ㊟ 각 장의 <질문을 제기함>.

다섯 가지 알음알이(pañca viññāṇā): §761.
아홉 가지 원인(nava hetū) §978 등, §984 [설명].
전생의 행위에 기인한 것(pubbe katahetu) §923.
신이 창조했기 때문(issaranimmāna-hetu) §923.
과보로 나타난 원인(vipāka-hetu) §1013.
원인에 대한 지혜(hetumhi ñāṇa) §720. 참 무애해체지(paṭisambhidā).
원인을 가진(sahetuka) §34 이하 등등, §1012.
원인이 없는(ahetu) §923.
원인이 아니다(na hetu) §33.
원인이 아니지만(na hetū kho pana) §36.
욕계의 요소에 있는 아홉 가지 원인 §992 [설명].
색계의 요소에 있는 여덟 가지 원인 §994 [설명].
무색계의 요소에 있는 여덟 가지 원인 §996 [설명].
[세간에] 포함되지 않는 것에 있는 세 가지 결정할 수 없는[無記] 원인 §998 [설명]
[세간에] 포함되지 않는 것에 있는 세 가지 유익한 원인 §998 [설명].
[세간에] 포함되지 않는 것에 있는 여섯 가지 원인 §998 [설명].
원인(ṭhāna) §809 [설명].
원하고 사랑스럽고 마음에 드는(iṭṭha kanta manāpa) §6, §199, §200, §809
원하는 대로 얻음(nikāmalābhi) §802.
원한(āghāta) §287, §909.
원한이 생기는 토대 아홉 가지(āghātavatthu) §960 [설명].
원한이 생기는 토대 열 가지(āghātavatthu) §967 [설명].
위(uttara)
위가 있는(sauttara), 위가 없는(anuttara) §36, §65, §94, §123, §153. 참 각 장의 <질문을 제기함>
위가 있는 통찰지(sauttarā paññā) §767[설명].
위선(sāṭheyya) §894 [설명], §944, §961.
위험(ādīnava) §515.
인욕하지 못함에서 오는 위험 다섯 가지(pañca akkhantiyā ādīnavā) §942 [설명].
유가안은(yogakkhema) §514 [각주설명].
유연함(maddava) §902 [설명].
유연하지 못함(amaddava) §902 [설명].
유익한[善, kusala]
느낌(vedanā): §11, §11, §12, §13, §34, §36, §38 이하.
인식(saññā): §17, §18, §19, §19.

의도(cetanā): §226.
심리현상들(saṅkhārā): §23, §24, §25, §25.
알음알이(viññāṇa): §29, §30, §31.
오온(pañcakkhandhā): §149, §151, §152, §152, §1038.
마노[意, mano] §161.
마음(citta): §291, §292, §293, §296, §297, §305, §334, §704 이하, §725 이하.
참 각 장의 <질문을 제기함>
유익함의 뿌리[善根, kusalamūla] §292 [각주설명], §293 [설명], §295 [설명], §297 [설명], §299 [설명], §301 [설명], §303 [설명], §305 [설명], §343 [설명], §403, §405.
유익함의 뿌리를 조건으로 하여(kusalamūlapaccaya) §292, §293 이하, §343 [각주설명].
아주 유익한 [법들](adhikusala) §856 [각주설명]. 참 업(kamma).
유익한 원인 세 가지(tayo kusala-hetū) §984 [설명], §994 [설명].
유익한 법들(kusalā dhammā) §205 §247 [설명], §292 [설명], §292 [설명], §294 [설명], §295 [설명], §297 [설명], §300 [설명], §302 [설명], §304 [설명], §334 [설명], §334 [설명], §339 [설명], §340 [설명], §341 [설명], §342 [설명], §725 [설명], §726 [설명], §727 [설명], §728 [설명], §729 [설명].
아직 일어나지 않은 유익한 법들(anuppannā kusalā dhammā) §403 [설명].
유지함(anusaṁsandanā) §891.
유학(sekha) §33, §35 이하. 참 각 장의 <질문을 제기함>.
다섯 가지 알음알이(pañca viññāṇā): §761.
유학에 속하는 통찰지(sekkhā paññā) §777 [설명].
유한함(antavā) §898 [설명].
육체적 고통(dukkha) §196 [설명], §239 [설명]. ☞ 괴로움[苦, dukkha]
육체적인 정진(kāyika vīriya) §469.
음식(āhāra)
덩어리진 [먹는] 음식(kabaḷīkāra āhāra) §5, §7, §167, §184.
네 가지 음식(cattāro āhāra) §978 이하, §985 [설명].
욕계의 요소에 있는 네 가지 음식(āhāra) §992 [설명].
색계의 요소에 있는 세 가지 음식 §994 [설명].
무색계의 요소에 있는 세 가지 음식 §996 [설명].
[세간에] 포함되지 않는 것에 있는 세 가지 음식 §998 [설명].
음식에서 적당함을 앎(bhojane mattaññutā) §518 [설명].
음식에서 적당함을 알지 못함(bhojane amattaññutā) §518 [설명], §905 [설명]
의견(mudi) §768, §793

의도(cetanā) §704. 이하.
심리현상들(saṅkhārā): §21, §21, §22., §92. 이하, §120, §249.
욕계의 요소에 있는 일곱 가지 의도(cetanā) §992 [설명].
일곱 가지 의도(satta cetanā) §978., §985, §989 [설명], 이하.
의도가 없음(acetanaka) §1017.
의도(sañcetanā) §203, §204, §249, §704 이하.
의도의 음식[意思食, manosañcetana āhāra) §985.
몸으로 짓는 의도(kāya-sañcetanā), 말로 짓는 의도(vacī-sañcetanā), 마노로 짓는 의도(mano-sañcetanā) §226.
의도된 상태(sañcetayitatta) §249. 참 업형성(saṅkhāra).
의례의식(vata) §915.
의무(dhura)
의무를 내려놓지 않음(anikkhittadhuratā), 의무를 움켜쥠(dhurasampaggāha) §220, §433. 참 정진(vīriya), 정진(vāyāma).
의무를 버려버림(nikkhitta-dhuratā) §928, §932,
의문(saṁsaya) §289.
의문인식과정의 인식(manodvārika-saññā) §17 [각주].
의심(vicikicchā) §289, §557 [설명], §560 [설명], §819, §915 [설명].
의심과 결합된(vicikicchā-sampayutta) §288.
느낌을 조건으로 하여 [발생하는] 의심(vicikicchā) §289 [설명].
의심을 건넌(tiṇṇavicikiccha) §558 [설명].
의심을 제거하여(vicikicchaṁ pahāya) §557.
참 잠재성향(anusaya), 오염원(kilesa), 장애(nīvaraṇa), 족쇄(saṁyojana).
의지한(nissita)
떨쳐버림을 의지하고(viveka-nissita) 탐욕의 빛바램을 의지하고(virāga-nissita) 소멸을 의지한(nirodha-nissita) §471.
이 외에도(taṁ taṁ vā pana) §7, §11, §13.
이것에게 조건이 됨[此緣性, idapaccayatā] §815, §909, §915.
이득과 존경과 명성과 관련된 생각(lābha-sakkāra-siloka-paṭisaṁyutta vitakka) §861, §862, §863 이하, §889 [설명].
이득으로 이득을 추구함(lābhena lābhaṁ nijigīsanatā) §865 [설명], §861, §865.
이로움을 생각함(attha-cintaka) §1028, §1029.
이름붙임(adhivacana) §17 [각주설명].
이미 일어난(uppannā)
이미 일어난 악하고 해로운 법들(uppannā pāpakā akusalā dhamm) §397 [설명].

이미 일어난 유익한 법들(uppannā kusalā dhammā) §405 [설명].
이전의 노력(pubbayoga) §718.
이치에 어긋나게 마음에 잡도리함(ayoniso manasikāraZ) §936 [설명].
인간(puggala) §809.
다른 사람(parapuggala) §974 이하.
인간의 더러움 아홉 가지(nava purisamalāni) §961 [설명].
인색(macchariya) §893, §961, §969.
다섯 가지 인색(pañca macchariyāni) §893 [설명], §932, §940 [설명].
인습적인 지혜(sammutiyā ñāṇa) §754, §796 [설명].
인식[想, saññā]
무더기(khandha): §14～§19, §62～§91, §167. §182, §184, §549[설명], §828.
인식 일곱 가지(satta saññā) §988 [설명], §988.
형색에 대한 인식 등(rūpa-saññā 등) §203 [각주설명], §204.
인식과 마음에 잡도리함(saññā-manasikāra) §799.
인식을 가진 존재(saññā-bhava) §253.
인식의 전도(saññā-vipariyāsa) §939. 참 전도(vipariyāsa)
비상비비상처(非想非非想處)의 인식(nevasaññānāsaññāyatana-saññā) §302, §322.
해로운 인식 세 가지(akusala-saññā) §911 [설명].
갖가지 인식(nānattasaññā) §604 [설명], §927 [설명].
과거의 인식 등 §15～§18 [설명].
욕계의 요소에 있는 일곱 가지 인식 §992 [설명].
인식의 무더기[想蘊, saññākkhandha] §14 [설명], §62 [설명], §167 [설명], §184 [설명].
[사후에 자아가] 인식을 가지지 않는다는 주장 여덟 가지(aṭṭha asaññivādā) §958 [설명].
[사후에 자아가] 인식을 가진 것도 아니고 인식을 가지지 않은 것도 아니라는 주장 여덟 가지(aṭṭha nevasaññīnāsaññīvāda) §959 [설명].
인식을 가진(saññitā)
얻었다는(patta-), 행했다는(kata-), 증득했다는(adhigata-), 실현했다는 인식을 가진(sacchikata-saññitā) §882.
인식을 가진(saññī) §941, §965.
인식을 가지지 않는(asaññī) §958, §965, §977.
인식이 없음(asaññaka) §1017.
인식하지 못함 [다섯 가지 알음알이는 ～](anābhoga) §766 [설명].
인욕(khanti) §509, §815. 참 지혜의 능력[忍知, khanti]

인욕하지 못함(akkhanti) §903 [설명], §942.
인욕하지 못하는 상태(akkhamanatā) §903.
인욕함(khamanatā §903.
일 년(saṁvacchara) §1023.
일어나게 될(uppādi , §35, §116, §170, §187, §217, §223, §388, §429, §464, §484, §506, §640, §701, §716, §749.
일어난(uppanna) §33, §35, §116, §117. 참 각 장의 <질문을 제기함>.
일어난 토대를 가진(uppanna-vatthuka), 일어난 대상을 가진(uppann-ārammaṇa) §762.
더욱 틈 없이 뒤따라[等無間] 일어나는(uppanna-samanantara) §765.
통찰지가 일어난(paññā uppannā) §784, §788.
일어남(uppāda)
마음이 일어나는(cittuppāda) §746 [각주설명].
갈애의 일어남 네 가지(cattāro taṇhuppāda) §939 [설명].
일으킨 생각[尋, vitakka] §182, §565 [설명], §572 [설명], §576 [설명].
참 생각(vitakka), 사유(vitakka), 사유(saṅkappa), 선(禪, jhāna).
형색에 대한 일으킨 생각 등(rūpa-vitakka 등) §204, §205.
해로운 사유 세 가지(akusala-vitakka) §910 [설명].
일으킨 생각이 있는(savitakka) §33, §35, §1042, 등등.
일으킨 생각이 있는 희열(savitakka pīti) §469.
일으킨 생각이 있는 통찰지(savitakka pāññā) §767 [설명].
일으킨 생각[尋]과 지속적 고찰[伺]이 있는(savitakka savicāra) §565 [설명].
일으킨 생각과 지속적 고찰이 없는(avitakka avicāra) §576 [설명].
일지라도(api) §751 [각주설명].
입의 표상(mukha-nimitta) §537 [각주설명].
있는 그대로(yathābhūta) §809 이하.

【자】

자기(attā). 참 자아(attā)
자기 존재(atta-bhāva) §156 이하.
자기 모멸(attuññā), 자기 경멸(attavaññā), 자기 멸시(attaparibhava) §868, §871, §874, §877, §881.
자책에 대한 두려움(attānuvāda) §939.
자신을 평가하다(attānaṁ dahati) §869, §876, §876, §877, §879, §880.

자기 내면의(ajjhattaṁ) §573 [설명].
자기에게 생긴 것(niyaka. 참 §4 등 ajjhatta 참조.
자극을 받은(sasaṅkhārena) §280 등, §704 등, §804.
자만(māna) §878 [설명], §843, §844, §845, §866～§883, §939, §940, §941, §973, §974. 참 잠재성향(anusaya), 오염원(kilesa).
세 가지 자만의 유형(tisso vidhā mānā) §920 [설명].
일곱 가지 자만(satta mānā) §949, §950 [설명].
아홉 가지 자만(navavidhā mānā) §960, §961, §962 [설명], §962.
자만의 족쇄(māna-saṁyojana) §878 [설명].
열등감(omāna) §868,
거만(atimāna) §879 [설명].
자만에 이은 거만(mānātimāna) §880 [설명].
과대평가(adhimāna) §882 [설명].
그릇된 자만(micchāmāna) §884 [설명].
'나는 있다.'라는 자만(asmimāna) §883 [설명].
나와 동등하다는 자만(sadisohamasmīti māna) §867 [설명].
내가 더 뛰어나다는 자만(seyyohamasmīti māna) §866 [설명].
내가 더 못하다는 자만(hīno hamasmīti māna) §868 [설명].
동등한 자가 내가 더 뛰어나다고 [여기는] 자만(sadisassa seyyohamasmīti māna) §872 [설명].
동등한 자가 내가 더 못하다고 [여기는] 자만(sadisassa hīnohamasmīti māna) §874 [설명].
동등한 자가 내가 동등하다고 [여기는] 자만(sadisassa sadisohamasmīti māna) §873 [설명].
뛰어난 자가 내가 더 뛰어나다고 [여기는] 자만(seyyassa seyyohamasmīti māna) §869 [설명].
뛰어난 자가 내가 동등하다고 [여기는] 자만(seyyassa sadisohamasmīti māna) §870 [설명].
못한 자가 내가 더 뛰어나다고 [여기는] 자만(hīnassa seyyohamasmīti māna) §875 [설명].
못한 자가 내가 더 못하다고 [여기는] 자만(hīnassa hīnohamasmīti māna) §877 [설명].
못한 자가 내가 동등하다고 [여기는] 자만(hīnassa sadisohamasmīti māna) §876 [설명].
뛰어난 자가 내가 더 못하다고 [여기는] 자만(seyyassa hīnohamasmīti māna) §871 [설명].

자신(attā) ☞ 자기(attā)
자신이 존재한다는 견해 [불변하는 ~][有身見, sakkāyadiṭṭhi] §915 [설명], §940
자아(attā) §943, §951, §958, §809. 참 자기(attā)
자아에 대한 견해(attānudiṭṭhi) §925 [설명].
자아의 교설에 대한 취착[我語取, attavādupādāna] §233, §938 [설명].
자애(mettā) §643 [설명], §649 [설명], §684 [설명], §684 [설명], §684 [설명], §692 [설명], §692 [설명], §697 [설명], §697 [설명].
자애가 함께한 마음으로(mettāsahagatena cetasā) §649.
자애를 가짐(mettāyanā mettāyitatta metti. §643, §684, §692. 참 mettā.
자책에 대한 두려움(attānuvāda) §939.
작용만 하는 법들(kiriyā dhammā) §206 이하.
마노의 요소(manodhātu): §330, §331, §743.
마노의 알음알이의 요소(manoviññāṇadhātu): §330, §331, §743, §744.
禪(jhāna): §636, §697, §698.
실현(sacchikiriya): §434 이하.
작용만 하는 결정할 수 없는 [마음](kiriya-abyākata) §767, §773 등.
작은(aṇumatta) §508, §515 (cf. M.ii.134. A.i.22.
작은 항목 위방가(khuddakavatthuvibhaṅga) §832-977.
잠재성향(anusaya) §814, §883, §909.
일곱 가지 잠재성향(satta anusaya) §816 [설명], §949 [설명].
장애(nīvaraṇa) §94, §153, §538, 561. 참 각 장의 <질문을 제기함>.
다섯 가지 장애[五蓋, pañca nīvaraṇa] §508 [설명], §561, §562, §941 [설명].
장애와 결합된(nīvaraṇa-sampayutta 등) §36, §65, §123, §171, §218, §224.
장애의 대상인(nīvaraṇiya) §33, §36, §65, §94, §123, §153, §171, §218, §224, §761, §767.
장소[處, āyatana] ☞ 감각장소[處, āyatana]
재난(vipatti) §810 [각주설명], §828. 참 파함
재생[生有, upapattibhava] §234 [설명].
재생의 근거(upadhi) §810 [각주설명].
저 언덕에 도달함(pāramanupatta) §558.
저 언덕으로 감(pāraṅgata) §558.
저열한, 못한(hīna) §2, §6, §12, §18, §24, §30, §35, §54, §84, §113, §170, §187, §217, §223, §709, §813 이하, §868, §871, §874~§877.
저열한 물질(rūpa hīna) §6 [설명].
낮은 [재가자의] 삶으로 되돌아가다(hīnāy'āvattati) §957.
적당함을 앎(mattaññutā) §518, §905.
적의(paṭigha)

적의와 결합된(paṭigha-sampayutta) §286, §287.
느낌을 조건으로 하여 [발생하는] 적의 §287 [설명].
적의(upanāha) §891 [설명].
적합함(kammaññatā) §936.
전념(appanā), 몰입(vyappanā). §182, §492, §565. 참 사유(saṅkappa), 일으킨 생각[尋, vitakka].
전도(顚倒) 네 가지(cattāro vipariyāsā) §939 [설명].
전면(前面)에(parimukhaṁ) §537 [설명].
전생을 기억하는 [지혜][宿命通, pubbenivāsānussati] §805, §829.
전생의 행위에 기인한 것(pubbe katahetu) §923.
전향하는(samannāharanta), 전향 없음(asamannāhāra) §764.
전향함(āvaṭṭanā) §766, §936.
절망(upāyāsa) §198 [설명], §201, §225, §241 [설명], 이하.
알음알이를 조건으로 하여 [발생하는] 알음알이가 그 원인인 정신 · 물질[名色] §261 [설명], §263 [설명].
알음알이를 조건으로 하여 [발생하는] 알음알이와 결합된 정신을 가진 정신 · 물질[名色] §269 [설명], §271 [설명].
알음알이를 조건으로 하여 [발생하는] 정신 · 물질[名色] §255 [설명], §277 [설명], §279 [설명].
여섯 번째 감각장소를 조건으로 하여서도 [발생하는] 정신 · 물질[名色] §277 [설명], §279 [설명].
정신[名, nāma] §228 [설명], §251 [설명], §253 [설명], §253 [설명], §255 [설명], §255 [설명], §259 [설명], §261 [설명], §261 [설명], §263 [설명], §263 [설명], §267 [설명], §269 [설명], §269 [설명], §271 [설명], §271 [설명], §275 [설명], §277 [설명], §277 [설명], §277 [설명], §277 [설명], §279 [설명], §279 [설명], §279 [설명], §279 [설명], §723.
알음알이와 결합된 정신(viññāṇasampayutta nāma) §244, §245.
감각접촉을 조건으로 하여서도 [발생하는] 정신[名] §275 [설명].
알음알이를 조건으로 하여 [발생하는] 알음알이가 그 원인인 정신[名] §257 [설명], §259 [설명].
알음알이를 조건으로 하여 [발생하는] 알음알이와 결합된 정신[名] §265 [설명], §267 [설명].
알음알이를 조건으로 하여 [발생하는] 정신[名] §249 [설명], §251 [설명], §273 [설명], §275 [설명], §307 [설명], §354 [설명].
여섯 번째 감각장소를 조건으로 하여서도 [발생하는] 정신[名] §273 [설명].
정신 · 물질[名色 nāmarūpa] §225, §228, §229 이하

정신작용(mānasa) §249 이하
정신적 고통(domanassa) §197 [설명], §240 [설명], §947.
정신적 태만(cetaso līnatta) §860 [설명], §856, §936 [설명].
정신적인 정진(cetasika vīriya) §469 [각주설명].
정진(vīriya/viriya) §205, §394 [설명], §400 [설명], §412 [설명], §423 [설명], §436 [설명], §449 [설명].
육체적인 정진(kāyika vīriya)과 정신적인 정진(cetasika vīriya) §469.
정진을 [주로 한] 삼매(vīriyasamādhi) §435 [설명].
정진을 [주로 한] 성취수단(vīriyiddhipāda) §459 [설명].
정진을 시작함(vīriyārambha) §206, §359, §390, §391, §393.
정진을 한다(vīriyaṁ ārabhati) §205, §390, §391, §394 [설명], §397, §400, §403~§409, §412, §415~§419, §423, §427.
정진의 기능[精進根, vīriyindriya] §220 [설명].
정진의 깨달음의 구성요소[精進覺支, vīriyasambojjhaṅga] §474 [설명], §467, §469 [설명].
정진의 지배를 가진(vīriya-adhipateyya) §709.
정진(vāyāma) ☞ 바른 정진[正精進, sammāvāyāma]
정체에 빠진 통찰지(ṭhitibhāginī paññā) §799 [설명].
정확한 해석(yāthāvattha-vibhāvanā) §766.
제(諦) ☞ 진리[諦, sacca]
제안함(ukkācanā) §862.
제한된(paritta) §33, §35, §52, §53, §82, §83, §111, §112, §152, §170, §187, §217, §223, §716, §749, §761, §778, §779, §802, §1024, §1025.
제한적으로(odhiso §510.
조건(paccaya)
조건을 가지는(sappaccaya) §33, §153, §761. 참 각 장의 <질문을 제기함>
조건으로(-paccaya) §61, §61, 등등.
조건의 정형구들(paccaya-ākāra): §225, §226, §227 이하.
조건 따라 일어난[緣而生, paṭiccasamuppanna] §815, §909.
조건에 따라(ṭhānaso) §760, §810 [각주설명]. 참 경우(ṭhāna)
조사한다(pavicinati) §467.
조예가 깊은(yogavihita) §768 [각주설명].
조용한(appasadda) §532 [설명].
족성에 대한 교만(gottamada) §844 [설명].
족쇄(saṁyojana) §94, §153. 참 각 장의 <질문을 제기함>.
세 가지 족쇄(tīṇi saṁyojanāni) §915 [설명].

다섯 가지 높은 단계의 족쇄[上分結, uddhambhāgiya-saṁyojana] §940 [설명]
일곱 가지 족쇄(satta saṁyojanāni) §949 [설명].
열 가지 족쇄(dasa saṁyojanāni) §940, §969 [설명].
족쇄와 결합된(saṁyojana-sampayutta) §36 이하, §171, §188, §218, §224.
밖의 족쇄(bahiddhāsaṁyojana) §908 [설명].
족쇄의 대상인(saṁyojaniya) §33, §36 이하, §153, §171, §188, §218, §224, §761, §767.
존경 없음(anaddā) §931 [각주설명].
존재[有, bhava] §723, §895, §896.
여덟 번째 존재(aṭṭhama bhava) §809 [각주설명].
다섯 가지 무더기를 가진 존재(pañcavokārabhava) §951.
존재에 대한 갈애[有愛, bhavataṇhā] §203, §895 [설명], §916 [설명].
존재에 대한 견해(bhavadiṭṭhi) §896 [설명].
존재의 번뇌(bhavāsava) §914 [설명], §937 [설명].
존재의 추구(bhavesanā) §919 [설명].
존재에 대한 갈망(bhava-rāga) §816, §919. 참 잠재성향(anusaya).
존재의 끝점(bhavagga) §1029.
업으로서의 존재[業有, kammabhava] §234 [설명].
재생으로서의 존재[生有, uppatti-bhava] §234 [설명].
결심을 조건으로 하여 [발생하는] 존재 §281 [설명], §287 [설명], §291 [설명], §293 [설명], §305 [설명], §314 [설명], §316 [설명], §318 [설명], §320 [설명], §327 [설명], §335 [설명], §354 [설명].
느낌을 조건으로 하여 [발생하는] 존재 §307 [설명], §312 [설명], §325 [설명].
의심을 조건으로 하여 [발생하는] 존재 §289 [설명].
취착을 조건으로 하여 [발생하는] 존재(bhava) §234 [설명], §244 [설명], §249 [설명], §273 [설명].
존재하기도 하고 존재하지 않기도 한다(hoti ca na ca hoti) §937.
존재하지 않는다(na hoti) §937 [각주].
존재하지 않음(vibhava)
존재하지 않음에 대한 갈애[無有愛, vibhavataṇhā] §203, §909, §916 [설명].
존재하지 않음에 대한 견해(vibhavadiṭṭhi) §815, §896 [설명], §897, §916.
존중되는(cittīkata) §6.
존중하지 않음 여섯 가지(cha agāravā) §945 [설명].
좋아함(ārāma) §851.
좋아함(ārāmatā) §945, §946.
주지 않은 것을 가지는 것을 금하는 학습계목(adinnādānā veramaṇī sikkhāpada)

§706 [설명], §710 [설명], §711 [설명].
죽음[死, maraṇa] §193 [설명], §236 [설명], §249 [설명], §273 [설명], §354 [설명]
죽음에 대한 두려움(maraṇabhaya) §921 [설명].
죽지 않음에 대한 생각 혹은 애매모호함과 관련된 생각(amaravitakka) §887 [설명]
중간(majjhima) §35, §54, §84, §113, §152, §170, §187, §217, §223, §640, §709, §716, §1024, §1025, §1026
중립적인 상태(majjhattatā) §474, §476
중생(satta) §182, §182, §191, §192, §193, §201, §235, §236, §813 이하, §1029, §1030.
중생들의 무리(satta-nikāyo) §235, §236.
중생들의 성향(sattānaṁ adhimutti) §818 [설명].
중생들의 습성(sattānaṁ āsaya) §815 [설명].
중생들의 잠재성향(sattānaṁ anusaya) §816 [설명].
중생들의 행위(sattānaṁ carita) §817 [설명].
중생들이 가능성이 없는 것(abhabba) §826 [설명].
다른 중생(para-satta) §4, §6, §10, §16, §22, §28, §796, §813～§818.
무상유정(asañña-satta) §1015, §1017 [설명].
중성(napuṁsaka) §1012.
즐거움[樂, sukha]. 참 행복(sukha)
느낌(vedanā): §8, §9, §10, §11, §11, §12, §13, 등등.
즐거움의 기능(sukhindriya) §34, §121, §161, §220.
즐거움의 요소(sukha-dhātu) §179, §180 [설명].
스스로 만드는 즐거움 등(sayaṅkata 등) §939.
즐거움의 기능[樂根, sukhindriya] §220 [설명].
즐거움의 요소(sukhadhātu) §180 [설명].
증득(samāpatti) §770, §808, §828.
증득에 능숙하지 못함(na samāpatti-kusala) §828 [각주].
증득한 자(samāpanna) §11 이하, 602 등, 768 등.
증류주(sura) §703 [각주설명].
증오 다섯 가지(pañca verā) §942 [설명].
증장에 능숙함(āya-kosalla) §771 [설명].
지금 · 여기(diṭṭhadhamma) §636, §697 이하.
지금 · 여기에서의 열반(diṭṭhadhamma-nibbāna) §941, §942, §943 [설명]
지금 · 여기에서의 열반을 주장함 다섯 가지(pañca diṭṭhadhammanibbāna-vādā) §941, §943 [설명], §977.
지금 · 여기에서의 행복(diṭṭhadhamma-sukha) §634, §636, §695, §697 이하.

지나간(atītā) §3 [각주설명].
지나친 바람(atricchatā) §849 [설명].
지배를 가진(adhipateyya) §709.
지배의 [요소](adhipati) §432 [각주설명] 이하.
지속시키는(ṭhitiyā) §40 [설명].
지속적 고찰[伺, vicāra] §203, §204. §565 [설명], §572 [설명], §576 [설명].
　지속적 고찰이 있는(savicāra) §33, §469, §767. 등. 참 일으킨 생각(vitakka).
지역에 대한 생각(janapadavitakka) §886 [설명].
지옥(niraya) §182, §809.
지옥에 태어나는 자(nerayika) §1009 이하.
지혜(ñāṇa) §204, §205, §487, §751 이하, §792, §793, §794, §796, §800.
　참 무애해체지(paṭisambhidā): §718～§750.
　지혜의 토대(ñāṇa-vatthu) §751～§760, §766, §767, §792, §803～§808.
　그릇된 지혜(micchā-ñāṇa) §970.
　과를 구족한 자의 지혜(phalasamaṅgissa ñāṇa) §793.
　법에 대한 지혜(dhamme ñāṇa) §718～§722 이하, §754, §796 [설명].
　업이 자신의 주인임을 아는 지혜(kammassakata-ñāṇaZ) §793 [설명], §793.
　있는 그대로 아는 여래의 지혜 열 가지(tathāgatassa yathābhūtaṁ ñāṇaṁ) §809 이하 [설명].
　인습적인 지혜(sammutiyā ñāṇa) §754, §796 [설명].
　진리에 수순하는 지혜(saccānulomikañāṇa) §793 [설명], §793.
　추론에 의한 지혜(anvaye ñāṇa) §754, §796 [설명].
　지혜들에 대한 지혜(ñāṇesu ñāṇa) §718 [각주설명].
　지혜와 결합된(ñāṇa-sampayutta 등) §292 이하, §334, §704 이하, §1012 이하
　지혜의 토대 77가지(sattasattati ñāṇavatthu) §806 [설명].
　괴로움에 대한 지혜(dukkhe ñāṇa) §794 [설명].
　[업]형성들에 대한 지혜 §803 [설명].
　늙음과 죽음에 대한 지혜 §802 [설명].
지혜 위방가(ñāṇavibhaṅga) §751～831.
지혜의 능력[忍知, khanti] 참 인욕(khanti)
　법을 파악하는 지혜의 능력(dhammanijjhāna-khanti) §768 [설명], §793.
　수순하는 지혜의 능력(anulomika khanti) §768 [각주설명].
직업 분야(kammāyatana) ☞ 분야(āyatana)
직접 인지하지 못함(apaccakkha-kamma) §180.
진리 위방가(saccavibhaṅga) §189-218.
진리[諦, sacca]

네 가지 진리(cattāri saccāni): §189 [설명], §190 이하, §978 이하, §982 [설명]
성스러운 진리(ariya sacca): §189, §190, §202, §203, §204, §205, §206, §211, §213, §215 ~ §218.
진리에 수순함(saccānulomika) §768, §793 [설명].
진리와 상반되는(sacca-vippaṭikula) §935, §936.
욕계의 요소에 있는 세 가지 진리 §992 [설명].
색계의 요소에 있는 세 가지 진리 §994 [설명].
무색계의 요소에 있는 세 가지 진리 §996 [설명].
[세간에] 포함되지 않는 것에 있는 두 가지 진리 §998 [설명].
질문(paripucchā) §718.
질문을 제기함(Pañhāpucchaka) §150 [각주설명].
질투(issā) §893 [설명], §944, §969.
집착[固守, parāmāsa] §94, §153. 참 각 장의 <질문을 제기함>.
집착과 결합된(parāmāsa-sampayutta) §36, §94, §123, §153, §171, §188, §218, §224.
계행과 의례의식에 대한 집착[戒禁取, sīlabbata-parāmāsa] ☞ 계행과 의례의식(sīlabbata).
집착의 대상인(parāmaṭṭha) §33, §36, §123, §153, §171, §188, §218, §224, §761, §767.
짓지 않음(akaraṇa) §206 [각주설명].

【차】

찰나 [세 ~](khaṇattaya) §3 [각주설명].
참선하는 자 [네 부류의](jhāyi) §828 [설명].
창조(nimmāna)
신이 창조한(issara-nimmāna) §923.
찾으러 감(gavesanā), 찾아서 돌아다님(pariyesanā) §865.
책망(anuvāda) §939.
처(處) ☞ āyatana 감각장소[處]
천대받는(hīḷita) §6.
천상세계(devaloka) §811.
천착(abhinivesa) §249. 참 sacca.
철저하게 검증함(parivīmaṁsā) §467.
철저하게 사라진(abbhatthaṅgata. §3, §9, 등, §362, 등등.

철저한 버림(vossagga) §471, §846.
철저한 버림으로 기우는(vossagga-pariṇāmi) §471.
청신녀(upasikā) §516.
청신사(upasaka) §516.
청정범행(brahmacariya) ☞ 범행(brahmacariya)
청정한(suci) §1029.
청정한 믿음[淸淨信, pasāda] §292. 참 깨끗한 믿음(abhippasāda), 믿음(saddhā)
느낌을 조건으로 하여 [발생하는] 청정한 믿음[淸淨信] §293 [설명], §305 [설명], §320 [설명], §335 [설명].
초월지가 느린(dandhābhiñña) §206, §209, §210, §211 이하, §304, §409 이하, §473 이하. 참 신통지(abhiññā), 최상의 지혜(abhiññā).
초저녁부터 늦은 밤까지(pubbarattāpararattaṁ) §519.
최상의 지혜(abhiññā) §469, §793, §798, §831.
참 신통지(abhiññā), 초월지(abhiññā).
추구 세 가지(esanā) §919 [설명].
추구 여섯 가지(cha upavicārā) §946 [설명].
추구함(nijigīsanatā/jigiṁsanatā) §832, §865.
추론(anvaya) §796.
축생(tiracchāna) §811, §1009 이하
축적(ācaya) §797.
[윤회를] 축적하게 하는(ācayagāmi), §33, §35 이하 참 각 장의 <질문을 제기함>
[윤회를] 축적하게 하는 통찰지(ācayagāminī paññā): §776 [설명].
다섯 가지 알음알이(pañca viññāṇā): §761.
출리(出離, nekkhamma)
출리에 대한 사유(nekkhamma-saṅkappo) §205, §487.
출리로 인도하는(niyyānika) §33, §36, §65, §94, §123.
참 각 장의 <질문을 제기함>, 출세간禪(jhāna lokuttara)
다섯 가지 알음알이(pañca viññāṇā): §761.
출리로 인도하는 통찰지(niyyānikā paññā) §767 [설명[.
출리의 요소(nekkhamma-dhātu) §181, §182 [설명].
출세간의(lokuttara) §36 이하, §171, §188, §218, §224, §389, §430, §465, §485, §507, §641, §1044.
출세간禪(lokuttara jhāna) §206 이하, §304, §323, §342, §375~§379, §381~§385, §409, §473 이하, §491 이하, §729, §740.
취착(upādāna) 네 가지 §938 [설명].
심리현상들의 무더기(saṅkhārakkhandha) §94, §153.

연기(nidāna): §225, §228, §233, §234) 이하. 참 각 장의 <질문을 제기함>.
취착의 [대상인] 무더기 다섯 가지(upādānakkhandhā) §190, §202 [설명], §362 등.
취착과 결합된(upādāna-sampayutta) §36, §65, §94, §123, §153, §171, §218, §224.
갈애를 조건으로 하여 [발생하는] 갈애가 그 원인인 취착 §257 [설명], §263 [설명].
갈애를 조건으로 하여 [발생하는] 갈애와 결합된 취착 §265 [설명].
갈애를 조건으로 하여 [발생하는] 취착 §249 [설명], §273 [설명].
취착된(upādinna). 참 각 장의 <질문을 제기함>
무더기(khandhā): §4, §10, §16, §22, §28, §33, §35, §36, §37, §41, §45.
취착되었고 취착의 대상인 통찰지(upādinnupādāniyā paññā) §773 [설명].
취착의 대상인(upādāniya) §33, §33, §36, §65, §94, §123, §153, §170, §171, §218, §223, §224, §761, §773.
취하게 하는 것(majja) §703.
치장하려는 욕심(cāpalya) §854 [설명].
친견하고자 하지 않음 [성자들을 ~](ariyānaṁ adassanakamya) §934 [설명].
친밀함(anunaya) §249.
친척에 대한 생각(ñātivitakka) §885 [설명].
칭송에 대한 인색(vaṇṇamacchariya) §893 [각주설명].

【카】

코[鼻, ghāna]
코의 감각장소[鼻處, ghānāyatana] §158 [설명].
코의 알음알이의 요소[鼻識界, ghānaviññāṇadhātu] §184 [설명].
코의 요소[鼻界, ghānadhātu] §184 [설명].
콩 자루(māsācita) §953 각주.
큰 바람(mahicchatā) §850 [설명], §929 [설명], §929.

【타】

탐욕(lobha) §391, §819, §909 [설명], §966, §984.

(alobha) §293, §403, §405, §1013, §1016, §1019.
탐욕 없음[不貪, alobha] §293 [설명], §295 [설명], §305 [설명], §403, §405, §1013, §1016, §1019.
탐욕을 여읨(vītarāga) §798.
태만 [정신적 ~](cetaso līnatta) §860 [설명], §856, §936 [설명].
태만함(līyanā) §860, §936.
태생에 대한 교만(jātimada) §843 [설명].
태어나는 순간(uppattikhaṇa) §1007 이하
태어날 곳(gati)
태어날 곳의 성취(gatisampatti) §810 [각주설명].
태어날 곳의 재난(gativipatti) §810 [각주설명].
태어날 때부터 귀가 먹은(jaccabadhira) §1009, §1010.
태어날 때부터 눈이 먼(jaccandha) §1009 이하.
태어날 때부터 눈이 멀고 귀가 먹은(jaccandha-badhira) §1009, §1010.
태어남[生, jāti] §190, §191[설명] 이하, §723, §806, §829, §843.
연기(nidāna) §225, §235, §236 이하.
태어남에 대한 두려움(jāti-bhaya) §921 [설명].
존재를 조건으로 하여 [발생하는] 태어남[有緣生, bhavapaccayā jāti] §235 [설명].
존재를 조건으로 하여 [발생하는] 태어남 §249 [설명], §354 [설명].
존재를 조건으로 하여서도 [발생하는] 태어남 §273 [설명].
태어남[生, upapatti]
색계에 태어남(rūpupapatti) §300 이하, §624 이하, §684, §685, §686 이하, §713 이하, §738.
무색계에 태어남(arūpupapatti) §300, §302 이하, §631, §632, §713, §728, §738, §739.
태어나는 순간(upapattikkhaṇa) §1007 이하
태어난 신들(upapatti-devā) §1021, §1023.
태중에 있는 [중생들](gabbhaseyyaka) §1009 이하
텅 빈(suñña)
텅빈 마을(suñña gāma) §156~§160 이하, §184, §184.
토대(vatthu) §866~§869.
눈 등(cakkhū 등): §156~§160 이하.
원한이 생기는 토대(āghātavatthu) ☞ 원한(āghāta)
지혜의 토대(ñāṇa-vatthu) §751~§760, §766, §767, §792, §803~§808.
오염원의 토대(kilesavatthu) ☞ 오염원(kilesaūni)

반목의 토대 여섯 가지(virodha-vatthu) §944 [설명].
일어난 토대를 가짐 등(uppanna-vatthuka 등) §762.
통곡(lālappa) §238.
통찰지[般若, paññā] §766~§794.
바른 견해(sammādiṭṭhi)와 통찰지: §206 이하, §492, §768~§771.
어리석음 없음(amoha)과 통찰지: §293 이하, §768~§771.
알아차림(sampajañña)과 통찰지: §357, §360.
통찰지의 기능[慧根, paññindriya] §220 [설명], §221.
통찰지를 무력하게 만드는(paññāya dubbalīkaraṇa) §563.
통찰지로 조사하다(paññāya vicinati) §467 [각주설명].
통찰지의 다양함(paññā-nānattatā) §1027.
결과를 생기게 하는 통찰지(atthajāpikā paññā) §767 [설명].
계행으로 이루어진 통찰지(sīlamayā paññā) §769 [설명], §769.
고귀한 대상을 가진 통찰지(mahaggatārammaṇā pañña) §780 [설명].
과거의 대상을 가진 통찰지(atītārammaṇā paññāZ) §786 [설명], §786.
현재의 대상을 가진 통찰지(paccuppannārammaṇā paññ) §788 [설명].
네 가지 도와 네 가지 과에 있는 통찰지(catūsu maggesu catūsu phalesu paññā) §807 [설명].
높은 계[增上戒]에 있는 통찰지(adhisīle paññā) §770 [설명].
높은 마음에 있는 통찰지(adhicitte paññā) §770 [설명].
높은 통찰지에 있는 통찰지(adhipaññāya paññā) §770 [설명].
도닦음도 쉽고 초월지도 빠른 통찰지(sukhapaṭipadā khippābhiññā paññā) §801 [설명].
도닦음은 쉬우나 초월지는 느린 통찰지(sukhapaṭipadā dandhābhiññā paññā) §801 [설명].
도를 대상으로 가진 통찰지(maggārammaṇā paññā) §782 [설명].
도를 원인으로 가진 통찰지(maggahetukā paññā) §782 [설명].
도를 지배의 [요소]로 가진 통찰지(maggādhipatinī paññā) §783 [설명].
들음으로 이루어진 통찰지(sutamayā paññā) §768 [설명].
무량하고 무량한 대상을 가진 통찰지(appamāṇā appamāṇārammaṇā paññā) §802 [설명].
무량하지만 제한된 대상을 가진 통찰지(appamāṇā parittārammaṇā paññā) §802 [설명].
무량한 대상을 가진 통찰지(appamāṇārammaṇā paññ) §781 [설명].
미래의 대상을 가진 통찰지(anāgatārammaṇā paññā) §787 [설명], §787.
밖의 대상을 가진 통찰지(bahiddhārammaṇā paññā) §791 [설명].

보시로 이루어진 통찰지(dānamayā paññā) §769 [설명].
생각으로 이루어진 통찰지(cintāmayā paññā) §768 [설명].
생긴 결과인 통찰지(jāpitatthā paññā) §767 [설명].
수행으로 이루어진 통찰지(bhāvanāmayā paññā) §768 [설명], §769 [설명].
아홉 가지 차례로 머묾의 증득[九次第住等至]에 있는 통찰지(navasu anupubbavihārasamāpattīsu paññ) §808 [설명].
안의 대상을 가진 통찰지(ajjhattārammaṇā paññā) §790 [설명].
여섯 가지 신통지에 있는 통찰지(chasu abhiññāsu paññā) §805 [설명].
염오로 인도하지만 꿰뚫음으로 인도하지 못하는 통찰지(paññā nibbidāya no paṭivedhāya) §798 [설명].
욕계에 속하는 통찰지 등(kāmāvacarā paññā 등) §795 [설명].
위가 있는 통찰지(sauttarā paññā) §767[설명].
위가 없는 통찰지(anuttarā paññā) §767[설명].
일으킨 생각이 있고 지속적 고찰이 있는 통찰지 §774 [설명], §775.
[윤회를] 축적하게 하지만 감소시키지 않는 통찰지(paññā ācayāya no apaca-yāya) §797 [설명].
정체에 빠진 통찰지(ṭhitibhāginī paññā) §799 [설명].
제한되었고 제한된 대상을 가진 통찰지(parittā parittārammaṇā paññā) §802 [설명].
제한되었지만 무량한 대상을 가진 통찰지(parittā appamāṇārammaṇā paññā) §802 [설명].
제한된 대상을 가진 통찰지(parittārammaṇā paññā) §779 [설명], §779.
초월지가 느린 / 초월지가 빠른 통찰지(dandha-, khippābhiññā) §801 [설명].
토대에 대한 정확한 해석인 통찰지(yāthāvaka-vatthuvibhāvanā paññā) §766 [각주설명]
퇴보에 빠진 통찰지(hānabhāginī paññā) §799 [설명] §828.

【파】

파생된(upādā) §31, §33, §153. 참 각 장의 <질문을 제기함>.
파악 — 법을 파악하는 지혜의 능력(dhammanijjhāna-khanti) §768 [설명], §793.
파함(vipatti). 참 재난(vipatti)
계를 파함(sīla-vipatti), 견해를 파함(diṭṭhi-vipatti) §907 [설명].
판단(pekkhā) §768, §793.
판별(vinicchaya) §963.

편안함(passaddhi)
편안함의 깨달음의 구성요소[輕安覺支, passaddhisambojjhaṅga] §474 [설명], §469 [설명].
몸의 편안함(kāyappassaddhi), 마음의 편안함(cittappassaddhi) §469 [각주 설명].
아주 편안함(paṭippassaddhi) §474.
평온(upekhā) §34, §121, §122, §161, §220, §584 [설명], §589 [설명], §597 [설명], §673 [설명], §679 [설명], §690 [설명], §695 [설명], §698 [설명].
평온의 요소(upekhā-dhātu) §179, §180.
평온이 함께하는(upekhā-sahagata) §33, §65, §77, §123, §152, §153. 참 각 장의 <질문을 제기함>.
평온과 결합된(upekhā-sampayutta) §767, §775.
세속에 얽힌 평온 여섯 가지(cha gehasitā upekkhā) §947 [설명], §947.
평온의 고찰 여섯 가지 (cha upekkhupavicārā) §946 [설명].
평온의 기능[捨根, upekkhindriya] §220 [설명].
평온의 깨달음의 구성요소(upekkhāsambojjhaṅga) §469 [설명], §474 [설명], §476 [설명], §479 [설명].
평온의 요소(upekkhādhātu) §180 [설명].
평온이 함께한 마음으로(upekkhāsahagatena cetasā) §673 [설명].
평온하게(upekkhako) §584 [설명].
평온함(upekhanā) §474～§477.
포살(uposatha) §1021.
포살의 갈마(uposatha-kamma) §1021.
포함된 [세간에 ～](pariyāpanna) §33, §34, §36, §61, §62, §65, §91, §94, §120, §123, §156. 참 각 장의 <질문을 제기함>.
다섯 가지 알음알이(pañca viññāṇā): §761.
도에 포함된(magga-pariyāpanna) §206 이하.
욕계의 요소에 포함된 것 등(kāmadhātu-pariyāpanna, 등) §§999～1006.
[세간에] 포함된 통찰지(pariyāpannā paññā) §767 [설명].
[세간에] 포함된 법들(pariyāpannā dhammā) §1020 [설명].
[세간에] 포함되지 않는[出世間] 통찰지(apariyāpanna paññā) §767 [설명], 795 [설명].
[세간에] 포함되지 않는[出世間] 법들(apariyāpannā dhammā) §1020 [설명].
폭류(ogha)
폭류 네 가지(cattāro oghā) §938 [설명].
폭류와 결합된(ogha-sampayutta) §36 이하, §171, §218, §224.

참 각 장의 <질문을 제기함>
폭류의 대상인(oghaniya) §33, §57, §59, §65, §94, §123, §761, §767.
표상(nimitta) §356 이하,
반조의 표상(paccavekkhaṇā-nimitta) §804.
풍만하고(vipulena) §650 [설명].
풍족한 곳(samiddhi)
감각적 쾌락으로 풍족한 곳(sabbakāma-samiddhi) §1023.

【하】

하고자 함(kamyatā)
하고자 함(kattu-kamyatā) §392 등.
허영(ketu-kamyatā). 참 자만(māna).
격렬한 욕망(sādhu-kamyatā) §853, §909.
아첨하는 말을 함(cāṭu-kamyatā) §862.
보고자 하지 않음(adassana-kamyatā), 듣고자 하지 않음(asotu-kamyatā) §934.
하나됨 [마음이 ~](ekaggatā cittassa) §432 이하
하나의 부분(ekakoṭṭhāsena) §33 [각주].
하나의 심찰나에 존재하는 것 (ekacittakkhaṇika) §243 [각주].
하지 않아야 할 것을 함 [네 가지](cattāri agatigamanāni) §939 [설명].
하찮은(oramattaka) §515.
학문(ajjhena) §866, §867, §868, §869.
학문의 영역(vijjāṭṭhāna) §768, §866~§871, §881, §884, §890.
학습(sikkhā) §712 [설명], §712 [설명], §713 [설명], §712.
학습[계목](sikkhā)
네 가지 학습[계목](catasso sikkhā) §516[설명].
학습계목(sikkhāpada) §508, §516 [설명], §703.
다섯 가지 학습계목(pañca sikkhapadāni) §703 [설명] [각주설명].
학습계목 위방가(sikkhāpadavibhaṅga) §703~717.
한거(paṭisallāna) §508, §533 [설명].
한거하기에 좋은 곳(paṭisallānasāruppa) §533 [설명].
한계를 넘지 않음(velā-anatikkama) §206.
한데 모은 뒤(abhisaññūhitvā/abhisaṁyūhitvā) §2, §8, §173, §174, §175, §176, §177, §182, §432 이하, §976.

한적한 곳(vijanavāta) §533 [설명].
함께 기뻐함(muditā) §663 [설명], §669 [설명], §688 [설명], §688 [설명], §688 [설명], §694 [설명], §694 [설명], §698 [설명], §663.
함께 모이고 함께 어울린다(saṁsandanti samenti) §813.
함께 작용하는 것(ekaṭṭha) §816.
항목(koṭṭhāsa) §707 [각주].
항상 생기는 것은 아니기 때문이다(sadā asambhavato) §243 [각주].
항상하는(nicca) §809, §948, §1029.
해로운(akusala) §248~§291, §730. 참 유익한(kusala)
해로운 법들(akusalā dhammā) §247 [설명], §247 [설명], §248 [설명], §280 [설명], §280 [설명], §282 [설명], §284 [설명], §286 [설명], §288 [설명], §290 [설명], §564 [설명], §730 [설명], §731 [설명].
해로운 사유 세 가지(tayo akusalavitakkā) §910 [설명].
해로운 업의 길[十不善業道] 열 가지(dasa akusalakammapathā) §968 [설명].
해로운 원인 두 가지(dve akusalahetū) §994 [설명].
해로운 원인 세 가지(tayo akusalahetū) §984 [설명].
해로운 인식 세 가지(tisso akusalasaññā) §911 [설명].
해로움의 뿌리(akusala-mūla) §350, §391.
해로움의 뿌리 세 가지(tīṇi akusalamūlāni) §909 [설명], §909.
해로움의 요소 세 가지(tisso akusaladhātuyo) §912 [설명].
해석(vibhāvanā)
토대에 대한 정확한 해석인 통찰지(yāthāvaka-vatthuvibhāvanā paññā) §766 [각주설명]
해악을 쉬는(vihiṁsūparati) §518.
해침(vihesā) §926 [설명].
해코지(vihiṁsā)
해코지 않음에 대한 사유(avihiṁsā-saṅkappo) §205, §487
해코지 않음의 요소(avihiṁsādhātu) §181, §182 [설명].
해코지와 관련된 사유(vihiṁsāvitakka) §910 [설명], §912 [설명], §910.
해코지와 관련된 인식(vihiṁsāsaññā) §911 [설명].
해코지의 요소(vihiṁsādhātu) §181, §182 [설명], §912.
해탈(mokkha) §1029.
여덟 가지 해탈[八解脫, aṭṭha vimokkhā) §828 [설명].
해탈(vimutti)
마음의 해탈[心解脫, cetovimutti] §182, §643 이하, §831.
통찰지를 통한 해탈[慧解脫, paññāvimutti) §831.

그릇된 해탈(micchā-vimutti) §970.
해탈한 마음(vimutta citta) §365.
해태(thina) §546 [설명], §551 [설명]. 참 오염원(kilesa), 장애(nīvaraṇa).
해태와 혼침(thinamiddha) §367.
해태와 혼침을 제거하여(thinamiddhaṁ pahāya) §546 [설명].
해태와 혼침이 없이(vigatathinamiddha) §547 [설명].
햇수 [전체](vassagga) §1023.
행동의 영역(gocara) §514 [설명].
행동의 영역이 아닌 것(agocara) §514 [설명].
행복(sukha) §567 [설명], §578 [설명], §587 [설명], §589 [설명], §594 [설명].
행복으로 충만함(sukha-pharaṇatā) §804, [설명]).
행복이 함께하는(sukha-sahagata) §33, §62, §77, §123, §152, §153, §170, §171, §188.
행복과 결합된 통찰지(sukha-sampayuttā paññā) §767.
몸으로 행복을 경험한다(sukhañca kāyena paṭisaṁvedi) §205, §587 [설명].
지금 · 여기에서의 행복(diṭṭhadhamma-sukha) §634, §636, §695, §697 이하.
행실(ākāra)
행실이 나쁜 것(dvākāra) §823 [설명], §825.
행실이 좋은 것(svākāra) §824 [설명], §825.
행위(kammanta). 참 바른 행위[正業, sammākammanta], 업(kamma)
행하지 않음(akiriyā) §206 [각주설명].
행함(kiriyatā)
정성을 다하여 행하지 못함(asātacca-kiriyatā), 끈기 있게 행하지 못함(asakkacca-kiriyatā), 쉼 없이 행하지 못함(anaṭṭhita-kiriyatā) §846, §928, §930, §932.
허공의 요소(ākāsadhātu) §177 [설명].
허물 [작은 ~](aṇumatta vajja) §515 [설명].
허물이 많음(vajjabahula) §942 [설명].
허영(ketukamyatā 843 이하.
허황된 생각 아홉 가지(nava maññitāni) §965 [설명].
헐뜯음(niṭṭhuriya) §892.
헐뜯는 행위(niṭṭhuriya-kamma) §892.
혀[舌, jivhā]
혀의 감각장소[舌處, jivhāyatana] §159 [설명].
혀의 알음알이의 요소[舌識界, jivhāviññāṇadhātu] §184 [설명].
혀의 요소[舌界, jivhādhātu] §184 [설명].

현재의(paccuppanna ☞ 과거의(atīta).
현재의 물질 등(paccuppanna) §3 [설명].
현저하게 함(ussadagata) §819～§822.
형색[色, rūpa]. 참 물질[色, rūpa]
형색의 감각장소[色處, rūpāyatana] §162 [설명], §199, §200 이하.
형색의 요소[色界, rūpadhātu] §183, §184[설명], §992, §993, §994.
형색은 [세상에서] 사랑스럽고 기분 좋은 것(piyarūpa, sātarūpa) §203 이하.
형성되지 않은 요소[無爲界 asaṅkhatā dhātu] §167 [설명], §184 [설명], §1020.
형성된 것[有爲, saṅkhata] §33, §153, §171, §188, §218, §224, §389, §430, §465, §485, §507, §641, §702, §750, §761.
형성된 것 아홉 가지(nava saṅkhatāni) §965 [설명].
호의를 베풂(paṭisanthāra) §904 [설명].
호의를 베풀지 못함(appaṭisanthāra) §904 [설명].
혼란 아홉 가지(nava phanditāni) §965.
혼란시킴(vikiraṇa/vikīraṇa) §894.
혼침(middha) §546 [설명], §551 [설명].
화합하지 않음(asabhāgavutti) §855 [설명].
화현한(opapātika) §1009 이하
확고하게 만들다(suvavatthitaṁ karoti) §356 [각주설명].
확고하지 못함(anadhiṭṭhāna) §846.
확고함(āvatthita) (svāvatthita) §356 설명) 이하
확립함(saṇṭhapana) §861, §891.
확신이 있는(sampasādana) §574.
확신하는(adhimutta) §828.
확실하게 함(aṭṭhapanā) §861, §891.
확정됨, 확정된 [도](niyāma) §827.
확정된(niyata) §33, §36, §65, §94, §123.
다섯 가지 알음알이(pañca viññāṇā): §761.
확정된 통찰지(niyatā paññā) §767 [설명].
그릇된 것으로 확정된(micchatta-niyata),
바른 것으로 확정된(sammatta-niyata) §35, §36, §55, §85, §152, §153. 참 각 장의 <질문을 제기함>.
확정하다(vavatthapeti) §356 이하
환심을 사는 말을 함(anuppiya-bhāṇitā) §862.
회피(āsappanā) §289.
회피(pariharaṇā) §894.

후회(kukkucca) §552 [설명], §556 [설명].
흔들림 없는 [업]형성(āneñjābhisaṅkhāra) §226 [설명], §817.
흠 세 가지(tīṇi aṅgaṇāni) §924 [설명].
희열(pīti) §205, §567 [설명], §578 [설명], §583 [설명].
희열이 함께한(pīti-sahagata) §33, §36, §65, §94 이하, §123, §152, §153, §767, §799.
희열이 있는(sappītika), 희열이 없는(appītika) §36, §65, §94 등.
희열과 결합된 통찰지(pīti-sampayuttā paññā) §767, §775.
세속적이지 않은(nirāmisā pīti) §467.
일으킨 생각과 지속적 고찰이 있는(savitakka-savicārā pīti) §469.
희열로 충만함(pīti-pharaṇatā) §804.
마음이 희열로 가득한(pītimano) §467.
희열과 행복이 있는(pīti-sukha) §567, §578.
희열의 깨달음의 구성요소[喜覺支, pītisambojjhaṅga] §467, §469 [설명].
희열이 빛바랬기 때문에(pītiyā virāgā) §583.
참 네 가지 禪(jhāna cattāri).
힘입음(paṭibāḷha) §810.

『위방가』 출판은 초기불전연구원을 후원해 주시는 아래 스님들과
신심단월님들의 보시가 있었기에 가능하였습니다.
깊이 감사드립니다.

설판재자: 지웅 스님, 혜안 스님, 말리까 이근순

고산 스님, 덕광 스님, 운문사(신행부), 일연 스님, 재연 스님, 정보 스님, 총지 스님, 혜담 스님

강명주, 강인숙, 고정곤, 고현주, 구민재, 구지연, 권상엽, 김광제, 김귀애, 김기래, 김나경, 김대홍, 김덕순, 김문현, 김민서, 김상호, 김석화, 김성경, 김수정, 김숙자, 김승석, 김신우, 김연주, 김영민, 김자년, 김정애, 김종복, 김준우, 김준태, 김학란, 김호동, 박문진, 박상호, 박승대, 박영호, 박은영, 박재홍, 박종운, 박청자, 박흥식, 박희구, 백 로, 복주옥, 설호정, 송문자, 송민영, 송영상, 송영태, 송원영, 송정욱, 신병수, 신영천, 신진섭, 신혜경, 예원자, 오두희, 유욱종, 유지현, 이명이, 이미선, 이상열, 이송자, 이수일, 이유현, 이재홍, 이정희, 이정훈, 이준용, 이향숙, 이현옥, 이희도, 임명숙, 전미옥, 정미자, 정상진, 조향숙, 주호연, ㈜보성스톤, 차곡지, 차병진, 차분남, 채병화, 최경숙, 최동엽, 최윤호, 최은영, 최정식, 한미애, 허종범, 해원행, 홍금표, 화엄경보현행, 황금심, 황성문, (고)남성란, (고)조영자

지은이 · 각묵스님

1957년 밀양 생. 1979년 화엄사 도광 스님을 은사로 사미계 수지. 1982년 범어사에서 자운 스님을 계사로 비구계 수지. 7년간 제방 선원에서 안거 후 인도로 유학, 인도 뿌나 대학교(Pune University)에서 10여 년간 산스끄리뜨, 빠알리, 쁘라끄리뜨 수학. 현재 실상사 한주, 대한불교조계종 교육아사리, 초기불전연구원 지도법사.

역 · 저서로『금강경 역해』(2001, 9쇄 2017),『아비담마 길라잡이』(전2권, 대림 스님과 공역, 2002, 12쇄 2016, 전정판 2쇄 2017),『네 가지 마음챙기는 공부』(2003, 개정판 4쇄 2013),『디가 니까야』(전3권, 2006, 4쇄 2014),『상윳따 니까야』(전6권, 2009, 3쇄 2016),『초기불교 이해』(2010, 5쇄 2015),『니까야 강독』(I/II, 2013),『담마상가니』(전2권, 2016),『초기불교 입문』(2017),「간화선과 위빳사나 무엇이 같고 다른가」(『선우도량』제3호, 2003) 외 다수의 논문과 글이 있음.

위방가 제2권

2018년 11월 5일 초판 1쇄 발행

지은이 | 각묵스님
펴낸이 | 대림스님
펴낸곳 | **초기불전연구원**
울산시 남구 달동 1365-7 (2층)
전화:(052)271-8579
홈페이지 | http://cafe.daum.net/chobul
이메일 | kevala@hanmail.net
등록번호 | 제13-790호(2002.10.9)
계좌번호 | 국민은행 604801-04-141966 차명희
하나은행 205-890015-90404 (구.외환 147-22-00676-4) 차명희
농협 053-12-113756 차명희
우체국 010579-02-062911 차명희

ISBN 978-89-91743-41-0
ISBN 978-89-91743-39-7(세트)

값 | 40,000원